LEX SALICA

ZUM AKADEMISCHEN GEBRAUCHE

HERAUSGEGEBEN UND ERLÄUTERT

VON

HEINRICH GEFFCKEN
DR. IUR. ET PHIL., A. O. PROFESSOR DER RECHTE
AN DER UNIVERSITÄT ROSTOCK.

LEIPZIG
VERLAG VON VEIT & COMP.
1898

Druck von Metzger & Wittig in Leipzig.

DEM ANDENKEN

MEINES

HOCHVEREHRTEN LEHRERS UND VÄTERLICHEN FREUNDES

DR. WILHELM ARNDT

WEIL. O. Ö. PROFESSOR AN DER UNIVERSITÄT LEIPZIG

Vorwort.

Als ich mich vor anderthalb Jahren zu der Arbeit entschloß, deren Ergebnis in den folgenden Blättern veröffentlicht wird, waren die gangbaren Ausgaben der lex Salica (von Waitz, Merkel und Behrend-Boretius) sämtlich seit längerer Zeit vergriffen, während andrerseits von den Monumenta Germaniae historica zuverlässig verlautete, daß sie in nächster Zukunft noch nicht Muße finden würden, an die Edition des salischen Volksrechtes heranzutreten.

Bei solcher Sachlage hätte ich in Anbetracht der überragenden Bedeutung unseres Rechtsdenkmals wohl selbst mit einer bloßen Textausgabe der lex Salica hoffen können, einem Bedürfnis der Fachgenossen entgegenzukommen. Doch ging mein Plan von vornherein weiter.

In höchst willkommener Weise hat sich während der letzten Jahre das Interesse unserer juristischen Studenten für die Quellen des älteren deutschen Rechts gesteigert. An mehreren vaterländischen Hochschulen werden bereits streng seminaristisch organisierte Übungen in deutscher Rechtsgeschichte abgehalten. Es steht zu hoffen, daß der neue preußische Lehrplan des juristischen Studiums, indem er Übungen über „Deutsches Recht“ neben denjenigen über „Bürgerliches Recht“ vorsieht, die Gründung weiterer derartiger Institute in und außer Preußen veranlassen und damit das Gegengewicht schaffen wird, dessen wir nach der Kodifikation fast unseres gesamten nationalen Rechtes je länger desto dringender bedürfen werden, um den Gefahren eines ungeschichtlichen Dogmatismus zu begegnen. Aber auch die akademische Vorbildung unserer Historiker im engeren Sinne hat während der jüngsten Vergangenheit ihre Bedürfnisse vertieft und verbreitert: das Hören eines rechtsgeschichtlichen Kollegs, früher die äußerste Konzession, welche der Geschichtsbeflissene zu machen bereit war, wird heute vielfach als ungenügend betrachtet, die Teilnahme an rechtshistorischen Übungen wird mit regem Eifer gesucht. So öffnet sich dem Dozenten für deutsches Recht die Aussicht auf eine reichere und unmittelbarere pädagogische Thätigkeit, als sie die Vorlesung zu gewähren vermag, und welcher Lehrende, der nicht nur Gelehrter ist, wollte dessen nicht froh sein?

Vorbedingung ersprießlichen Unterrichts ist nun freilich hier wie sonst das Vorhandensein geeigneter Hülfsmittel. Und in der That existieren deren zum Gebrauch in deutschrechtlichen Seminaren bereits eine stattliche Reihe. Man wird sie in drei Kategorieen einteilen können. Der ersten Gruppe gehören Arbeiten, wie die GENGLER'schen Rechtsdenkmäler und die LEHMANN'schen Quellen zur Reichs- und Rechtsgeschichte an: sie geben eine Fülle des verschiedenartigsten Materials, edieren aber die meisten Texte nur in Auszügen. Eine zweite Gruppe beschränkt sich wiederum in anderer Weise, indem sie entweder nur das öffentliche oder nur das Privatrecht unserer Vorzeit berücksichtigt: hierher gehören die ausgewählten Urkunden zur deutschen Verfassungsgeschichte von ALTMANN und BERNHEIM, die Urkunden zur Geschichte des deutschen Privatrechts von LÖRSCH und SCHRÖDER, die ausgewählten Rechtsquellen von ZEERLEDER und OPET, endlich die ausgewählten Urkunden zur Verfassungsgeschichte der deutsch-österreichischen Erbländer von VON SCHWIND und DOPSCH. Alle bisher genannten Werke verzichten auf ausführlichere Erläuterungen der von ihnen gegebenen Texte und beschränken sich teils auf kurze Litteraturangaben, teils auf sparsame Fußnoten, denen nur die für das sprachliche und sachliche Verständnis unumgänglichen Aufschlüsse zu entnehmen sind. Eine dritte Gruppe endlich wird durch diejenigen Arbeiten gebildet, die ein einziges, in sich abgeschlossenes Rechtsdenkmal zu unverkürzter Edition bringen und dasselbe mit umfangreicherem Kommentar versehen. Hierhin sind die kommentierten Ausgaben der leges barbarorum in der Folioedition der Monumenta Germaniae historica und die GENGLER'sche Festschrift über die leges et statuta familiae S. Petri Wormatiensis zu rechnen, wozu neuerdings die sehr verdienstlichen Erläuterungen über das capitulare de villis von Gareis getreten sind.

Welche dieser verschiedenen Arten von Hülfsmitteln rechtsgeschichtlicher Unterweisung nun bietet methodisch die verhältnismäßig größten Vorteile? Daß man hierüber sehr verschiedener Meinung sein kann, beweist schon das Vorhandensein so stark von einander abweichender Typen: die subjektive pädagogische Erfahrung ist hier entscheidend. Was ich an solcher Erfahrung als mehrjähriger Leiter rechtsgeschichtlicher Übungen im Leipziger Historischen Seminar sammeln konnte, führt mich an die Seite derjenigen, welche die eingehende Behandlung einer unverkürzt wiedergegebenen Quelle als die geeignetste Art seminaristisch organisierten Unterrichts ansehen. Denn das auszugsweise mitgeteilte Denkmal leidet durch solche Amputationen fast immer Schaden an seinem Gesamtcharakter, und was der Herausgeber als unwichtig fortließ, vermißt der benutzende Kollege aus methodischen Gründen vielleicht gerade besonders schmerzlich. Die Beschränkung auf eine oder mehrere Disziplinen des Rechts aber gestattet dem Dozenten nicht die wünschenswerte volle Bewegungsfreiheit bei der Auswahl des seinen Schülern darzubietenden Übungsstoffes. Der Verzicht auf ausführlichen Kommentar endlich legt eine mehr kursorische Behandlung des Materials nahe, wie sie notwendig wird, wenn dem Lernenden die Möglichkeit der vorbereitenden Arbeit genommen ist. Das aber wird nur zu häufig der Fall sein, wo die Präparation entweder auf ein rein äußerliches Verstehen der Quelle begrenzt bleibt oder sich in der Jagd nach der selten allen Beteiligten gleichzeitig zugänglichen Speziallitteratur erschöpft.

Von solchen Gesichtspunkten ausgehend mußte ich bei meinem Plane, ein eigenes Hülfsmittel für rechtsgeschichtliche Übungen herzustellen, auf die Wahl eines Denkmals bedacht sein, dessen rechtsgeschichtliche Bedeutung möglichst groß und dessen Inhalt möglichst mannigfach war, denn nur von einer derartigen Quelle aus ließ sich in fortwährender Vergleichung ihres Inhalts mit demjenigen anderer Rechtszeugnisse dem Studenten auch die Kenntnis und Wichtigkeit dieser letzteren vermitteln, nur auf diese Weise vermochte die Betrachtung eines einzelnen Denkmals zu lebendigen Vorstellungen über das Recht einer ganzen Kulturepoche zu führen. Es wird kaum einer Verteidigung bedürfen, wenn ich geglaubt habe, daß zu solch' tieferer Einführung in den Geist unseres alten Rechts die lex Salica besonders geeignet sei. Staatsrechtliche, strafrechtliche, prozeßrechtliche und privatrechtliche Untersuchungen lassen sich an ihrer Hand anstellen, und die Bedeutung des Stammes, deren Sonderrecht sie bildet, gestattet, an ihren Normen die der anderen leges barbarorum sowie die gesamte Rechtsentwickelung der Merovinger- und Karolingerzeit zu messen. Erst solche Erkenntnis aber ist die Voraussetzung für das Eindringen in die komplizierteren Verhältnisse des deutschen Mittelalters.

Will demgemäß meine lex Salica in erster Linie der Herstellung eines akademischen Lehrmittels dienen, so hat sich die Eigenart der Edition vornehmlich nach diesem Zwecke zu bestimmen. Zunächst schon, was die Textgestaltung anbetrifft. Es konnte mir nicht beifallen, hierfür selbständige handschriftliche Untersuchungen anzustellen, das wird die Aufgabe einer früher oder später doch wohl zu erhoffenden Edition der Monumenta Germaniae bleiben. Ich für mein Teil habe mich auf den Boden gestellt, den J. Behrend's Aufsatz über die Textentwickelung der l. Sal. (ZRG. 13, 1 ff.) geschaffen, trotzdem wenigstens bezüglich der Heroldina meine Ansicht von der seinigen einigermaßen abweicht. So besteht denn mein Apparat im Wesentlichen aus dem, was die grosse diplomatisch getreue Ausgabe von Hessels (London 1880) bietet, d. h. aus den Texten Hessels 1—4; 6 mit den Varianten von 5; 7 mit den Varianten von 8, 9, B, F, G, H; 10 (Heroldina) und der Emendata. Pardessus', Holders und Hube's Abdrücke wurden zur Kontrolle heranzogen, nur Holders Cod. Voss. Lat. 86, den Hessels unberücksichtigt gelassen hat, zu einigen Varianten selbständig benutzt. Wie Behrend gebe ich die lex auf Grund der Pariser Handschrift Bibl. nat. anc. fonds lat. 4404, habe mir aber im Interesse dor Herstellung eines lesbaren Textes öfter als er Änderungen nach anderen Kodizes gestattet. Freie Konjekturen sind dagegen nur dann versucht worden, wenn ohne solches Verfahren m. E. offenbare Sinnwidrigkeiten oder Sinnlosigkeiten hätten stehen bleiben müssen, während gleichzeitig die Emendation ein hohes Maß von Wahrscheinlichkeit beanspruchen konnte. Konsequentermaßen ist überall die Buße von 62 sol. durch $62^1/_2$ sol. ersetzt worden, da sonst bei sämtlichen zugleich in

Denaren und Schillingen angesetzten Strafen ein Rechenfehler hätte stehen bleiben müssen. Wo immer von der Lesart des Grundtextes abgewichen wird, ist diese unter den mit kleinen lateinischen Buchstaben bezeichneten Anmerkungen wiedergegeben.

Die Varianten der von mir benutzten Texte haben regelmäßig nur insoweit Berücksichtigung gefunden, als sie mir von mehr als rein formaler Bedeutung zu sein schienen. Dabei ist grundsätzlich jeweils die für die Abweichung charakteristischste Lesart hinter arabischer Ziffer ausdrücklich vermerkt, die von ihr nur formell differierenden, sachlich identischen Ausdrücke der anderen Handschriften sind dann gekennzeichnet, indem die Variante des bevorzugten Textes durch Gleichheitszeichen mit den Siglen der übrigen in Betracht kommenden Texte verbunden wurde.

Die Zusätze, welche die übrigen Texte im Vergleich zu Kod. Hessels 1 aufweisen, sind je nach ihrer Bedeutung verschieden behandelt. Sachlich unerhebliche Wortvermehrungen wurden unberücksichtigt gelassen, kleinere Zusätze unter die Varianten der einzelnen Paragraphen gestellt und durch „f. h.“ (= fügt hinzu) eingeleitet. Umfangreichere Erweiterungen des Grundtextes endlich sind als besondere Paragraphen gegeben und, um sie als Zusätze zu charakterisieren, im Gegensatz zu den mit arabischen Ziffern numerierten Paragraphen des Grundtextes durch innerhalb desselben Titels fortlaufende römische Zahlen gekennzeichnet. Während von jedem Paragraph, der im Kod. 1 vorhanden ist, in irgend einem anderen Kodex aber fehlt, dies unter dem betreffenden Paragraphen hinter einem Stern vermerkt ist, bedeuten die am Fuße eines selbständigen Zusatzes von einem Stern eingeführten Textsiglen, dass die Vermehrung sich außer in der Handschrift, nach der sie gegeben wird, auch noch in den angeführten Kodizes vorfindet. Welchem Text der Wortlaut des Zusatzes entnommen ist, geht aus der beigefügten Klammer hervor.

Die malbergische Glosse habe ich nur insoweit zum Abdruck gebracht, als sie sich im Grundtext oder in einem selbständigen Zusatz anderer Texte vorfand. Ohne nämlich ihre hohe Bedeutung irgendwie verkennen zu wollen, glaubte ich dennoch die vollständige Wiedergabe der malbergischen Varianten, wie

Behrend sie vornimmt, in einer Schulausgabe füglich unterlassen zu sollen. Und dies umsomehr, als ich entgegen der herrschenden Ansicht zu der Überzeugung gelangt bin, daß wir in der malbergischen Glosse einen Fremdkörper zu erblicken haben, der dem salischen Volksrechte nachträglich, wenn auch noch so frühzeitig, jedenfalls aber in ziemlich mechanischer Weise eingegliedert worden ist. Da hier jedoch nicht der Platz ist, diese meine Hypothese eingehender zu begründen, so habe ich in der vorliegenden Ausgabe zunächst meine Bedenken gegen die ursprüngliche Textzugehörigkeit der Glosse dadurch markiert, daß ich sie samt ihren den Satzzusammenhang störenden Begleitwörtern oder Siglen (h. e., s., sunt) in eckige Klammern eingeschlossen abdruckte.

Dem Pactus folgen bei mir wie bei Behrend die sogenannten Kapitularien zur lex Salica. Mein Apparat ist hier der gleiche wie im alten Volksrecht selbst, ebenso die Methode der Edition. Von Behrend's Ausgabe weiche ich sowohl in der Einteilung der Kapitularien als in deren Anordnung ab. Zunächst habe ich das erste Kapitular, dem überzeugenden Nachweise Brunner's (Festg. f. Beseler 22. Anm. 1) folgend in drei Teile auseinandergelegt, meine Edition enthält infolgedessen anstatt der 7 Kapitularien bei Behrend deren 9. Auf das so gedrittelte frühere „I. Kapitulare" folgt bei mir dann jenes, welches Boretius seiner Zeit ohne Grund erst an sechster Stelle brachte, obgleich er es selbst für sehr altertümlich hielt. Hierdurch bedingen sich dann die Verschiebungen in der Zählweise der anderen Kapitularien gegenüber der hergebrachten Numerierung. Den Schluß meines Textes bilden die Extravagantia A und B, die Prologe und Epiloge sowie die Remissorien zur lex Salica. Die regum Francorum genealogia habe ich füglich weglassen zu können geglaubt.

Das Schwergewicht meiner Arbeit aber liegt nicht in der Textgestaltung, sondern, wie aus den oben dargelegten Zwecken meines Werkes hervorgeht, in den beigegebenen Erläuterungen, die nahezu zwei Drittel des Buches füllen. Dennoch kann ich mich über sie hier am kürzesten fassen, ihr Inhalt mag versuchen für sich selbst zu sprechen. Ich war bemüht, eine möglichst erschöpfende Anleitung zu selbständigem Studium des salischen und des Rechts der leges barbarorum überhaupt samt seiner Fortentwickelung im fränkischen Reiche zu geben. Zu diesem Behufe habe ich namentlich auf ausgiebige Zitate von Vergleichsstellen der anderen Volksrechte, der Kapitularien und der Formeln sowie einiger lehrreicher Urkunden Wert gelegt. Die Litteraturangaben hoffe ich ebenfalls in ausreichendem Maße gegeben zu haben, Vollständigkeit derselben habe ich nicht erstrebt. Nirgend, wo sich mir eine Ansicht zur Überzeugung verdichtete, habe ich mich gescheut im Kampf der Meinungen Partei zu ergreifen oder selbständige Hypothesen zu verfechten. Wenn ich dabei gelegentlich auch gegen Koryphäen unserer Wissenschaft Stellung nehmen mußte, so treibt es mich noch ausdrücklich auszusprechen, wie viel ich grade ihnen für dies Buch verdanke. Das gilt in erster Linie für Heinrich Brunner, ohne dessen Rechtsgeschichte meine Arbeit unendlich viel schwieriger gewesen wäre, das gilt ferner insonderheit von meinem hochverehrten Lehrer Rudolf Sohm, dessen „Prozeß der lex Salica“ und „Fränkische Reichs- und Gerichtsverfassung“ mir eine Fülle von Gesichtspunkten eröffneten.

Die Abkürzungen der Litteraturangaben und Quellenzitate werden durch das dem Kommentar folgende Verzeichnis verdeutlicht, die im Kommentar erläuterten Worte des Textes weist das den Schluß des Buches bildende Register nach.

Als die ersten acht Bogen meiner Arbeit gedruckt waren, erschien die von R. Behrend besorgte zweite Auflage der Behrend'schen lex Salica. In der Textgestaltung bringt sie für den Pactus keine wesentlichen Änderungen, dagegen sind die Varianten nicht unerheblich vermehrt. Die Kapitularien sind neu bearbeitet, die Boretius'sche Einteilung und Reihenfolge aber beibehalten worden. Das wichtigste Novum der zweiten Auflage gegenüber der ersten besteht in den mit großem Fleiß gearbeiteten Anmerkungen, welche bestimmt sind, über die Litteratur zur lex Salica zu orientieren. Mit Vergnügen bekenne ich, daß mir die Behrend'schen Nachweise in den Partieen meines Kommentars, zu denen ich sie noch benutzen konnte, wesentliche Dienste geleistet haben.

Wirkliche Erläuterungen zum salischen Volksrecht hat Behrend nicht gegeben, aber auch nicht zu geben beabsichtigt. Da hierin grade der Schwerpunkt meines Buches liegt, so werden die beiden Ausgaben, wie ich hoffe, nebeneinander Platz finden.

Äußere Umstände, zuletzt noch meine Übersiedelung von Leipzig hierher, haben die Drucklegung des Werkes sehr verlangsamt. Damit hängt zusammen, daß v. AMIRA's Artikel „Recht" in PAUL's Grundriß bis zum achten Bogen nach der ersten, von da ab nach der zweiten Auflage zitiert ist.

Möge das Buch, von dem ich zum mindesten sagen darf, daß es eine Frucht redlicher Arbeit und ernsten Mühens ist, unter Lehrenden und Lernenden Freunde finden!

Rostock, im Juni 1898.

Heinrich Geffcken.

Verzeichnis der benutzten Texte.

Erste Familie.

1 = Paris, Bibl. nat. anc. fonds lat. 4404: Pardessus 1; Merkel 1; Hessels 1; Behrend 1a.

2 = Wolfenbüttel, Cod. Weissenburg. 97: Pardessus 1. Anhang; Merkel 2; Hessels 2; Holder Heft 1; Behrend 1g.

3 = München, Kgl. Bibl. Cimel. IV. 3g: Pardessus 2. Anhang; Merkel 3; Hessels 3; Holder Heft 1; Behrend 1m.

4 = Paris, Bibl. nat. lat. 9653 (früher suppl. lat. 65): Pardessus 2; Merkel 4; Hessels 4; Holder Heft 4; Behrend[1] 2; Behrend[2] 15.

Zweite Familie.

5 = Paris 4403 B: Merkel 5; Hessels 5; Behrend[1] 3b; Behrend[2] 2b.

6 = Paris, Bibl. nat. lat. 18237 (früher Fonds Notre Dame 252 F. 9): Pardessus 3; Merkel 6; Hessels 6; Behrend[1] 3a; Behrend[2] 2a.

Dritte Familie.

Erste Gruppe.

7 = Montpellier, Faculté de médecine H. 136: Pardessus 4; Merkel 7; Hessels 7; Behrend[1] 4a; Behrend[2] 3a.

8 = Paris, Bibl. nat. lat. 4627 (früher 5189): Merkel 8; Hessels 8; Holder Heft 2; Behrend[1] 4s; Behrend[2] 3s.

9 = S. Gallen 731: Merkel 9; Hessels 9; Holder Heft 3; Behrend[1] 4e; Behrend[2] 3e.

Zweite Gruppe.

B = Paris, Bibl. nat. lat. 4409: Hessels B; Behrend[1] 4β; Behrend[2] 3b.

F = Paris, Bibl. nat. lat. 4629: Hessels F; Behrend[1]: 4 f.; Behrend[2] 3f.

G = S. Gallen 729: Hessels G; Behrend[2] 3g.

H = Warschau, Bibl. centr. (früher Collège Clermont in Paris, dann in v. Kellers Besitz): Hubé (1867); Hessels H; Behrend[1] 4b; Behrend[2] 3h.

Vierte Familie.

10 = Heroldina, d. h. der von J. Herold in seinen Originum ac Germanicarum antiquitatum libri. Basel. 1557. S. 1—38 auf Grund einer inzwischen verschollenen Handschrift veröffentlichte Text: Pardessus 3. Anhang; Merkel 10; Hessels 10; Holder Heft 3; Behrend H.

Fünfte Familie (Emendata).

Em. (Em. 1) = Paris lat. 4418: Pardessus 5; Hessels Em.; Behrend[1] 5; Behrend[2] EI.

Em. A = Paris lat. 4417: Hessels Em. A; Behrend[1] 5a; Behrend[2] Ea.

Em. B = Paris lat. 4626: Hessels Em. B; Behrend[1] 5b; Behrend[2] Eb.

Em. E = Paris lat. 4628: Hessels Em. E; Behrend[1] 5e; Behrend[2] Ee.

Em. EE = Paris lat. 4628 A. Em. EE^a = 1. Abschrift, Em. EE^b = 2. Abschrift von Cap. Sal. VII.

Em. F = Paris lat. 4632: Hessels Em. F; Behrend[1] 5f; Behrend[2] Ef.

Em. G = Paris lat. 4758: Hessels Em. G; Behrend[1] 5g; Behrend[2] Eg.

Em. H = Paris lat. 4760: Hessels Em. H; Behrend[1] 5h; Behrend[2] Eh.

Em. H^a = 1. Abschrift, Em. H^b = 2. Abschrift von Cap. Sal. VII.

Em. I = Paris lat. 8801: Hessels Em. I; Behrend[1] 5i; Behrend[2] Ei.

Em. K = Paris lat. 9654 (früher 75 suppl. lat.): Hessels Em. K; Behrend[1] 5k; Behrend[2] Ek.

Em. N = Paris lat. 10758 (früher 164 bis suppl. lat.): Hessels Em. N; Behrend[1] 5n; Behrend[2] En.

Em. N^a = 1. Abschrift, Em. N^b = 2. Abschrift von Cap. Sal. VII.

Em. O = Paris lat. 10753 (früher 215 suppl. lat.): Hessels Em. O; Behrend[1] 5o; Behrend[2] Eo.

Em. P = Cambrai. Stadtbibl. 576: Hessels Em. P; Behrend[1] 5p; Behrend[2] Ep.

Em. Q = Leiden. Voss. Lat. 119: Merkel 11; Hessels Em Q (11); Holder Heft 5; Behrend[1] 5q; Behrend[2] Eq.

Em. R = Lord Ashburnham Barrois Coll. 214 (früher in P. Pithous, dann Des Marès', Le Peletiers' u. des Herzogs von Berry Besitz); Hessels Em. R; Behrend[1] 5r; Behrend[2] Er.

Em. S = Lord Ashburnham Barrois Coll. 201 (früher Bibl. reg. Par. lat. 4789): Hessels Em. S; Behrend[1] 5s; Behrend[2] Es.

Em. T = S. Gallen. Stadtbibl. 383 (früher No. 7): Hessels Em. T; Behrend[2] Et.

Em. V = S. Gallen. Kapitelbibl. 728: Hessels Em. V; Behrend[2] Ev.

Em. Z = Leiden. Voss. Lat. 86: Holder Heft 6; Behrend[2] Ex.

Em. Est. = Codex Estensis. vgl. Muratori, Antiquitates Italicae medii aevi II. 286.

Inhalt.

	Seite
Text der Lex Salica	1
Die Kapitularien zur Lex Salica	63
Die Extravaganten, Prologe, Epiloge und Remissorien zur Lex Salica	90
Erläuterungen	107
Verzeichnis der in den Erläuterungen benutzten Denkmäler und Litteratur	294
Register der in den Erläuterungen besprochenen Textstellen	316
Berichtigungen	332

I. De mannire.[1]

1. Si quis ad mallum legibus dominicis mannitus fuerit et non venerit[2] [mał. reaptē h. e.], DC dinarios qui faciunt solidos XV culpabilis iudicetur. § 1.

[1] *in Em. S. ist überall das ursprüngliche m von mannire, mannit u. s. w. wegradiert und durch b ersetzt worden.* [2] *si cum sonies non detenuerit f. h.* 4=3; 5—9; *B*; *G*; *H*; 10; *Em.*

2. Ille vero qui alium mannit et ipse non venerit, si eum sunnis non tricaverit, ei[a,1] qui manebit[1] XV solidos culpabilis iudicetur. § 2.

[a] *et* 1. [1] *so* 2=5; 10; *ei quem manivit* 3=6; *Em.; ei cui manuit* 7=8; 9; *B; G; H; fehlt* 4.

3.* Et ille qui alium mannit cum testibus ad domum illius ambulare debet; et si[1] praesens non fuerit, sic[1] aut uxorem aut quaecumque[2] de familia illius apellit, ut illi faciat notum quod ab eum mannitus est. § 3.

* *fehlt* 3; 7—9; *B*; *G*; *H*. [1] *sic eum manniat* 4=5; 10; *Em.*: *sic eum manire ut* 2. [2] *quemcumque* 2; 6; 10; *cuicumque* 4; *Em.*=5.

4.* Nam si in dominica[1] ambasia[1] fuerit occupatus, mannire non potest. § 4.

* *fehlt* 3; 7—9; *B*; *G*; *H*. [1] *iussione regis* 4; *Em.*

5.* Si vero infra pago in sua ratione[1] fuerit, sicut superius diximus mannire potest. § 5.

* *fehlt* 3; 7—9; *B*; *G*; *H*. [1] *regione Em. Q.*

II. De furtis porcorum.

1. Si quis porcellum lactantem furaverit[1] et ei fuerit adprobatum [mał. chrane calcium h. e.], CXX dinarios qui faciunt solidos III culpabilis iudicetur. § 1.

[1] *de chranne prima aut demediana f. h.* 5=6; 10; *Em.*; *de franne* 7=8; 9.

I (5 § 2).* Si quis vero in tertia chrannę furaverit [młb. chranchalteo], solidos XV culpabilis iudicetur, excepto[a] capitale et delatura. § I.

* 6; 10; *Em.* [a] *etcepto* 5; 6.

§ II. II (5 § 3).* Si quis vero porcellum de sutem furaverit et[1] clavem habuerit, solidos XLV culpabilis iudicetur.

* 6; 10; *Em.* [1] *quae (qui) Em.*

§ 2. 2. Si quis porcellum[1] furaverit qui sine matrem possit vivere et ei fuerit adprobatum [mał. chrane calcium h. e.], XL[2] dinarios qui faciunt solidum I[2] culpabilis iudicetur.

[1] *de campo f. h.* 2—4. [2] *din.* XXX: 3.

§ 3. 3.* Si quis scroba in asso[1] subaterit[2] et ei fuerit adprobatum [mał. narethalti h. e.], CCLXXX[a3] dinarios qui faciunt solidos VII[3] culpabilis iudicetur.

* *fehlt* 7—9; *B*; *G*; *H.* [a] CCXLI: 1. [1] *furto* 3; 4 = 5; 6; 10; *Em.* [2] *hoc est porcellos a matre subtrahit f. h. Em.* [3] *din.* DC *f. sol.* XV: 2.

§ III. III (6 § 7).* Si quis scropham cum porcellis furaverit [młb. focifale], DCC denarios qui faciunt solidos XVII cum[1] dimidio[1] culpabilis iudicetur.

* 5; 10; *Em.* [1] *fehlt* 5; 10.

§ 4. 4.* Si quis porcum anniculum furaverit et ei fuerit adprobatum [mał. drache h. e.], CXX[1] dinarios[a] qui faciunt solidos III[1] culpabilis iudicetur, excapto capitale et dilatura.

* *fehlt* 5; 7—9; *B*; *G*; *H.* [a] *fehlt* 1. [1] DC *den. qu. f. sol.* XV: 4 = 3.

§ 5. 5.* Si quis porcum bimum furaverit, DC dinarios qui faciunt solidos XV culpabilis iudicetur, excepto capitale et dilatura.

* *fehlt* 2—4.

§ 6. 6.* Quo numero usque ad duos porcos simili conditione convenit observare.

* *fehlt* 5—9; *B*; *G*; *H*; 10: *Em.*

§ 7. 7.* Si vero III aut amplius imbulaverit,[1] MCCCC[2] dinarios qui faciunt solidos XXXV[2] culpabilis iudicetur, excepto capitale et dilatura.

* *fehlt* 2; 7—9; *B*; *G*; *H.* [1] *usque ad sex capita f. h.* 3; 5; 6; 10; *Em.* [2] *sol.* XXXVI: 3.

§ 8. 8.* Si quis porcello[1] de inter porcos[2] furaverit, DC dinarios qui faciunt solidos XV culpabilis iudicetur.

* *fehlt* 7—9; *B*; *G*; *H.* [1] *in campo f. h. Em.* [2] *ipso porcario adtendente f. h.* 6 = 5; *i. p. custodiente* 10; *Em.*

§ 9. 9.* Si quis porcello tertusu imbulaverit usque ad anniculum, CXX[1] dinarios qui faciunt solidos III[1] culpabilis iudicetur.

* *fehlt* 7—9; *B*; *G*; *H.* [1] *DC den. qu. f. sol.* XV: 4.

§ 10. 10.* Post anniculatum vero (mał. redonia h. e.], DC dinarios qui faciunt solidos XV culpabilis iudicetur excepto capitale et dilatura.

* *fehlt* 4; 7—9; *B*; *G*; *H.*

11.* Si quis verrem aut scrobam ducariam furaverit [mał. § 11.
sunnista h. e.], DCC dinarios qui faciunt solidos XVII[a] et dimidium culpabilis[a] iudicetur, excepto capitale et dilatura.

* *von allen anderen Hs. in zwei §§ zerlegt.* [a] *so oder* XVII *cum dimidio culp.* 5 § 14 u. 15; 6 § 14; 7; 8; *B*; *G* § 4 u. 5; 9 § 4; *H* § 5; 10 § 16 u. 17; *Em.* § 12 u. 13; XVII *et exculpabilis* 1; XVII *culp.* 2 § 9 u. 10; 4 § 8 u. 9: XVIII *culp.* 3 § 10 u. 11; 6 § 15; *H* § 4.

12. Si quis maiale votivo furaverit et[1] hoc testibus quod § 12.
votivus fuit potuerit adprobare [mał. rhammodo h. e.], DCC dinarios qui faciunt solidos XVII[a] et dimidium culpabilis[a] iudicetur, excepto capitale et dilatura.

[a] *so oder* XVII *cum dimidio culp.* 5—9; *B*; *G*; *H*; 10; *Em.*; XVII *exculpabilis* 1; XVII *culp.* 2; 4; XVIII *culp.* 3. [1] *ille qui illum perdidit f. h.* 8 = 7; 9; *B*; *G*; *H*; 10; *Em.*

13. Si maiale vero quae votivus non fuit (scil. furaverit), soli- § 13.
dos XV culpabilis iudicetur.

IV (7 § 8).* Si quis de gregem XV[1] porcus furaverit[2] [mał. taxaca], § IV.
solidos XXXV culpabilis iudicetur excepto capitale et delatura.

* 8; 9; *B*; *G*; *H*; *Em.* [1] XII: 9. [2] *et reliqui ibi remanserint f. h. Em.*

14. Si quis XXV porcos[a] furaverit, ubi[1] amplius non fuerit § 14.
in grege illa,[1] et ei fuerit adprobatum [mał. sonista h. e.], MMD dinarios qui faciunt solidos LXII[b] cum dimidio[b] culpabilis iudicetur.[2]

[a] *qui f. h.* 1. [b] *so* 5—9; *B*; *G*; *H*; 10; *Em.*; LXII: 2—4; XLII: 1. [1] *fehlt* 7—9: *B*; *G*; *H*. [2] *Quae lex usque quinquaginta porcus, excepto capitale et delatura, uno iudicio terminantur f. h.* 7 = 8; 9; *B*; *G*; *H*.

15.* Si vero amplius[1] fuerit qui[a] non fuerint[a,1] imbulati, § 15.
excepto capitale et dilatura, MCCCC dinarios qui faciunt solidos XXXV culpabilis iudicetur.

* *fehlt* 7—9; *B*; *G*; *H*. [a] *so* 2—6 = *Em.*; *fehlt* 1. [1] *super* XXV *porci fuerint furati et aliqui ex ipsis remanserint qui non fuerint* 5; 6.

16.* Si vero L porci fuerint imbulati et[1] si adhuc aliqui § 16.
remaneant,[1] excepto capitale et dilatura [mał. sonnista h. e.], MMD dinarios qui faciunt solidos LXII[a] cum dimidio[a] culpabilis iudicetur.

* *fehlt* 7—9; *B*; *G*; *H*; *vgl. aber* § 14 *Anm.* 2. [a] *so* 5; 6; *Em. ausser Q*; LXII: 2; 4; LXIII: 1; *verderbt* 3; 10; *Em. Q.* [1] *fehlt* 2—4; *ubi amplius non habuerit* 10.

III. De furtis animalium.

1. Si quis vetellum lactantem furaverit et ei fuerit abprobatum § 1.
[mał. podero h. e.], CXX[1] dinarios qui faciunt solidos III[1] culpabilis iudicetur.

[1] *sol.* XIII: 3.

§ 2. 2.* Si quis bimum[1] aut anniculum animal[1] furaverit et ei fuerit adprobatum [mał. scolo h. e.], DC[2] dinarios qui faciunt solidos XV[2] culpabilis iudicetur.

* *von* 5; 6; 10 *in zwei* §§ *zerlegt.* [1] *anniculum usque ad bimatum* 7=8; 9; *B*; *G*; *H*; *bimum animalem* 2=3; 4. [2] *für den Diebstahl des bimum animal hat* 10 *die Busse von* MCCCC *din. qu. f. s.* XXXV.

§ 3. 3.* Si quis bovem[1] aut[1] vaccam cum[2] vetellum[2] furaverit [mał. potero h. e.], MCCCC[3] dinarios qui faciunt solidos XXXV[3] culpabilis iudicetur.

* *von* 2; 4—6; 10; *Em. in zwei* §§ *zerlegt.* [1] *fehlt* 3. [2] *fehlt* 7—9. [3] XV: 9.

§ I. I (5 § 5).* Si quis vacca sine vitulum furaverit (małb. maia], solidos[1] XXX[1] culpabilis iudicetur, excepto capitale et delatura.

* 6; 10; *Em. ausser Q.* [1] MCCCC *din. qu. f. s.* XXXV: *Em. V.*

§ II. II (5 § 6).* Si quis vacca domita furaverit [małb. chanzyn ponderos s.], solidos XXXV culpabilis[a] iudicetur[a] excepto capitale et delatura.

* 6; 10; *Em. ausser Q.* [a] *fehlt* 5.

§ 4. 4. Si quis taurum furaverit illum qui gregem regit[1] et neumquam iunctus[2] fuisset [mał. charohitum h. e.], MDCCC[a] dinarios qui faciunt solidos XLV culpabilis iudicetur.

[a] DCCC: 1. [1] *hoc est trispellium qui de tres villas cummunis vaccas tenuerit f. h.* 7=8; 9; *B*; *G*; *H.* [2] *vinctus* 10.

§ III. III (6 § 9).* Si taurum bimum furaverit [mał. trasile], solidos XXXV culpabilis iudicetur.

* 5; 10; *Em.*

§ 5. 5.* Si vero taurus ipse de tres villas communis vaccas tenuerit, h. e. tres pillius, qui eum furaverit [mał. chāmitum h. e.] in[1] triplum XLV[1] solidos culpabilis iudicetur.

* *fehlt* 7—9; *B*; *G*; *H*; *vgl. aber* § 4 *Anm.* 1. [1] *so nur* 1; XLV: 2; 4—6; 10; *Em.*; XL: 3.

§ IV. IV (6 § 11).* Si quis taurum regis[a] furaverit [małb. antheotho s.], denarios MMMDC[b] qui faciunt solidos[c] XC culpabilis iudicetur, excepto capitale et delitura.

* 5; 10; *Em.* [a] *so* 10; *Em.*; *regem* 6; 5. [b] MMDC: 6; 5. [c] *fehlt* 6.

§ 6. 6. Si quis XII animalia furaverit, et[1] nec unus exinde remaneat,[1] excepto capitale et dilatura, MMD dinarios qui faciunt solidos LXII[a] cum dimidio[a] culpabilis iudicetur.[2]

[a] *so* 7—9; *B*; *G*; *H*; *Em.*; LXII: 2—5; LXIII: 1; 6; XLV *c. dim.* (*verd.*) 10. [1] *fehlt* 7—9; *B*; *G*; *H.* [2] *et usque ad* XXV *unum iudicium terminantur f. h.* 7=*B*; *G*; *H*; *et u. a.* XX *u. i. t.* 8; *et u. a.* XXXV *u. i. t.* 9.

§ V. V (5 § 13).* Si[a] vero super ipsas XII animalia remanserint aliqui [małb. texeca], solidos XXXV culpabilis iudicetur, excepto capitale et delatura.[1]

* 6; 10; *Em.* [a] *quis f. h.* 5; 6. [1] *Et usque ad* XXV *uno iudicio terminantur f. h. Em. ausser A.*

7.* Si vero amplius usque ad XXV animalia furaverit, et si adhuc aliqui remaneant, excepto capitale et dilatura [mał. sunnista h. e.], MMD dinarios qui faciunt solidos LXII[a] cum dimidio[a] culpabilis iudicetur. § 7.

* *fehlt* 7—9; *B*; *G*; *H*; *vgl. aber* § 6 *Anm.* 1 *u.* 2. [a] *so* 5; *Em.*; LXII: 2—4; LXIII: 1; 6; LXV *et dim.* (*verd.*) 10.

IV. De furtis ovium.

1. Si quis agnum lactantem[1] furaverit et ei fuerit adprobatum [mał. lammi h. e.], VII[2] dinarios qui faciunt medio trianti[2] culpabilis iudicetur. § 1.

[1] *fehlt* 3—9; *B*; *G*; *H*. [2] *sol.* VII: 3.

2. Si quis anniculum vel bimum berbicem furaverit, excepto capitale et dilatura [mał. lamilam h. e.], CXX dinarios qui faciunt solidos III culpabilis iudicetur. § 2.

3.* Certe si tres[1] furaverit, MCCCC dinarios qui faciunt solidos XXXV culpabilis iudicetur. Qui[2] numerus usque ad XL berbices convenit observare.[2] § 3.

* *von* 2 *in zwei* §§ *zerlegt.* [1] *tres aut amplius* 2; 5; 6; 10; *duos aut tres* 7; 8; *B*; *G*; *H*=9; *Em.* [2] *fehlt* 3—6; 10.

4. Si vero XL[1] aut[2] amplius[2] furaverit [mał. sunnista h. e.], MMD dinarios qui faciunt solidos LXII[a] cum dimidio[a] culpabilis iudicetur, excepto capitale et dilatura. § 4.

[a] *so* 5; 7—9; *B*; *G*; *H*; *Em.*; LXII: 2—4; LXIII: 1; 6; LXV *c. dim.* (*verd.*) 10. [1] *so* 1; 8; L: 2; 3; 7; 9; *B*; *G*; *H*; 10; XL *aut* L *sive* LX: 5; 6; L *aut* LX: *Em.*; *fehlt* 4. [2] *fehlt* 3; 4.

V. De furtis caprarum.

1. Si quis tres[1] capras[1] furaverit et ei fuerit adprobatum [mał. lauxmada h. e.], CXX dinarios qui faciunt solidos III culpabilis iudicetur, excepto capitale et dilatura. § 1.

[1] *capritum* *B*; *G*; *H*; *capram unam, duas vel tres* 10; *capritum sive capram aut duas capras vel tres Em.*

2. Si super tres imbulaverit, excepto capitale et dilatura [mał. musci simada h. e.], DC dinarios qui faciunt solidos XV culpabilis iudicetur. § 2.

I (Em. E. § 3).* Si quis buccum furaverit, DC dinarios qui faciunt solidos XV culpabilis iudicetur, excepto capitale et delatura. § I.

* *nur in Em. E.*

VI. De furtis canum.

§ 1. 1. Si quis sigusium canem magistrum imbulaverit aut occiderit [mał. leudardi h. e.], DC[1] dinarios qui faciunt solidos XV[1] culpabilis iudicetur.

[1] MDCCC *den. qu. f. sol.* XLV: 10; *Em.*

§ I. I (10 § 1).* Si quis canem sigusium magistro suo furaverit [malb. Leo dasdi], DC denarios qui faciunt solidos XV culpabilis iudicetur, excepto capitale et delatura. * *nur in* 10.

§ II. II (6 § 2).* Si quis canem[1] acutarium furaverit[1] [malb. hunuane sunt], denarios DC qui faciunt solidos XV culpabilis iudicetur, excepto capitale[a] et delatura.[a]

* 5; 7—9; *B*; *G*; *H*; 10. *Em.* [a] *fehlt* 6; 5. [1] *vero seusium reliquum aut veltrem porcarium sive veltrem leporarium qui et argutarius dicitur furatus fuerit vel occiderit Em.*

§ III. III (2 § 2).* Si quis canem qui[1] legamine novit[1] post solis hoccassum[2] occiderit, sicut superius diximus intemamus.

* 3—6; 10; *Em.* [1] *qui legamen non novit* 3=5; *custodem domus sive curtis qui die ligari solet ne damnum faciat: Em.* [2] *solutum furatus fuerit vel f. h. Em.*=3.

§ 2. 2. Si quis pastoricialem canem furaverit[1] aut[1,2] occiderit,[2] excepto capitale et dilatura, CXX dinarios qui faciunt solidos III culpabilis iudicetur.

[1] *fehlt* 2—6. [2] *fehlt* 8; *H.*

VII. De furtis avium.

§ 1. 1. Si quis acceptrem de arborem furaverit et ei fuerit adprobatum, excepto capitale et dilatura, CXX dinarios qui faciunt solidos III culpabilis iudicetur.

§ 2. 2.* Si quis acceptrem de pertega furaverit [mał. hymnis sith h. e.], DC dinarios qui faciunt solidos XV[1] culpabilis iudicetur.

* *fehlt* 5. [1] *nach Pard. hat* 7: XII.

§ 3. 3.* Si quis acceptrem de intro clavem furaverit et ei fuerit adprobatum [mał. verthi fugium h. e.], MDCCC[a] dinarios qui faciunt solidos XLV culpabilis iudicetur, excepto capitale et dilatura.

* *fehlt* 5. [a] MDCCCC: 1.

§ I. I (6 § 4).* Si quis spervarium furaverit [małb. socelino s.], denarii[1] CXX qui faciunt solidos III[1] culpabilis iudicetur, excepto capitale et delatura.

* 5; 7—9; *B*; *G*; *H*; 10; *Em.* [1] *den.* CCXL *qu. f. sol.* VI: 8.

II (6 § 5).* Si quis gallum furaverit [malb. cannas uuido sunt], denarii CXX qui faciunt solidos III culpabilis iudicetur, excepto capitale et delatura. § II.

* *vgl. unter* § IV.

III (6 § 6).* Si quis galinam furaverit [malb. solāpinā], CXX denarios qui faciunt solidos III culpabilis iudicetur, excepto capitale et delatura. § III.

* *vgl. unter* § IV.

IV (6 § 7).* Si quis grugem aut ciceno domesticus furaverit [malb. ortfocla s.], denarii CXX qui faciunt solidos III culpabilis iudicetur. § IV.

* § II—IV: 5; 7; 9; *B*; *G*; *H*; 10; *Em.*; *doch sind* § II *u.* III *von* 7; 9; *B*; *G*; *H*; § II—IV *von Em. in einen* § *zusammengezogen.*

4.* Si quis ansare furaverit et ei fuerit adprobatum [mal. sundolino h. e.], CXX dinarios qui faciunt solidos III culpabilis iudicetur. § 4.

* *fehlt* 9. [1] *aut anedem . . . domesticam f. h.* 5=6—8; *B*; *G*; *H*; 10; *Em.*

V (5 § 9).* Si quis turture de rete[1] aliena[1] furaverit, solidos III culpabilis iudicetur. § V.

* 10; *vgl. aber unter* § VI. [1] *trappa* 10.

VI (5 § 10).* Si quis aucellum de trappa[1] furaverit [malb. baofalla], solidos III[2] culpabilis iudicetur. § VI.

* § V *u.* VI: *Em.* § 7; § VI: 6; 7—9; *B*; *G*; *H*. [1] *quolibet laqueo vel decipula Em.* [2] XV: 7—9; *B*; *H*; I: *G*.

VII (6 § 11).* Si quis pomarium[1] domesticum[1] de[2] intus curte aut de latus curte[2] capulaverit aut involaverit, solidos III culpabilis iudicetur. § VII.

* 5; 10; *Em. ausser Q*; *vgl. aber unter* § VIII. [1] *pom. dom. aut perarium* 10; *pom. sive quamlibet arborem domesticam Em.* [2] *extra clausuram Em.*

VIII (6 § 12).* Si[1] in orto fuerit et ipsum aut[1] capulaverit aut involaverit [s.], denarios DC qui faciunt solidos[2] XV[2] culpabilis iudicetur. § VIII.

* 5; 10; *Em. ausser Q*; *anstatt* § VII *u.* VIII *hat* 7: *Si quis pomario domestico cappolaverit aut involaverit, solidos* III *culpabilis iudicetur. Si quis pomario domestico intus curte aut in orto vel in vinea cappulaverit aut involaverit, solidos* XV *culpabilis iudicetur, excepto capitale et delatura* =8; 9; *B*; *G*; *H*. — *Em. Q*: *Si quis pomarium sive quamlibet arborem domesticam extra vel intra clausuram exciderit aut furatus fuerit*, CXX *din. qui fac. sol.* III *culp. iud., excepto capitale et delatura.* [1] *Si quis vero pomarium aut quamlibet arborem domesticam infra clausuram Em.* [2] *sol.* XV *corr.* III: 5.

IX (Em. Tit. VIII § 3).* Hanc quoque legem et de vitibus furatis observari iussimus. § IX.

* 10; *vgl. aber* § VIII *Anm.* 1.

X (6 § 13).* Si quis cultellum furaverit [malb. leodardę s.], denarii DC qui faciunt solidos[1] XV[1] culpabilis iudicetur. § X.

* 5; 10; *Em.* [1] *sol.* XV *corr.* III: 5.

VIII. De furtis apium.

§ 1. 1. Si quis unam[1] apem[1] de intro clavem furaverit et tictum[a] super habuerit[a] [mał. sundolino h. e.], MDCCC dinarios qui faciunt solidos XLV[2] culpabilis iudicetur.

[a] *hic si prohabuerit (verd.)* 1; *tictum super aperierit* 2; *supra tectum habuerit* 3=10; *sub tecto furaverit* 5; *Em.*; *s. t. fuerit* 6; *si tectus super eas fuerit* 8=7; 9; *de sub tecto . . . ubi amplius non fuerint B*; *G*; *H*. [1] *unum vasum* 2=*Em.*; *unam apem, hoc est unum vasum* 5; 6. [2] XV: 9.

§ 2. 2.* Si quis unam[1] vasum[1,2] ubi amplius non fuerit, qui eam furaverit, legem superius conpraehensam convenit observare.

* *fehlt* 7—9; *B*; *G*; *H*; *vgl. aber* § 1 *Anm. a.* [1] *unum apem, hoc est unum vasum* 3=4—6; 10; *unum vas cum apibus (u. v. apium) Em.* [2] *foris casa f. h.* 2; *de sub tecto et sub clave f. h.* 10.

§ I. I (Em. § 3).* Si quis unum vas cum apibus inter alia vasa sub tecto aut sub clave furaverit, causam superius conprehensam convenit observare.

* 10.

§ II. II (Em. § 4).* Si vero unum vas cum apibus foris tecto ubi amplius non fuerit furaverit, causam superius conprehensam componat.

* 10.

§ 3. 3. Si (scil. unum[a] vasum aut[a]) amplius usque ad sex foris tectum[b] furaverit, ut[1] aliquid exinde remaneant[1] [mał. texaga h. e.], DC dinarios qui faciunt solidos XV culpabilis iudicetur, excepto capitale et dilatura.

[a] *so* 7—9; *B*; *G*; *H*=4—6; 10; *Em.* [b] *so* 4; 7—9; *B*; *G*; *H*; *tinctum* 1; *tecto* 3; 5; 10; *Em.* [1] *fehlt* 7—9; *B*; *G*; *H*.

§ 4. 4.* Si vero septem aut amplius furaverit, et si adhuc aliquid exinde remaneant[1] [mał. hole chartis h. e.], MDCCC dinarios qui faciunt solidos[a] XLV culpabilis iudicetur, excepto capitale et dilatura.

* *fehlt* 7—9. [a] *fehlt* 1. [1] *et retro clavem fuerint f. h.* 10.

§ III. III (Em. § 7).* Si autem septem aut amplius furaverit, ita ut nulla remaneant, MDCCC dinarios qui faciunt solidos XLV culpabilis iudicetur, excepto capitale et delatura.

* 10.

IX. De damno in messe vel qualibet clausura[a] inlatum.

§ 1. 1.* Si quis animalia aut caballus vel quolibet pecus in messe sua invenerit, penitus eum vastare non debet. Quod si fecerit et hoc confessus fuerit, capitale in locum restituat; ipse vero debilem ad se recipiat. Si vero confessus non fuerit et ei fuerit adprobatum, excepto capitale et dilatura, DC dinarios qui faciunt solidos XV culpabilis iudicetur.

* *von Em. in drei §§ zerlegt.* [a] *claura* 1.

I (6 § 2).* Si quis animalem[1] aut iumentum in[2] furto[2] puncxerit [mało. stallachia sunt], denarios DC qui faciunt solidos XV culpabilis iudicetur, excepto capitale et deletura. § I.

* 5; 7—9; *B*; *G*; *H*; 10; *Em.* [1] *caballum f. h.* 5; 10=7—9; *B*; *G*; *H*; *Em.* [2] *in fustum* 5; *fehlt* 7—9; *B*; *G*; *H.*

2. Si quis in messe sua pecora aliena invenerit qui pastorem suum non habent et eas inclauserit et nulli paenitus innotescerit, et aliqua ex ipsis pecoribus perierit, capitale in locum restituat, et super MCCCC dinarios qui faciunt solidos XXXV culpabilis iudicetur. § 2.

3.* Si quis animale aut qualibet pecus per sua negligentia nocuerit et hoc[1] confessus fuerit, capitale in locum restituat, ille vero debilem ad se recoligat. Si vero negaverit et ei fuerit adprobatum [mał. leudardi h. e.], DC dinarios qui faciunt solidos XV culpabilis iudicetur, excepto capitale et dilatura. § 3.

* *von Em. in zwei §§ zerlegt.* [1] *domino eius f. h. Em.* = *B*; *G*; *H*; *dominus ei (verd.)* 7—9.

4. Si quislibet[1] porci aut qualibet pecora[2] in messe aliena currerint,[3] et illum[4] negantem ei fuerit adprobatum, DC dinarios qui faciunt solidos XV culpabilis iudicetur. § 4.

[1] *alicuius* 3; 10; *Em.*; *quis alicuius* 2=5; 6; *alicui* 4; *quis alicui* 7—9; *B*; *G*; *H.* [2] *ipso custodiente f. h.* 3; 4=2; 6; *costodiente pastore* 7; 9=8; *B*; *G*; *H*; 10; *Em.* [3] *nocuerint* 4. [4] *non f. h.* 3.

5.* Si quis vero[1] pecora de damno aut[2] in clausura aut dum ad domum minantur[2] expellere aut excutere praesumpserit, MCC[3] dinarios qui faciunt solidos XXX[3] culpabilis iudicetur. § 5.

* *von* 2 *in zwei* §§ *zerlegt.* [1] *aut per inimicicia aut per superbiam f. h.* 7=8; 9; *B*; *G*; *H.* [2] *inclusa fuerint* 3=4. [3] *din.* DC *f. sol.* XV: 2—9; *B*; *G*; *H*; 10; *Em.*

II (2 § 7).* Si[1] vero pecora de damno in clausura fuerint, ille[2] cuius pecora sunt[2] damno instematum reddat et insuper decim dinarius culpabilis iudicetur. § II.

* 3—9; *B*; *G*; *H*; 10; *Em.* [1] *quis f. h.* 7—9; *B*; *G*; *H.* [2] *domicus corr. dominicus B*; *domino H=G.*

III (2 § 8).* Si vero per inimiciciam aut per superbia sepem alienam aperuerit et in messe, in prato, in vinia vel qualibet laborem pecora miserit,[1] cuius labor est, si convinctus eum fuerit ad testibus, stematum damnum § III.

reddat [mał. leodardi] et insuper dinarios MCC faciunt solidos XXX culpabilis iudicetur.

* 3—9; *B*; *G*; *H*; 10; *Em.*; *vgl. aber Tit.* XXVII § 5. [1] *ei f. h.* 7—9; *B*; *G*; *H*; *Em.*

X. De servis vel mancipiis furatis.

§ 1. 1.* Si quis servo aut[1] caballo[2] vel iumentum[2] furaverit [mał. alfalchio h. e.], MCC[3] dinarios qui faciunt solidos XXX[3] culpabilis iudicetur.[4]

* *fehlt* 3. [1] *ancilla f. h.* 2; 9; 10=4—8; *Em.* [2] *fehlt* 5—9; *B*; *G*; *H*; *Em.* [3] *so nur* 1=7; 9; *din.* MCCCC *f. sol.* XXXV: 2=4—6; 8; *B*; *G*; *H*; 10; *Em.* [4] *exceptis capitale et dilatura f. h.* 4=5—7; 9; *B*; *G*; *H*; 10; *Em.*

§ 2. 2. Si servus aut ancilla cum[1] ipso ingenuo de rebus domini sui aliquid portaverit, praeter quod eius mancipia et res restituat, et insuper [mał. theubardi h. e.], DC dinarios qui faciunt[1] solidos XV[2] culpabilis iudicetur.

[1] *de rebus domini sui aliquid deportaverit et homo ingenuus in furtum hoc receperit B*; *G*; *H*=7—9. [2] *atque causam quae superius diximus adhuc amplius f. h.* 3=*Em.*

§ I. I (5 § 3).* Si quis servum alienum occiderit vel vendiderit aut ingenuum dimiserit [małb. meotheo s.], solidos XXXV culpabilis iudicetur.[1,2]

* 6; 10; *Em.* [1] *excepto capitale et delatura f. h.* 10; *Em.* [2] *De ancilla vero sol.* XXX *f. h.* 10.

§ II. II (5 § 4).* Si quis ancillam alienam furaverit [małb. texeca], solidos XXX culpabilis iudicetur.

* 6; *vgl. aber* § I *Anm.* 2.

§ III. III (5 § 5).* Si homo ingenuus servum alienum in texeca secum ducat aut aliquid cum ipso[1] negotiat [małb. teolasina s.], solidos XV culpabilis iudicetur.[2]

* 6—9; *B*; *G*; *H*; 10; *Em*; *vgl. aber Tit.* XXVII § 25. [1] *in taxaca f. h.* 7=8; 9; *B*; *G*; *H.* [2] *excepto capitale et delatura f. h.* 10; *Em.*

§ IV. IV (3 § 2).* Si quis ancillam[1] perdiderit valente solidos XXV, si porcario, venatore, si fabrum aut carpantarium vel stratorem, solidos LXX[1] culpabilis iudicetur.[2,3]

* 2; 4—9; *B*; *G*; *H*, 10; *Em.*; *vgl. aber Tit.* XXXV § 6. [1] *ancilla prodederit sol.* XXXV, *si pro vinitore, si fabrum, si carpentario, si stratario valente sol.* XXX [*mał. teodocco s.*] *din.* MMDCCCLXXX *fac. sol.* LXXXV *cui fuerit adprobatum* 2; *ancillam perdiderit valentem sol.* XV *sive porcario sive vinudore sive fabrum, carpentarium valente sol.* XXXV, MMDCC *den. qui fac. sol.* LXV: 4; *ancillam furaverit aut vindederit valentem sol.* XV *aut* XXV, *si porcario, si fabrum, si viniatori* (*venatorem* 6), *mulinario, carpantario vel quemcumque artificem valente solidos* XXV [*małb. texeca*] *sol.* LXV: 5=6; *servum aut ancillam perdiderit* (*furaverit G*; *H*), *valentes*

sol. XXV (*serv. perd. aut anc. val. sol.* XXV *furaverit* 8), *se porcario, se venatore, se fabro, se carpentario, se stratore vadentes sol.* XXV (XXX: 8) *furaverit aut occiserit* [*mał. theachro taxaca*], *sol.* LX: 7=8; 9; *B*; *G*; *H*; *maiorem, infestorem, scantionem, mariscalcum, stratorem, fabrum ferrarium, aurificem sive carpentarium, vinitorem vel porcarium vel ministerialem furaverit aut occiderit vel vendiderit, valentem sol.* XXV [*małb. theuca texara*]. MCCCC *den. qui fac. sol.* 10; *servum aut ancillam valentem sol.* XV *aut* XXV *furaverit aut vendiderit seu porcarium aut fabrum sive vinitorem vel molinarium aut carpentarium sive venatorem* [*sive*] *aut quemcumque artificem,* MMDCCC *din. qui fac. sol.* LXX: *Em.* [2] *exc. cap. f. h.* 6; *exc. cap. et del.* 7—9; *B*; *G*; *H*; 10; *Em.* [3] *Si vero maiorissam aut ancillam ministerialem valentem sol.* XXV, *superiorem causam convenit observare.* — *In alio Pacto dicit, de ipsis* [*małb. thenca texaca is mala texaca amba texaca amba othonia*], *pręcia hęc sol. in summa* LXXX *qui fac. den.* MMMCC *culp. iud., exc. cap. e. del. f. h.* 10.

V (5 § 7).* Si quis puerum[1] aut puellam de ministerium[1,2] furaverit (małb. horogaut orogania], XXV solidos in capitalem restituat et insuper solidos[3] XXXV[3] culpabilis iudicetur, excepto capitale et delatura. § V.

* 6; 10; *Em. ausser V.* [1] *servum pulcdrum* 10. [2] *dominorum f. h. Em.* [3] MDCCC *den. qu. f. sol.* XLV: 10.

XI. De furtis ingenuorum vel efracturis.

1. Si quis ingenuus de foris casa quod valit duos dinarii furaverit, DC dinarios qui faciunt solidos[a] XV culpabilis iudicetur. § 1.

[a] *fehlt* 1.

2. Si vero foris casa furaverit quod valent XL dinarios et ei fuerit adprobatum, praeter capitale et dilaturam MCCCC[1] dinarios qui faciunt solidos XXXV[1] culpabilis iudicetur. § 2.

[1] *sol.* XXX: 7; 9; *B*; *G*; *H*.

3.* Si ingenuus homo efractura[1] fecerit[1] quod[2] valit II[a] dinarios[2,3] et ei fuerit adprobatum [mał. anthedio h. e.], solidos[b] XXX[b] culpabilis iudicetur. § 3.

* *fehlt* 6—9; *B*; *G*; *H.* [a] $\overline{\text{II}}$ (=MM): 1. [b] *so* 3; 5=2; *Em.*; MCC *den. qu. f. sol.* XXXV: 4; *sol.* XV: 1; MDCCC (*den.*) *qu. f. sol.* XLV: 10. [1] *de intus casa furaverit aut fregerit* 10; *casam effregerit et: Em.* [2] *fehlt* 2. [3] *furaverit f. h. Em.*

4.* Si vero supra[1] V dinarios quod valet[1] furaverit et ei fuerit adprobatum, excepto capitale et dilatura, MCCCC[2] dinarios qui faciunt solidos XXXV[2] culpabilis iudicetur. § 4.

* *fehlt* 7—9; *B*; *G*; *H.* [1] *quod quinque den. valet* 5; 6; V *aut supra* V *din. Em*; *quod val. super* L *din.* 3; *super* L *porcos* (!) 4. [2] *din.* DC *f. sol. quindice* 2.

§ 5. 5.* Si vero clavem effrigerit aut[1] adulteraverit, sic in domo ingressus fuerit aut[2] exinde furtum aliquid tulerit, excepto capitale et dilatura,[1] MDCCC[3] dinarios qui faciunt solidos XLV[3] culpabilis iudicetur.

* *vgl. unter* § 6. [1] *fehlt* 3. [2] *et* 2; 4—6; 10; *Em.* [3] XL *sol.* 3; MDCCC *din. qu. f. sol.* XL: 6; XXX *sol.* 9.

§ 6. 6.* Si vero nihil tulerit aut[1] fugiens evaserit,[2] MCC[3] dinarios qui faciunt solidos XXX[3] culpabilis iudicetur.

* § 5 u. 6 *sind von B; G; H in einen* § *zusammengezogen;* § 6 *fehlt* 9; *vgl.* § 5 *Anm.* 3. [1] *ut* 2; 3; *et* 4; 5; 10; *sed Em.* [2] *taliter propter efractura tantum f. h.* 2 = 3—6; 10; *Em.* [3] MCC *den. qu. f. sol.* XXXV: 4; MCCC—XXXV: 8; MCCCC—XXXV: 2.

XII. De furtis servorum vel efracturis.

§ 1. 1. Si servus foris casa quod valit II[1] dinarios[1] furaverit, excapto capitale et dilatura, CXX[2] flagellus extentus accipiat.[2]

[1] *dinarius* 2. [2] *aut flagellis* CXX *accipiat aut solidos tres reddat* 3 = 2—9; *B*; *G*; *H*; 10; *Em.*

§ 2. 2.* Si vero[1] quod valit XL dinarios furaverit, aut castretur aut sex solidos reddat. Dominus vero servi qui furtum fecit capitale et dilaturam requirenti restituat.

* *fehlt Em. Q.* [1] *infra domum f. h. Em. B.*

XIII. De rapto ingenuorum.[1]

§ 1. 1. Si tres homines ingenuam puellam[2] rapuerint [mał. schodo h. e.], tricinus solidus cogantur exsolvere.

[1] *vel mulierum f. h.* 2; 3; 5—7; 9; *B*; *G*; *H*; *De raptum mulieris* 4; *De ingenuis hominibus, qui mulieres ingenuas rapiunt* 10 = *Em.* [2] *de casa f. h.* 2; 4 = 3; *de casa aut de screona (escreona, iscreona, escreuna, screuna) f. h.* 5—9; *B*; *G*; *H*; 10; *Em.*

§ 2. 2.* Illi qui super tres fuerint, quinos solidos solvant.

* *von* 2; 4; 7—9 *B*; *G*; *H mit* § 1 *zusammengezogen.*

§ 3. 3.* Qui cum sagittas fuerint, ternos solidos culpabiles iudicentur.

* *von* 7—9; *B*; *G*; *H mit* § 1 *u.* 2 *zusammengezogen.*

§ 4. 4.* Raptores vero MMD dinarios qui faciunt solidos LXII[a] cum dimidio[a] exigantur.

* *von* 7—9; *B*; *G*; *H mit* § 1, 2 *u.* 3; *von* 2 *u.* 3 *mit* § 3 *zusammengezogen.* [a] *so* 5; 7—9; *B*; *G*; 10; *Em*; LXII: 2—4; LXIII: 1; 6; XLIII: *H.*

5.* Si vero puella ipsa de intro clave aut de screuna rapuerint, praecium et causa superius conpraehensa culpabiles iudicentur. § 5.

* *fehlt* 2; 3; 7—9; *B*; *G*; *H*; 10; *Em.*; *vgl. aber* § 1 *Anm.* 2.

6.* Si vero puella qui trahitur in verbum regis fuerit, fritus[1] exinde MMD dinarios qui faciunt solidos LXII[a] cum dimidio[a] est. § 6.

* *fehlt* 8. [a] *so* 5; 7; 9; *B*; *G*; *H*; 10; *Em.*; LXII: 2; 3; LXIII: 1; 6. [1] *furban* 4.

7. Si vero puer regi vel litus ingenuam feminam traxerit, de vita culpabilis[1] esse debet.[1] § 7.

[1] *conponat* (*componat*) *alle übr.*

8. Si vero ingenua[a] puella[a,1] de illis suam voluntatem servum secuta fuerit, ingenuitatem suam perdat. § 8.

[a] *ingenua femina* 5—9; 10; *Em. ausser Q*=*B*; *G*; *H*; *ingenuam puellam* 1; *feminam ingenuam* 3=2; 4; *Em. Q.* [1] *quemcumque f. h.* 2=10; *cuicumque* (*quicumque*) 5; 6; 3; 7—9=4; *quemque Em. ausser Q*; *quaecumque B*; *G*; *H*; *que Em. Q.*

9.* Ingenuus si ancilla aliena[1] prisserit, similiter paciatur. § 9.

* *fehlt* 2; 4; *vgl. aber Tit.* XXV § 5. [1] *in coniugium f. h.* 5; 6; 10=7—9; *B*; *G*; *H*; *Em.*

I (5 § 10).* Si quis litam alienam ad coniugium sociaverit [malb. anfamia], MCC denarios qui faciunt solidos XXX culpabilis iudicetur. § I.

* 6; 10; *Em.*

II (6 § 11).* Si quis sororis[1] aut fratris filiam aut certe ulterius gradus consubrina[a] aut certe fratris uxorem aut avunculis sceleratis nuptiis sibi iuncxerit, hanc poenam subiaceant ut de tale consortio separentur atque etiam si filios[b] habuerint, non habeantur legitimi heredes, sed infamiae[2] sunt nativitate.[2] § II.

* 5; 10; *Em.* [a] *so* 5; *consobrinae* 6. [b] *so* 5; *filiis* 6. [1] *sororem* 10; *Em.* [2] *infamia sint notati* 10; *Em.*

10. Si quis sponsam alienam tulerit et eam sibi in coniugio copulaverit, MMD[a] dinarios qui faciunt solidos LXII cum dimidio[a] culpabilis iudicetur. § 10.

[a] *so* 8; 10; *Em.*=5; 7; 9; *B*; *G*; *H*; *din.* MMD *f. sol.* LXII: 2=3; *den.* MMD *qu. f. sol.* LXIII: 6; MM *din. qu. f. sol.* LXIII: 1; MMD *den. qu. f. sol.* LXXI: 4.

III (5 § 13).* In contra sponso vero cuius sponsa est solidos XV culpabilis iudicetur. § III.

* 6; 10; *Em.*

IV (5 § 14).* Si quis puella sponsata dructe ducentem[1] in via adsallierit et cum ipsa violenter mechatus fuerit [malb. gaugie altho s.], solidos CC culpabilis iudicetur. § IV.

* 6—9; *B*; *G*; *H*; 10; *Em.* [1] *ad maritum f. h.* 7; 8; *B*; *G*; *H*; 10; *Em.*=9.

XIV. De[1] supervenientibus vel expoliatis.[1]

§ 1. 1. Si quis hominem ingenuum in superventum expoliaverit, cui fuerit adprobatum [mał. anthi falthio h. e.], MMD[a] dinarios qui faciunt solidos LXII cum dimidio[a] culpabilis iudicetur.

[a] *so* 8; *Em.*=5; 7; 9; *B*; *G*; *H*; *din.* MMD — *sol.* LXII: 2=3; 4; MMD *din.* — *sol.* LXIII: 1; 6; MMD *den.* — *sol.* LXXX *c. dim.* 10. [1] *De eo qui hominem ingenuum expoliaverit Em. ausser Q*; *De eo qu. h. innocentem e. Em. Q.*

§ 2. 2. Si vero Romanus[1] barbarum Salico[1] expoliaverit, legem[2] superiorem conpraehensa convenit observare.[2]

[1] *Romanum Franco Saligo* (*verd.*) 2; *Romanum aut barbaro Salico* (*verd.*) 4; *Romanus barbarus Salecum Francum* 10. [2] *et certa non fuerit, per* XXV *se iuratores exsolbat, medius tamen electus*; *se iuratores non potuerit invenire* [*mał. murdo*], *aut ad inium ambulit aut* MMD *din. qu. fac. sol.* LXII *culp. iud.* 2; *sol.* XVII *c. dim. culp. iud.* 9.

§ 3. 3. Si vero Francus[1] Romano expoliaverit,[1,2] solidos XXXV[3,4] culpabilis iudicetur.

[1] *fehlt* 2. [2] *certa probacio non fuerit,* XX *se iuratores exsolvat medius tamen clictus; se iuratores non potuerit invenire* [*mał. murdo s.*] *f. h.* 2. [3] *so nur* 1; XXX *alle übr.* [4] *si adprobatus fuerit f. h.* 2.

§ 4. 4. Si quis hominem qui[1,2] migrare[3] voluerit et de rege habuerit praeceptum et abbundivit[4] in malum puplico, et aliquis[1] contra ordinationem regis testare[5,6] praesumpserit, VIII M dinarios qui faciunt solidos CC culpabilis iudicetur.

[1] *cartam regis habentem B*; *G*; *H*; *praeceptum reg. hab. Em.* [2] *alicubi f. h.* 3; 5; 6; 8; 10=4; 7; 9. [3] *admigrare* 2; *manere* 3. [4] *abmundivit* 4; *alundivit* 7; *aliunde ierit* 10. [5] *restare* 6; *restare eum facit* 10; *adsallire vel via lacinia facere B*; *G*; *H*=*Em.* [6] *aut adsallire f. h.* 5—9=10.

§ 5. 5.* Si quis hominem migrante adsalierit, quanti[1] in contubernio vel superventum fuerint[a,1] [mał. texaga h. e.], MMD[2] dinarios qui faciunt solidos LXII[b] cum dimidio[b,2] culpabiles[3] iudicentur.[3]

* *fehlt* 5—9; *B*; *G*; *H*; 10; *Em.*; *vgl. aber* § 4 *Anm.* 5 *u.* 6. [a] *fehlt* 1; *fuerint fuisse probantur* 3. [b] LXII: 3; LXIII: 1. [1] *fehlt* 2; 4. [2] VIIIM *den. qu. f. sol.* CC: 4=2. [3] *unusquisque ex illis culp. iud.* 3.

§ 6. 6.* Si quis villa aliena adsalierit, quanti[1] in eo contubernio probantur[1] [mał. secthis h. e.], solidos[a,2] LXII cum dimidio[a,2] culpabiles[3] iudicentur.[3]

* *fehlt* 3; *G*; *von B u. H mit* § I *zusammengezogen.* [a] MMD *din. qu. f. sol.* LXII *c. dim.*: *Em.*=5; MMD *den.* — *sol.* LXII: 4; *sol.* LXIII: 1;

sexagenus semes sol. 2; *den.* MMCCCC — *sol.* LXIII: 6. [1] *fehlt* 7—9; *B*; *H*; 10; *ipse et omnes qui convicti fuerint quod in eius contubernio fuissent: Em.* [2] *den.* MCC *qu. f. sol.* XXX: 8 = 7; 9; *B*; *H*; 10. [3] *unusquisque ipsorum culp. iud. Em.*

I (5 § 6).* Si[1] quis villam alienam adsallierit[1] et[2] ibidem ostia fregerit, canes occiderit vel homines plagaverit aut in carro aliquid exinde duxerit [małb. turpephaldeo s.], solidos CC culpabilis iudicetur.[3] § I.

* 6—9; *B*; *G*; *H*; 10; *Em.*; *von B u. H mit* § 6 *zusammengezogen.* [1] *fehlt B*; *G*; *H.* [2] *si f. h. B*; *G*; *H.* [3] *et quicquid inde abstulerit in locum restituat f. h. Em.*

II (5 § 7).* Excepto[a.1] quicquid ibidem priserit in loco restituat.[1] § II.
Quanti in eo contubernio vel supraventi fuisse probantur, solidos LXII[2] cum dimidio[2] quisque illorum culpabilis iudicetur.

* 6; 10; *Em.* [a] *quic f. h.* 5. [1] *von Em. in* § I *gegeben*; *vgl. dort Anm.* 3. [2] LXIII: 6.

III (2 § 7).* Si quis homine[1] dormientem in furtum expoliaverit et ei § III.
fuerit adprobatum [mał. friomurdum s.], dinarios IIIIM faciunt solidos C culpabilis iudicetur.

* 3; 5—9; *B*; *G*; *H*; 10; *Em.* [1] *ingenuum f. h.* 8; 9; *B*; *G*; *H*; *Em.* = 7.

IV (2 § 8).* Si quis hominem mortuum antequam in terra mittatur § IV.
expoliaverit, cui fuerit adprobatum [mał. noreb'r s.], dinarios[1] IIIIM faciunt solidos C[1] culpabilis iudicetur.

* 3—6; 10; *Em.*; *vgl. aber Tit.* LV § 1. [1] MDCCC *den. qu. f. sol.* XLV, *et in alia sententia* MMD *den. qu. f. sol.* LXII *c. dim.* 10.

V (2 Tit. XV § 1).* Si quis hominem exfudierit et[1] expoliaverit [mał. § V.
turnicale s.], dinarios[2] VIIIM faciunt solidos CC,[2] cui fuerit adprobatum, culpabilis iudicetur.[3]

* 3; 5; 6; 10; *Em.*; *vgl. aber Tit.* LV § 2. [1] *vel* 5; 6; *aut Em. Q.* [2] IIIIM *den. qu. f. sol.* C: 10. [3] *Et postea: parentes defuncti iudicem rogare debent, ut inter homines non habitet auctor sceleris, et qui ei hospitium dederit, antequam parentibus satisfaciat,* DC *din. qu. f. sol.* XV *culp iud. f. h. Em. und (als besonderen §)* 10.

VI (7 Tit. XVIII § 2).* Si quis hominem mortuum super alterum in § VI.
naufum aut in petra[1] miserit [mał. hidulgus], solidos LXII cum dimidio culpabilis iudicetur.

* 8; 9; *B*; *G*; *H*; 10; *Em.*; *vgl. aber Tit.* LV § 4. [1] *quae vasa ex usu sarcofagi dicuntur f. h. Em.*; 10.

VII (7 Tit. XVIII § 3).* Si quis arestatonem[1] super hominem mortuum § VII.
capolaverit [mał. cheolbarbio] de unumquemque solidos XV culpabilis iudicetur.

* 8; 9; *B*; *G*; *H*; 10; *Em.*; *vgl. aber Tit.* LV § II. [1] *aristatonem G*; *H*; 10; *Em. ausser A u. P*; *aristaconem B*; *aristationem Em. A u. P*; *testatorem* 9.

XV.* De[1] homicidiis vel si quis uxorem alienam tulerit.[1]

Si quis hominem[2] ingenuum occiderit aut[2] uxorem alienam tulerit a vivo marito [mał. leudardi h. e.], VIIIM dinarios qui faciunt solidos CC culpabilis iudicetur.

* *vgl. Cap. Sal.* IV 17. [1] *ohne Überschr.* 2; 4; 7; 8; *B*; *G*; *H*; *De uxorem alienam ab alio sublata* 3; *De eo qui uxorem alienam tulerit vivo marito* 6=5; 9; 10. [2] *fehlt in allen übr.*

XVI. De incendiis.

§ 1. 1. Si quis casa qualibet super homines dormientes incenderit, quanti[1] ingenui intus fuerint mallare debent, et si aliquid[2] intus arserint[2] [mał. alfathio h. e.], MMD dinarios qui faciunt solidos LXII[a] cum dimidio[a, 3] culpabilis iudicetur.[1] [4]

[a] LXII: 2—4; LXIII: 1. [1] *cui casa* (*causa*: 6) *est. sol.* LXII *c. dim. conponat, et quanti intus fuerint mallare debent, contra unumquemque sol.* LXII *c. dim. culp. iud., et si aliqui intus arserint, sol.* CC *culp. iud. et cui casa est sol.* LXII *c. dim. culp. iud.* 5=6; *ei cui casa est* [*mał. andeba s.*] *den.* MMD *qu. f. sol.* LXII *c. dim.* (LXIII *c. dim.* 7; LXIII: *H*) *culp. iud. Ille vero qui exinde evaserint unusquisque ex ipsis malare eum debent* [*per mał. seeo lando veva s.*] *den.* MMD *qu. f. sol.* LXII *c. dim.* (LXIII, LXII: *B*; *G*; *H*) *qui incendium misit eis culp. iud.*. § 2. *Si quis ibidem arserit* [*mał. leud. s.*] *den.* VIIIM *qu. f. sol.* CC *culp. iud.* 8=7; 9; *B*; *G*; *H*; *ei cuius casa est* [*małb. andebau*] MMDC (MMD: *Em.*) *den. qu. f. sol.* LXII *et dim. culp. iud., exc. cap. et delat. Illi vero qui exinde evaserint, unusquisque ex ipsis eum mallare debent* [*per Malberg seu landevevas*] *et* IIIIM *den. qu. f. sol.* C (MMD *din. qu. f. sol.* LXII *c. dim.*: *Em.*) *culp. iud. unicuique eorum.* § 2. *Et quicquid ibi perdiderint in locum restituatur.* § 3. *Si aliqui ibidem remanserint* [*małb. leudi*], IIIIM *den. qu. f. sol.* C *culp. iud.* § 4. *Et ille qui incendium misit, parentibus uniuscuiusque defuncti* VIIIM *den. qu. f. sol.* CC *culp. iud.* 10 = *Em., die jedoch* § 2—4 *mit* § 1 *zusammenzieht.* [2] *aliquis intus arserit* 2; 3=4. [3] *de leude* CC *sol., cui casa est* LXII *sol. f. h.* 3=4. [4] *de leode sol.* CC *culp. iud.*; *cui causa est* [*mał. anda dil s.*] *din.* VIIIM *f. sol.* CC *culp. iud. f. h.* 2.

§ 2. 2.* Si quis casa cletem salina incenderit et ei fuerit adprobatum [mał. altifathio h. e.], MMD dinarios qui faciunt solidos LXII[a] cum dimidio[a] culpabilis iudicetur.

* *fehlt in allen übr.* [a] LXIII: 1.

§ 3. 3.* Si quis spicario aut machalum cum annona incenderit, MMD dinarios qui faciunt solidos LXII[a] cum dimidio[a] culpabilis iudicetur.

* *vgl. unter* § 4. [a] *so* 5—9; *B*; *G*; *H*; 10; *Em.*; LXII: 2—4; LXIII: 1.

4.* Si quis sutem cum porcis aut scuria cum animalibus[1] incenderit et ei fuerit adprobatum, excapto capitale et dilatura [mał. sundela h. e.], MMD dinarios qui faciunt solidos LXII[a] cum dimidio[a] culpabilis iudicctur. § 4.

* *fehlt* 7—9; *B*; *G*; *H*; *von* 2 *mit* § 3 *zusammengezogen.* [a] *so* 5; 6; 10; *Em.*; LXII: 3; 4; LXIII: 1. [1] *vel fenile f. h.* 5; *Em.*=6; 10.

I (10 Tit. XIX § 9).* Et si aliquid non remanserit ibidem [małb. leudi], VIIIM denarios qui faciunt solidos CC culpabilis iudicetur, excepto capitale et delatura. § I.

* *nur in* 10.

II (2 § 3).* Si Romanus hoc Romanum admiserit, et certa probacio non fuerit, per XX se iuratores exsolbat medius tamen electus; se iuratoris invenire non potuerit, tunc ad inium ambulit [hoc dicunt małb. leodecal. s.], dinarios MCC faciunt solidos XXX culpabilis iudicetur. § II.

* *nur in* 2.

5.* Si quis sepem[1] aut concidem[1] alienum incenderit,[2] DC[a,3] dinarios qui faciunt solidos XV[3] culpabilis iudicetur. § 5.

* *von* 4—6; 10 *in zwei* §§ *zerlegt.* [a] CC: 1. [1] *sepe concisa* 3. [2] *inciderit* 2; *cappulaverit* 3; *capulaverit aut incenderit* 7—9; *B*; *G*; *H*=*Em.*; 4—6; 10. [3] *sol.* V: 3.

XVII. De vulneribus.

1. Si quis alterum voluerit occidere et colpus falierit,[1] cui fuerit adprobatum [mał. vito ido efa h. e.], MMD dinarios qui faciunt solidos LXII[a] cum dimidio[a] culpabilis iudicetur. § 1.

[a] *so* 5—9; *B*; *G*; *H*; 10; *Em.*; LXII: 2—4; LXIII: 1. [1] *vel si de sagitta toscada ipsum percutere voluerit f. h. B*; *G*; *H*=*Em.*

2.* Si quis alterum de sagitta toxigata percutere voluerit et praetersclupaverit et ei fuerit adprobatum, MMD dinarios qui faciunt solidos LXII[a] cum dimidio[a] culpabilis iudicetur. § 2.

* *von B*; *G*; *H*; *Em. mit* § 1 *zusammengezogen*: *vgl.* § 1 *Anm.* 1. [a] *so* 5—9=10; LXII: 2=3; 4; LXIII: 1.

I (2 § 4, erste Hälfte).+* Si quis alterum in caput plagaverit[1] et ei fuerit adprobatum [małb. chicsio frit s.] dinarios[2] DC faciunt solidos XV[2] culpabilis iudicetur. § I.

\+ 8 *hat von hier bis Tit.* XXII (*ihrem Tit.* XXIX) *eine Lücke, die von späterer Hand nach der Em. ausgefüllt ist.* * 3—7; 9; *B*; *G*; *H*; 10; *Em.*; (8). [1] *sic ut sanguis ad terram cadat f. h.* 3=4; *et exinde trea ossa exirint f. h.* 5=6; *Em.*; (8); *et exinde ossa exierint* 7; 10=9; *B*; *G*; *H.* [2] *den.* MCC *qu. f. sol.* XXX: 6; 10; *Em.*; (8)=5; 7; 9; *B*; *G*; *H.*

3.* Si quis alterum in caput plagaverit ut[1] cerebrum apareat, et exinde tria ossa quae super ipso cerebro iacent exierint[1] [mał. § 3.

vivisio feth h. e.], MCC[2] dinarios qui faciunt solidos XXX[2] culpabilis iudicetur.

* *fehlt* 7; 9; *B*; *G*; *H*; *von* 2—4 *mit* § I *zusammengezogen.* [1] *ut cerebrum exierit* (*verd.*) 6. [2] MDCCC *din. qu. f. sol.* XLV: *Em.*; (8); 10=5; 6; MDCCC *den. qu. f. sol.* XLII (*verd.*) 4.

§ 4. 4. Si vero inter costas fuerit aut in ventrem ita ut vulnus appareat ut[1] usque ad intrania perveniat[1,2] [mał. hisifreth h. e.] MCC[3] dinarios qui faciunt solidos XXX[3] culpabilis iudicetur praeter medicatura solidos V.[4,5]

[1] *fehlt* 7; 9; *B*; *G*; *H*. [2] *et currat et non sanat f. h.* 7; 9=*B*: *G*; *H*; 10. [3] MDCCC *den. qu. f. sol.* XLV: 4; MMD *den. qu. f. sol.* LXII *c. dim.* 10=7; 9. [4] VIII: 4; VIIII: 2; 3; 7; 9; *B*; *G*; *H*; 10. [5] *Si vero plaga ipsa semper currit et ad sanitatem non pervenerit* [*malb. freobleto*], *sol.* LXII *c. dim. culpabilis iudicetur et in medicaturas sol.* VIIII (VIII: 5) *f. h.* (*als besonderen* §) 6=5; *Em.*; (8).

§ 5. 5.* Si quis hominem plagaverit ita[1] ut sanguis in terra cadat, et ei fuerit adprobatum, DC dinarios qui faciunt solidos XV culpabilis iudicetur.

* *fehlt* 7; 9; *B*; *G*; *H*. — 3 *u.* 4 *wiederholen hier* § I: *vgl. dort Anm.* 1. [1] *in caput f. h.* 5; 6; *Em.*; (8).

§ 6. 6. Si quis ingenuus ingenuum de fuste percusserit ut sanguis non[1] exeat,[1] usque tres colpus semper per unum quisquo iecto [mał. vualfach h. e.] CXX[2] dinarios qui faciunt solidos III[2] culpabilis iudicetur.

[1] *ad terram non cadat* 3. [2] *sol.* VI: 7; 9; *B*; *G*; *H*.

§ 7. 7. Si vero sanguis exierit, tale culpa conponat quantum si eum de ferro vulneraverit.[1]

[1] *hoc e.* DC *den. qu. f. sol.* XV *culp. iud. f. h.* 6; 10=5; *Em.*; (8).

§ 8. 8.* Si[1] quis de clauso pugno[2] alio percusserit[1] [mał. vualfoth h. e.] CCCLX[3] dinarios qui faciunt solidos novem[3] culpabilis iudicetur, ita ut per singulos iectos ternos solidos reddat.

* *fehlt* 7; 9; *B*; *G*; *H*; *von* 4 *verstümmelt und mit dem vorigen* § *zusammengezogen*: *vgl. Anm.* 1. [1] *fehlt* 4. [2] *ter f. h.* 3; 5; 10=6. [3] CCCLX *den. qu. f. sol.* VIII: 4; *sol.* VIII: 5.

§ 9. 9.* Si quis alterum in via[1] expoliare temptaverit et[2] ei per fuga evasserit, cui fuerit adprobandum [mał. urtifugia h. e.], MMD[3] dinarios qui faciunt solidos LXII[a] cum dimidio[a,3] culpabilis iudicetur.

* *fehlt* 7; 9; *B*; *G*; *H*. [a] *so* 5; 6; LXII: 2—4; LXIII: 1. [1] *adsallierit et f. h.* 5; 6; 10; *Em.* (8). [2] *ille f. h.* 10; *Em.*; (8). [3] MCC *den. qu. f. sol.* XXX: 10; *Em.*; (8).

§ II. II (6 § 12).* Si vero eum[1] raubaverit[1] [małb. haravuano], solidos[2] XXX[2] culpabilis[a] iudicetur.[a]

* 5; 10 *Tit.* XX § 10 *u. Tit.* XXXIV § 3; *Em.*; (8). [a] *fehlt* 6. [1] *alterum in via adsallierit et eundem raubaverit* 10; *ceperit eum et expoliaverit Em.*; (8). [2] MMD *din. qu. f. sol.* LXII *c. dim. Em.*; (8).

XVIII. De eum qui innocentem[1] hominem ad regem accusat.

1. Si[2] quis ad regem innocentem hominem absentem[3] accusaverit[2] [mał. seulando efa h. e.], MMD dinarios qui faciunt solidos LXII[a] cum dimidio[a] culpabilis iudicetur. § 1.

[a] *so* 5—7; 9; *B*; *G*; *H*; 10; *Em.*; (8); LXII: 2—4; LXIII: 1. [1] *absentem* 2; *qui absen est f. h.* 3 = 6; *Em.*; (8) *ausser Q*; *V.* [2] *fehlt* 2. [3] *de culpis minoribus f. h. Em.*; (8).

I (Em. Tit. XX § 2).* Si vero tale crimen ei imputaverit, unde mori debuisset si verum fuisset, ille qui eum accusaverit VIIIM dinarios qui faciunt solidos CC culpabilis iudicetur. § 1.

* (8); 10.

XIX. De maleficiis.

1. Si quis alteri herbas[1] dederit[1] bibere ut moriatur, solidos CC culpabilis iudicetur.[2] § 1.

[1] *maleficiis fecerit aut dederit* 2. [2] *aut certe ignem tradatur f. h.* 2. *Et si is cui maleficium fecerit evaserit* [*małb. tho vuespho ac faltho*], MMD *den qu. f. sol.* LXII *c. dim. culp. iud f. h.* 10: *vgl.* § 2.

2. Si quis alteri malificium[1] fecerit[1] et ille cui factum fuerit evaserit, auctor sceleris qui hoc admississe probatur [mał. artifugiam h. e.] MMD dinarios qui faciunt solidos LXII[a] cum dimidio[a] culpabilis iudicetur. § 2.

[a] *so* 5—7; 9; *B*; *G*; *H*; 10; *Em.*; (8); LXII: 2—4; LXIII: 1. [1] *herbas dederit bibere* 3 = 4.

I (5 § 3).* Si quis alteri maleficium superiactaverit sive[a] cum ligaturis[a] ubilibet miserit, solidos LXII cum dimidio culpabilis iudicetur. § I.

* 10; *Em.*; (8). [a] *so* 10; *Em.*; (8); *fehlt* 5.

II (5 § 4).* Si quis mulier altera mulieri maleficium[1] fecerit[1] unde infantes non potuerit habere, solidos LXII cum dimidio culpabilis iudicetur. § II.

* 7; 9; *B*; *G*; *H*; 10; *Em.*; (8). [1] *herbas dedirit bibere* 7 = 9; *B*; *G*; *H*; *Em.*; (8).

XX. De eum qui ingenua muliere manum vel brachio aut digito extrinxerit.

1. Si quis ingenuus homo ingenue muliere manum[1,2] vel brachio aut[1] digito[2] extrinxerit, cui fuerit adprobatum [mał. leudardi h. e.], solidos[3] XV[3] culpabilis iudicetur. § 1.

[1] *fehlt* 2; 4; 5. [2] *digitum vel brachium* 3; *digitum vel manum* 6=7; 9; *B*; *G*; *H*; 10; *Em.*; (8). [3] MCC *den. qu. f. sol.* XXX: 4.

§ 2. 2.* Si brachium praesserit,[1] solidos XXX conponat.

* *fehlt* 4. [1] *strinxerit* 5—7; *Em.*; (8)=9; *B*; *G*; *H*; 10.

§ 3. 3. Certe si super cubitum manum[1] miserit[1] [mał. chamin h. e.], MCCCC[2] dinarios qui faciunt solidos XXXV[2] culpabilis iudicetur.

[1] *presumpserit* 4; *eam extrinxerit B*; *F*; *G*=*H*; 10. [2] MCCCC *den. qu. f. sol.* XLV (*verd.*): 4.

§ I. I (5 § 4).* Si quis mulierem mamellam capulaverit,[1] solidos XLV culpabilis iudicetur.

* 6; 7; 9; *B—H*; 10; *Em.*; (8). [1] *strinxerit aut sciderit quod sanguis egressus fuerit de bructe* 6; *strinxerit* 7; *Em.*; (8)=9; *B—H*; *Em. Q.*

XXI. De[1] navibus furatis.[1]

§ 1. 1. Si quis extra consilium domini sui navem alienam moverit et[2] cum ea[3] transierit[2] [mał. chammino h. e.], CXX[4] dinarios qui faciunt solidos III[4] culpabilis iudicetur.

[1] *De eo qui navem sine permissu domini moverit aut furaverit Em.*; (8). [2] *fehlt* 3; 7; 9; *B—H*. [3] *flumen f. h.* 5; 6; 10; *Em.*; (8). [4] DC *den. qu. f. sol.* XV: 4=2.

§ 2. 2.* Si vero ipsa nave furaverit et[1] perventus fuerit[1] [mał. fimire h. e.], DC[2] dinarios qui faciunt solidos XV[2] culpabilis iudicetur.

* *fehlt* 3; 4; *F*. [1] *fehlt* 5—7; 9; *B*; *G*; *H*; 10; *Em.*; (8); *et ei fuerit adprobatum* 2. [2] *din.* MCCCC *f. sol.* XXXV: 2.

§ 3. 3.* Si quis navem[1] de intro clavem furaverit, MCCCC[2] dinarios qui faciunt solidos XXXV[2] culpabilis iudicetur.

* *fehlt* 2; 7; 9; *B—H*; *von* 4 *doppelt in zwei* §§ *gegeben, deren erster in seiner Strafbestimmung verderbten Text zeigt.* [1] *fehlt* 6; *ascum* 10; *vel asco f. h.* 5; 6=*Em.*; (8). [2] MDCCC *den. qu. f. sol.* XLV: 10.

§ 4. 4. Si quis ascum de intro clavem repositum et[1] in suspensum pro studio posito[1] furaverit [mał. fectho h. e.], MDCCC[a.2] dinarios qui faciunt solidos XLV[2] culpabilis iudicetur.

[a] MCCC: 1. [1] *fehlt* 3; 4; 7; 9; *B—H*. [2] *sol.* XV: 7; *F*; *sol.* XL: *B*.

XXII. De furtis in molino conmissis.

§ 1. 1. Si* quis ingenuus homo in molino anona aliena furaverit et ei fuerit adprobatum,[1] ipso molinario [mał. anthedio h. e.],

DC dinarios qui faciunt solidos XV solvat. Ei vero cuius anona est alius XV solvatur.

* *von 7 u. 9 in zwei §§ zerlegt.* [1] *cui molinus est hoc est f. h.* 3 = 5—7; 10; *Em.*; (8).

I (5 § 2).* Si quis ferramento de molino alieno furaverit [malb. anthedio], solidos XLV culpabilis iudicetur. § I.

* 6; 10; *Em.*; (8).

II (5 § 3).* Si quis sclusa de farinario alieno ruperit [malb. urbis via lazyna], solidos XV[1] culpabilis iudicetur. § II.

* 6; 7; 9; *B—H*; 10; *Em.*; (8). [1] LXV: 6.

XXIII. De caballo extra[a] consilium domini sui ascensu.[1]

Si quis caballum alienum extra consilium domini sui[2] caballicaverit, MCC[3] dinarios qui faciunt solidos XXX[3] culpabilis iudicetur.

[a] *ex* 1. [1] *vel excurtato f. h.* 7 = 8; 9: *vgl. Tit.* XXXVIII § 8. [2] *ascenderit et eum f. h.* 5; 6; 10; *Em.* = 7—9; *B—H.* [3] *sol.* XXXV: 3; 7; MCC *den. qu. f. sol.* XXXV: 4; *sol.* XV *culp. iud. et quando descendit similiter sol.* XV: 5 = 6; DC *din. qu. f. sol.* XV *culp. iud.*; *et pro eo quia ascenderit similiter aliis* DC *din. qu. f. sol.* XV: *Em. P* = 10; DC *din. qu. f. sol.* XV *culp. iud.*; *et pro eo quia discenderit sim. al.* DC *d. qu. f. sol.* XV: *Em. ausser P.*

XXIV. De homicidiis parvolorum.[1]

1. Si quis puerum infra X[2] annos usque ad decimum[2] plenum[3] occiderit, cui fuerit adprobatum [mal. famiis fith h. e.], XXIIIIM dinarios qui faciunt solidos DC culpabilis iudicetur. § 1.

[1] *vel mulierum f. h.* 2; 5—7; 9 = 3; *Em.* [2] XII *ann. usque ad duodecimum* 3 = 2; 5—9; *B—H*; 10; *Em.*; XII *ann. usque ad decem annos (verd.)* 4. [3] *non tunsorato f. h.* 7; 9 = 8; *B—H*; 10; *sive crinitum sive incrinitum f. h. Em.*

2.* Si quis puerum crinitum occiderit, solidos DC culpabilis iudicetur. § 2.

* *fehlt* 6—9; *B—H*; 10; *von Em. mit* § 1 *zusammengezogen*: *vgl. dort Anm.* 3; *von* 3 *u.* 4 *in Tit.* XLI § 16 *bezw.* 13 *wiederholt.*

I (2 § 2).* Si quis femena ingenuam interfecerit et ei fuerit adprobatum [malb. leodosanii st.], dinarios XXIIIIM faciunt solidos DC culpabilis iudicetur. § I.

* *nur in* 2.

3.* Si quis femina ingenua et gravida trabaterit, si moritur, XXVIIIM[1] dinarios qui faciunt solidos DCC[a.1] culpabilis iudicetur. § 3.

* *von* 3 *in Tit.* XLI § 18 wiederholt. [a] DCCC: 1; 2. [1] XIIM *qu. f. sol.* CCC: 8=6; 9; *B—H*; *sol.* DC: 3 *Tit.* XLI § 18.

§ 4. 4.* Si vero infantem in utero matris suae occiderit[1] ante[2] quod nomen habeat,[2,3] cui fuerit adprobatum, IIIIM dinarios qui faciunt solidos C culpabilis iudicetur.

* *von* 3 *in Tit.* XLI § 17 *wiederholt.* [1] *aut f. h.* 2; 3; 5; 6; *aut natum f. h. Em.* [2] *fehlt* 4. [3] *infra novem noctis f. h.* 5=6; *Em.*

§ 5. 5. Si vero puer infra XII annos aliqua culpa committat, fretus ei nullatenus requiratur.

§ II. II (5 § 8).* Si quis puellam ingenuam antequam[1] infantem habere possit[1] occiderit [małb. hismala], solidos[2] CC[2] culpabilis iudicetur.

* 2 *Tit.* XLVIII § 4; 3 *Tit.* XLI § 13; 4 *Tit.* XLI § 10 u. 14 (*doppelt*); 6 *Tit.* XXIV § 8; 7—9 *u. B—H Tit.* XXXII § 2; 10 *Tit.* XXVIII § 9 *u. Tit.* XLIV § 14 (*doppelt*); *Em. Tit.* XXVI § 6. [1] *fehlt* 2—4; 7—9; *B—H*; 10. [2] *den.* IIIIM *qu. f. sol.* C: 8=9; *B—H.*

§ 6. 6.* Si quis femina ingenua postquam coeperit habere infantes occiderit, XXIIIIM dinarios qui faciunt solidos DC culpabilis iudicetur.

* *von* 3 *u.* 4 *in Tit.* XLI § 14 *bezw.* 11 *wiederholt.*

§ 7. 7.* Post quod infantes non potuit habere qui eam occiderit, VIIIM dinarios qui faciunt solidos CC culpabilis iudicetur.

* *von* 3 *u.* 4 *in Tit.* XLI § 15 *bezw.* 12 *wiederholt*; *fehlt Em. J.*

XXV. De adulteriis ancillarum.

§ 1. 1.* Si quis cum ingenua puella per[1] virtutem[1] mechatus fuerit [mał. sivaerohen h. e.], solidos LXII[a] cum dimidio[a] culpabilis iudicetur.

* *fehlt* 8. [a] *so* 5—7; 9; *B—H*; 10; *Em.*; LXII: 2—4; LXIII: 1. [1] *fehlt* 2.

§ 2. 2. Si quiscumque ingenua puella spontanea[1] voluntate[1] ambis convenientibus[2] mechati fuerint, MDCCC[3] dinarios qui faciunt solidos XLV[3] culpabilis iudicetur.

[1] *spunsata* 7; *B—H*=8; 9; *desponsata ea consentiente Em.* [2] *ocult f. h.* 3=4—9; *B—H*; 10; *Em.* [3] *sol.* LXV: 7.

§ 3. 3. Si quis ingenuus[1] cum ancilla aliena mechatus fuerit et ei fuerit adprobatum, domino ancillae DC dinarios qui faciunt solidos XV culpabilis iudicetur.

[1] *fehlt* 3—9.

§ 4. 4.* Si quis vero cum rege ancilla mechatus fuerit [mał.

theolosina h. e.], MCC[1] dinarios qui faciunt solidos XXX culpabilis iudicetur.[1]

* *vgl. unter* § 5. [1] *fehlt* 3.

5.* Si[1] vero ingenuus[2] ancilla aliena[1] publice se iunxerit, ipse cum ea in servitute permaneat. § 5.

* *wiederholt Tit.* XIII § 9; *fehlt* 7—9; *B—H*; *von* 3 *verderbter Weise mit* § 4 *zusammengezogen*: *vgl. dort Anm.* 1; § 5 *Anm.* 1. [1] *fehlt* 3. [2] *fehlt* 4; *Francus* 5; 6; 10; *Em.*

6.* Similiter et ingenua si servo alieno in coniugio acceperit, in servicio permaneat. § 6.

* *wiederholt Tit.* XIII § 8; *fehlt* 2—9; *B—H*; *Em.*

7. Si servus cum ancilla aliena mechatus fuerit et ex ipso crimine ancilla mortua fuerit, servus ipse aut CCXL dinarios qui faciunt solidos VI domino ancillae reddat aut castretur. Dominus vero servi capitale ancillae in locum restituat. § 7.

8.* Si ancilla[1] ex hoc mortua non[1] fuerit, servus aut[2] CCC[3] iectos flagellorum accipiat aut[2] CXX dinarios qui faciunt solidos III domino reddat. § 8.

* *von* 2 *u.* 10 *mit* § 7 *zusammengezogen*; 10 *wiederholt ausserdem den Inhalt des* § *in verkürzter Form noch einmal in* § 3. [1] *quis servus cum ancilla aliena michatus* 7=8; 9; *B—H*; 10 § 3. [2] *fehlt* 6—9; *B—H*; 10 § 3. [3] CXX: 4; 5; 10 § 6; *Em. ausser A, G, N, T*; CCXX: *Em. A*; *Em. G*; *Em. N*; *Em. T.*

9.* Si servus ancilla aliena invita[1] traxerit,[2] CXX dinarios qui faciunt solidos III domino ancillae reddat.[3] § 9.

* *von B—H mit* § 8 *zusammengezogen.* [1] *extra voluntate domini sui* 5; 6; 9; *B*; *G*=7; 8; *F*; *H*; 10; *Em.* [2] *in coniugium sociaverit* 2; *B*; *F*; *H*=3—9; *G*; 10; *Em.* [3] *aut* CXX *ictus accipiat f. h.* 5; *Em.*

XXVI. De libertis demissis.

1.* Si quis homo ingenuus alienum letum[1] extra[2] consilium domini sui[2] ante rege per dinario[3] dimiserit et convictus fuerit [mał. malthoitus meo letu h. e.], IIIIM dinarios qui faciunt solidos C culpabilis iudicetur. Res vero leti ipsius legitime reformetur. § 1.

* *von* 2 *u.* 10 *in zwei* §§ *zerlegt.* [1] *qui apud domino suo in hoste fuerit f. h.* 5; 7; 8; *G*=6; 9; *B*; *F*; *H*; *Em.* [2] *fehlt B—H.* [3] *ingenuum f. h.* 2—8; *B—H*; 10; *Em.*=9.

2.* Si quis vero servo[a] alieno per dinario ante[1] regem[b,1,2] § 2.
dimiserit, cui fuerit adprobatum, precium servi domino et in-

super [mal. maltholatu metho h. e.], solidos[3] XXXV[3] culpabilis iudicetur.[4]

* *fehlt B—H.* [a] *fehlt* 1. [b] *regnuum* 1. [1] *fehlt* 2. [2] *ingenuum f. h.* 2—8; 10; *Em.* [3] MCCCC *den. qu. f. sol.* XLV: 4; MCCCC *den. qu. f. sol.* XXX: 10. [4] *Res vero ipsius servi proprius dominus recipiat f. h.* 5; 6; 10 = *Em.*

XXVII. De furtis diversis.

§ 1. 1. Si quis tintinno de porcina aliena furaverit, cui fuerit adprobatum [mał. leudardi h. e.], DC[1] dinarios qui faciunt solidos XV[1] culpabilis iudicetur, excapto capitale et dilatura.

[1] DC *din. qu. f. sol.* III: *Em. Q.*

§ 2. 2.* Si vero de[1] pecoribus[1,2] involaverit, CXX[3] dinarios qui faciunt solidos III[3] culpabilis iudicetur.

* *fehlt* 7; 8; *B—H.* [1] *de qualibet pecus praeter porcus* 9. [2] *tintinno f. h.* 5; 6 = 9; 10; Em. [3] CXX *den. qui fac. sol.* XV: *Em. V.*

§ I. I (5 § 3).* Si quis eschillam de caballo furaverit [małb. campania], solidos XV culpabilis iudicetur.

* *Em. ausser Q.*

§ 3. 3.* Si quis pedica ad caballo imbulaverit et ei fuerit adprobatum, excepto capitale et dilatura, CXX[1] dinarios qui faciunt solidos III[1] culpabilis iudicetur.

* *fehlt Em. Q.* [1] *sol.* IV: *G.*

§ 4. 4.* Si vero caballi ipsi perierunt, ipsos in capite restituat.

* *fehlt* 7—9; *B—H.*

§ 5. 5. Si quis in messe aliena pecus suum in furtum miserit et ipse inventus fuerit, DC dinarios qui faciunt solidos XV culpabilis iudicetur.

* *fehlt in allen übr.*; *vgl. aber Tit.* IX § III.

§ II. II (2 § 5).* Si quis messe aliena in furtum[1] meterit[2] et inventus fuerit [małb. leodardi st.], dinarios DC faciunt solidos XV culpabilis iudicetur.

* 2—9; *B—H*; 10; *Em.* [1] *aut repascerit aut f. h.* 5; *aut inripaverit aut* 6. [2] *metere prȩsumpserit aut repascere* 10; *metere aut reffare praesumpserit Em.*

§ 6. 6. Si quis in[1] orto alieno[1] in furtum ingressus fuerit,[2] excapto capitale et dilatura, DC dinarios qui faciunt solidos XV culpabilis iudicetur.

[1] *hortum alienum furaverit vel* 6. [2] *aut in napinam vel in fabariam, in pisariam, in lenticulariam f. h.* 10.

§ III. III (5 § 8).* Si in potus de pomario[1] aut de perario deruperit [małb. leod. s.], solidos III culpabilis iudicetur.

* 6; 10; *Em.* [1] *milario Em.*

IV (6 § 9).* Si vero in horto fuerint [małb. horto pondo], DC denarios qui faciunt solidos XV culpabilis iudicetur. § IV.

* 5; 10; *Em.*

V (6 § 10).* Si quis pomarium[1] aut perarium[2] excervicaverit[3] [małb. leodarde s.], denarios CXX qui faciunt solidos III culpabilis iudicetur. § V.

* 5; 10; *Em.* [1] *melarium* 10 = *Em.* [2] *perticarium Em. Q.* [3] *decorticaverit* 10; *Em.*

VI (5 § 11).* Si in orto fuerint, solidos XV culpabilis iudicetur. § VI.

* 10; *Em.*

7.* Si quis in napina, in favaria, in pissaria vel in lenticlaria[1] in furtum ingressus fuerit, CXX dinarios qui faciunt solidos III culpabilis iudicetur. § 7.

* *fehlt* 3; 4; 6; *von* 10 *mit* § 6 *zusammengezogen: vgl. dort Anm.* 2. [1] *vel in his similibus f. h.* 5 = *Em.*

8. Si quis de campo alieno lino[1] furaverit et eum in caballo[2] aut in[2] carro portaverit[3], excepto capitale et dilatura, DC[4] dinarios qui faciunt solidos XV[4] culpabilis iudicetur. § 8.

[1] *messe* 2; *anonam* 3; *aliquid* 10. [2] *fehlt* 7—9; *B—H.* [3] *ad domum suam f. h.* 2. [4] *den.* MDCCC *qu. f. sol.* XLV: 8 = 7; 9; *B—H*; 10.

9. Si vero tantum quantum in dorsum suum ferre potuerit, CXX[1] dinarios qui faciunt solidos III[1] culpabilis iudicetur. § 9.

[1] *den. DC qu. f. sol.* XV: 8 = 7; 9; *B—H*; 10.

VII (5 § 15).* Si quis in agrum alienum arborem insertum exciderit [małb. orthobano sunt], solidos XXX culpabilis iudicetur. § VII.

* 6; 10; *Em.*

10.* Si quis prato alieno secaverit, opera sua perdat; et si fenum exinde ad domum suam duxerit et discaregaverit, excapto capitale et dilatura, MDCCC[1] dinarios qui faciunt solidos XLV[1] culpabilis iudicetur. § 10.

* *von Em. in zwei* §§ *zerlegt.* [1] *sol.* XXXV: 3; *sol.* XV: *B—H.*

11. Si vero tantum furaverit quantum in dorsum suum portare potuerit, solidos[1] III[1] culpabilis iudicetur. § 11.

[1] DC *den. qu. f. sol.* XV: 10.

12. Si quis vinea aliena in furtum vindimiaverit et inventus fuerit, DC dinarios[a] qui faciunt solidos XV culpabilis iudicetur. § 12.

[a] *fehlt* 1.

13.* Si vero vino ad domum suam exinde duxerit et[1] discarecaverit, MDCCC dinarios[a] qui faciunt solidos XLV culpabilis iudicetur. § 13.

* *von* 10 *mit* § 12 *zusammengezogen.* [a] *fehlt* 1. [1] *aut in cavallo aut in carro* 2.

§ 14. 14.* De messibus vero simile condictione convenit observare.

* *fehlt* 7—9; *B—H*; *von* 10 *mit* § 12 *u.* 13 *zusammengezogen.*

§ VIII. VIII (5 § 23).* Si quis vero clausuram alienam deruperit[1] [małb. orbis via lazina], solidos XV culpabilis iudicetur.

* 6; 10; *Em.* [1] *rapuerit Em. Q.*

§ 15. 15.* Si quis in silvam materium[1] alterius concapulaverit[1] aut incenderit, DC dinarios qui faciunt solidos XV culpabilis iudicetur.

* *von* 10 *u. Em. schon früher als* § 4 *ihres Tit.* VIII *in etwas erweiterter Form gegeben und hier wiederholt.* [1] *aut ligna f. h.* 10. [2] *aut involaverit f. h.* 7=8; *B*; *G*; *H*; 10.

§ 16. 16.* Si quis materium alienum ex una parte dolatum[a, 1] praesumpserit,[2] CXX dinarios qui faciunt solidos III culpabilis iudicetur.

* *fehlt* 7—9; *B—H.* [a] *dolare* 1. [1] *in furtum f. h.* 2; 4. [2] *in furtu priserit* 3; *furaverit* 5; 6; 10; *Em.*

§ 17. 17.* Si quis ligna aliena in silva aliena furaverit, solidos[1] III[1] culpabilis iudicetur.

* *fehlt* 2; 5; 6; *für* 10 *u. Em. vgl.* § 15 *Anm.* * *u.* 1. [1] MDCCC *den. qu. f. sol.* XLV: 4.

§ 18. 18.* Si quis arborem post annum quod fuit signatus praesumpserit, nullam habeat culpa.[1]

* *fehlt* 3; 4; 7—9; *B—H.* [1] *Et si infra anno ipso capulaverit [małb. leod.] sol.* III *culp. iud.* 5=6; 10; *Em.* (*in einem besonderen* §).

§ 19. 19.* Si quis retem ad[1] anguillas[1] de flumen furaverit [mał. obtobbo h. e.], MDCCC[2] dinarios qui faciunt solidos XLV[2] culpabilis iudicetur.

* *fehlt* 4. [1] *fehlt F.* [2] DC *den. qu. f. sol.* XV: 10.

§ 20. 20. Si quis statuale, tremaclem aut vertevolum furaverit [mał. nascondinar h. e.], DC dinarios qui faciunt solidos XV culpabilis iudicetur.

§ 21. 21.* Si quis screona sine clavem effrigerit [mał. obdo h. e.], DC[a, 1] dinarios qui faciunt solidos XV[1] culpabilis iudicetur.

* *fehlt* 4; 7—9; *B—H.* [a] *fehlt* 1. [1] *din.* MDCCC *f. sol.* XLV: 2.

§ 22. 22.* Si quis screona qui clavem habet effrigerit,[1] MDCCC dinarios qui faciunt solidos XLV culpabilis iudicetur.[2]

* *fehlt* 2. [1] *et aliquid exinde furaverit f. h. B—H=Em.* [2] *Et si exinde nihil tulerit [małb. leod.], pro sola effractura sol.* XV *culp. iud. f. h.* 5; 6=7—9; *B—H*; 10; *Em.* (*von* 7 *an in einem besonderen* §).

§ 23. 23.* Si quis campo alieno araverit[1] extra consilium domini sui, solidos XV culpabilis iudicetur.

* *fehlt* 4; *F.* [1] *et non semenaverit f. h.* 2=3; 5; 10; *Em.*

24.* Si quis vero eum[1] seminaverit[2] [mał. oveppo andrepa h. e.], MDCCC[3] dinarios qui faciunt solidos XLV[3] culpabilis iudicetur. § 24.

* *fehlt* 6. [1] *araverit et f. h.* 2—4; 8; 9; *B*; *G*; *H*; 10; *Em.*=5; 7. [2] *araverit F.* [3] *den.* MCC *qu. f. sol.* XXX: 8=7; 9; *B—H*; 10.

IX (5 § 18).* Si quis aratro[1,2] de campo alieno ante[3] ostaverit[3] aut iactaverit vel[4] testaverit[1,4] [małb. avuerphe s.], solidos XV culpabilis iudicetur. § IX.

* 6—9; *B—H*; 10; *Em.* [1] *arratrum in campum alienum intrare prohibuerit vel arantem foras iactaverit vel testaverit Em.* [2] *arratrum cum aratore* 7=8; 9; *B—H.* [3] *ostaverit* 7—9; *vetaverit B—H*; *anteortaverit* 10. [4] *fehlt* 7—9; *B—H*; 10.

25.* Si quis cum servo alieno aliquid negutiaverit, h.[1] e. nesciente domino,[1] DC dinarios qui faciunt solidos XV culpabilis iudicetur. § 25.

* *fehlt* 7—9; *B—H*; 10; *vgl. aber Tit.* X § III. [1] *fehlt* 3; 4.

X (5 § 31).* Si quis mulierem bracilem furaverit [małb. subto s.] solidos III culpabilis iudicetur. § X.

* 6; 10; *Em.*

XI (5 § 32).* Si quis[1] casam alienam sine consilio domini sui traxerit [małb. alachis cido], solidos XXX culpabilis iudicetur. § XI.

* 6; 10; *Em.* [1] *per f. h.* 10; *Em. T*; *Em. V.*

XXVIII. De elocationibus.

1. Si quis in furtum alium[1] locaverit,[2] [3] cui fuerit adprobatum [mał. theolosina h. e.], MMD dinarios qui faciunt solidos LXII[a] cum dimidio[a] culpabilis iudicetur.[4] § 1.

[a] *so* 5—9; *F—H*; 10; *Em.*; LXIII: 1; LXII: 2—4; XLII *c. dim.* (*verd.*) *B.* [1] *alliquid* 2=3; 4; *Em. V*; *aliquid hominem* 7—9; *B*; *H*; *aliquis hominem F*; *G*; *alique* 6; *aliquem* 5; 10; *Em. ausser V.* [2] *elogare voluerit* 2=3—6; 10. [3] *et non fecerit f. h.* 4; *ut alium interficiet* 7=8; 9; *B—H*; *ut hominem interficiat et pretium ab hoc acciperit et non fecerit* (*e. n. fec. fehlt* 5) 6=5; *Em.*; *ut hom. intercipiat et p. ab hoc a. et n. fec.* 10. [4] 10 *hat vor diesem* § *noch einen anderen*: *Si quis in furtum aliquem locare voluerit, ut hominem interficiat et inde prętium accipiat [małb. avuena]*, IIIM. *den. qu. f. sol.* C *culp. iud.*

2.* Si quis in furtum elocatus[a,1] hominem occidere[2] voluerit[2] [3] et ei fuerit adprobatum, MMD dinarios qui faciunt solidos LXII[b] cum dimidio[b] culpabilis iudicetur.[4] § 2.

* *fehlt* 7—9; *B—H*; *anstelle dieses* § *hat Em.*: *Similiter et ille qui pretium accepit ut hominem occiderit,* MMD *din. qu. f. sol.* LXII *c. dim. culp. iud.* [a] *so* 3; *elogatum* 2=5; 6; 10; *elocatur* 1. [b] *so* 5; 6; 10; LXIII: 1; LXII: 2—4. [1] *accepto pretio f. h.* 3; 5=2; 4; 6; 10. [2] *hocciderit* 2. [3] *et non fecerit f. h.* 4—6; 10. [4] 10 *hat vor diesem* § *die unter* * *angeführte Stelle der Em.*

§ 3. 3. Si vero per tertio hominem elocatio ipsa transmissa fuerit et[1] ipse ingenuus[1] fuerit,[a] MMD[b] dinarios qui faciunt solidos[b] LXII[c] cum dimidio[c] culpabilis[d] iudicetur[d]; ac[e] sic[e] dans, accipiens et portans solidos sexsagenus[f] binus simis[f] singuli eorum culpabiles iudicentur.

[a] *so* 2; *fehlt* 1. [b] *so Em.* = 2; 4; 6; 10; *sol.* 3; 5; *fehlt* 1; 7—9; *B—H.* [c] *so Em.* = 5; 6; 10; *fehlt* 1; 7—9; *B—H*; LXII: 2—4. [d] *so Em.* = 2—6; 10; *fehlt* 1; 7; 9; *B—H.* [e] *hac si* 1; *hat sic* 2; *hoc sic* 3; 4; *sic* 5; *Em.* [f] *so* 2 = 4; 7—9; *G*; *H*; LXIII: 1; LXII: 3; XLII *c. dim. B*; XLIII: *F.* [1] *si adprobatus* 2; *fehlt* 3—9; *B—H*; 10; *Em.*

XXIX. De dibilitatibus.

§ 1. 1.* Si quis alterum manum vel pedem debilitaverit aut oculum[1] vel nasum amputaverit, IIIIM dinarios qui faciunt solidos C culpabilis iudicetur.

* *fehlt* 7—9; *B—H*; 10; *vgl. jedoch* §§ I—V. [1] *aut auriculam f. h.* 3—6; *Em.*

§ 2. 2.* Si cui vero manus ipsa mancata ibi pendiderit [mał. chaminus h. e.], MMD[1] dinarios qui faciunt solidos LXII[a] et dimidium[a, 1] culpabilis iudicetur.

* *fehlt* 2. [a] *so* 10; LXIII: 1; LXII: 3. [1] *MMD den. qu. f. sol.* LXV: 4; *sol.* LXV: 7; *MDCCC qu. f. sol.* XLV: 6; 8; *Em.* = 5; 9; *B*; *G*; *H*; *sol.* XV: *F.*

§ I. I (5 § 3).* Et si ipsa manus perexcussa fuerit [małb. secthe s.], solidos[1] LXII cum dimidio[1] culpabilis iudicetur.

* 6—9; *B—H*; 10; *Em.* [1] IIIIM *den. qu. f. sol.* C: 8; 10 = 7; 9; *B—H.*

§ II. II (5 § 11).* Si vero pedes capulatus fuerit et ibidem mancatus tenuerit[a] [małb. chuldeclina chamina s.] solidos XLV[1] culpabilis[b] iudicetur.[b]

* 6—9; *B—H*; 10 (*doppelt*); *Em.* [1] *tunuerit* 5. [b] *fehlt* 5. [1] XL: *G.*

§ III. III (5 § 12).* Si vero ipse pedis excussus fuerit [małb. childeclina sictae s.] solidos[1] XLII cum dimidio[1] culpabilis iudicetur.

* 6—9; *B—H*; 10; *Em.* [1] IIIIM *den. qu. f. sol.* C: 8 = 7; 9; *B—H*; MMD *den. qu. f. sol.* LXXII *c. dim.* 10.

§ IV. IV (5 § 13).* Si quis alterum oculum[a] evellerit [małb. inchabina] solidos[1] LXII cum dimidio[1] culpabilis iudicetur.

* 6—9; *B—H*; 10; *Em.* [a] *quis f. h.* 5; 6. [1] *den.* IIIIM *qu. f. sol.* C: 8 = 9; *B*; *F*; *H*; *sol.* C̄: 7; *fehlt G.*

§ V. V (5 § 14).* Si nasum[1] excusserit [małb. frasito s.] solidos[2] XLV[2] culpabilis iudicetur.

* 6—9; *B—H*; 10; *Em.* [1] *aut auriculam f. h.* 7; 8; *B—H* = 9. [2] DC *den. qu. f. sol.* XV: 8 = 7; 9; *B—H*; DC *din. qu. f. sol.* LXV: *Em. Q.*

§ VI. VI (5 § 15).* Si auriculam excusserit [małb. chanodeora], solidos[1] XV[1] culpabilis iudicetur.

* 6; 10; *Em.*; *für* 7—9; *B—H vgl.* § V. [1] DC *den. qu. f. sol.* C: 10.

3. Si quis de[1] manum[1] vel[2] pedem[2] policem excusserit [mał. § 3.
alatham h. e.], IIM[3] dinarios qui faciunt solidos L[3] culpabilis iudicetur.

[1] *fehlt B—H.* [2] *fehlt* 7—9; *B—H.* [3] MDCCC *den. qu. f. sol.* XLV: 4; 8; 10=5—7; 9; *Em.*; *sol.* LXV: 3.

4.* Si ibidem ipse polix mancatus pependerit, MCC[1] dinarios § 4.
qui faciunt solidos XXX[1] culpabilis iudicetur.

* *fehlt* 7—9; *B—H.* [1] *din.* MCCCC *f. sol.* XXXV: 2=4.

5. Si vero secundum[a.1] digito id est unde sagittatur excus- § 5.
serit, MCCCC[2] dinarios qui faciunt solidos XXXV[2] culpabilis iudicetur.

[a] *sedum* 1. [1] *vel tertium f. h. B—H.* [2] MCCCC *den. qu. f. sol.* XXX: 10.

VII (4 § 6).* Sequenti vero digito qui[a] excusserit, DC[1] denarios qui § VII.
faciunt solidos XV[1] culpabilis iudicetur.[b]

* 5—9; 10; *Em.*; *für B—H vgl.* § 5 *Anm.* 1. [a.b] *fehlt* 4. [1] MCCCC *den. qu. f. sol.* XXXV: 8=7; 9.

VIII (4 § 7).* Quarto[1] vero digito[1] qui excussus fuerit, solidos[2] VIIII[2] § VIII.
culpabilis iudicetur.[a]

* 5—9; *B—H*; 10; *Em.* [a] *fehlt* 4. [1] *quattuor digitos* (*verd.*) 6; *Em. Q.* [2] *sol.* XXV: 7—9; DC *den. qu. f. sol.* XV: 10; *Em.*=5; 6.

IX (4 § 8).* Minimo digito qui excussus fuerit, DC denarios qui faciunt § IX.
solidos XV culpabilis iudicetur.[a]

* 5—9; *B—H*; 10; *Em.* [a] *fehlt* 4.

6.* Sequentes vero digitis id est tres si pariter in unum iec- § 6.
tum inciderit, solidos[1] L[1] culpabilis iudicetur.

* *fehlt* 7—9; *B—H.* [1] *sol.* XL: 3; MDCCC *den. qu. f. sol.* XLV: 4; 10=5; 6; *Em.*

7.* Si duos excusserit, solidos XXXV culpabilis iudicetur. § 7.

* *fehlt* 2; 4—9; *B—H*; 10; *Em.*; *von* 3 *mit* § 8 *zusammengezogen.*

8.* Si vero unum inciderit, solidos XXX culpabilis iudicetur. § 8.

* *fehlt* 2; 4—9; *B—H*; 10; *Em.*; *von* 3 *mit* § 7 *zusammenzogen.*

X (6 § 16).* Si linguam alteri capulaverit ut[a] loqui non possit [małb. § X.
achaltea], solidos C culpabilis iudicetur.

* 5; 7—9; *B—H*; 10; *Em.* [a] *so* 5; *Em.*=7—9; *B—H*; 10; *et* 6.

XI (6 § 17).* Si quis dentem excusserit [małb. laclabina], solidos XV § XI.
culpabilis iudicetur.

* 5; 7—9; *B—H*; 10; *Em.*

9. Si quis[1] hominem[2] ingenuum[2] castraverit,[3] VIIIM[4] di- § 9.
narios qui faciunt solidos CC[4] culpabilis iudicetur.

[1] *ingenuus f. h.* 8; *B—H*; *Em.*=7; 9. [2] *sequens hominem* 2. [3] *aut virculam suam transcapolaverit unde mancus sit f. h.* 5=6—9; *B—H*; 10; *Em.* [4] *sol.* III *excepto medico novem sol.* 3; IIIIM *din. qu. f. sol.* C: 10; *Em.*=5—7; 9: *B—H.*

§ XII. XII (5 § 19).* Si vero ad integrum tulerit [małb. alatharde s.], denarios VIIIM qui faciunt solidos CC culpabilis iudicetur.

* 6; 10; *Em.*

XXX. De conviciis.

§ 1. 1. Si quis alterum cinitum vocaverit, solidos[1] III[1] culpabilis iudicetur.

[1] DC *din. qu. f. sol.* XV: 2; *Em.*=3—9; *B—H*; 10.

§ 2. 2. Si quis alterum concagatum[a,1] clamaverit,[2] CXX dinarios qui faciunt solidos III culpabilis iudicetur.

[a] *so* 4—6; 8; 9; *B—H* = 2; 7; 10; *Em.*; *concatum* 1; 3. [1] *aut vulpeculam f. h.* 10. [2] *et non potuerit adprobare f. h.* 8; *B—H.*

§ 3. 3.* Si quis mulierem[1] ingenuam seu vir seu mulier alteram[1] meretrice vocaverit et non potuerit adprobare, MDCCC dinarios qui faciunt solidos XLV culpabilis iudicetur.

* *fehlt* 5; 6; *Em.* [1] *alterum falsatorem et mulier alteram mulierem* 10.

§ 4. 4.* Si quis alterum vulpe[1] clamaverit, solidos III culpabilis iudicetur.

* *fehlt* 10; *vgl. aber* § 2 *Anm.* 1. [1] *aut leprem f. h. B=F—H.*

§ 5. 5.* Si quis alterum leborem clamaverit,[a] solidos[1] III[1] culpabilis iudicetur.

* *fehlt* 3; 4; *B—H*; *vgl. aber* § 4 *Anm. 1.* [a] *so* 2; 5—9; 10; *Em.*; *fehlt* 1. [1] DC *din. qu. f. sol.* XV: 2; CCXL *den. qu. f. sol.* VI: 6; 10 =5; *Em.*

§ 6. 6.* Si quis alteri reputaverit quod scutum suum iactasset[1] et[2] non potuerit adprobare,[2] CXX dinarios qui faciunt solidos III culpabilis iudicetur.

* *fehlt* 7—9; *B—H.* [1] *et fuga lapsus fuisset f. h.* 10; *in hoste vel fugiendo prae timore Em.* [2] *fehlt Em.*

§ 7. 7. Si quis alterum dilatorem[1] aut[1,2] falsatorem[2] clamaverit et non potuerit adprobare, DC dinarios qui faciunt solidos XV culpabilis iudicetur.[3]

[1] *fehlt* 7—9; *B—H.* [2] *fehlt* 5; 6; 10; *Em.* [3] *Si quis alterum falsatorem clam. et non potuer. conprob.*, DC *din. qu. f. sol.* XV *culp. iud. f. h.* (*als besonderen* §) *Em.*

§ I. I (Em. K. Tit. XXXII § 9).* Si quis compari suo pittum excusserit, CXX dinarios qui faciunt solidos III culpabilis iudicetur aut similem illi reddat vel cum duodecim iuret quod similem illi restituisset.

* *nur in Em. K.*; *vgl. aber Extrav. A.* III § 1.

XXXI. De via lacina.

1. Si quis baronem[1] ingenuum[2] de via sua ostaverit aut in- § 1.
pinxerit [mał. vialacina h. e.], DC dinarios qui faciunt solidos XV culpabilis iudicetur.

[1] *hominem* 7—9; *B—H.* [2] *fehlt* 3—6; 10; *Em.*

2. Si quis mulierem ingenuam de via sua ostaverit aut in- § 2.
pinxerit [mał. machina h. e.], MDCCC[1] dinarios qui faciunt solidos XLV[1] culpabilis iudicetur.

[1] *din.* MCCC *f. sol.* XLV: 2; *sol.* XV: 7; *F*; *sol.* LXV: *G.*

I (5 § 3).* Si quis[a] via quod ad farinario vadit clauserit [małb. urbis § I.
vialacina], solidos XV culpabilis iudicetur.

* 6; 10; *Em.* [a] *fehlt* 5.

XXXII. De ligaminibus ingenuorum.

1. Si quis hominem ingenuum sine causa ligaverit [mał. § 1.
anderebus h. e.], MCC dinarios qui faciunt solidos XXX culpabilis iudicetur.

2.* Si quis vero ipsum[1] ligatum in aliqua parte duxerit, § 2.
MDCCC dinarios qui faciunt solidos XLV[2] culpabilis iudicetur.

* *fehlt Em. Q.* [1] *ligaverit et f. h.* 4. [2] LXV: *G.*

I (6 § 3).* Si vero Romanus[1] Franco[1] sine causa ligaverit, MCC[a] § I.
denarios qui faciunt solidos XXX[2] culpabilis iudicetur.

* 5; 10; *Em.* [a] *so* 10; *Em.*; MMCC: 5; 6. [1] *Francus Romanum Em. Q.* [2] XXXV: 5.

II (6 § 4).* Si vero Francus[1] Romano[1] sine causa ligaverit, DC de- § II.
narios qui faciunt solidos XV culpabilis iudicetur.

* 5; 10; *Em.* [1] *Romanus Francum Em. Q.*

III (5 § 5).* Si quis[1] ligatum per superbia aut per virtute a[2] gara- § III.
fionem[2] tulerit [małb. mithoforasta], de vita sua conponat.

* 6; 10; *Em.* [1] *hominem noxium f. h. Em.* [2] *ad graphione (verd.)* 6.

XXXIII. De venationibus furatis.

1.* Si quis de[1] diversis venationibus[1,2] furtum fecerit et ce- § 1.
laverit, praeter capitale et dilaturam MDCCC dinarios qui faciunt solidos XLV culpabilis iudicetur. Quam[a] legem[a] de venationibus[3] et piscationibus observare convenit.

* *fehlt B—H*; *verstümmelt* 2; 5—9. [a] *so* 2; 5; 6; 10; *Em.* = 3; 4; *quia lex* 1. [1] *aliqua de venatione* 10. [2] *de apibus, de piscibus f. h.* 5; 6; *de avibus aut de piscibus* 10. [3] *venatione avium* 5; *venationib. avim* 6.

2. Si quis cervo domestico signum habentem furaverit aut § 2.
occiderit, qui[a] ad[a] venatione mansuetus est et hoc per testibus

fuerit adprobatum quod eum dominus suus in venationem habuisset aut cum ipsum duas aut tres feras occidisset [mał. throvidioso h. e.], MDCCC dinarios qui faciunt solidos XLV culpabilis iudicetur.

[a] *so* 3; 5; *B—H*; 10; *Em. ausser V*; *qui in* 2; *quia de* 1; 4; 6; *quem ad* 7; 8; *quem admodum* 9; *quod ad Em. V.*

§ 3. 3. Alio vero qualibet domestico cervo quique in venationem adhoc non fuit, qui eum involaverit aut occiderit [mał. throveinso h. e.], MCCCC[1] dinarios qui faciunt solidos XXXV[1] culpabilis iudicetur.

[1] *din.* MCC *f. sol.* XXX: 2 = 3; 4; *den.* DC *qu. f. sol.* XV: 6 = 9; *B—H.*

§ I. I (5 § 4).* Si quis alium cervum[1,2] quem[3] canes moverint vel adlassaverint occiderit[a] aut celaverit,[a] solidos XV culpabilis iudicetur.

* 7—9; *B—H*; 10; *Em. ausser* 1. [a] *so Em. Q*; *V* = 7—9; *B—H*; *et cel. Em. Z*; *involaverit aut celaverit* 10; *fehlt* 5. [1] *lassum* 10. [2] *aut aprum lassum f. h.* 8; *F*; *G*; *H* = 7—9; *aut caprum lassum B.* [3] *alterius f. h.* 7—9; *B—H*; 10; *Em.*

§ II. II (5 § 5).* Si quis aprum lassum[1] quem[2] canes moverunt[3] occiderit[4] [małb. haroassina s.], DC denarios qui faciunt solidos XV culpabilis iudicetur.

* 6; 10; *Em.*; *von* 7—9; *B—H mit* § I *zusammengezogen*: *vgl. dort Anm.* 1—3. [1] *fehlt* 10. [2] *alieni f. h.* 10; *Em.* [3] *et alassaverunt f. h.* 10. [4] *vel furaverit f. h.* 10; *Em.*

XXXIV. De sepibus furatis.

§ 1. 1. Si quis vero tres virgas unde sepis super ligatur vel super extringitur[1] capulaverit[2] aut tres cambortus involaverit aut[3] excervicaverit,[4] DC dinarios qui faciunt solidos XV culpabilis iudicetur.

[1] *vel retorta unde sepes continetur f. h.* 4 = 5; 6; *Em.*; *vel retortas* 7—9; *B—F*; 10 = *H.* [2] *aut ipsa sepe aperuerit f. h.* 7 = 8; 9; *B—H*; 10. [3] *unde labor clausa est tres cambortos f. h.* 3 = 4. [4] *vel retorta unde palum aut sepes contenetur capolaverit f. h.* 2.

§ I. I (5 § 2).* Si quis sepe concisa aliaena arserit [małb. bila], solidos XV culpabilis iudicetur.

* 6; 10.

§ 2. 2. Si quis per aliena messe postquam[1] levaverit[1] erpicem[2] traxerit aut per eam cum carro sine via transversaverit, CXX[3] dinarios qui faciunt solidos III[3] culpabilis iudicetur.

[1] *fehlt* 7—9; *B—H*; *postquam germina produxerit Em.* [2] *carrugam* 3; *spice aput herbice* 4. [3] DC *den qu. f. sol.* XV: 8; 10 = 7; 9; *B—H.*

3. Si quis per messem alienam iam[1] palmitantem[1] sine viam aut[2] sine semitam[2,3] transversaverit, DC dinarios qui faciunt solidos XV culpabilis iudicetur. § 3.

[1] *postquam in culmum (culmen) erigitur Em.* [2] *fehlt* 2—6; 10 *Em.* [3] *cum carro f. h.* 5; 6; *Em.*

4. Si quis per malo ingenio in curte alterius aut in casa vel in quolibet aliquid de furto miserit, h. e. nesciente domino, et ibi inventus fuerit [mał. fistirbiero h. e.], MMD[1] dinarios qui faciunt solidos LXII[a] cum dimidio[a,1] culpabilis iudicetur. § 4.

[a] *so* 5; 7—9; *B—H*; 10; *Em. ausser Q*; LXIII: 1; LXII: 2; 3. [1] MMD *den. qu. f. sol.* XLV: 4; *den.* MMDC *qu. f. sol.* LII: 6; MD *din. qu. f. sol.* XLIII: *Em. Q.*

II (Em. N. XXXVI. § 5).* Si quis in curte alterius post solis occasum in furtum ingressus fuerit et ibidem fuerit inventus, MDCCC dinarios qui faciunt solidos XLV culpabilis iudicetur. § II.

* *nur in Em. N.*

XXXV. De homicidiis servorum vel expoliationibus.[a]

1. Si[1] quis servus servum occiderit,[1] homicida illum domini[2] inter se dividant.[2] § 1.

[a] *so* 2—4; 7—9; 10; *expoliatis* 1; *ancillarum Em.* [1] *Si quis servum occiderit aut expoliaverit se similem* 2; *Si servus servum aut ancillam sibi similem occiderit* 3 = 4—9; *B—H*; *Em.*; *Si quis servus servum vel se consimilem occ.* 10. [2] *sol.* XX *culp. iud.* 7—9; *B—H.*

2. Si quis ingenuus servum alienum[1] expoliaverit et[2] ei supra XL dinarios quod valit tulisse convincitur[2] [mał. leotos musdo h. e.], MCC[3] dinarios qui faciunt solidos XXX[3] culpabilis iudicetur. § 2.

[1] *adsallierit et f. h.* 5; 6; 10; *Em.* [2] *fehlt* 7—9; *B—H.* [3] *din.* DC *f. sol.* XV: 2 = 7—9; *B—H*; 10; *sol.* XXXV: 3.

3.* Si vero minus quam XL dinarios expolia eius valuerint, DC[1] dinarios qui faciunt solidos XV[1] culpabilis iudicetur. § 3.

* *fehlt* 2; 7—9; *B—H.* [1] MCCCC *den. qu. f. sol.* XXXV: 4.

I (6 § 4).* Si quis servum alienum batterit et ei super noctes XL opera sua tricaverit [małb. claudinario], solidum[1] I et[a] triante I[a,1] culpabilis iudicetur. § I.

* 5; 7—9; *B—H*; 10; *Em.* [a] *et triente uno* 10 = *Em.*; *et triant ei (verd.)* 5; *autriante* I *(verd.)* 6. [1] *sol.* III: 7 = 8; 9; *B—H.*

4.* Si quis homo ingenuus letum alienum expoliaverit et ei fuerit adprobatum, MCCCC dinarios qui faciunt solidos XXXV[1] culpabilis iudicetur. § 4.

* *fehlt* 4. [1] XXX: 9.

§ II. II (6 § 6).* Si quis servum alienum mortuum in furtum expoliaverit et ei super XL denarios valentes tulerit [małb. teofriomosido] MCCCC[1] denarios qui faciunt solidos XXXV[1] culpabilis iudicetur.

* 5; 10; *Em. ausser Q.* [1] DC *den. qu. f. sol.* XV: 10.

§ III. III (6 § 7).* Si quis[1] spolia minus XL denariis valuerit [małb. teofriomosido], DC denarios qui faciunt solidos XV culpabilis iudicetur.

* 5; *Em.* [1] *autem Em.*

§ 5. 5.* Si servus alienus aut laetus hominem ingenuum occiderit, ipse homicida pro medietatem conpositionis illius hominis occisi parentibus tradatur, et dominus servi aliam medietatem conpositionis se noverit solviturum.[1]

* *fehlt* 4. [1] *et si intellegerit de lege, potest se obmallare ut hoc non solvat f. h.* 5=6; 9; *H*; 10; *Em.*; *teilw. verd.* 7; 8; *B—F.*

§ 6. 6.* Si quis vasso ad ministerium[1] aut fabrum ferrarium vel aurifice aut[2] porcario vel[3] vinitorem aut stratorem[2,3] furaverit aut occiderit, cui fuerit adprobatum, MCC[4] dinarios qui faciunt solidos XXX[4] culpabilis iudicetur.

* *fehlt* 5—9; *B—H*; 10; *Em.*; *vgl. aber Tit.* X § IV *u.* V. [1] *puella ad ministerium f. h.* 2; 3=4. [2] *fehlt* 4. [3] *fehlt* 2; 3. [4] *din.* MCCCC *f. sol.* XXXV: 2.

§ 7. 7.* Inter fredo et faido sunt MDCCC dinarios qui faciunt solidos XLV, excepto capitale et dilatura. In summa sunt simul solidos LXXV.

* *fehlt* 4—9; *B—H*; 10; *Em.*; *völlig verderbt (als Schluss des vorigen §)*: 2; 3.

XXXVI. De quatrupedibus, si hominem occiderunt.

Si quis homo ex quolibet quadrupedem[1] domesticum[1] fuerit occisus et hoc per[2] testibus fuerit adprobatus,[2,3] medietatem conpositionis dominus ipsius quadrupedis cogatur exsolvere, ipsum[a] vero quadrupedem pro alia medietatem requirenti[b] restituat.[4]

[a] *so* 3—6; *B—H*; 10; *Em.*; *ipso* 7—9; *ipse* 1. [b] *so* 5; *Em.*; *requirendi* 6; *requirente* 3; 4; *requirentem* 1; *homini* 10. [1] *pecu* 7=8; 9; *B—H*; *pecude domestico Em.* 1. [2] *parentis illius testibus potuerint abprobare* 7=8; 9; *B—H*; *Em.* [3] *dum et illius dominus cui pecus fuerit antea legem non adimplevit f. h.* 5=6—9; *B—H*; 10; *quod dom. pecudis (quadrupedis) antea legem non adimpleret Em.* [4] *eo videlicet modo si dominus se per legem non intellexerit defendere, ut nihil pro ipso pecore solvat f. h. B*=7—9; *F—H*; 10; *Em.*

XXXVII. De vestigio minando.

Si* quis bovem aut[1] caballo vel qualibet animal per furtum perdiderit et eum dum per vestigio sequitur consequutus fuerit[a] usque[b] in[b] tres noctes, si[c] ille qui eum[2] ducit[2] emisse aut cambiasse dixerit vel proclamaverit, ille qui per vestigio sequitur res suas per tercia[d] manu[d] agramire debet. Si vero iam tribus noctibus exactis[e] qui res suas requiret eas invenerit,[f] ille apud quem inveniuntur, si[g] eas emisse aut cambiasse dixerit, ipse liceat agramire. Si ille vero qui[h] per vestigio sequitur quod se[i] agnoscere dicit illi alii proclamante[k] nec offerre per tertia manum voluerit nec solem secundum legem colocaverit et[3] tulisse convincitur, MCC dinarios qui faciunt XXX solidos culpabilis iudicetur.

* *von* 2; 3; 7—9; *B—H in zwei, von* 4—6 *in drei* §§ *zerlegt.* [a] *so* 2; 3; 5--9; *B—H*; 10; *Em.*; *fuerat* 4; *invenerit* 1. [b] *so* 2; 4—6; 10=3; 7—9; *B—H*; *Em.*; *ut in* 1. [c] *so* 3; 4; 7—9; *B—H*; *se* 5; 6; *fehlt* 1; 2; *et* 10; *Em.* [d] *so* 3—6; 8; *B*; *F*; *H*; *Em. Q*=2; 7; 9; 10; *Em.* 1; *mane* 1; *G.* [e] *exactibus* 1; *Em. Q.* [f] *so* 2; 3; 5—8; *B—H*; 10; *Em.*; *invenire* 4; 9; *pervenerunt* 1. [g] *so* 3; 5; 6; 10; *Em.*; *sic* 1; *fehlt* 2; 4; 7—9; *B—H.* [h] *so alle übr.*; *quod* 1. [i] *so* 2—5; 10; *Em.*; *fehlt* 7—9; *B—H*; *si* 1; 6. [k] *reclamante* 2; 3; 7—9; *B—H*; 10; *Em.*; *reclamantem* 5; 6; *proclamantem* 1; *reclamatur* 4. [1] *vaccam f. h.* 4. [2] *ipsum furtum in potestate* (*-tem G*) *habet B—H.* [3] *ei violenter quod se agnuscire dicit f. h.* 2=4; 5; 10; *Em.*; *ebenso, aber teilw. verd.* 3; 7—9; *B—H*; *ei violenter* 6.

XXXVIII. De furtis caballorum vel equorum.[1]

1. Si quis caballum carrucaricium involaverit, cui fuerit adprobatum, excepto capitale et dilatura [mał. anzacho h. e.] MDCCC[2] dinarios qui faciunt solidos XLV[2] culpabilis iudicetur.[3] § 1.

[1] *equorum* 2. [2] MDC *den. qu. f. sol.* XL: 10. [3] *Si quis vuaranione furaverit*, MDCCC *den. qu. f. sol.* XLV *culp. f. h.* (*als besonderen* §) 4=10; *vgl.* § 2.

2.* Si quis admissario[1,2] furaverit, cui fuerit adprobatum [mał. vualderido h. e.], MDCCC dinarios qui faciunt solidos XLV culpabilis iudicetur. § 2.

* *fehlt* 3. [1] *vuaranione* 5=6; *Em.* [2] *homine Franco f. h.* 5; 6=7—9; *B—H*; 10; *Em.*

I (6 § 3).* Si quis caballo spado furaverit [małb. chanzisto], solidos XXXV culpabilis iudicetur, excepto capitale et delatura. § I.

* 5; 10; *Em.*

II (6 § 4).* Si vero vuaranionem regis furaverit [małb. selcho], solidos[1] XC[1] culpabilis iudicetur, excepto capitale et delatura. § II.

* 5; 10; *Em.* [1] MMCCCC *den. qu. f. sol.* LX: 10.

3.* Si quis admissario cum gregem suam, h.[1] e. XII equas,[1] involaverit, praeter capitalem et dilaturam [mał. vualderido h. e.] § 3.

MMD dinarios qui faciunt solidos LXII[a] cum dimidio[a] culpabilis iudicetur.

* *fehlt* 4. [a] *so* 6—9; *B—H*; 10; *Em.*; LXIII: 1; LXII: 2; 3; 5. [1] *hoc est equas* 2; *hoc est cum* VII *aut* XII e. 5; 6=10; *Em.*; *usque ad duodecem aequas* 7; 9=8; *usque duod. iumenta B—H.*

§ 4. 4.* Si vero grex minor fuerit usque ad septem[1] capita cum admissarium[1] excepto[2] capitale et dilatura, solidos LXII[a] cum dimidio[a] culpabilis iudicetur.[2,3]

* *fehlt* 4; 7—9; *B—H*; *vgl. aber* § 3 *Anm.* 1. [a] LXIII: 1; LXII: 2. [1] *sex capita* 5; 6; 10; *Em.* [2] *causa superius intimata convenit observare* 3; *et pretius et causa ut superius est convenit observare* 5; 6=10; *Em.* [3] *Si vero minus de sex fuerint*, M *den. qu. f. sol.* XXV *culp. iud. exc. cap. et del. f. h. Em. Est.*

§ 5. 5.* Si quis equam[1] pregnantem involaverit et ei fuerit adprobatum [mał. marthi h. e.], MCC[2] dinarios qui faciunt solidos XXX[2] culpabilis iudicetur.

* *fehlt* 3; 4; 7—9; *B—H.* [1] *iumentum* 5; 6. [2] *din.* MDCCC *f. sol.* XLV: 2=5; 6; 10; *Em.*

§ III. III (7 Tit. LXII § 4).* Si quis polletrum furaverit [mał. vuadreto], solidos[1] XXX[1] culpabilis iudicetur, excepto capitale et delatura.

* 9; *B—H*; 10. [1] MDCCC *den. qu. f. sol.* XLV: 10.

§ 6. 6. Si quis poledrum anniculum[1] furaverit, cui fuerit adprobatum [mał. marsolem h. e.], DC dinarios qui faciunt solidos XV culpabilis iudicetur.

[1] *vel bimum f. h.* 5; 6; *Em.*=10.

§ 7. 7.* Si vero sequente poletrum furaverit, CXX dinarios qui faciunt solidos III culpabilis iudicetur.

* *fehlt* 7—9; *B—H.*

§ IV. IV (8 § 6).* Si quis iumentum[1] alienum[1] trabatterit,[2] solidos XXX[3] culpabilis iudicetur.[4]

* 5—9; *B—H*; 10; *Em.* [1] *iumentam alienam* 6; *iumenta aliena* 5; 7; 9; *B—H*; 10; *Em.* [2] *et evaserint f. h. B—H*; 10; *Em.* 1=7—9; *Em. V.* [3] XV· 7—9; *B—H*; *Em.* [4] *Si exinde mortua fuerit* [*mał. sitabaim*], *sol.* XXX (DC *den. qu. f. sol.* XV: 8) *culp. iud., exc. cap. et del. f. h.* (*als besonderen* §) 7—9; *B—H*=10; *Em.*

§ V. V (5 § 11).* Si quis caballum aut iumentum furaverit [małb. azisto], solidos XXXV culpabilis iudicetur, excepto capitale et delatura.

* 6; 10; *Em.*

§ VI. VI (6 § 12).* Si quis amisarium alienum extra consilium domini sui spadaverit [małb. andeabina s.], denarios DC qui faciunt solidos XV culpabilis iudicetur et pro quisque iumento[1] triante I[2] conponat.

* 5; 10; *Em.* [1] *quod ille inire consueverat f. h.* 10; *quae ille continere cons. Em.* [2] *quod est tertia pars solidi id est* XIII *den. et tertia pars unius denarii f. h.* 10; *Em.*

VII (5 § 13).* Si quis per superbiam aut per inimicitiam caballos aut iumenta aliena tribatterit vel debilitaverit [małb. stalachia s.], solidos XXX culpabilis iudicetur. § VII.

* 6; 10; *Em.*

8.* Si quis caballo alieno[1] excurtaverit [mał. leodardi h. e.] CXX dinarios qui faciunt solidos III culpabilis iudicetur. § 8.

* *fehlt* 2; 3; 10. [1] *sine consensu domini (sui) f. h. Em.*

VIII (3 § 7).* Si quis caballum alienum[1] excorticaverit,[2] solidos III culpabilis iudicetur. § VIII.

* 7—9; *B—H*; 10; *Em.* [1] *mortuum sine permisso domini sui* 7—9 =*B—H*; 10. [2] *decodaverit* 9; *excurtaverit F*; *excurtaberit G*; *excoriaverit Em.* 1.

XXXIX. De[1] plagiatoribus.[1]

1. Si quis mancipia aliena solicitare voluerit et ei fuerit adprobatum [mał. obscult h. e.], DC dinarios qui faciunt solidos XV culpabilis iudicetur. § 1.

[1] *De his qui aliena mancipia sollicitaverint Em.*

I (2 § 2).* Si[1] servus alienus fuerit plagiatus[1,2] et ipse trans mare[3] ductus fuerit et ibidim a[a] domino suo inventus fuerit et a[b] quo[b] ipse in patria[4] plagiatus[5] est in mallo publico[c] nominaverit, tres[d] ibidem testis debit collegire. § I.

* 3—9; *B—H*; 10; *Em.* [a] *so* 3; 5; 6; 8; *B—H*; 10; *Em.*; *ad* 2; 9; *fehlt* 4; 7. [b] *so* 4—6; 10; *Em.*; *ad quo* 2; *ad quod* 3; *fehlt* 7—9; *B—H.* [c] *so* 3—9; *B—H*; 10; *Em.*; *publici* 2. [d] *so* 3—9; *B—H*; *et tres* 10; *Em.*; *et* 2. [1] *Si quis s. a. plagiaverit, id est per circumventionem de servitio domino sui abstraxerit Em.* [2] *furatus* 7—9; *B—H*; 10. [3] *sive in qualibet regione f. h. Em.* [4] *aliena f. h.* 7—9; *B—H*; 10. [5] *vel venditus f. h. B—H.*

II (2 § 3).* Iterum cum servus ipse[a] de trans mare[1] fuerit revocatus, in alterum mallum debit[2] nominare,[b] ibidim simul III testis debit collegere[c] edoneus. Ad tercium vero mallum[2] similiter[d] fieri debit, ut nove testes iurent quod servum ipsum equaliter super plagiatorem audierint[e] dicentem. Et sic postea qui eum plagiaverit[3] [małb. unistario] praeter[f] capitale et dilatura dinarios MCCCC[4] faciunt solidos XXXV[5] culpabilis iudicetur. § II.

* 3—9; *B—H*; 10; *Em.* [a] *so* 4—8; *B—H*; 10; *Em.*=9; *ipse si* 3; *si* 2. [b] *so* 4—6; 8; 9; *B—H*; 10; *Em.*; *nominari* 2; *minare* 7. [c] *so* 6; 7; 9; *F*; *G*=5; 8; *B*; *H*; 10; *collegi* 2. [d] *so* 3; 4; 7—9; *B—H*; 10; *Em.*; *similem* 5; 6; *similis* 2. [e] *so* 3 = 5—9; *B*; *F*; 10; *Em.*; *audierit* 2; *audisset G* = *H*; *audientes* 4. [f] *propter* 2; *excepto* 5—9; *B—H*; 10; *Em.*=3. [1] *vel de qualibet regione f. h. Em.* [2] *fehlt* 3. [3] *hoc est vuargaverit* 7; 9; *B*; *F*; *G*=8; *H.* [4] MDCCCC: 4. [5] XXX: *H.*

III (2 § 4).* Qui[1] confessio servi usque III plagiatoris admittitur,[a] sed[1] eam tamen racionem ut nomina hominum et vilarum semper debiat nominare. § III.

* 3—9; *B—H*; 10; *Em.* [a] *so* 3; 5; 6; *admittatur* 10; *admittat* 4; *amittitur* 2; *ascendit* 7—9. [1] *fehlt B—H*; *Em., die das Folgende als Schluss von* § II *bringen.*

§ 2. 2. Si quis hominem ingenuo plagiaverit[1] et[2] probatio[3] certa non fuit, sicut pro occiso iuratores[a] donet; si iuratores non potuerit invenire,[2,3] VIIIM[4] dinarios qui faciunt solidos CC[4] culpabilis iudicetur.

[a] *so* 2; *iuratore* 1. [1] *vindiderit* 5 = 6; 10; *Em.*; *plag. aut vendiderit* 4 = 7—9; *B—H*; *plag. et vend.* 3 = 2. [2] *fehlt* 3; 4; 7—9; *B—H.* [3] *postea in patria reversus ad propria non fuerit* 5 = 10; *Em.*; *postea i. p. propr. revers. fuer.* 6. [4] *sol.* C: 5.

§ IV. IV (5 § 4).* Si quis hominem ingenuum plagiaverit et vindiderit et postea in patriam ad[1] propria[1] reversus fuerit [małb. chaldeficho], solidos[2] C[2] culpabilis iudicetur.

* 6; 10; *Em.* [1] *fehlt* 6; 10; *Em.* [2] VIIIM *den. qu. f. sol.* CC: 10.

§ 3. 3.* Si Romano[1] plagiaverit, solidos LXII[a] cum dimidio[a] culpabilis iudicetur.

* *nur in* 1; 2. [a] LXIII: 1; LXII: 2. [1] *Romanus ingenuum* 2.

XL. Si servus in furtum fuerit inculpatus.[a]

§ 1. 1.* Si talis fuerit causa unde ingenuus DC dinarios h. e. solidos XV cumponere debuerat, servus super scamno tensus CXX[1] iectos flagellorum accipiat.[b]

* *vgl. unter* § 4. [a] *inculpa* 1. [b] *so* 2; 3; 5—9; *B—H*; 10; *Em.* = 4; *fehlt* 1. [1] CXXXV (*verd.*) 3.

§ 2. 2.* Si vero antequam torquatur fuerit[1] confessus et [ei][a] cum domino servi[b] convenerit, CXX dinarios qui faciunt solidos III dominus[2] reddat.[1,2]

* *vgl. unter* § 4. [a] *so* 1; 3; 5—9; *B—H*; 10; *fehlt* 4. [b] *so* 3; 4; *suo* 5—9; *B—H*; 10; *eius Em.*; *servo* 1. [1] *fehlt* 2. [2] *pro dorsum suum reddat et capitale dominus servi in locum restituat* 6 = 3—5; 7—9; *B—H*; 10; *Em.*

§ 3. 3.* Si tamen maior culpa fuerit, unde ingenuus XXXV solidos reddere debet, similiter[a] servus CXXI colapos accipiat.[a]

* *fehlt* 2. — *vgl. unter* § 4. [a] *so* 3; 10; *sim. serv.* CXX *colpus acc.* 5 = 6—9; *B—H*; *Em.*; *sim. serv.* CCXX *colobos* CCCC (*verd.*): 4; *fehlt* 1.

§ 4. 4.* Et[1] si confessus non fuerit, ille qui eum torquet si adhuc voluerit ipso servo torquere etiam nolente domino, pignus domino servi donare debet. Si servus postea ad suppliciis maioribus subditur et[1] si confessus fuerit, nihil ille[2] super domino credatur; ipse illo[3] servo[3] in potestatem habiturus est qui eum torsit; dominus servi unde iam pignus accepit praecium pro suo servo accipiat. Si vero inter priora supplicia id est infra CXX[4] culapus[4] fuerit confessus, aut castretur aut sex[5] solidos[5] reddat. Dominus vero servi capitale requirenti restituat.

* §§ 1—4 *werden von 2 u. 10 in zwei, von B—H in drei, von 3 in fünf, von 4—6: Em. in sechs §§ gegeben.* [1] *fehlt* 2. [2] *illi* 3; *ei* 5; 6; 10; *fehlt* 7—9; *B—H=Em.* [3] *illum servum* (*serv. illum*) 2; 4—8; *B—H*; 10=9; *Em.* [4] *acolapus* 2; CXXI *colapos* 3=4; 10. [5] CXX *din. qu. f. sol.* III: 2.

5.*[1] Si vero maiore crimine servus conpraehenditur id est unde ingenuus XLV[2] solidos[2] possit culpabilis iudicari et inter supplicia servus ipse confessus fuerit, capitali sententia feriatur. § 5.

* *fehlt* 7—9; *B—H. — vgl. unter* § 8. [1] *Requirenti vero si talis culpa est unde homo ingenuus sive Francus* VIIIM *den. qu. f. sol.* CC *culp. iud., servus solidis* XV *id est* DC *den. componat f. h.* 10. [2] MMDCCC *den. qu. f. sol.* LXII: 4.

6.* Si vero in quolibet crimine servus conprehenditur, dominus ipsius, si praesens est, ab eo qui repetit admoneri[a] debet[a] ut[b] servum iustis debeat suppliciis dare,[b] ubi[c] qui repetit[c] virgas paratas habere debet quae ad magnitudinem minoris digiti minime sint et quoacquales et scamno pristo ubi servo ipso tendere debeat. § 6.

* *fehlt* 7—9; *B—H. — vgl. unter* § 8. [a] *admoneatur* 10=*Em*; *admonere debet* 3; 5; 6: *admanere deb.* 2; *admonire deb.* 4; *fehlt* 1. [b] *so* 4=2; 3; 5; 6; 10; *Em.*; *fehlt* 1. [c] *ubi quis repetit* 2; *ubique rep.* 3=4; *et qui rep.* 5; 6; 10; *Em.*; *fehlt* 1.

7.* Si dominus servi supplicia distulerit et servus praesens fuerit, continuo domino ille[a] qui repetit solem collegere debet et[1] ad eadem in[b] septem[2] noctes placitum facere debet,[1] ut servum suum ad supplicium tradat. § 7.

* *fehlt* 7—9; *B—H. — vgl. unter* § 8. [a] *so* 2; *ipse* 3—6; 10; *Em.*; *illo* 1. [b] *so* 2; 3; 5; 6; *ad* 10; *Em.*; *fehlt* 1. [1] *fehlt* 4. [2] *octo* 6.

8.* Quod si ad septem noctes servo ipso tradere distulerit, solem ei[1] qui[1] repetit collecit; et sic iterum ad alias septem noctes placitum faciat id est ut[a.2] XIIII noctes de prima admonitione conpleantur.[2] § 8.

* *fehlt* 7—9; *B—H. — §§ 5—8 werden von 5 u. 6 in drei, von 10 in zwei §§ gegeben.* [a] *so Em.*; *ut in* 3; *ad* 1; *in* 10; *fehlt* 4—6. [1] *ei quem* 4; *ei is qui* 10; *Em.* [2] *in quatuor dece noctes* 2.

9.[1] Quod si impletis XIIII noctis servum suum noluerit suppliciis dare, omnem causam vel conpositionem dominus servi in se excipiat: non quale servus sed quasi ingenuus hoc admisit totam legem super se solviturum suscipiat.[1] § 9.

[1] *Der Inhalt dieses § ist in allen übr. Hs. wesentlich ausführlicher gestaltet und auf mehrere §§ verteilt, jedoch ohne sachliche Abweichungen.*

§ 10. 10.* Quod si servus absens fuerit cui aliquid inputatur, tunc reppetens domino servi secrecius tribus testibus praesentibus admonere debet ut servum suum infra VII noctis praesentare debeat. Si infra septem noctes non eum praesentaverit, tunc repetens solem ei cum testibus collegare debet et sic ad alias septem noctis placitum[1] faciat. Quod si nec ad alias septem noctis[1] ipsum servum non praesentaverit, terciam vicem adhuc septem noctis illi[a] spacium dare debet, id est ut totus numerus ad[b] XXI[2] noctis veniat. Quod si post placitum ipsum servum noluerit[c] ligatum ad suppliciis praesentare et repetens per singulos placitos solem colligaverit, tunc dominus servi omnem reppetitionem sicut superius diximus non quale servus[d] sed quasi ingenuus hoc admisit, talem conpositionem requirenti[e] restituat.

* *von* 4—6 *in zwei* §§ *zerlegt.* [a] *so* 2; 10; *Em.*; *ille* 3; 4; *illius* 7; 9; *B—H*; *illa* 1. [b] *so alle übr.*; *fehlt* 1. [c] *so alle übr.*; *fehlt* 1. [d] *so* 3—9; *B—H*; 10; *Em.*; *servo* 1. [e] *repetenti* 3—5; 8; *B—H*; 10; *Em.*; *requirentem* 1. [1] *fehlt* 2. [2] XXV: 3; 6.

§ 11. 11. Si vero ancilla in[a] tale crimine invenitur unde servus castrare debuerat, ancilla aut CCXL dinarios qui faciunt solidos VI,[1] si convenerit, pro ipsa dominus reddat aut CXLIIII[2] iectus accipiat flagellorum.

[a] *so* 2—6; 8; 9; *B—H*; 10; *Em.*; *fehlt* 1; 7. [1] VII: *F—H*; V: 4. [2] CCXL: 5; 10; *Em.*; CCXLII: 3; 4; CCC: 2; CXLII: 9; *B—H*; CLXLII *korr. in* CXLII: 8; XCLII: 7; CXL: 6.

§ I. I (2 § 10).* Si servus cum ingenuum furtum fecerit, servus in duplum, si quod consorciavit, reddat[a] excepto capitale et dilatura; ingenuus vero quadruplum excipiat damnum.

* *nur in* 2. [a] *retat* 2.

§ II. II (3 § 15).* Si quis cum servum alienum negotiaverit, solidos XV culpabilis iudicetur.[1]

* 4—6; 10. [1] *Certe si talis culpa est unde ingenuus homo Francus* VIIIM *den. componere debet, servus solidos* XV *culp. iud. f. h.* 10.

XLI. De homicidiis ingenuorum.[a]

§ 1. 1. Si quis ingenuo[1] Franco[2] aut barbarum[3,4] qui legem Salega vivit occiderit, cui fuerit adprobatum, VIIIM dinarios qui faciunt solidos CC culpabilis iudicetur.

[a] *so* 2—4; 6—8; *B—H*; 10; *Em.* = 5; 9; *a contubernio factus* 1. [1] *ingenuus* 2; 6; 8: *B*; *H*; 10; *Em.* [2] *Francum* 3; 4; 8; *F—H*; *Francium* 7; *Francus B.* [3] *barbaro* 5; 6; 9. [4] *aut hominem f. h.* 10.

2.* Si vero eum in poteum aut sub aqua miserit aut[1] de rammis[2] aut de quibuslibet rebus[2] celaturus texerit,[1,3] XXIIIIM dinarios qui faciunt solidos DC culpabilis iudicetur. § 2.

* *von* 3—9; *Em. in zwei §§ zerlegt.* [1] *fehlt H*; 10. [2] *camisa aut de collis aut de quibus rebus* 2; *callis aut de rama* 4 = 3; 7—9; *ramis B*; *F*; *G*; *ramis aut de allis vel de quibuslib. reb.* 5 = 6; *Em.* [3] *aut eum incenderit f. h.* 7—9; *B—H = Em.*

I (3 § 3).* Si non fallanivit [mał. moantheuti s.], dinarios VIIIM[a] qui faciunt solidos CC culpabilis iudicetur. § I.

* *nur in* 3. [a] VIII: 3.

3. Si vero eum qui in truste dominica fuit aut[1] mulierem ingenuam[1,2] occiderit [mał. leodem h. e.], XXIIIIM dinarios qui faciunt solidos DC culpabilis iudicetur. § 3.

[1] *fehlt* 3—9; *B—H*; 10; *Em.* [2] *fehlt* 2.

4. Si vero eam[1] in[2] aquam aut in poteum miserit aut[2] de[3] quibuslibet celaturis texerit [mał. matheleode h. e.], LXXIIM dinarios qui faciunt solidos MDCCC culpabilis iudicetur. Si vero cum[a] ales eum non[a] percoperuerit, DC solidos iudicetur.[3] § 4.

[a] *eam alesum eum* 1. [1] *eos* 2; 4; *eum* 3; 5; 7; 8; *B—H*; 10; *fehlt* 6; 9; *Em.* [2] *fehlt* 10. [3] *de rammis aut de clalis super coperuerit aut de quibuscumque rebus celatores steterit* [*małb. matte leodi s.*] *din.* XXIIIIM *f. sol.* DC *culp. iud.* 2; *de allis aut de ramis coperuerit* [*małb. matheo demortis leod. s.*], *sol.* MDCCC *culp. iud.* 5 = 7—9; *B—H*; 10; *ebenso mit teilw. verd. Busszahlen* 3; 4; 6; *de hallis vel de ramis eum cooperuerit aut incenderit*, LXXIIM *din. qu. f. sol.* MDCCC *culp. iud. Em.*

5.* Si quis vero Romano homine conviva rege occiderit, cui fuerit adprobatum, XIIM dinarios qui faciunt solidos CCC culpabilis iudicetur. § 5.

* *fehlt* 2.

6. Si vero Romano posessorem[1] et[2] conviva regis non fuerit,[2] qui eum occiderit, IIIIM[3] dinarios qui faciunt solidos C[3] culpabilis iudicetur. § 6.

[1] *id est qui res in pago ubi remanet proprias possidet f. h.* 10 = *Em.* [2] *fehlt in allen übr.* [3] *sol.* CC: *F.*

7.* Si vero Romanum tributarium occiderit, solidos[1] LXII[a] cum dimidio[a,1] culpabilis iudicetur. § 7.

* *fehlt* 4. [a] LXIII: 1. [1] *din.* IIIM *qu. f. sol.* LXX: 2 = 7; 9; *B—H*; MDCCC *din. qu. f. sol.* XLV: 5; 6; 10; *Em.*; MMDCC[C] *din. qu. f. sol.* LX: 8; CXX *sol.* (*verd.*): 3.

8. Si quis vero hominem in quadruvio invenerit sine manus et sine pedes quem inimici sui demisserunt et eum perocciderit,[a] § 8.

cui fuerit adprobatum [mał. frio ferto h. e.], IIIIM dinarios qui faciunt solidos[b] C culpabilis iudicetur.

[a] *so* 3; 5 = 2; 4; 6—9; *B—H*; 10; *Em.*; *peroccideruni* 1. [b] *fehlt* 1.

§ II. II (7 Tit. LXXIV § 2).* Si quis caput de homine, quem suus inimicus in palo mississet, aliquis[1] eum exinde sine permisso iudicis aut illius qui eum ibidem missit tollere presumpserit[1] [mał. banchał], solidos XV culpabilis iudicetur.

* 8; 9; *B—H*; 10; *Em.* [1] *sine voluntate alterius deposuerit*: 10.

§ 9. 9.* Si quis hominem ingenuum in poteum iactaverit[1] et vivus inde exierit[2] [małb. aliofedo h. e.], IIIIM dinarios qui faciunt solidos C[3] culpabilis iudicetur.[4]

* *von* 2; 5; 6 *in erweiterter Form zu zwei, von* 10 *zu drei* §§ *auseinander gezogen*: *vgl. Anm.* 4. [1] *aut in pellago inpinxerit vel in periculum mortis* 7 = 8; 9; *B—H*; *Em.*; *aut in vipida iactaverit* 10 § 3. [2] *et ipse causam suam possit mallare f. h.* 7 = 8; 9; *B—H*; *ut ad casam suam possit accedere* 10 § 3; *sua causa* (*verd.*) 2. [3] LXII: 2. [4] *Si quis hominem ingenuum in pellago inpinxerit* [*małb. phimarina s.*], *den.* IIIIM *qu. f. sol.* C (*sol.* LXII: 2) *culp. iud. f. h.* (*als besonderen* §) 6 = 2; 5; 10.

§ III. III (10 Tit. XLIV § 12).* Si vero in puteo mortuus fuerit [małb. mustest], XXIIIIM[1] denarios qui faciunt solidos DC culpabilis iudicetur.[1,2]

* *Em.* [1] *tota leude sua conponatur Em.* [2] *Atque ita unaquaque persona quae maiori minorive conpositione conponi debuerat, si de praecipitio periculo mortis evaserit, medietate leudis suae conponatur, qua conponi debuerat, si mortuus fuisset. Nam et si mortuus fuerit, unusquisque secundum modum leodis suae conponatur f. h.* (*in drei besonderen* §§) *Em.*

§ IV. IV (5 Tit. XL § 11).* Si quis hominem ingenuum[1] ex quolibet crimine superdixerit[2] et inde[3] homo mortuus fuerit [małb. ago epha], solidos C culpabilis iudicetur.[3]

* 6; 10; *Em.* [1] *quemlibet socium suum f. h.* 10 = *Em.* [2] *accusaverit* 10; *Em.* [3] *per eius commotionem sive mendacium ille qui accusatus est occisus fuerit, si ei adprobatum fuerit, medietate leodis eius componat. Ille vero qui eum occiderit secundum legem pleniter eum componat* 10 = *Em.*

XLII. De homicidio in contubernio facto.

§ 1. 1.* Si quis colecto contubernio hominem ingenuo in domo sua adsalierit et ibi eum occiderit,[1] si[a,2] in[a] truste dominica fuit[3] ille qui occisus est[2] [mał. ambistaile h. e.], LXXIIM dinarios qui faciunt solidos MDCCC culpabilis iudicetur.

* § 1 *u.* 2 *werden von* 5; 6; 10; *Em. in umgekehrter Ordnung gegeben*; 5; 6 *lassen sodann den Inhalt von* § 2 *nochmals als besonderen* § 3 *folgen.* [a] *sine* 1. [1] *sol.* DCCC *culp. iud. et f. h.* 3. [2] *fehlt* 4; 7; *si antruscio dominicus fuerit, ille qui eum occiderit* 9 = 8. [3] *iuratus f. h.* 5; 6.

2.* Si vero in truste dominica non fuit ille qui occisus est, § 2.
XXIIIIM[1] dinarios qui faciunt solidos DC[1] culpabilis iudicetur.

* *vgl. unter* § 1. [1] *sol. mille* DCCC: *F*; *sol.* DCCC: *G*; *sol.* DC: 7.

3.* Si vero corpus occisi hominis tres vel amplius habuerit § 3.
plagas, tres quibus inculpatur qui in eo contubernio fuisse probatur, legem superius conpraehensa cogantur exsolvere. Alii vero tres de eo[a] contubernio IIIMDC[1] dinarios h. e. nonaginus solidus[1] solvant. Et tres adhuc in tertio loco de eo contubernio MDCCC[2] dinarios qui faciunt solidos XLV[2] culpabilis iudicetur.

* *von* 7—9; *B—H in zwei* §§ *zerlegt.* [a] *so* 3—9; *B—H*=2; 10; *Em.*; *&* (*verd.*) 1. [1] MMDC *den. hoc est nonaginta sol.* 4=8; MDCCCXL *den. qu. f. sol.* L: 6. [2] *sol.* LX: 3; *sol.* XL: 7; 9; *F—H*; *sol.* XI: *B.*

4.* De Romanis vero vel letis et[1] pueris[1] haec lex superius § 4.
conpraehensa ex medietate solvantur.

* *von* 10 *mit dem vorigen* § *zusammengezogen.* [1] *fehlt in allen übr.*

5.* Si quis villam[1,2] alienam[1] expugnaverit et res ibi invaserit,[2] § 5.
si[3] tamen probacio certa non fuerit, cum XXV iuratores medius electus exsolvat. Si iuratores non potuerit invenire,[3] MMD[4] dinarios qui faciunt solidos LXII[a] cum dimidio[a,4] culpabilis iudicetur.

* *fehlt* 2; 7—9; *B—H*; *Em.* [a] *so* 5; LXIII: 1; LXII: 3; 4; XLII *c. dim.* (*verd.*) 6; *vgl. Anm.* 4. [1] *tres villas alienas* 5; 6. [2] *contubernio facto villas alienas cum tribus effregerit* 10. [3] *fehlt* 3—6; 10. [4] *din.* MMDC *qu. f. sol.* LXII: 3; IIIMCXX *den. qu. f. sol.* LXXVIII: 10.

XLIII. De homicidio in convivio[a] facto.

1. Si quis in convivio ubi quinque[1] fuerint ex ipsis fuerit § 1.
interfectus, illi qui remanent aut unum convictum dare debent aut toti[b] morte illa coniactent. Quae lex usque ad[c] septem[c] qui fuerint sic permanet.

[a] *so* 6; 8; 10; *Em.* 1; *contubernio* 1—5; 9; *Em. A*; *keine Überschr. in* 7; *B—H.* [b] *so* 2—4; 6; 8; *B—H*=5; 7; 9; 10; *Em.*; *totae* 1. [c] *so* 2; 4—8; *B—H*; 10; *Em.*=3; 9; *fehlt* 1. [1] *quinque aut amplius* 2; *quattuor aut quinque* 5; 6; 10; *Em.*; *vel tres aut ampl.* 7; *duo vel tres aut ampl.* 8; *B—H*=9.

2.* Si vero in convivio illo plus quam septem fuerint, non § 2.
omnes teneantur obnoxii sed quibus fuerit adprobatum ille[1] secundum legem conponat.[1]

* *von* 2; 5; 6 *mit* § 1 *zusammengezogen.* [1] *illi s. l. conponant* 2; 4; 8; 9; *B—H*; 10; *Em.*; *ille s. l. conponant* 5; 7; *s. l. conponat* 3.

3. Si vero foris casa sive[a] iter agens sive[a] in agro positus § 3.
a contubernio fuerit interfectus et[b] tres vel amplius[b] habuerit

plagas, tunc tres de eo contubernio qui adprobati fuerint singillatim mortem illius coniactant. Et tres si[c] plures fuerint, MCC dinarios qui faciunt solidos XXX solvant. Et tres adhuc de eo contubernio DC dinarios qui faciunt solidos XV culpabiles iudicentur.

[a] *sive — sive* 4—6 = 7—9; *B—H*; 10; *Em.*; *sibi — sibi (verd.)* 1. [b] *so alle übr.*; *tres amplius* 1. [c] *so* 2; 3; *qui* 4—9; *B—H*; 10; *Em.*; *su (verd.)* 1.

XLIV. De reipus.

§ 1. 1.* Sic[1] ut[1] adsolit homo moriens[a] viduam dimiserit, qui eam voluerit accipere, antequam sibi copulet ante thunginum aut centenario, h. e. ut thunginus aut centenarius mallo indicant[2] et in ipso mallo scutum habere debet,[3] et tres homines tres causas demandare debent.[4] Et tunc ille qui viduam accipere debet tres solidos aeque pensantes et denario habere debet. Et tres erunt qui solidos illius pensare vel probare debent; et hoc factum, si eis convenit, accipiat.

* *von* 5 *u.* 6 *in zwei* §§ *zerlegt.* [a] *et f. h.* 1; 3; 4; 7—9. [1] *si ut* 5; 10. [2] *indicat* 2. [3] *fehlt* 8; *B—H*; *debent* 7—9; *Em. Q.* [4] *fehlt B—H*; 10; *Em.*; *debet* 6.

§ 2. 2.* Si vero istud non fecerit et sic eam acceperit [mał. reipus nihil sinus h. e.], MMD[1] dinarios qui faciunt solidos LXII[a] cum dimidio[a,1] cui[b,2] reipi debentur[2] exsolvere debet.

* *von* 7—9; *B—H mit* § 1 *zusammengezogen.* [a] *so* 5; 7—9; 10; *Em.*; LXIII: 1; LXII: 4; 6; *vgl. Anm.* 1. [b] *so* 2—4; *Em.*; *fehlt* 1; *vgl. Anm.* 2. [1] *din.* D *f. sol.* LXII: 2; *sol.* XLII (*verd.*): 3. [2] *fehlt* 5—9; *B—H*; 10.

§ 3. 3. Si vero quod superius diximus omnia secundum legem impleverit, tres solidos et denario ille[a] cui[a] reipi debeantur accipiat.[b]

[a] *so* 3; 4; 7; 8; *B—H*; 10; *Em.*; *cui* 2; 5; 6; 9; *electo (verd.)* 1. [b] *so* 2; 7—9; *B—H*; 10; *Em.*; *accipiant* 3; *accipere* 6; *fehlt* 1; 5.

§ I. I (6 § 5).* Hoc est discernendum cui reiphus debeatur.

* 2; 3; 10; *Em.*; *von* 2; 3; 10 *mit dem vorigen* § *zusammengezogen.*

§ 4. 4.* Si nepus sororis filius fuerit, senussimus ipse eos accipiat.

* *von* 2 *u.* 10 *mit* §§ 3 *u.* I; *von* 5 *u.* 6 *mit* § I *zusammengezogen.*

§ 5. 5.* Si neptus non fuerit, neptis filius senior reipus illus accipiat.

* *fehlt* 6; 8; 10; *Em. T.*

§ 6. 6.* Si vero neptis[a] filius[a] non fuerit, consobrine[1] filius qui ex maternae genere venit, ille eos accipiat.

* *von* 10 *mit* §§ 3; I *u.* 4 *zusammengezogen.* [a] *so* 3—8; 10; *Em.*; *neptes fil.* 9; *nepus* . . . *neptis fil.* 2; *nepotis fil. Em. Q.* [1] *consobrini* 3; 5; *G*=*H*; *consobrinus* 4; 10; *consubrino* 2; 9.

7.* Si vero nec consobrine[1] filius fuerit, tunc avunculus frater matris reipus ille accipiat. § 7.

* *fehlt F*; *G*; *von* 10 *mit* §§ 3; I; 4 *u.* 6 *zusammengezogen.* [1] *consobrini* 3—5=2; *H*; *consobrinus* 10=9.

8.* Si vero nec adhuc avunculus fuerit, tunc frater illius qui eam mulierem ante habuit, si in hereditatem non est venturus, ipse eos reipus accipiat. § 8.

* *von* 10 *mit* §§ 3; I; 4; 6 *u.* 7 *zusammengezogen.*

9.* Et si nec ipse frater fuerit, qui proximior fuerit extra superiores nominatos singillatim dictis[a] secundum parentilla usque ad sextum genuculum, si hereditatem illius mariti defuncti non accipiat, ille reipus illus accipiat. § 9.

* *von* 10 *mit* §§ 3; I; 4; 6—8 *zusammengezogen.* [a] *dicti* 1; *qui — dicti sunt* 2; 5; *Em.*

10. Jam post sexto genuculum si non fuerint, in fisco reipus ipse vel causa quae exinde orta fuerit colligatur. § 10.

XLV. De[1] migrantibus.[1]

1. Si quis super[2] alterum in villa[2] migrare voluerit, si unus vel aliqui[a] de ipsis qui in villa consistunt eum suscipere voluerit, si vel unus exteterit qui contradicat, migrandi[b] ibidem licentiam non habebit.[3] § 1.

[a] *so* 3; 5—8; *G*; 10; *Em.* 1; *aliquis* 2; *aliquid* 1; 9; *B*; *F*; *H*; *Em. Q.* [b] *so* 4—6; 10; *Em.*; *migranti* 1; 2; 8; *migrantem* 3; 9; *F*; *G*; *H*; *migrante* 7. [1] *De eo qui villam alterius occupaverit vel si duodecim mensibus eam tenuerit Em.* [2] *alienam villam* 4. [3] *permanere f. h.* 7; 8; *B*—*H*=9.

2.* Si vero contra interdicto unius vel duorum in villa ipsa adsedere praesumpserit, tunc ei testare debet, et si noluerit inde exire, ille qui testat cum testibus sic ei debet testare: hic tibi testo in hac nocte proxima in hoc quod lex[a] Saliga habet sedeas, et testo tibi ut in X noctes de villa ipsa egredere debeas. Postea adhuc post decem noctes iterum veniat ad ipsum et ei testet ut iterum in decem noctes exeat. Si adhuc noluerit exire, item tertio decem noctis ad placitum suum addatur ut sic XXX[1] noctes impleatur. Si nec tunc voluerit exire, tunc[2] maniat eum ad mallum et[3] testes super singula placita qui fuerunt ibi praestos habeat. Si ipse cui testatum est noluerit venire[b] et eum aliqua sunnis non[4] tenuerit et ista omnia quae superius diximus secun- § 2.

dum legem est testatus,[c] tunc ipse qui testavit super[5] furtuna sua ponat et roget grafionem[5] ut accedat ad locum ut eum inde expellat. Et quia legem noluit audire, quod ibi laboravit demittat et insuper [mał. vuidrisittolo h. e.], MCC[6] dinarios qui faciunt solidos XXX[6] culpabilis iudicetur.

* *von* 10 *mit* § 1 *zusammengezogen.* [a] *est f. h.* 1. [b] *so alle übr.*; *inde exire* 1. [c] *et f. h.* 1. [1] XX: 8. [2] *statim B—H.* [3] *tres f. h. H*=9. [4] *fehlt* 3. [5] *omnem substantiam suam promittit, si illi supradicta probare non potuerit, super fortunam suam ponetur, et grafionem (idest comitem) roget Em. Est.* [6] CCXL *den. qu. f. sol.* XXX (*verd.*) 8; *sol.* LXXX: *F.*

§ I. I (6 § 3).* Si quis[a] vero alium in villa aliena migrare rogaverit antequam conventum fuerit [małb. anthûtheoco] MDCCC[1] denarios qui faciunt solidos XLV[1] culpabilis iudicetur.

* 5; 10; *Em.* [a] *so* 10; *Em.*; *fehlt* 5; 6. [1] *sol.* XL: 5.

§ 3. 3. Si vero quis migraverit[1.2] et infra XII menses nullus testatus fuerit,[3] securus sicut et alii vicini maneat.

[1] *admigravit* 7—9; *B—H*; 10. [2] *in villam alienam f. h. Em.* [3] *ubi admigravit f. h.* 2—4; 7—9; *B—H*; 10.

XLVI.* De adfathamire[a]

hoc convenit observare, ut thunginus aut centenarius mallo indicant et scutum in illo mallo habere debent et tres homines tres causas demandare debent. Postea requirent[1] hominem[1] qui ei non perteneat et sic fistucam in laisum iactet et ipse[2] in cui laisum iactavit[b] dicat verbum[b] de furtuna sua quantum voluerit aut totam furtunam suam cui voluerit dare. Ipse in cuius laisum fistucam iactavit in casa ipsius manere debet. Et hospites tres vel amplius collegere debet et de facultatem quantum ei creditum est in potestatem suam habere debet. Et postea ipsi[3] cui istum[c] creditum est ista omnia cum testibus collectis agere debet: postea aut ante rege aut in mallo illius, cui furtuna sua depotavit reddere, accipiat fistucam et[d] in mallo ipso[d] ante duodecim menses quos heredes appellavit in laisum iactet nec minus[e] nec maius[e] nisi quantum ei creditum est. Et si contra hoc aliquis aliquid dicere voluerit, debent tres testes iurati dicere quod ibi fuissent in mallo quem thunginus aut centenarius indixerit et quomodo vidissent hominem illum qui furtuna sua dare voluerit in laisum illius[f] quem iam[f] elegit fistucam iactare. Nominare debent denominatim illo[4] qui fortuna sua in laiso iactat et[g] sic ille in cuius laesu iactatur[g] et illo[5] quem heredem appellit similiter nominent.[h] Et altere tres testes iurati dicere debent quod in casa illius qui furtuna sua donavit ille in cuius laisu fistuca iactata est ibidem mansisset et hospites tres vel amplius ibidem collegisset et in beodum pultis manducassent et testes collegissent, et illi hospites ei de susceptione gracias egissent. Ista omnia illi[i] iurati dicere debent et alii testes hoc[i] quod in mallo ante regem vel legitimo mallo publico ille qui[k] accepit in laisum furtuna ipsa [aut[l] ante regem aut in mallo publico legitimo h. e. in mallobergo ante teoda aut thunginum[l]] furtunam[6] illam[6] quos heredes appellavit publice coram populo fistucam in laiso iactasset, h. e. novem testes ista omnia debent adfirmare.

* *von 5 u. 6 in sechs §§ zerlegt.* [a] *so* 2; *acfathmire* 3; *affactumire* 7; *afatumiri* 9; *affatomiae Em.* 1 = *B—H*; *afetumiae* 8; *affattoone Em. Est*; *adramire* 4 = 5; 6; *adframire* 10; *hac famirem* (*verd.*) 1. [b] *so* 5; 6 = *B—H*; 10; *Em.*; *fehlt* 1; *iactaverit* (*iectavit* 9) *dictum verbum* (*verd.*) 7—9; *iactavit* 3; 4 = 2. [c] *so* 3; 4; 7; 9; *B—H* = 8; *isto* 1; *scutum* (*verd.*) 2; *fehlt* 5; 6; 10; *Em.* [d] *so* 3; *et in m. et ipso* 4; *in m. et ipsum* 5; 6; *in m. ipso et ipsum* 10; *in m. ipso* 1; 7—9; *F—H* = 2; *in m. ipse B.* [e] *so* 2—9; 10; *Em.* = *B—H*; *minor—maior* 1. [f] *so Em.*; *i. quam iam* 10; *ille iam quem* 1; *iam quem* 3; 5; 6; *quem* 7—9; *B—H*; *verd.* 2. [g] *so* 6 = 5; 7—9; *B*; *H*; 10; *zweifelhaft* 1—3; *Em.*; *abweichend* 4; *F*; *G.* [h] *nominet* 1; 4. [i] *illi alii testes iurati dicere debent et hoc* 1; *gleicherw. verd.* 2—9; *obiger Konjektur entspr. B—H*; 10; *Em.* [k] *so* 2—4; 7—9; *B—H*; 10; *Em*; *quem* 1; illa *quod* (*verd.*) 5 = 6. [l] *in allen Hs. wiederkehrende Wiederholung.* [1] *requirant hominem* 8; *B—H*; 10; *requirant hominum* 2; *requirant homine* 3; 7 = 9; *requirat hominem* 4; *requiretur homini* 5; *requiratur hominem* 6; *requiratur homo Em.* [2] *ipsi* 2; 9; *Em.* 1. [3] *ipse* 2; 3; 8; *B—H*; 10; *Em.*; *fehlt* 4; *ipsum* 6. [4] *illum* 2; *Em.* = *B—H*; *illi* 6; *fehlt* 3; 4; 7—9; 10. [5] *illum* 2—9; *B—H*; 10. [6] *fortuna illa* 3; 6 = 4; 5; *Em. Q.*

XLVII.* De filtortis.[1]

Si quis[2] servum aut[3] caballum[4] vel bovem[5] aut[5] qualibet rem[4] super alterum agnoverit, mittat eum in tertia manu, et ille super quem cognoscitur debet[a,6] agramire.[6] Et[7] si citra[b] Ligere[b] aut Carbonariam ambo manent et qui agnoscit et apud quem cognoscitur,[7] in noctis XL placitum faciant; et inter ipso placito qui interfuerit qui caballo ipso aut venderit aut cambiaverit aut fortasse in solutionem[c] dederit, omnes intra[d] placito isto communiantur, h. e. ut unusquisque de cumnegotiatoribus alter alterum admoneat. Et si quis commonitus fuerit et eum sunnis non tenuerit et ad placitum venire distulerit, tunc ille qui cum eum negotiavit mittat tres testes, quomodo ei nunciasset,[8] ut ad placitum veniret, et alteros tres, quod publicae ab eo[9] negociasset. Istud si fecerit exuit se de latrocinio. Et ille qui non venerit super quem testes iuraverunt, ille erit latro illius qui agnoscit et precium reddat ille[10] qui cum illo negociavit, et ille secundum legem componat ille[11] qui res suas agnoscit. Ista omnia in illo mallo debent fieri ubi ille est gamallus super quem res illa primitus fuit agnita aut intertiata. Quod si trans Legerem aut Carbonaria manent cum quibus res illa agnoscitur, LXXX noctis lex ista custodiatur.

* *von* 5 *u.* 6 *in fünf* §§ *zerlegt.* [a] *so* 2—6; 10; *Em.*; *debea* 1. [b] *intra Legere* 2=10; *Em.*; *citra Ligare* 4; *inter alligare* 6; *ultra Ligeri* 5; *eligere* 1. [c] *so* 10; *Em.*=4; 5; *iussolutione* 3; *solicitudine* 6; *solitudinem* 1; 2. [d] *so* 2; 3; 10; *Em.*=4; 5; *intro* 1. [1] *qui lege Salica vivent f. h.* 2=3—6; 10; *hoc est qualiter homo furatas res intertiare debeat* (*-et*) *Em.* [2] *qui lege Salica vivit f. h.* 7; 9; *B—H*; *Em.*=8. [3] *ancillam f. h.* 3—9; *B—H*; 10; *Em.*=2. [4] *cab. bov. vel iumentum aut quemlibet rem* 5; 6=10; *Em.*; *cab. aut bov. vel quolibet pecus* 3. [5] *fehlt* 2. [6] *debet adhramire* 5; *Em.*=10; *deb. achramire* 6; *deb. ad hominem ire* 3; *fehlt* 7—9; *B—H.* [7] *fehlt* 7—9; *B—H.* [8] *maniaverit* 10. [9] *et idoniter f. h.* 3=2; 4; *idoniter* 6; *idoneos* 5. [10] *illi* 4; *Em.*=10; *illis* 2; *illius* 7—9; *B—H.* [11] *illi* 2; 4; 6; *Em.*; *ad illum* 7—9; *B—H.*

XLVIII. De falso testimonio.

§ 1. 1.* Si quis falso testimonio perhibuerit,[1] DC dinarios qui faciunt solidos XV culpabilis iudicetur.

* *vgl. unter* § I. [1] *praebuerit* 3—6; *Em.*=2; 7—9; *B*; *G*; *H*; 10.

§ I. I (7 Tit. LXXXII § 2).* Si[1] aliquis alicui iure[2] inpotaverit quod periurasset et non potuerit adprobare, qui inpotavit solidos XV culpabilis iudicetur.

* 8; 9; *B—H*; 10; *Em.*; *von B—H mit* § 1 *zusammengezogen.* [1] *et si B—H.* [2] *fehlt* 10; *Em.*

§ II. II (7 Tit. LXXXIII § 1).* Si alicui fuissit inpotatum quod periurasset et hoc qui inpotat potuerit adprobare, qui periuravit solidos XV culpabilis iudicetur.[1]

* 8; 9; *B—H.* [1] *excepto cap. et dil. Iuratores vero sui unusquis quinos soledos condempnetur f. h. G*; *H=B*; *F.*

§ 2. 2.* Si cuicumque fuerit inculpatum quod periurasset,[1] iuratores[2] quinos solidos condemnentur.[2]

* *fehlt B—H*; *vgl. aber* § II. *Anm.* 1. [1] *et probatus fuerit f. h.* 2=3—9; 10; *Em.* [2] III *de ipsos iuratores* XV *sol. culp. iud. quisquis illorum. Illi vero qui super* III *fuerint, quinos sol. solvant* 5=6; 10; *Em.*

3.* Ille vero cui[1] adprobatum fuerit,[1] excepto[a,2] capitale et § 3.
dilatura atque causa,[2] extra[3] hoc DC dinarios qui faciunt solidos XV[3] culpabilis iudicetur.

* *fehlt B—H; vgl. aber* § II. *Anm.* 1. [a] *excpl.* 1. [1] *qui iurat* 3. [2] *fehlt* 3; *exc. cap. et causam* 2; *exc. cap. et dil.* 4; *exc. causa vel cap. aut del.* 5; *exc. causa vel culpa et del.* 6; *exc. cap. et del. aut quae causa* 7=8; 9; *exc. caussa vel cap. et del.* 10=*Em.* [3] *sol. quinque* 3.

XLIX. De testibus.

1. Si quis testis necesse abuerit ut donit, et fortasse testes § 1.
nolunt ad placitum venire, ille qui eos necessarius habet ad[a] satisfacere[a] manire[b] eos cum testibus debet ad placitum, ut ea quae noverunt iurati dicant.

[a] *so* 5; 6; *satisfacere et* 1; *satisfacere* 3; 4=2; *fehlt* 7—9; *B—H*; 10; *Em.* [b] *so* 2; 6; 9; 10=4; 5; 7; 8; *B—H*; *Em.*; *mancre* 1; *venire* (*verd.*) 3.

2. Si venire noluerint et eos[a] sunnis non tricaverit[b] [mał. vuidridarchi h. e.], DC dinarios qui faciunt solidos XV quisque § 2.
illorum culpabilis iudicetur.

[a] *os* 1. [b] *tricaverunt* 1; *tricaverint* 4; *detenuerint* 3; *tenuerit* 2=5—9; *B—H*; 10; *Em.*

3. Si vero praesentes fuerint vocati in testimonium et no- § 3.
luerint ea quae noverint iurati dicere et ferbanniti fuerint, DC[a] dinarios qui faciunt solidos XV[1] culpabiles iudicentur.[1]

* *fehlt B—H.* [a] DC̈: 1. [1] *culp. iud. unusquisque illorum* 2=4; *Em.*

L. De fides factas.

1. Si quis ingenuus aut letus alteri fidem fecerit, tunc ille § 1.
cui fides facta est in[1] XL[2] noctes[2] aut quomodo placitum[a] fecerit quando[3] fidem fecit ad domum[a] illius qui[b] fidem fecit[b,3] cum testibus vel cum[4] illis[c,4] qui praecium adpreciare debent accedere debet.[1] Et si ei noluerit fidem facta solvere [mał. thalasciasco h. e.], solidos XV super[5] debitum quod fidem fecerit[5] culpabilis iudicetur.

[a] *so* 5=2—4; 6; *Em.*; *fehlt* 1; *plac. fecerit* 7—9; 10. [b] *so* 2—4=10 (*vgl. Anm.* 3); *fehlt* 1; 5; 6. [c] *so* 2; 4; 5; 10; *Em.*; *illo* 1; *illius* 6; *vgl. Anm.* 4. [1] *ad plac. veniet* (*et f. h. H*) *cum tales testibus qui ipsum pretium legitimi* (*legittime B*) *adpreciant B—H.* [2] *noctes* XIIII *sive* XL: 10. [3] *fehlt* 7—9; *is qui fidem dedit ad domum illius qui fidem accepit* 10. [4] *fehlt* 3; 7—9. [5] *fehlt* 4; 7—9; *B—H*; 10; *Em.*

§ 2. 2. Si adhuc noluerit conponere, debet eum ad mallum manire et sic nexti canthichius mallare debet: rogo te, thungine,[1] ut[2] nexti canthichus gasacio meo illo qui mihi fidem fecit et debitum debet; et nominare debet quale debitum debeat unde ei fidem fecerat.[2] Tunc[3] thunginus dicere debet: nexthe[4] ganthichio[4] ego illo in hoc[5] quod lex Salega ait.[3] Tunc ipse cui fides facta est testare debet,[6] ut nulli alteri nec solvat nec pignus donet solutionis nisi ante ille impleat quod ei fidem fecerat. Et festinanter[7] ad[8] domum illius[8] illa[9] die antequam sol collocet[9] cum testibus ambulare debet et rogare sibi debitum solvere. Si hoc noluerit facere, solem ei collocet. Tunc si solem collocaverit, CXX dinarios qui faciunt solidos III super debitum adcrescant. Istud usque ad tres vices per tres nondenas[a] fieri debet, et in tercio ista omnia facta si[b] noluerit[b] conponere, usque ad CCCLX dinarios h. e. solidos novem[c] adcrescat, id est ut per singulas admonitiones vel solem collocatum terni solidi super debitum adcrescant.

[a] *so* 4; *notinas* 1; *numbinas* 2; *novenas* 3; *nundinas* 5; 6; *manites* 7; *Em. Q*; *manitis* 8; *manitus* 9; *mannitas B*; *G*; *H*; *Em.* 1=*F*; 10. [b] *so* 7—9; *B—H*; 10; *Em.*; *et noluerit* 2; 4—6; *noluerit* 3; *voluerit* 1. [c] *nove* 1; 2; 4. [1] *iudex B—H.* [2] *ut homine illo denominato gasatione meo qui mihi fid. fec. de debitum talem denominatum secund. leg. Sal. mihi exinde eum distringas B=F—H*; 10; *Em.* [3] *fehlt B—H.* [4] *fehlt Em.* [5] *mallo f. h.* 5—9; 10; *Em.* [6] *fidemiussorem f. h. B*; *F=G*; *H*; *fideiussori Em.* [7] *fehlt* 2; 4; *ipsa die* 5; 6; *festinantes ipsa die* 10. [8] *fehlt* 2; 4. [9] *fehlt* 2; 3; 7—9; *B—H*; *Em.*; *ipse dicat* 4; *ipsa die* 5; 6; 10.

§ 3. 3.* Si quis ad[1] placitum legitimi fidem factam[1] noluerit solvere, tunc ille cui fides facta est ambulet ad grafionem loci illius in cuius pago manet et adprehendat fistucam et dicat verbum: tu grafio, homo ille mihi fidem fecit quem legitime habeo iactivo[2] aut admallatum[2] in hoc quod lex Saliga continet; ego super me et furtuna mea pono quod securus mitte[3] in furtuna sua manum. Et dicat de qua causa aut quantum ei fidem fecerat. Tunc grafio collegat secum septem rachineburgius idoneos[4] et sic cum eos ad casa illius qui[5] fidem[a] fecit[5] ambulet et dicat: qui ad praesens es, voluntatem tuam solve homine isto quod ei fidem fecisti et[6] elege tu duos[7] quos volueris[8] cum[9] rachineburgius istos de quo solvere debeas adpreciare debeant[6,9] et[b] haec quae debes[c] secundum iustum praecium satisfacias.[d] Quod si audire noluerit praesens aut absens, tunc rachineburgii praecium quantum valuerit debitus quod debet, hoc de furtuna sua illi tollant et de ipsa secundum legem quae debet, duas partes cuius causa est, tertia parte grafio frito ad se recolligat, si tamen fritus iam ante de ipsa causa non fuit solutus.

* *von Em. mit § 2 zusammengezogen.* [a] *so* 2—9; *B—H*; 10; *fehlt* 1. [b] *so alle übr.; fehlt* 1. [c] *so* 4—8; *B—H*; 10; *Em.*=3; 9; *debet* 1. [d] *so* 5—9; *B—H*=2; 10; *Em.*; *satisfaciatis* 1; *satisfaciat* 3; *satisfactionem* 4. [1] *fid. fact. ad placitum* 2; *quidem (lies fidem) factam ad placitum legitimum* 3=7—9; *B—H*; *Em.*; *fid. fact. ad placitum legitimo facto* 4=5; *fid. fact. ad placitum legitimum facto* 6. [2] *adiacthivum vel admallatum Em.* 1=*Em. B*; *Em. G*; *Em. Q*; *Em. T*; *adiectivum et admallatum* 7; 8=9; *B—H*; *iactibus admallatum* 2; *illo et admallatum* 4; *admallatum* 5; 6; 10. [3] *mitto* 3; 4; 7; 8; *B—H*; 10; *Em.*=9; *mittit in* 5; *mitem* 6. [4] *fehlt* 2; 4—7; 10. [5] *fideiussoris Em.*=*B—H*. [6] *fehlt Em.*; *B—H*. [7] *ex his f. h.* 10. [8] *idoneos f. h.* 3; 4; 6; 8=2; 5; 7; 9; *B—H*. [9] *quibus cum quod solvere debes adpreciato* 10.

4. Si grafio rogitus fuerit et sunnis eum non tenuerit aut certa ratio dominica et si distulerit ut non ambulet neque in rem mittat qui[1] cum legem et iustitiam exigere[a] debeat,[1] de vita culpabilis[2] esse debet[2] aut quantum valet se redemat. § 4.

[a] *so* 5; 6=2; 4; 10; *Em.*; *exire* 1. [1] *fehlt* 3; 7—9; *B—H*. [2] *conponat* 3; 5—9; *Em.*=10; *fehlt B—H*.

LI.[1]

1. Si quis grafionem iniuste ad res alienas tollendas invitat et rogaverit ambulare et[2] legitime eum iactivum aut admallatum non habuerit aut[3] fides ei facta non[a] fuerit,[2,3] VIIIM dinarios qui faciunt solidos CC culpabilis iudicetur. § 1.

[a] *fehlt* 1; *vgl. Anm.* 2. [1] *ohne Überschr. nur in* 1; *B—H*; *De anto meto* 2=5; 6; 10; *De eo qui grafionem ad res alienas iniuste invitaverit* 7; 8=9; *Em.*; *Si quis graffion. ad res alien. invitaverit* 4; *De grafionem ad res alien. invitato tollent* 3. [2] *antequam mallatus fuerit aut fides ei facta fuerit* 3=4; 7—9; *B—H*; *antequ. eum per legem habeat admallatum aut consecutum quod ei in mallo fidem fecisset* 10. [3] *fehlt* 2; 5; 6; *Em*.

I (2 Tit. LII § 2).* Ille qui grafionem rogat iniuste[1] aliquid confiscaveret, solidos[2] CC culpabilis iudicetur.[2] § I.

* 3—9; *B—H*; — *von* 9; *B—H mit* § 1 *zusammengezogen.* [1] *fehlt* 3. [2] *fehlt* 7—9; *B—H*.

2.* Si vero grafio invitatus[1] supra lege aut[2] debitum[2] iustum aliquid amplius tollere praesumpserit, aut se[3] redimat aut de vita conponet. § 2.

* *von* 7 *u.* 8 *mit* § I *zusammengezogen.* [1] *ad alterius caussam f. h.* 10. [2] *fehlt* 2. [3] *vuereguldum suum* 10.

LII. De rem pristita.

Si aliquis alteri aliquid prestiterit de rebus suis et ei noluerit reddere, sic eum debet admallare. Cum testibus ad domum illius cui[a] res suas praestetit accedat et[1] sic contestetur: quia res meas noluisti reddere quas[b] tibi praestiteram, in hoc eas teneas nocte proxima quod Saliga lex continet; sic ei solem collocit.[1] Si nec tunc reddere voluerit, adhuc[2] super septem noctes ei[3] spacium dare debet. Et[4] ad septem noctes ad eum similiter contestetur[c] ut nocte proxima in hoc quod lex Saliga habet res suas teneat.[4] Si[5] nec tunc voluerit reddere,[2] ad alias septem noctes ad eum similiter cum testibus[3] veniat et tunc ei roget ut debitum suum reddat. Si[6] nec tunc voluerit conponere, solem ei collocit. Quod si per III[d] vices solem ei collocaverit, semper[7] per singulas vices CXX dinarios h. e. terni solidi ad debitum adcrescant.[5,6,7] Et[8] si nec tunc voluerit nec reddere nec fidem facere reddendi, super debitum ei qui praestetit et super illos novem solidos qui per tres admonitiones adcreverunt, DC[9] dinarios qui faciunt solidos XV culpabilis iudicetur[9] adhuc super debitum.[8]

* *von* 5 *u.* 6 *in vier* §§ *zerlegt.* [a] *so alle übr.*; *cuius* 1. [b] *so alle übr.*; *quem* 1. [c] *so* 4—6; *Em.* = 10; *cum testior* (*verd.*) 1. [d] III *tres* 1. [1] *fehlt B—H.* [2] *fehlt* 7—9; *B—H.* [3] *fehlt* 2. [4] *fehlt* 3; *et si nec tunc voluerit reddere, ad alias septem noctes similiter facere debet* 10. [5] *fehlt* 4. [6] *fehlt* 5; 6; *Em.* [7] *fehlt* 10. [8] *fehlt F*; *G.* [9] *fehlt* 5; *sol.* XXIIII *culp. iud.* 2.

LIII.† De manu ad[a] hineum[a] redemendam.

§ 1. 1.* Si quis ad hineum admallatus fuerit, forsitan convenit, ut ille qui admallatus est manum suam redemat et iuratores debeat[1] dare[1]; si talis causa est unde legitimi[2] DC dinarios qui faciunt solidos XV si adprobatus fuerit reddere debuerat, CXX dinarios h. e. solidos III[3] manum suam redemat.

† *von* 10 *in einem* § *gegeben.* * *von* 7—9 *in zwei* §§ *zerlegt.* [a] *ad enium* 2 = 3—9; 10; *Em.*; *idoneum* (*verd.*) 1. [1] *donet* 3—9; *B—H*; 10; *Em.* = 2. [2] *legitime* 2—6; *Em.* = 10. [3] *ultime f. h.* 2; *ultimam* 4.

§ 2. 2.* Si plus ad manum redemendum dederit, fritus grafioni[a] solvatur quantum[1] de causa illa si convictus fuisset.

* *von B—H mit* § 1, *von* 7—9 *mit ihrem* § 2 *zusammengezogen.* [a] *grafine* (*verd.*) 1. [1] *tanquam si* 8; *B—H*; *Em.* = 7; 9.

3. Si vero fuerit causa que XXXV[1] solidos, si adprobatus fuisset, poterat[a] culpabilem iudicare, et si convenerit ut manum suam redimat,[2] CCXL[3] dinarios qui faciunt solidos VI[b,4] manum suam redemat.[3] § 3.

[a] *so* 2—4; 10; *fehlt* 1; *potuerit* 5 = 6; *debuisset Em.* [b] *fehlt* 1. [1] XXX: 2; 3; 10. [2] *et iuratores donet f. h.* 5; *Em. ausser Q.* [3] *fehlt* 6; *Em. Q.* [4] V: 3; VIIII: 5; *Em.*

4.* Quod[1] si amplius dederit, fretus grafione solvatur, quantum[1] de causa illa si convictus fuisset erit redditurus. Ista[2] redemptio de manu redemendam usque ad leudem sic permanet.[2] § 4.

* *von* 2; 3; 7—9; *B—H mit* § 3 *zusammengezogen.* [1] *fehlt* 2. [2] *fehlt* 5—9; *B—H*; 10; *Em.*; *vgl. aber* § II.

I (6 § 5).* Si maior culpa fuerit, de qua LXII solidos cum dimidio posset[a] iudicari[a] et convenit ut manum suam redimat, XV solidos manum suam redemat. § I.

* 5; 10; *Em.* [a] *posset iudicare* 5; 6; *culp. iudicetur* 10; *solvere deberet Em.*

II (6 § 6).* Quod si amplius dederit, fretus graphioni solvatur tamquam si de causa illa fuisset adprobatus; ista[1] redemtio usque ad leodem sic permaneat.[1] § II.

* 5; 10; *Em.* [1] *vgl.* § 4 *Anm.* 2.

5. Si vero leodem alter[a] alteri impotaverit et eum ad hinneum admallatum habuerit et convenerit ut[b] ioratores[1] donet et[1] manum suam redemat, MCC dinarios qui faciunt solidos XXX manum suam redemat. § 5.

* *von* 2 *mit* § 3 *u.* 4 *zusammengezogen.* [a] *so* 2; 3; *Em.*; *altera* 4; *fehlt* 1; 5—9; *B—H*; 10. [b] *so* 2—6; 10; *Em.*; *fehlt* 1. [1] *fehlt* 10.

6.* Quod si amplius dederit, fretus de leodem grafionem solvat.[1] § 6.

* *von* 2 *mit* § 3—5; *von* 3; 7—9; *B—H mit* § 5 *zusammengezogen.* [1] *tamquam si de ipsa causa convictus extitisset f. h. Em.*

LIV. De grafione occisum.

1. Si quis grafionem occiderit, XXIIIIM dinarios qui faciunt solidos DC culpabilis iudicetur. § 1.

2.* Si quis sacebarone aut[1] obgrafionem[1] occiderit qui puer regius fuit, XIIM dinarios qui faciunt solidos CCC culpabilis iudicetur. § 2.

* *fehlt Em. Q.* [1] *fehlt* 2; 3; 5; 6; *Em.*; *aut grafionem* 7—9; *B—H=* 10; *et graffionem* 4.

§ 3. 3.* Si quis sacebarone qui ingenuus est[1] occiderit, XXIIIIM dinarios qui faciunt solidos DC culpabilis iudicetur.

* *fehlt Em. E.* [1] *et saceborone f. h.* 2; *et se saceborone posuit* 3 = 5; 6; *Em.*; *et alium sagibaronem posuit B—H* = 7—9; *et se vel alium sacebaronem posuit* 10.

§ 4. 4. Sacibaronis vero in singulis mallibergiis plus quam tres non debent esse, et si[a] de causas[b] de[1] quod aliquid[b] eis solvuntur,[1] factum[2] dixerint,[2] hoc[3] ad grafionem non requiratur[3] unde ille securitatem fecerit.

[a] *so* 3; 4; 7—9; *B—H*; 10; *Em.*; *fehlt* 1; 2. [b] *causa unde aliquid* 5; 6; *causa aliquid, id est quod* 3; *c. aliquid de quod* 1; 4; *c. de quid de quod* 2. [1] *fehlt* 7—9; *B—H*; 10; *Em.* [2] *sanum dixerint* 5; 6; 10; *factum fuerit* 7; 8 = 9; *legibus fuerit definita B* = *F—H*; *Em.* [3] *hoc ad graffione non removatur* 4 = 2; 5; 6; *penitus grafionem removere non posset* 9 = 7; 8; 10; *ante grafionem eam removere non licet B* = *F—H*; *Em.*

LV. De corporibus expoliatis.

§ 1. 1.* Si quis corpus occisi hominis antequam in terra mittatur expoliaverit in furtum [mał. vuaderido h. e.], MMD[1] dinarios qui faciunt solidos LXII[a] cum dimidio[a.1] culpabilis iudicetur.

* *vgl. Tit.* XIV § IV. [a] *so* 5—9; *B—H*; *Em.* = 10; LXIII: 1; LXII; 3; 4. [1] *din.* IIM *f. sol.* XII (*verd.*) 2.

§ I. I (5 § 2).* Si quis tumulum[1] super hominem mortuum expoliaverit vel[2] dissipaverit[2] [małb. thornechales] solidos XV culpabilis iudicetur.

* 6; 10; *Em.* [1] *tombam* 10. [2] *fehlt* 6; 10.

§ II. II (5 § 3).* Si quis cheristadona[1] super hominem mortuum capulaverit [małb. madoalle] aut si[2] lavave quod est ponticolum[2] sequentis[3.4] mortuum expoliaverit[4.5] [małb. cheoburgio], de unaquaque de istis solidos XV culpabilis iudicetur.

* 6; 10; *Em.*; *vgl. aber Tit.* XIV § VII. [1] *cheristonicam* 6; *aristatonem hoc est stapplus Em.* [2] *selave qu. e. ponticulus* 6; *silave qu. e. porticulus* 10; *mandualem, qu. e. ea structura sive selave qui est ponticulus Em.* [3] *super* 10. [4] *sicut mos antiquorum faciendum fuit qui hoc distruxerit aut mortuum exinde expoliaverit Em.* [5] *deiecerit* 10.

§ 2. 2.* Si[1] corpus iam sepultum effuderit et expoliaverit et ei fuerit adprobatum, vuargus[2] sit[3] usque in die illa quam ille cum parentibus ipsius defuncti conveniat, et ipsi pro eum rogare[4] debent ut[5] ille inter homines liceat accedere.[5.6] Et qui ei antequam parentibus conponat aut panem dederit aut hospitalitatem dederit, seu parentes seu[7] uxor proxima,[2.7] DC dinarios qui faciunt solidos XV culpabilis iudicetur.

* *vgl. Tit.* XIV § V. [1] *et antiqua lege si* 10. [2] *sol.* CC *culp. iud. et parentes defuncti iudicem rogare debent ut inter homines habitet auctor sceleris et qui ei antequam cum parentibus sit satisfactum hospitium dederit* *B*=*G*; *H*. [3] *id est expellis f. h.* 7—9; *hoc est expulsus de eodem pago Em.* [4] *ad iudicem f. h.* 7—9. [5] *ut liceat ei infra patriam esse Em.* 1=*Em. V*; *u. l. e. infra paternam esse Em. Q.* [6] *si tamen auctor sceleris* [*mał. turnichal*] *sol.* CC *culp. iud. f. h.* 7=8; 9. [7] *sive uxor sua propria* 5; 6; *sive ux. sua sive proxima* 10.

3.* Ipse vero qui hoc admisisse probatur, VIIIM[a] dinarios qui faciunt solidos CC culpabilis iudicetur. § 3.

* *von* 2—6 *u.* 10 *mit* § 2 *zusammengezogen*; *fehlt* 7—9; *B*—*H*; *vgl. aber* § 2 *Anm.* 2 *u.* 6. [a] VIIIIM: 1.

4.* Si quis hominem mortuum super alterum in nauco[1] aut in poteo[2] miserit et ei fuerit adprobatum [mał. chaminis h. e.] MDCCC dinarios qui faciunt solidos XLV culpabilis iudicetur. § 4.

* *fehlt* 2; 4; 7—9; *B*—*H*; *vgl. aber Tit.* XIV § VI. [1] *nachao* 3; *naucho* 5; *naupho* 6=10; *Em.* [2] *petra alle übr.*

III (5 § 6).* Si quis basilicas[1] expoliaverit desuper hominem mortuum [małb. chereotasino], solidos XXX culpabilis iudicetur, excepto[2] capitale et delatura.[2] § III.

* 6—9; *B*—*H*; 10; *Em.* [1] *domum in modum basilicae factum Em.* [2] *fehlt* 6; *F*; *G*.

IV (5 § 7).* Si quis[1] basilica ubi[2] reliquie sunt insertas aut ipsa basilica est sanctificata[2] incenderit[3] [małb. chenecruda], solidos CC culpabilis iudicetur. § IV.

* 6—9; *B*—*H*; 10; *Em.* [1] *voluntario ordine aut fortasse per negligentiam f. h.* 10. [2] *fehlt* 7—9; *B*—*H*; 10; *sanctificatam vel ubi reliquiae sanctorum reconditae sunt Em.* [3] *vel infra ipsa ecclesia aliquam expoliationem de altare aut de infra illa ecclesia aliquid tulerit f. h. Em.*

V (7 Tit. LXXVII § 1).* Si quis presbiterum interfecerit [mał. teorzine], solidos DC culpabilis iudicetur. § V.

* 8; 9; *B*—*H*; *Em.*

VI (7 Tit. LXXVII § 2).* Si quis diaconum interfecerit [mał. teorgiae], solidos CCC culpabilis iudicetur. § VI.

* 8; 9; *B*—*H*; *Em.*

VII (Em. E. Tit. LVIII § 4).* Si quis episcopum interfecerit, DCCCC solidos culpabilis iudicetur. § VII.

* *nur in Em. E.*

LVI. De[1] eum qui ad mallum venire contemnit.[1]

I (2 Tit. LVII).* Si quis in mallum alterum[a] per lege convinxerit[b] et[c] is[c] fidem facire dispexerit aut precium solvere, tunc racineburgiis de[2] eum debent[d] ante[2] audire[2] secundum legem qualis causa est, et illi[3] qui eum mallavit ad casa[e] sua ei nonciare debit precium antedictum[4]; et si[f], tunc § I.

ei solvere noluerit, tunc per legem debit atendere et postia grafionem ad casa sua invitare, ut[g] quod lex est de ipsa causa de res suas secundum legem debiat revestire.

* 10. [a] *so* 10; *terum (verd.)* 2. [b] *coniunxerit* 2; *vicerit* 10. [c] *so* 10; *ad* 2. [d] *so* 10; *fehlt* 2. [e] *so* 10; *causa* 2. [f] *so* 10; *fehlt* 2. [g] *so* 10; *aut* 2. [1] *De dispeccionibus* 2=5; 6; 10; *ohne Ueberschr.* 4; *B—H.* [2] *attendere* 10. [3] *ille* 10. [4] *aut debitum* 10.

§ 1. 1.* Si quis ad mallum venire contempserit aut quod ei a rachineburgiis fuerit iudicatum adimplere distulerit, si[1] nec de conpositione nec hineo nec de ulla legem fidem facere voluerit:[1] tunc ad regis praesentia ipso manire debet. Et ibi duodecim testes erunt qui per singulas vices tres iurati dicant, quod ibi fuerunt ubi rachineburgius[2,3] iudicavit[3], ut aut ad hineo ambularet aut fidem de conpositione faceret, et ille dispexerit.[2] Iterum[4] alii tres iurare debent ut ibi fuissent[a] post[b] illa die[b] quando rachineburgii iudicaverunt ut aut per hineo aut per conpositione se deducerit, h. e. de illa die in XL noctis in mallobergo iterum ei solem collocaverit et nullatenus legem voluerit adimplere. Tunc eum debet manire ante regem, h. e. in noctes XIIII, et tria testimonia iurare[5] debent quod ibi fuerunt ubi eum manibit [et solem collocavit]. Si nec tunc venit, ista nove testimonia[5] iurati sicut superius diximus dicant.[6] Similiter illa[c] die si[7] non venerit, collocet ei solem et illa tria[7] testimonia ibidem[d] habeat[d], qui[e] ibi fuerunt[e], ubi collocavit solem. Tunc[8] si[8] ille qui admallat ista omnia impleverit[f], et qui admallatus est ad nullum placitum venire voluerit[4], tunc rex[g] ad que manitus est extra sermonem suum ponat eum. Tunc ipse culpabilis et omnes res suas erunt.[9] Et quicumque eum aut paverit aut hospitalem dederit, etiam si uxor sua proxima [mał. lampicii h. e.], DC dinarios qui faciunt solidos XV culpabilis iudicetur, donec[10] omnia que[11] inpotatur conponat.[10]

* *von* 5 *u.* 6 *in sechs, von* 7—9; *B—H in zwei* §§ *zerlegt.* [a] *fuisses* 1. [b] *so* 3; 5—8=2; 10; *Em*; *illa die* 4; *die* 1; *fehlt* 9. [c] *illi* 1. [d] *so Em*; *fehlt in allen übr.* [e] *so* 2—4=5; 6; 10; *fehlt* 1; 7—9; *Em.* [f] *so* 2; 5—9; 10 = 3; *Em*; *fehlt* 1; *invenerit (verd.)* 4. [g] *so* 3—9; *B—H*; 10; *Em*; *fehlt* 1; *ex (verd.)* 2. [1] *fehlt B—H.* [2] *racinburgi iudicium ei decrevissent et ipsum contempsissent B*; *H=F*; *G.* [3] *rationeburies iudicaverunt* 4=3; 5—9; 10; *Em*; *raciniburgi iuraverint (verd.)* 2. [4] *fehlt B—H.* [5] *fehlt* 2. [6] *fehlt* 2. [7] *fehlt* 2. [8] *fehlt* 2. [9] *in fisco aut cui fiscus dare voluerit f. h.* 5; 6; *Em.* = 10. [10] *fehlt* 2. [11] *ei legibus f. f.* 3—6; 8; *B—F*=7; 9; *H*; 10; *Em.*

LVII. De rachineburgiis.

1. Si qui[a] rachineburgii in mallobergo sedentes dum causam inter duos discutiunt,[b] legem[1] dicere noluerint, debet eis[c] dicere ab illo qui causa prosequitur:[1,2] hic ego vos tancono ut legem dicatis secundum legem Salegam. Quod[3] si ille dicere noluerint, septem de illos rachineburgios [mał. schodo h. e.] CXX dinarios qui faciunt solidos III ante[4] solem collocatum[4] culpabiles iudicentur.[4] § 1.

[a] *so* 10; *fehlt* 3; 4; 7—9; *B—H*; *quis* 1; 2; 5; 6; *quidem Em.* [b] *et f. h.* 1. [c] *so* 3; 4; *fehlt* 2; *ei* 1. [1] *debent eis dicere qui causam requirunt: dicite nobis legem Salica. Si vero legem noluerint dicere, ille qui causam prosequitur:* 5=6; *debet eis dicere qui causam querit: dic n. l. Sal. Si illi nol. dic., tunc iterum ipse debet dicere:* 8; *B*; *H*=7; 9; *F*; *G*; 10; *Em.* [2] *ego vos rogo ut mihi et isto gasationem quo legem dicatis; bis aut tres hoc debet dicere f. h.* 7=8; 9; *B—H*; 10; *Em.*; *doch fügt Em. in Uebereinstimmung mit* 9; *B—H*; 10 *noch weiter hinzu: Quod si dicere noluerint, tunc dicat ille qui causam requiret.* [3] *fehlt* 3. [4] *collegato sole* 4=2; 5—9; *B—H*; 10; *Em.*

2.* Quod si nec legem dicere noluerint[1] nec de ternos solidos fidem facerent, solem illis collocatum,[2] DC[3] dinarios qui faciunt solidos XV[3] culpabiles iudicentur. § 2.

* *von* 2; *B—H*; 10 *mit* § 1 *zusammengezogen.* [1] *voluerint* 5; 6; 8; 10=2; *Em.* [2] *unusquisque f. h.* 7—9; *B—H*=5; 6; 10; *Em.* [3] *quinus dinarius* C (*verd.*) 2.

3.* Si vero illi rachineburgii sunt et non secundum legem iudicaverint, is[a,1] contra quem sententiam[b] dederint causa sua agat et si[c] potuerit adprobare quod non secundum legem iudicassent,[2] DC dinarios qui faciunt solidos XV quisque illorum culpabilis iudicetur.[1] § 3.

* *fehlt* 7—9; *B—H*; *von* 10 *mit* §§ 1 *u.* 2 *zusammengezogen.* [a] *his* 1; 3. [b] *sentiam* 1. [c] *so* 4—6; *fehlt* 1; 3. [1] *his contra quos sententiam dederunt, sol.* XV *solvant* 10=2; *Em.* [2] *illi septem singillatim f. h.* 5=6.

I (6 § 4).* Si vero rachinburgiae legem dixerint et ille contra quem[a] legem[a] dicunt eos contradixerit,[b] quod legem non iudicant, simili modo contra unumquemque solidos XV culpabilis iudicetur. § I.

* 5; 7—9; *B—H*; 10; *Em.* — [a] *so* 5=10; *Em.*; *fehlt* 7—9; *B—H*; *quae in legem* 6. [b] *so* 5=10; *Em.*; *contradixerint* 6—8; *B—H*=9.

LVIII.* De chrene cruda.[1]

1. Si quis hominem occiderit et totam facultatem data non habuerit unde tota lege conpleat, XII iuratores donare debet quod[a] § 1.

nec super terram nec subtus terram plus facultatem non habeat quam iam donavit. Et postea debet in casa sua introire et de quattuor angulos terram[b] in pugno collegere et sic postea in duropullo, h. e. in limitare, stare debet intus in casa respiciens et sic de sinistra manum de illa terra trans scapulas suas iactare super illum quem proximiorem parentem habet. Quod si iam pater[2] et fratres[2] solserunt, tunc super[3] suos[3] debet illa terra iactare, id[4] est[4] super[5] tres[6] de generatione[6] matris et[5,7] super tres de generatione patris[7] qui proximiores sunt. Et sic postea in camisia, discinctus, discalcius, palo in manu, sepe sallire debet, ut pro medietate quantum de conpositione diger est aut quantum lex addicat, illi tres[8] solvant; hoc[c,9] et[c] illi alii qui de paterno generatione veniunt facere debent.[9] Si[10,11] vero de illis quicumque[12] pauperior[d] fuerit, ut non habeat unde integrum debitum solvat, quicumque de illis[12] plus habet[13] iterum[11] super illum chrenecruda ille qui pauperior est iactet, ut ille tota lege solvat. Quod[e,14] si vero nec ipse habuerit unde tota persolvat,[14] tunc illum qui homicidium fecit, qui eum sub fidem habuit in mallo praesentare debet,[f] et sic postea eum per quattuor mallos ad suam fidem tollant. Et si eum in conpositione nullus ad fidem tullerunt, h. e. ut redimant de[15] quod[g] non[g] persolvit,[15] tunc de sua vita conponat.[10]

* *fehlt bis auf die Überschr. u. die Anm. 1 gegebene Stelle B—H; von 5 u. 6 in sechs, von 7—9 in fünf, von 3 u. 10 in zwei §§ zerlegt.* [a] *so* 3—9; 10; *Em*; *fehlt* 1; 2. [b] *so* 3; *terrae* 1=4; 7—9; *terra* 2; *de terra illa* 5; 6; *Em*; *terrae pulverem* 10. [c] *so* 10=4; *Em*; *hoc e.* (= *hoc est*) 2; 3; 7—9; *h. e.* (= *hoc est*) 1; *für* 5 *u.* 6 *vgl. Anm.* 9. [d] *so* 5—9; 10; *Em*; *proximior* 1. [e] *so* 5—8; 10; *Em*; *Quam* 1; *que* 2. [f] *so* 3; 7—9=2; 10; *Em*; *debent* 1. [g] *so* 7—9=2; 3; *quodno* (= *quo domino*) 1. [1] *quod paganorum tempore observabant f. h.* 9=7; 8; *lege quae paganorum tempore observabant deinceps numquam valeat, quia per ipsam cecidit multorum potestas B*; *G*; *H*=*F*. [2] *et mater et frater* 3; 4=5; 6; *pater aut mater vel fratris* 7; 9=8; 10; *Em*. [3] *super suos filios* 2; *superiorem sororem et matrem aut suos filios* 3; *super sororem matris aut sup. suos filios* 4—6; *Em*=7—9; *sup. sororem . . . matris aut sup. eius filios* 10. [4] *idem de* 5; *idem* 6. [5] *fehlt* 3; 4. [6] *generationis aut* 7=8; 9. [7] *fehlt* 5—9; *Em*. [8] *solidos f. h.* 4. [9] *hoc est et illi qui de paterna generatione veniunt similiter faciunt* 5; 6. [10] *fehlt* 4. [11] *fehlt* 2. [12] *fehlt* 3. [13] *exsolvat f. h.* 10. [14] *fehlt* 9. [15] *fehlt* 5; 6; *Em*; *aut pro eo persolvit* 10.

§ I. I (10 § 3).* At praesentibus temporibus, si de suis propriis rebus non habuerit unde transolvere aut se de lege defensare possit, omnis caussa superius comprehensa ad caput suum pertinet observare.

* *nur in* 10; *vgl. aber* § 1 *Anm.* 1.

LIX. De alodis.

1.* Si quis mortuus fuerit et filios non demiserit,[1,2] si mater § 1.
sua superfuerit, ipsa[2] in hereditatem succedat.[1]

* *für Em. Q vgl. unter* § 3. [1] *pater aut mater in eius hereditate succedat B—H.* [2] *si pater, si mater fuerit, ipsi* 5 = 6—9; 10; *Em.*

2.* Si mater[1] non fuerit[1] et fratrem aut sororem dimiserit, § 2.
ipsi in hereditatem succedant.

* *fehlt Em. V; für Em. Q vgl. unter* § 3. — [1] *mater aut pater non fuerint* 5 = 6—9; 10; *Em.*

3.* Tunc si ipsi non fuerint, soror matris[1] in hereditatem § 3.
succedat.

* *von Em. Q mit* §§ 1 *u.* 2 *zusammengezogen; für F vgl. unter* § 4. [1] *patris H; Em. ausser F.*

I (2 § 4).* Si vero sorores matris[1] non fuerent, sorores patris[2] accedant § I.
in hereditate.

* 5—7; 9; *B; G; H.* [1] *patris H; Em. ausser F.* [2] *matris G; H; Em. ausser F.*

4.* Et[1] inde[1] de[2] illis generationibus[2] quicumque proximior § 4.
fuerit,[3] ille in hereditatem succedat.[4]

* *von F mit* § 3 *zusammengezogen.* [1] *et si patris soror non fuerit, sic* 5 = 6; *si autem nulli horum fuerint Em.* [2] *fehlt Em.* [3] *de paterna generatione f. h. Em.* [4] *qui ex paterno genere veniunt f. h.* 5; 7; 10; *qui ex parte genere veniunt* (*verd.*) 8; 9; *qui ex parte istius generis veniunt B; H = F; G.*

5. De terra vero[1] nulla in muliere hereditas non pertinebit, § 5.
sed[2] ad virilem sexum[a] qui fratres fuerint tota terra perteneat.[b,2]

[a] *secum* 1. [b] *pertencunt* 1. — [1] *salica f. h.* 5—7; 9; 10; *Em.* = 8. [2] *sed hoc virilis sexus acquirit, hoc est, filii in ipsa haereditate succedunt. Sed ubi inter nepotes aut pronepotes post longum tempus de alode terrae contentio suscitatur, non per stirpes sed per capita dividantur f. h.* 10.

LX. De eum qui se de parentilla tollere vult.

In* mallo ante thunginum[1] ambulare[2] debet et ibi tres[3] fustis alninus[4] super caput suum frangere debet.[5] Et illos per[6] quattuor partes[6] in mallo iactare debet et ibi dicere debet quod se[a] iuramento et de hereditatem et totam rationem illorum tollat. Et sic postea aliquis de suis parentibus aut occidatur aut moriatur, nulla ad eum nec hereditas nec conpositio pertenat. Sed[7] hereditatem ipsius fiscus adquirat.[7]

* *von* 4; 7—9; *B—H in zwei, von* 5 *u.* 6 *in drei* §§ *zerlegt.* — [a] *so* 3; 5—9; *B—H*; 10; *Em.*; *fehlt* 1. [1] *aut centenarium f. h.* 5; 6; *Em.* [2] *admallare* 10. [3] *quatuor alle übr.* [4] *salicinos* 3; 4. [5] *in quatuor partes f. h.* 10. [6] *fehlt* 10; *in* IV *p.* 3; 4; 7; 9; IV *p.* 2; 8; *Em.* 1; *tres p. Em. Q; in quattuor pecias per quattuor angulos* 5=6; *quatt. p. per angulos coram omnibus Em. P u. a.*; *alninus super scabulas quatuor partes Em. G.* [7] *Si vero ille aut occidatur aut moriatur, conpositio aut hereditas suis parentibus non pertinet,* [*causa*] *sed ad fisco pertineat aut cui fiscus dare voluerit* 6=5; 7—9; *Em.*; *völlig verd.* 2; 10.

LXI. De charoena.

§ 1. 1.* Si quis alteri de manum suam[a.1] aliquid[2] rapuerit[3], rem in caput reddat et insuper [mał. alcham h. e.] MCC[4] dinarios qui faciunt solidos XXX[4] culpabilis iudicetur.

* *vgl. unter* § 3. — [a] *desuper alterum f. h.* 1; *super illum* 5; *desuper illium* 6; *vgl. Anm.* 3. [1] *per virtutem f. h.* 3; 4; *ad ira* (*verd.*) 7—9. [2] *per virtutem f. h.* 5—9=10; *Em.*; *per iracundiam* (*iram B*) *aut per virtutem B—H.* [3] *de super illam f. h.* 3; 4. [4] *sol.* XXXV: *F.*

§ 2. 2.* Si quis vero hominem mortuum expoliaverit violenter, MMD[a] dinarios qui faciunt solidos LXII[b] cum dimidio[b] culpabilis iudicetur. Similiter et super hominem vivo si[c] aliqua expolia tulerit violenter [mal. mosido h. e.], solidos LXII[b] cum dimidio[b] culpabilis iudicetur.

* *nur in* 1; *vgl. aber Tit.* XIV § IV; *Tit.* LV § 1. [a] IIM: 1. [b] LXIII: 1. [c] *fehlt* 1.

§ 3. 3.* Si vero quicumque homo quemlibet rem desuper hominem[a] in[1] tertia[b] manum mittere voluerit, sed si haec de[c] manum violenter tulerit[1], MCC[2] dinarios qui faciunt solidos XXX[2] culpabilis iudicetur.

* *von F mit* § 1 *zusammengezogen.* [a] *mortuum f. h.* 1. [b] *so* 3—9; *B—H*; 10; *Em.*; *terra* 1; [c] *fehlt* 1. [1] *in tertia manu miserit et ei quod se agnoscere dicit per virtutem tollisse convincitur* 5=6; *per virtutem tullerit et in tertia manu miserit B*; *G*; *H=F*; *quod ei in tertia manu missum fuerat per vim tulisse convincitur Em.* [2] MCCCC *den. qu. f. sol.* XXXV: 8=7; 9; *B—H.*

§ I. I (2 § 2).* Si quis hominem dormientem[a] expoliaviret, solidos C[b] culpabilis.

* 3; 5; 6; *vgl. aber Tit.* XIV § III. [a] *so* 3; 5; 6; *dimente* 1. [b] *so* 3; 5; 6; C̄: 1.

LXII.* De compositione homicidii.[1]

1. Si cuiuscumque pater occisus fuerit, medietate conpositionis filii collegant et alia medietate parentes qui[a] proximiores sunt tam de patre quam de matre inter se dividant. § 1.

* *von* 2; 3; 5—9; *B—H*; 10; *Em. in einem* §, *von* 2 *doppelt* (*Tit.* XLVII *u.* LXIV) *gegeben.* [a] *so alle übr.*; *quae* 1. [1] *qualiter parentes inter se dividant f. h.* 3.

2.* Quod si de una[a], paterna seu materna, nullus parens non fuerit, illa[b] portio in fisco colligatur[1]. § 2.

* *fehlt* 4. — [a] *so* 2; 3; 5—9; *B—H*; *Em*; *nulla* 1. [b] *illo* 1. [1] *aut cui fiscus dare voluerit f. h.* 5; 6=10; *Em.*

LXIII. De homine ingenuo qui in hoste occiditur.

1.* Si quis hominem ingenuum[1] in[2] oste[2] occiserit et[3] in truste dominica non fuit ille qui occisus est[3] [mał. leude h. e.], XXIIIIM[4] dinarios qui faciunt solidos DC culpabilis iudicetur.[4] § 1.

* *von* 2 *doppelt* (*Tit.* XLVI *u.* LXV), *von* 10 *dreifach* (*Tit.* LXVI § 1 -3) *gegeben.* [1] *fehlt* 5; 6; *quia lege Salica vivit, dum est* 2 (*Tit.* XLVI); *hom. ing. qui l. Sal. viv.* 7—9; 10 (§ 2 *u.* 3)=*B—H.* [2] *in conpanio de conpaniones* 5=6; 10 (§ 2). [3] *fehlt* 2—9; *B—H*; 10; *excepto si ex truste regale non fuerit ille homo Em.* [4] VIIIM *den. q. f. sol.* CC *culp. iud.* 8=7; 9; *B—H*; *din.* CC *conponat* (*verd.*) 2 (*Tit.* LXV); *secundum quod in patria si ipso occidisset conponere debuisset, in triplo conponat* 6=5; 10 (§ 1 *u.* 3); *Em.*

2.* Si vero in trustae dominica[1] fuerit ille qui occisus est, cui fuerit adprobatum [mał. mother h. e.], MDCCC[2] solidos[2] culpabilis iudicetur. § 2.

* *fehlt* 2; 5—9; *B—H.* [1] *regale Em.* [2] *sol.* DCCC : 3; MDCCCC *den. qu. f. sol.* LXX : 4.

LXIV. De herburgium.

1. Si quis alterum herburgium clamaverit, h. e. strioporcium aut illum[a] qui hineo portare dicitur, ubi strias coccinant[1] [mał. humnisfith h. e.], MMD[b,2] dinarios qui faciunt solidos LXII[c] cum dimidio[c,2] culpabilis iudicetur. § 1.

[a] *illud* 1. [b] IIM : 1. [c] *so* 5—9; *B*; *H*; 10; *Em*; LXII : 2; 3; LXIII : 1. [1] *et non potuerit adprobare f. h.* 3—6=7—9; *B—H*; 10; *Em.* [2] MCC *din. qu. f. sol.* XXX : 4; *sol.* LX : *F*; *G.*

2.* Si quis mulierem ingenuam stria[1] clamaverit et probare non potuerit, MMD[2] dinarios in[a] triplum qui faciunt[a] solidos CLXXXVII[b] cum dimidio[b,2] culpabilis iudicetur. § 2.

* *fehlt* 7—9; *B—H.* [a] *qui faciunt in triplum* 1; *obiger Umstellung entspr.* 5; 6; 10; *Em.* 1. [b] *so Em. T*; *Em. V*; LXXXVIIII : 1; CLXXXVIII: 10; *Em. G*; *Em. Q*; CLXXXVI *c. dim. Em.* 1; CLXXXII *et semis Em. B*; *Em. E.* [1] *aut meretricem f. h.* 5; 6; 10; *Em.* [2] XXXV *sol.* 3; MCC *den. qu. f. sol.* XXX : 4.

§ I. I (6 § 3).* Si stria hominem commederit et ei fuerit adprobatum [mał. granderba s.], denarios VIIIM qui faciunt solidos CC culpabilis iudicetur.

* 5; 10; *Em.*

LXV.* De caballo mortuo extra consilium domini sui decotato.

§ 1. 1. Si quis caballum[1] alicuius extra consilium domini sui decotaverit,[2] si[a,3] interrogatus confessus fuerit,[3] caballum[4] in capite reddat.[4]

* *fehlt* 7—9; *B—H*; *vgl. aber Tit.* XXXVIII § VIII. [a] *so* 3; *fehlt* 1; *et* 4—6; *Em.*; *et si* 10. [1] *mortuum f. h.* 4; *alienum* 5; 6; *Em.* [2] *excortigaveret* 2=5; 6; *Em. Q*; *decorticaverit* 3; 10=*Em. ausser Q.* [3] *fehlt* 2. [4] *sol.* XXX *conponat exc. cap. et dil.* 2.

§ 2. 2.* Si vero negare[1] voluerit[1] et ei fuerit adprobatum, excepto capitale et dilatura [mał. secthis h. e.], MCCCC[2] dinarios qui faciunt solidos XXXV[a,2] culpabilis iudicetur.

* *fehlt* 2; *vgl.* § 1. *Anm.* 3 *u.* 4. — [a] *so* 3; XXX : 1. — [1] *contra voluntatem domini sui decotaverit* 4. [2] MCC *den. qu. f. sol.* XXX : 4; DC *den. qu. f. sol.* XV : 6=5; 10; *Em.*

Die

Kapitularien zur Lex Salica.

Capitulare I.

Grundtext: Hessels 1 Tit. LXVI—LXIX.

1 (LXVI).* De mitio fristito.[1]

Si quis truste dum vestigio minant detenere aut battere praesumpserit, MMD dinarios qui faciunt solidos LXII[a] cum dimidio[a] culpabilis iudicetur.

* *ausser der in Em. Q erhaltenen, aber verstümmelten Überschrift nur in* 1. [a] LXIII: 1. [1] *fristatito Überschriftenverz.* 1; *fristratrito Überschriftenverz. Em. Q*; *fristati-o Em. Q.*

2 (LXVII).* Si quis hominem[1] de furcas abaterit extra[2] consilium domini[3] sui[3] iudicis[2].

Si quis hominem[4] extra consilium iudicis[5] de furcas[6] abaterit aut[7] de ramum ubi incrocatur[a] reponere praesumpserit, MCC dinarios qui faciunt solidos XXX culpabilis iudicetur.[7,8]

* 7—9 *u. B—H Tit.* LXXIV § 1; — 10 *Tit.* LXIX § 3 (= *Tit.* XLIV § 9) *u.* 4; — *Em. Tit.* LXIX § 1 *u.* 2. [1] *de bargo vel f. h.* 8; 9; *Em.* [2] *fehlt in allen übr.* [3] *fehlt Überschriftenverz.* 1. [4] *ingenuum f. h. F.* [5] *de bargo vel f. h.* 7—9; *B—H*; 10 *Tit.* LXIX § 3; *Em. Tit.* LXIX § 1. [6] barco 10 *Tit.* XLIV § 9. [7] *sol.* XL *culp. iud. F*; *G*; MDCCC *den. qu. f. sol.* XLV *culp. iud.* 8; 10 *Tit.* XLIV § 9 *u. Tit.* LXIX § 3; *Em. Tit.* LXIX § 1 = 7; 9; *B*; *H.* [8] *Si quis hominem sine con(sen)su iudicis de ramo ubi incrogatus est deponere presumpserit*, MCC *den. qu. f. sol.* XXX *culp. iud. f. h. Em. Tit.* LXIX § 2 = 10 *Tit.* LXIX § 4.

3 (LXVIII).* De eum qui hominem vivo de furca furaverit.

Si quis hominem vivo, de furca tollere aut demittere praesumpserit [mał. mor chamo h. e.], IIIIM dinarios qui faciunt solidos C culpabilis iudicetur.

* *Em. Tit.* LXIX § 4.

4 (LXIX).* De eum qui infantem alienum tundere praesumpserit.

§ 1. 1. Si quis puerum crinitum extra consilium parentum tundere praesumpserit[1] [mał. vidri darchi h. e.], MDCCC[2] dinarios qui faciunt solidos XLV[2] culpabilis iudicetur.

* 2 *Tit.* XXIV § 5 *u.* 6; — 3; 4; 6 *Tit.* XXIV § 2 *u.* 3; — 5 *Tit.* XXIV § 2; — 7—9 *u. B—H Tit.* XXXIV § 1 *u.* 2; — 10 *Tit.* XXVIII § 2 *u.* 3; — *Em. Tit.* XXVI § 2 *u.* 3. [1] *aut puellam totunderit f. h.* 5. [2] *sol.* LXII: 5; 6; *den.* MMD *qu. f. sol.* LXII *c. dim.* 8=7—9; *B*; *G*; 10; *sol.* XLIII (*verd.*) *F*; *sol.* LVIII (*verd.*) *H*.

§ 2. 2.* Si vero puella tunderit, h. e. extra consilio[a] parentum, IIIIM[1] dinarios qui faciunt solidos C[1] culpabilis iudicetur.

* *von* 5 *mit* § 1 *zusammengezogen*; *vgl. dort Anm.* 1. [a] *so* 3; 6—9; *B*; *F*=2; 4; 5; *G*; *H*; 10; *Em.*; *concilio* 1. [1] *din.* MDCCC *f. sol.* XLV: 2=3—9; *B*; *F*; *H*; 10; LXV (*verd.*): *G*; MMD *din. qu. f. sol.* LXII *c. dim. Em.*

Capitulare II.

Grundtext: Hessels 1 Tit. LXX—LXXIII.

1 (LXX).* De muliere qui se cum servo suo copulat.

§ 1. 1. Si quis mulier se[a] cum servo suo in coniugio copulaverit, omnes res suas fiscus adquirat et illa aspellis faciat.

* *Em. Q.* [a] *qui* 1; *Em. Q.*

§ 2. 2. Si quis de[1] parentibus[1] eam[a] occiderit, nullus mortem illius nec parentes nec fiscus[2] nullatenus requiratur. Servus ille pessima cruciatu[b] ponatur, h. e. in rota mittatur. Et vero muliere ipsius de parentibus aut quaelibet panem aut hospitalem dederit, solidos XV culpabilis iudicetur.

[a] *so Em. Q*; *eum* 1. [b] *truciatu* 1; *poena Em. Q.* [1] *fehlt Em. Q.* [2] *filius Em. Q.*

2 (LXXI).* De consiliatoribus.[a]

1. Si quis filium aut filiam alienam extra consilio parentum in coniugio copulandum consiliaverit et ei fuerit adprobatum, et parentes exinde aliquid damnati fuerint aut certe raptores vel convivas consiliatoris[b] fuerint, morte damnentur, et res ipsorum fiscus adquirat. § 1.

* *Em. Q.* [a] *so Em. Q*; *conciliatoribus* 1. [b] *conciliatores* 1; *Em. Q.*

2. Raptores vero quod in anteriorem legem scriptum est, amplius non[1] damnentur. § 2.

[1] *fehlt Em. Q.*

3 (LXXII).* De muliere vidua qui se ad alium maritum donare voluerit.

Si quis mulier vidua post mortem mariti sui ad alterum marito se[a] dare voluerit, prius qui eam accipere voluerit reibus secundum legem donet; et postea mulier, si de anteriore marito filios habet, parentes infantum[b] suorum consiliare debet.[c] Et si in dotis XXV solidos accepit, III solidos achasium parentibus qui proximiores sunt marito defuncto donet; h. e. si pater aut mater desunt, frater defuncti aut certe nepus, fratris senioris filius: ipsis achasius debetur. Et si isti non fuerint, tunc in mallo iudici, h. e. comite aut grafione, roget de eam, in verbum regis mittat et achasium quem parentibus mortui mariti dare debuerat[d] parti fisci adquirat. Si vero LXII[e] cum dimidio[e] solidos in dotis accipiat, solidi VI in achasium[f] dentur, h. e. ut[g] per decinus solidos singuli in achasium debentur. Sic tamen ut dotem quem anterior maritus dedit, filiis suis post obitum matris sine ullum consorcium sibi vendicent ac defendant. De qua dotem mater nec vendere nec donare praesummat. Certe si mulier de anteriore marito filios non habuerit et cum dote sua ad alias nuptias ambulare voluerit, sicut[h] superius diximus achasium donet. Et sic postea scamno cooperiat et lecto cum lectaria ornet; et ante VIIII testes parentibus defuncti invitat et dicat: „omnis mihi testes scitis quia et achasium dedi ut pacem habeam parentum et lectum stratum et lectaria condigna et scamno coperto et cathedras quae de casa patris mei exhibui hic dimitto. Et hoc liceat cum duas partis dotis sui alio se dare marito. Si vero istud non fecerit, duas partes dotis perdat et insuper fisco solidos LXII[i] cum dimidio[i] culpabilis iudicetur. [De[k] puellas militurias vel litas haec lex medietate servetur[k]].

* *Em. Q.* [a] *so Em. Q*; *fehlt* 1. [b] *so Em. Q*; *infantes* 1. [c] *fehlt* 1; *debent Em. Q.* [d] *debuerant* 1; *Em. Q.* [e] LXIII : 1; *Em. Q.* [f] *achium* 1; *adesium Em. Q.* [g] V· : 1; *quinque Em. Q*; *vgl. Behrend-Boretius S.* 90. *Anm. x.* [h] *so Em. Q*; *fehlt* 1. [i] LXIII : 1; *Em. Q.* [k] *so* 1, *jedenfalls hier zu streichen, da es sich im Vorhergehenden gar nicht um puellae handelt und der Abschreiber die Stelle wahrscheinlich aus Cap.* III *c.* 3 § 9 (*Tit.* LXXVI § 9) *herübergenommen hat.*

4 (LXXIII).* De viris qui alias ducunt uxores.

§ 1. 1. Si quis uxorem amiserit et aliam habere voluerit, dotem quem primarie uxorem dedit secunda ei donare non licet. Sic tamen adhuc filii parvoli sunt, usque ad perfectam aetatem res[a] uxores anteriores vel dotis caute[1] liceat iudicare, sic vero ut[b] eas[b] nec vendere nec donare praesummat.

* *Em. Q.* [a] *so Em. Q*; *rex* (*verd.*) 1. [b] *so Em. Q*; *de has* 1. [1] *causa Em. Q.*

§ 2. 2. Si vero de anteriorem uxorem filios non habuerit, parentes qui proximiores sunt mulieris defuncti duas partes dotis recoligant et duos lectaria demittant, dua scamna coperta, duo cathedras. Quod si istud non fecerint, tertia sola de dote recoligant; tamen si per adfatimus antea non cromaverint.

Capitulare III.

Grundtext: Hessels 1 Tit. LXXIV—LXXVII.

1 (LXXIV).* De hominem inter duas villas occisum.

Sic ut adsolet homo iuxta villa[1] aut inter duas villas proximas sibi vicinas fuerit interfectus, ut homicida illa non appareat, sic debet iudex, h. e. comis aut grafio, ad loco accedere et ibi cornu sonare debet. Et si[2] non venerit qui corpus cognoscat, tunc vicini illi in quorum campo vel exitum corpus inventum est debent[a] facere bargo V pedes in altum et praesentia iudicis levare corpus. Et debet iudex nuntiare et dicere: homo iste in vestro agro vel in vestibulum est occisus. Contestor ut usque septem noctes non reponatur, et de homicidium istud vos admallo ut in mallo proximo veniatis et vobis de lege dicatur quod observare debeatis. Tunc vicini illi quibus muntiatur a iudice ante XL noctes qui meliores sunt cum sexaginos quinos sc exuant quod nec occidissent nec sciant qui occidissent. Minoflidis vero quinos dinos iuratores donent.[3] Qui ut superius diximus, id est qui iurant, si istud ante XL noctes non fecerint, noverint[b] se[b] persona mortui[4] satisfacere. Si vero iurant quod superius diximus et se[c] per[c] sacramentum idoniaverint, nulla conpositio eis requiratur.

* 2; *Em. Q.* [a] *so* 2; *debet* 1; *Em. Q.* [b] *so* 2; *sed* 1; *Em. Q.* [c] *so* 2; *semper* 1; *rem Em. Q.* [1] *strada* 2. [2] *vinerit qui corpus cognuscit occisi, sic parentibus in noticia ponatur. Si vero f. h.* 2. [3] *singuli f. h.* 2. [4] *requirenti legibus f. h.* 2.

2 (LXXV).* De pignoribus.

Si quis debitorem suum per[1] ignorantiam[1] sine iudice pignoraverit antequam eum nesti canthe chigio, h. e. accusante, et debitum perdat[2] et insuper,[3] si male pignoraverit, cum lege[2] conponat, h. e. capitale reddat et solidos XV culpabilis iudicetur.

* 2; *Em. Q.* [1] *pignorancia* 2. [2] *fehlt Em. Q.* [3] *similiter f. h.* 2.

3 (LXXVI).* De muliere cesa vel excapilata.

1. Si quis mulierem[a] excapillaverit, ut ei[1] abonnis[1] ad terra cadat, solidos XV culpabilis iudicetur. § 1.

* 2; *Em. Q.* [a] *fehlt* 1. [1] *eam obclinis Em. Q.*

2. Si vero vittam[a] suam solverit, ut capilli in scapulam suam tangant, XXX solidos culpabilis iudicetur. § 2.

[a] *so Em. Q*; *vitta* 2; *vitam* 1.

3. Si servus mulierem ingenuam percusserit aut excapillaverit, aut manum perdat aut solidos V reddat. § 3.

4. Si quis mulierem ingenuam prignantem in ventre aut in renis percusserit pugno aut calcem et ei pecus non excuciat, et illa propter hoc gravata fuerit quasi usque ad mortem, CC solidos culpabilis iudicetur. § 4.

5. Si quis vero pecus mortuum excusserit, et ipsa evaserit, DC solidos culpabilis iudicetur. § 5.

§ 6. 6. Si vero ipsa mulier propterea mortua fuerit, DCCCC solidos culpabilis iudicetur.

§ 7. 7. Si vero mulier[a] qui mortua est pro aliqua causa in verbum regis missa est, MCC solidos culpabilis iudicetur.

[a] *so* 2; *Em. Q*; *mulieri* 1.

§ 8. 8. Si vero infans puella est qui excutitur[a]; MMCCCC[1] solidos conponat.

[a] *so* 2; *excutetur* 1; *excussitur Em. Q.* [1] MCCCC: 2.

§ 9. 9. Haec lex de militunias vel letas sive[a] Romanas in medietate convenit observare.

[a] *so* 2; *Em. Q*; *fehlt* 1; *vgl. aber Cap.* II *c.* 3 *a. E.*

§ 10. 10. Si quis ancillae pecus mortuum excusserit, si[a] pulicella[a] fuerit, LXII[b] solidos cum dimidio[b] conponat, similiter et[1] dinarium unum.[1]

[a] *so* 2; *si puella Em. Q*; *spulicella* 1. [b] LXIII: 1; *Em. Q*; LXII: 2. [1] *et* M *et dinarium* 2; *adinarium unum Em. Q.*

§ 11. 11. Si vero ancilla ipsa cellaria[a] aut genicium domini sui tenuerit, C solidos et[1] dinarium pro ipsa conponatur.

[a] *so Em. Q*; *cellarium* 2; *celararia* 1. [1] *M et f. h.* 2.

4 (LXXVII).* De eum qui causa[a] aliena dicere praesumpserit.

Cui nec demandata nec leverpita[b] fuerit et non potuit vindicare, solidos XV culpabilis iudicetur. De postea ei cui causa est liceat legibus causam suam mallare.

* *Em. Q.* [a] *so Em. Q*; *casa* 1. [b] *so Em. Q*; *laevespita* 1.

Capitulare IV.

Alleiniger Text: Em. Q. (Hessels Tit. LXXIX—XCV).

1 (LXXIX). [Si quis puerum regis aut libertum occiderunt].[a]

Si quis puerum regis aut libertum occiderit, solidos C culpabilis iudicetur. Aut Romanum ingenuum vel tributarium aut militem, solidos C culpabilis iudicetur.

[a] *Die Überschriften sind nach dem Überschriftenverzeichnis ergänzt.*

2 (LXXX). [Si quis stadalem vaidaris cervum aut bovem cervi atributaria salierit].

Si quis stadalem vaidaris cervum aut bovum cervi atribute saliverit, MDCCC dinarios qui faciunt XLV[a] solidos culpabilis iudicetur.

[a] LXV: *Em. Q.*

3 (LXXXI). [De furtis de venationibus vel piscationibus].

1. Si quis pedicam embolaverit aut retem aut nassam de nave tulerit [ml. then lasinia sunt], dinarios MCC qui faciunt solidos XXX culpabilis iudicetur. § 1.

2. Si quis de nave furaverit piscem aut de retem, DC dinarios qui faciunt solidos XV culpabilis iudicetur. § 2.

3. Si quis pedicam cum feramen aut sagitatum detoxitum invenerit et eum calcare voluerit quem canes minaverunt adque[a] venationem in bargo involaverit aut de mansionem furaverit, MCC dinarios qui faciunt solidos XXX culpabilis iudicetur. § 3.

[a] *ad quem Em. Q.*

4. Si quis porcellum lactantem de rane furaverit, CCCC† dinarios qui faciunt solidos XII† culpabilis iudicetur. § 4.

† *verderbt; es muss entweder* CCCCLXXX *din. oder sol.* X *heissen, vielleicht aber auch* DC *din. ... sol.* XV: *vgl. Tit.* II § I.

4 (LXXXII). [De eo qui alterum ad calidam[a] provocaverunt.]

Si quis alterum ad calidam provocaverit, preter evisionem dominicam DC dinarios qui faciunt solidos XV culpabilis iudicetur.

[a] *cabidam Em. Q.*

5 (LXXXIII). [De servo si alienam occiserit ancillam.]

Si quis cuius servus aliquid inputatum fuerit ut[a] occiderit ancillam alienam, DC dinarios qui faciunt solidos XV culpabilis iudicetur et pretium quod mancipius valuerit. Certe si abantonia vel porcarios sive artificis fuerit inputatum, simili modo nobis convenit observare. Si[b] autem de operariis et minoribus mancipiis aliquid fuerit inputatum, DC denarios qui faciunt solidos XV culpabilis iudicetur.

[a] *aut Em. Q.* [b] *Sive Em. Q.*

6 (LXXXIV). [De eo qui porcina aliena de via ostiaverit].

Si quis porcina de via sua hostaverit vel matriamen de silva involaverit aut lignarium quem alter capulaverit vel in carro carricaverit,[a] pro utraque causa DC dinarios qui faciunt solidos XV culpabilis iudicetur.

[a] *carcaverit Em. Q.*

7 (LXXXV). [Si quis navem alienam per vim tulerit.]

Si quis navem per vim tulerit, DC dinarios qui faciunt solidos XV culpabilis iudicetur.

8 (LXXXVI). [De eo qui cum servo alieno negotiaverit].

Si quis ingenuus cum[a] servo[a] alieno nesciente[b] domino negotiaverit aut cum liberto in villa nesciente[c] domino negotiaverit, DC dinarios qui faciunt solidos XV culpabilis iudicetur.

[a] *fehlt Em. Q.* [b] *nestiente Em. Q.* [c] *nestiente Em. Q.*

9 (LXXXVII). [De eo qui servo alieno sine causa ligaverit.]

Si quis sine causa eos ligaverit et ei fuerit adprobatum, CC† dinarios qui faciunt solidos VII† culpabilis iudicetur.

† *verderbt, es muss entweder* CCLXXX *din. oder sol.* V *heissen.*

10 (LXXXVIII). [Si quis messe aliena glennare presumserit].

Si quis in messem alienam sine consilio glenaverit, DC dinarios qui faciunt solidos XV culpabilis iudicetur.

11 (LXXXIX). [De eo qui alienam mansionem expoliaverit].

Si quis mansionem expoliaverit vel in mansionem aliquid comederit, DC dinarios qui faciunt solidos XV culpabilis iudicetur. Et qui in ipsam mansionem aut sortem aliquid petrio taratro fuerit factum, cui adprobatum fuerit [acre brastasit], DC dinarios qui faciunt solidos XV culpabilis iudicetur.

12 (XC). [De eo qui res alienas furtivaverit].

Si quis res alienas furtivaverit et suas fuisset[a] non potuerit adprobare, cui furtivaverit solidos XV culpabilis iudicetur.

[a] *et f. h. Em. Q.*

13 (XCI). [De eo qui alienum ortum aut nabinam effregerit.]

Si quis ortum aut nabinam effregerit, DC dinarios qui faciunt solidos XV culpabilis iudicetur.

14 (XCII). [De liberto qui aliena liberta rapuerit.]

Si quis libertus libertam alienam rapuerit, DCCC dinarios qui faciunt solidos XX culpabilis iudicetur. Preter graphione solidos X solvat et mulier ad potestatem domini sui revertatur. Si ingenuam rapuerit, de vita sua conponat.

15 (XCIII). [De eo qui alterum inputaverit periurasse].

Si quis alterum inculpaverit periurasse et ei potuerit adprobare, XV solidos conponat qui periurat. Si tamen non potuerit adprobare qui crimen dixerit, solidos XV solvat et postea si ausus fuerit pugnet.

16 (XCIV). [De eo qui de falso testimonio fuerit adprobatus].

Si qui falsi testes fuerit adprobati, quinos denos solidos multa sustineat; si vero qui[a] eis inculpaverit quod falsum testimonium dedissent manum suam ineum mittat et sicut sana tulerit sicut superius diximus simili multa sustineant. Si certe manum conburet XV solidos damnum sustineat.

[a] *fehlt Em. Q.*

17 (XCV). [De eo[a] qui[a] alienam mulierem vivo marito tulerit.]

Si quis uxorem alienam tulerit vivo marito [mał. sunt.] dinarios VIIIM qui faciunt solidos CC culpabilis iudicetur.

[a] *fehlt Em. Q.*

Capitulare V.

Grundtext: Hessels 1 Tit. XCIX—CVII.

1 (XCIX).* (Ohne Überschrift).[1]

Si quis super alterum de rebus in alode patris inventas[a] intertiaverit, debet ille super quem intertiavit tres testimonia mittere quod in alode patris hoc invenisset, et altera trea testimonia, qualiter pater suus res ipsas invenisset. Si hoc facere potuerit, potest[b] rem intertiata vindicare. Si istum non fecerit, mittat tres iurare quod in alodis patris hoc invenisset. Si hoc fecerit, se de damno causae[c] liberat[c]; si nec istud fecerit, ille qui eas intertiavit suo filtorto[d] faciat[e] et[f] sic postea quod lex inde[g] docet apud quem eas invenit [solidos XXXV] culpabilis iudicetur.

* 2. [a] *et f. h.* 1. [b] *so* 2; *fehlt* 1. [c] *causa eliberat* 1. [d] *so* 2; *feltroctum* 1. [e] *fehlt* 1; 2; *vgl. Brunner, RG.* II. 508 *Anm.* 84. [f] *so* 2; *fehlt* 1. [g] *inter (verd.)* 1; 2. [1] *De rebus in alode patres* 1.

2 (C).* De chane creudo.

Si quis pater aut parentella quando filia sua ad marito[a] donat,[a] quantum ei in nocte illa quamlibet rem donavit, totam extra partem incontra fratres suos vindicet. Similiter[b] quando filius suus[b] capillaturias facit, quicquid ei donato[c] fuerit, extra parte hoc teniat,[d] et reliquas res equale ordine inter se dividant.

* 2. [a] *so* 2; *mater domo* 1. [b] *so* 2; *fehlt* 1. [c] *so* 2; *donavit* 1. [d] *so* 2; *temptat* 1.

3 (CI).* De hominem ingenuo occiso.[1]

Si quis hominem ingenuum occiderit et ille qui occiderit probatum fuerit, ad parentibus debeat secundum legem conponere. Media conpositione filius habere debet. De[a] alia medietate exinde matri[b] debet ut ad quarta de leude illa adveniat. Alia quarta pars parentibus propinquis debit,[c] id est tres de generatione patris et tres de generatione matris. Si mater viva non fuerit, media parte de leudae illi parentes inter se dividant, hoc est tres de patre proximiores et tres de matre. Ita tamen qui proximiores fuerit parentes de praedictis duas[d] partes[d] prendant et tertia[e] parte[e] illis duabus dividendam dimittat. Et nam de[f] illis duabus ille qui proximior fuerit illa tertia parte duas partes prendant et tertia parte parente[g] suo demittat.

* 2. [a] *fehlt* 1; 2. [b] *ei* 1; *eis* 2. [c] *so* 2; *debent* 1. [d] *conditionibus* 1; *condicionis* 2. [e] *tres partes* 1. [f] *et* 1. [g] *patre* 1; *patri* 2.
[1] *Quomodo parentis sui conprehindit vitam suam f. h.* 2.

4 (CII).* In[1] quantas causas electi debeant iurare.[1]

De[2] dote[a] et de[b] res[b] qui in hoste praedata[3] sunt et de homine qui in servitio revocantur. Si amplius iurarent quam tres causas, rem illa in capite reddat[4] et quantum lex de causa illa habet culpabilis. De illis qui iuraverunt tres qui seniores fuerant, solidos[5] XV[5] culpabiles iudicentur et reliqui iuratores quinos[c] solidos solvant.[2]

* 2; 10; *Em. Q. Tit.* II. [a] *dode* 1. [b] *so* 2; *tres* 1. [c] *qui non* 1.
[1] *Quantas causas iurare licit* 2; *In quantas caussas Thalaptas debeant iurare* 10; *De iuratores de quantas causas thoalapus debet iurare Em. Q.* [2] *In quantas causas talentas iuratores sunt* XII; *in reliquo in dextera et arma talenta; causas sunt talentas tres: unam de ducem et alias de res qui in hoste perdidit, tertiam de homine qui revocantur; et causa est sed non misticis suammala barginam non te respondo. Propterea non est sacramentum in Francos; quando illi legem conposuerunt non erant christani. Propterea in eorum dextera et arma eorum sacrameta adfirmant. Sed post ad christianitatem fuerunt reversi, propterea in eorum arbitrio ad sacramento revocaverunt, nam non per arma eorum; et in eorum arbitrio in eorum sacramento resederint ut sic iurant super nispatio: „vide ille tu auditor, vobis arbitriorum per istum arbitrium de illas res unde tu me mallasti ego de illas te mallare non redebeo nisi isto idoneo sacramento orbens iuro per isto arbitrio" Em. Q.*
[3] *perditas* 2=10. [4] *reddant* 2; *perdat* 10. [5] D *din.* 2.

5 (CIII).* De creu[1] beba.[1]

1. Si quis hominem ingenuum seu[a] in silva aut in quodlibet locum occiserit et eum ad celandum conburserit et ei fuerit adprobatum, DC solidos conponat.[b] § 1.

* 2; 10. [a] *so* 10 = 2; *sibi* 1. [b] *so* 2=10; *fehlt* 1. [1] *creobebat* 2; *chreodiba* 10.

2. Si antruscione vel feminam talem ordine interfecit aut celare[a] voluerit[a] vel igne concremaverit et ei fuerit adprobatum, DCCC[1] solidos[1] culpabilis. § 2.

[a] *celaverit* 10; *tale rem vol.* 2; *talare vol.* 1. [1] MDCCCC *din.* 2 LXIIMD *den. qu. f. sol.* MDCCC: 10.

6 (CIV). (Ohne Überschrift.)[1]

1.* Si Salicus Salicum castraverit et ei fuerit adprobatum, CC solidos culpabilis iudicetur, excepto medicaturas VIIII. § 1.

* 2 *Tit.* XCIV; — 10 *Tit.* XXXII § 19; — *Em. Q. Tit.* XCVI § 2.
[1] *De anstrutione si anstrutionem crastinaverit Em. Q. Überschriftenverz.*

§ 2. 2.* Si quis antrustione castraverit et ei fuerit adprobatum, DC[1] solidos culpabilis iudicetur, excepto[2] medicaturas VIIII.[2]

* 10 *Tit.* XXXII § 20; — *Em. Q. Tit.* XCVI §§ 1 *u.* 3. [1] *so Em. Q.* XCVI § 1; DVI: *Em. Q.* XCVI § 3. [2] *fehlt Em. Q.* XCVI § 1.

7 (CV).* (Ohne Überschrift.)[1]

Si quis ingenuam feminam a contubernio facto aut puellam in itinere aut quodlibet locum vim[a] inferre[a] praesumpserit, quam unus tam plurimi qui ipsum scelus admississe fuerit probatus, CC solidos culpabilis iudicetur. De illo contubernio si adhuc remanserit qui ipsum scelus non admiserit et ibi[b] fuisse noscuntur, si plures aut[c] minore numero[c] fuerit tres, et ipsi quadragenus[2] solidos solvant.

* 10 *Tit.* XIV § 13; *Em. Q.* [a] *so* 10; *inferre Em. Q.*; *fehlt* 1. [b] *so Em. Q.* = 10; *ei* 1. [c] *a minore numero Em. Q*; *aut minori numero quam* 10; *admiserit numerum* 1. [1] *De eo qui femina ingenua a contubernio vel puella in itinere inferre presumpserit Em. Q. Überschriftenverz.* [2] *quadragenus quinos Em. Q.* = 10.

8 (CVI).* De antruscione.[1]

§ 1. 1. Si antruscione antruscio de quacumque causa admallare voluerit, ubiquicumque invenire potuerit super noctes VII eum cum testibus rogare debet, ut ante iudicem ad[a] malebargo[a] de causa quę inputatur ex hoc responso dare debeat vel convenire. Et is[b] si ibidem non conveniret aut certe si[c] venire distulerit, qui ipsum admallavit ibi eum solisacire[d] debet et inde postea[e] iterata vice[e] ad noctes XIIII eum rogare debet, ut in illo malebergo respondere aut convenire ubi antrusciones[f] mitti iure debent.[f] Et qui mallatur[g] si ibidem venerit,[g] tunc qui eum admallavit, si causa minor fuerit unde minus quam XXXV solidos compositione habere debet, debet[h] sibi sextus[2] iurare; et ille[i] postea qui rogatus fuerat,[i] si[k] se[k] ex hoc idoneo esse cognoscet, cum[l] XII ad sacramentum absolvere se debet. Si[m] vero maior fuerit causa unde XXXV solidos culpabilis iudicetur, si invenire possit, si maior numerus est unde minus XLV solidos iudicare poterant, ipse qui[n] eum roget sibi[o] nonus[2] iurare debet; et ille qui[p] rogatus est, si se idoneo esse cognoscet, sibi[3] octavus et[q] decimus[3] datis[r] sacramentis[r] absolvere debet. Si certe talis fuerit causa unde LX[4] solidos aut certe amplius usque ad leudem componere debet, ipse qui[s] rogatus est, si se idoneum esse cognoscet, se vicissimus quintus datis[t] sacramentis[t] absolvi potest. Si vero leudem eum rogatum habet qui eum rogat[u] cum XII viros[5] idoneos[5] iurare et in[v] ipsas[v] XIIII noctes ignem calefacere debet.[w] Quicumque antruscio ille de causa superius conpraehensa per sacramenta absolvere non potuerit,[x] aut[x] manum suam ad igneum pro leude mittere dispexerit,[6] tunc ille qui eum rogatum[y] habet, solem[z] illi colliget[z] ab[a] ipso die in mallobergo illo in XL noctes. Nec si[b] ibi[b] se non duxerit,[c] tunc ipse qui eum rogatum habet, solem[d] illi collocet.[d] Postea illum in praesentia rege ad noctes XIIII rogare debet et ibi XII ponat: per singulas vices iurati dicant quod ibi fuerint ubi mitthio ad noctes XIIII solem collocasset et[e] ille nec sacramentum nec manum suam pro leude posuit. Et alii tres erunt qui dicant quod in XL[f] noctes ei solem collocasset et ille[g] nullatenus de andrustione chamalta se legibus duxisset. Tres testimonia dare debet qui dicant qualiter eum presentia regis venire rogasset. Si nec tunc veniret, ista[h] nove testimonia iurati sicut superius diximus dicant. Similiter illa die si non venerit collocet[i] ei solem et illa trea testimonia qui ibi fuerunt ubi collocabatur[k] ei sol.[l] Tunc si[m] ista omnia impleverit qui eum admallavit et ille qui[n] admallatur ad nullum placitum venire volueret et per legem se non duxerit,[o] tunc rex[p] ad quem mannitus[p] est extra sermonem suum ponat.[q] Tunc ipse culpabilis[r] et omnes res[s] erunt suas, et qui eum paverit aut hospitalem[t] collegat, etiam uxor sua propria, solidos XV culpabilis iudicetur, donec omnia quae ei legibus inpotatur conponat.

* 10; *Em. Q.* [a] *so Em. Q*=10; *admallare debet ego* 1. [b] *eis* 1; 10; *Em. Q.* [c] *so Em. Q*; *se* 1. [d] *so Em. Q.*; *solsatire* 10; *sole latere* 1. [e] *so Em. Q*; 10; *posteat iteratam tres vices* 1. [f] *andrustiones mitti iure debent Em. Q*; *antruscione simithio reddant* 1. [g] *mallantur . . . venerint* 1. [h] *fehlt* 1. [i] *illi . . . fuerunt* 1. [k] *fehlt* 1. [l] *eum cum* 1. [m] *Qui* 1. [n] *fehlt* 1. [o] *sive* 1. [p] *eum f. h.* 1. [q] *aut* 1. [r] *dictus sacramentus* 1. [s] *eum* 1. [t] *datus sacramentus* 1. [u] *rogatur* 1. [v] *ipsas in* 1. [w] *dispexerit aut manum suam ardent eum mittere noluerit* 1. [x] *potuerunt* 1. [y] *rogat* 1. [z] *solem ille collectum* 1. [a] *ad* 1. [b] *sibi* 1. [c] *dixerit* 1. [d] *solem ille collectum* 1. [e] *fehlt* 1. [f] XIIII: 1. [g] *illi* 1. [h] *istas* 1. [i] *collocatum* 1. [k] *colcatum* 1. [l] *et illa trea f. h.* 1. [m] *fehlt* 1. [n] *eum f. h.* 1. [o] *dixerit* 1. [p] *admanitis* 1. [q] *poene* 1. [r] *iudicetur f. h.* 1. [s] *eorum f. h.* 1. [t] *hospitales* 1. [1] *De andustrione ghalmalta Em. Q.* [2] *videredum f. h. Em. Q*=10. [3] *sive octo aut decimus Em. Q.* [4] XLV: *Em. Q*; 10. [5] *virido Em. Q*; *vuedredo* 10. [6] *aut in placito venire distulerit f. h. Em. Q* = 10.

§ 2. 2. Si antruscio antruscione pro qualibet causa maniret aut fideiussores[a] quesierit[a] et eum secundum legem non[b] rogaverit, XV solidos culpabilis iudicetur, excepto quod legem[b] propter causam illius anno integro[c] nullatenus tenentur. Si antrustio contra[d] antruscione iuraverit, XV solidos culpabilis iudicetur.

[a] *so Em. Q*; *fideiussorem quaes.* 10; *ibidem fideiusserit qui fierit* 1. [b] *so Em. Q* = 10; *fehlt* 1. [c] *so Em. Q*; 10; *interito* 1. [d] *so Em. Q*; 10; *fehlt* 1.

9 (CVII). (Ohne Überschrift.)[1]

§ 1. 1.* Si quiscumque domum violenter distruerit, domum si pro firmamentum ebrius[2] habuisse probatur,[a] qui hoc facere praesumpserit et ei fuerit adprobatum, XLV[3] solidos culpabilis iudicetur.[4]

* 2 *Tit.* LXXIV § 1; *Tit.* XCIII; — 10 *Tit.* XIII § 3; — *Em. Q.* [a] *so Em. Q*; 10; *probatum* 1. [1] *De eo qui domum alienum destruxerit Em. Q. Überschriftenverz.* [2] *superius* 2; *Iberus* 10. [3] XLII: 2 *Tit.* LXXIV. [4] *Et si de ipsa domo proinde cum carro aliquid trahere presumpserit, excepto superiore numero* MCC *den. qu. f. sol.* XXX *culp. iud., excepto capitale et delatura f. h.* 10.

§ 2. 2.*[1] Si quis hominem vivum de furca tollere praesumpserit[2] qui eum tulisse[a] fuerit probatum aut vita pro ipso amittat[b] aut CC solidos solvat.

* 2 *Tit.* LXXIV § 2; — 10 *Tit.* LXIX § 1. [a] *tulisset* 1. [b] *admittat* 1. [1] *De eo qui hominem vivum de furca tulerit f. h. als Überschrift* 10. [2] *et fuga lapsus fuerit f. h.* 10.

§ 3. 3.* Si quis vero de furca iam mortuo sine consilio iudicis aut voluntate ipsius cuius causa est tulerit, pro culpa qua suspensus est quicquid exinde lex Salica docuerit, ille qui cum tollere praesumpserit culpabilis iudicetur.[a]

* 2 *Tit.* LXXIV § 3; — 10 *Tit.* LXIX § 2. [a] *für den hier in* 1 *u.* 2 *folgenden Zusatz secundum legem salicam hoc convenit observari vgl. Cap.* VI. 1.

Capitulare VI.

Grundtext: Hessels 1[a] Tit. XCVI—XCVIII.

1 (XCVI).* (Ohne Überschrift).[1]

Secundum[2] legem Salicam hoc convenit observari,[2] ut cuicumque[a] domus arserit et res quas liberaverit ubi reponat non habet, similiter[3] si eum infirmitas detenuerit aut certe de proximis aliquem[b] mortuum[b] in domo sua habet vel in dominica ambassia fuerit detricatus, per ista sunnis se homo, si probatione[c] dederit, excusare se poterit.[d,4]

* 1[b]; — 10 *Tit.* XIX §§ 5 *u.* 6; — *Em. Q.* [a] *quae f. h.* 1[a]. [b] *so* 10; *Em. Q*; *aliquid mortuo* 1. [c] *provasione* 1. [d] *so* 10; *potuit Em. Q*; *fehlt* 1. [1] *De agsoniis Em. Q.* [2] *fehlt Em. Q*; *für* 1 *vgl. Cap.* V. *c.* 9 § 3 *Anm.* [a]. [3] *Si in mallum vocatus fuerit et is qui vocatus est non venit* 10. [4] *alias de vita componat aut* CC *sol. culp. iud. f. h.* 10.

2 (XCVII).* (Ohne Überschrift.)[1]

Si quis super[a] ingenuum,[a] dum in domum suam resedit, alius ingenuus quilibet[b] homo de supra tecto voluntate sua nec casu[b] lapede miserit et ei fuerit adprobatum, pro illius contumelia aut aliorum ingenuorum, si[c] cum[c] ipso alii fuerint, per unaqueque persona XV solidos culpabilis iudicetur. Si vero letus fuerit qui hoc facere praesumpserit, solidos VII[d] culpabilis iudicetur.

* 2 *Tit.* XCII; 10 *Tit.* LXXVII §§ 1 *u.* 2; *Em. Q. Tit.* CIV. [a] *so* 10; *superius ingenuum Em. Q*; *super aliena domum* 2; *ingenuus* 1. [b] *quamlibet de supra tecto voluntate sua hominem casu* 1; *qualibet de supra tecto voluntate homo casu Em. Q.* [c] *so* 2; *sicut* 1; *Em. Q.* [d] *so* 2; 10; *septimae semis Em. Q*; XV: 1. [1] *De eo qui in aliena domo resedit* 10; *De eo qui lapidem super domum alienum iactaverit Em. Q. im Überschriftenverz.*

3 (XCVIII).* (Ohne Überschrift).[1]

Si quis ingenuus alio hominem in poteum iactaverit aut in vopida[2] et ibi eum ad interficiendum miserit, si ibidem inventus fuerit ita ut evadere non possit, qui ipsum scelus admiserit[a] et ei[a] fuerit adprobatum, solidos CC culpabilis iudicetur.

* *Em. Q. Tit.* CV. [a] *so Em. Q*; *admississe et* 1. [1] *De eo qui alterum in periculo inpigserint et vivus evaserit Em. Q. im Überschriftenverz.* [2]*fovea Em. Q.*

Capitulare VII. (Pactus pro tenore pacis).

Grundtext: 1.*

* *Em. Q*; 2; 3; 6; *Em. N*; *Em. EE*; *Em. H (Hessels col.* 415—419*)*; *vgl. aber für die Lücken der Hs. die Anmerkungen unter den einzelnen Kapiteln.*

Pactum[a] pro[b.1] tenore[b] pacis a[c] domnis[c] reges Childeberto[d] et Chlotharii[e] emissum.[e.1]

Decretio[f] Childeberti regis.[f]

c. 1. 1. Et[g.2] quia[g] malorum[h] insania cumulaverit, malis[3.4] pro[i] inmanitatem[k] scelerum[k.5] digna reddantur. Id ergo decretum est,[6] ut apud quemcumque post[l] iste[l] interdictum latrocinius[m] conprobatur, vitae incurrat periculum.[2]

[a] *so* 3; *Pactus* 2; 6; *Em. N*[a]; *Em. EE*[a]; *Em. H*[a]; *fehlt* 1; *Em. Q*; *tractatus Em. N*[b]; *Em. EE*[b]; *Em. H*[b]. [b] *so* 3; *Em. Q = Em. N*[b]; *Em. EE*[b]; *Em. H*[b]; *pro itinere* 1; *pro timore* 6; *Em. N*[a]; *Em. EE*[a]; *Em. H*[a]. [c] *ad omnes* 1; *Em. Q*; *domnorum* 3; *Em. N*[a] = 6; *Em. N*[b]; *Em. EE*; *Em. H*. [d] *Hildeberto Em. Q*; *Childebertu* 1; *Childeberti* 3; *Em. N*; *Em. EE*; *Em. H*; *Chiderti* 6. [e] *Lotharii emissum Em. Q*; *Chlothariae missum* 1; *Cholotharii regum Francorum* 3 = *Em. N*; *Em. EE*; *Em. H*. [f] *so Em. N*[a]; *fehlt in allen übr.* [g] *so* 3; 6; *Em. N*; *Em. EE*; *Em. H*; *ibique* 1; *id quia Em. Q*. [h] *so Em. Q*; *multorum* 3; 6; *Em. EE = Em. N*; *Em. H*; *admallorum* 1. [i] *so Em. Q*; 6; *Em. N*; *Em. EE*; *Em. H*; *per* 1; *fehlt* 3. [k] *so Em. Q* = 3; 6; *Em. N*; *Em. EE*; *Em. H*; *inmanitatis celaverit* 1. [l] *post se* 1; *posse Em. Q*; *post* 3; 6; *Em. N*; *Em. EE*; *Em. H*. [m] *so Em. N*[a]; *Em. H*[a]; *latrocinium quicunque Em. EE*[a]; *latrociniis Em. Q*; *Em. N*[b]; *Em. EE*[b]; *Em. H*[b]; *latroniciis* 1; *latronitius* 6. [1] *Childeberti regis de retinore pacis* 2. [2] *fehlt* 2. [3] *magis Em. N*[b]; *Em. EE*[b]; *Em. H*[b]. [4] *etiam f. h.* 3. [5] *necesse est ut f. h.* 3. [6] *apud nos maioresque natus Francorum palacii procerum f. h.* 3.

c. 2. 2.* Si[1] quis ingenuum[a] de furtum[1] appellaverit[b.2] et negaverit[3], iuratores medius[c] electus[c] dare[d] debet,[d] quod furtum quod obiecit[e] verum[f] sit. Et sic latro redimendus[g] est, si facultatem habet, et si facultas deest, tribus malos parentibus offeratur, et si[h] non[h] redemitur, vita charebit.

* *fehlt Em. N*[b]; *Em. EE*[b]; *Em. H*[b]. [a] *so Em. Q* = 3; 6; *Em. N*[a]; *Em. EE*[a]; *Em. H*[a]; *ingenuus* 1. [b] *so Em. Q* = 2; *appellatus* 1; *vgl. Anm.* 2. [c] *so Em. Q*; *Em. N*[a]; *Em. EE*[a]; *Em. H*[a] = 2; 6; *medios electos* 3; *medium licthus* 1. [d] *so* 3; 6; *Em. N*[a]; *Em. EE*[a]; *Em. H*[a]; *fehlt* 1; *Em. Q*; 2. [e] *so* 3; *abiecit* 1; *abiacit Em. Q*; *obicit* 6; *Em. N*[a]; *Em. EE*[a]; *Em. H*[a]; *oligaviret* 2. [f] *so Em. Q*; 3; 6; *Em. N*[a]; *Em. EE*[a]; *Em. H*[a] = 2; *viro* 1. [g] *so Em. Q* = 3; 6; *Em. N*[a]; *Em. EE*[a]; *Em. H*[a]; *redemptus* 1; *reverendus* 2. [h] *so Em. Q*; 2; 3; *Em. EE*[a]; *non sic* 1. [1] *fehlt* 2. [2] *ligaverit* 3; 6; *Em. N*[a]; *Em. EE*[a]; *Em. H*[a]. [3] *negotiaverit Em. Q*.

c. 3. 3.* Si[1] quis furtum suum invenerit[1] et[a] occultae sine iudice conpositione acceperit, latroni similis est.

* *fehlt Em. N*[b]; *Em. EE*[b]; *Em. H*[b]. [a] *fehlt* 1. [1] *fehlt* 2; *Si quis furtum vult celare* 3 = 6; *Em. N*[a]; *Em. EE*[a]; *Em. H*[a].

4.* **Cuius manum ad ignem incendit.** Si quis ingenuus c. 4.
in furtum inculpatus et ad ignem provocatus manum suam incenderit, de quantum inculpatus fuerit[a] conponat.

* *fehlt Em.* N^b; *Em.* EE^b; *Em.* H^b. [a] *so Em.* Q; 3=2; 6; *Em.* EE^a; *fehlt* 1; *Em.* N^a; *Em.* H^a.

5.* **Ut[1] servus ad sortem[a] exeat.**[r.1] Si servus fuerit incul- c. 5.
patus in furtum,[b] requiratur dominus, ut ad XX noctes ipsum ad mallum praesentet, et si dubietas est, ad sorte ponatur. Quod si in placitum sunnis detricat, ad alias XX noctes ita fiat. Et prosecutor[c] cause[d] de[e] suos[e] consimilis III et de electos alios tres dabit[f] qui sacramenta firment per placita, quod lex Saliga habet fuisse completo. Et si dominus servum non presentaverit,[g] legem unde inculpatur[h] conponat et cessionem de[i] servo[i] faciat.

* *fehlt Em.* N^b; *Em.* EE^b; *Em.* H^b. [a] *so Em.* Q; *furtum ambulaverit* 1. [b] *et f. h.* 1. [c] *so* 3; 6=2; *Em.* N^a; *Em.* EE^a; *Em.* H^a; *praesentetur* 1; *prosecuntur Em.* Q. [d] *so* 2; 3=6; *Em.* N^a; *Em.* EE^a; *Em.* H^a; *caude* 1; *causa Em.* Q. [e] *so* 2; 3; 6; *Em.* N^a; *Em.* H^a = *Em.* EE^a; *servus* 1; *de servis Em.* Q. [f] *so* 6; *Em.* N^a; *Em.* EE^a; *Em.* H^a=2; *debet* 1; 3; *testes debent Em.* Q. [g] *so Em.* Q; 3=2; 6; *Em.* N^a; *Em.* EE^a; *Em.* H^a; *praesentetur* 1. [h] *so alle übr.*; *inculpatus* 1. [i] *so alle übr.*; *servum* 1. [1] *fehlt* 2; 3; 6; *Em.* N^a; *Em.* EE^a; *Em.* H^a.

6.* Si servus manum[1] miserit,[1] sortem[2] mala priserit,[2] do- c. 6.
minus servi solidos III reddat, et servus ille CCC iectus accipiat[3].

* *fehlt Em.* N^b; *Em.* EE^b; *Em.* H^b. [1] *minus tremisse involaverit et* 6 = *Em.* N^a; *Em.* EE^a; *Em.* H^a; *minus tremisse involaverit* 3; *minus tremisse* 2; *manum ipsam Em.* Q. [2] *fehlt* 3. [3] *de quo inculpatar legibus conponat et de servo cessionem faciat* 3.

7.* Si quis mancipia aliena[1] tenuerit aut[a] infra[a] dies XL c. 7.
non[b] redderet, latro mancipiarum teneatur obnoxius.

* *fehlt Em.* N^b; *Em.* EE^b; *Em.* H^b. [a] *so Em.* Q; *et infra* 2=3; 6; *Em.* N^a; *Em.* EE^a; *Em.* H^a; *fehlt* 1. [b] *so alle übr.*; *fehlt* 1.

8.* Si ledus[a] de hoc[b] quod inculpatur[c] ad[d] sorte adiacirit[e] c. 8.
et mala sorte preserit, medietate ingenui[f] conponat et VI iuratores medius donare debet electus.

* *fehlt Em.* N^b; *Em.* EE^b; *Em.* H^b. [a] *so* 3; *litus* 6; *Em.* N^a; *Em.* EE^a; *Em.* H^a; *lex* 1; *Em.* Q; 2. [b] *so Em.* Q; 2=6; *Em.* N^a; *Em.* EE^a; *Em.* H^a; *hunc* 1. [c] *so Em.* Q; 2; 3; 6=*Em.* EE^a; *inculpatus Em.* N^a; *Em.* H^a; *in culpa* 1. [d] *so alle übr.*; *a*: 1. [e] *so* 2; *iaceret* 1; *et iecerit Em.* Q; *ambulaverit die übr.* [f] *so* 2; 6; *Em.* N^a; *Em.* EE^a; *Em.* H^a; *ingenuo* 3; *ingenuum Em.* Q; *ingenuae* 1.

Decretus Chlothario.

c. 9. 9. Decretum est, ut qui vigilias constitutas nocturnas furis[a] non caperent, eo quod per diversa intercedente conludio scelera sua praetermissa custodias exercerent, centenas[1] fieri.[b] In cuius centena[b] aliquod perierit[c,1], capitalem[2] qui eum perdiderat recipiat. Et latro insequatur[d], vel si in alterius centena apparet, deduxerint[e,2]. Et pro hoc admonitus si neglexerit quinos[f] solidos condempnetur. Capitalem tamen hac[3] centena illa[3] accipiat absque dubio, hoc est de[g] secunda vel tertia[g], si vestigius[h] conprobatur. Latronis tamen presentia[i] aut longe multandus, et si[k] sequens latronem suum conprehenderit[l], integram sibi conpositione recipiat; quod si per[m] truste invenitur, medietate conpositionis[n] trustis[o] adquirat et capitale exigant ad latrone.

[a] *so Em. Q*; 2; *Em.* N^b; *Em.* H^b = 6; *Em.* N^a; *Em. EE*; *Em.* H^a; *foras* 1. [b] *so Em. Q*; 6; *fierent in cuius centena* 2; *fehlt* 1; *für die übr. vgl. Anm.* 1. [c] *so Em. Q*; 3; 6; *petierit Em.* N^a; *Em.* EE^a; *Em.* H^a; *perierunt* 1. [d] *so* 6; *Em. N*; *Em.* EE^a; *Em. H*; *consequatur Em.* EE^b; *ille Em. Q*; *fehlt* 1; 3. [e] *so Em. Q*; 6; *Em.* N^a; *Em.* H^a; *deducti fuerint Em.* EE^a; *deduxerit* 1. [f] XV *f. h.* 1. [g] *so Em. Q*; 2; 3; 6; *Em.* N^b; *Em.* EE^b; *Em.* H^b = *Em.* N^a; *Em.* EE^a; *Em.* H^a; *de sede vel de teracia* 1. [h] *vestigio* 1. [i] *so alle übr.*; *praesentiae* 1. [k] *so* 2; 3; *fehlt in den übr.* [l] *so alle übr.*; *conpraehenderunt* 1. [m] *so Em. Q*; 2; 3 = *Em.* N^a; *Em.* EE^a; *Em.* H^a; *post* 1. [n] *conpositione* 1. [o] *truste* 1. [1] *in cuius centena fuerit et aliquid perierit* 3; *catenas fieri in cuius catena Em.* N^a; *Em.* H^a = *Em.* EE^a; *centenas fuerit Em.* N^b; *Em.* EE^b; *Em.* H^b; *vgl. Anm.* [b]. [2] *caput trustes restituat vel in alterius centenam vestigium proponat aut deduxerent* 2. [3] *a centena illa* 2; 6; *Em.* N^b; *Em.* EE^b; *Em.* H^b.

c. 10. 10. Si[1] quis in domo alterius[a] ubi clavis[b] est[b] furtum invinerit[c], dominus[2] domus[d] de vita conponat[1]. Si quis cum furtus invenitur, antedicte subiaceat legem. Si[3] de suspectionem inculpatur,[e] ad sorte veniat,[f] et si mala[g] sorte[g] praeserit, latro[h,4]; tamen de utraque partes sint ternas personas electas, ut non conludius fieri possit.[3]

[a] *so Em. Q*; 2; 6; *Em.* N^a; *Em.* EE^a; *Em.* H^a; *fuerit* 1. [b] *so alle übr. ausser* 3 (*vgl. Anm.* 1); *clausum* 1. [c] *so* 2; 6; *Em. N*; *Em. EE*; *Em. H*; *invenitur Em. Q*; *conventus* 1. [d] *so Em. Q*; 6; *Em. N*; *Em. EE*; *Em. H*; *domui* 2; *damno* 1. [e] *so alle übr.*; *inculpatus* 1. [f] *so alle übr.*; *inveniat* 1. [g] *so Em. Q*; 6; *Em.* N^a; *Em.* EE^a; *Em.* H^a = 2; 3; *male sorte* 1. [h] *so* 3; 6; *Em.* N^a; *Em.* EE^a; *Em.* H^a; *fehlt* 1; *Em. Q*; 2. [1] *fehlt* 3. [2] *domino Em. Q*; *dominum* 2. [3] *fehlt Em.* N^b; *Em.* EE^b; *Em.* H^b. [4] *est f. h. Em.* EE^a.

11.* De servis[a] ecclesiae aut fiscalinis vel cuiuslibet, si a[b] c. 11.
quocumque inculpatur[b], ad sorte aut ad plibium promoveatur[c], ut[1] ipse precius[1] dominis[d] reformetur; nam probatus[e] periculum subiacebit.

* *fehlt Em.* N^b; *Em.* EE^b; *Em.* H^b. [a] *so Em. Q*; 6; *Em.* N^a; *Em.* EE^a; *Em.* H^a; *servos* 2; *servum* 1. [b] *so* 3; *a cocumque quem putatur Em. Q*; *ad quecunque inculpantur* 2; *aliicumque inculpatur* 6 = *Em.* N^a; *Em.* H^a; *qui culpa inculpatur Em.* EE^a. [c] *promovatur* 1. [d] *so Em. Q*; *domino* 2; *a domino Em.* EE^a; *dominus* 3; *domini* 6; *Em.* N^a; *Em.* H^a; *dominum* 1. [e] *so Em.* EE^a = *Em. Q*; 3; 6; *Em.* N^a; *Em.* H^a; *probus* 1. [1] *aut ipse aut precium* 2; *aut ipse pretius* 6 = *Em.* N^a; *Em.* EE^a; *Em.* H^a.

12. Si cuiuslibet de potentibus servus qui per diversa pos- c. 12.
sedent de crimine habetur[a] suspectus, domino[b] secrecius cum testibus condicatur, ut intra XX[1] noctes ipsum ante iudicem debet praesentare. Quod si in[c] statutum[c] tempus intercedente conludio[d] non fuerit praesentatus, ipse dominus in[e] statum sui[e] iuxta[f] modum culpe inter fredo et faido[g] conpensetur. Si servus ante admonitus[h] dominum defuerit, capitale[i] dominus[k] restituat et de servo faciat cessione, ut cum inventus fuerit detur[l] vindictae[l].

[a] *habere*: *alle Hs.* [b] *so Em. Q*; 2; *Em. N*; *Em. EE*; *Em. H*; *dominus* 1; *a domino* 3; 6. [c] *intra statutum* 2; *institutum* 1; *Em. Q*; 3; *Em.* N^a; *Em.* EE^a; *Em.* H^a; *in stutum* 6; *instatum Em.* N^b; *Em.* EE^b; *Em.* H^b. [d] *so* 3; 6; *Em.* N^b; *Em. EE*; *Em.* H^b = 2; *Em.* N^a; *Em.* H^a; *cum ludionem Em. Q*; *convidio* 1. [e] *so Em. Q*; *statutum sui* 1; *statutus sui* 2; *status sui* 6; *Em. N*; *Em. EE*; *Em. H*; *status tres* 3. [f] *iusta* 1; 2. [g] *fedo* 1. [h] *amonitus* 1. [i] *so Em. Q*; 3; *Em.* N^b; *Em.* EE^b; *Em.* H^b = 2; *culpa* 1. [k] *so* 2; 6; *Em.* N^a; *Em.* EE^a; *Em.* H^a = 3; *domino Em. Q*; *Em.* N^b; *Em.* EE^b; *Em.* H^b; *dominum* 1. [l] *so Em. Q* = 3; *detur vindictam* 2 = *Em. N*; *Em.* EE^b; *Em. H*; *detur vindicta* 6; *Em.* EE^a; *vindicta facta* 1. [1] XV: 2.

13. Si quis occulte de res sibi[a] furatas a[b] quolibet[b] latrone c. 13.
conpositionem[c] acceperit, utrique[1] latronis culpa subiaceant[c,1,2].

[a] *so* 3; 6; *Em. N*; *Em. EE*; *Em. H*; *ibi* 1; *fehlt Em. Q*; 2. [b] *so Em. Q*; 6; *Em.* N^a; *Em.* EE^a; *Em.* H^a; *quolibet* 3; *ad quemlibet* 2; *aut quodlibet* 1; *Em.* N^b; *Em.* EE^b; *Em.* H^b. [c] *conpositionem acciperet, utrique latrones culpa subiaceant Em.* EE^b = 6; *Em. N*; *Em.* EE^a; *Em. H*; *fehlt* 1; *Em. Q*; 3; *für* 2 *vgl. Anm.* 1. [1] *ut res quam latronis culpam subiaceat, fures tamen iudicibus presentetus*; *nullus latronis ut quemlibet culpabilem ocultare presumat. Cui si ficerit, similis illi subiaceat culpe* 2. [2] *fehlt Em.* N^a; *Em.* EE^a; *Em.* H^a.

14.* Nullus[a] latronem vel[a] quemlibet culpabilem[b] sicut cum[c] c. 14.
episcopis[c] convenit de atrio ecclesiae extrahere[d,1] presummat. Quod

si sunt ecclesiae[d,1], quibus atriae clausae non sunt, ab[e] utrasque[e] partibus parietum terrae spacium pro atrio[f] observetur arripennis[g]. Nullus confugiens foris antedicta loca pro operum cupiditatis[h] se[i] ducat[i]. Quod si fecerit et capti fuerunt, ad dignum[k] sibi subplicium[k] condempnentur.

* *fehlt Em. N*[a]; *Em. EE*[a]; *Em. H*[a]. [a] *so* 6; *nullus latronem Em. N*[b]; *Em. EE*[b]; *Em. H*[b]; *nullus* 2; *vel* 1; 3; *si quis Em. Q.* [b] *so alle übr.*; *culpa* 1. [c] *so Em. Q*; 2; 3; 6; *episcopo* 1; *summis episcopis Em. N*[b]; *Em. EE*[b]; *Em. H*[b]. [d] *so* 6 = *Em. N*[b]; *Em. EE*[b]; *Em. H*[b]; *fehlt* 1; *Em. Q*; 3; *für* 2 *vgl. Anm.* 1. [e] *so* 2; *utrasque* 3; 6; *utriusque Em. Q*; *utraque* 1; *Em. N*[b]; *Em. EE*[b]; *Em. H*[b]. [f] *so alle übr.*; *atriae* 1. [g] *aripennis* 2; 3; *arpennis* 6; *Em. N*[b]; *Em. EE*[b]; *Em. H*[b]; *aripenne Em. Q*; *arripens* 1. [h] *so Em. Q*; 3; *cupiditates* 6; *cupiditate Em. N*[b]; *Em. EE*[b]; *Em. H*[b]; *cupietatis* 2; *chepeditatis* 1. [i] *so* 6; *se dicat* 2; *Em. N*[b]; *Em. EE*[b]; *Em. H*[b]; *educat* 1; *Em. Q*; 3. [k] *so alle übr.*; *digne sibi supplicio* 1. [1] *extrahere presumpserit, cannonibus feriatur*; *quod si sunt eclesie* 2.

c. 15. 15.* Quod si cuiuslibet servus deserens domino suo ad ecclesiae confugerit[a], ubi primum dominus eius advenerit[b], continuo[1] excusatus reddatur; (futurum[c,2] si[d] de pretium convenerit, non negetur. Quod si repetenti[e] domino datus non fuerint sed fugerint, illi qui eum reddere noluerit eius pretium reddat; postmodum si invenitur et placuerit, receptum pretium, servus[f] domino reformetur[c,2].)

* *fehlt Em. N*[a]; *Em. EE*[a]; *Em. H*[a]. [a] *so Em. Q*; 3; *Em. N*[b]; *Em. EE*[b]; *Em. H*[b] = 2; 6; *confugiens* 1. [b] *so alle übr.*; *ad imperii* 1. [c] *fehlt* 1: *Em. Q.* [d] *so* 2; *se* 3. [e] *repetent* 3. [f] *so* 2; *fehlt* 3. [1] *cito* 2; *omnium rerum* 6; *contentio Em. N*[b]; *Em. EE*[b]; *Em. H*[b]. [2] *futurum aut si de pretio domino reformetur* 6; *furtum ut se de pretium (precio) redimat Em. N*[b]; *Em. EE*[b]; *Em. H*[b].

c. 16. 16.* De[1] fiscalibus et[a] omnium domibus[b] censuimus[c], pro tenore[d] pacis iubemus, ut in truste electi centenarii[e] ponantur, per quorum fide atque sollicitudine pax praedicta servetur[f]. Et[g] quia propiciante Deo inter nos germanitas caritatis indisruptum vinculum custoditur[g], centenarii[h] inter communes provintias licentiam habeant latrones sequi vel vestigia adsignata minare et[i] in truste qua defecerit[k], sicut dictum est, causa remaneat, ita[1] ut continuo capitalem ei qui[l] perdiderat reformare festinet et latronem perquirat. Quem si[m] in[m] truste invenerit[n], medietate sibi vindicet vel dilatura, si fuerit, de facultate latronis ei qui damno pertulerit sartiatur. Nam qui per[o] se[o] latronem caeperit[p], integra sibi conpositione simul[q] et solutione vel quicquid[r] dispendii fuit, revocavit[s]; fretus tamen iudici[t] in cuius provintia latro est reservetur[u].

* *fehlt Em. N[b]; Em. EE[b]; Em. H[b].* [a] *so 2=3; ut 1; Em. Q; 6.* [b] *so 2; domos 3; domus Em. Q; dominum 1; dominus 6.* [c] *so Em. Q; 3; 6; censuemus 1; censimus 2.* [d] *so Em. Q; 3; itinere 1; timore 2; 6.* [e] *so Em. Q; 3; 6; centenariae 1; centenarius 2.* [f] *so Em. Q; 6=2; 3; severitas 1.* [g] *et quia Deo propicio germanitas vinculum caritatis custoditur 2; et quia, propitiante Domino, inter nos germanos fratres caritas indisrupto vinculo custoditur 3; De qui, adpropiciante Domino, inter nos germanitatis caritas indirupta vinculo custodiatur 6; propiciante* LXLII *Deo inter nos germanitatis caritatis indisruptum vinculum Em. Q; ut centenariae latro licet prae esse caritatis indisrupta vinculum 1.* [h] *centenariae 1.* [i] *so 2; 6; aut 1; Em. Q; 3.* [k] *defeceret 1.* [l] *so alle übr.; quem 1.* [m] *so 6; Em. N[a]; Em. EE[a]; Em. H[a]; sine 1; Em. Q; si 2; in 3.* [n] *so 3; perinvenerit Em. Q; Em. N[a]; Em. EE[a]; Em. H[a]; pervenerit 6; pervenient 1; invenerent 2.* [o] *so 2; persequens 6; Em. N[a]; Em. EE[a]; Em. H[a]; persequi Em. Q; 3; fehlt 1.* [p] *so Em. Q=Em. EE[a]; coeperit 1; conperit 6; cui perit Em. N[a]; Em. H[a].* [q] *somul 1.* [r] *de f. h. 1; Em. Q.* [s] *so Em. N[a]; Em. EE[a]; Em. H[a]; revocaverit Em. Q; 2; revocatus 3; remeavit 1.* [t] *so Em. Q; 6; Em. N[a]; Em. EE[a]; Em. H[a]; iudicii 1; iudecibus 2; iudices 3.* [u] *so Em. Q; 6; Em. N[a]; Em. EE[a]; Em. H[a] = 3; requiratur 1; requirenti 2.* [1] *fehlt Em. N[a]; Em. EE[a]; Em. H[a].*

17.* Si quis ad vestigio vel latrones persequendo admonitus penitus venire noluerit[1], solidos V[2] a[a] iudice[a] condemnetur. c. 17.

* *fehlt Em. N[b]; Em. EE[b]; Em. H[b].* [a] *so Em. Q; iudice 1; iudicio 3; fehlt in den übr.* [1] *et si eos sunnis non detenuerit f. h. 2.* [2] XV: *2;* VI: *Em. EE[a].*

18.* Et[a] quia[a] in Dei nomen nos[b] pro pacis tenore[c] constituimus, in perpetuo volumus custodire, hoc statuentes, ut si quis ex iudicibus hunc decretum violare praesumpserit, vitae periculum se subiacere cognoscet. c. 18.

* *fehlt Em. N[b]; Em. EE[b]; Em. H[b].* [a] *so 3; Em. N[a]; Em. EE[a]; Em. H[a]; et qui 1; Em. Q; et 2; sicque 6.* [b] *non 1; fehlt in allen übr.* [c] *tenere 1; timore 2.*

Capitulare VIII (Edictum Chilperici).

Alleiniger Text: Em. Q (Hessels Tit. LXXVIII).

Edictus[a] domni Hilperichi regis [pro tenore pacis].

1. Pertractantes in dei nomine cum viris magnificentissimis obtimatibus vel antrustionibus et omni populo nostro convenit, c. 1.

quia fluvium Caronna hereditas non transiebat, ubi et ubi in regione nostra hereditas detur, sicut et reliqua loca ut et Turrovaninsis hereditatem dare debent et accipere.

[a] *De dictis Em. Q.*

c. 2. 2. Similiter convenit ut reibus[a] concederemus omnibus leodibus nostris, ut per modicam rem scandalum non generetur in regione nostra.

[a] *rebus Em. Q.*

c. 3. 3. Simili modo placuit atque convenit, ut quicumque[a] vicinos habens et[b] filios et[b] filias post obitum suum superstitutus fuerit, quamdiu filii advixerint, terra habeant sicut et lex Salica habet. Et si subito filii defuncti fuerint, filia simili modo accipiat terras ipsas sicut et filii si vivi fuissent[c] habuissent. Et si moritur frater, alter superstitutus fuerit, frater terras accipiat, non vicini. Et subito frater moriens frater non derelinquerit superstitem, tunc soror ad terra ipsa accedat possidenda. De[d] tilli[d] vero convenit[e] et[e] singulariter[f] de terras istas si[g] qui[g] adveniunt, ut leodis qui patri nostro fuerunt consuaetudinem quam habuerunt de hac re intra se debeant conservare[h].

[a] *si cumque Em. Q.* [b] *aut filios aut Em. Q.* [c] *aut f. h. Em. Q.* [d] *det illi Em. Q.* [e] *et convenit Em. Q.* [f] *singula Em. Q.* [g] *qui si Em. Q.* [h] *fehlt Em. Q.*

c. 4. 4. Idemque convenit, ut quicumque uxorem acceperit et infantes inter se non habuerint, vir uxorem suam superstitem mortuus fuerit, tunc mulier illa dimidiam dotem accipiat et dimidiam parentis[a] defuncti marito ad se recolligant[b]; et si[c] mulier[c] sub tali maledictione mortua fuerit, media maritus simili modo ad se revocet et mediaetatem parentibus ipsius mulieris ad se recollegant.

[a] *partis Em. Q.* [b] *korr. recolligat Em. Q.* [c] *similiter Em. Q.*

c. 5. 5. Quale[a] condictione placuit atque convenit, ut si servus hominem ingenuum occiderit, tunc dominus servi cum VI iurato[b], quod pura sit conscientia sua nec suum consilium factum sit nec voluntatem eius et servum ipsum det ad vindictam. Et si servum dare non potuerit, in ipso iuramento fide data donet quod[c] nec ibi sit ubi eum sensit nec scit nec eum adtingere potest[d]: indulgat[d] servum hoc est det[e] licentia parentibus coram parentes qui occisus est; et de ipso quod voluerint faciant, et ille sit exolutus.

[a] *quare Em. Q.* [b] *iuramento Em. Q.* [c] *fehlt Em. Q.* [d] *potusit (korr. possit) dulgat Em. Q.* [e] *de Em. Q.*

6. Similiter convenit ut quicumque admallatus[a] fuerit et in veritate testimonia non habuerit unde se aeducat et necesse est ut[b] inium[c] fidem faciant et non habuerit simili modo qui pro eum fidem faciat: ut[d] ipse in sinestra manu fistucam teneat et dextera manu auferat. c. 6.

[a] *ad mallum Em. Q.* [b] *aut Em. Q.* [c] *initium Em. Q.* [d] *et Em. Q.*

7. Quale convenit modo, ut si servum sors[a] nunciata fuerit de furtum, tunc dominus servi inter X noctes mittat servum ad sortem. Si ibi illum in illas X noctes non miserit in presente, tunc in XL et duas noctes eum mittat et tum[b] ibi servus ad sortem venire debet et illi cui[c] furtum pertulit ius sit cum VI videre. Et si ad XL et duas noctis non venerit nec sunnia adnuntiaverit, tunc servus culpabilis iudicetur, et causa super domino magis non ascendat nisi quantum de servo lex est: aut ipse[d] servus cedatur[e] aut dominus pro servo conponat hoc est solidos XII et capitale et delatura. Et si in XL et duas noctes legibus sunnia nuntiaverit, in octuaginta et quatuor noctis postea placitum intendatur. Et si ibi se non eduxerit, sicut supra scriptum[f] est culpabilis iudicetur. Nam si[g] ad XL et II noctes sunnia[h] adnuntiaverit, iectus[i] XV solidos componat. Et si inter ipsas XL et II noctes nec fidem facere nec couponere voluerit, tunc rogat ille qui consecutus est, ut de lege inter XIIII noctes[k] solvat quod antea dictum est; et si adhuc inter ipsas XIIII noctes noluerit solvere, roget inter VII noctes. Et[l] si adhuc inter ipsas VII noctes[l] nec fidem facere nec conponere voluerit, tunc in proximo mallo ante rachymburgiis sedentes et dicentes quod ipsi illum ante audierint[m], sic invitetur graphio, cum fistuco mittat super se, ad res suas ambulet et prendat quantum rachymburgii antea odierint[n]. Et graphio cum VII rachymburgiis antrutionis bonis credentibus aut qui[o] sciant accionis ad[p] casa illius ambulent et pretium faciant et quod graphio tollere debet. Et si graphio ante rachymburgiis sedentes non fuerit invitatus, non ibi presummat ambulare. Et si invitatus fuerit et ibidem noluerit ambulare, de vita sit culpabilis. Et si graphio super pretium aut extra legem aliquid tollere presumpserit, noverit se vitae suae periret dispendium. Et si dixerit ille[q] cui res tolluntur, quod male eum destruat et contra legem et iustitia, tunc maniat[r] graphio eum inter noctes quadraginta et duo et ille ét[s] suo contractorem qui eum invitavit similiter maneat. Et si non negaverit c. 7.

ille qui invitavit, adducat VII rachymburgiis ferebannitus qui antea audissent causam illam: nobis presentibus erit. Et si VII venire non potuerint et eos certa sonia detrigaverit, et toti venire non possint, tunc veniant III de ipsis qui pro[t] fide[t] sua dicant et pro pares suos sunia nuntiant. Et si rachymburgiis nec VII nec III dare potuerit nec dat, graphio et ille qui accepit res illius quem contra legem et iustitiam extruderit reddat[u], et ille qui male invitavit solvat cui res fuerunt. Et quicumque ingenuus de actione et vi reiecte mallaverit de qualibet causa, simili modo ubi habet lege directa sic facere debet. Et si homo malus fuerat qui male facit et si res non habet unde sua mala facta conponat, legibus consecutus super illum nihilhominus graphio ad legem que antea auditus est invitetur[v] et auferat per III mallus ante rachymburgiis, ut eum[w], si[w] voluerint, parentes aut de suis rebus redimant, aut se sciant[x], si noluerint, in quarto mallo nobis presentibus veniant: nos ordinamus cui malum fecit tradatur in manu et faciant exinde quod voluerint. Nam agens et qui mallat ipsum ad nos adducant et adtrutionis secundum legem consecutus habuerit inter octuaginta et IIII noctes de[y] ipsa invitatio et lex faciat sicut superius scriptum est.

[a] *soros Em. Q.* [b] *eum Em. Q.* [c] *qui Em. Q.* [d] *ipsi Em. Q.* [e] *decidat Em. Q.* [f] *scriptu Em. Q.* [g] *fehlt Em. Q.* [h] *sunni Em. Q.* [i] *lectus Em. Q.* [k] *fehlt Em. Q.* [l] *fehlt Em. Q.* [m] *audierit Em. Q.* [n] *odierit Em. Q.* [o] *quis Em. Q.* [p] *a: Em. Q.* [q] *illi Em. Q.* [r] *muniat Em. Q.* [s] *ex korr. Em. Q.* [t] *prae Side Em. Q.* [u] *fehlt Em. Q.* [v] *invita elegetur (korr. elegitur) Em. Q.* [w] *ea nisi Em. Q.* [x] *stiant Em. Q.* [y] *fehlt Em. Q.*

c. 8. 8. Illas et marias qui nuntiabantur ecclesias, nuntientur consistentes ubi admallat.

c. 9. 9. Si quis causam mallare debet et sic ante vicinas causam suam notam fatiat et sic ante rachymburgiis videredum donet: et si ipsi hoc dubitant, ut malletur causam. Nam antea mallare non presummat; et si ante mallare presumpserit, causam perdat. Nam si certe fuerit malus homo qui male in pago faciat et non habeat ubi consistat nec res unde conponat et per silvas vadit et in presentia nec agens nec parentes ipsum adducere possunt, tunc agens ille et cui male fecit nobiscum acusent et ipsum mittemus foras nostro sermone, ut quicumque eum invenerit quomodo sic ante pavido interfitiat.

10. De trotinia vero sic[a] convenit observare ut, sicut antea consuaetudo fuit sub temporibus patri vel genitoris, nostri sic sequatur et mali hominis reprimantur. c. 10.

[a] *si Em. Q.*

Capitulare IX. (Capitula legi Salicae temporibus Ludovici I. imperatoris addita).

819 oder kurz darauf.

Grundtext: Em. N (Hessels col. 419).*

In[1] nomine Domini. Incipiunt capitula legis Salicae[1].

1. De capitulo primo, id est de mannire. De hoc capitulo iudicatum[a] est[a], ut ille qui mannitur spatium mannitionis suae per XL noctes habeat; et si comes infra supradictarum noctium numerum mallum suum[b] non habuerit, ipsum spatium usque ad mallum comitis extendatur; et deinde detur ei spatium[2] ad VII noctes. Inde non noctium spatia[c], sed proximus mallus comitis ei concedatur. c. 1.

* *Em. F; Em. EE.* [a] *so Em. F; fehlt Em. N; Em. EE.* [b] *so Em. F; si vero Em. N; Em. EE.* [c] *so Em. F; spatiae Em. N = Em. EE.*
[1] *fehlt Em. F.* [2] *ad respectum f. h. Em. F.*

2. De XI[a] capitulo legis Salicae. Si quis servum alienum occiserit vel vendiderit vel ingenuum dimiserit, MCCCC denarios qui faciunt solidos XXXV culpabilis iudicetur, excepto capitale et dilatura. De hoc capitulo iudicatum est ab omnibus, ut si ille servus[b] iniuste venditus vel ingenuus dimissus apparet, non alter pro eo in loco illius restituatur; quia dixerunt aliqui, quod idem servus, qui ingenuus dimissus fuerat, denuo ad servitium redire[c] non debeat. Sed pristino domino et servitio restitutus fiat iudicaverunt. c. 2.

[a] *so Em. F;* XII: *Em. N; Em. EE.* [b] *qui f. h. Em. N; Em. F; Em. EE.* [c] *so Em. F; reddere Em. N; Em. EE.*

3. De XIIII. capitulo legis Salicae. Si quis ingenuus ancillam alienam in coniugium acceperit, ipse[a] cum ea in servitium inplicetur. De hoc capitulo iudicatum est ab omnibus, ut si ingenua femina quemlibet servum in coniugium sumpserit, non c. 3.

solum cum ipso servo in servitio permaneat, sed etiam omnes res quas habet, si eas cum parentibus suis divisas tenet, ad dominum, cuius servum in coniugium accepit, perveniant; et si cum parentibus suis res paternas vel maternas non divisit, nec alicui[b] quaerenti respondere nec cum suis heredibus in rerum paternarum hereditate ultra divisa[1] accedere possit. Similiter et si Francus homo alterius ancillam in coniugium sumpserit, sic faciendum esse iudicaverunt.

[a] *so Em. F*; *ipsi Em.* N; *Em. EE.* [b] *so Em. F*; *alia Em. N*; *Em. EE.* [1] *divisor Em. F.*

c. 4. 4. Item de eodem capitulo. Si quis uxorem alienam vivo marito tulerit, VIIIM denarios qui faciunt solidos CC[1] culpabilis iudicetur. De hoc capitulo iudicatum est, ut vivo marito cui[a] eadem uxor contra legem subtracta fuerat, ab illo qui eam ei iniuste tulerat cum lege suprascripta id est CC[1] solidos reddita fiat.

[a] *so Em. F*; *qui Em. N*; *Em. EE.* [1] CCC: *Em. F.*

c. 5. 5. De XXVI[a] capitulo. Si quis puer infra XII annos aliquam culpam commiserit, fredus ei non requiratur. De hoc capitulo iudicatum est, ut si infans infra XII annos res alterius iniuste sibi usurpaverit, eas excepto fredo cum lege sua conponat et item maniatur sicut ille maniri[b] potest[c] cui contra legem fecit, et ita a comite ad mallum suum adducatur sicut ille[b] adduci potest cui contra legem fecit. De hereditate vero paterna vel materna si aliquis eum interpellare voluerit, usque ad spatium XII annorum expectare iudicatus est.

[a] *so Em. F*; XXXVI: *Em. N*; *Em. EE.* [b] *so Em. F (vgl. aber Anm.* [c]*)*; *fehlt Em. N*; *Em. EE.* [c] *fehlt auch in Em. F.*

c. 6. 6. Iudicatum est ab omnibus, ut si Francus homo vel ingenua femina[1] sponte sua inplicaverit se, ut si res suas, dum in libertate sua permanebat, ad ecclesiam Dei aut cuilibet legibus tradidit, ipse cui traditę fuerint eas habere et tenere possit; et si filios vel filias, dum in sua fuit libertate, generavit, ipsi liberi permaneant.

[1] *in servitio f. h. Em. EE.*

c. 7. 7. De XXXVII[a] capitulo. Si quis servus hominem ingenuum occiserit, ipse homicida pro medietate conpositionis parentibus hominis occisi traditur, et aliam medietatem dominus servi se noverit solviturum, aut si legem intellexerit, poterit se obmalare, ut leodem non solvat. Quia nullam[b] de ecclesiastico aut beneficiario vel alterius persone[c] servo discretionem lex fecit, si ita ecclesiastici aut beneficiarii servi sicut liberorum tradi aut dimitti possunt, ad[d] interrogationem domni imperatoris reservare voluerunt[d].

[a] *so Em. F*; XXXVI: *Em. N*; *Em. EE.* [b] *so Em. F*; *nullum Em. N*; *Em. EE.* [c] *so Em. F*; *persona Em. N*; *Em. EE.* [d] *so Em. F*; *fehlt Em. N*; *Em. EE.*

8. De XLVI. capitulo, id est, qui viduam in coniugium accipere vult, iudicaverunt omnes[a], ut non ita sicut in lege Salica scriptum est eam accipiat, sed cum parentorum consensu et voluntate, velut[b] usque nunc antecessores eorum fecerunt, in coniugium sibi eam sumat. c. 8.

[a] *so Em. F*; *homines Em. N*; *Em. EE.* [b] *so Em. F*; *vivo Em. N*; *Em. EE.*

9. De XLVII. capitulo, de eo qui villam alterius occupaverit. De hoc capitulo iudicaverunt, ut nullus villam aut res alterius migrandi gratia per annos tenere vel possidere possit; sed in quacumque die invasor illarum rerum interpellatus fuerit, aut easdem res querenti[a] reddat aut eas si potest iuxta[1] legem se defendendo[1] sibi vindicet. c. 9.

[a] *so Em. F*; *quęrendi Em. N*; *quirendi Em. EE.* [1] *iuste defendendo Em. F.*

10. De affatomie dixerunt quod traditio[a] fuisset. De hoc capitulo iudicatum est, ut sicut per longam consuetudinem antecessores eorum facientes habuerunt, ita et omnes qui lege Salica vivunt, inantea habeant et faciant. c. 10.

[a] *so Em. F*; *Em. EE*; *radictio Em. N.*

11. Et hoc iudicaverunt, ut si servus cartam ingenuitatis adtulerit, si[1] servus eiusdem cartę auctorem legitimum habere non potuerit[1], domino servi ipsam cartam falsare liceat. c. 11.

[1] *fehlt Em. EE.*

12. Et hoc iudicaverunt, ut omnis qui alteri aliquid quęrit licentiam habeat prius sua testimonia producere contra eum. Et si ille cui quęritur dixerit, quod legibus teneat ea que tenet et talia sunt testimonia que[a] hoc veraciter adfirmare possit, iudicaverunt, ut huius rei veritas secundum capitula[b] domni imperatoris, quę prius pro lege tenenda constituit, rei veritas conprobetur. c. 12.

[a] *so Em. EE*; *qui Em. N*; *Em. F.* [b] *so Em. F*; *capitulo Em. N*; *Em. EE.*

Die

Extravaganten, Prologe, Epiloge und Remissorien

zur

Lex Salica.

Extravagantia.

A.

(Hessels col. 420).

I.* De eo qui filiam alienam sponsaverit[1] et[2] se retraxerit[2].

Si quis filiam alienam sponsaverit[3,4] et se retraxerit et[5] eam noluerit prindere[5] [mał. frifastina], solidos LXII cum dimidio culpabilis iudicetur.

* 7 (*Grundtext*); 8; 9; *B—H Tit.* XCVI; — 10 *Tit.* LXX; — *Em. Tit.* LXX (LXVIII) *ausser Em. B.* [1] *acquisierit* 10 = *Em.* 1; *quesierit Em. Q.* [2] *et non vult cam accipere Em. W* = *Em. Z.* [3] *ad coniugium quaesierit* 10; *Em.* [4] *praesentibus suis et puellae parentibus f. h.* 10 = *Em.* [5] *aut eam in coniugio accipere noluerit B—H.*

II.* De terra condempnata[1].

Si quis terram[2] alienam condempnaverit[2] et ei fuerit[3] adprobatum[3], solidos[4] LXII cum dimidio[4] culpabilis iudicetur.

* 7 (*Grundtext*); 8; 9; *B—H Tit.* XCVIII; — 10 *Tit.* LXII; — *Em. F. Tit.* LXXI. [1] *commendata* 10. [2] *terra condemnata fuerit Em. F*; *alteri avicam terram suam commendaverit* 10. [3] *noluerit reddere, si eum admalluerit et convinxerit* 10. [4] *DC den. qu. f. sol.* XV: 10.

III.* De invictu[1] stricto[1].

1. Si quis pitto alterius excusserit [invitu[2] stricto[2]], CXX denarios qui faciunt solidos III culpabilis iudicetur. § 1.

* *Em. F (Grundtext); Em. W.* [1] *invitus tritto Em. W.* [2] *matb. incitus tritto Em. W.*

2. Si vero contra volontatem domini et negare voluerit et ei fuerit adprobatum, capitale[1] restituat et insuper MCCCC denarios qui faciunt solidos XXXV culpabilis iudicetur. § 2.

[1] *in locum f. h. Em. W.* [2] *exc. cap. et delat. f. h. Em. W.*

IV.* De cultello sexxaudro.

Si quis alteri cultellum furaverit et ei fuerit adprobatum, ipsum in loco restituat et insuper DC dinarios qui faciunt solidos XV culpabilis iudicetur.

* *nur in* 10 (*Tit.* LXXIII); *vgl. aber Tit.* VII § X.

V*. De muliere gravida occisa.

1. Si quis mulierem gravidam occiderit, XXIIIIM denarios qui faciunt solidos DC culpabilis iudicetur. Et si probatum fuerit, quod partus ille puer fuerit, simili conditione pro ipso puero DC solidos culpabilis iudicetur. § 1.

* *nur in* 10 (*Tit.* LXXV); *vgl. aber Tit.* XXIV §§ 3; 4; II; 6; 7.

2. Si quis puellam intra duodecim annos usque ad duodecimum impletum occiderit, solidos CC culpabilis iudicetur. § 2.

3. Si vero maiori aetate usque ad sexagesimum annum, quousque partum habere potuerit, occiderit, XXIIIIM denarios qui faciunt solidos DC culpabilis iudicetur. § 3.

4. Si postea fuerit occisa, quando iam partum amplius habere non potuerit, solidos CC culpabilis iudicetur. § 4.

VI.* De delatura.

1. Si quis hominem occiderit et quod lex habuit pro eo dederit, solidos XXX pro delatura componat. § 1.

* *nur in* 10 (*Tit.* LXXIX).

2. De puero aut liberto solidos XV. § 2.

3. De furtibus vero aliis VII solidos. § 3.

4. Causae vero dominicę, in triplo componuntur. § 4.

B.*

* Alleiniger Text: Kodex 33 des Domkapitels von Ivrea. (zuerst veröffentlicht von A. Peyron in: Memorie della R. Academia delle science di Torino 1846. S. 129 ff. — Hessels col. 421).

I.

Si quis aliquem ad servitium mallaverit, et ille vuadium dederit et fideiussorem posuerit, ut anthmallo legitimos in patria de qua est, testes sue libertatis dare debeat, faciat tunc comes, in cuius (presentia[a] mallatio facta est duas epistolas[a]) uno tenore et unam habeat ille qui mallat, alteram similem ille qui mallatur.

Veniente itaque illo qui mallatus est ad constitutum cum suis sacramentalibus, si ipse qui eum mallavit defuerit, faciat comes in cuius presentiam ipse mallatus advenit epistolam et cum testibus ad mallatorem suum redeat et iectum de XV solidis ei det, qui ad placitum non venit constitutum et placitum ei proponat aliud. Et si iterum ad placitum constitutum mallator venire distulerit, iterum det iectum de XV solidis; et mittat mallatus tertium constitutum mallatori, ut veniat ad testes recipiendum. Et si iterum mallator venire distulerit, det mallato iectum solidorum XV et faciat tunc comes notitiam cum raginburgiis et testibus. Et sic ipse qui mallatus ad servitium fuit, ab hoc die liber et ingenuus vadat nec sit causatori ulla facultas amplius requirendi eum ad servitium.

[a] *Das hier und im Folgenden Eingeklammerte ist in der Hs. unleserlich und von Peyron ergänzt.*

II.

Si quis quemlibet mallaverit ad servitium, ut superius dictum est, qui in alia regione fuit natus aut longe infra patria, et ille dicit quod ipsius servus non sit et suam libertatem in suo anthmallo proportare possit, tunc comes faciat illum dare vuadium ad suam libertatem proportandam. Et si ille dixerit, quod fideiussorem habere non possit, tradat eum comes in manu mallatoris, ut eum salva custodia inlesum ducat in anthmallo suo ad suam libertatem proportandam. Et si ex paterna genealogia mallatur, adhibeat ex materna progenie (septem) testes qui proximiores sunt et ex paterna quattuor, et sic se id(oneet. Quod si v)ero ex materna progenie mallatur, septem (testes) proximiores adhibeat (ex paterna) et quattuor ex materna progenie et sic suam libertatem proport(et; ita ex q)ua parte mundior est, ex ipsa parte plus dabit testes. Si autem tal(es postquam pro)duxerit, dicat qui eum ammallavit: „non recipio istos testes qu(ia proximiores) habes qui tibi dicant testimonium“, et si ille dixerit quia „non (habeo alios testes) quam istos“, tunc ille qui eum ammallavit det contra illum (testimo)nia qui sapiant eum propinquiores habere quos ad testimonium (dicendum adducat. Et si ille) qui mallatus est non vult se concredere, det ei qu . . . . nde illa iura tamen et sic per pugnam contenda . . . . talia testimonia contra illum dare non potuerit . . . . det propinquos mallatus quos habet. Si autem eos . . . . mallatus est alicui aliquid tribuerit vel premia dederit . . . . cuius servus effectus est.

III.

Si aliquis cartam falsam adclamaverit et eam falsam ille facere (contendat), qui illam falsam adclamavit, prebeat ipse, cui falsa dicta fuit, duodecim sacramentales et ipse sit terciusdecimus, qui iurati faciant illam bonam; et sic se ille concredat qui eam dixit (falsam esse).

IV.

Si aliquis cartam suam in mallo adduxerit et aliquis illam dixerit falsam esse et ille cui carta est dixerit eam magis esse bonam quam falsam et ille qui falsam (esti)maverit, subula statim transforavorit, adhibeat contra unumquemque testem ex VII testibus qui eam firmaverunt, VII testes qui fiunt insimul XLVIIII[a] et sic iurati falsam illam faciant. Si autem ille cuius carta est se concredere noluerit, unus ex VII testibus qui eam firmaverunt et unus ex illis qui eam ream dixerunt, per pugnam contendant.

[a] XLVIII *in der Hs.*

V.

In lege Salica XII iuratores esse debent; ita tenent Franci. Nos tamen in Italia propter Hludovuici et Lotharii capitulare cum sua manu septima. Testes autem VII contra Francum sint. Franci (autem) post testes non adfirmant sacramentum.

VI.

Postquam autem debitor vuadium dederit, liber erit, si fideiussor moritur, propter vuadium quod emisit in debitore. Et si vivent ambo, quod spopondit qui vuadium dedit det. Et si homo[a] non dat, fideiussor quantum spopondit pro neglectu debitoris det; si non, pro[b] iecto[b] conponat XV solidos et supra quod spopondit.

[a] *so von Sohm, Proc.* 224_{12} *vorgeschlagen; domo in der Hs.* [b] *so von Sohm, R. u. GV.* 169_{96} *vorgeschlagen; proiectos in der Hs.*

VII.

Nihil homo sterchire debet nisi quod ei ex hereditate venit. Alias (vero res), quas Francus adquirit ex Franco homine, et ille vivus est qui vendit, debit ille alius qui ex eo comparavit probare, quia in sua proprietate habebat eo die illas res quando illi vendidit quieto ordine, et postea dari testes contra istum. Et si ille mortuus est qui vendidit, debet probare, quia illo die quando sibi vendidit (in sua) proprietate habebat quieto ordine et mortuus est, et non debet ille (alios) testes dare super ipsius testes.

VIII.

Contra suum caput et contra suam hereditatem non debet homo accipere testes.

IX.

Si quadrupedia domestica aliquam bestiam occiderint, nihil inde respondendum est nec aliquid emendandum, excepto dominum occiderint. Et si caballus herbam alterius paverit, nihil respondendum erit nec includendus. De aliis animalibus quod est in lege Salica solvetur quod neglexerint.

X.

De benefitio non debet trahere auctorem, nisi si mallatus fuerit. Quod (si) non malo ordine introisset, debet iurare quod nec malo ordine vel sua auctoritate intro(ivit aut) benefitio hab(uit).

XI.

Non potest homo migrare, nisi convicinia et herba et aquam et via . . . . . .

XII.

Si aliquis mallat hominem de quacumque causa et dicit: „malo or(dine[a] fecisti, ego inde t[a])ales testes habeo“, non debet contra malum ordinem et contra testes insi(mul[b] respondere sed respondeat singul[b])atim ad unamquamque. Et si ei aliquid quesierit et „malo (ordine[c] fecisti“ non dixerit nec[c])testes haberc dixerit, tacendum erit. Et si eum secundum legem te .... qui mallatus est respondere noluerit, ille cui respondere debuit ...., quia retinuit suum responsum, et si convictus fuerit, cum XV solidos emendet. (Quod si quis m)allat alium et dicit malo ordine illum aliquid fecisse, et ille dicit: „de to(rto dicis“, n)on potest postea ad testes redire. Quicumque servus fugetivus .... sua manu septima dominus eius ei conprobet ubi eum invenerit .... fuit quia de suo servitio fugit.

[a] *so von Brunner, Entstehg. der Schwurger.* 69, *vorgeschlagen.* [b] *so von Brunner a. a. O. vorgeschlagen.* [c] *so von Brunner in: Festgaben f. Heffter* 158, *vorgeschlagen.*

Prologi et epilogi.

Prologus I.

Grundtext: 1*.

* **Erste Gruppe:** *Grundtext*; 6—9; 10; *Em. B*; *Em. EE*; *Em. H*; *Em. K*; *Em. N*; *Em. P*; *Em. V*. — **Zweite Gruppe:** *B*; *G*; *H*; *Em. Q* (*Hessels col.* 422).

Gens[1] Francorum inclita, auctorem Deo condita, fortis in arma, firma in[a] pacis foedere[a], profunda in consilio, corpore[b] nobilis, incolumna candore, forma egregia, audax, velox et aspera, ad catholicam fidem conversa, emunis[c] ab heresa, dum adhuc[2] teneretur barbaro[3], inspirante Deo inquaerens[4] scientiam clavem[4], iuxta morum[d] suorum qualitatem desiderans iustitia, custodiens pietatem, dictaverunt Salicam legem per proceris ipsius gentes qui tunc tempore eiusdem aderant rectores electi de pluribus viris quattuor his nominibus Vuisogastis[5], Hodogastis, Salegastis et Vuidugastis[e,5] in loco cognominantia Salicaime, Hodocaime, Vuiducaime, qui per tres mallos convenientes omnes causarum originis[6] sollicite discutiendo tractandis[7] de singulis iudicio decreverunt hoc modum. At[7] ubi Deo pavendi[8] rex Francorum Chlodovius torrens et pulcher primus recepit catholicum baptismum[g], quod minus in pactum habebatur edonii per[h] perculsus[9] regis Chlodovio et Cheldeberto et Chlothario fuit lucidius[i] emendatum[10].

Vivat qui Francus diligit[k], Christus eorum regnum custodiat, rectores eorundem lumen suae gratiae repleat[l], exercitum protegat, fidei[m] munimenta[m] tribuat, pacem gaudeat et felicitatis[n] tempora, dominancium dominus Jesus Christus pietatem custodiat. Hec est enim gens quae fortis[11] dum esset, robore valida[11], Romanorum iugum durissimum de suis cervicibus excusserunt pugnando atque post agnitionem[o] baptismi sanctorum martyrum corpora quae Romani igne cremaverunt vel ferro truncaverunt vel besteis lacerando proiecerunt, Franci super eos aurum et lapides praetiosos superornaverunt[12].

[a] *so Em. N; Em. K; Em. H; pace felera* 1; 7; 9; *pace freta* 8. [b] *so* 10; *Em. EE; Em. N; Em. H; corporea* 1; 6—8; *Em. B; Em. K; Em. V* = 9. [c] *so* 7; *et munus* 1; 9; *inmunis* 6; 8; *Em. H; immunis* 10; *Em. EE.* [d] *so* 6; 8; *Em. EE; Em. B; Em. P; Em. N; Em. K; Em. H; Em. V; morem* 1; 7; 9; 10. [e] *Vuisugastis* 1. [f] *so* 10; *Em. B; Em. EE; Em. P; Em. N; Em. K; Em. V; ad* 1; 6—9; *Em. H.* [g] *et f. h.* 1; 6—9; *Em. B; Em. P; Em. N; Em. K; Em. V.* [h] *so* 6; 7; 10; *Em. B; Em. EE; Em. P; Em. N; Em. K; Em. H; Em. V; fehlt* 1; 8. [i] *so* 6; 10; *Em. B; Em. P; Em. N; Em. K; Em. V; lucidus* 1; *lucidis* 7; 8; *liciter* 9; *lucide Em. EE; Em. H.* [k] *fehlt* 1. [l] *repellat* 1. [m] *so* 6; *Em. B: Em. P; Em. N; Em. K; fidem momenta* 1. [n] *so* 8; *Em. EE; Em. H; felicitatem* 1; 6; 7; 9; 10; *Em. B; Em. P; Em. N; Em. K; felicitate Em. V.* [o] *so* 6; 7; 9; 10; *Em. B; Em. EE; Em. P; Em. N; Em. K; Em. H; Em. V; agnationem* 1; *agnitiones* 8. — [1] *Incipit prologus lege Salica schickt voraus* 6 = 7—9; 10; *Laus Francorum Em. EE; Inc. tractatus legis Salice Em. H;* [2] *ritu f. h.* 10 (*in einer Note*); *Em. EE; Em. N; Em. K; Em. H.* [3] *barbarie* 10. [4] *pervenit ad lucem scientiae H; G = B; Em. Q.* [5] *Einige Hs. haben anstatt der vier Namen sechs: Vuisogaste, Salegaste et Vuidegaste* (*Vuidogaste*), *Arogaste* (*Arogoste*), *Bodogaste* (*Bedegaste, Bodegaste*), *Vuisovado* (*Vuisogado, Virovado*). [6] *origines* 6; 8; 10; *B; Em. ausser Q.* [7] *tractantes* 10; *Em. V; Em. Q; B; G; H.* [8] *favente* 6; 8; 10; *B; G; H; Em.* [9] *praecelsos* 10; *Em. EE; Em. V; precelso Em. H; proconsolis* 6; *Em. B; Em. P; Em. N; Em. K; Em. H; ipsos G; H; Em. Q = B.* [10] *percurrente decretum* (*decreto*) *f. h. Em. EE; Em. N; Em. K; Em. H; et procuratum decretum hoc* 10. [11] *parva dum esset* (esse) *numero fortis robore valido* (*validum*) *Em. EE; Em. N; Em. H.* [12] *explicit; anno ter* XIII *decimo regnante domno nostro Pipino gloriosissimo rege Francorum. Amen f. h.* 7; *Explicit prolicus legis Salice. Incipiunt capitula legis Salice diae Mercoris proximo ante Kl. Novembris in anno* XXVI *regni domno nostro gloriosissimo Carolo rege f. h.* 9.

Prologus II.

Grundtext: 6*.

* *Em. B; Em. EE; Em. H; Em. K; Em. N* (*Hessels col.* 423).

Placuit atque convenit inter Francos atque eorum proceribus, ut pro servandum inter se pacis studium omnia incrementa rixarum resecare deberent[1], ita etiam eos legale auctoritate praecellerent, ut iuxta qualitatem causarum sumerent criminales actiones [terminum]. Extiterunt igitur inter eos electi de pluribus quattuor viri his nominibus: Vuisogastus, Salegastus, Arogastus[2] et[2] Vuidogastus[3], qui per tres mallos convenientes omnes causarum origines sollicite discucientes de singulis iudicium decreverunt.

[1] *et quia ceteris gentibus iuxta se positis fortitudinis bracchio promine-bant f. h. Em. B; Em. EE; Em. H; Em. K=Em. N.* [2] *fehlt Em. N=Em. H.* [3] *in villis que ultra Renum sunt, in Bodochem et Salechem et Vuidochem f. h. Em. B; Em. EE; Em. K; Em. N=Em. H.*

Prologus III.

Alleiniger Text: 5 (Hessels col. 423).

Hoc sunt qui lege Salica tractaverunt: Vuisogast, Vuidegast, Arogast, Bodegast, Salegast, Vuisovuando in Bodachaem et in Salachaem.

Prologus IV.

Alleiniger Text: Em. Q (Hessels col. 423).

Hec sunt nomina eorum qui fecerunt lege Salicae: Vuisuast, Aroast, Saleanats, Vicats, qui vero manserunt in lege Salice in budice do micio fristati-o.

Prologus V.

Alleiniger Text: 10 (Hessels col. 423).

Hi autem sunt qui legem Salicam tractaverunt: Vuisogast, Arogast, Salegast, Vuindogast in Bodham, Saleham et Vuidham.

Epilogus I.

Alleiniger Text: 2 (Hessels col. 423).

Explicit lex Saleca qui vero cunlacio infra hae libros IIII continere videtur.

Primus rex Francorum statuit a primo titulum usque LXII disposuit iudicare; post modicum[a] autem tempus cum obtimatis suis a LXIII titulum usque ad LXXVIII addedit. Sic vero Childebertus rex post multum autem tempus pertractavit quid addere debirit: ita a LXXVIII usque ad LXXXIII perinvenit quod ibidim digne inposuisse nuscuntur et sic fratri suo Clotario hec scripta transmisit. Post hec vero Clotarius, cum hos titulus a germano suo seniore gratenter excepit, sic postia cum rignum suum pertractavit, ut quid addere debirit ibidim, quid amplius dibiat construhere, ab LXXXVIIII titolus usque ad LXIII statuit permanere et sic postea fratre suo rescripta direxit et ita inter eis convinit, ut sta omnia sicut anteriore constructa starent.

[a] *Konjektur nach Loersch bei Schröder, DR.* 227_4; *modo* 2.

Epilogus II.

Grundtext: 7.*

* 8; 9; *B—H*; *Em. N*; *Em. Q* (*Hessels col.* 423).

Explicit leges Salicae liber III,

quem vero rex Francorum statuit et postea una cum Francis pertractavit, ut et a LXIII[a] titulo[a] aliquid amplius adhesit sic, ut a primo ita usque ad LXXVIII[1] perduxerit. Deinde vero Childebertus post multum tempus tractavit, ut quid advenire potuerit, quod ibi cum suis Francis addere deberet: a septuagesimo[2] octavo[2] usque octuagissimo[3] quarto[3] perinvenit, quod ibi digne inposuisse cognuscetur. Iterum cum [hoc] hus titulus Chlotarius a germano suo seniorem suum gradenter excipit, sic et ipse similiter cum regnum suum perinvenit, ut ab octuagissimum[4] quartum[4] adderet et ita perfectum perduxit et inde quod ipse invenit fratrem suum rescripta direxit[b]. Sic inter eis convenit, ut ista omnia quae constituerunt starent. Explicit.

[a] *Konjektur, die Hs. sind hier alle verderbt: tres titulos* 7; *B*=8; 9; *res titulus Em. EE*; *Em. N*; XLIIII *titulus Em. Q*; *titulos F—H.* [b] *so* 8; 9; *B*; *G*; *H*; *Em. Q*; *Em. EE*; *Em. N*; *dixerit* 7. [1] LXXVIIII: 9; *Em. Q.* [2] *septuagesimo* VIIII: *Em. Q*; LXXXVIII: *F*; *G.* [3] LXXXVIII: *F—H.* [4] *nonagesimo* VIII: *Em. Q*; LXXXVIII: *F*; *G.*

Remissoria.

Incipiunt chunnas.

Texte: 8 (Grundtext); 10 — Hessels col. 424.

1. Hoc est unum thoalasti, solidos III culpabilis iudicetur.
2. Sexan chunna, solidos XV culpabilis iudicetur[1].
3. Thu vualt chunna, solidos XXX cupabilis iudicetur[2].
4. Theu vene chunna, solidos XLV culpabilis iudicetur.
5. Thothocundi fitme chunna, solidos LXII cum dimidio.

6. Fit tertius chunde, solidos C culpabilis iudicetur.

7. Actoetus chunde, solidos CC culpabilis iudicetur.

8. Triothus chunde therte chunna, solidos DC culpabilis iudicetur.

9. Fit tertos chunde tue apta chunna, solidos DCC culpabilis iudicetur.

Explicit chunnas.

[1] *Septun chunna, sol.* XVII *culp. iud. f. h.* (*als besonderen* §) 10.
[2] *Thue septen chunna, sol.* XXXV *culp. iud. f. h.* (*als besonderen* §) 10.

Hoc sunt septem causas.

Alleiniger Text: 6 (Hessels col. 424).

I.

1. Si quis ad mallum legibus dominicis manitus fuerit et non venerit, si eum sunnis non detenuerit, soledos XV culpabilis iudicetur. 2. Ille vero qui alium mannet et ipse non venerit, si eum sunnis non detenuerit, soledos XV culpabilis iudicetur. 3. Si quis porcellum tartussum furaverit usque ad aniculatum, soledos XV. 4. Si quis acceptorem de pertica furaverit, soledos XV culpabilis iudicetur. 5. Si quis homo qui facit via latina, soledos XV culpabilis iudicetur. 6. Si quis mediano dido excusserit, soledos XV culpabilis iudicetur. 7. Si quis minimo dido excusserit, soledos XV.

II. De soledis XXXV.

1. Si quis in messe sua pecora aliena invenerit qui pastore non habent et eas incluserit ut nulli paenitus innotescat et aliqua ex ipsis pecoribus perierit, soledos XXXV culpabilis iudicetur. 2. Si quis navem de intro clavem furaverit, soledos XXXV culpabilis iudicetur. 3. Si secundo dido unde sagitatur excusserit, soledos XXXV. 4. (fehlt). 5. Si quis bovem furaverit, soledos XXXV. 6. Si quis Francus Franco auricula capulaverit, soledos XXXV. 7. Si quis cervum domesticum qui signum habet furaverit aut celaverit, solidos XXXV.

III. De soledis XLV.

1. Si quis puerum crinitum totunderit sine consilio parentorum, soledos XLV culpabilis iudicetur. 2. Si quis acceptorem

de intro clave furaverit, soledos XLV culpabilis iudicetur. 3. Si quis ascum[a] de intro clave furaverit, soledos XLV culpabilis iudicetur. 4. Si quis pratum alienum secaverit, exinde fenum cum carro ad domum suam duxerit et discargaverit, soledos XLV. 5. Si quis dido polcare excusserit, soledos XLV. 6. Si quis nasum capulaverit, soledos XLV. 7. Si quis homo mancipia aliena pedes fugitivos recolligerit, soledos XLV.

[a] *cescum* 6.

IV. De soledis LXII cum dimidio.

1. Si quis de sagitta toxicata hominem sagittaverit et evaserit, soledos LXII cum dimidio culpabilis iudicetur. 2. Si quis homo alio adsallierit et sua arma et occidere voluerit et retentus fuerit, soledos LXII cum dimidio culpabilis iudicetur. 3. Si quis corpus occissum hominem antequam in terra mittatur in furtum expoliaverit, soledos LXII cum dimidio. 4. Si quis villam alienam invaserit, LXII cum dimidio. 5. Si quis manum alterius capulaverit et ipsa manca pependerit, LXII cum dimidio. 6. Si quis in furtum elocatum accepto praetio hominem occidere voluerit et ei fuerit adprobatum, soledos LXII cum dimidio.

V. De soledis C.

1. Si quis hominem mortuum exfoderit et expoliaverit, soledos C. 2. Si quis hominem dormientem in furtum expoliaverit, soledos C. 3. Si vero infantem infra matris sui utero occiserit, soledos C. 4. Si quis homo ingenuus alienum lidum extra consilium domini sui ante rege pro denarium ingenuum dimiserit, soledos C. 5. Si quis alteri manum excusserit aut lingua capulaverit aut castraverit aut verenda transcapulaverit, soledos C culpabilis iudicetur. 6. Si quis hominem ingenuum sine manus et pedes quae inimici sui in via relinquerunt quique eum occiserit, soledos C. 7. Simili modo qui alium in pelago inpinxerit et vivus exinde evaserit, soledos C culpabilis iudicetur.

VI. De soledis CC.

1. Si quis hominem qui migrare dosponit et de regi habuerit praeceptum et aliquis contra ordinatione regis stare praesumet,

soledos CC. 2. Si quis alio herbas dederit bibere ut moriatur, soledos CC culpabilis iudicetur. 3. Si quis hominem Francum involaverit et venderit, soledos CC culpabilis iudicetur. 4. Si quis puella ingenua occiserit, soledos CC. 5. Si quis basilica incenderit, soledos CC. 6. Si quis grafione ad res alienas tollendas invitaverit et legiptime eum iactivum aut mallatum non habuerit, ille qui eum rogat ut iniustae tollat antequam fuerit et fides facta fuerit, soledos CC. 7. Si quis puella sponsata druete ducente ad marito alicuius in via eam adsallierit et cum ipsa violenter mechatus fuerit, soledos CC.

VII. De soledis DC.

1. Si quis puerum crinitum occiserit, soledos DC. 2. Si quis femina transbattit ut moriatur, soledos DC. 3. Si quis femina ingenua postquam infantes coepit habere et occisa fuerit, soledos DC. 4. Si quis grafione occiserit, soledos DC. 5. Si quis sacebarone occiserit, soledos DC. 6. Si quis Franco inter quattuor solia occiserit, soledos DC. 7. Si quis Francus Francum occiserit, soledos DC.

VIII. De soledis MDCCC.

1. Si quis hominem ingenuum in hoste occiserit et in mortridam mittitur, soledos MDCCC culpabilis iudicetur. 2. Si quis grafionem occiserit et in mordrem miserit, soledos MDCCC. 3. Si quis femina ingenua que infantis pot(ui)t habere et occisa fuerit et mordrida fuerit, soledos MDCCC. 4. Si quis puerum crinitum occiserit et in mordrem miserit, soledos MDCCC. 5. Si quis episcopum occiserit et in mordrem miserit, soledos MDCCC. 6. Si quis legadario regi in via adsallierit et occiserit et in mordrem miserit, soledos MDCCC culpabilis iudicetur. 7. Si quis andrustione qui inter duos reges pagaverit qui eum adsallierit et occiserit et in mordrem miserit, soledos MDCCC culpabilis iudicetur.

Incipiunt sententias de septem septinas, hoc sunt pariculas causas.

Grundtext: Em. N*.

* *Em. EE*; *Em. H* (*Hessels col.* 424).

1. Si quis basilicam incenderit, solidos CC culpabilis iudicetur. 2. Si quis Francus Francum occiderit, solidos CC culpabilis iu-

dicetur. 3. Si quis villa aliena adsallierit et ibidem hostia fregerit et canes occiderit et homines plagaverit vel aliquid exinde in carro duxerit, solidos CC culpabilis iudicetur. 4. Si quis alicui herbas dederit bibere unde moriatur, solidos CC culpabilis iudicetur. 5. Si quis uxorem alienam tulerit vivo marito, solidos CC culpabilis iudicetur. 6. Si quis hominem mortuum exfodierit et expoliaverit, solidos CC culpabilis iudicetur. 7. Si quis Francus Francum vendiderit, solidos CC culpabilis iudicetur.

Recapitulationes legis Salicae.

A.

Grundtext: Par. Lat. 4995 (Pa. Fr.)*.

*7; 10; *Em. EE*[a]; *Em. EE*[b]; *Em. N*[a]; *Em. N*[b]; *Em. R*; *Em. V* (*Hessels col.* 425)

Recapitulatio legis Salicae.

Sciendum est quod in quibusdam legibus[a] Salicis inveniuntur capitula principalia LXV, in quibusdam vero LXX, in quibusdam etiam paulo plus aut paulo minus. Quae[1] continentur alia capitula in quibusdam codicibus CCC[2], in quibusdam vero plus[b] minusvae[b]. Habent[3] etiam species in quibusdam libellis XX[c] et VII[c], in quibusdam vero minus vel paulo plus[1.3].

Inquirendum[4] est conpositiones legis Salicae quod varietates et quem numerum per minimum, quae vero per maximum habeat divisiones[d]. Compositiones sunt CCCLVIII, varietates XXXI[d.4].

1. Imprimis enim inde ad septem denarios, ut si quis agnum furaverit. 2. Inde ad decem[5] denarios, ut si quis alterius messem damnaverit. 3. Inde ad solidum unum, ut si quis porcellum qui sine matre vivere potest, foras domum furaverit. 4. Inde ad solidum unum[6] et tremisso, ut si quis alterius servum cedit. 5. Inde ad solidos III, ut si quis tres capras furaverit. Haec compositio tres solidorum in XLI[7] locis legis Salicis habetur. 6. Inde ad solidos III et denario, ut si quis viduam in coniugio voluerit sociare. 7. Inde ad solidos V, hi sunt qui rapto secundam compositionem persolvant[8]. 8. Inde ad solidis VI pro redemptione servi ut non castretur. Haec compositio sex solidorum in quinque locis habetur. 9. Inde ad solidos VII et dimidium[9], ut si quis scrovam subbatit, ut porcellos non habeat. 10. Inde ad

solidos IX[10], ut si quis alterum clauso pugno percutit; haec compositio IX solidorum in tres[11] locis habetur. 11. Inde ad solidos XII et dimidium[9], ut si quis servum ministerialem in mortis periculum inmiserit, et eum Deus liberavit. 12. Inde ad solidos XV, ut si quis sponsam alterius tulerit. Haec compositio XV solidorum in XC[12] et III[12] loca habetur. 13. Inde[13] ad solidos XVII et dimidium, ut si quis alterius verrem[14] furaverit. Hac compositio XVII et dimidii solidorum in tria[15] loca habetur[13]. 14. Inde ad solidos XXII[16] et dimidium[16], ut si quis tributarium Romanum in pelago inpinxerit. 15. Inde ad solidos XXV[17], ut si quis servum ministerialem occiserit[18]. 16. Inde ad solidos XXX, si quis alterius ancillam furaverit. Haec compositio XXX solidorum in XXVIII[19] locis habetur. 17. Inde ad solidos XXXV, ut si quis servum alterius furaverit. Haec compositio XXXV solidorum in XXIV[20] locis habetur. 18. Inde ad solidos XLV, ut si quis waranionem furaverit. Haec compositio XLV solidorum in XXXVI[21] locis habetur. 19. Inde ad solidos L, ut si quis Romanum in pelago inpinxerit. 20. Inde ad solidos LXII[22] et dimidium[22], ut si quis hominem percutere vult cum gladio et eum non tetigerit. Haec compositio LXII et dimidii solidorum in XL[23] locis habetur. 21. Inde ad solidos LXX, ut si quis servum cum ancillam ministerialem furaverit. 22. Inde ad solidos LXXV, ut si quis servum ministerialem in oste occiserit. 23. Inde ad solidos XC, ut si quis waranionem regis furaverit. Haec compositio XC solidorum in tria loca habetur. 24. Inde ad solidos C, ut si quis Romanum occiserit. Haec compositio C solidorum in XXIV[24] locis habetur. 25. Inde ad solidos CLXXXVIII[25] et dimidium[25], ut si quis mulierem striam vel meretricem clamaverit. 26. Inde ad solidos CC, ut si quis hominem ingenuum occiserit. Haec compositio CC solidorum in XVII[26] locis habetur. 27. Inde ad solidos CCC, ut si quis litum alienum in oste occiserit. Haec compositio CCC solidorum in dua loca habetur. 28. Inde ad solidos DC, ut si quis hominem ingenuum in oste occiserit. Haec compositio DC solidorum in XIV[27] loca habetur. 29. Inde ad solidos DCC, ut si quis mulierem habentem in utero parvulum occiserit. 30[e]. Inde ad solidos DCCCC, ut si quis Romanum vel lidum in truste[28] dominica[28] occiserit[e]. 31. Inde ad solidos MDCCC, ut si quis in truste dominica hominem occiderit et in puteum iactaverit. Haec compositio MDCCC solidorum in dua loca habetur. 32[29]. Si quis puerum infra duodecim annis sive crinitum sive incrinitum occiderit, XXIVM dinariis qui faciunt solidos DC culpabilis iudicetur[29].

[a] *so* 10; *legis Pa. Fr.*; *libellis Em. N*[a]; *Em. EE*[a]. [b] *so* 7 = *Em. R*; *minus vel Pa. Fr.*; *plus minus Em. N*; *Em. EE*. [c] *so Em. N*[a]; *Em. EE*[a]; *fehlt Pa. Fr.* [d] *so* 7; *Em. R* = *Em. N*[b]; *Em. EE*[b]; *fehlt Pa. Fr.* [e] *so* 7; 10; *Em. R*: *fehlt Pa. Fr.*; *Em. N*[a]; *Em. V*; *Em. EE*[a]. [1] *Sunt qui habeant compositiones* CCCLVIII *ac etiam plus minusve* 10. [2] CCCLVIII: 7; *Em. N*[b]; *Em. EE*[a]; *Em. R*. [3] *fehlt* 7; *Em. N*[b]; *Em. EE*[a]; *Em. R*. [4] *Igitur erit in compositionibus legis Salicae, quid varietatis et quem numerum minimum, quem maximum habeant. Divisiones namque compositionum sunt* CCCLVIII. *Varietates autem* XXXI, *quae ita inveniuntur* 10. [5] XX: *Em. N*[b]; *fehlt* 7. [6] II: *Em. R*. [7] XLIII: 7; 10; XL *et Em. N*[a]; *Em. EE*[a]; LXIII: *Em. N*[b]; *Em. EE*[b]. [8] *haec compositio in duo (secunda) locis habetur f. h.* 7; 10; *Em. N*[b]; *Em. EE*[b]; *Em. R*. [9] *denarium* 10. [10] VIII: 10. [11] *quinque* 7; 10; *Em. R* = *Em. N*[b]; *Em. EE*[b]; *quatuor Em. N*[a]; *Em. EE*[a]. [12] XCV: 7; *Em. N*[b]; *Em. EE*[b]; XV: *Em. R*; XC: *Em. EE*[a]. [13] *fehlt Em. EE*[a]. [14] *vaccam* 10. [15] *quatuor* 7; 10; *Em. R* = *Em. N*[b]; *Em. EE*[b]. [16] XXVII *c. dim. Em. N*[b]; XXVIII: *Em. EE*[b]. [17] XV: 7; *Em. R*; XXX: *Em. EE*[b]. [18] *hec compositio in* II *(secunda) locis habetur f. h.* 7; 10; *Em. N*[b]; *Em. EE*[b]; *Em. R*. [19] XXVI: 7; 10; *Em. N*[b]; *Em. EE*[b]; XXV: *Em. N*[a]; *Em. EE*[a]; *Em. R*. [20] XXVIII: 7; *Em. N*[b]; *Em. EE*[b]; XXIX: 10; *Em. R*. [21] XL: 7; XLI: 10; *Em. N*[b]; *Em. EE*[b]; *Em. R*; XXXIII: *Em. V*. [22] LXVI *et dim.* 7; *Em. N*[b]; *Em. EE*[b]; *septuaginta* II *et dim. Em. EE*[a]; XLVI *et denarios Em. R*. [23] XXXVIII: 7; 10; *Em. N*[b]; *Em. EE*[b]; *Em. R*. [24] XIII: 7; *Em. N*[b]; *Em. V*; *Em. EE*[b]; 31 (XIII): 10; XIIII: *Em. N*[a]; *Em. EE*[a]. [25] CXXXVII *et dem.* 7; CLXXXVII *et dim.* 10; *Em. EE*[a]. [26] XXXV: 7; XIIII: *Em. EE*[a]; XXV: 10; *Em. N*[b]; *Em. EE*[b]; *Em. R*. [27] XL: 7; 10; *Em. N*[b]; *Em. EE*[b]; *Em. R*. [28] *curte domini Em. N*[b]; *Em. EE*[b]. [29] *nur in Pa. Fr. und, nach Pardessus, auch dort von anderer Hand als das übrige geschrieben.*

B.

Alleiniger Text: F (Hessels col. 426).

Sciendum est quibusdam Salice legis inveniantur capituli principaliter postia LXX, qui habent CCCLXII vel paulo plus aut minus, quem numerum per minimum quem vero per maximum in conpositionibus teniat.

1. Incipit enim a VII denariis ut sicut agnum furaverit. 2. Ut supra X dinarios de damnum stimatione. 3. XIII dinarios et tertia pars de unius dinarii pro iumenta qui vuaranione spataverit. 4. Solidum I, ut si quis procellum furaverit quę sine matre vivere possit. 5. Solidum I et tramesso, ut si quis servum

alienum flagellaverit. 6. Solidos III, ut qui procellum lactantem. 7. Solidos III et dinarium I, ut qui viduam accipere voluerit. 8. Solidos V, ut qui in rapto super tres fuerunt. 9. Solidos VI, ut qui hominem leborem clamaverit. 10. Solidos VII, ut qui scrovam in furtu subbatet. 11. Solidos VII et dimidium, ut qui Romanum hominem in agro contubernio occiserit, in tertia sententia. 12. Solidos VIIII de medicaturis. 13. Solidos XII et dimidium, ut si quis hominum ministerialem in pelago inpinxerit. 14. Solidos XV, ut si quis bimum porcum furaverit. 15. Solidos XVII et dimidium, ut si quis magellum sacrivum furaverit. 16. Solidos XXII et dimidium, ut qui hominem tributarium in pelago inpinxerit. 17. Solidos XXV, ut qui hominem de ministerio furaverit. 18. Solidos XXX de eo qui aliquid de manu per vim tullerit. 19. Solidos XXXV de eo qui servum alienum furaverit. 20. Solidos XLV de eo qui hominem tributarium occiserit. 21. Solidos L, ut si quis hominem Romanum in pelago inpinxerit. 22. Solidos LXII et dimidium, ut qui viduam sine legem acciperit. 23. Solidos LXX de eo qui hominem artificem furaverit. 24. Solidos LXXV de eo qui hominem artificem in oste occiserit in capitale restituat. 25. Solidos XC, ut quis vuaranionem regis furaverit. 26. Solidos C, ut si quis Romanum hominem occiserit. 27. Solidos CLXXXVII et dimidium, ut si quis hominem meletricem clamaverit. 28. Solidos CL, ut si quis Romanum hominem cunvivam regis in pelago inpinxerit. 29. Solidos CC, ut si quis hominem contra ordinationem regis adsalieret. 30. Solidos CCC, ut si quis grafionem qui puer regis est occiserit. 31. Solidos DC, ut qui hominem in domum suam occiserit. 32. Solidos DCC, ut qui feminam gravedam occiserit. 33. Solidos DCCCC, ut qui antrusionem quo puer regis est occiserit et eum ignem combusserit. 34. Solidos MDCCC, ut qui antrusionem occiserit. 35. Solidos MMDXXXV, ut qui hominem in domum suam a contubernio occiserit. 36. Solidos CMMDV, ut qui antrusionem in domum suam occiserit. De Romanus vero vel litus lex ista ex medietate solvatur.

C.

Alleiniger Text: Em. Q (Hessels col. 426).

Sciendum est quod in quibusdam libellis Salice legis inveniantur principaliter posita LXV, in quibusdam vero LXX, qui abent spetiales CCCL vel paulo plus aut minus. Nam et hoc sciendum est, conpositio legis Salice quam numerum per minimum, quam vero per maximum habeat et quod varietatis in conpositionibus teneat. Incipit enim a VII denariis, ut si quis agnum furaverit; transcendit usque ad MDCCC solidos, ut si quis in truste dominica hominem occiserit et postea in puteum iactaverit. Varietas vero conpositionum in ipsa sunt XXX, id sunt denarii VII ut supra, denarii X; solidos I et denarii IIII: iuret cum VI; solidi III et denarius I: iuret cum VI; solidi V, solidi VI et medius: iuret cum VI; solidi XV, solidi XVII et dimidium: iuret cum VI; solidi XXII et medius, solidi XX, solidi XXX, solidi XLV, solidi . . .: iuret cum VI; solidi CLXXXVII et medius, solidi CC: iuret cum XII; solidi CCC, solidi DC, solidi DCC, solidi DCCC: iuret cum XXXVI.

Erläuterungen.

I. De mannire.

mannire, latinis., ags. manjan, ahd. manôn (syn. admallare, admouere, commonere) vgl. GRIMM, RA. 842; MÜLLENH. b. WAITZ 289; SIEGEL, GVerf. 64 f.; SOHM, Proz. 127_1. mannitio = rechtsförmliche Ladung des Beklagten durch den Kläger. Gegensatz: bannitio = richterliche Ladung. vgl. Sal. 56, 1; Sept. caus. I. 1; 2; Cap. Sal. IX. 1; Rip. 32; Cham. 40; 43; Burg. 17, 4; Cap. Sax. v. 797 c. 5 (Bo. I. 72); SOHM, Proz. 126 ff.; RuGV 114 ff.; BETHM. IV. 66 f.; 242; 377 f.; WAITZ, VG. IV. 383 ff.; THONISSEN 401 ff.; GLASSON, Hist. III. 403 ff.; OPET, Prozesseinleitungsf. I. 125 ff.; LIEBERMANN, DZG. 6, 173 f.; BR. I. 179; II. 332 ff.; SCHR. 83; 351; HORTEN 13 ff. — m. im Liegenschaftsprozess: Cap. leg. add. v. 816 c. 4 (Bo. I. 268); Item Cap. leg. add. v. 816 c. 3 (ebd. 270); Cap. leg. add. v. 818/9 c. 12 (ebd. 283). — m. von Zeugen: Sal. 49; Rib. 50; vgl. BR. II. 435. — m. und Streitgedinge: vgl. BR. II. 341.

mallum, latinis., nach GRIMM, RA. 746 auf ahd. mahal, nach MÜLLENH. b. WAITZ 289 auf got. maþl., ags. međel, ahd. madal, forum, concio zurückzuführen. vgl. SCHR. 39_5. Bedeutung: 1) Gerichtsversammlung und zwar je nach dem Vorsitzenden a) m. ante centenarium = gebotenes Ding; b) m. ante thunginum (grafionem, comitem), m. legitimus, m. publicus legitimus = echtes Ding; c) m. ante regem (ante theoda) = Königsgericht. vgl. Sal. 44; 46; 60; Cap. Sal. II. 3; III. 1; Rib. 50, 1; SOHM, RuGV. 68 f.; 150 f.; WAITZ, VG. II. 2, 183; BR. I. 120; II. 134; 150 f.; 164; SCHR. 164; 174_{68}. — Karolingische Kompetenzabgrenzung: Cap. miss. Aquisgr. I. v. 810 c. 3 (Bo. I. 153); Cap. de iust. fac. v. 811/3 c. 4 (ebd. 176); Pippini Cap Ital. v. 801/10 c. 14 (ebd. 210); vgl. SOHM, RuGV. 419 ff.; WAITZ, VG. IV. 379 f.; NISSL, GSt. 143 ff.; 177 ff.; 182 ff. — 2) Gerichtsstätte = mallobergus: Sal. 46; 56, 1 (syn. ags. međelstede, ahd. mahalstat); vgl. GRIMM, RA. 801; MÜLLENH. b. WAITZ 289; SOHM, RuGV. 64 ff.; BR. I. 144; SCHR. 40. — Beschaffenheit der Gerichtsstätte vgl. GRIMM, RA. 793 ff.; Mythologie I. 337; II. 664; Weistümer VII. 275; RUPP, Aus d. Vorzeit Nördlingens (1869) 81 ff. — Verbot der Abhaltung von m. in Kirchen und deren Atrien: Cap. can. exc. v. 813 c. 21 (Bo. I. 174); Cap. Mant. II. gen. c. 4 (ebd. 196); Cap. leg. add. v. 818/9 c. 14 (ebd. 284). — 3) Gerichtstermin. Daher m. indicere: Sal. 44, 1; 46; tribus m., per tres m.: Cap. Sal. VII. 2; VIII. 7; Prol. I; alter, tertius, quartus m.: Sal. 39, II; Cap. Sal. VIII. 7; m. proximus Cap. Sal. III. 1. Üblicher placitum. — gamallus = Gerichtsgenosse: Sal. 47.

legibus dominicis. dominicus gewöhnlich = regius: vgl. aber Alam. 21; 31. Weitere Zusammensetzungen der l. Sal.: ambasia 1, 4; Cap. VI. 1; trustis 41, 3; 42, 1; 2; 63, 1; ratio 50, 4; evisio

Cap. IV. 4. — Die Bedeutung unserer Stelle ist kontrovers. vgl. Rib. 32, 1; WAITZ, AR. 155 f.; 164; VG. II. 1, 129; 2, 170_1; BETHM. IV. 498; SOHM, Proz. 131 f.; RuGV. 54 f.; SIEGEL, GVrn. 68 f.; STOBBE, RQ. I. 37_{26}; GEPPERT, Beitr. 14; THONISSEN 403 ff.; BR. I. 296_{18}; SICKEL, MJÖG. EB. II. 321; THUDICHUM, Sala 64 f.; HORTEN 14_{13}; BLUMENSTOK, JE. I. 202_1; DAHN, Kge. VII. 2, 51_4.

non venerit — sol. XV culp. iud. Zwingende Wirkung des Formalaktes der mannitio. vgl. SOHM, Proz. 3; 130.

mal. Die von dieser Sigle eingeführten Wörter bilden die sog. malbergische Glosse der l. Sal. Über dieselbe vgl. GRIMM in Merkels Ausg. d. l. Sal. pag. III—LXXXVIII; LEO, die malb. Glosse ein Rest altkelt. Sprache u. R'sauffassg. 2 Hefte (1842/45); KERN, D. Glossen in der l. Sal. u. die Sprache der sal. Franken (1869); ders. in HESSELS Ausg. d. l. Sal. col. 431 ff.; JUNGBOHN CLEMENT, Forschgn. über d. R. der sal. Franken 1876; SOHM, RuGV. 558 ff.; THIELE, ZDPhil. 5, 350 ff.; SCHERRER, ZRG. 13, 259 ff.; Br. I. 296 f.

DC dinarios qui faciunt solidos XV. Über das fränkische Münzwesen und insbesondere über die Schlüsse, die man aus der doppelten Angabe der Bussen in der l. Sal. nach Schillingen und Denaren gezogen hat, vgl. MÜLLER, Deutsche Münzgesch. I (1860). 61 ff.; SOETBEER, FDG. 1, 207 ff.; 545 ff.; 2, 265 ff.; 4, 243 ff.; 6, 3 ff.; WAITZ, Abh. d. Gött. Ges. d. Wiss. 9, 221 ff.; VG. II. 2, 305 ff.; IV. 77 ff.; v. INAMA-STERNEGG, WG. 185 ff.; 450 ff.; GUÉRARD, Polyptique de l'abbé Irminon de St. Germain des Prés (1844) I. 109 ff.; EHEBERG, Staats- u. sozialwiss. Forschgn. her. v. SCHMOLLER II. 5, 1 ff.; BR. I. 213 ff.; SCHR. 184.

culpabilis iudicetur: fast in jedem § der l. Sal. wiederkehrende Formel. Regelmäßige Verbindung mit einer Geldstrafe, Herrschaft des sog. Kompositionensystems: vgl. GÜNTHER, Wiedervergeltg. I. 163 ff.; GLASSON, Hist. III. 523 ff.; PARDESSUS 651 ff.; WILDA, Strafr. 314 ff.; v. WORINGEN, Beiträge I (1836); BRUNNER, Forschungen 428 ff.; BR. II. 585; 612 ff.; SCHR. 330; 334 ff.

ipse non venerit — XV sol. culp. iud. Zweischneidigkeit der zwingenden Wirkung der mannitio. vgl. SOHM, Proz. 3; 131.

sunnis, latinis., altn. syn, nauđsyn, ahd. sunne, legitimum impedimentum, echte Not. vgl. GRIMM, RA. 848 ff.; Gramm. III. 502; Mythol. I. 257; II. 741; MÜLLENH. b. WAITZ 293; ARTH. SCHMIDT, Echte Not 5 ff.; BR. II. 335_{20}. — Begriff: gesetzlich anerkanntes Hindernis, rechtlichen Verpflichtungen nachzukommen. vgl. SCHMIDT, EN. 1 ff. — Fälle der s.: Cap. Sal. VI. 1; teilweise andere Fälle: Wis. II. 1, 17; GAUDENZI fragm. XI (ZEUMER, l. Wis. ant. 318; vgl. SCHMIDT, EN 19 ff. — Form der Geltendmachung der s.: Cap. Sal. VIII. 7.

testibus. Notwendigkeit der Zeugen bei aussergerichtlichen Formalakten: vgl. Sal. 45, 2; 50; 52; Cap. Sal. V. 8, 1; Rib. 33, 2. Gesetzliche Mindestzahl der Z.: Sal. 47; 56; vgl. SOHM, Proz. 128_2; THONISSEN 401; 402_1.

ad domum. Der aussergerichtliche Formalakt muss in der Wohnung des Gegners vorgenommen werden. vgl. Sal. 50; 52; Cap. Sal. VIII. 7. Ausnahmen für den antrustio: Cap. Sal. V. 8, 1. Spätere

Folgen dieser streng buchstäblich genommenen Vorschrift: Ed. Pist. v. 864 c. 6 (Bo.-Kr. II. 313); Sohm, Proz. 128_2; Br. I. 379 f.; II. 332_2.

si praesens non fuerit. Persönliche Gegenwart des Gegners kein Erfordernis rechtsgültiger mannitio. Für das westgot. R. vgl. Gaudenzi fragm. XI. (Zeumer, l. Wis. ant. 318); Schmidt, EN. 23. — Aussergerichtliche Pfändung in Abwesenheit des Schuldners: Sal. 50, 3.

dominica ambasia. ambasia (ambascia, ambaxia) vom gallolat. ambactus gebildet und früh ins Germanische übergegangen: got. andbahti, ags. ambiht, ahd. ambaht, nhd. Amt = ministerium, Auftrag. vgl. Cap. Sal. VI. 1; Burg. 104; Caes. bell. Gall. VI. 15; Müllenh. b. Waitz 279; Kluge, Etym. WB. 12; d'Arbois de Jubainville, NR. 1890 S. 709; Br. II. 79_9; Schr. 156; Dahn, Kge. VII. 2, 74. — dom. amb. hier nicht Fall der sunnis. sondern Hindernis der mannitio: vgl. Schmidt. EN. 22_{92^a}; Br. II. 335_{19}.

pago. pagus = Gau, got. gavi, ahd. gawi, gowi, alts. u. fries. gâ, gô. vgl. Grimm, WB. IV. 1, 1518; Kluge, Etym. WB. 129. Sonstige Erwähnungen in der l. Sal. 41, 6_1; 50, 3; 55, 2_3; Cap. VIII. 9. — Über den Begriff des germanischen Gaus und sein Verhältnis zur Hundertschaft vgl. Dahn, Kge. I. 9; 13; Waitz, VG. I. 222 ff.; Sickel, Freistaat 90 ff.; MJÖG. EB. I. 19 ff.; Sohm, RuGV. 5 f.; Lamprecht, DG. I. 101 f.; 122 ff.; Br. I. 115 ff.; v. Amira, Recht 105; Vanderkindere, Introduct. 98 f.; Schr. 16 ff.; über den Begriff des fränkischen Gaus Br. II. 144 ff.; Sickel, MJÖG. EB. III. 485; Schr. 120 f.

ratione. ratio Beschäftigung, Angelegenheit. vgl. Sal. 50, 4; 60; Lamprecht, WL. I. 22_5.

II. De furtis porcorum.

De furtis. Die strafrechtlichen Folgen des Diebstahls nehmen in der l. Sal. einen sehr grossen Raum ein. vgl. Sal. 3—8; 9, I; 10—12; 21; 22; 27; 28; 33; 34; 35, 6; 38; Cap. Sal. IV. 3; VII. Über den Begriff des Diebstahls und sein Verhältnis zu Raub und Unterschlagung vgl. Wilda, Strafr. 859 ff.; v. Amira, Vollstreckgsverf. 162 ff.; Br. II. 637 ff.; Schr. 72_8; 344.

porcorum. Hohe wirtschaftliche Bedeutung der Schweinezucht für die salischen Franken. vgl. Meitzen, Agrarw. I. 594; WZ. I. 289; Lamprecht, WL. I. 11.

porcellum lactantem saugendes Ferkel.

si fuerit adprobatum. Über d. germanisch-fränkische Beweisrecht vgl. K. Maurer, KrÜ. 5, 180 ff.; 332 ff.; R. Loening, Reinigungseid; Br. II. 369 ff.; Forschungen 88 ff.; Schr. 352 ff.

chranne (franne) partus, Wurf.

capitale et delatura. Kapital und Verzugsinteresse. vgl. insbesondere über die delatura (wirdira) Grimm, RA. 655 f.; Vorr. LXXXV; v. Woringen, Beitr. 74 f.; Wilda, Strafr. 900 ff.; Waitz, AR. 197 ff.; Behrend, l. Sal. 144; Vanderkindere, Mém. de l'Ac. roy. de Belgique XLI; Br. II. 624 ff.; Schr. 338; Horten 32_{76}; E. Mayer, Germ. Abh. f. Maurer 432 f.

de sutem — clavem habuerit. sutis Schweinehürde. vgl. Pardessus 363 no. 26. — Auszeichnung des Diebstahls aus verschlossenem Raum. vgl. Sal. 7, 3; 8, 1; I; 11, 5; 21, 3; 4; 27, 22; Rib. 42,

4—6; Wilda, Strafr. 878 f. — effractura als selbständiges Delikt: Sal. 11, 6; 27, 21; 22_2; Cap. Sal. IV. 13.

de campo. Gegensatz zu de sutem. Über campus im allgemeinen vgl. Blumenstok, IE. I. 232; Lamprecht, WL. 13_2; 14_2.

scroba, scrova, Sau, Mutterschwein.

in asco subaterit. — assus. Dies nur in Cod. 1 und 2 vorhandene Wort ist bisher nicht genügend erklärt. Die anderen Texte haben „in furto" oder ähnlich. vgl. Waitz AR. 295. — subatere, subbattere vermutlich = wegnehmen. vgl. unser heutiges „unterschlagen". Die ganze Stelle geht wahrscheinlich auf den Diebstahl der Ferkel eines Wurfes ohne das Mutterschwein. vgl. Sal. 2, 3_2; Recap. A. 9; Davoud-Oghlou I. 515; anders gl. Pith: qui porcellos in ventre matris occidit.

imbulaverit = involaverit.

tertusu. vgl. Sept. caus. 1, 3. Die gl. Est. erklärt: castratum, die gl. Pith: qui domi nutritur vel in domibus pauperum. vgl. Grimm, Vorr. XIX f.; Waitz, AR. 298; Müllenhoff b. Waitz 293.

anniculatum = anniculum.

scroba ducaria Leitsau. vgl. 3, IV; 27, 1. Waitz, AR. 296.

maiale votivo. maiale, magellum (Recap. B. 15); italien. maiale, verschnittener Eber, Borgschwein. vgl. Georges, WB. II. 685; Du Cange IV. 187; Grimm, WB. I. 1125 unter barch. — votivo Beweis für die heidnische Entstehungszeit der l. Sal.? vgl. Greg. Tur., De virtut. S. Juliani c. 31 (MG. SS. rer. Merov. I. 577); Br. I. 299_{37}; Dahn, Kge. VII. 2, 53.

testibus — potuerit adprobare. Zeugenbeweis. vgl. Br. II. 395_{19}.

de gregem XV. Normalheerde demnach grösser, vermutlich 25 Schweine. vgl. Sal. 2, 14; 15. Anders bei Ripuariern und Thüringern: Rib. 18, 1; Thur. 37. Über Heerdendiebstahl vgl. Br. II. 645.

ubi amplius non fuerit. vgl. Thonissen 222; Dahn, Kge. VII. 2, 62.

solidos LXII c. dim. Über den allgemeinen Charakter dieser Busse vgl. Br. II. 619 f., der sie „auf eine eigenartige Teilung des Wergeldes" zurückführt und in ihr namentlich die spezifisch salfränkische Busse für Lebensgefährdung sieht. — Für das System der Diebstahlsbussen in der l. Sal. vgl. Br. II. 543; Schreuer, Verbrechenskonk. 27 ff.

III. De furtis animalium.

animalium. animal hier nicht Tier im allgemeinen, sondern, wie aus dem Zusammenhang hervorgeht, Rind. vgl. Georges, WB. I. 409.

vetellum = vitulum.

bimatum = bimum.

bovem. vgl. Sept. caus. 2, 5; Cham. 25; Alam. 71; Saxon. 66; Fris. Add. Sap. 1, 3; Burg. 4, 1; 47, 1. Wert des Ochsen 2 sol. vgl. Rib. 36, 11; Burg. 4, 1; 95. bos ecclesiae Alam. 6.

vaccam cum vetellum — vaccam sine vitulo. nach Sohm, RuGV. 561 nicht: Kuh mit Kalb — Kuh ohne Kalb, sondern: Kuh, welche schon gekalbt hat — Kuh, die noch nicht gekalbt hat (Starke, holländ. maal. vgl. die Glosse maia). vgl. Kern b. Hessels § 34.

vacca domita. gl. Est.: domesticam, also Gegensatz zu der in

Halbwildheit auf der Weide lebenden Kuh. vgl. PARDESSUS 365 no. 62. Anderer Ansicht KERN b. HESSELS § 35: subdued by the bull. vgl. griech. δαμάω, ἀδμής u. ἄδμητος.

taurum — qui gregem regit. Leitstier. vgl. Alam. 68, 1.

neumquam iunctus (vinctus): niemals im Joch gewesen. vgl. PARDESSUS 365 no. 67.

trispellium (tres pillius). Verschiedene Versuche, dies Wort zu erklären: MÜLLENHOFF b. WAITZ 294: GRIMM, Vorr. LXIII; KERN b. HESSELS § 40; DAHN, Kge. VII. 3. 406_{12}; LAMPRECHT, WL. I. 12_3; Gl. Est: trepellius id est qui bene trepat. vgl. DU CANGE VI. 654.

villa. Die Bedeutung dieses in Sal. 14, 6, I; 39, III; 42, 5, 45, 1, 2, I; 3_2; Cap. III. 1; Cap. IX. 9 wiederkehrenden Wortes ist bestritten. Die Frage ist, ob unter villa Einzelgehöft oder Dorf oder bald das eine, bald das andere zu verstehen sei. vgl. DU CANGE VI. 827; SCHRÖDER, Franken u. ihr Recht 49; INAMA-STERNEGG, WG. 43; LAMPRECHT, WL. I. 7_2; THONISSEN 318_1; BLUMENSTOK, IE. 219 ff.; MEITZEN, Agrarw. 583; HILDEBRAND, Recht u. Sitte 158 ff.; SEEBOHM, The English village communities 257 ff.; FUSTEL DE COULANGES, Nouv. recherches 341.

taurum regis. Das taurum regem von Cod. 5 u. 6 ist wohl sicher ein Schreibfehler. vgl. Sal. 3, 4 u. 5. Auch der Hengst des Königs hat nach Sal. 38, 2 u. II die doppelte Diebstahlsbusse des einem homo Francus gehörigen Hengstes. vgl. DAHN, Kge. VI. 3. 414.

XII animalia. Die Rinderheerde besteht gewöhnlich aus 12 Tieren, wobei der zugehörige Stier wohl nicht mit eingerechnet ist. vgl. Rib. 18, 1; Alam. 68, 1; Br. II. 645.

IV. De furtis ovium.

ovium. vgl. Thur. 36; Sax. 66; Burg. 4, 3; MEITZEN, Agrarw. 594.

VII dinarios. vgl. Recap. A. 1.

berbicem. berbix vulgärlat. für vervex Hammel, Schöps. vgl. Cham. 25; Burg. 70, 3; 91.

usque ad XL. Normalheerde also ursprünglich 40 Schafe.

convenit observare. vgl. Sal. 2, 6; 8, 2; 14, 2; 27, 14; 33, 1; SCHR., Franken u. ihr R. 39_1; BLUMENSTOK, IE. I. 203_1.

V. De furtis caprarum.

caprarum. vgl. Cham. 25; Pact. Alam. V. 7; Fris. 4, 2; Burg. 4, 3; 70, 3; 91; MEITZEN, Agrarw. 594.

solidos III. vgl. Recap. A. 5.

capritum. Zicklein, franz. cabril, chevreau.

buccum, ital. becco, franz. biquet = Bock. vgl. GRIMM, Vorr. XXII.

VI. De furtis canum.

canum. Die l. Sal. kennt den Hund als Jagd-, Hof- und Hirtenhund. vgl. Alam. 78; Baiuw. 20; Fris. 4, 4—9; Roth. 329—331; Burg. 58; 97; LAMPRECHT, WL. I. 11_1; MEITZEN, Agrarw. 591 f.; BLUMENSTOK, IE. I. 203.

sigusium (segusium, secusium, secusum, segusivum, seusium, seusum, siusum, siutium) **canem,** ital. segugio, Jagdhund — also nicht, wie LAMPRECHT, WL. I. 10 will: Haushund. vgl. Alam. 78 (dazu die ahd. Glosse hessehunt); Baiuw. 20, 1 u. 2 (leitihunt, triphunt); Burg.

97. Die sprachliche Ableitung ist zweifelhaft. vgl. GRAFF, Sprachsch. VI. 282; DU CANGE II. 95; LEO I. 110; MÜLLENH. b. WAITZ 293; GRIMM. Vorr. XXIII; DIEZ, Et. WB. 290; KERN b. HESSELS § 50; HEHN 362. Die Nebenform segusivum macht m. E. Ableitung aus lat. sequi möglich. vgl. DU CANGE secutiva = comitatus, suite.

magistrum (qui magister sit: Em.) entspricht dem doctus in Alam. 78, 3; Baiuw. 20, 2. Gegensatz seusium reliquum: Sal. 6, II_1. vgl. PARDESSUS 366 no. 85.

aut occiderit (vel occiderit: 6, II_1). Die Verbindung der beiden Thatbestände des Diebstahls und der Tötung eines Jagdhundes ist auffällig, da letztere nicht, wie in 6, III u. 2 als vorbereitende Handlung für einen Diebstahl angesehen werden kann.

magistro suo. Dieser nur von Kod. 10 gebrachte Paragraph ist sicher auf ein Missverständnis des Abschreibers oder Herolds zurückzuführen. vgl. PARDESSUS 366 no. 86.

canem acutarium (veltris qui et argutarius dicitur), Hund, der arguto clamore das Wild verfolgt, d. h. Hetzhund. vgl. DU CANGE II. 93 und unter der nächsten Anmerkung.

veltrem, ital. veltro, altfranz. viautre, Jagdhund, insbes. Windhund. vgl. DIEZ, Et. WB. 339; HEHN 362. Die veltres wurden besonders zur Jagd auf kleinere Tiere, wie Schweine, Hasen, Füchse u. s. w. benutzt. vgl. Alam. 78, 4; Baiuw. 20, 5; Burg. 97; Mon. Sangall. I. 20 (JAFFÉ, Bibl. IV. 649).

qui legamine novit Hofhund, der Tags an der Kette liegt, Nachts aber frei im Gehöft umherläuft. Hier ist das Töten des Hundes vorbereitende Handlung für den Diebstahl in dem vom Hunde bewachten Hause.

domus sive curtis. vgl. BLUMENSTOK, IE. I. 217 f.

pastoricialem canem Der Diebstahl des Hirtenhundes wird nur mit $^1/_5$ der Busse des Diebstahls an Jagd- und Hofhunden bestraft.

VII. De furtis avium.

avium. Vögel werden von den salischen Franken nach der lex zu Zwecken der Jagd (Habichte) oder als häusliche Nutztiere gehalten. vgl. die in den folgenden Anmerkungen citierten Stellen der anderen Volksrechte und bei HEHN.

acceptrem = accipitrem: Habicht. vgl. Pact. Alam. III. 14; V. 9; Roth. 317; Burg. 98; PARDESSUS 367 no. 95. Wert des Habichts: Rib. 36, 11. Habichtarten je nach der Dressur: Baiuw. 21. Jagd mit Habichten: SCHWAPPACH I. 67 f.; HEHN 362 ff.

de arborem. Roth. 321: Si quis de arbore signato in silva alterius acceptures de nido tulerit, conponat solidos sex; vgl. Roth. 320; Baiuw. 22, 11. Eine besondere Habichtsart (LAMPRECHT, WL. I. 11: „Baumfalk") ist also hier wohl nicht gemeint.

de pertega (= pertica), Stange; vgl. Sept. caus. 1, 4. Es ist ein gezähmter Habicht gemeint, der ähnlich wie unser heutiger Hauspapagei gefesselt auf einer Stange sitzt.

de intro clavem. Auszeichnung des Diebstahls aus verschlossenem Raum. s. Sal. 2, II: de sutem — clavem habuerit. Irrig also LAMPRECHT, WL. I. 11, der annimmt, es sei hier auf einen besonders wertvollen „Hausfalken" abgesehen.

spervarium (sparvarium), ahd. sparawâri, franz. épervier, ital. sparaviere, Sperber, besondere, auch in Baiuw. 21, 4 und Cap. de villis c. 36. (Bo. I. 86) hervorgehobene, kleinere Habichtsart. vgl. GRAFF, Sprachsch. VI. 363; DU CANGE VI. 314; PARDESSUS 367 no. 101; KERN b. HESSELS § 54; KÖRTING, Lat.-rom. WB. No. 7647; LAMPRECHT, WL. I. 11; MEITZEN, Agrarw. I. 592; SCHWAPPACH I. 67 f.; HEHN 368.

gallum — galinam. Hahn und Huhn sind den Germanen höchst wahrscheinlich schon in vorhistorischer Zeit als Haustiere bekannt gewesen. vgl. HEHN 322 f. Anders LAMPRECHT, WL. I. 10.

grugem, Kranich. Als Haustier wohl von den Römern übernommen. vgl. HEHN 360. In den übrigen Volksrechten, mit Ausnahme des langobardischen (Roth. 317), kommt der Kranich nur als Gegenstand der Jagd, also wild, vor: Rib. 36, 11; Pact. Alam. III. 14; V. 9; Baiuw. 21, 1.

ciceno (cignum, cygnum), Schwan, ebenfalls durch die Römer als Haustier vermittelt. vgl. Roth. 317; HEHN 360. LAMPRECHT, WL. I. 10_3, möchte unter cicenus Storch verstehen, dann würde aber die Em. wohl ciconiam anstatt cignum geschrieben haben.

ansare, Gans, gleich der von Kod. 5—10; Em. eingeschobenen Ente (anedem) eins der ältesten germanischen Haustiere. vgl. HEHN 357 ff.

turture, Turteltaube. Tauben scheinen, da sie in Netzen und Schlingen gefangen wurden, bei den Saliern noch nicht zu den Haustieren gehört zu haben. vgl. HEHN 339; LAMPRECHT, WL. I. 10_3.

de rete, Netz. Ähnlich: trappa Schlinge, laqueus Halsschlinge und decipula Fallstrick. vgl. SCHWAPPACH I. 68.

aucellum, ital. uccello, kleinerer Vogel. vgl. DIEZ, Et. WB. 335.

pomarium, Apfelbaum. vgl. BLUMENSTOK, IE. I. 234.

perarium, Birnbaum. vgl. BLUMENSTOK, a. a. O.

de intus curte. Über curtis und domus vgl. BLUMENSTOK, IE. I. 217 ff. Beachtenswert ist, dass die Em. diesen Passus durch die Worte „extra clausuram" ersetzt. Das Gehöft wäre demnach nicht umhegt gewesen. vgl. aber Sal. 58.

in orto. Der Garten wird von curtis unterschieden, er ist umhegt (Em.: infra clausuram). Andere Deutung freilich lassen die Texte der 3. Gruppe zu.

de vitibus (in vinea). Über den Weinbau bei den salischen Franken vgl. SCHRÖDER, Monatsschr. f. d. Gesch. Westdeutschl. 6, 502 ff.; BLUMENSTOK, IE. I. 235 ff. vgl. ferner Sal. 27, 12; 13.

cultellum. Auffallend hohe Strafe für Diebstahl eines Messers von LAMPRECHT, WL. I. 9, mit der Seltenheit und Kostbarkeit des Eisens erklärt. vgl. Sal. 22, II.

VIII. De furtis apium.

apium. vgl. über die Bienenzucht bei den Germanen: Rip. 42, 6 (A.); Baiuw. 22, 8—10; Sax. 30; Roth. 318; 319; Burg. 70, 3; 91; 105; Wis. VIII. 6; Cap. de vill. c. 17; 34; 59; 62 (Bo. I. 84 ff.); Cap. Aquisgr. 801—813 c. 19 (ebd. I. 172); Brev. exempl. c. 7 (ebd. I. 252); GRIMM, RA. 596 ff.; SCHWAPPACH I. 48 f.; BLUMENSTOK, IE. I. 204; 331; DAHN, Kge. VII. 2, 30; Ders., Fränk. Forsch. unter „Nahrung"; MEITZEN, Agrarw. I. 592; LAMPRECHT, WL. I. 10; bei den Indogermanen: HEHN 133f.; 565; KÖPPEN in: Ausland 1890. S. 1003 ff.

unam apem. vgl. Sal. 8, 1_1; 2_1: hoc est unum vasum.

tictum. Das Dach, unter dem sich hier die Bienen befinden, scheint mir nicht, wie LAMPRECHT a. a. O. meint, das Dach der Halle gewesen zu sein, sondern eine besondere verschliessbare Schutzvorrichtung ausserhalb des Hauses. In dem durch das offene Dach der Halle abziehenden Rauche war wohl kein geeigneter Platz für Bienen, und unter Verschluss waren sie dort auch nicht.

de intro clavem. vgl. clavem habuerit Sal. 2, II u. clavem effrigerit Sal. 11, 5.

vasum (vas cum apibus) Bienenkorb.

ubi amplius non fuerit vgl. Erläuterungen zu Sal. 2, 14.

IX. De damno in messe vel qualibet clausura inlatum.

De damno — inlatum. Der Titel handelt von der Selbsthilfe des salischen Bauern bei Schädigung seines Kulturlandes durch fremde Tiere. Für die arisch-germanische Entwickelung dieser Selbsthilfe überhaupt sind drei Stadien zu unterscheiden: 1) Allgemeines Recht des Geschädigten, die schädigenden Tiere zu töten. vgl. v. AMIRA, MIÖG. 12, 587 f.; 2) Beschränkung der Tötungsbefugnis auf bestimmte Tiere und bestimmte Arten der Schädigung; 3) Aufhebung des Tötungsrechtes und Ersetzung desselben durch die Privatpfändung (Schüttung). Das erste Stadium ist zur Zeit der germanischen Volksrechte bereits ziemlich überwunden, vom zweiten wird eine Reihe derselben noch in stärkerem oder schwächerem Masse beherrscht (vgl. Gulaþingsl. 82; Roth. 349; 350; Liutpr. 151; Burg. 23, 4; 89; Wis. VIII. 5, 1; Ine 42, 1), dem dritten gehören die Bestimmungen von Sal. 9, 2; Rib. 82; Alam. 67, 2; Baiuw. 14, 17; Sax. 57; Cap. Sax. bei Ansegis App. 2, 35 (Bo. I. 449); Thur. 52; 60; Roth. 343; 346; Liutpr. 86; Burg. 23, 1; 49; Wis. VIII. 3, 13; Ine 49 an. vgl. BR. II. 531 ff. und die dort angeführte Litteratur. — Über die Verwandtschaft von Sal. 9, 1 mit Wis. VIII. 3, 13; von Sal. 9, 5 mit Burg. 23, 3 und Wis. VIII. 3, 14; von Sal. 9, III mit Burg. 27, 4 u. Wis. VIII. 3, 10 vgl. BR. I. 300_{44}; BLUMENSTOK, IE. I. 204; 238 f.

messe. Grundbedeutung von messis: Ernte. In der lex Sal. kommt aber nur noch an einer Stelle (27, II) metere im Sinne von ernten vor, messis dagegen bedeutet entweder Aussaat, speziell Getreide ohne Rücksicht auf seine Reife, oder es ist das mit Körnerfrucht, insbesondere Getreide bestellte Ackerland. vgl. Sal. 9, 1; 2; 4; III; 27, 5; II; 8_1; 14; 34, 2; 3; Cap. Sal. IV. 10; Rib. 82; SCHRÖDER, FDG. 19, 145; LAMPRECHT, WL. I. 13_2; BLUMENSTOK, IE. I. 233.

clausura = saepes, Einfriedigung, Zaun: Sal. 7, VII_2; VIII_*; $_1$; 27, VIII; daneben aber auch das eingezäunte Land: 9, 5; II.

in messe sua (Sal. 9, 1; 2) — **in m. aliena** (Sal. 9, 4) — **cuius labor est** (Sal. 9, III). Bezüglich dieser für die Frage nach dem Subjekt der bodenrechtlichen Verhältnisse in der lex. Sal. wichtigen Stellen vgl. die Erläuterungen zu Sal. 45.

penitus eum vastare non debet. Die Bestimmung zeigt, dass ursprünglich Tötungsbefugnis bestanden hat. vgl. Wis. VIII. 3, 15; Br. II. 532_3.

confessus fuerit, capitale — restituat — confessus non fuerit — exc. cap. et dil., — sol. XV culp. iud. Bussfällig und pflichtig zur Leistung des Verzugsinteresse wird nur, wer die Tötung leugnet, andernfalls ist lediglich Schadensersatz zu leisten. vgl. Br. II. 532_3; 625_{13}.

in furto puncxerit: ein Tier oder einen Sklaven zum Zwecke rechtswidriger Aneignung durch einen Stich zeichnen, mit der Hausmarke versehen. Bezeugt ist insbesondere Durchlochung eines Ohres. vgl. 2. Mos. 21, 6; Jydske Lov. II. 105; Br. II. 500_{30}. Die Bestimmung weist ebenfalls auf Zeiten zurück, wo Aneignung des schädigenden Tieres erlaubt war. vgl. Roth. 343; v. Amira, MIÖG. 12, 588.

qui pastorem suum non habent. vgl. Lamprecht, WL. I. 14_2; Meitzen, Agrarw. I. 595.

eas inclauserit. Der Geschädigte darf die schädigenden Tiere jetzt nur noch mit Beschlag belegen, indem er sie einschliesst, d. h. „schüttet". schütten, nhd. schützen, engl. to shut. vgl. Schiller u. Lübben, Mniederd. WB. IV. 156 f.; Wilda, ZDR. 1, 260_{185}. Der Akt der Beschlagnahme, ebenso auch das geschüttete Vieh, heisst Schüttung. vgl. Br. II. 532 f. Zweck der Sch. ist 1) ein Beweismittel des Schadens in die Hand zu bekommen: vgl. Ans. App. 2, 35 (Bo. I. 449); v. Amira, Oblig. R. I. 247 f. 2) Erlangung von Schadensersatz seitens des Vieheigners: vgl. Br. II. 533.

nulli paenitus innotescerit. Der Schüttende zu öffentlicher Bekanntmachung verpflichtet, sonst Haftung selbst für Zufall und Diebstahlsbusse von 35 sol. Bei Burgundern und Westgoten Anzeige direkt an den Vieheigner: Burg. 49, 1; 2; Wis. VIII. 3, 15; Ausnahme nur bei Schüttung von „iumenta et animalia longe pervagantia", die den Nachbarn verlautbart wird: Burg. 49, 3. Grund der Ausnahme: Br. II. 533 f.

per sua negligentia nocuerit. Der Schüttende haftet auf alle Fälle während der Einlösungsfrist für culpa. Er muss das fremde Vieh also füttern und warten wie sein eigenes. vgl. Br. II. 534. Die Länge der salischen Einlösungsfrist ist unbekannt, ebenso, welche Rechte dem Schüttenden nach vergeblichem Ablauf dieser Frist gegen die Tiere zustanden. vgl. Roth. 346; Burg. 49, 3; Wis. VIII. 3, 15; Grimm, Weist. I. 206; Br. II. 534_{19}; v. Amira, Obl. R. II. 257.

illum negantem. illum: Vieheigentümer. vgl. die Busse in Sal. 9, 2.

aut in clausura — excutere praesumpserit. Pfandkehrung und Pfandwehrung. vgl. Br. II. 449. Der Thäter verfällt nach Text 1 der grossen, nach den übrigen Hs. der kleinen Raubbusse. vgl. Liutpr. 40; Br. II. 648_{86}.

damno instematum — et insuper decim din. Wenn der Eigentümer die Tiere nicht absichtlich in das fremde Grundstück getrieben hat (Sal. 9, III), seine Nachlässigkeit aber freiwillig zugiebt, ohne vorher den aussichtslosen Beweis seiner Nichtschuld zu versuchen (Sal. 9, 4), so muss er nur den Schaden ersetzen und ausserdem 10 Denare, wohl für den Unterhalt des Tieres, entrichten.

per inimiciciam aut per superbia. Absichtliche Herbeiführung von Viehschaden: Thäter zahlt Schadensersatz und Busse des grossen Raubes.

sepem aperuerit. Hieraus entnimmt MEITZEN, Agrarw. I. 585 f., dass die Ansiedlungen der Salier vielfach nicht in Dörfern mit Gemenglage der Felder, sondern entweder in solchen mit gesonderten Feldern ohne Weidegemeinschaft oder in Einzelgehöften erfolgten. Anders SCHRÖDER, FDG. 19, 145; LAMPRECHT, WL. I. 13. vgl. Erläuterung zu Sal. 34, 2.

X. De servis vel mancipiis furatis.

servis (mancipiis). servus, Unfreier, Knecht, got. skalks, an. skálkr, ags. scealc, ahd. scalc, mhd. schalc. Daher die Zusammensetzungen senescalc Altknecht, mariscalc Pferdeknecht u. s. w., ital. scalco = Küchenmeister. vgl. GRAFF, Sprachsch. VI. 480; GRIMM, WB. VIII. 2067 ff.; RA. 302 ff.; KLUGE, Et. WB. 316. Daneben got. þius, ahd. dëo, tëo (vgl. die malb. Gl. von Sal. 10), ags. þéov Knecht, diu, thiu, diorna, thiorna Magd, Dirne. vgl. GRIMM, WB. II. 1185; RA. 303 ff.; KLUGE, Et. WB. 73.

furatis. Der Titel handelt aber nicht nur vom Diebstahl an Sklaven, sondern ausserdem noch von anderen mehr oder minder verwandten strafrechtlichen Thatbeständen: Sal. 10, 2; I; III; IV.

caballo vel iumentum, in den jüngeren Hs. fehlend, bezeichnet drastisch die rechtliche Gleichstellung des Unfreien mit dem Tier. Beide sind Sache, nicht Person. Das gleiche Prinzip findet sich Rib. 72, 1; Cham. 25; Alam. 7; Baiuw. 9, 3; Thur. 36; Fris. 2, 11; Add. sap. 7; Cap. Sal. VII. 7. Dagegen stellen Sal. 39; Burg. 4, 1; 6, 5; Wis. VII. 3, 2; 4 den Diebstahl an Sklaven unter den römischrechtlichen Begriff des plagium. vgl. HARTMANN, FDG. 16, 612 ff.; BR. I. 295_{17}; II. 639_{18}.

solidos XXX (XXXV). Busse, nicht Schadensersatz, der in den meisten Hs. noch besonders erwähnt wird. vgl. ARTH. SCHMIDT in GIERKES Unters. XVIII. 16f.

aliquid portaverit — solidos XV culp. iud. Ein Freier, der einen Sklaven als Werkzeug zum Diebstahl am Eigentum von dessen Herrn benutzt, hat hierfür eine besondere Busse zu entrichten. vgl. unten Erläuterung zu „et insuper".

fur. Nur der Diebstahl des Freien kommt in diesem Fall für das Gesetz in Betracht. Die Bestrafung des Sklaven bleibt der Disziplinargewalt des Herrn überlassen. vgl. LAMPRECHT, WL. I. 54_1; BR. II. 569_{24}.

et insuper. Dieser Satzteil ist verstümmelt und vermutlich im Sinne von Cod. 3 u. Em. (s. Sal. 10, 2_2) zu ergänzen. Es ist ja auch selbstverständlich, dass falls unter den gestohlenen Sachen mancipia sind, deren Aneignung gemäss Sal. 10, 1 mit 30 (35) sol. zu büssen ist. Hierzu tritt dann für den besonderen Fall von Sal. 10, 2 die Zusatzbusse von 15 sol. Endlich sind capitale et dilatura zu erstatten.

occiderit — vendiderit — ingenuum dimiserit — sol. XXXV culp. iud. Tötung, Verkauf, Freilassung eines fremden Sklaven werden hier strafrechtlich gleichgestellt. Bei widerrechtlichem Verkauf kann der Herr seinen Sklaven durch das Dritthandverfahren (Sal. 47), bei widerrechtlicher Freilassung, falls dieselbe nicht vor dem Könige geschehen (Sal. 26, 2), durch den Freiheitsprozess in seine Gewalt zurückbekommen. vgl. Cap. Sal. IX. 2. In diesen Fällen haben also die 35 sol. keinesfalls die Bedeutung dreifachen Ersatzes des Sklavensachwertes von 10 (12) sol., sondern diejenige der Busse für eine am Herrn des Sklaven begangene Rechtsverletzung. Die Verbindung und Gleichstellung dieser Thatbestände mit der Tötung eines fremden Knechtes legt bereits für diese letztere die gleiche Erwägung nahe. Erwiesen aber wird deren Richtigkeit durch den Zusatz der Em. (= 10), wonach ausser den 35 sol. noch capitale et delatura zu ersetzen sind. Endlich aber zwingt der Versuch, die Busse für Tötung eines fremden Sklaven überall in den Volksrechten aus der Verdreifachung des Sklavensachwertes zu erschliessen, zu künstlichen und daher wenig überzeugenden. Deutungen. vgl. Rib. 8; Cham. 6; Thur. 3; Sax. 17; Alam. 7 (8); Dahn, Kge. VII. 1, 293_1; Schreuer 29_9 gegen Br. I. 232_4 und Inama-Sternegg, WG. I. 63_5; 195_2.

ancillam — sol. XXX. Der Diebstahl einer Magd wird nach Cod. 5 u. 6 § 4; Cod. 10 § 2 etwas geringer gebüsst als der eines Knechtes. vgl. jedoch die widersprechende Bestimmung in § 1 derselben Texte.

in texeca secum ducat, zum Diebstahl mit sich führt, d. h. zum Diebstahl bei irgend Jemandem benutzt. Das ist eine Rechtsverletzung gegenüber dem Herrn des Sklaven, denn dieser hat für den Diebstahl seines Knechtes aufzukommen. vgl. Br. II. 569_{24}.

aliquid cum ipso negotiat. vgl. Sal. 27, 25.

perdiderit (prodederit). Der Ausdruck soll wohl jede Strafthat umfassen, durch die der ökonomische Wert eines Sklaven für seinen Herrn vernichtet wird, insonderheit natürlich wieder den Diebstahl. Einige Texte haben anstatt dessen „furaverit aut vinderit“, andere „furaverit aut occiderit“. vgl. Sal. 35, 6.

sol. XXV — sol. LXX. Auch das Verhältnis dieser den Sachwert und die Busse incl. Sachwert bezeichnenden Zahlen spricht gegen die Ansicht, wonach erstere ein Dreifaches des letzteren sein soll. Ebenso die allerdings stark verderbten Varianten der anderen Texte. vgl. Sal. 35, 6; 7.

porcario Sauhirt.

venatore Jäger. Anstatt dessen haben Cod. 2; 4; 5 u. 10 **vinitor,** Weinbergsarbeiter. Ebenso: Sal. 35, 6. Die Em. hat beide neben einander. vgl. Blumenstok, IE. I. 235 f.; Lamprecht, WL. I. 16_1.

fabrum (ferrarium) Schmied, Grobschmied. vgl. aurificem in Cod. 10 und unten.

carpentarium Zimmermann, insbes. Wagenschmied.

stratorem (stratarium) Stallknecht, Reitknecht, vgl. Dahn, Kge. VII. 2, 238_4.

mulinario Malknecht.

maiorem, maiorissam. Der maior, sonst senescalcus, Altknecht genannt, führt die Oberaufsicht über das unfreie Gesinde männlichen Geschlechts. Die entsprechende Stellung gegenüber den Mägden hat die maiorissa. vgl. Alam. 74, 1; Br. I. 235; II. 104_1; Dahn, Kge. VII. 1, 280_{14}; 2, 187_9; 188_3; 189_3. Über die Entwickelung des Hausmeieramtes vgl. Schr. 139_{14} u. die dort angef. Litteratur; Dahn, Kge. VII. 2, 187 ff.

infestorem für infertorem. infertor, dapifer, παραθέτης, Hereinträger der Schüsseln, nicht zu verwechseln mit dem truhsâzzo, Truchsess, der die truht, d. h. die familia, setzt. vgl. Schr. 31_{29}; Graff, Sprachsch. VI. 304; Kluge, Et. WB. 382; Dahn, Kge. VII. 1, 280_{11}.

scantionem. scantio, mlat., aus germ. skankjo, ahd. scenko, asächs. skenkio, mhd. schenke, franz. échanson, span. escanciano, der Mundschenk. Gebräuchlicher pincerna, buticularius. vgl. DIEZ, Et. WB. 127; KLUGE, Et. WB. 320; BR. I. 235_{25}; DAHN, Kge. VI. 333; VII. 1, 280_9.

mariscalcum, Mährenknecht — ahd. marah, mhd. marc, ags. mearh, nord. marr, das Ross, die Mähre. Aus dem Rossknecht entwickelt sich am Königshof das Amt des Marschalls als Aufsehers der königlichen Ställe (comes stabuli), das mit Ausbildung des Reiterheeres zu militärischer Bedeutung gelangt. vgl. Alam. 74, 2; GRIMM, WB. VI. 1673; KLUGE, Et. WB. 249.

aurificem, Goldschmied. vgl. Alam. Pact. III. 28; Lex 74, 5; Fris. Add. sap. Iud. Wul. 10; WACKERNAGEL in HAUPTS Z. f. d. Altert. 9, 538; INAMA-STERNEGG, WG. I. 143.

ministerialem (ancillam m. — puerum aut puellam de ministerium). Ministerialen sind die Unfreien, welche dem Herrn persönliche Dienste zu leisten haben und dadurch eine bevorzugte Stellung erlangen. Andere Bezeichnungen: famuli, pueri, vassi, vasalli, vassi ad ministerium. Zu ihnen gehören regelmässig der oben besprochene Seneschall, infertor, Mundschenk und Marschall. vgl. BR. I. 234 ff.; SCHR. 215; DAHN, Kge. VII. 1, 280_8; LAMPRECHT, WL. I. 54.

servum puledrum. puledrus, poledrus, pulletrus, ahd. folo, franz. poulain, Füllen, Hengstfohlen. vgl. Cap. de vill. c. 15 (Bo. I. 84); DIEZ, Et. WB. 252; KÖRTING, Lat.-rom. WB. No. 6250. — servus p.: ein im Gestütwesen erfahrener Sklave.

XI. De furtis ingenuorum vel efracturis.

ingenuorum. vgl. Sal. 12: de f. servorum v. e.

efracturis. effractura Einbruch, gewaltsames Eröffnen des Zugangs in verschlossene Räume. Unbefugtes Eindringen auf fremden Grund und Boden ist daher an und für sich noch keine effractura. Andererseits liegt sie vor auch bei gewaltsamem Öffnen von Räumen, deren Zugang in anderer Weise als durch einen regelrechten Schlüssel versperrt ist. vgl. Sal. 11, 3; 5; 6; 27, 21; 22.

de foris casa: von einer Stelle ausserhalb des Hauses. casa = domus. vgl. über domus und curtis Sal. 6, III_1; BLUMENSTOK, IE. I. 217 f.; LAMPRECHT, WL. I. 8.

duos dinarii — XL dinarios: kleiner — grosser Diebstahl. vgl. Sal. 35, 2; 3; II; III; Baiuw. 9, 8; Thur. 56; Fris. 12, 1; 2; Sax. 35; 36; Roth. 253; 254; 296; Burg. 4, 1; 3; 70, 1; 3; Aethelst. VI. 1, 1; 12, 3; Leg. Henr. prim. 59, 20; WILDA, Strafr. 871; 875; v. AMIRA, Vollstreckgsvrn. 166; BR. II. 639 ff.; SCHR. 344.

efractura fecerit. Leichterer Fall des Einbruchs: der verschlossene Raum ist nicht durch einen regelrechten Schlüssel, sondern etwa durch Holzriegel versperrt. vgl. Sal. 27, VIII; 21; MEITZEN, Agrarw. I. 582; III. 129. Die Busse ist hier für den kleinen Diebstahl doppelt so hoch wie beim furtum de foris casa.

supra V dinarios. Der grosse Diebstahl beginnt, wenn effractura vorliegt, schon bei 6 Denaren, nach Cod. 5; 6; Em. sogar schon bei 5 Denaren. Die 50 Denare von Cod. 3 sind fehlerhaft. vgl. BR. II. 646_{70}.

clavem effrigerit aut adulteraverit. — Als häufig verwendeter Verschluss des salfränkischen Hauses erscheint bereits das mit einem

Metallschlüssel zu öffnende Schloss. Doch zeigen Sal. 11, 3; 13, 5 u. Cap. Sal. VII. 10, dass daneben Häuser mit primitiverem Verschluss gebräuchlich blieben. Andererseits finden sich regelrechte Schlösser auch schon bei Schweinehürden (Sal. 2, II), Bienenständen (Sal. 8, 1 ff.), Schiffsschuppen (21, 3; 4;) und Erdhäusern. (27, 22). vgl. Meitzen, Agrarw. I. 582; Blumenstok, IE. I. 217. — Schwererer Fall des Einbruchs: der Dieb büsst ohne Rücksicht auf den Wert der gestohlenen Sache 45 sol. vgl. Sal. 2, II; 7, 3; 8, 1 ff.; 21, 3_2; 4; 27, 22; Cham. 19; 20; Fris. Add. sap. 1, 3; Sax. 33; Burg. 29, 3; Br. II. 646.

tulerit. Zum Thatbestand des Diebstahls gehört das Wegnehmen, ferre, auferre. vgl. Rib. 72, 8; Baiuw. 21, 5; Fris. 2, 11; 3, 3; Sax. 32; Thur. 38; 44; Burg. 4, 2; Br. II. 638_5.

nihil tulerit (propter efractura tantum). Die effractura wird als selbständiges Delikt bestraft und zwar bei Einbruch in ein mit Schloss versehenes Haus mit 30 (35) sol., bei effractura einer screuna, eines Gartens und eines Rübenfeldes mit 15 sol. vgl. Sal. 27, 22_2; Cap. Sal. IV. 13. Den Begriff des Diebstahlsversuches haben dagegen die Volksrechte nicht klar ausgebildet. vgl. Cham. 19; 20 ff.; Fris. Add. sap. 1, 3; Sax. 21; Wilda, Strafr. 605; Br. II. 563.

XII. De furtis servorum vel efracturis.

vgl. Sal. 40.

XIII. De rapto ingenuorum.

rapto ingenuorum. Die Varianten der anderen Texte und der Inhalt des Titels beweisen, dass es sich hier um Frauenraub im technischen Sinne des Wortes handelt. In vorgeschichtlicher Zeit kann derselbe nicht als Verbrechen behandelt worden sein, da sich sogar noch in den Volksrechten deutliche Spuren der früher als Eheschliessungsform anerkannten Raubehe finden. vgl. unten Sal. 13, 10: sibi in coniugio copulaverit. Immerhin unterliegt er nunmehr bereits strenger Strafe. vgl. unten Erläuterung zu Sal. 13, 4: raptores — sol. LXII c. dim. exigantur. Begrifflich wird er nicht scharf von der Notzucht getrennt, vgl. Wilda, Strafr. 829 ff.; 839 ff.; 845 ff.; Grimm, RA. 633 ff.; Ders., ZDR. 5, 2 ff.; Colberg, Entführg. 18 ff.; Br. II. 666; Schr. 347; wohl aber meist von der Entführung und der dieser gleichstehenden Aufnahme einer Frau ohne Einwilligung von deren Verwandten. vgl. unten Erläuterung zu Sal. 13, 4: raptores — sol. LXII c. dim. exigantur. Zum Begriff des Frauenraubes gehört Freiheit oder mindestens Halbfreiheit der Geraubten. vgl. Summula de bannis c. 5 (Bo. I. 224); Br. II. 667_{14}.

tres homines. Unter ihnen ist der eigentliche raptor nicht mit verstanden. vgl. Sal. 13, 4. Es sind damit vielmehr die drei hervorragendsten Mitglieder der zum Zwecke des Frauenraubes gebildeten Bande (contubernium: vgl. Sal. 14, 5) gemeint. vgl. Form. Marc. II. 16: „fatiente coturno"; Br. II. 570 f.

puellam. Die l. Sal. berücksichtigt, trotzdem die Überschriften der Texte ausser Kod. 1 alle von mulieres sprechen, nur den Raub von Jungfrauen. Baiuw. 8, 7 straft dagegen den Raub einer Wittwe mit doppelter Busse.

screona (screuna): Sal. 13, 1_2; 5; 27, 21; 22; altfranz. escregne, neufranz. écraigne, das Erdhaus, d. h. ein unterirdischer oder halbunterirdischer Raum, der abgesondert von der sala, dem Wohnhaus, lag und namentlich als Arbeitsstätte der Frauen diente. vgl. Tac. Germ. 16; Fris. Add. sap. 1, 3; Sax. 33; Burg. 29, 3; Cap. de vill. c. 49 (Bo. I. 87); Grimm, ZDR. 5, 2_*; Ders., Vorrede IX; LXXV; Diez, Et. WB. 574; Müllenh. b. Waitz 292; Wackernagel b. Binding, Burg. roman. Kgr. 333; Lamprecht, WL. I. 9_3; Gareis, Landgüterordng. 51; Meitzen, Agrarw. I. 582. Nach Sal. 27, 21; 22 hat die screuna häufig ein Schloss. vgl. Sal. 2, II: clavem habuerit u. Sal. 11, 5: clavem effrigerit. In Cap. Sal. III. 3, 11 erscheint das Synonymon genicium (γυναικεῖον).

qui super tres fuerint. Schematische Abstufung des Grades der Teilnahme. vgl. Br. II. 571.

qui cum sagittas fuerint. Wie Br. II. 572_{42} vermutet, um den Rückzug zu decken.

raptores — sol. LXII c. dim. exigantur. Über die Busse von 62½ sol. im allgemeinen s. Erläuterung zu Sal. 2, 14; über ihren Charakter als Kaufpreis der puella bei raptus vgl. Br. II. 668; 670_{34}. — Der raptor büsst sein Vergehen mit derselben Strafe, wie der Notzüchter. vgl. Sal. 25, 1; Alam. Pact. III. 23; Lex 53, 1; 56. Dieser Umstand und die Thatsache, dass Frauenraub und Notzucht überhaupt nur in einzelnen Volksrechten begrifflich streng geschieden werden, müssen m. E. zu dem Schlusse führen, dass unter Frauenraub nicht die Entführung einer willigen Frauensperson mit verstanden worden ist, wenn auch letztere gelegentlich ebenfalls als raptus bezeichnet wird: Decret. Childeb. II. c. 4 (Bo. I. 16). Denn der Gesichtspunkt, unter dem Frauenraub und Notzucht allein zusammenfallen können, ist die beiden Verbrechen gemeinsame Anwendung von Gewalt gegen das betroffene Weib. Anderer Meinung Br. II. 669; Schr. 347. vgl. dagegen Colberg, Entführg. 18 ff.; 26 ff.; Opet, MIÖG. EB. III. 8 f. Andererseits scheint mir Entführung und Aufnahme einer Frau ohne Einwilligung von deren Verwandten begrifflich so nahe zu stehen, dass ihr Unterschied den Volksrechten kaum zum Bewusstsein gekommen sein dürfte, und wir berechtigt sind, die strafrechtlichen Folgen des einen Vergehens mit auf das andere zu beziehen. vgl. Rib. 35, 3; Fris. 9, 11; 12; Roth. 188; 190; — Sax. 40; Burg. 12, 4 — Baiuw. 8, 16. — Über spätere Verschärfungen der Strafen für Frauenraub im salischen Recht vgl. Cap. Sal. II. 2; Decr. Childeb. II. c. 4 (Bo. I. 16); Summula de bannis (ebd. I. 224); Form. Marc. II. 16; Turon. 16; Lindenbrog. 16. — über die Strafen der anderen Volksrechte vgl. Rib. 34, 1; 2; Thur. 46; Knut II. 52 — Alam. Pact. III. 23; Lex 53, 1; Baiuw. 8, 6; 7; Aethelb. 82; Burg. 12, 1; 2 — Roth. 187; Wis. III. 3, 1 — Fris. 9, 8; 11; Aethelb. 84.

de intro clave. s. Sal. 2, II; 11, 5.

trahitur = rapitur.

in verbum regis fuerit = in sermone r. f. — sermo (verbum) regis bedeutet das Frieden befehlende Wort des Königs und demnächst den aus solchem Befehl hervorgehenden, vom Könige garantierten Frieden, d. h. Rechtsschutz. Diesen Frieden und Schutz geniessen grundsätzlich alle Volksgenossen, daher dann die Achterklärung durch extra sermonem regis ponere wiedergegeben wird. vgl. Sal. 56, 1; Cap. Sal. V. 8; VIII. 9; Leg. Edw. Conf. 6, 1. Ausserdem aber bedeutet sermo (verbum) regis auch den auf königlichen Spezialbefehl zurückgehenden besonderen Königsfrieden und Königsschutz für irgend Jemanden. vgl. Cap. Sal. II. 3; III. 3, 7; Rib. 35, 3; Überschriftenverz. d. Rib. (Cod. A. 7) Tit. 44; Wilda, Strafr. 253 ff.; Schmid, Ges. d. Angels. 584; Gierke, Genossensch. I. 109_{46}; 110_{51}; K. Lehmann, Königsfriede passim; Heusler, Instit. I. 108 ff.; Frensdorff: Hist. Aufs. f. Waitz 476 ff.; v. Amira, Recht 129; Br. II. 42 ff.; Schr. 116; Dahn, Kge. VII. 3, 405 f. — Über das dem extra sermonem regis positus gleichbedeutende expellis, expulsus, aspellis, vuargus vgl. Sal. 55, 2 Erläuterung zu „vuargus".

fritus (furban). — fredus, fretus, fritus u. s. w.: Friedensgeld, d. h. derjenige Teil der Busse, welcher an die öffentliche Gewalt fiel. Ursprüngliche Bedeutung: Entgelt für das Eingreifen der Staatsgewalt zur Herstellung des Sippefriedens. vgl. Br. I. 165; Schr. 79. Spätere Bedeutung: Strafe für Verletzung der Rechtsordnung. vgl. Br. II. 621. Über fredus und Bannbusse vgl. Br. II. 39 f.; 623; über variable und konstante Friedensgelder Sohm, RuGV. 107 f.; 170; Thonissen 205 ff.; Wilda, Strafr. 438 ff.; Br. II. 621 f.; Schr. 335. — furban, in Cod. 4 anstelle von fritus stehend, ist nach Br. I. 147_{22} als Glosse in den Text geraten und identisch mit „in verbo regis". vgl. dagegen Sohm, RuGV. 109, der furban = bannus setzt. Über den Bann und seine verschiedenen Bedeutungen vgl. Sohm, RuGV. 103 ff.; Waitz, VG. II. 1, 210 ff.; 2, 286 ff.; III. 315 ff.; Wilda, Strafr. 469 ff.; Sickel, Z. Gesch. d. Bannes (Marb. Un. Progr. 1886); v. Amira, Recht 180; Br. II. 34 ff.; Schr. 112 f.

sol. LXII c. dim.: Bannbusse? — Der Königsbann ist bereits nach Rib. 35, 3; 58, 12; 13; 60, 3; 65, 1; 3; 73, 1; 2; 4; 87 auf 60 sol. fixiert. Das ist schon im J. 595 Reichsrecht. vgl. Decr. Childeb. II. c. 9 (Bo. I. 17); Schr. 114.

puer regi, Königsknecht, nicht Freigelassener oder litus, jedoch regelmässig mit diesen zusammengestellt. vgl. Sal. 42, 4; Cap. Sal. IV. 1; Extr. A. VI. 2. Ihr Wertgeld ist gleich dem Wergeld der Liten: Cap. Sal. IV. 1; sie können Sacebaronen (Sal. 54, 2) und Grafen (Rib. 53, 2) werden und geniessen dann dreifaches Wertgeld, wie alle Königsbeamten. vgl. Br. I. 236; Dahn, Kge. VII. 1, 271; 281; Schr. 125; 128; 138; 157_{10}; 215.

litus, Halbfreier. Gloss. Pith: letus id est pertinens; Gloss. Thou: fiscalinus vel sanctuarius. vgl. Behrend, L. Sal. 151. Über ihre rechtliche Stellung vgl. Br. I. 238 ff.; Schr. 216 f.; Dahn, Kge. VII. 1, 250 ff.

traxerit = rapuerit.

de vita culpabilis iudicetur (conponat): Der Halbfreie und der Knecht werden für den Raub einer Freien mit dem Tode bestraft. vgl. Cap. Sal. IV. 14; Form. Marc. II. 16; Lindenbrog. 20. Seltenheit der Todesstrafe im älteren fränkischen Recht: Sal. 40, 5; 50, 4; 51; Br. I. 177_{54}; II. 471; 599 f. — Den Höhepunkt der Herrschaft des Busssystems bezeichnet es, wenn die Todesstrafe als ein de vita conponere (Sal. 51, 2; 58; Cap. Ital. v. 801 c. 4: Bo. I. 205), die Prügelstrafe als ein de dorso conponere (Decr. Childeb. II. c. 14: Bo. I. 17) aufgefasst wird. vgl. Br. II. 613. — Vollzug der Todesstrafe nicht regelmässig durch die öffentlichen Beamten, sondern häufig durch die verletzte Partei. vgl. Br. II. 472 f.; Sickel, MIÖG. EB. III. 499; 505.

suam voluntatem — ingenuitatem perdat: vgl. Sal. 25, 6; Cap. Sal. IX. 3. Aus der hier betonten Freiwilligkeit hat OPET, MIÖG. EB. III. 8 f., geschlossen, dass der in Sal. 13, 1—7 behandelte Frauenraub wider Willen der Betroffenen erfolge. Dagegen BR. II. 669_{32}. M. E. wird das Verhältnis zunächst von Sal. 13, 7 und 13, 8 am klarsten aus Form. Marc. II. 29, wo wenn der Thatbestand von Sal. 13, 7 vorliegt, dem Sklaven Todesstrafe droht (vgl. Form. Lindenbrog. 20), während im Falle von Sal. 13, 8 der Herr des Knechts das Recht hat, die Freie samt allen ihren Kindern als Sklaven zu behalten. Demnach wird nach Sal. 13, 8 der Entführer nicht getötet, seine That hat für ihn überhaupt keine nachteiligen Folgen. Mir scheint das doch gegen BRUNNERS Identifizierung von Frauenraub und Entführung ins Gewicht zu fallen. Denn es ist kein Grund vorhanden, warum der entführende Sklave straffrei bleiben, der entführende Freie dagegen dem Frauenräuber gleich behandelt werden sollte. Im Gegenteil ist unter sonst gleichen Verhältnissen grössere Strenge des Rechts gegen den Knecht wahrscheinlich. Ferner: der in Sal. 13, 1—5 behandelte raptus ist Bandenverbrechen. Um aber eine willige Frau zu entführen, dürfte das contubernium kaum regelmässiges Requisit gewesen sein. Endlich: Die Unzucht zwischen einem Freien und einer Freien wird nach Sal. 25, 2 mit 45 sol. an dem Verführer geahndet. Und der Entführer, dessen Absicht auf Ehe ging, hätte $62^1/_2$ sol. zahlen sollen? Wie die Entführung einer Freien bestraft wurde, sagt die l. Sal. nicht. Ich möchte annehmen, dass eine staatlich garantierte Strafe bei den Franken zunächst noch nicht bestand, sondern der Entführer sich grundsätzlich der Fehde des Muntwalts und dessen Sippe aussetzte, deren Folgen jedoch regelmässig durch nachträgliche Zahlung des Muntgeldes abgekauft worden sein werden.

Ingenuus — similiter patiatur. vgl. Sal. 25, 5; Cap. Sal. IX. 3. STOUFF, Personnalité 21, folgert aus dieser Stelle die Möglichkeit des Wechsels des Stammesrechtes: ein Franke, der eine Sklavin heiratet, wird Sklave und durch folgende römische Freilassung Römer.

litam alienam ad coniugium sociaverit. Hier scheint dem Gesetzgeber der Thatbestand der Entführung vorgeschwebt zu haben.

solidos XXX culp. iud. Die Busse ist als Entschädigung für die dem Herrn an seiner Litin entgehenden Rechte zu denken.

Si quis — nativitate: Entlehnung aus Interpret. zu c. 3 Cod. Theod. III. 12, wo jedoch das Verbot der Ehe mit dem avunculus fehlt. vgl. Decret. Childeb. II. v. 596. c. 2 (Bo. I. 15); Rib. 69, 2; Alam. 39; Baiuw. 7, 1—3; Roth. 185; Wis. III. 5; Knut I. 7; LÖNING, Gesch. d. KR. II. 552_1; FREISEN, Gesch. d. kan. ER. 379, 383; BR. I. 293_3; II. 664 ff. Wichtigkeit der starken kirchlichen Einfluss zeigenden Stelle für Bestimmung der Entstehungszeit der Texte 2. Familie: E. MAYER, Entstehg. d. l. Rib. 81_{11}; BR. I. 294; DAHN, Kge. VII. 3, 190_5.

tulerit = rapuerit.

in coniugio copulaverit. Rest der Raubehe: der Räuber behält die fremde Braut, und zahlt nur die Busse des Frauenraubes an die Verwandten der Geraubten. vgl. Rib. 58, 18; Cham. 47; Alam. 51; Baiuw. 8, 16; Saxon. 40; 49; Thur. 47; Roth. 188; 190; 191; Aethelb. 82; Rom. Curiens. IX. 19; Decret. Childeb. II. c. 4 (Bo. I. 16);

Cap. eccles. v. 818/9 c. 23; 24 (ebd. I. 278 f.); COLBERG, Entführg. 34 ff.; FRIEDBERG, KR. 374; BR. I. 73_{13}; FREISEN, Gesch. d. kan. ER. 597 ff.

sponso — solidos XV. Diese vom Brauträuber dem Bräutigam zu leistende Injurienbusse ist ein Zusatz jüngerer Texte. Ob auch erst jüngeres Recht? vgl. Recap. A. 12; Cham. 47; Alam. 51; Baiuw. 8, 16; Saxon. 49; Roth. 191; Cap. leg. add. s. 818/9 c. 9 (Bo. I. 282); BR. II. 670; SOHM, Trauung 24_{40}.

ducte ducentem. — ducte = druchte von drucht, an. drótt, ags. dryht, gedriht, ahd. u. mhd. truht, fries. drecht, Geleite, Volk, Schaar, hier insonderheit Hochzeits- oder Brautgeleite. vgl. truhsâzzo, Truchsess, oben Sal. 10 Erläuterung zu „infestorem"; GRIMM, Vorr. IX.; BEHREND, l. Sal. 144; KERN b. Hessels § 83; BR. I. 73_{16}. — Auf dem Hochzeitswege steht die Braut im Schutze eines Sonderfriedens. vgl. BR. II. 584_{27}; SCHREUER 71.

mechatus fuerit — sol. CC culp. iud. Qualifizierte Notzucht. — Strafe: Wergeld des freien Franken. vgl. Sal. 15; 41, 1; BR. II. 667_{6}.

XIV. De supervenientibus vel expoliatis.

supervenientibus (in superventum). supervenire, adsallire, in superventum expoliare: wahrscheinlich Bezeichnungen des qualifizierten Raubes mit gewaltsamem Angriff, des sogen. „Schachraubes" oder „Schachs" (ahd. scâh, scâch, fries. scâk. vgl. franz. échec, ahd. scâhhari, Schächer). vgl. BR. II. 649. Doch hat auch expoliare allein den Sinn gewaltsamen Raubes. vgl. Sal. 14, 2; 3; 17, 9; 35, 2; 4. Über den Raub, seinen Unterschied vom Diebstahl und seine strafrechtliche Behandlung nach germanischem und insbesondere fränkischem Recht vgl. GRIMM, RA. 634 ff.; WILDA, Strafr. 907 ff.; OSENBRÜGGEN, Strafr. d. Langob. 151 ff.; v. AMIRA, Vollstreckgsvrn. 162 ff.; BR. II. 647 ff.; SCHR. 72; 344. Über „raubare" vgl. Erläuterung zu Sal. 17, II.

innocentem. Über die strudis legitima vgl. Cap. Sal. VIII. 7; Rib. 32, 3; 4; 51, 1; SOHM, RuGV. 121; BR. II. 453; SCHR. 359_{66}.

§ 2—4. Über ihr Verhältnis zum Urtext vgl. BEHREND in ZRG. 13, 18 ff.; über § 4 insbesondere BLUMENSTOK, IE. I. 260.

Romanus barbarum Salico — Francus Romano. Barbaren allgemeine, jedoch keineswegs verächtliche Bezeichnung der Germanen im Gegensatz zu den Romani, d. h. den römischen Provinzialen. vgl. Sal. 41, 1; Prol. I; Gl. Est. (bei MERKEL 102 zu 22, 27 und bei BEHREND, l. Sal. 139); SOHM, RuGV. 572; DAHN, Kge. VII. 1, 110; 115 f.

per XXV se iuratores exsolbat. Auch der Römer ist hiernach dem salischen Beweisrecht unterworfen. Nach BR. I. 260_{5} verbietet diese Stelle in Verbindung mit Sal. 14,3_{2}; 16, II an die Herrschaft des sog. Personalitätsprinzips in der l. Sal. zu glauben. Dagegen DAHN, Kge. VII. 3, 9 ff. Über das Personalitätsprinzip im allgemeinen vgl. v. SAVIGNY, Gesch. d. röm. R's. im MA. I. 115 f.; WAITZ, VG. II. 1, 108 ff.; III. 344 ff.; AR. 97 ff.; PARDESSUS, diss. II; BETHM. IV. 455 ff.; V. 72 ff.; STOBBE, Jb. d. gem. Rs. 6, 21 ff.; SOHM, RuGV. 173 f.; HEUSLER, Instit. I. 144 f.; BR. I. 259 ff.; SCHR. 224 f.; DAHN, Kge. VII. 3, 1 ff.; STOUFF, Personnalité (1894). — Der Volleid wird mit 12 Helfern geschworen. Unter Umständen wird diese Zahl der Schwurgenossen vervielfältigt, unter Umständen geteilt. vgl. BR. II. 384_{50-53}; 385_{54-57}.

medius tamen electus. Die von der Gegenpartei des Beweisführers bestimmten Eidhelfer heissen electi. vgl. Sal. 16, II; Cap. Sal. V. 4. Überschr.; Cap. Sal. VII. 2; 5; Cap. leg. Rib. add. v. 803 c. 11 (Bo. I. 118); Pact. Hloth. I. v. 840 c. 34 (Bo.-Kr. II. 135); Pact. Alam. I. 2; II. 38; 41; 42; 49; Br. II. 383.

ad inium ambulit. — inius, hinius, ineus, igneus, aeneus, Erz- (oder Feuer-?) kessel und demgemäss Kesselfang, d. h. Gottesurteil des siedenden Wassers. Es ist das bevorzugte Ordal der l. Sal. vgl. Sal. 53, 1; 5; Cap. Sal. IV. 4; 16; V. 8; VII. 4. An unserer Stelle ist es nur subsidiäres Beweismittel. Über den Kesselfang überhaupt vgl. Rib. 30, 1; 3; 31, 5; Cham. 48; Fris. 3, 6—9; 14, 3; Liutpr. 50; Wis. VI. 1, 3; Cap. Harist. v. 779 c. 10 (Bo. I. 49); Cap. leg. add. v. 816 c. 1 (ebd. I. 268); Cap. leg. add. v. 818/9 c. 10 (ebd. I. 282f.); v. Amira, Germania 20, 61 ff.; Dahn, Studien z. Gesch. d. germ. Gottesurt. 31 ff.; Opet, MIÖG. 15, 479 ff.; Ficker, ebd. EB. II. 493 ff.; Br. II. 406 f.; Schr. 357.

sol. LXII c. dim. (§ 1; 2) — sol. XXXV [XXX (§ 3)]. Rechtliche Zurücksetzung des Römers gegenüber dem Franken. vgl. die Erläuterungen zu Sal. 41, 1; 5—7.

migrare wandern, reisen, dann aber auch zuwandern, sich niederlassen. vgl. admigrare u. manere: Sal. 14, 4_3; migrare super alterum: Sal. 45. Die Erklärung E. Mayers (Entstehg. d. l. Rib. 51_{99}; Germ. Abh. f. Maurer 464_2 passt höchstens auf Cod. 6 u. 10. vgl. unten Erläuterung zu „testare praesumpserit". Für die gegenteilige Meinung vgl. Pardessus 390 no. 529; Waitz, AR. 210; Bethm. IV. 469_{32}; Sohm, Proz. 14_1; RuGV. 60 ff.; Schröder, Franken u. ihr Recht 62; Schr. 205_{39}; $_{41}$; Meitzen, Agrarw. I. 590f.; Blumenstok, IE. I. 260; 308.

de rege. vgl. Sal. 18, 1; 26, 1; 2; 46; 56. Aus diesen Stellen schliesst Fahlbeck, Royauté 274 f. und ihm folgend Br. I. 299_{36} auf die Einheit des salischen Königtums zur Entstehungszeit der lex. Dagegen Dahn, Kge. VII. 2, 52_6.

praeceptum (regis), königliches Gebot und demnächst königliche Urkunde, insbesondere solche dispositiven Charakters, im Gegensatz zum placitum, der Hofgerichtsurkunde. vgl. Schr. 252.

abbundivit, abundivit, habundavit. abbundire nach Müllenh. b. Waitz 276 hybride Wortbildung aus dem Substantiv bundi, vinculum, fascia, Band, Streifen. abbundire hiesse demnach: den Streifen, auf dem das praeceptum regis geschrieben war, öffnen und verweisen. Grimm, Vorr. XLV hält abbundivit für Schriftfehler anstatt „aliunde ivit" (vgl. Cod. 10: aliunde ierit). Die Hypothese E. Mayers, welche sich auf die Variante abmundivit des Cod. 4 stützt (Entstehg. d. l. Rib. 51_{99}; Germ. Abh. f. Maurer 464_2) wird wohl mit Recht von ihrem Urheber selbst nur zaghaft verteidigt.

testare praesumpserit. — testare: die unter Zuziehung von Zeugen an den Gegner gerichtete Aufforderung, einer Rechtspflicht nachzukommen. vgl. Sal. 45; 50; 52; Sohm, Proz. 7 ff.; Gengler, Rechtsdenkm. 913; Behrend in Festg. f. Heffter 59; 75f.; Br. II. 520f.; Schr. 361; 370. Cod. 6 u. 10 lesen restare. vgl. Grimm, Vorr. XLV; E. Mayer, Entstehg. d. l. Rib. 51_{99}. Der an unserer Stelle im testare liegende Widerspruch gegen eine Königsurkunde ist Majestätsbeleidigung, nach Rib. 60, 6 mit dem Tode, hier entsprechend mit der Strafe des eigenen Wergeldes bedroht. vgl. Brunner, Forschungen 128; Sohm, RuGV. 62_{15}; Seeliger, MIÖG. 11, 398; Bresslau, FDG. 26, 8 f.; Hdb. d. UL. I. 483; Br. II. 689; Schr. 252.

adsallire vel via lacinia facere. vgl. oben Erläuterung zu „supervenientibus" und unten zu Sal. 31.

contubernio. contubernium: Rotte, Bande. vgl. Sal. 13, 1; 14, 6; II; 42, 1; 3; 43, 3; Cap. Sal. V. 7. Zu gewissen Verbrechen gehört nach altgermanischer Auffassung die Ausführung durch eine Bande. Erst an diesen Bandenverbrechen hat sich der strafrechtliche Begriff der Beihilfe entwickelt. vgl. Wilda, Strafr. 612 ff.; Br. II. 570 ff.; Schr. 342. Über das Bandenunwesen im Frankenreiche vgl. Sickel, MIÖG. EB. III. 525; Lamprecht, WL. I. 57 f.

sol. LXII c. dim. Hiernach wird jedes Mitglied der Bande, einschliesslich des Hauptmanns, gleich bestraft. Ebenso Sal. 14, 6, dort besonders deutlich durch die Variante der Em. (Anm. 1); Cap. Sal. V. 7. Anders Sal. 13, 1—4; 14, I; II; 42, 3; 43, 3; Rib. 34; 64.

villa aliena. vgl. oben Sal. 3 Erläuterung zu „villa".

villa — adsalierit: Heimsuchung, d. h. Überfall einer Ansiedelung durch ein contubernium, daher fränk. harizuht oder hariraida, langob. haritraib. vgl. Rib. 64; Baiuw. 4, 23; 24; Fris. 17, 4; Thur. 57; Roth. 379; Leg. Henr. prim. 80, 11; Summula de bannis c. 7 (Bo. I. 224); Wilda, Strafr. 952 ff.; Osenbrüggen, Hausfrieden 60 ff.; Schmidt, Ges. d. Angels. 606; 615; Br. II. 651 ff.; Schr. 345.

adsallierit — exinde duxerit: Qualifizierte Heimsuchung, daher unter höhere Strafe gestellt, jedoch allein für den Hauptmann. Die übrigen Mitglieder der Bande erhalten nach Sal. 14, II nur die Strafe der einfachen Heimsuchung. vgl. Jydske Lov. II. 30; Roth. 19; 379; Rib. 64; Fris. 17, 4; Wilda, Strafr. 955; Br. II. 652.

ostia fregerit = effractura fecerit. vgl. oben Erläuterung zu Sal. 11 unter „effracturis".

canes occiderit. vgl. oben Erläuterung zu Sal. 6 unter „qui legamine novit".

homines plagaverit. vgl. Sal. 17, I; 3—5; 42, 3; 43, 3.

in carro — duxerit. vgl. Sal. 27, 8; 10; Cap. Sal. IV. 6.

homine dormiente. Qualifikation des Verbrechens durch Ausnützung der zeitlichen Hilflosigkeit des Opfers. Die Grenze zwischen Diebstahl und Raub erscheint hier sehr verwischt.

hominem mortuum: Leichenraub, sog. „Walraub". (ahd. walaraupa von wala, caedes, cadaver) vgl. walhalla, walstatt, walküre; Kluge, Et. WB. 393; Br. II. 683_{38}; Schr. 72_8; 344_{86}. Der Leichenraub ist Blutraub, wenn vom Totschläger am Erschlagenen begangen (hierüber vgl. Erläuterung zu Sal. 55, 1 unter „corpus occisi hom. expoliav."), oder Reraub (ahd. hrêroub, langob. rairaub, fries. hrêrâf von hrêo, Leichnam, vgl. Schmeller, Bair. WB. II. 1), wenn ohne diese Verbrechenskonkurrenz ausgeführt. Bei Reraub wird wieder unterschieden, ob der Leichnam noch unbestattet ist (Sal. 14, IV) oder bereits beerdigt war (Sal. 14, V; 55, 2). Bezüglich der strafrechtlichen Behandlung des Reraubes vgl. ausserdem Rib. 54; 85; Alam. 49; Baiuw. 19, 4; Fris. Add. sap. 3, 75; Roth. 16; Wis. XI. 2, 1; Wilda, Strafr. 975 ff.; Osenbrüggen, Strafr. d. Langob. 151 f.; Br. II. 684; Schr. 72_8; 344_{86}.

cui fuerit adprobatum. Notwendigkeit des Beweises, demnach Leugnung vorausgesetzt u. hieraus auf dolus geschlossen. vgl. Rib. 54, 1; Br. II. 372_{14}.

et postea: Durch diesen Zusatz weisen Cod. 10 und die Em. auf die dem älteren Recht entsprechende Norm des später folgenden Titels 55, 2 hin. s. dort.

iudicem. In ihm will Dahn, Kge. VII. 2, 111_4 schon den Grafen sehen (?).

naufum. naufus, nauphus, noffus, naucus, nachaus: ein nach Art eines Schiffes ausgehöhltes Gefäss. vgl. Graff, Sprachsch. II. 1052; Du Cange IV. 609; 635; in übertragener Bedeutung dann: hölzerner Sarg. vgl. Gl. Par. (Behrend, l. Sal. 153): sarcophagus ligneus; Sal. 14, VI_1; Müllenh. b. Waitz 297.

petra: dementsprechend steinerner Sarg.

super alterum — miserit: Gräberschändung, da durch das Begraben eines Leichnams im Sarge eines andern des letzteren Grabesruhe gestört wird. Die Anschauung, auf der diese Norm beruht, ist sicherlich schon heidnisch (vgl. Br. II. 684 f.), von der christlichen Kirche aber aufgenommen und sogar verschärft worden. vgl. Sal. 55, 4. — Über den wirtschaftlichen Grund, der dies Verbrechen häufig machte, vgl. die Hypothese Lamprechts, WL. I. 10.

arestatonem, in Sal. 55, II cheristadona, eine Art von Grabmal. vgl. Sal. 55, II_1: aristatonem hoc est stapplus Em. stapplus latin. aus ahd. staffal, staffol, ags. stapol, Staffel, Treppe. vgl. staffolum regis, Königsgericht Rib. 33, 1; 67, 5; 75. Über die sprachliche Ableitung von arestato vgl. Grimm, Vorr. XLVIII.

XV. De homicidiis vel si quis uxorem alienam tulerit.

hominem ingenuum occiderit: nur in Cod. 1. Die Zusammenstellung mit dem Folgenden weist darauf hin, dass hier insbesondere an den Totschlag eines Ehemannes zum Zwecke der Verheiratung mit der Wittwe des Erschlagenen zu denken ist.

uxorem alienam tulerit a vivo marito: Ehebruch. Derselbe umfasst hier und auch sonst gleichzeitig das Verbrechen des Frauenraubes oder der Entführung. Er richtet sich, auch wenn der Thäter selbst verheiratet ist, nur gegen den gekränkten Ehemann, seinem eigenen Weibe gegenüber ist der Germane ursprünglich nicht zu ehelicher Treue verpflichtet. Erst kirchlicher Einfluss hat hier späten Wandel geschaffen. Über die strafrechtliche Behandlung des Ehebruches vgl. Cap. Sal. IV. 17; IX. 4; Rib. 35, 1; 77; Alam. 50; 56, 2; Baiuw. 8, 1; Fris. 5, 1; Add. sap. 3, 76; Roth. 212; 213; Liu. 130; Burg. 68; Wis. III. 4, 1; 3—6; 9—13; Aethelb. 85; Alfred 10; 42, 7; Knut II. 50; 53; Cap. c. Ital. ep. delib. v. 790/800 c. 5 (Bo. I. 202); Grimm, RA. 743 f.; Wilda, Strafr. 821 ff.; Osenbrüggen, Strafr. d. Lang. 100 ff.; Sohm, Trauung 2 ff.; Rosenthal, Rechtsfolgen des Ehebruchs 40 ff.; Bennecke, Strafrechtl. Lehre v. E. 79 ff.; Br. II. 662 ff.; Schr. 347; Geffcken, Ehescheidg. vor Gratian 32 ff.

XVI. De incendiis.

incendiis: Brandstiftung, d. h. absichtliche Branderregung. Während das germanische Recht sonst nicht streng zwischen Absicht und Ungefähr unterschied (vgl. Br. II. 543 ff.; v. Amira, Obl. R. I. 373 ff.;

SCHR. 80f.; 290f.; 338ff.), ist die rechtswidrige Absicht bei der Brandstiftung unbedingt Thatbestandsmoment. Daher in den meisten Volksrechten, nicht aber in l. Sal., Zusätze, die den verbrecherischen Willen kennzeichnen: vgl. Baiuw. 1, 6; 10, 1; Alam. 76; Sax. 38; Fris. 5, 1; Roth. 146; 149; Wis. VIII. 2, 1; Jydske Lov III. 66; Gul. 98; Skånelag. 214; Sunesen 132; WILDA, Strafr. 945; BR. II. 654; SCHMIDT, Ges. d. Angels. 533; 536. Ausnahme von dieser Regel bei Kirchen: Sal. 55, IV_1. — Absichtslose Branderregung (Feuerverwahrlosung): vgl. Sax. 55; Roth. 147; 148; Cap. Ital. c. 3 (Bo. I. 335); Burg. 41; Wis. VIII. 2; 3; v. AMIRA, Obl. R. I. 388 f.; BR. II. 657 f. — Erlaubte Brandstiftung (Brandrecht, Wüstung): vgl. Cap. Saxon. v. 797 c. 8 (Bo. I. 72) u. die Quellenstellen bei GRIMM, RA. 729 f.; WILDA, Strafr. 293 f.; GEIB, Strafr. I. 234; WARNKÖNIG, Flandr. RG. II. 2, 168 f.; III. 1, 322 ff.; v. RICHTHOFEN, Fries. RQ. 413, 36; Z. l. Sax. 306_2; BR. I. 169_{18}; II. 657.

casa = domus, Wohnhaus im Gegensatz zu den Sal. 16, 2—4 genannten Wirtschaftsgebäuden. vgl. Sal. 6, III_1; 34, 4; BLUMENSTOK, IE. I. 217 ff.; LAMPRECHT, WL. I. 8.

super homines dormientes. Nach l. Sal. ist bei bewohnten Gebäuden nächtliche Ausführung Thatbestandsmoment der Brandstiftung. Ebenso: Rib. 17, 1; Alam. 76; Baiuw. 1, 6; 10, 1; Thur. 43. Hierin liegt gleichzeitig das Moment der Heimlichkeit. Offene Brandstiftung ist Sachbeschädigung oder Heimsuchung. Anders: Sax. 38; Fris. 7; Roth. 146; 149; Knut II. 64. vgl. WIARDA, Sal. Ges. 323; WILDA, Strafr. 943; BR. II. 655; SCHR. 345 f.

sol. LXII c. dim. culp. iud. Über den besonderen Charakter dieser Busse vgl. oben Erläuterung zu Sal. 2, 14. Sie ist insbesondere Strafe für Lebensgefährdung. vgl. Sal. 17, 1; 2; 18, 1; 19, 2; 28, 1; 2; 34, 4; 41, 9_3; BR. II. 497_{11}; 562; 619 f. (?)

aliquid (aliquis, aliqui) intus arserint. Cod. 1 setzt den Fall, dass das Innere des Hauses zu brennen begonnen hat, alle anderen Texte nehmen an, dass ein oder mehrere Menschen, die in dem Hause schliefen, ihr Leben durch die Feuersbrunst eingebüsst haben. Demgemäss fügen sie der Busse der Lebensgefährdung diejenige des Totschlags hinzu. Cod. 10 u. Em. erwähnen ausserdem Schadensersatzpflicht allen Betroffenen gegenüber. Über die strafrechtliche Behandlung der Brandstiftung in den anderen Volksrechten vgl. Rib. 17; Alam. 76; 77; Baiuw. 10, 1 ff.; Sax. 38; Thur. 43; Fris. 7, 1; 2; Roth. 146; 149; Liu. 72; Wis. VIII. 2, 1; Knut II. 64; Summula de bann. c. 6 (Bo. I. 224); WILDA, Strafr. 940 ff.; OSENBRÜGGEN, Strafr. d. Lang. 154 f.; Brandstiftg. 1 ff.; GAUPP, Ges. d. Thür. 372 ff.; SCHMIDT, Ges. d. Angels. 533; v. AMIRA, Vollstreckgsvrn. 20 f.; BR. II. 656 f.; SCHR. 345 f. — Straflose Tötung des handhaften Brandstifters: vgl. Fris. 5, 1; Gul. 98; Ostgötalag. Eþs. 31; Eriks Saell. Lov. II. 15; Uplandslag. Wb. 25; WILDA, Strafr. 945; BR. II. 656.

casa cletem salina. — salina wohl Deminutivum von sala, Wohnhaus. cletem dasselbe wie cleda, claia, Flechtwerk. Die cas. cl. sal. wäre demnach ein neben der eigentlichen sala vorhandenes kleineres Wohnhaus, dessen Wände aus Flechtwerk gebildet wurden. vgl. BEHREND, l. Sal. 141; MEITZEN, Agrarw. I. 583. Eine andere Erklärung von cletem giebt LAMPRECHT, WL. I. 15_1; eine dritte MÜLLENH. b. WAITZ 281 f.

spicario: Speicher, Spieker. Gl. Est: idest cellarium; Gl. Pith: horreum cum tecto. vgl. MERKEL, l. Sal. 102; BEHREND, l. Sal. 159; MÜLLENH. b. WAITZ 289; GRAFF, Sprachsch. VI. 326; v. MAURER, Fronhöfe I. 117; LAMPRECHT, WL. I. 9_3.

machalum, mafolum, maufolum u. s. w., Schuppen, Scheuer. Gl. Est: idest canavam (Vorratskammer); Gl. Pith: horreum sine tecto. vgl. MERKEL, l. Sal. 102; BEHREND, l. Sal. 151; WACKERNAGEL, HAUPTS Z. f. d. Altert. 2, 559; MÜLLENH. b. WAITZ 289; v. MAURER, Fronhöfe I. 117; LAMPRECHT, WL. I. 9_3.

sutem. Schweinehürde. vgl. PARDESSUS 363 no. 26.

scuria, latinis., ahd. sciura u. scûra, mhd. schiure, prov. escuria, franz. écurie, Scheune, Schuppen, Wetterdach, Stall. vgl. Alam. Pact. V. 3; Lex 76; Baiuw. 2, 4; Cap. de vill. c. 19 (Bo. I. 84); MÜLLENH. b. WAITZ 292; GRIMM, WB. VIII. 2619; DIEZ, Et. WB. 567; KÖRTING, Lat.-rom. WB. No. 7320; v. MAURER, Fronhöfe I. 115 ff.; LAMPRECHT, WL. I. 9_4.

fenile: Heuschober. vgl. v. MAURER, Fronhöfe I. 117; LAMPRECHT, WL. 9_4.

sol. LXII c. dim. culp. iud. [§ 3 u. 4]. Die Brandstiftung an Wirtschaftsgebäuden, in denen Feldfrüchte lagern oder Haustiere sich befinden, wird ebenso hoch bestraft wie diejenige an Wohnhäusern.

sol. CC culp. iud. Der nur in Cod. 10 erhaltene Zusatzparagraph bezieht sich wohl auf sämtliche vorangegangenen Bestimmungen des Titels. Es wäre wenigstens nicht abzusehen, warum die Wirtschaftsgebäude allein diesen erhöhten Schutz geniessen sollten.

Si Romanus — iudicetur. vgl. Erläuterung zu Sal. 14, 2_2; 3_2.

sepem aut concidem. concides, conciso ebenso wie sepes: Zaun. Gl. Est: idest arevativum vel palenchatam (arevativum = arvativum: Zaun zur Einfriedigung von Kulturland, palenchatam = palancatum, Pallisade, Zaun aus Pfählen, wie er vermutlich zur Umgebung der Gehöfte gebraucht wurde). vgl. DU CANGE II. 512; V. 16. Die concides kommen als Verhaue zu Kriegszwecken vor bei Greg. Turon. Hist. Franc. III. 28; IV. 42. Das Material der Zäune war durchgängig Holz. vgl. Sal. 34, 1; I; BLUMENSTOK, IE. I. 248 f. Auch die Hofzäune können nur von mässiger Höhe gewesen sein. vgl. Sal. 58; MEITZEN, Agrarw. I. 583.

alienam. vgl. BLUMENSTOK, IE. I. 246 ff.

sol. XV culp. iud. Die verhältnismässige Geringfügigkeit dieser Busse und ihre Übereinstimmung mit derjenigen in Sal. 27, 15 weist darauf hin, dass im Anzünden eines Zaunes weniger Brandstiftung als Sachbeschädigung erblickt wurde. vgl. die Varianten in Sal. 16, 5_2; Sal. 34, 1; I; Alfred 12; Ine 43 pr.; BR. II. 655.

XVII. De vulneribus.

vulneribus. vgl. Sal. 29: de dibilitatibus. Klassifizierung der Körperverletzungen im germanischen Recht: 1) Verstümmelung und Lähmung. 2) Blutwunde. 3) trockener Schlag. vgl. WILDA, Strafr. 731 ff.; GÜNTHER, Körperverletzg. 47 ff.; BR. II. 634 ff.; A. SCHMIDT in Festschr. f. BENNO SCHMIDT 8.

voluerit occidere — falierit — de sagitta — praetersclupaverit — sol. LXII c. dim. culp. iud. Ausdrückliche Hervorhebung der Tötungsabsicht und Bestrafung mit weit höherer Busse als für leichtere Verwundung angesetzt ist. vgl. Sal. 17, I; 3—5. Daher hier frühes Beispiel vereinzelten Hinausgehens nicht nur über die ursprüngliche Straflosigkeit des Deliktversuches, sondern auch über die weitere Etappe der Annahme typischer Versuchsdelikte. vgl. Sal. 16, 1; 17, 9; 18; 19, 2; 28, 2; 31; 41, 9; Cap. Sal. IV. 13; Rib. 80; 83, 2; Cham. 19; Alam. 58; Baiuw. 4, 17; 19—22; 10, 4; Sax. 8; 9; Fris. 22, 83; Add. sap. 1, 3; 3, 41; 66; 3b; Roth. 10; 26; 27; 139; 140; 142; Liu. 131; 138; Burg. 37; Wis. VI. 4, 6; Cap. Rem. 3; Aethelb. 27; 29; Aethelr. 6, 38; Hloth. u. Eadr. 13; Wilda, Strafr. 598 ff.; Br. II. 558 ff.; Schr. 80; 342. — praetersclupare, vorbeischiessen, wahrscheinlich von sclopus, Wurfgeschütz. vgl. Müllenh. b. Waitz 298; Du Cange VI. 119; Behrend, l. Sal. 158; anders Grimm, Vorr. VII: sclupare gehört z. alts. slupian, ahd. slupfan, nhd. schlüpfen, elabi. — Die $62^1/_2$ sol. sind die Busse der Lebensgefährdung. vgl. Sal. 16, 1; 18, 1; 19, 2; 28, 2; 34, 4 (?); 41, 9_3; Br. II. 497_{11}; 562; 619 f.

cui fuerit adprobatum. Aus der Notwendigkeit der Überführung ist das Leugnen der That zu schliessen. Hieraus wiederum wird die Tötungsabsicht gefolgert. vgl. Br. II. 561_{14}.

plagaverit. Ein trockener Schlag kann hier nicht gemeint sein. vgl. Sal. 17, 6; 42, 3; 43, 3 und die Varianten Sal. 17, I_1.

ut sanguis ad terram cadat. vgl. Sal. 17, 5. Thatbestandsmoment der Wunde, dass Blut fliesst (Thur. 6; Cap. leg. add. v. 818/9 c. 2: Bo. I. 281) oder gar zu Boden fliesst (Rib. 2; Alam. 57, 2). vgl. Wilda, Strafr. 731 f.; Günther, Körperverletzg. 47 f.; Br. II. 634 f. — Die Blutwundenbusse beträgt nach sal. Recht 15 sol. vgl. Rib. 2; Cham. 18; Schreuer 4.

tria ossa — exierint — sol. XXX (XLV) culp. iud. Kumulationsprinzip: 1) die Wunde wird mit 15 sol. gebüsst. 2) jeder der drei Knochensplitter wird besonders gebüsst. vgl. Sal. 24, 3; Roth. 75; Alfr. 9 pr.; Cap. Theod. v. 805 c. 5 (Bo. I. 123); Schreuer 13_{58}. Mehr als drei Splitter aber werden überhaupt nicht gebüsst. vgl. Sal. 17, 6; 8; Roth. 47; Wilda, Strafr. 743 f.; Günther, Körperverletzg. 55 f.; Br. II. 541 ff. Für den klingenden Knochen vgl. Rib. 68, 1; 2; Alam. 57, 4; Roth. 47; Grimm, RA. 77; Wilda, Strafr. 744 f.; Günther, Körperverletzg. 55 f.; Schreuer 13 f. Gegensatz: Absorptionsprinzip, namentlich in nordischen Rechten infolge prinzipaler Friedlosigkeit als Rechtsfolge der Missethat. vgl. Br. II. 541.

inter costas — aut in ventrem: Leibwunde (Baiuw. 4, 6; 5, 5; 6, 5: hrewawunte), welche die inneren Organe des Rumpfes verletzt. Sie ist, auch wenn heilbar (Kod. 1—4), durch doppelte bezw. dreifache (Kod. 4) Busse gegenüber der einfachen Blutwunde ausgezeichnet.

praeter medicatura sol. V (IX—VIII). Zu der Wundbusse tritt hier noch der Ersatz des Arztlohnes. Derselbe ist feststehend und scheint 9 sol. betragen zu haben, die Varianten der Kod. 1; 4; 5 sind wohl auf Rechnung der Abschreiber zu setzen. vgl. Cap. Sal. V. 6, 1; Recap. B. 12; Br. II. 613_4; Schreuer 26_{103}.

et currat et non sanat. Die unheilbare Wunde unterliegt der Busse der Lebensgefährdung. Sie gilt nach sal. Recht als Verbrechenseinheit, das Kumulationsprinzip erleidet keine Anwendung. Ebenso Roth. 112; 384; Aethelb. 63; Alfr. 75; 77; anders Fris. Add. sap. 3, 16; Jud. Wlem. 1; 2; Br. II. 636_{73}; Schreuer $80_{10; 11}$.

ut sanguis in terra cadat. vgl. oben Erläuterung zu Sal. 17, I.

de fuste percusserit: trockener (dürrer) Schlag, Beulenschlag. vgl. Rib. 19, 1 (Kod. B. 3; 4); Alam. 57, 1; Baiuw. 4, 1; 5, 1; Fris. 22, 3; Roth. 125.

usque tres colpus. Kumulationsprinzip. Über drei Schläge werden nicht gebüsst. vgl. Sal. 17, I; 3; Rib. 1; Wilda, Strafr. 756; Br. II. 542; Schreuer 3 f.

sol. III culp. iud. Die Schlagbusse der älteren Volksrechte ist gering. vgl. Rib. 1. Höhere Bussen: Sax. 2; Thur. 4. Die ribuarische Busse ist durch Cap. leg. Rib. add. v. 803 c. 1 (Bo. I. 117) auf 15 sol. erhöht worden. vgl. Br. II. 636; Schreuer 4; 9_{37}.

quantum si — de ferro vulneraverit. Auch der Schlag mit dem Knüttel kann Blutwunden erzeugen und wird dann wie diese gebüsst.

clauso pugno — percusserit. Der Faustschlag wird dem Knüttelschlag gleichgestellt, doch ist hier nicht an die Möglichkeit der Blutwunde gedacht.

in via expoliare temptaverit — sol. LXII c. dim. culp. iud. Typisches Versuchsverbrechen. Strafe der Lebensgefährdung. vgl. Sept. caus. IV. 2; Br. II. 564_{35}; Schreuer 66_{56}. — Über die 30 sol. der Em. vgl. Schreuer 65_{52}.

raubaverit — sol. XXX culp. iud. — raubare = expoliare. vgl. Sal. 61, 1_3; Alam. 48; Baiuw. 19, 4; Roth. 14; 16; Zeumer, Formulae 771; Br. II. 647_{80}; Schr. 72_8. — Nach Br. II. 649_{97} wird die Raubbusse von 30 sol. (vgl. Br. II. 648_{87}) der Busse für den Raubversuch hinzugezählt. Dagegen wohl mit Recht Schreuer 65_{52}.

XVIII. De eum qui innocentem hominem ad regem accusat.

De eum qui — accusat: Falsche Anklage vor dem König. Voraussetzung des Verbrechens ist nicht nur Unschuld, sondern daneben Abwesenheit des Beklagten. vgl. 18, 1 und die Varianten 18, 1_1; Roth. 9; Grágás II. c. 330; Wilda, Strafr. 960. Bezüglich der falschen Anklage überhaupt vgl. Sal. 48; Cap. Sal. IV. 12; 15; 16; Cap. Harist. v. 779 c. 10 (Bo. I. 49); Rib. 59, 3; Pact. Alam. II. 35; Fris. 3, 9; Grim. 7; Waitz, AR. 212; Thonissen 245 ff.; 297 f.; Br. II. 676 f.

sol. LXII c. dim. culp. iud. Busse der Lebensgefährdung. vgl. aber den Zusatz der Em. „de culpis minoribus" und Rib. 38; Br. II. 562_{21}.

tale crimen — unde mori debuisset. Späterer Zusatz. Die Busse von $62^1/_2$ sol. ist auf falsche Anschuldigung wegen geringerer Verbrechen beschränkt. Die Busse von 200 sol. (Wergeld des freien Franken) scheint auf dem Talionsgedanken zu beruhen. vgl. Br. II. 677 f.; Köstlin, ZDR. 15, 386.

XIX. De maleficiis.

maleficiis: Zauberei, insbesondere schädliche Zauberei, denn die unschädliche Zauberei ist, altheidnischer Tradition entsprechend, in den Volksrechten noch straflos, die heilsame Verwendung übernatürlicher Kräfte aber ist überhaupt keine Zauberei, sondern Wunder. vgl. Grimm,

Mythol. II. 861 ff.; Wilda, Strafr. 961; 963; Br. II. 678. Für die spätere Entwickelung unter Einfluss der christlichen Kirche vgl. Liu. 85; Karlomanni Cap. v. 742 c. 5 (Bo. I. 25); Karoli magni Cap. prim. c. 7 (ebd. I. 45); Admon. gen. v. 789 c. 65 (ebd. I. 58 f.); Cap. de part. Sax. c. 23 (ebd. I. 69); Cap. Caris. v. 873 c. 7 (Bo.-Kr. II. 345); Edw. u. Gunthr. 11; Aethelr. VI. 7; Knut II. 4; Alfred Einl. 30; Wilda, Strafr. 968; Br. II. 680 f.; Schr. 346.

herbas dederit bibere. Zur Zauberei im Sinne des altgermanischen Strafrechts gehört die Vergiftung. striga (Hexe) und herbaria sind Wechselbegriffe. vgl. Sept. caus. VI. 2; Rib. 83; Pact. Alam. II. 35; Wilda, Strafr. 962; Br. II. 679_4. Anders Roth. 141; Liu. 118; vgl. Osenbrüggen, Strafr. d. Lang. 61. — Anderweite Tötung durch Zauberei: vgl. Sal. 64, I; Grimm, Mythol. II. 904 f.

sol. CC culp. iud: Wergeld des Getöteten. vgl. Rib. 83; Pact. Alam. II. 35; Roth. 141; Liu. 118.

aut — ignem tradatur f. h. Kod. 2. Der Feuertod ist wohl die älteste Strafe für schädliche Zauberei. Nach unserer Stelle tritt sie nur subsidär ein, wenn das Wergeld des Getöteten nicht erlegt werden kann und wird von der verletzten Sippe als Racheakt in Form der Privathinrichtung vollstreckt. vgl. Sal. 58; Cap. Sal. VIII. 7; Pact. Alam. II. 35; Greg. Tur. Hist. Franc. VI. 35; Br. II. 471_{19}; 679_5; Forschungen 511_1; Sickel, MIÖG. EB. III. 499_1. Anders Wis. VI. 2, 2; Aethelst. 2, 6.

evaserit — sol. LXII c. dim. culp. iud: typisches Versuchsdelikt — Strafe der Lebensgefährdung. vgl. Rib. 83, 2; Roth. 139—142; Br. II. 561 f.; Schr. 342_{71}.

maleficium superiactaverit: Zauber werfen. (vgl. Wolfdietrich her. v. Holtzmann 515; 521; 533) d. h. das Loos zum Zwecke der Zauberei werfen. Im Franz. heisst Hexe geradezu sorcière (von sortiaria, Looswerferin). vgl. Du Cange VI. 443; Grimm, Mythol. II. 866.

cum ligaturis ubilibet miserit. — ligatura, ligamen, Angebinde, Angehenke, d. h. Amulete, meist zum Schutz gegen Unglück dienend, aber auch umgekehrt dem Träger zum Schaden angehängt. Die christliche Kirche bekämpfte beide Arten als heidnischen Aberglauben. vgl. Wis. VI. 2, 4; Gregor. Turon. lib. de virt. S. Julian. c. 46a (MG. SS. Merov. I. 582); lib. IV. de virt. S. Mart. c. 36 (ebd. 659); Ben. Lev. II. 72; Add. III. 93 (MG. LL. II. 77; 143); Poen. Merseb. A. c. 36 (Wasserschleben 395); Kopp, Palaeogr. crit. III. 72 ff.; Du Cange IV. 109; Grimm, Mythol. II. 982. — ubilibet miserit. Ist damit das Schicken an einen bestimmten Ort oder das Anhängen an irgend einen Körperteil gemeint?

unde infantes non potuerit habere. vgl. Br. II. 680.

XX. De eum qui ingenua muliere manum vel brachio aut digito extrinxerit.

extrinxerit. extringere = stringere, streifen, berühren. vgl. Behrend, l. Sal. 146; 159. Der Titel handelt demgemäss von unzüchtigem Berühren weiblicher Körperteile. vgl. Cap. Sal. III. 3, 1; 2. Die auffallende Höhe der für solche Handlungen ausgeworfenen Bussen scheint sich nur zu erklären, indem man sie als Versuchsdelikte rechtswidrigen Beischlafs auffasst. Das erhellt besonders aus den eingehenden

Bestimmungen von Baiuw. 8, 1; 3—5. vgl. ausserdem Alam. 56; Roth. 26, Liu. 121; Alfr. 11; Gotlandslag. I. 23, 4; Wilda, Strafr. 783 f.; Thonissen 309 f.; Br. II. 563; Schreuer 86_{41}.

praesserit = pressaverit. pressare, franz. presser, drücken. Die Texte, welche in § 1 das Berühren des Armes nicht erwähnen, haben teilweise auch hier strinxerit.

mamellam capulaverit. Die Verletzung der weiblichen Brust, nach jüngeren Texten sogar nur die Berührung, wird mit der Unzuchtsbusse bestraft. vgl. Sal. 25, 2.

XXI. De navibus furatis.

navibus. Die Schiffahrt der Franken hat sich zur Zeit der l. Sal. noch kaum auf überseeischen Verkehr erstreckt. vgl. Wackernagel, Kl. Schrift. 1, 81; Lamprecht, WL. I. 17 und die Variante von Sal. 21, 1_3.

extra consilium — moverit: Gebrauchsanmassung. vgl. Sal. 23; Rib. 40; Baiuw. 19, 9; Roth. 340; Wis. VIII. 4, 2 und die Stellen der nordischen Rechte bei Wilda, Strafr. 920 ff.; Br. II. 638.

sol. III (XV). Zwei alte Handschriften (2 u. 4) setzen die Gebrauchsanmassung strafrechtlich dem Diebstahl von Schiffen gleich. vgl. Sal. 21, 2.

sol. XV culp. iud. vgl. Baiuw. 19, 10; Burg. 94.

et perventus fuerit, nur in Kod. 1, von Br. II. 371_{10} auf die handhafte That gedeutet, m. E. dasselbe wie „et ei fuerit adprobatum". vgl. Sal. 21, 2_1. Irrtümlich wohl auch Behrend, l. Sal. 155: pervenire = entkommen.

de intro clavem. Diebstahl mit effractura qualifiziertes Delikt, wird demgemäss erhöht gebüsst. vgl. Sal. 2, II; Br. II. 646_{70}. Jedoch keine Bussenkumulation, da effractura allein nach Sal. 11, 6 mit 30 sol., der einfache Schiffsdiebstahl nach Sal. 21, 2 mit 15 sol. bestraft wird. vgl. Schreuer 58_{13}. — Über die Baulichkeiten zur Aufbewahrung von Schiffen vgl. Meitzen, Agrarw. I. 584.

ascum, ahd. asc, ags. äsc, an. askr, noch heute bair. asch, kleines Schiff, Nachen aus Eschenholz. vgl. Gl. Est: idest scavola (Demin. von scapha = σκάφη Nachen); Müllenh. b. Waitz 279; Kern b. Hessels § 121; Du Cange I. 430; Grimm, WB. I. 578; Schmeller, WB. I. 165. Der Wert desselben muss ein höherer gewesen sein als der der einfachen navis, ob das aber in dem grösseren Flächengehalt des ascus begründet ist, wie Müllenhof a. a. O. und ihm folgend Behrend, l. Sal. 139 meint, scheint zweifelhaft, vielmehr wird auf das Material abzusehen sein, welches besonders fest und zu künstlerischer Bearbeitung geeignet ist. Irrig wohl Thonissen 324, welcher Clement, Forschgn. 144 zitiert, ihn aber missversteht.

in suspensum pro studio posito. Dieser in einer Reihe von Handschriften fehlende Zusatz deutet auf eine besondere bei Verwahrung von Eschenkähnen übliche Vorsichtsmassregel hin. M. E. hat man, dem Wortlaut entsprechend, Befestigung des Nachens am Sparrenwerk der Decke des Schuppens anzunehmen. Anders Clement, a. a. O.

XXII. De furtis in molino conmissis.

molino. Die Mühle und ihr Betrieb sind zur Zeit der l. Sal. rechtlich besonders geschützt, denn die Mühle ist eine kostbare Maschine und, da nicht jeder eine eigene Mühle besitzt, stets eine mindestens halböffentliche Anlage. vgl. Sal. 31, I: Schutz des Mühlenweges; Roth. 149—151; Wis. VIII. 4, 30; Lamprecht, WL. I. 16 f.; Br. II. 582_{17}.

anona aliena. Für dies ihm zum Mahlen anvertraute Getreide ist der Müller, solange dasselbe sich in der Mühle befindet, Treuhänder.

molinario. Es kann sich hier nicht um einen Müllerknecht, d. h. einen unfreien Handwerker handeln, wie in Sal. 10, IV_1 (Kod. 5; 6), sondern nur um einen freien Gewerbetreibenden, denn ersterer wäre nicht fähig, Bussen zu empfangen. Dass demselben die Mühle eigentümlich gehört, geht aus den Varianten Sal. 22, 1_1 und dem Ausdruck „molino alieno" in Sal. 22, I; „farinario alieno" in Sal. 22, II hervor, denn ein blosses Nutzungsrecht wie etwa beim Grund und Boden (vgl. Blumenstok, IE. I. 245 ff.) kann gerade hier nicht angenommen werden.

sol. XV solvat — alius XV solvatur. Dem Müller als Treuhänder steht die eigentliche Diebstahlsbusse zu, denn nur er, aus dessen Gewahrsam das Getreide gekommen ist, kann die Anefangsklage anstrengen. vgl. Br. II. 509. Die hinzutretende Busse an den Getreideeigentümer ist vielleicht (?) als Injurienbusse aufzufassen. vgl. Schreuer 89_5.

ferramento. Eisenteile an der Mühle selbst oder eiserne Mühlengeräte. vgl. Pact. Alam. V. 14; Wis. VII. 2, 12.

molino alieno. vgl. oben unter „molinario".

sol. XLV culp. iud. Die hohe Busse ein Zeichen der Kostbarkeit des Eisens (vgl. Lamprecht, WL. I. 9) oder der Mühlenwerkzeuge.

sclusa = exclusa, franz. écluse, Schleuse. vgl. Cham. 38; Greg. Tur. lib. vitae patr. 18, 2 (MG. SS. rer. Mer. I. 734 f.).

XXIII. De caballo extra consilium domini sui ascensu.

caballum alienum — caballicaverit. Gebrauchsanmassung. vgl. Sal. 21, 1; Rib. 40; Baiuw. 19, 9; Roth. 340; Burg. 4, 7; Wis. VIII. 4, 2 und die Stellen der nordischen Rechte bei Wilda, Strafr. 920 ff.

sol. XXX culp. iud. Die Busse für Gebrauchsanmassung eines Pferdes ist im fränk. Recht auffallend hoch (vgl. Rib. 40), fast so hoch wie die Diebstahlsbusse für ein gewöhnliches Pferd oder einen Wallach. vgl. Sal. 38, I; V; Meitzen, Agrarw. I. 593. Andere Rechte unterscheiden zwischen der länger oder kürzer ausgedehnten Anmassung, bezw. zwischen der grösseren oder geringeren Entfernung des Anmassungsobjektes aus dem unmittelbaren Machtbereich des Eigentümers und präsumieren für erschwerten Fall Diebstahlsabsicht. vgl. Roth. 340; Burg. 4, 7; Wis. VIII. 4, 2; Wilda, Strafr. 920 ff.; Glasson, Hist. III. 572 f.

ascenderit — caballicaverit — sol. XV, quando discendit, alius XV culp. iud. Die Gebrauchsanmassung ist vollendet, wenn der Reiter aufgesessen ist, obgleich sein Zweck, das Reiten, noch gar nicht erreicht ist. Das Reiten selbst wird daher als eine neue Gebrauchsanmassung betrachtet, für die beim Absteigen nochmals 15 sol. zu erlegen sind.

XXIV. De homicidiis parvolorum.

puerum infra X annos. Die anderen Texte lesen „XII annos", Text 4 allerdings in verderbter Weise. Salischer Mündigkeitstermin thatsächlich auch nicht das vollendete 10., sondern 12. Lebensjahr. vgl. Sal. 24, 5; Cap. Sal. IX. 5; Waitz, AR. 116; Schröder, FDG. 19, 141;

Franken u. ihr R. 41; SOHM, RuGV. 342; THONISSEN 283_3; BR. I. 78_{55}; II. 31. Denselben Termin haben die Alamannen (vgl. noch v. WYSS, Abtei Zürich. Urk. 124; Freib. Stadtrod. § 34), die Friesen (Fris. Add. sap. 3, 70), Sachsen (vgl. noch Richtst. Landr. 43, 4), Langobarden (Roth. 155), Norweger u. Isländer (vgl. MAURER, KrV. II. 85 ff.; ZDPh. 2, 443). Andere Termine: Rib. 81; Burg. 87; Wis. II. 4, 10; 5, 9; IV. 3, 1; 4 (vgl. aber X. 1, 17); Hloth. u. Eadr. 6; Ine 7, 2 (vgl. aber Aedhelst. II. 1; Knut II. 20). vgl. GRIMM, RA. 413 ff.; KRAUT, Vormundsch. I. 112 ff.; WACKERNAGEL, D. Lebensalter 51; HEUSLER, Instit. II. 489 f.; SCHR. 260_{10}; FICKER, Erbenf. I. 45.

occiderit — sol. DC culp. iud. Dreifaches Wergeld des Unmündigen. vgl. Sal. 41, 1; Rib. 7. Grund: Wehrlosigkeit. vgl. BR. I. 78_{55}; II. 615; SCHREUER 71; der gleiche Grund für erhöhtes Wergeld der Frau: Baiuw. 4, 29.

puerum crinitum. Knabe, dessen Haar noch nicht geschoren ist. vgl. Cap. Sal. I. 4. Die Zeremonie des ersten Scherens heisst capillaturiae: Cap. Sal. V. 2. vgl. GRIMM, RA. 146; 464; SOHM, RuGV. 549; BR. I. 77_{50}, sie erfolgt als Vorbereitung der Wehrhaftmachung. Diese wird nicht notwendig im Augenblick der Mündigkeit vorgenommen, sondern kann später, nach jüngerem R. auch früher erfolgen. vgl. Sal. 24, 1_3. Wehrhaftmachung keine Emanzipation: Söhne verbleiben, solange sie im Hause des Vaters wohnen, in dessen Munt. vgl. STOBBE, Beiträge 1 ff.; HEUSLER, Instit. II. 435 f.; v. AMIRA, Recht 145; BR. I. 77 f.; SCHR. 65 f. gegen SOHM, RuGV. 554, YOUNG, Essays in Anglosax. law 155 f.; 159 f.; EHRENBERG, Kommendation 54.

femena ingenuam interfecerit — sol. DC culp. iud. vgl. Sal. 24, II; 6; 7; 41, 3.

gravida trabaterit, si moritur — sol. DCÇ culp. iud. trabattere schlagen, mishandeln. vgl. Gl. Est: „idest abortat"; DU CANGE, VI. 623; WAITZ, AR. 299. — Die Busse für Tötung einer Frau im gebärfähigen Alter ist 600 sol. (vgl. Sal. 24, I; 6), die Busse für Tötung eines Embryo 100 sol. (vgl. Sal. 24, 4), folglich nach Kumulationsprinzip Wergeld der Schwangeren 700 sol. vgl. Rib. 36, 10; Grágás I. c. 95; II. c. 297 a. E.; WILDA, Strafr. 718 f.; SCHREUER 52_2; BR. II. 541_{29}.

(aut) ante quod nomen habeat. Embryo und neugeborenes, aber noch namenloses Kind werden rechtlich gleich behandelt. Tötungsrecht des Vaters bis zur Namengebung. Diese erfolgt gewöhnlich innerhalb neun Tagen nach der Geburt. Von da ab volle Rechtsfähigkeit, insbesondere volles Wergeld. vgl. Sal. 24, 4_3; Fris. 5; Rib. 36, 10; Vit. S. Liudg. c. 6; 7 (MG. SS. II. 406); GRIMM, RA. 455 ff.; WILDA, Strafr. 725; BR. I. 76; SCHR. 65; 260.

fretus ei nullatenus requiratur. Bei der rechtswidrigen That des Unmündigen wird das Fehlen der bösen Absicht vorausgesetzt und daher kein Friedensgeld verlangt. vgl. Cap. Sal. IX. 5; Fris. Add. sap. 3, 70; v. AMIRA, Oblig. R. I. 375; KRAUT, Vormundsch. I. 339 f.; SOHM, RuGV. 108_{18}; BR. II. 546.

antequam infantem habere possit — postquam coeperit habere infantes. Das Weib im gebärfähigen Alter wird durch dreifaches Wergeld ausgezeichnet. vgl. Sept. caus. VII. 3; Rib. 12, 1; 13; 14; Thur. 48. Anders Sax. 15; Fris. Add. sap. 5; Alam. Pact. II. 39 f.; 47 f.;

Lex 59, 2; 60, 2; 88; Baiuw. 4, 29; Roth. 200. vgl. GRIMM, RA. 404 ff.; WILDA, Strafr. 424 f.; 571 f.; FUSTEL DE COULANGES, Hist. III. 494; BR. II. 615; SCHREUER 52; SCHR. 335.

XXV. De adulteriis ancillarum.

adulteriis. Das Wort bedeutet nicht nur Ehebruch, sondern jede Art der Unzucht. vgl. Burg. 44; Wis. III. 2, 1; 2; Roth. 196; Greg. Tur. Hist. Franc. VI. 36; Concil. Tur. v. 567 c. 15 (MG. Conc. 125); DU CANGE I. 101; BR. II. 658_1.

ancillarum. Diese Überschrift passt erst von § 3 an. vgl. Roth. BenW. 84_{165}.

per virtutem mechatus fuerit — sol. LXII c. dim. culp. iud. per virtutem = per vim. Die Notzucht wird in der l. Sal. gebüsst wie der Frauenraub, von dem sie begrifflich überhaupt nur in einzelnen Volksrechten streng geschieden wird. vgl. Sal. 13, 4. Die Strafe von $62^1/_2$ sol. erscheint überhaupt mehrfach bei Missethaten gegen Frauen: Sal. 13, 4; 6; 10; Extrav. A. I. Notzuchtsstrafe in anderen Volksrechten: Alam. 56; Wis. III. 4, 14; Alfr. 11, 2; vgl. BR. II. 666 f.; SCHR. 347. Notzucht als Bandenverbrechen: Cap. Sal. V. 7; Notzucht an einer Braut auf dem Hochzeitswege: Sal. 13, IV. Spätere Verschärfung der Notzuchtsstrafen: vgl. v. AMIRA, MIÖG. 12, 557; BR. II. 667_{12}.

spontanea voluntate — mechati fuerint — sol. XLV culp. iud. Unzucht zwischen Freien. Ursprüngliche Folge: Fehde der Verwandten des schuldigen Weibes gegen den schuldigen Mann. vgl. Grim. 8; Vita Emmeram. c. 9; 12. (Acta Sanct. Sept. VI. 475; 477); Bonif. ad Aethilbald. reg. Mercion. (JAFFÉ, Bibl. III. 172); BR. II. 660_{15}. Tötungsrecht der Verwandten bei handhafter That: Fris. 5, 1; Rib. 77; Alfr. 42, 7; Wis. III. 4, 5; Grágás II. c. 293; WILDA, Strafr. 812; BR. II. 660_{16}. Unzuchtsbussen: Rib. 35, 2; Baiuw. 8, 8; Burg. 44; 61; Roth. 189; Liu. 76; BR. II. $661_{17;\,18}$. Strafe des entehrten Weibes vgl. Roth. 189; Burg. 35, 3; Wis. III. 4, 5; Greg. Tur. Hist. Franc. VI. 36; Bonif. ad Aethilb. a. a. O.; Adam. Brem. Gest. Ham. eccl. pont. IV. 6 (MG. SS. VII. 370); GRIMM, RA. 694; DREYER, Nebenst. 177 f.; BR. I. 91_{46}; II. 470_{15}; 659_{4-8}.

ingenuus cum ancilla aliena — sol. XV culp. iud. Unzucht zwischen einem Freien und der Magd eines Anderen ist diesem letzteren als Eigentumsverletzung zu büssen. vgl. Baiuw. 8, 13; Fris. 9, 3 ff.; Roth. 194; KÖHNE in GIERKES Unters. XXII. 25; BR. II. 661_{20-22}.

cum rege ancilla — sol. XXX culp. iud. Unzucht mit einer Kronmagd doppelt so hoch bestraft wie mit einer anderen Unfreien. Grund: höherer Schutz des Königsgutes. vgl. Sal. 3, IV; 38, II; Aist. 17. Die Busse ist wahrscheinlich noch im 6. Jahrhundert auf das Dreifache der gewöhnlichen Strafe erhöht worden. vgl. Extrav. A. VI. 4; Rib. 11, 3; (60, 8); Alam. 7; (31); BR. I. 237_{42}; II. $44_{13;\,14}$; DAHN, Kge. VII. 1, 281_9; 3, 383; 414_8; SCHREUER 95.

§ 5 u. 6. vgl. Erläuterung zu Sal. 13, 8; 9.

servus cum ancilla aliena — sol. VI — reddat aut castretur. Unzucht eines Knechtes mit der Magd eines anderen Herrn zieht die Leibesstrafe der Entmannung nach sich, wenn die Unfreie infolge der Schwächung gestorben ist. Die l. Sal. kennt nur diese Verstümmelungsstrafe, und auch sie nur bei Knechten. vgl. Sal. 12, 2; 40, 4; 11.

Die Entmannung begegnet sonst Rib. 58, 17; Wis. III. 5, 4; Alfr. 25, 1; Cap. Rem. 8. Andere Verstümmelungsstrafen: Cham. 32; Baiuw. 1, 6; 2, 6; App. text. prim. 3; Fris. 3, 8; 9; 10, 1; Roth. 241; 242; 243; Burg. 6, 10; Ine 18; Alfr. 6; Aethelst. II. 14, 1; Knut II, 36. — Ine 18 — Greg. Tur. Hist. Franc. VII. 20; Knut II. 30, 4. — Rib. 59, 3 — Greg. Tur. Hist. Franc. X. 18; Cap. Herist. v. 779 c. 23 (Bo. I. 51); Cap. miss. Theod. v. 805 c. 10 (ebd. 124); Cap. Hloth. Pap. v. 832 c. 6 (Bo.-Kr. II. 61); Cap. Rem. 2; Knut II. 30, 5; 53. — Greg. Tur. Hist. Franc. V. 48; X. 18; Knut II. 30, 5; 53. — Cap. Rem. 2; Alfr. 32; Edgar III. 4; Knut II. 16 — Knut II. 30, 5. — Cap. Herist. v. 779 c. 23 (Bo. I. 51); Knut II. 30, 5 — Greg. Tur. Hist. Franc. VI. 46. Br. II. 603f.; 661_{27}. — Die Entmannung ist abkäuflich.

ex hoc mortua non fuerit — CCC iectos flagellorum accipiat aut — sol. III domino reddat. Leibesstrafe der Stäupung, wenn die Geschwächte nicht gestorben ist. Auch die Prügelstrafe in der l. Sal. nur für Unfreie angewendet: Sal. 12, 1; 40, 11; ausserdem als Mittel, um Geständnisse von Sklaven zu erpressen: Sal. 40, 1—6. Anders bei den Westgoten, deren Volksrecht die Prügelstrafe in ausgedehntem Masse für Freie anwendet, bei den Baiern dient sie nur zur Aufrechterhaltung der militärischen Disziplin: Baiuw. 2, 4 Abs. 3. In den Kapitularien Ausdehnung der Prügelstrafe auf Freie. — Anstatt 300 ist Kod. 1—3 zu lesen 120 = 1 Grosshundert. vgl. Sal. 40, 1; 3; 4; die 240 Hiebe in Sal. 40, 11_{2} = 2 Grosshunderte. Der Hieb steht einem Denar gleich, also Ablösungssumme für 120 Hiebe: 3 sol., später 1 Hieb = 1 sol. vgl. Cap. leg. add. v. 803 c. 10 (Bo. I. 114). Leibesstrafe schliesst Busse aus, der Herr zahlt nur noch capitale und delatura. vgl. Br. II. 603f.; 606; 661_{27}; Schreuer 262_{30}.

XXVI. De libertis demissis.

libertis demissis. Die Überschrift passt streng genommen nur auf § 1, in dem von der Freilassung der Liten die Rede ist, § 2 beschäftigt sich mit der Freilassung der Sklaven. litus (über ihn vgl. Erläuterung zu Sal. 13, 7) und libertus sind insofern identisch, als die Freilassung niederer Ordnung bei den niederdeutschen Stämmen zum Liten macht. vgl. Br. I. 242_{26}. Dem steht die Freilassung höherer Ordnung gegenüber, von der unser Titel handelt.

extra consilium domini sui — dimiserit — sol. C culp. iud. Die rechtswidrige Freilassung eines Halbfreien, d. h. die ohne Zustimmung des Herrn von einem Dritten vorgenommene Freilassung, ist mit dem Litenwergelde, der Hälfte des Freienwergeldes, zu büssen. vgl. Sal. 42, 4; Cham. 5; Alam. 16; Thur. 45; Sax. 16; Fris. 1, 4; 7; 10; 15, 3; 22, 90; Add. sap. 3, 73; Cap. leg. Rib. add. v. 803 c. 2 (Bo. I. 117); Br. I. 238_{1}; Schr. 336_{36}; Dahn, Kge. VII. 1, 250_{5}; Meitzen, Agrarw. I. 579. Über die mit Zustimmung des Herrn von einem Dritten vorgenommene Freilassung vgl. insbesondere Brunner, Hist. Aufs. f. Waitz 61 f.

ante rege. Die Stelle wird von Br. I. 299_{36} mit Sal. 14, 4; 46; 56 als Beweis für die Einheit des salischen Königtums zur Zeit der Entstehung unseres Volksrechts angesehen. vgl. Fahlbeck, Royauté 274f. Dagegen Dahn, Kge. VII. 2, 52_{6}.

per dinario. Die Freilassung höherer Ordnung, d. h. zur Vollfreiheit eines Volksgenossen, erfolgt nach fränkischem Recht per dinarium, durch „Schatzwurf": der Freilasser schüttelt einen ihm vom Freizulassenden dargebotenen Denar so aus dessen flacher Hand, dass er dem Darbietenden über den Kopf fliegt. Symbolik dieses Aktes: der Freilasser verschmäht den ihm rechtmässig zu leistenden Zins. — Nur vor dem König darf in fränkischer Zeit die denariatio erfolgen. vgl. Rib. 57,1; Form. Marc. 1,22; Form. Marc. aev. Karol. 27; Carta Senon. 12; 42; Form. Bignon. 1; Merkel. 40; imperial. 1; Expos. § 2 zu Roth. 224 (MG. LL. 4, 353); Grimm, RA. 178 f.; Roth, Feudalität 290; Waitz, VG. II. 1, 235; V. 247; Sohm, RuGV. 47 f.; Winogradoff, FDG. 16, 599 ff.; Stock, Freilassgn. 11; 27; Heusler, Instit. I. 183 f.; Fournier, Bibl. d. l'éc. des haut. étud. 60, 36 ff.; Br., Hist. Aufs. f. Waitz, 55 ff.; RG. I. 246 f.; Schr. 218 f.; Dahn, Kge. VII. 1, 267_9; 268_2; Stouff, Personalité 17. Das Wort scaz = denarius, obolus, pecunia — census. vgl. Graff, Sprachsch. I. 1042; VI. 557; Br., Hist. Aufs. f. Waitz 55_2.

Res vero leti etc. Selbst die unrechtmässige Freilassung wird, wenn vor dem König erfolgt, nicht rückgängig gemacht, da Akte der königlichen Regierungsgewalt, wenn nur formell korrekt, unanfechtbar sind. vgl. Meitzen, Agrarw. I. 580; Br., Hist. Aufs. 58. Anders bei Freilassung niederer Ordnung. vgl. Sal. 10, I; Cap. Sal. IX. 2. Dagegen fällt das Vermögen des unrechtmässig per denarium freigelassenen Liten an seinen bisherigen Herrn.

qui apud domino suo in hoste fuerit. Wehrfähigkeit und Wehrpflicht des Liten. vgl. Recap. A. 27; Dahn, Kge. VII. 1, 251_3; 2, 263_6; Br. I. 239_5. Die Bedeutung der Stelle ist im übrigen kontrovers. vgl. Waitz, AR. 6; Sohm, RuGV. 47 ff.; Geppert, Beiträge 11 f.; Winogradoff, FDG. 18, 189 f.; Sickel, Freistaat 26_9; Ders, MJÖG. EB. II. 301 f.; Dahn, Kge. VII. 3, 518_3.

servo alieno — dimiserit. scil. extra consilium domini. Auch der Sklave kann demnach durch Schatzwurf sofort zur Vollfreiheit gelangen. Geschieht es ohne Erlaubnis des Herrn, so ist diesem der Sachwert des Knechts und eine Busse von 35 sol. zu entrichten. Über den Charakter der letzteren vgl. Erläuterung zu Sal. 10, I.

Res vero servi etc. Streng genommen ist der Sklave vermögensunfähig, da er rechtlich Sache ist und mithin nur Objekt, nicht Subjekt von Rechten sein kann. vgl. oben Erläuterung zu Sal. 10, 1. Der Zusatz deutet jedoch bereits auf die Entwicklung hin, die den Sklaven je mehr und mehr zur Rechtsperson gemacht hat. vgl. Lamprecht, WL. I. 55_2.

XXVII. De furtis diversis.

tintinno de porcina — furaverit — sol. XV culp. iud. tintinnum, tintinnus, tintinnabulum, Schelle. vgl. Georges, WB. II. 2812; Du Cange VI. 592. — porcina Schweineherde. vgl. Cap. Sal. IV. 6. — Der Diebstahl der Schelle, die das Leittier einer Heerde trägt, bringt den Eigentümer in Gefahr, die ganze Heerde zu verlieren. Die Strafe ist, entsprechend der ökonomischen Bedeutung des Schweins, (vgl. Erläuterung zu Sal. 2, Überschrift), dreimal so hoch, wie bei anderem Vieh. vgl. Sal. 27, 2; Baiuw. 9, 11; Burg. 4, 5; Wis. VII. 2, 11. Über die letztgenannte Stelle vgl. noch insbesondere Blumenstok, IE. I. 205.

eschillam. — eschilla, latin., ahd. scella, altfrz. eschiele, prov.

esquella, span. esquila, ital. squilla, nhd. Schelle. vgl. Schiller-Lübben, Mniederd. WB. IV. 66; Graff, Sprachsch. VI. 476; Diez, Et. WB. 305; Grimm, WB. VIII. 2492; Kluge, Et. WB. 320. Über die Bedeutung des Wechsels in der Anwendung des germanischen eschilla und des lateinischen tintinnum vgl. Blumenstok, IE. I. 205.

pedica, Fussfessel. vgl. Cap. Sal. IV. 3, 1; 3. — Die Pferde weiden, an einem Fuss gefesselt, mit Glocken, aber ohne Hirten, auf der Koppel. vgl. Lamprecht, WL. I. 14_2; Meitzen, Agrarw. I. 593.

messe. vgl. oben Erläuterung zu Sal. 9, 1.

aliena. vgl. unten Erläuterung zu Sal. 45, 1: „super alterum".

in furtum miserit — sol. XV culp. iud. Es handelt sich hier um das in dieblicher Absicht vorgenommene Eintreiben von Vieh auf fremdes Kulturland. Insofern ist der Thatbestand ein anderer als in Sal. 9, III, was Blumenstok, IE. I. 239, zu verkennen scheint.

in furtum meterit — sol. XV culp. iud. Dem dieblichen Weiden steht strafrechtlich das diebische Ernten gleich.

in orto. Einzige Erwähnung des Gartens im ältesten Texte der l. Sal. Was dort gepflanzt wurde, geht aus der Stelle nicht hervor, doch ist wohl anzunehmen, dass solche Anlagen von vornherein dem durch die Römer vermittelten Obstbau gedient haben. vgl. Lamprecht, WL. I. 15; Meitzen, Agrarw. I. 584; Dahn, Kge. VII. 2, 28. Anderer Ansicht Blumenstok, IE. I. 234, der aber nicht angiebt, was denn nun eigentlich im ältesten salischen Garten gezogen worden ist.

in potus de pomario aut de perario deruperit. — in potus (inpotos Em.; inmetus [verd.] 6), Pfropfreis, spätlat., wahrscheinlich herzuleiten aus griech. ἔμφυτος von ἐμφυτεύειν, einpflanzen. Die verbale Form der Bildung ist frühzeitig ins Germanische gedrungen: ahd. impitôn, imptôn, mhd. impfeten, nhd. impfen. vgl. Graff, Sprachsch. I. 262; Lexer, Mhd. WB. I. 1422; Schmeller, Baier. WB. I. 80; Grimm, WB. IV. 2, 2079; Diez, Et. WB. 570; Kluge, Et. WB. 176 f.; Hehn 424 f. — Die Obstkultur scheint sich ausser auf Wein nur auf Äpfel und Birnen erstreckt zu haben, wenigstens werden andere Baumfrüchte nicht erwähnt.

sol. III (§ III; V) — **sol. XV** (§ 6; IV; VI) **culp. iud.** Die Strafbestimmungen richten hier ihr Absehen nicht auf die Grösse des zugefügten Schadens, der derselbe sein kann, ob der Dieb sich nun an Obstbäumen innerhalb oder ausserhalb des Gartens vergreift, sondern auf die begangene oder unterlassene Verletzung des besonderen Friedens, in dem der Garten steht. vgl. Schreuer 30.

§ 2; 3; 4; 6. Über die Verwandtschaft dieser §§ mit Burg. 4, 5; 6; 25, 1; Wis. VII. 2, 11; VIII. 3, 2; 4, 1 vgl. Br. I. 300_{44}; Blumenstok, IE. I. 205.

in napina, in favaria, in pissaria vel in lenticlaria: Rüben-, Bohnen-, Erbsen-, Linsenfeld. vgl. Cap. Sal. IV. 13; Lamprecht, WL. 13; Meitzen, Agrarw. I. 585; Blumenstok, IE. I. 235; Dahn, Kge. VII. 2, 29. Nach Sal. 27, 7 wird das diebliche Betreten von Gemüsefeldern nur mit 3 sol. gebüsst, Sal. 27, 6_2 bedeutet also eine spätere Verstärkung des Rechtsschutzes dieser Kulturen.

campo. vgl. oben Erläuterung zu Sal. 2, 2_1.

lino. Anscheinend beträchtlicher Flachsbau, da Diebstahl ganzer

Wagenladungen häufig. Da Lein nur alle 8 bis 10 Jahre auf dieselbe Stelle gebaut werden darf, so liegt in dieser Stelle ein Beweis für eine bereits vorhandene gewisse Intensität des salfränkischen Wirtschaftsbetriebes. vgl. Blumenstok, IE. I. 235; Meitzen, Agrarw. I. 585; Dahn, Kge. VII. 2, 29.

in caballo aut in carro. Transportmittel für grössere Lasten, als der Mensch zu tragen vermag. Der carrus ist nach Lamprecht, WL. 9_5, ein zweirädriger Karren, wie er noch heute in den Rheinlanden vorzugsweise gebraucht wird. vgl. Sal. 14, I; 34, 2; 3_3; Cap. Sal. IV. 6. Die Sal. 34, 2_2 und Rib. 44 erwähnte carruca ist dagegen vierrädrig.

sol. XV (§ 8) — **sol. III** (§ 9) **culp. iud.** Für Fruchtdiebstahl (Flachs: Sal. 27, 8; 9; Heu: Sal. 27, 10; 11; Wein: Sal. 27, 12; 13) werden Mengengruppen gebildet und Pauschalbussen ausgeworfen. vgl. Schreuer 31. In jüngeren Texten ist die Strafe für Flachsdiebstahl bedeutend verschärft: Sal. 27, 8_4; 9_1, für Heudiebstahl dagegen merkwürdigerweise zum Teil gemildert: Sal. 27, 10_1.

agrum. Acker im allgemeinen heisst ager. vgl. Lamprecht, WL. I. 13_2.

prato. Der älteste Text erwähnt nur dies eine Mal Wiesen. Weil solche jedoch unbedingt in grosser Anzahl vorhanden gewesen sein müssen, da die Salier bedeutende Heerden von Ochsen, Kühen und Schafen, ja selbst von weidenden Pferden unterhielten, so erklärt sich nach Blumenstok, IE. 239 f., das Fehlen eingehender Bestimmungen zum Schutze der Wiesen nur aus dem Umstande, dass deren Rechtsverhältnisse noch „nicht im Bereiche der Interessen des Volksrechtes" lagen, d. h. dass an ihnen noch kein Privateigentum bestand. Anderer Meinung Meitzen, Agrarw. I. 585. M. E. handelt es sich hier nur um Wiesen, die zur Gewinnung des Trockenfutters für den Winter bestimmt waren, während daneben noch weite Komplexe für genossenschaftliche Sommerweide zur Verfügung standen.

vinea (vino). vgl. Erläuterung zu Sal. 7, IX. — Sal. 27, 12 erinnert nach Blumenstok, IE. I. 205, an Burg. 27, 7; 9; 103, 1.

convenit observare. vgl. Erläuterung zu Sal. 4, 3.

clausuram. — clausura identisch mit saepes. vgl. Blumenstok, IE. I. 249.

deruperit — **sol. XV culp. iud.** Versuch des Diebstahls wird als selbständiges Delikt (effractura) bestraft. vgl. Erläuterung zu Sal. 11, 6.

materium (matriamen), Balken, Bauholz. Durch die Bearbeitung der Baumstämme des Gemeindewaldes wird an ihnen Privateigentum erworben.

concapulaverit aut incenderit — **sol. XV culp. iud.** Zerstörung fremden Eigentums wird mit 15 sol. gebüsst, gleichgültig, ob dieselbe durch Zerhauen oder Verbrennen geschieht. In der letzteren Zerstörungsform wird also keine Brandstiftung gesehen. vgl Sal. 16, 5; Br. II. 655.

ex una parte dolatum — **sol. III culp. iud.** dolare, glätten, abschleifen. Ist die Bearbeitung des Baumstammes noch nicht weit vorgeschritten, so ermässigt sich die Busse für seine Zerstörung.

ligna aliena: von anderen gefällte, aber sonst noch nicht bearbeitete Bäume.

in silva aliena. Fremder Privatwald oder fremder Gemeindewald? vgl. Fustel de Coulanges, Hist. IV. 103_1; Rech. 298_2; Lamprecht,

WL. I. 14_3; DAHN, Kge. VII. 2, 3_3. Übrigens haben nur zwei Hs. (Kod. 1 u. 4) die silva aliena, in Kod. 2; 5; 6 fehlt der ganze §, Kod. 3 hat „ligna alterius in silva“, Kod. 7—9; B; G; H haben „in silva alterius ligna“, Kod. 10 (Tit. VIII § 4; Tit. XXVII § 12) u. Em. (Tit. VIII § 4; Tit. XXIX § 27) wissen ebenfalls nichts von einer silva aliena. M. E. liegt ein Schreibfehler vor, um so sicherer, als jedenfalls durch das zweite „aliena“ das erste überflüssig gemacht wird: handelt es sich um einen fremden Gemeindewald, so sind selbstverständlich dessen ligna für jeden ausserhalb der Genossenschaft Stehenden aliena; ist ein fremder Privatwald gemeint, so ist dessen Eigentümer ebenso selbstverständlich alleiniger Herr der in ihm befindlichen Bäume. — Die Busse von 45 sol. in Kod. 4 ist auffallend hoch und scheint ebenfalls für Textverderbnis zu sprechen.

arborem post annum quod fuit signatus. Zur Okkupation eines Baumes im Gemeindewald genügt schon Kennzeichnung durch eine Marke. Diese Beschlagnahme wirkt jedoch nur für ein Jahr. vgl. WAITZ, AR. 125; HOMEYER, Hausmarken 8; 328; DAHN, Kge. VII. 2, 9; MEITZEN, Agrarw. I. 592. — Eingehend, aber nicht durchaus überzeugend handelt über Sal. 27, 15—18 BLUMENSTOK, IE. I. 241 ff.; 281 f.; 328; 330.

retem ad anguillas: Aalreuse, ein im Wasser feststehendes trichterförmiges Netz, das wegen seines komplizierteren Baues für besonders wertvoll gilt. Daher hier die hohe Diebstahlsbusse von 45 sol. vgl. LAMPRECHT, WL. I. 15.

statuale, Stellnetz, zum Fang kleinerer Fische. vgl. LAMPRECHT, WL. I. 15.

tremaclem: dreimaschiges Netz (tres maculae), franz. tremail oder trameil. vgl. SACHS-VILLATTE, WB. 1551.

vertevolum, mlat. vertebellum, franz. verveux (= bertaule) reusenförmiges Fischgarn, Netzsack. vgl. SACHS-VILLATE, WB. 1600. — Der Fischfang ist bei den Saliern frei und wird eifrig betrieben, nur der Diebstahl von Fischgeräten und gefangenen Fischen (Sal. 33, 1) wird bestraft. vgl. BLUMENSTOK, IE. I. 245; DAHN, Kge. VII. 2, 30; MEITZEN, Agrarw. I. 592.

screona. vgl. Erläuterung zu Sal. 13, 1_2.

sine clavem — qui clavem habet. vgl. Erläuterung zu Sal. 11, 5.

effrigerit — sol. XV (§ 21) — **XLV** (§ 22) **culp. iud.** Leichterer — schwererer Fall des Einbruchs. Ersterer wird, wenn es sich um eine screuna handelt, nur mit 15 sol. gebüsst, wenn um ein Wohnhaus, mit 30 sol. Letzterer zieht in beiden Fällen die Strafe von 45 sol. nach sich. vgl. Sal. 11, 3; 5. Versuchter Diebstahl (Sal. 11, 6; 27, 22_2) wird als selbständiges Delikt geahndet. vgl. Erläuterung zu Sal. 11, 6.

araverit extra consilium domini — sol. XV, — seminaverit — sol. XLV culp. iud. Die Stellen setzen nach LAMPRECHT, WL. I. 48, ein mindestens durch zwei Jahre hindurch fortgesetztes Nutzungsrecht des einzelnen am ager voraus. vgl. Cap. Sal. III. 1, wo von einem gemeinsamen campus vel exitus mehrerer vicini die Rede ist, was LAMPRECHT, a. a. O., als gemeinschaftlich von mehreren Nachbarn bewirtschaftete Gewanne mit einem eigenen Ausgang nach der Heerstrasse deutet. campus und das synonym auftretende ager können hier aber m. E. auch die allgemeine Bedeutung von Gemarkung haben.

ante ostaverit (ostaverit, anteortaverit) — iactaverit — testaverit — sol. XV culp. iud. ostare = mlat. haustare, Nbf. von haurire, franz. ôter, wegnehmen, beseitigen. vgl. Diez, Et. WB. 650 f. Dagegen leiten Du Cange, IV. 745, Mätzner, Franz. Gramm. 45; Littré II. 874; Waitz, AR. 297 u. A. das Wort von obstare ab, wozu die Variante vetaverit der Kod. B—H passen würde. vgl. Sal. 31, 1; 2; Cap. Sal. IV. 6. — testare vgl. Erläuterung zu Sal. 14, 4. — Der § verbietet, einen Markgenossen an dem bei der Gemenglage der Felder notwendigen Überschreiten fremden Grundes und Bodens zu hindern. Der ungelenke Ausdruck der älteren Texte wird durch die Em. erklärt.

cum servo alieno aliquid negutiaverit — sol. XV culp. iud. Das nesciente domino mit dem Sklaven vorgenommene Rechtsgeschäft wird als schädlich für den Herrn und somit als dolose Handlung des negotiator präsumiert: dieser letztere kennt die Handlungsunfähigkeit des Sklaven, und nur Arglist kann ihn also veranlassen, das Geschäft hinter dem Rücken des Herrn abzuschliessen. vgl. Sal. 10, III; 40, II; Cap. Sal. IV. 8.

bracilem: Armspange oder Gürtel. vgl. Du Cange I. 757.

casam alienam — traxerit, sol. XXX culp. iud. Das Haus des salischen Franken, überwiegend oder ganz aus Holz errichtet, steht in allen Ecken ungedielt auf blosser Erde (vgl. Sal. 58), kann leicht eingerissen und schnell wieder an anderer Stelle aufgebaut werden. Die Busse für unbefugtes Wegnehmen des Hauses ist daher auch verhältnismässig gering. vgl. Lamprecht, WL. I. 8; Blumenstok, IE. I. 217; 221_3; Meitzen, Agrarw. I. 582.

XXVIII. De elocationibus.

elocationibus. elocare, locare dingen, bestellen, anstiften.

in furtum: hier nicht furti causa wie Sal. 9, I; 27, 5; 6; 7; oder ad furtum faciendum wie Sal. 10, 2_1, sondern furtive, heimlich. vgl. in furtum expoliare Sal. 14, III; 35, II.

ut alium interficiat. Dieser in den Texten der 1. Familie fehlende Passus muss sinngemäss ergänzt werden, denn der ganze Titel handelt nur von dem Gedinge zum Zwecke der Tötung eines Menschen. Überhaupt kennt die l. Sal. nur vereinzelte Anstiftungsdelikte, ausser dem hier behandelten nämlich nur die Fälle Sal. 41, IV. u. 55, 3, dagegen keine Anstiftung zum Meineide. vgl. Cap. miss. Worm. v. 829 c. 6 (Bo.-Kr. II. 15); Br. II. 567_{13}. Lamprecht, WL. I. 58_1, bezieht Sal. 28 irrtümlich auf Anstiftung zu ehrenhafter Plünderung.

sol. LXII c. dim. culp. iud. (§ 1 u. 2). Der Gedungene sowohl wie der Anstifter erhalten die Strafe der Lebensgefährdung. Somit wird vorausgesetzt, in einzelnen Texten auch ausdrücklich betont, dass der Totschlag nicht stattgefunden hat. vgl. Sal. 28, 1_2. Wurde der Totschlag ausgeführt, so büsste der Thäter natürlich das volle Wergeld des Erschlagenen, der Anstifter hat nach Kod. 10 nicht die Anstiftungsbusse, sondern das halbe Wergeld zu zahlen: Sal. 28, 1_4. vgl. Br. II. 562; 568 f. Text u. Anm. 17—20. Über die strafrechtliche Behandlung der Anstiftung in den übrigen Volksrechten vgl. Fris. 2; Roth. 202; Liu. 63; 72; Aethelred VIII. 23; Leg. Henr. prim. 85, 3; Skånel 108; 109; Sunesen 63; Wilda, Strafr. 631 ff.; Richthofen, MG. LL. III. 658_{21}; v. Amira, Obl. R. I. 711; II. 848; Br. II. 567 f.

dans, accipiens et portans sol. LXII c. dim. singuli eorum culp. iud. Bei mittelbarer Anstiftung wird der Mittelsmann gleich dem elocator und dem locatus wegen Lebensgefährdung bestraft.

XXIX. De dibilitatibus.

dibilitatibus. — dibilitas (debilitacio), debilitare hat in den germanischen Volksrechten doppelte Bedeutung. Im ursprünglichen Wortsinne als Schwächung, Unbrauchbarmachung, umfasst der Begriff sowohl Verstümmelung als Lähmung (so z. B. Sal. 9, 1; 29 Überschr.; 38, VII; Rib. 5 [Kodd. B] Überschr.; 68, 5; 70, 2; 3; 5; Burg. 18, 1; 73, 1; 2; Wis. V. 5, 2), im engeren Sinne bedeutet er dagegen Verstümmelung als Gegensatz zur blossen mancatio, Lähmung, und ist synonym mit excussio, evulsio, amputatio (so z. B. Sal. 29, 1; Rib. 26 [Kodd. B] Überschr.). Von der debilitatio im weiteren Sinne unterscheidet das germanische Recht diejenige Blutwunde, welche keine Lähmung oder Verstümmelung hervorruft, und den trockenen (dürren) Schlag. Vgl. Erläuterungen zu Sal. 17; Br. II. 635; Schreuer 18 ff.; Günther, Körperverletzg. 49 f.; 57 ff.

manum vel pedem debilitaverit — sol. C (LXII c. dim.) culp. iud. — Das Abschlagen von Hand und Fuss wird nach den älteren Texten der l. Sal. mit der Hälfte des 200 sol. betragenden Freienwergeldes (Sal. 15; 41, 1) bestraft. Denselben Grundsatz befolgen das ribuarische, sächsische, thüringische, langobardische, angelsächsische, burgundische, dänische und norwegische Recht. vgl. Rib. 5, 4; 8; Sax. 11; Thur. 15; Roth. 62; 68; Wilh. I. 11; Burg. 11, 1; 48, 3; Sunesen 65; Gul. 179; Wilda, Strafr. 761 ff.; 768; Günther, Körperverletzg. 65; Br. II. 635. 100 sol. Hand- und Fussbusse, die aber nicht gleich der Hälfte des Wergeldes sind, hat auch Wis. VI. 4, 3. Über das friesische, alamannische und bairische Recht vgl. Fris. 22, 27; 62; Add. sap. 2, 6; 3, 1; Alam. Pact. II. 24; 25; Lex 57, 39; 66; Baiuw. 4, 9; Wilda, Strafr. 762 ff.; 768; Günther, Körperverletzg. 66; v. Richthofen, MG. LL. III. 675_{80}; 679_{95} und die dort zitierten Stellen aus dess. Autors Fries. RQ.; Br. II. 635_{69} in Verbindung mit I. 225 ff. u. II. 620_{40}. — Die Texte der 2. Familie und die Em. haben in § 1 zwar ebenfalls die Hand- und Fussbusse von 100, in späteren Zusätzen aber (Sal. 29, I; III) anstatt dessen $62^1/_2$ sol. Inkonsequent ist auch die Heroldina (Handbusse 100, Fussbusse $72^1/_2$, soll heissen $62^1/_2$ sol.) Br. I. 295_{17} ist der Ansicht, dass diese letztere Verstümmelungsbusse die ältere sei. vgl. Wilda, Strafr. 84 f.; E. Mayer, Entstehg. d. l. Rib. 81_{11}.

oculum [aut auriculam] vel nasum amputaverit — sol. C (LXII c. dim. — LXV — XV) culp. iud. Das Ausschlagen eines Auges wird nach den Texten der 1. und 3. Fam. (die Variante von Kod. 7 Sal. 29, IV_1 ist ein Schreibfehler) wie das Abschlagen von Hand und Fuss mit dem halben Wergeld geahndet. Ebenso Rib. 5, 3; Sax. 11; Thur. 12; 13; Roth. 48; Burg. 11, 1_*; vgl. Ssp. Landr. II. 16, 5; Gaupp, Ges. d. Thür. 330; L. Franc. Cham. 69; Davoud-Oghlou II. 196; v. Richthofen, MG. LL. V. 50_{20}; 122_{21}; Br. II. 635. Über das friesische, alamannische, bairische und westgothische Recht vgl. Fris. 22, 46; Add. sap. 3, 47; 59; Alam. Pact. II. 2; Lex. 57, 14; Baiuw. 4, 9; Wis. VI. 4, 3; v. Richthofen, MG. LL. III. 676_{84} und die dort zitierten

Stellen aus desselben Autors Fries. RQ.; Wilda, Strafr. 762. Die Texte der 2. Fam. und der Em. enthalten widerspruchsvolle Bestimmungen. vgl. Sal. 29, 1 mit 29, IV. — Für Abschlagen der Nase bestimmen die Texte der 1. Fam. ebenfalls 100 sol., die der 2. Fam. und der Em. zuerst 100 (Sal. 29, 1), dann 45 sol. (Sal. 29, V; die Texte der 3. Fam. endlich begnügen sich mit 15 sol. (Sal. 29, V_2). vgl. Rib. 5, 2; Sax. 11; Thur. 14; Roth. 49; Fris. 22, 10; Add. sap. 3, 10; Alam. 57, 17; Baiuw. 4, 13; Wis. VI. 4, 3; Wilda, Strafr. 764 f.; v. Richthofen, MG. LL. III. 674_{67}. — Das Abhauen eines Ohres endlich, von Kod. 1 u. 2 nicht erwähnt, wird von Kod. 3 u. 4 mit gleichfalls 100 sol. bestraft, ebenso von Kod. 5; 6; Em. (Sal. 29, 1_1); dagegen mit nur 15 sol. von Kod. 5; 6; Em. (Sal. 29, VI); Kod. 7—9; B—H. (Sal. 29, V). vgl. Rib. 5, 1; Sax. 11; Thur. 14; 24; 25; Roth. 53; Fris. 22, 9; Add. sap. 3, 9; Alam. Pact. II. 4; Lex 57, 9; Baiuw. 4, 14; Wis. VI. 4, 3; v. Richthofen, MG. LL. III. 674_{66}; V. 51_{21}.

manus — mancata — pendiderit, — pedes — mancatus tenuerit — sol. LXII et dim. (XLV) culp. iud. Die blosse Lähmung von Hand und Fuss wird in einer Reihe von Volksrechten mit dem Viertel des Wergeldes gebüsst: Rib. 5, 4; 8; Sax. 12; Thur. 15; Roth. 62; 68. Das entspricht dem Prinzip, wonach die Lähmung halb so hoch geahndet werden soll, wie die Verstümmelung. vgl. Rib. 5, 6. In der l. Sal. ist dieser Grundsatz nicht mehr deutlich erkennbar: weder die Busse von $62^1/_2$ sol., wie sie Kod. 1; 3; 10 und (verd.) 4 haben, noch diejenige von 45 sol., welche von den Kod. 5; 6; 8; 9; B; G; H; Em. und (verd.) 7 (Sal. 29, 2_1; II) bestimmt wird, noch endlich die Varianten von Kod. F (§ 2_1) und G (§ II_1) stellen ein Viertel des salischen Wergeldes dar.

de manum vel pedem policem excusserit — sol. L (XLV) culp. iud. Verstümmelung des Daumens wird nach Rib. 5, 5 mit der halben Handbusse bestraft, ebenso nach Wilh. I. 11 und mehreren nordischen Rechten. vgl. Wilda, Strafr. 767 f. Denselben Grundsatz befolgen Kod. 1 u. 2 der l. Sal., während die übrigen Texte 45 sol. (Kod. 3 verd. 65 sol.) festsetzen, wobei die meisten Hs. die grosse Zehe dem Daumen gleichstellen, während z. B. in Sax. 13 jene nur halb so viel gilt wie dieser. vgl. ferner Thur. 19; Roth. 63; Fris. 22, 28; Alam. Pact. II. 16; Lex 57, 42; Baiuw. 4, 11; Wilda, a. a. O.; v. Richthofen, MG. LL. V. $52_{25;\,26}$; 122_{27}.

polix mancatus pependerit — sol. XXX (XXXV) culp. iud. Auch hier ist das Prinzip, wonach Lähmung halb so hoch wie Verstümmelung gebüsst wird, verlassen. vgl. oben Erläuterung zu „manus mancata pendiderit" etc.

secundum digito — sol. XXX (XXXV) culp. iud. Der Zeigefinger wird als Pfeilfinger besonders geschätzt. vgl. Rib. 5, 7; Sax. 13; Roth. 64; Alam. Pact. II. 18; Lex 57, 45; Baiuw. 4, 11; Wis. VI. 4. 3; Lamprecht, WL. I. 15_2. Anders Thur. 20, wo alle Finger ausser dem Daumen gleich gewertet werden. — Über das Verhältnis der 35 sol. in der l. Sal. zu den 36 sol. in der l. Rib. vgl. Br. II. 617_{24}.

Sequentes — digitis — tres — inciderit, sol. L (XL — XLV) culp. iud. Die drei letzten Finger gelten zusammen dem Daumen gleich, die 40 sol. von Kod. 3 beruhen wohl auf Schreibfehler. Den 45 sol.

der Kod. 4—6; 10; Em. würde die Summe der Einzelbussen für jeden der drei letzten Finger entsprechen, wenn, wie SCHREUER 23_{93} will, in Kod. 4 (Sal. 29, VIII) anstatt VIII sol. gelesen werden könnte sol. XV. Dagegen wird nach Kod. 1 u. 3 (Sal. 29, 7; 8) die Verstümmelung eines oder zweier gewöhnlicher Finger im Verhältnis schwerer geahndet als diejenige aller drei. Die Hs. der 3. Fam. werten den Mittelfinger gleich dem Zeigefinger (Sal. 29, 5_1; VII_1) und geben teilweise dem vierten Finger eine Busse von 25 sol. (Sal. 29, VIII_2). Bezüglich der Fingerbusse in den anderen Volksrechten, welche teilweise sogar noch besondere Strafabstufungen für die einzelnen Fingerteile haben, vgl. WILDA, Strafr. 768 f.; SCHREUER 22_{90}.

linguam capulaverit — sol. C. culp. iud. Busse wie für Abhauen von Hand und Fuss. vgl. Thur. 14; Alam. 57, 26; Alfr. 52 und die Stellen bei WILDA, Strafr. 766_4; $767_{1;\,2}$.

dentem excusserit — sol. XV culp. iud. Die l. Sal. unterscheidet nicht besondere Bussen für verschiedene Zähne, ebenso wenig Burg. 26, 1—3. Anders Alam. 57, 20 ff.; Baiuw. 4, 16; Fris. 22, 19—21; Add. sap. 3, 36—38; Roth. 51; 52. Strafen für Abhauen der Lippen finden sich Alam. 57, 18; 19; Baiuw. 4, 15; Roth. 50.

hominem ingenuum castraverit — sol. CC (C) culp. iud. Die Entmannung eines freien Franken wird wie Totschlag bestraft. Doch unterscheiden die jüngeren Texte das völlige Abschneiden aller Geschlechtsteile (Sal. 29, XII) von der Lähmung der Ruthe und dem Ausschneiden der Hoden und belegen letzteres Verbrechen nur mit der Busse des halben Wergeldes. vgl. Rib. 6; Sax. 11; Fris. 22, 57; 58; Cap. ital. v. 801 c. 5 (Bo. I. 205); Aethelb. 64; Sunesen 65; WILDA, Strafr. 766 f.; BR. II. 635. — Über Pauschal- und kumulierte Bussen bei Doppelgliedern (Augen, Ohren, Hände, Füsse, Hoden) vgl. SCHREUER 23 f. Text u. Anm. 93 ff.

XXX. De conviciis.

conviciis. convicium Scheltwort, Verbalinjurie. vgl. das angelsächsische bismerword von bismerian, schmieren: Hloth. u. Éadr. 11. Doch hat sowohl das ags. bismerian als die ahd. scelta, sceltunga, sceltât weitere Bedeutung, ersteres schliesst auch die Realinjurien, letztere auch Fälle falscher Anklage in sich. vgl. SCHMIDT, Ges. d. Angels. 563; WILDA, Strafr. 785; BR. II. 671. — Die l. Sal. unterscheidet Scheltworte von geringerer Strafbarkeit, die 15 sol. oder einen Bruchteil bezw. ein Mehrfaches dieser Grundzahl kosten (Sal. 30), und solche ernsteren Charakters, die mit $62^1/_2$ sol. oder einem Mehrfachen davon bedroht werden (Sal. 64, 1; 2; Recap. A. 25). Über die strafrechtliche Behandlung der Verbalinjurie im germ. Recht überhaupt vgl. WILDA, Strafr. 785 ff.; GRIMM, RA. 643 ff.; KÖSTLIN, ZDR. 15, 151 ff.; 364 ff.; R. LOENING, Vertragsbruch 570_{45}; GÜNTHER, Wiedervergeltg. I. 189 ff.; OSENBRÜGGEN, Strafr. d. Lang. 76 f.; BR. II. 671 ff.; GEFFCKEN, DZGW. NF. 1. Mon. Bl. 329 ff. — Über die falsche Anklage vgl. Erläuterungen zu Sal. 48, I, über die Realinjurie Erl. z. Sal. 31 u. Cap. Sal. VI. 2.

cinitum vocaverit — sol. III (XV) culp. iud. cinitus, cenitus, cinidus nach Br. II. 672_4 für cinaedus im Sinne von muliebria passus. vgl. die angelsächsischen Glossen bei WRIGHT u. WÜLCKER I.

375, 9; 532, 37. Andere Erklärungsversuche bei Du Cange II. 271. — Die auffallend geringe Strafe von 3 sol. findet sich nur in Kod. 1, die anderen Texte haben 15 sol. Weit strenger ist das nordische Recht: vgl. z. B. für die Grágás Wilda, Strafr. 787; Br. II. 674.

concagatum clamaverit — sol. III culp. iud. concagatus, concacatus Schmutzfink, Scheisskerl.

meretrice vocaverit — sol. XLV (sol. XV) culp. iud. Die Strafbestimmung zeigt, dass die weibliche Ehre dreifachen Schutz genoss. Noch rigoroser sind die Texte der 2. Fam., der Em. und der Heroldina, welche in Sal. 64, 2_1 den Vorwurf der Hurerei mit der dreifachen Busse der Lebensgefährdung ahnden. Dagegen hat die Heroldina an unserer Stelle, wo sie nur den Fall ins Auge fasst, dass eine Frau die andere Hure schilt, die geringe Busse von 15 sol. vgl. Roth. 198.

et non potuerit adprobare. Bei Beleidigungen, welche die Behauptung enthalten, dass der Gescholtene etwas Schimpfliches begangen habe, ist dem Beleidiger der Wahrheitsbeweis gestattet. Vermag er ihn nicht zu führen, so kann er sich vor schwererer Strafe retten, indem er eine Ehrenerklärung abgiebt. vgl. Roth. 198; 381 und die bei Wilda, Strafr. 793_1 angeführten Stellen des Gulaþingslög. Da diese Ehrenerklärung sich später auf deutschem Boden als weitverbreitete Institution bezeugt findet, so darf angenommen werden, dass sie auch schon in der l. Sal. die Voraussetzung der dort festgesetzten, sonst auffallend niedrigen Strafen bildet. vgl. Geffcken, a. a. O. 333 ff.

vulpe. vulpes, Fuchs, d. h. Mensch von hinterlistiger Gesinnung, also dasselbe, was Alam. Pact. II. 32 mit subdulus bezeichnet wird. vgl. Br. II. 673_9.

leborem clamaverit — sol. III (sol. VI — sol. XV) culp. iud. Das Schimpfwort Hase beschuldigt den Gescholtenen der Feigheit. Ebendasselbe thut der in § 6 behandelte Vorwurf, dass jemand in der Schlacht den Schild fortgeworfen habe. Um so auffallender ist, dass die Hss. letztere Beleidigung übereinstimmend mit 3 sol. ahnden, während sie bei ersterer zwischen 3, 6 und 15 sol. schwanken. vgl. Roth. 381; Wilda, Strafr. 787_4; 791 f.

dilatorem aut falsatorem clamaverit — sol. XV culp. iud. — dilator Angeber. vgl. Gl. Est. (Merkel, l. Sal. 102): idest lidengarium; Gl. Pith. (ebd.) mendacem vel latratorem. — falsator wohl kaum Falschmünzer, sondern falscher, meineidiger Zeuge. vgl. Sal. 48, 1.

pittum excusserit. Was das in Extrav. A. III. 1 wiederkehrende pittus bedeutet, ist unaufgeklärt. vgl. Br. II. 675_{24}.

XXXI. De via lacina.

via lacina. lacina, latinis., bedeutet allgemein prohibitio, Verhinderung, insbesondere prozessualische Verhinderung, d. h. Schelte. vgl. Erläuterungen zu Sal. 57, 3; I. Die zugehörige Verbalform (ahd., altsächs. lâhan, ags. léan) wird in den Rechtsdenkmälern der fränkischen Zeit durch contradicere (Sal. 57, I; Rib. 80; Alam. 58; Fris. Add. sap. III^b), blasphemare (Cap. Theod. II. c. 8: Bo. I. 123); renuere (Alam. 44_* [Kodd. B]) wiedergegeben. Spätere niederländische Quellen haben laken, laecken, belaken, friesische lakia, lackia, leckia, lakinge, bileckinghe. vgl. Wilda, Strafr. 781_1; Hermann in Gierkes Unters. XX. 126; Diefenbach, Vgl. WB. II. 121; Schr. 358_{60}; Kern b. Hessels

§ 88; 173; Br. II. 356 Text u. Anm. 4—9 sowie die dort angeführten Quellenstellen. — In unserer Stelle sowie Sal. 14, 4_5; Sept. caus. 1, 5 ist lacina (lacinia, latina) im weiteren Sinne von Behinderung, Versperrung gebraucht, es handelt sich also hier wie dort um das Verbrechen der Wegsperre, alam. wegalauga, fries. weischettinge, weimeringe, langob. wegwori. Die Wegsperre ist wohl zu unterscheiden von der Wegelagerung, welche eine Qualifikation des Raubes bedeutet, während die Wegwehrung als Realinjurie angesehen wird. Das blieb sie auch, wenn sie sich als unrechtmässige Pfändung oder Freiheitsberaubung darstellte. vgl. Rib. 80; Alam. Pact. II. 50; Lex 58; Fris. Add. sap. III^b; Roth. 26—28; Wis. VI. 4, 4; Wilda, Strafr. 780 f.; v. Richthofen, MG. LL. III. 692_{46}; Osenbrüggen, Strafr. d. Lang. 79 f.; Br. II. 563 f.; 675; Schr. 342_{71}. Mit Brunner kann ich mich nicht einverstanden erklären, wenn er die Wegsperre unter Umständen als Raubversuch aufgefasst wissen will, dieser wird nach Sal. 17, 9, wie Br. II. 564 selbst sagt, mit $62^1/_2$ sol. gebüsst. Wohl aber kann Wegsperre und Raubversuch konkurrieren. vgl. Schreuer 66. In den angelsächsischen Rechtsdenkmälern ist Wegsperre und Wegelagerung allerdings nicht streng geschieden. vgl. Edmund III. 6 pr.; Aethelr. 5, 31; 6, 38; Leg. Henr. prim. 80, 2; Wilda, Strafr. 909; Schmidt, Ges. d. Angels. 581; 674; Br. II. 563_{34}.

baronem ingenuum = hominem ing. vgl. Sal. 30, 1_1. Über das nur bei Franken (Rib. 83), Alamannen (Alam. Pact. II. 32; 36; 41; V. 1; Lex 69) und Langobarden (Roth. 14; 17) vorkommende Wort baro, welches „freier Mann" oder schlechthin „Mann", vereinzelt auch „Höriger" bedeutet, vgl. Grimm, RA. 282 f.; 310; Diez, Et. WB. 43; Kluge 29; Du Cange I. 596 ff.; Müllenh. b. Waitz 279 f.; Waitz, VG. II. 1, 238_4; v. Maurer, Fronhöfe I. 18; Schr. 48; 50.

ostaverit aut inpinxerit — sol. XV culp. ind. — Über ostare, stossen vgl. Erläuterung zu Sal. 27, IX. — inpingere bedeutet dasselbe. vgl. Sal. 41, $9_{1;4}$. Die Normalstrafe der Realinjurie ist 15 sol. vgl. Cap. Sal. VI. 2.

mulierem ingenuam ostaverit aut inpinxerit — sol. XLV culp. ind. — Gegen ein Weib gerichtet verdreifacht sich die Strafbarkeit der Wegsperre, weil die wehrlose Frau, was Ehrenkränkung anbetrifft, in erhöhtem Rechtsschutz steht. vgl. Schreuer 71. Die Wegsperre ist in diesem Falle als Versuch der Notzucht aufzufassen. vgl. die Bussenskala, wie sie sich für solche Versuchsdelikte aus unserer Stelle in Verbindung mit Sal. 20; Cap. Sal. III. 3, 1; 2 ergiebt und ihren Abschluss in der Strafe für die vollendete Notzucht (Sal. 25, 1) erreicht. Teils noch kasuistischer sind die Bestimmungen von Baiuw. 8, 1; 3; 4; 5; Roth. 26; Liutpr. 121; Alfr. 11.

via — ad farinario — clauserit, sol. XV culp. ind. — Wie die Mühle selbst regelmässig eine öffentliche, der genossenschaftlichen Nutzung dienende Anstalt ist (vgl. Erläuterungen zu Sal. 22), so ist auch der zu ihr führende Weg ein öffentlicher, und wer ihn versperrt, macht sich strafbar. Doch ist dies nicht Wegsperre im Sinne von Sal. 30, 1; 2, da hier das Moment der Beleidigung ganz verschwindet, sondern Chikane im Sinne von Sal. 27, IX. vgl. Blumenstok, IE. I. 206; 244; Meitzen, Agrarw. I. 584; Lamprecht, WL. I. 17.

XXXII. De ligaminibus ingenuorum.

hominem ingenuum sine causa ligaverit — sol. XXX culp. iud. — Die Freiheit des salischen Franken ist Ungebundenheit im buchstäblichen Wortsinne, wie umgekehrt Anlegung von Fesseln Zeichen der Verknechtung ist. vgl. LAMPRECHT, WL. I. 58; SCHR. 263_{28}; v. AMIRA, Vollstreckgsvrn. 341. Wer daher einen Unschuldigen bindet, macht sich widerrechtlicher Freiheitsberaubung schuldig und wird bussfällig. vgl. Rib. 41, 1; Fris. 22, 82; Thur. 42; Baiuw. 4, 7; 8; Roth. 42; Burg. 32; Aethelb. 24; 88; Alfr. 35; Knut II. 60. Aus dem „sine causa" unserer Stelle ergiebt sich, dass das Binden eines Schuldigen unter Umständen gestattet war, und dass es sich im ganzen Tit. 32 um die Gefangennahme behufs Aburteilung im summarischen Prozess handelt. Die Freiheitsberaubung des Tit. 32 ist daher verschieden von derjenigen des Tit. 39. Voraussetzung gerechter Bindung ist Handhaftigkeit der That, welche den Grund der Gefangennahme bildet und Erhebung des Gerüfte. vgl. Wilh. I. 4. Über das Verfahren um handhafte That vgl. BR. II. 481 ff. und die dort S. 481 angeführte reiche Litteratur. — Die Busse der ungerechten Bindung ist doppelt so hoch, wie die der falschen Anklage. vgl. Sal. 48, I; Cap. Sal. IV. 4; 15; Cap. Haristall. v. 779 c. 10 (Bo. I. 49). Es bleibt fraglich, ob letztere in unserem Falle noch ausserdem erhoben wird. vgl. BR. II. 675_{27}. — Über die Verwandtschaft von Sal. 32, 1 mit Burg. 32 vgl. BR. I. 300_{44}.

anderebus. Über die Bedeutung dieser malberg. Glosse vgl. BR. II. 484_{20}.

in aliqua parte duxerit — sol. XLV culp. iud. Die Strafbarkeit der widerrechtlichen Bindung wird erhöht, wenn der Gefangene nicht, sobald irgend thunlich, der öffentlichen Gewalt zur Einleitung des Verfahrens ausgeliefert, sondern in willkürlichem Privatgewahrsam gehalten wird.

Romanus Franco — ligaverit — sol. XXX — Francus Romano — sol. XV culp. iud. Rechtliche Zurücksetzung des Römers gegenüber dem Franken. vgl. Erläuterungen zu Sal. 41, 1; 5—7.

per virtute = per vim. vgl. Sal. 25, 1; 61, $1_{1;2}$.

a garafionem tulerit — de vita sua conponat. garafio, Graf. Das Nähere über ihn vgl. Erläuterungen zu Sal. 45, 2. Hier tritt er als derjenige öffentliche Beamte hervor, in dessen Gewahrsam sich die Kriminalgefangenen befinden. vgl. SICKEL, MJÖG. EB. III. 489. Die eigenmächtige Befreiung solcher Gefangenen wird mit der Todesstrafe bedroht. Über diese letztere und ihre Ablösbarkeit vgl. Erläuterungen zu Sal. 50, 4; BR. II. 485_{24}; 578; 599_{5}.

XXXIII. De venationibus furatis.

de diversis venationibus furtum fecerit et celaverit — sol. XLV culp. iud. — Die Jagd steht in ältester Zeit unter den Nutzungen des Waldes an erster Stelle, da ihr Ertrag bei der noch geringen Entwickelung des Ackerbaues den Hauptbestandteil der Nahrungsmittel bildet. vgl. Caesar, bell. Gall. VI. 21: vita omnis in venationibus atque in studiis rei militaris consistit. Auch aus der l. Sal. aber lässt sich noch eine sehr hohe wirtschaftliche Bedeutung der Jagd entnehmen.

vgl. die eingehenden Bestimmungen von Sal. 6 u. 7; LAMPRECHT, WL. I. 15; SCHWAPPACH 53 ff.; MEITZEN, Agrarw. I. 591 f.; BLUMENSTOK, IE. I. 243. Der Wald ist Gemeindewald, das Vorkommen von Privatwäldern ist in der l. Sal. noch zu unsicher verbürgt, als dass daraus ein Anhalt zu entnehmen wäre. vgl. Erläuterung zu Sal. 27, 17; Chloth. II. edict. v. 614 c. 21 (Bo. I. 23); Baiuw. 22, 8; 11; Burg. 28, 1; Wis. VIII. 3, 8; 5, 1; SCHWAPPACH 41. Ebensowenig ist noch in der l. Sal. von königlichen Forsten die Rede, welche dann aber bereits in der l. Rib. 76 auftreten. vgl. ferner Greg. Tur. Hist. Franc. X. 10. Ein andere Gemeindegenossen ausschliessendes Jagdrecht auf bestimmtem Grund und Boden wird demgemäss in der l. Sal. nicht erwähnt, Gegenstand des Wilddiebstahls können nur bereits erlegte oder in jägerischer Verfolgung befindliche oder endlich zu Jagdzwecken gezähmte jagdbare Tiere sein. — Die Busse des Wilddiebstahls ist auffallend hoch, nur die Heroldina hat 15 sol., ebenso aber Cap. Sal. IV. 3, 2 (für Fische) und Rib. 42, 1, wo noch die ausdrückliche Begründung hinzugefügt wird: Quia non hic re possessa, sed de venationibus agitur. SCHWAPPACH 71 f. will daher die Lesart der Heroldina als die ursprüngliche und richtige annehmen. Die Busse ist Pauschalbusse. vgl. SCHREUER 31_{19}.

Quam legem de venationibus et piscationibus obs. conv. Das Recht des Fischfangs ist ebenso wenig beschränkt, wie das der Jagd. Daher spricht die l. Sal. nur vom Diebstahl der zum Fischfang dienenden Werkzeuge (27, 19; 20; Cap. Sal. IV. 3, 1) und gefangener Fische. vgl. Cap. Sal. IV. 3, 2.

cervo domestico signum habentem furaverit aut occiderit, qui ad venatione mansuetus est — sol. XLV culp. iud. Neben Hunden (Sal. 6) und Falken (Sal. 7) erscheint hier ein zur Jagd abgerichteter Hirsch. Derselbe wird benutzt, um unter seinem Schutz an ein Rudel Wild heranzukommen oder auch, um während der Brunstzeit andere Hirsche und Tiere herbeizulocken. Um ihn bei der Jagd von diesen unterscheiden zu können, hat er ein Zeichen anhängen, welches triutis, treudis oder traudis heisst. Am meisten geschätzt wird ein abgerichteter Hirsch, wenn er zur Brunstzeit schreit, weil er dadurch seinen Zweck besonders gut erfüllt. vgl. Rib. 42, 2; Alam. Pact. V. 6; Roth. 315; 316; GRIMM, Vorr. XXV ff.; GRAFF, Sprachsch. V. 524; KERN b. HESSELS § 176; SCHWAPPACH 66 f. — Die Strafe für Entwendung eines solchen Hirsches entspricht seinem hohen Werte. Dem Diebstahl steht die Tötung strafrechtlich gleich. vgl. Sal. 6, 1; II_1; 10, I.

per testibus fuerit adprobatum. Über den Zeugenbeweis der germanischen Volksrechte im allgemeinen vgl. BR. II. 391 ff.; 435 ff.; Ders., Forschungen 94 ff.; Schwurgerichte 50 f.; 54 ff.; K. MAURER, KrÜ. 5, 185 ff.; 234 ff.; SIEGEL, GVrn. 127 ff.; 194 ff.; 231 ff.; BETHM. IV. 33 f.; 170; 381; 495 f.; 502 ff.; V. 139 ff.; THONISSEN 498 ff.; ZORN, Beweisvrn. 43 ff.; GLASSON, Hist. III. 481 ff.; v. AMIRA, Obl. R. I. 281; II. 320; Recht[2] 216 f.; GRIMM, RA. 143; 856 ff.; SCHR. 84; 350; 354 f. Das Zeugnis auf Grund zufälliger Wahrnehmung ist nach germanischer Rechtsanschauung unzulässig, eine Ausnahme bildet das ältere salische Recht, das dem Kläger den Beweis durch Zufallszeugen erlaubt, falls es sich um Thatbestände handelt, die kein Besserwissen des Beklagten voraussetzen. vgl. Sal. 2, 12; 36. Nicht um Zufallszeugen handelt es sich Sal. 9, III. vgl. BR. II. 395_{19}.

quod dominus — cum ipsum duas aut tres feras occidisset. Erst zwei- bis dreimalige erfolgreiche Verwendung lässt den Hirsch als abgerichtet erscheinen.

domestico cervo quique in venationem adhoc non fuit — involaverit aut occiderit — sol. XXXV (sol. XXX — sol. XV) culp. iud. — Selbst die höchste dieser in den verschiedenen Texten begegnenden Bussen ist im Verhältnis zu der Busse von Sal. 33, 1 zu gering, da der zahme, wenn auch noch nicht abgerichtete Hirsch doch höher hätte gewertet werden müssen als totes Wild.

cervum quem (alterius) canes moverint — sol. XV culp. iud. movere aufjagen, adlassare hetzen, lassus gehetzt. — Schon durch die jägerische Verfolgung erwirbt der Jäger das Eigentum am Wild. Daraus schliessen GLASSON, Domaine rural 106, und ihm folgend BLUMENSTOK, IE. I. 244_{2}, dass der Jäger das Recht gehabt habe, seine Beute auch auf die in Einzelnutzung stehenden Ackerfluren zu verfolgen. M. E. spricht hiergegen der Umstand, dass das Kulturland der Salier meist eingezäunt war (Sal. 9, III) und dass Beschädigung desselben straffällig machte (Sal. 34, 2; 3).

XXXIV. De sepibus furatis.

sepibus furatis. Der Zaun kommt in der l. Sal. vor als Schutz des Ackerlandes, der Wiesen, Weinberge und aller anderen Kulturen (Sal. 9, III), ausserdem aber auch als Einfriedigung des Gehöftes (Sal. 58). Er besteht nicht aus lebendiger Hecke, sondern ist aus Holz und von mässiger Höhe. vgl. Erläuterung zu Sal. 16, 5. Seine Pfähle (cambortus: vgl. DU CANGE II. 46) werden oben von Weidengeflecht (virgae, retortae: vgl. PARDESSUS 382 no. 391; DIEZ, Et. WB. 272) zusammengehalten (superligare, superextringere). — Der Titel handelt in der Hauptsache von Vergehen, die sich nicht als Diebstahl an Zäunen konstruieren lassen. vgl. BLUMENSTOK, IE. I. 206. Der Grund, warum dieselben unter diese Überschrift gebracht worden sind, kann, falls man nicht an Nachlässigkeit der Redaktoren glauben will, nur sein, dass die Immobilien, von denen der Titel in § 2—4 handelt, als regelmässig von Zäunen umgeben gedacht werden.

tres — involaverit aut excervicaverit — sol. XV culp. iud. Durch Wegnahme von mindestens drei Zaunpfählen oder drei Weidenruten wird die Festigkeit des Zauns beeinträchtigt. Busse des kleinen Diebstahls. vgl. Sal. 11, 1; Rib. 43.

aut ipsa sepe aperuerit. Auch hier ist wohl ein Öffnen gemeint, das den Zaun beschädigt, sei es, dass der Verschluss desselben zerstört, sei es, dass sonst ein Loch zum Eindringen gemacht wird. vgl. Rib. 43 „tracum" für traugum, trou, Loch.

sepe concisa — arserit, sol. XV culp. iud. vgl. Sal. 16, 5.

aliena. vgl. Erläuterungen zu Sal. 45.

messe. vgl. Erläuterung zu Sal. 9, 1.

postquam levaverit = postquam germina produxerit (Sal. 44, 2_{1}).

erpicem (carrugam) traxerit, — cum carro sine via transversaverit — sol. III culp. iud. erpex, herpex, herbex, Egge. — Über carruga (carrus) vgl. Erläuterung zu Sal. 27, 8. Die Bestimmungen dieses und des folgenden § stehen nach MEITZEN, Agrarw. I. 586 f., in auffallendem Gegensatz zu denjenigen von Sal. 9, 1; 2; 4; III; 27, 5; 23; 24. Während letztere Einzelhoffelder oder doch Dörfer mit gesonderten Äckern der Einzelbesitzer voraussetzen, sind erstere nur verständlich, wenn man Dorffluren mit Gewannen und Gemenglage annimmt. Besonders charakteristisch für Gemengfluren ist das „sine via". vgl. auch LAMPRECHT, WL. I. 13_3.

palmitantem. palmitare, expalmitare, von palmes, Zweig, Halm, bedeutet Halme treiben. vgl. die Variante der Em. „postquam in culmum (Halm) erigitur" und DU CANGE III. 157; WAITZ, AR. 297.

in curte — in casa. vgl. BLUMENSTOK, IE. I. 217 ff.; LAMPRECHT, WL. I. 7_2; 8_5.

alterius — domino. vgl. Erläuterungen zu Sal. 45.

per malo ingenio — aliquid de furto miserit — sol. LXII c. dim. culp. iud. — in heimtückischer Absicht, um dem dominus casae eine Diebstahlsklage zuzuziehen. Da aber auf Diebstahl nicht Todesstrafe steht, so kann die Busse von $62^1/_2$ sol. hier nicht Busse der Lebensgefährdung bedeuten, wie Br. II. 497; 562 will. vgl. BR. II. 619 f.

ibi inventus fuerit. — bei Spurfolge oder Anefang. vgl. Erläuterungen zu Sal. 37; 47.

post solis occasum in furtum ingressus fuerit — sol. XLV culp. iud. — Diebstahlsversuch bei Nacht. Der Verbrecher wird auf handhafter That ergriffen und, obgleich er seine Absicht noch nicht ausgeführt hat, wie ein Dieb behandelt. Er erhält daher die Strafe des Einbruchdiebstahls. vgl. Sal. 11, 5. Hat er ausserdem den Hofhund getötet, so trifft ihn noch eine Zusatzstrafe von 15 sol. vgl. Sal. 6, III.

XXXV. De homicidiis servorum vel expoliationibus.

servorum. Der Titel behandelt Totschlag und Raub nicht nur insofern Sklaven (und Halbfreie) als Thäter, sondern auch insofern sie als Betroffene in Frage kommen.

servus servum occiderit — domini inter se dividant. Der Herr des Totschlägers hat die Hälfte seines Eigentums an dem verbrecherischen Sklaven dem Herrn des Getöteten abzutreten, sodass sich also die beiden Herren künftig in Eigentum und Dienste des Schuldigen teilen müssen. vgl. JASTROW in GIERKES Unters. II. 13_5. Dieser Grundsatz ist auch im angelsächsischen Rechte bezeugt, im schwedischen und gleicherweise schon im mosaischen Rechte nur für den Fall, dass jemandes Haustier das Haustier eines Anderen tötet: dann teilen sich die beiden Herren in das lebende und in den Kadaver des getöteten Tieres. vgl. 2. Mos. 21, 35; Canon. Wallici c. 38; 39 (WASSERSCHLEBEN 131); v. AMIRA, Obl. R. I. 400_2. Da der Leichnam eines Sklaven wertlos ist, kann hier nur der Totschläger geteilt werden. Das uralter Rechtsanschauung entsprechende Prinzip ist schon bald nach Abfassung der l. Sal. aufgegeben worden, ohne dass doch der ältere Rechtssatz aus allen Texten des Gesetzes ausgemerzt worden wäre. vgl. Sal. $35, 1_1$ mit $35, 1_2$ und Cap. Sal. IV. 5; Rib. 28; BR. II. 553 Text u. Anm. 14—16; LAMPRECHT, WL. I. 53_3. Über die Haftung des Herrn für die Missethaten seiner Sklaven im allgemeinen vgl. unten Erläuterung zu Sal. 35, 5.

ingenuus servum — expol. — supra XL din. qu. val. tulisse convinc. — sol. XXX (sol. XV — sol. XXXV) culp. iud. Es kann sich hier und in den folgenden § 3; 4; II; III nur um den qualifizierten Raub „in superventum" handeln, was übrigens schon durch den Zusatz „adsallierit et" der Kodd. 5; 6; 10; Em. wahrscheinlich wird. Wäre einfacher Raub (Handraub) gemeint, der nach Sal. 17, II; 37; 55, III; 61, 1; 3 allerdings mit 30 sol. bestraft wird, so würde sich ergeben, dass der qualifizierte Raub am Römer (Sal. 14, 3) nicht strenger geahndet wurde als der einfache Raub am Liten (Sal. 35, 4), was unmöglich ist. Die Varianten unserer Stelle lassen die Frage offen, ob der Schachraub an einem Sklaven ebenso hoch wie der an einem Liten oder ein wenig niedriger gebüsst wurde. Die Variante 15 sol. dürfte auf einem Irrtum beruhen. In Verbindung mit Sal. 35, 3; II; III lässt Sal. 35, 2 erkennen, dass, wie beim Diebstahl (Sal. 11, 1; 2) so auch beim Raub unterschieden wird, ob der Wert der geraubten Sache einen Schilling übersteigt oder nicht. In letzterem Falle werden nur 15 sol. gebüsst. vgl. Br. II. 648.

servum — batterit — super noctes XL opera sua tricaverit, sol. I et triante I culp. iud. Wer einen fremden Sklaven so misshandelt, dass er 40 Tage arbeitsunfähig wird, hat $1^1/_3$ sol. Busse zu zahlen. Dass hiermit, wie Lamprecht, WL. I. 18, annimmt, der Schadensersatz für die dem Herrn des Unfreien entzogene Arbeitsleistung gemeint sei und demnach aus unserer Stelle auf den Wert unqualifizierter Tagesarbeit einschliesslich Essen und Trinken (= $1^1/_3$ Denar) geschlossen werden könne, will mir nicht einleuchten. Es wäre unverständlich, warum erst bei vierzigtägiger Arbeitsunfähigkeit Schadensersatz eintreten sollte. Derselbe wird vielmehr auch bei kürzerem Kranksein des Sklaven zu zahlen gewesen sein. Grund eines strafrechtlichen Bussanspruches aber wird die Misshandlung erst, wenn sie die in unserer Stelle bezeichneten schweren Folgen gehabt hat. — triens oder tremissus (= $^1/_{216}$ Pfund Goldes), eine Münze, die üblicher gewesen sein mag als der Solidus selbst. vgl. Br. I. 213; Dahn, Kge. VII. 3, 136.

ingenuus letum — expoliaverit — sol. XXXV (sol. XXX) culp. iud. vgl. Sal. 14, 3 und Erläuterungen zu Sal. 13, 7; 35, 2; 41, 1; 5—7.

servum — mortuum — expoliaverit — sol. XXXV (sol. XV) culp. iud. Die drei Texte, welche sowohl § II als auch § III bringen (Kod. 5; 6; Em.), haben sämtlich 35 sol. Busse für die Beraubung eines toten Sklaven um mehr als 40 Denare Wert, und 15 sol., wenn der Raub geringeren Wertes ist. Dieselben Texte haben in § 2 und 3 Bussen von 30 und 15 sol. Daraus ergiebt sich, dass der Leichenraub, wenn am Sklaven begangen, nicht höher oder doch kaum höher geahndet wird, wie die Beraubung eines lebenden Knechtes. Es wird eben in beiden Fällen nur die dem Herrn des Sklaven zugefügte Vermögensschädigung, nicht aber ausserdem, wie beim Freien (Sal. 14, IV; V) die persönliche iniuria strafrechtlich berücksichtigt, denn der Sklave ist rechtlich Sache und daher kein Objekt der iniuria. Die Heroldina, welche ebenfalls § II enthält, giebt über Raub an Sklaven zu widersprechende Bussbestimmungen (vgl. § 2 mit 3), als dass man die Variante „15 sol." (in § II) für beachtlich halten könnte.

laetus = litus. vgl. Br. I. 104_{51}. Über Haftung des Herrn für Delikte des Liten vgl. Br. II. 279 f.

hominem ingenuum occiderit — homicida — parentibus tradatur — dominus — medietatem conpositionis se noverit solviturum. Grundsatz der Haftung des Herrn für Missethaten seiner Sklaven. Ursprünglich wohl volle Verantwortung des Herrn, den dieselben Rechtsfolgen trafen, als ob er selbst die Strafthat begangen. Frühzeitig Milderung dieser Rigorosität, volle Verantwortlichkeit in den meisten Volksrechten auf Mitwissenschaft beschränkt. Daraus dann je mehr und mehr eigene strafrechtliche Verantwortung des Sklaven entwickelt, Haftung des Herrn schliesslich blosse Sachhaftung. Die verschiedenen leges barbarorum bezeichnen verschiedene Stufen dieses Entwickelungsganges. vgl. Fris. 1, 22; 9, 17; Thur. 59; Roth. 254; 371—373; Baiuw. 8, 2. — Grim. 3; Cap. Karol. Magn. v. 803/13 c. 1 (Bo. I. 143) — Roth. 249; 256 — Sal. 35, 5; Cap. Sal. VII. 12; VIII. 5; Rib. 46, 1; Fris. 1, 13; Sax. 18; 50—53; Baiuw. 8, 9; Burg. 20, 1 ff.; 91; 92, 4; 94, 2; Wis. VI. 5, 10; 20; VII. 2, 3; VIII. 4, 21; G. Meyer, ZRG². 2, 90 ff.; Jastrow in Gierkes Unters. II. 9 ff.; Arth. Schmidt, ebd. XVIII. 43 ff.; Leseur, NR. 1888. S. 576 ff.; 657 ff.; Br. II. 551 f.; Schr. 340 f. Speziell die l. Sal. beschränkt die unbedingte Haftung des Herrn für den von seinem Sklaven an einem Freien begangenen Totschlag bereits sehr. Zwar die Texte der ersten Familie halten Sal. 35, 5 noch daran fest, dass der Herr, auch wenn er den Sklaven ausgeliefert hat, ausserdem die Hälfte des Wergeldes zu zahlen hat, nach den jüngeren Texten und nach Cap. Sal. VIII. 5. aber kann sich der Herr auch hiervon durch den sog. Gefährdeeid (vgl. Br. II. 546) befreien. Der ausgelieferte Knecht fiel, wenn Totschlag vorlag, der willkürlichen Rache der Verwandten des Getöteten anheim. vgl. Br. II. 553; Schr. 341. Über Sklavenstrafrecht nach der l. Sal. im allgemeinen vgl. Erläuterungen zu Sal. 40.

vasso ad ministerium etc. — furaverit aut occiderit — sol. XXX (sol. XXXV) culp. iud. Über die vassi ad ministerium und die weiteren hier genannten Unfreien höheren Wertes vgl. Erläuterungen zu Sal. 10, IV. — Die in Sal. 35, 6 genannte Busse von 30 (35) sol. enthält, wie sich aus Sal. 35, 7 (s. dessen Erläuterung) ergiebt, nur das Fehde-, nicht auch das Friedensgeld.

inter fredo et faido etc. Der Ausdruck kann trotz sprachlicher Schwierigkeiten nicht wohl etwas anderes bedeuten als: „Friedens- und Fehdegeld zusammengenommen“. vgl. Cap. Sal. VII. 12; Urk. Chlodwigs III. v. 693 od. 694 (Tardif, Monuments No. 33); Urk. v. 772 (Neugart, Cod. Dipl. Alem. I. No. 51); Waitz, GGA. 1850. S. 629; Soetbeer, FDG. 2, 304_4; Sohm, Proz. 158_2; RuGV. 107_{16}. Zum Fehdegeld von 30 sol. (Sal. 35, 6) kommt also ein Friedensgeld von 15 sol., zusammen 45 sol., ferner aber capitale und delatura im Betrage von 30 sol. = 75 sol. im ganzen. Da die delatura für Tötung eines Sklaven 15 sol. (Sal. Extrav. A. 6, 2) beträgt, so blieben als capitale 15 sol. übrig. vgl. Sal. 10, IV_1 (Variante der Em.). Im übrigen herrscht zwischen den Zahlen von Sal. 30, 7 und Sal. 10, IV_1 teilweise unlösbarer Widerspruch. Über den fredus (fritus) im allgemeinen und sein Verhältnis zum Bann vgl. Erläuterung zu Sal. 13, 6.

XXXVI. De quatrupedibus, si hominem occiderunt.

Auch für die Verletzungen, welche ein Haustier (quadrupedem domesticum. vgl. v. AMIRA, Obl. R. I. 396) einem Menschen zufügte, haftete ursprünglich der Eigentümer wie ein Selbstthäter. Doch früher als bei Sklavendelikten hat das Recht in solchem Ereignis nur noch ein Ungefährwerk des Herrn erblickt. Daher keine Fehde selbst bei Tötung eines Menschen durch ein Tier und kein Friedensgeld (Rib. 46; vgl. Ssp. II. 40, 3), wohl aber Busse, teils voller faidus, teils nur Quoten davon: Thur. 52; Sax. 57; Roth. 326—328; 330. — Sal. 36; Alam. Pact. 3, 17; Fris. Add. sap. 3, 68; Glosse zu Roth. 326. Reine Sachhaftung haben Sal. 36_4; Rib. 46, 2; Cap. ad. leg. Rib. add. v. 803 c. 5 (Bo. I. 117); Burg. 18, 1; Wis. VIII. 4, 12; 20. Stets aber ist bei Übelthaten, die, wenn absichtlich von einem Menschen begangen, Fehderecht erzeugten, das Tier dem Verletzten oder der Sippe des Getöteten auszuliefern, sein Sachwert wird der Busse abgezogen, nach Sal. 36 u. Rib. 46, 1 gilt er bei Tötung der Hälfte des Wergeldes gleich. vgl. BR. II. 546; 555; v. AMIRA, MIÖG. 12, 545 ff.; SCHR. 339 f.; ARTH. SCHMIDT in GIERKES Unters. XVIII. 48 ff.; OSENBRÜGGEN, Studien 139 ff.; GIERKE, Humor 45 ff.

per testibus fuerit adprobatus. vgl. Erläuterung zu Sal. 33, 2.

antea legem non adimplevit. antea = vor der Erhebung des Prozesses. legem adimplere = Leistung des Gefährdeeides und Auslieferung des Tieres. vgl. Sal. 35, 5; Cap. Sal. VIII. c. 5; BRUNNER, Forschungen 502 f.

XXXVII. De vestigio minando.

vestigio minando. minare, menare, franz. mener, führen, verfolgen: Sal. 9, 5; Cap. Sal. IV. 3, 3; vestigium minare, die Spur verfolgen: Cap. Sal. I. 1; VII. 16. Die Spurfolge, eine Art des germanischen Rechtsganges, erhält ihre Ergänzung durch den Sal. 47 beschriebenen Anefang (Dritthandverfahren). Über Spurfolge und Anefang vgl. im allgemeinen GRIMM, RA. 588 ff.; WAITZ, AR. 156 ff.; SOHM, Proz. 56 ff.; BETHM. IV. 14 f.; 40 ff.; 234 f.; 385 f.; 479 ff; V. 129 f.; THONISSEN 531 ff.; SIEGEL, GVrn. 42 ff.; 86 ff.; 252 ff.; SCHMIDT, Ges. d. Angels. 526; 660 f.; LONDON, Anefangsklage (1886); JOBBÉ-DUVAL, NR. 1880. S. 463 ff.; 535 ff.; HERMANN in Gierkes Unters. XX; DEL VECCHIO, Arch. giurid. 20, 19 ff.; 236 ff.; DAHN, Westgot. Studien 92 f.; 257 f.; HEUSLER, Festschr. f. Homeyer (1871); Ders., Instit. II. 6 f.; 209 ff.; PLANCK, Gerichtsvrn. I. 824 ff.; STOBBE, DPrR. II. 611 ff.; v. AMIRA, Recht[2] 212; Vollstreckgsvrn. 208 ff.; Obl. R. I. 559 ff.; GLASSON, Hist. III. 396 ff. Weitere Litteratur bei BR. II. 495; SCHR. 365_{101}.

bovem aut caballo vel qualibet animal. Spurfolge (und Anefang) sind möglich nur bei beweglichen Sachen. Als Sache kann auch ein Sklave Gegenstand des Verfahrens sein. vgl. Sal. 47; Rib. 72, 1.

per furtum perdiderit. Weitere Voraussetzung von Mobiliarvindikation: die Sache muß durch Diebstahl oder Raub verloren gegangen sein. SOHM, Proz. 61, übersetzt „per furtum" mit „auf heimliche Weise". Zur Verfolgung ist berechtigt nur der letzte rechtmäßige Besitzer, nicht etwa der anderweitige Eigentümer. vgl. über diesen mit der germanischen Sonderung zwischen Mobiliar- und Immobiliarsachenrecht zusammenhängenden Grundsatz Sohm, Proz. 58 ff.; Heusler, Instit. II. 3 ff.; Schr. 266; 366.

per vestigio sequitur. Die Spurfolge geschah, indem der Bestohlene sich an der Spitze einer trustis (Cap. Sal. I. 1) auf die Suche nach der abhanden gekommenen Sache begab. In Cap. Sal. VII. 16 werden derartige trustes amtlich organisiert. Die Spurfolger hatten das Recht der Haussuchung, waren hierbei aber an bestimmte, anscheinend uralt-arische Formen gebunden. vgl. Glosse zu Rib. 47, 2 (MG. LL. V. 277); Decr. Tass. Niuh. c. 12 (ebd. III. 466); v. Richthofen, Ges. d. Emsinger § 34 (Fries. RQ. 240); Westerlauwersches Schulzenr. § 64 (ebd. 397 f.); Grimm, RA. 639; Wilda, Strafr. 903; Telting, Themis 34, 286 ff.; v. Amira, Vollstreckgsvrn. 309; Zweck und Mittel 54; Hoffmann, Beiträge 30; Bernhöft, Staat u. Recht 247; Br. II. 496. Der Hausherr darf, bei Gefahr, als überführter Dieb zu gelten, die Haussuchung nicht wehren. vgl. Rib. 47, 2; Burg. 16, 1; Rom. Burg. 12, 1; London, a. a. O. 87 ff. Erfolglose Haussuchung macht nach einigen Rechten den Spurfolger bussfällig. vgl. Alam. Pact. V. 3; Baiuw. 11, 2; Wilda, Strafr. 905_3. Über die Strafe desjenigen, der die Sache arglistig in ein Haus trug, um den Hausherrn zu verdächtigen, vgl. Erläuterung zu Sal. 34, 4. Über die Präsumtion bei Fund der Sache in verschlossenem Raum vgl. Erläuterung zu Cap. Sal. VII. 10.

consequutus fuerit. Das Auffinden setzt Erkennen voraus. Bei Vieh und leblosen Gegenständen der Identitätsnachweis nur möglich, wenn dieselben gezeichnet sind. vgl. Erläuterung zu Sal. 9, I; Rib. 72, 9; Roth. 348; Homeyer, Hausmarken 8 ff.; 320; 335; Br. II. 500; Schr. 366.

in tres noctes. Die Möglichkeit, die Sache durch Spurfolge wieder zu erlangen, ist an eine kurze Frist gebunden, nach fränk. Recht an drei Tage. vgl. Rib. 47, 1.

ille qui eum ducit: der augenblickliche Besitzer. vgl. Sal. 37_2.

emisse aut cambiasse dixerit: sich auf rechtmässigen Erwerb beruft.

res suas per tercia manu agramire debet. — agramire, adrhamire, achramire, adframire, geloben. vgl. Du Cange I. 90 f.; Grimm, RA. 123_*; Müllenh. b. Waitz 276 f.; Diez, Et. WB. 509. Die Bedeutung der Stelle ist bestritten. vgl. Waitz, AR. 159_1; Siegel, GVrn. 46; Sohm, Proz. 85; London, a. a. O. 363 ff.; Thévenin, NR. 1879. S. 331 ff.; Br. II. 340_{60}; 497_{16}; Schr. 287_{141}; 367_{107}. Die Annahme Brunners, dass der Spurfolger, falls der Inhaber redlichen Erwerb behauptet, die Sache erst an sich nehmen dürfe, nachdem er durch Bürgenstellung (per terciam manum) gelobt hat, sie gegen den angerufenen Gewährsmann zu vertreten, scheint endgültig das Richtige zu treffen.

Si vero iam tribus noctibus exactis — ipse liceat agramire. Nach Ablauf der dreitägigen Frist hat die vestigii minatio keinen Erfolg mehr, der Inhaber der Sache bleibt vorläufig in deren Besitz, der Verfolger muss nunmehr den umständlicheren Anefang vornehmen. Darüber vgl. Erläuterungen zu Sal. 47.

Si ille vero qui per vestigio sequitur — tulisse convincitur, — XXX sol. culp. iud. Der Verfolger hat die Pflicht, die gefundene

Sache dem Inhaber per tertiam manum offerre (offerre = agramire) und muss ihm sodann noch bis zum Sonnenuntergang Frist zur Herausgabe gönnen (solem collocare. vgl. Sal. 40, 7; 8; 10; 50, 2; 52; 56, 1; 57, 1; 2; Cap. Sal. V. 8, 1). Erfüllt er diese Bedingungen nicht und setzt er sich gewaltsam in den Besitz der von ihm beanspruchten Sachen, so verfällt er in die Busse des Raubes. vgl. Sal. 61, 3. Die Frage, ob der Spurfolger, falls er die genannten Bedingungen erfüllt hat, zur gewaltsamen Besitzergreifung berechtigt sei, wird von der l. Sal. nicht entschieden, dürfte aber eher zu verneinen als zu bejahen sein, da das nächstverwandte ribuarische Recht (47, 3) jede Gewalt bei der Spurfolge verbietet. Für das oberdeutsche R. vgl. Alam. Pact. V. 3; Baiuw. 11, 2; Wilda, Strafr. 905_3.

XXXVIII. De furtis caballorum vel equorum.

caballorum vel equorum (equarum). Über die Entwickelung der Pferdezucht während des früheren Mittelalters vgl. Schmoller, Zschr. f. d. ges. StW. 21, 284 ff.; bei den salischen Franken insbesondere Meitzen, Agrarw. I. 593.

caballum carrucaricium: Zugpferd. Die Pferdedressur für den Wagendienst kann noch nicht sehr ausgebildet gewesen sein, da die Busse dieses § derjenigen für Diebstahl des Zuchthengstes entspricht. Über carruca vgl. Erläuterung zu Sal. 27, 8.

vuaranione. vuaranio, waranio, vom germ. wranjo, ahd. wrenno, ital. guaragno, span. garañon, Hengst. vgl. Grimm, Vorr. XXVIII; Diez, Et. WB. 177; Körting, Lat.-rom. WB. No. 8909; Schade, WB. 1202.

caballo spado: verschnittener Hengst, Wallach. vgl. Sal. 38, VI; Blumenstok, IE. I. 206.

vuaranionem regis. vgl. homine Franco: Sal. 38, 2_2. Die Fahrhabe des Königs wird nach älterem salischem Recht durch doppelt so hohe Busse geschützt, wie diejenige des gewöhnlichen Volksgenossen. vgl. Sal. 3, 5; IV; 25, 3; 4; Aistulf 17; Lomb. Comment. I. 2. Im 6. Jahrhundert tritt Erhöhung auf das Dreifache ein. vgl. Cap. Sal. IV. 1; Extrav. A. VI. 4; Rib. 11, 3. Demgemäss bestimmt Alam. 31 dreifachen Bussschutz für die Habe des alamannischen Herzogs, Rib. 60, 8 dasselbe für das Gut der Kirche. vgl. Br. II. $44_{13;14}$; Dahn, Kge. VII. 3, 414. Eine andere Erklärung giebt Schreuer 95 Text und Anm. 38.

cum gregem suam, h. e. XII (VII) equas. Die Pferdeherde (vgl. auch Erläuterung zu Sal. 27, I) besteht bei den Saliern aus 7—12 Tieren, wobei der zugehörige Hengst nicht eingerechnet wird. vgl. Rib. 18, 1. Weniger als 7 Stuten gelten nicht mehr als Herde, ihr Diebstahl wird gleich hoch gebüsst, ob nun eins oder sechs gestohlen werden: Sal. 38, 4_3. vgl. Sal. 2, 5; 6. Über die normale Grösse der Schweine-, Rinder- und Schafheerden vgl. Sal. 2, 14; 3, 6; 4, 4; Br. II. 645_{66}; Lamprecht, WL. I. 11 f.

sol. LXII c. dim. culp. iud. Auf Herdendiebstahl steht höchste Diebstahlsbusse. vgl. Sal. 2, 14; 16; 3, 6; 7; 4, 4; Rib. 18, 1; Br. II. 619; 645. Es wird strafrechtlich kein Unterschied gemacht, ob die gestohlene Herde grösser oder kleiner ist, sondern nur, ob sie ganz oder teilweise gestohlen wird. vgl. die analogen Bestimmungen in Sal. 2, IV; 14—16; 3, 6; V; 7; Meitzen, Agrarw. I. 593; Thonissen 222;

DAHN, Kge. VII. 2, 62. Bussenkumulation tritt bei Hengst- und Herdendiebstahl nicht ein. vgl. SCHREUER 30.

equam (iumentum) pregnantem involaverit — sol. XXX (sol. XLV) culp. iud. Diebstahl der gewöhnlichen Stute wird nach Kod. 5; 6; Em. (Sal. 38, V) mit 35 sol. gebüsst. Dazu tritt nach denselben Texten (Sal. 38, 5_2) bei dem trächtigen Mutterpferd die Zusatzstrafe von 10 sol. für Entwendung des ungeborenen Füllens. Nach Kod. 1 werden letzterenfalls im ganzen nur 30 sol. Busse entrichtet. Da nach Sal. 38, 4_3 die gewöhnliche Stute (bis zu sechs Stück) mit 25 sol. Diebstahlsbusse vergolten wird, so würden nach dieser Version 5 sol. für den Fötus übrig bleiben. — iumentum, franz. jument, nicht Zugtier, sondern Stute. vgl. Cap. de vill. c. 13; 14 (Bo. I. 84); KÖRTING, Lat.-rom. WB. No. 4489; GAREIS, Landgüterordng. 34.

polletrum. polletrus, Hengstfohlen. vgl. Erläuterung zu Sal. 10, V. Die Füllenzeit des Pferdes dauert bis zum 5. Jahre. Die verschiedenen Bussen von § III; 6; 7 gelten also für drei- bis fünfjährige, für ein- bis zweijährige und für unterjährige (sequente p. = F., das der Mutter noch folgt) Füllen. Auffallend ist, dass der Pferdeembryo höheren Schutz geniesst als das kleine Füllen. Die Heroldina wertet das Hengstfohlen vom 3. Jahre an gleich dem ausgewachsenen Hengst.

iumentum — trabatterit, sol. XXX culp. iud. Über trabattere vgl. Erläuterung zu Sal. 24, 3. Auf trabattere steht 30 sol. Busse, wenn das Muttertier stirbt oder sein ökonomischer Wert vernichtet wird (Sal. 38, VII), 15 sol., wenn es davon kommt, dem Eigentümer also nur das lebensunfähig geborene Füllen verloren geht (Sal. 38, $IV_{3;4}$).

spadaverit, sol. XV culp. iud.: 15 sol. für die Kastration, $^1/_3$ sol. für jede Stute, die der kastrierte Hengst zu beschälen pflegte.

excurtaverit — excorticaverit. excurtare Schwanz abschneiden, excorticare abhäuten.

XXXIX. De plagiatoribus.

plagiatoribus. plagium, ein spezifisch römischer Rechtsbegriff, bedeutet 1) die Verknechtung einer freien Person, 2) den Sklavendiebstahl. Da Sal. 10 bereits den Diebstahl an Sklaven, Sal. 32 wenigstens die widerrechtliche Gefangennahme eines freien Franken behandelt, so fällt dieser Titel besonders auf und ist wahrscheinlich dem ursprünglichen Texte der l. Sal. erst später eingeschoben worden. vgl. HARTMANN, FDG. 16, 612 ff.; BR. I. 295_{17}; II. 639_{18} und die Erläuterungen zu Sal. 10, 1; 32.

solicitare = plagiare im Sinne des Sklavenplagium. vgl. HARTMANN, a. a. O. 613 f.

voluerit — sol. XV culp. iud. Ansatz zu selbständiger strafrechtlicher Behandlung des Versuchs. Das vollendete Verbrechen wird in § I—III besprochen.

trans mare ductus. Zum Begriff des plagium scheint nach der Auffassung von Tit. 39 gehört zu haben, dass der Betroffene ausser Landes geschafft wurde. vgl. § II; 2_3; IV.

in mallo publico. vgl. Erläuterung zu Sal. 1, 1.

tres testis. Gerichtszeugnis dem älteren Rechte fremd, auch die gerichtsnotorische Thatsache muss in späteren Stadien des Verfahrens aufs neue durch Zeugen beschworen werden. Zahl der notwendigen

Zeugen: drei. vgl. Sal. 46; 47; 56, 1; Cap. Sal. VIII. 7; Rib. 50, 2; Baiuw. 16, 16; Decr. Tass. Ding. c. 2 (MG. LL. III. 459); Burg. 99 — Baiuw. 13, 2; 16, 2; Sax. 39; Liutpr. 15; — Extrav. Sal. B. 5; Rib. 69, 1; Cap. ital. c. 4 (Bo. I. 216); Br. II. 397; Ders., Schwurgerichte 51_5. Als Inhalt der Zeugenaussage haben wir uns hier nicht nur das nominare des plagiator durch den servus, sondern ausserdem das Schweigen des Beschuldigten zu denken. Daher wird diesem dreimal Gelegenheit zur Verteidigung durch Reinigungseid gegeben, ehe er verurteilt wird.

sol. XXXV (XXX) culp. iud. Die Strafe für Sklavenplagium ist dieselbe wie für den Sklavendiebstahl von Sal. 10. vgl. dort.

confessio servi usque III plagiatoris admittitur. Damit der Sklave, welchem hier ausnahmsweise prozessualischer Glaube zugebilligt werden muss, nicht aus Schadenfreude unschuldige Personen in die Gefahren des Reinigungsverfahrens verwickele, wird angenommen, dass zum plagium höchstens drei Personen erforderlich seien. Für jeden weiteren Beschuldigten ist die Aussage des Sklaven unerheblich.

vilarum. Die villa ist hier wohl sicher Dorfschaft, nicht Einzelgehöft. vgl. LAMPRECHT, WL. I. 7_2; BLUMENSTOK, IE. I. 221; ausserdem Erläuterung zu Sal. 3, 5.

plagiaverit (vindiderit — plagiaverit aut [et] vendiderit). Das an einem Freien begangene plagium besteht in seinem Verkauf ins Ausland. Kehrt der Verknechtete nicht zurück, so wird er als tot angesehen und der des plagium Beschuldigte hat, falls ihm die Reinigung misslingt, das Wergeld des Verknechteten zu zahlen (Sal. 39, 2), kommt der Verschollene wieder, so wird das halbe Wergeld gebüsst. Die Varianten von Kod. 6 (39, 2_3), Kod. 5 (39, 2_4) und Kod. 10 (39, IV_2) beruhen auf Irrtum der Schreiber.

probatio certa non fuit. Sicherer Beweis ist unmöglich, wenn der Verknechtete nicht ins Vaterland zurückgelangt. vgl. die Varianten von Kod. 5; 10; Em. (Sal. 39, 2_3). Daraus muss geschlossen werden, dass er, falls er wiederkehrte, den von ihm des plagium Beschuldigten durch angebotenen Beweis vom Reinigungseide abschneiden konnte.

Romano plagiaverit — sol. LXII c. dim. culp. iud. Rechtliche Zurücksetzung des Römers. vgl. Erläuterungen zu Sal. 41, 1; 5—7.

XL. Si servus in furtum fuerit inculpatus.

servus — fuerit inculpatus. Der Titel handelt vom Verfahren gegen den einer Strafthat beschuldigten Unfreien, daneben jedoch auch vom materiellen Sklavenstrafrecht und von der Haftung des Herrn für Missethaten seiner Knechte. vgl. die ergänzenden Bestimmungen von Sal. 12; 25, 7—9; 35, 5; die Erläuterungen zu diesen Stellen; JASTROW in GIERKES Unters. II. 13 ff.; G. MEYER, ZRG.[2] 2, 102 ff.: LESEUR, NR. 1888. S. 657ff.

talis — causa unde ingenuus — sol. XV cumpon. deb., d. h. wenn der Gegenstand des Diebstahls nicht mehr als zwei Denare wert und nicht mittels Einbruch entwendet worden ist. vgl. Sal. 11, 1; 12, 1.

scamno. scamnum Bank, Schemel. vgl. Sal. 40, 6; Cap. Sal. II. 3; 4.

CXX iectos flagellorum accipiat. Die Prügel haben hier zunächst den Zweck, das Geständnis des Sklaven herbeizuführen und sind insofern Beweismittel. vgl. Wis. VI. 1, 4; Burg. 7; Baiuw. 9, 19;

LESEUR, a. a. O. 664; 667_1. Erduldet der Sklave die Folterung, ohne zu gestehen, so gilt er als unschuldig. Ob dann der Kläger dem Herrn des Beklagten eine Entschädigung zu zahlen hat, geht aus der l. Sal. nicht hervor, ist aber wahrscheinlich. Die Prügel tragen aber auch den Charakter der Strafe, und zwar dann, wenn der Beschuldigte vor der Folterung gesteht, der Herr ihn aber nicht mit 3 sol. auslöst. vgl. Sal. 12, 1; 40, 2. Nach Sal. 12, 1_2; 2; 40, 2_2 scheint es, als ob der Sklave die Lösung seines Rückens auch selbständig habe vornehmen können. vgl. JASTROW, a. a. O. 15_{12}. Die Lösung beruht auf privater Vereinbarung, die knechtischen Strafen sind also ursprünglich Privatstrafen, die nur zufolge öffentlichen Rechtes ein gewisses Maximum nicht überschreiten dürfen, ein Hieb gilt dabei gleich einem Denar. vgl. BR. II. 606. Die Zahl der Hiebe stellt ein Grosshundert dar. vgl. BR. II. 606_{29}. — Die Prügel werden entweder in der Weise unserer Stelle oder indem man den Inkulpaten an einen Stauppfahl bindet, verabreicht. vgl. Greg. Tur. Hist. Franc. VI. 35; Cap. leg. add. v. 818/9 c. 16 (Bo. I. 284). — In der l. Sal. ist die Stäupung als Beweismittel sowohl wie als Strafe auf die Unfreien beschränkt, anders in der l. Wis. und in der Kapitulariengesetzgebung, wo auch die Freien vielfach der Prügelstrafe unterworfen werden. Andererseits wird im Verfahren des jüngeren salischen Rechts dem Unfreien das Loosordal zum Beweis seiner Unschuld eröffnet. vgl. Cap. Sal. VII. 5; 6; 11; VIII. 7.

capitale dominus — restituat. Der Herr hat für den überführten Knecht das Diebstahlsobjekt oder dessen Wert zu ersetzen. Nicht auch die dilatura? vgl. Sal. 40, 4; Cap. Sal. VII. 5; 12; VIII. 7; LESEUR, a. a. O. 690 f.; SCHREUER 194_{33}; 205 Text u. Anm. 13—17.

Si tamen maior culpa fuerit etc., d. h. wenn der Gegenstand des Diebstahls einen Solidus wert und nicht mittels Einbruch entwendet worden ist, oder wenn er fünf Denare wert, aber mittels Einbruchs leichterer Art gestohlen worden ist. vgl. Sal. 11, 2; 4; 12, 2. — Wohl wegen der Möglichkeit des Verzählens schreiben zwei Texte 121 anstatt 120 Hieben vor. Gesteht der Sklave während dieser Prozedur, so wird er mit der für 6 sol. ablösbaren Strafe der Entmannung belegt, ausserdem hat der Herr Schadensersatz (capitale et delatura) zu leisten. Über das Mass von 120 (121) Schlägen hinaus darf der nicht geständige Sklave nur mit Zustimmung seines Herrn oder, falls dieser Einspruch erhebt, nur gegen Erlegung eines Pfandes gefoltert werden. Über das Wesen des altgermanischen Mobiliarpfandes vgl. Sal. 50, 2; Baiuw. 17, 3; Cap. de Jud. c. 1 f. (Bo. I. 258); Cap. Anseg. I. c. 88 (ebd. 407); c. 1. X. de pignor. 3, 21 (FRIEDBERG, corp. jur. can. II. 526); v. MEIBOM, Pfandr. 248 ff.; HEUSLER, Instit. II. 201 ff.; v. AMIRA, Obl. R. I. 213 ff.; SCHR. 266 f. — Gesteht der Sklave während der weiter fortgesetzten Tortur, so geht er in das Eigentum des Folternden über, ursprünglich zu willkürlicher, nach der l. Sal. jedoch bereits zu staatlich normierter Bestrafung, im Falle von Sal. 40, 4 also zur Entmannung. Der Bestohlene hat aber nun sein dem Herrn des Diebes gegebenes Pfand mit dem Preise des Sklaven einzulösen. Gesteht der Gefolterte auch während der höheren Torturgrade nicht, so wird seine Unschuld als erwiesen angesehen, der Herr behält den Sklaven und wohl zugleich das

Pfand, bis die Gegenpartei dasselbe mit Zahlung des jenem etwa erwachsenen Schadens auslöst. vgl. G. MEYER, a. a. O. 103.

nihil ille (= illi) **super domino credatur.** Durch die freiwillige Stellung des Sklaven zur Tortur entzieht sich der Herr jeder eigenen strafrechtlichen Haftung, nur capitale und delatura hat er eventuell noch zu leisten. Darum wird eine Beschuldigung des Herrn durch den auf der Folter befindlichen Sklaven ignoriert. vgl. SCHREUER 205_{14}.

maiore crimine conpraehenditur — capitali sententia feriatur. Der Sklave, welcher eines schweren Einbruchsdiebstahls oder anderer Verbrechen, für die der Freie mindestens 45 sol. zu zahlen hätte, überführt wird, verfällt der Todesstrafe. Dieselbe wird, wie in Sal. 40, 4 die Entmannung, von dem Verletzten oder seiner Sippe vollstreckt. Das vorausgehende Verfahren ist das oben beschriebene, doch ist das nicht, wie SCHREUER, 261 Text u. Anm. 25, anzunehmen scheint, Häufung von Leibes- und Todesstrafe, die Tortur ist hier nicht Strafe, sondern Beweismittel. Nach dem Zusatz von Kod. 10 (Sal. 40, 5_1) ist auch die Todesstrafe des Sklaven ablösbar.

dominus — admoneri debet etc. Es ist streitig, ob die von dem Bestohlenen eigenhändig vorzunehmende Folterung des verdächtigen Sklaven ein gerichtlicher oder ein aussergerichtlicher Akt war. Ersterer Ansicht sind WAITZ, AR. 162 f.; SOHM, Proz. 130_4; 157; G. MEYER, a. a. O. 103 ff., letztere wird neuerdings von SOHM, RuGV. 392_6 und JASTROW, a. a. O. 14; 16 vertreten. M. E. braucht der Ausdruck „si praesens fuerit" nicht, wie MEYER findet, notwendig auf Anwesenheit im Gericht bezogen zu werden. Es lässt sich vielmehr ebenso gut denken, dass, wer einen fremden Sklaven im Verdacht eines Verbrechens hat, mit Zeugen zum Herrn desselben geht, um ihn aufzufordern, den Inkulpaten zur peinlichen Frage zu stellen, sowie dass er für den Fall, wo er Herrn und Sklaven antrifft und ersterer seinem Ansinnen willfährt, die vorschriftsmässigen Marterwerkzeuge mitbringt, um das Beweisverfahren sofort zu eröffnen. Kann aber dieser erste Schritt des Rechtsganges gegen den Sklaven ein aussergerichtlicher sein, so müssen es geradezu die nächsten, und zwar wegen der schon von SOHM hervorgehobenen Fristen, innerhalb deren sie zu erfolgen haben. Mit MEYER bin ich der Ansicht, dass die Salier ebenso wie die Ribuarier neben der Gerichtsfrist von 40 Nächten für das echte Ding eine solche von geringerer Dauer für die gebotenen Gerichtsversammlungen gekannt haben. Gegen MEYER aber lasse ich das Zeugnis der so viel späteren l. Cham. (43) nicht zu, um Schlüsse für die l. Sal. zu ziehen, welche nirgends sonst Gerichtsversammlungen kennt, die alle 7 Nächte wiederkehren. Je mehr freilich die Haftung des Herrn für Missethaten seiner Unfreien verblasst, je mehr entsprechend die selbständige Verantwortlichkeit dieser letzteren vom Strafrecht anerkannt wird, desto mehr muss dann auch das Verfahren gegen den Sklaven Sache des Volksgerichts werden. Auf diesem Standpunkte steht schon Cap. Sal. VII. 5; 12; Rib. 30. — Dass die Folterung ebenso wie die etwaige Leibesstrafe von dem Kläger oder dessen Sippe persönlich vollzogen wurde, ergab sich aus Sal. 40, 4, doch schreibt der Staat jetzt bereits ausser dem Maximum der Prügel die Beschaffenheit der dabei verwendeten Werkzeuge vor. vgl. BR. II. 605_{28}; SICKEL, MJÖG. EB. III. 499_1; 505.

solem collegere (collocare, culcare, calcare, collecare, colligare, solisacire) die Sonne setzen, d. h. für die Erfüllung einer Rechtspflicht eine Frist bis zum Sonnenuntergang eines Tages setzen. Mit Sonnenuntergang erfolgt dann durch die wartende Partei feierlicher Ungehorsamsprotest unter Anrufung von Zeugen. vgl. Sal. 50, 2; 52; 56, 1; 57, 1; 2; Cap. Sal. V. 8, 1; SIEGEL, GVrn. 54_{15}; SOHM, Proz. 30; BR. II. 336.

placitum: 1) Gerichtstermin. 2) durch Parteihandlung gesetzter Termin überhaupt. 3) Frist. vgl. Sal. 45, 2; 47; 49, 1; 50, 1; 3; 56, 1; Cap. Sal. VII. 5; VIII. 7; Extrav. B. 1; Erläuterungen zu Sal. 1, 1; BEHREND, Festg. f. Heffter 77 ff.; G. MEYER, a. a. O. 104; WODON, Contrats 23_2.

servum noluerit suppliciis dare — totam legem super se solviturum suscipiat. Durch den trotz dreimaliger Aufforderung bewiesenen Ungehorsam gegen das Recht büsst der Herr die Wohlthat ein, sich der Haftung für die Missethat seines Sklaven zu entziehen. Er wird als in mala fide befindlich angesehen und büsst das Verbrechen, als habe er selbst es begangen. vgl. SCHREUER 205_{13}. Das hierauf erkennende Urteil ist aber kein Kontumazurteil. vgl. BR. II. 462_4 gegen SOHM, Proz. 158; 160.

si servus absens fuerit etc. Sal. 40, 6—9 gingen von der Voraussetzung aus, dass der Sklave zur Stelle sei. vgl. insbes. Sal. 40, 7. In § 10 wird das Gegenteil angenommen, infolge dessen tritt zu der zweimaligen admonitio, den Sklaven zu stellen, eine dritte hinzu. vgl. SOHM, Proz. 158; 161. Die Erwähnung von testes zeigt, dass diese, wie jede rechtsförmliche Handlung, unter Zuziehung von Zeugen vor sich ging. vgl. Erläuterungen zu Sal. 1, 3.

ancilla in tale crimine — unde servus castrare debuerat. An die Stelle der Entmannung tritt bei der verbrecherischen Sklavin ablösbare (6 sol. = 240 den.) Prügelstrafe. Die Zahl der Hiebe schwankt in den Texten zwischen 142 und 300. Nach dem Grundsatz, dass ein Streich mit einem Denar abgelöst werden könne, muss die Zahl 240 (242), also zwei Grosshunderte, als die korrekteste angesehen werden. vgl. BR. II. 606_{29}; SCHREUER 258_5.

servus cum ingenuum furtum fecerit etc. Der nur in dem aus Tours stammenden Kod. 2 überlieferte Zusatz ist ein römischrechtliches Einschiebsel: Die actio vi bonorum raptorum geht auf das quadruplum. vgl. Sal. 10, III; 27, 25; Greg. Tur. Hist. Franc. X. 8; SOHM, RuGV. 226_{36}; SCHREUER 39_{73}.

cum servum alienum negotiaverit. vgl. Erläuterung zu Sal. 27, 25. — Der Zusatz von Kod. 10 (Sal. 40, II_1) ist lediglich Wiederholung von Sal. 40, 5_1.

XLI. De homicidiis ingenuorum.

ingenuo Franco — occiderit — sol. CC culp. iud. Das Wergeld (von wër, der Mann, vir. vgl. BR. I. 86_{22}; SCHR. 78_{47}) des freien Franken, d. h. die Busse für seine Tötung, beträgt einschliesslich des fredus 200 sol. vgl. Sal. 15; Rib. 7; 36, 1; Cham. 4. Ebenso hoch war dasselbe bei den Angeln und Warnen: Thur. 2; 45; 49. Über das Manngeld der Baiern und Alamannen, der Sachsen und Friesen, der Burgunder, Langobarden und Westgothen vgl. Rib. 36, 2; 4 — Baiuw. 1, 9; 4, 28; 16, 5; Decr. Niuh. c. 10 (Kod. 2; 3; Lindenbrog.); Alam.

Pact. II. 37; Lex. 45; 60,1 — Sax. 14; 16; 40; 66; Fris. 1, 3; 6;9;10; Add. sap. III[a]. 58 verb. mit Fris. 10, 1; Fris. 16; Fris. 22,77; Add. sap. III[a]. 1 — Burg. 2,2; 101,1; Liutpr. 62; Wilda, Strafr. 427 ff.; Dahn, Westgot. Stud. 147; Kge. VII. 1,140; Gaupp, Germ. Abhandl. 9 ff.; v. Richthofen, MG. LL. V. 52_{27}; Br. I. 225 ff.; Schr. 241; 335 f.

aut barbarum, qui legem Salega vivit. — aut verknüpft in der l. Sal. nur selten identische Begriffe, unendlich viel häufiger hat es rein kopulative (=et) oder disjunktive Bedeutung. vgl. z. B. Sal. 2, 7; 11; 3,2;3; 4,4; 7,IV;4_1; 8,4;III; 9,1;III; 10,1;2;V; 13,II; 14, VI; 15; 16,4; 20,1; 27,III;V;8; 29,1; 30,7; 33,3; 34,1;2;4; 35,5;6; 37; 38,V;VII; 41,2;4; 44,1; 46; 47; 50,1;3;4; 56,I; 1; 59,2; Br. II. 150_9. Endlich aber hat es gelegentlich auch die Funktion, den vorangestellten Ausdruck durch einen zweiten zu berichtigen, sei es nun, dass es ihn einschränkt oder verallgemeinert. vgl. z. B. Sal. 9,3;4; 11,5; 33,2 (in venationem habuisset — aut occidisset). Demnach ist in sprachlicher Hinsicht höchstens die Möglichkeit, nicht aber ein zwingender Grund vorhanden, mit Sohm, RuGV. 570 ff, anzunehmen, dass unsere Stelle den „ingenuus Francus“ und den „barbarus, qui leg. Sal. vivit“ als Wechselbegriffe behandele und daher keinen Aufschluss über die Entwickelung der Personalität des Rechts (vgl. Erläuterung zu Sal. 14, 2_2) gewähre. Aus inneren Gründen aber scheint diese Identifizierung ziemlich unwahrscheinlich. Die im Salierreiche lebenden Römer haben unstreitig jeden Germanen, nicht nur den Salier als Barbaren bezeichnet, ja sie gaben diesen Namen sogar vorzugsweise den rechtsrheinischen Deutschen. vgl. Waitz, VG. II. 1, 71_1; Roth, BenW. 102. Es müsste daher mindestens sehr auffallen, wenn die Salier selbst einem anderen Sprachgebrauch gefolgt wären, die schwankenden Textformen von Sal. 14, 2 beweisen das jedenfalls nicht, das „barbaro“ in Prol. I. bedeutet „heidnisch“, weist also ebenfalls auf eine gemeinsame germanische Eigentümlichkeit gegenüber der christianisierten Römerwelt hin, und die von Sohm angeführten Stellen des Burgundischen Volksrechtes deuten teilweise gerade auf das Gegenteil seiner Behauptung (so Burg. 10,1; 44,1; 47,1). So wird m. E. an der älteren Ansicht v. Savignys festzuhalten sein, wonach die Germanen aller Stämme, soweit sie im Salierreiche lebten, zur Zeit der l. Sal. sich des salfränkischen Rechtes zu bedienen hatten und das Personalitätsprinzip frühestens in der l. Rib. (31, 3) bezeugt ist. Die älteren Erklärungen des barb., qui leg. Sal. viv. überhaupt vgl. bei Rogge, GW. 54 f.; Eichhorn, RG. I. 266 f.; Feuerbach, 1. Sal. 28; Pardessus 438; v. Savigny, Gesch. d. röm. R's. im MA. I. 120 ff.; Waitz, AR. 97 ff.; Bethm. IV. 396; 459. Ein früheres Bestehen des Personalitätsprinzipes bei allen Germanen hat neuerdings wieder Dahn, Kge. VII. 3, 1 ff., verfochten, vgl. aber die klassischen Ausführungen bei Br. I. 259 ff.

rammis. rammus = ramus (rama) Ast, Zweig.

celaturus. Wenn der Totschläger den Leichnam des Erschlagenen zu verbergen sucht, so liegt Mord im Sinne altgermanischer Rechtsterminologie vor. vgl. Sal. 41,4; Cap. Sal. V. 5; Sept. Caus. VIII; Rib. 15; Cham. 46; Alam. 48; Baiuw. 19,2;3; Sax. 19; Fris. 20;

Judic. reg. (Bo. I. 257); GRIMM, RA. 625; WB. VI. 2530; 2536; 2543; v. RICHTHOFEN, MG. LL. III. 672_{47}; BR. II. 627 f. Der Begriff ist also ein völlig verschiedener von dem des heutigen und auch des früheren gemeinen Rechts. vgl. ALLFELD, Entw. d. Begriffs Mord 52 ff.; BINDING, Grundr. II. 1, 5. Für den bereits weiter entwickelten Mordbegriff des langobardischen Rechts vgl. Roth. 14; 369; 370; OSENBRÜGGEN, Strafr. d. Langob. 61 ff.; BR. II. 628. Die Strafe des Mordes ist wesentlich höher als die des einfachen Totschlages, in den meisten Rechten ein mehrfaches der letzteren. vgl. die oben zitierten Stellen u. Alam. Pact. II. 41; Roth. 14; 201.

camisa. Decke. vgl. DIEZ, Et. WB. 79.

callis (collis, allis, hallis, clalis, ales). callum Stück fester Masse, Kruste, Rinde. c. terrae Erdschicht bei Plin. Hist. Nat. XVII. 3, 8; XXXI. 30, 1. vgl. GEORGES, WB. I. 876: BEHREND, l. Sal. 140.

fallanivit. fallanire verbergen. vgl. DIEZ, Et. WB. 133 unter fallire.

qui in truste dominica fuit. vgl. Sal. 42, 1; 2; 63, 1; 2. trustis, latin., got. trausti, an. traust, alts. gitrôst, ahd. trôst, protectio, tuitio, adiutorium, Schutz, Hülfe, in abgeleiteter Bedeutung: die Gehilfen, Gefolgen, Gefolgschaft, Schar. vgl. Cap. Sal. I. 1; VII. 9; 16; Form. Marc. I. 18; Heliand 2, 15; 64, 14; Nibel. 1544, 1; 1466, 2; GRIMM, RA. 943; Vorr. VI; MÜLLENH. b. WAITZ 294; DIEFENBACH, WB. II. 677 f.; DELOCHE, La Trustis 32 ff.; ROTH, Feud. 256 ff.; WAITZ, VG. I. 389_2; 493_4; II. 1, 336_3; BR. I. 142_{34}; II. 97_{12}; SCHR. 31_{27}. — dominicus, in der l. Sal. stets: königlich. vgl. Erläuterung zu Sal. 1, 4; qui in truste dominica fuit also: Mitglied des kgl. Gefolges. Kod. 7 (= 8; 9; B—H) hat anstatt dessen hier antruscione dominico und in Sal. 42, 2: antrutio dominicus, was von Kod. B—H in Sal. 42, 1 durch antrustionem schlechthin wiedergegeben wird. Ebenso sprechen Cap. Sal. V. 5; 6, 2; 8 vom antruscio ohne Zusatz. Das hängt damit zusammen, dass im salfränkischen Reich die Befugnis ein Gefolge zu halten, frühzeitig auf den König (und die Königin: Fortunat. carm. VI. 5) beschränkt wird. Über Geschichte und Bedeutung des Antrustionats vgl. BR. II. 97 ff.; Ders., ZRG.[2] 9, 210 ff.; DELOCHE, a. a. O.; DAHN, Kge. VII. 1, 151 ff.

aut mulierem (ingenuam). Diesen Zusatz haben blos Kod. 1 u. 2. Er passt nur, wenn man mulier als das Weib in gebärfähigem Alter auffasst. vgl. Erläuterung zu Sal. 24, 6.

sol. DC culp. iud. Der Antrustio hat gleich jedem Königsbeamten dreifaches Wergeld. vgl. Cap. Sal. V. 6, 2; Rib. 11, 1.

in aquam — miserit etc. — sol. MDCCC culp. iud. Das dreifache Wergeld des Antrustionen wird nochmals verdreifacht, wenn der Totschlag an ihm sich als Mord darstellt. vgl. Sal. 63, 2.

Romano homine conviva regis. Vom Antrustio unterschieden wird hier noch der am Königshofe lebende und demgemäss an der königlichen Tafel teilnehmende Römer. Anders schon Recap. l. Sal. A. 30. vgl. Br. I. 302_{47}. Über den conviva regis im allgemeinen vgl. Burg. 38, 2; Fortunat. carm. VII. 16; Vita S. Columbani c. 50; S. Agili c. 1; FUSTEL DE COULANGES, Hist. III. 139 f.; DAHN, Kge. VII. 1, 155 f.

sol. CCC culp. iud. Auch das Wergeld des römischen Königsgastes ist das dreifache seiner Geburt. vgl. Sal. 41, 6.

Romano possessorem: der gewöhnliche römische Grundbesitzer. vgl. Sal. 41, 6_1. Derselbe ist bei den Saliern wirtschaftlich gesicherter als in den übrigen Germanenreichen, wo das Einquartierungssystem befolgt wurde. vgl. Br. I. 64 ff.; Schr. 100 ff.; Ders., Franken u. ihr R. 23; 44; Ders., FDG. 19, 139 ff.

sol. C culp. iud. Der Römer, welcher nicht im Königsdienst steht, hat ein Wergeld von 100 sol. vgl. Cap. Sal. IV. 1; Rib. 36, 3. Hierin hat man früher übereinstimmend eine rechtliche Zurücksetzung des Römers hinter den Franken gesehen, wozu die Bestimmungen von Sal. 14, 2; 3; 32, II; 39, 3, welche sämtlich dieselben Rechtsverletzungen gegenüber dem Römer mit geringerer Strafe als gegenüber dem Franken belegten, vortrefflich passten. Auch Brunner hielt I. 227 noch an der herrschenden Meinung fest, hat sie aber II. 614_7 aufgegeben und berechnet, dass die beim Römer wegfallende Magsühne die Differenz ausgleiche. Abgesehen davon, dass es auffallen müsste, wenn Raub, Freiheitsberaubung und Verknechtung des Römers milder, Totschlag aber ebenso streng wie beim Franken geahndet worden wäre, stimmt das Brunner'sche Exempel, so bestechend es zunächst wirkt, doch nicht ganz. Denn es lässt die Ungleichheit bestehen, dass die Rechtsordnung sich durch den Totschlag des Römers nur halb so schwer verletzt fühlt wie durch denjenigen des Franken und daher anstatt $66^2/_3$ sol. bloss $33^1/_3$ sol. Friedensgeld verlangt. Angeschlossen hat sich der B.'schen Argumentation Schr. 102_{13}; HZ. 78, 195.

Romanum tributarium: der römische Kolone, welcher an die Scholle gebunden und seinem Grundherrn zinspflichtig ist. vgl. Br. I. 240 f.; Dahn, Kge. VII. 1, 253 ff. Das Wergeld desselben schwankt in den Hss. unserer Stelle zwischen 45, 63 (richtiger $62^1/_2$) und 70 sol., die übrigen Varianten beruhen offenkundig auf Textverderbnis. Nach Cap. Sal. IV. 1 hat der Romanus tributarius aber ebenfalls 100 sol. Wergeld.

hominem — sine manus et sine pedes quem inimici sui demisserunt. Die Stelle beweist für die Zeit der l. Sal. das Bestehen des Fehderechts, d. h. der Selbsthilfe des Verletzten oder seiner Sippe zum Zwecke der Rache. Aus dem Gedanken der Fehde hat sich das gesamte weltliche Strafrecht der Germanen entwickelt, das Busssystem der Volksrechte beruht auf der Idee des Abkaufs der Fehde. vgl. Br. I. 156 ff.; Schr. 73 ff. Daher Fehde ursprünglich prinzipiell unbeschränkt, die Entwickelung geht auf immer stärkere Einengung des Fehderechts, auf dem Wege entweder der Ersetzung des Busssystems durch öffentliche Strafen oder des zwingenden Rechtsgebots an den Verletzten zum Abschluss des Sühnevertrages. vgl. hierüber Baiuw. 2, 8; Sax. 18; 19; Fris. 2; Thur. 31. — Alam. 44; Sax. 27; Fris. Add. sap. 1; Const. de exped. Benev. v. 866 c. 7 (Bo.-Kr. II. 96) — Sax. 38; Capitul. de part. Sax. c. 31 (Bo. I. 70); Cap. Saxon. c. 8 (ebd. I. 72) — Sal. 58, 1_1; I; Sax. 19 — Cap. Herist. v. 779 c. 22 (Bo. I. 51); Cap. miss. v. 802 c. 32 (ebd. 97); Cap. Theod. v. 805 c. 5 (ebd. 123); Cap. leg. add. 818/9 c. 13 (ebd. 284); Cap. miss. Worm. v. 829 c. 7 (Bo.-Kr. II. 15); Cap. Worm. pro leg. hab. v. 829 c. 8

(ebd. 20) — Burg. 2, 7; Wis. VI. 1, 7 — THONISSEN 153 ff.; PARDESSUS 654 ff.; SOHM, RuGV. 104 f.; SIEGEL, GVrn. 8 ff.; DAHN, Fehdegang 16 ff.; 37 ff.; DEL GIUDICE, Arch. stor. lomb. 2, 217 ff.; 3, 137; OSENBRÜGGEN, Strafr. d. Lang. 3 ff.; LÖNING, Vertragsbruch 132 ff.; BR. II. 527 ff.; SCHR. 333 ff.; GLASSON, Hist. III. 528 ff. — Das Hinwerfen des Schuldigen mit abgehauenen Händen und Füssen auf einen Kreuzweg ist in Grágás II. c. 382 (S. 400) für den Fall bezeugt, dass ein Sklave ein Mitglied der Familie seines Herrn getötet hat. vgl. THONISSEN 163_1.

in quadruvio. Unverträglich mit dem Racherecht ist dessen heimliche Ausübung. Der Totschlag des faidosus muss daher als in erlaubter Fehde geschehen kenntlich gemacht werden. Für die verschiedenen Formen solcher Verkündigung vgl. Sal. 41, II; Cap. Sal. I. 2; 3; Greg. Tur. Hist. Franc. IX. 19; Rib. 77; Decr. Tass. Niuh. c. 3; Frost. IV. 1; 7; Gul. 156; Dingtalen v. Delft 46; WILDA, Strafr. 159 f.; WAITZ, AR. 186_2; v. AMIRA, Vollstreckgsvrn. 12 ff.; BR. I. 160; Ders., ZRG.[2] 3, 54_3.

perocciderit — sol. C culp. iud. Wer einen dem sicheren Tode Preisgegebenen tötet, hat dessen halbes Wergeld zu zahlen. vgl. WILDA, Strafr. 687_3. Als ein Eingriff in das Racherecht der Feinde des Verstümmelten, wie THONISSEN 166 f. will, ist dies Delikt aber wohl kaum aufzufassen.

caput — in palo. vgl. Erläuterung zu Sal. 41, 8.

sine permisso iudicis aut illius qui — missit. vgl. Erläuterung zu Cap. Sal. I. 2; 3.

tollere presumpserit, sol. XV culp. iud. Das Delikt besteht in der Entfernung des Zeichens für rechtmässige Tötung, woraus für den Totschläger die Gefahr als Verbrecher verfolgt zu werden hervorgeht.

in poteum iactaverit — vivus — exierit — sol. C culp. iud.: Delikt der Wassertauche, wapeldrinc (Keure f. Furnes v. 1240 c. 7: WARNKÖNIG, Flandr. RG. II. 2. UrkB. 74), wapuldêpene (RICHTHOFEN, WB. 1125; GRIMM, RA. 631), quabeldrank (DREYER, Verm. Abh. I. 219), darin bestehend, dass man jemanden ins Wasser stösst oder wirft, ohne dass dieser umkommt. Die Wassertauche ist typisches Versuchsdelikt und wird nach unserer Stelle mit dem halben Wergeld gebüsst, Kod. 2 hat 62 (= $62^1/_2$) sol. Über Wassertauche an einem freien Römer vgl. Recap. Sal. A. 19, an einem Romanus tributarius ebd. 14. — Dem Stossen in den Brunnen (poteus, puteus) fügen jüngere Hss. (Sal. 41, $9_{1;4}$) in Erweiterung des Thatbestandes das Meer und die vipida (aquae gurges: DU CANGE VI. 845) hinzu. Über die strafrechtliche Behandlung der Wassertauche in anderen Volksrechten vgl. Baiuw. 4, 17; Sax. 9; 10; Fris. 22, 83; Add. sap. 3, 41; 66, über Wassertauche als qualifizierten Mordversuch Cap. Sal. VI. 3. — vgl. BR. II. 559 f.; 562_{22}; 620_{41}.

mortuus fuerit — sol. DC culp. iud. (tota leude componatur). Die Heroldina hat die Mordbusse, die Em. nur diejenige des einfachen Totschlages. Letzteres scheint das Richtigere, da das Kriterium des Mordes, die Heimlichkeit, nicht Thatbestandsmoment ist. leudis = Wergeld.

de praecipitio mortis periculo. Die Em. dehnt die Busse der

Wassertauche auf jedes Herabstürzen aus lebensgefährlicher Höhe aus. vgl. Recap. Sal. A. 11; Br. II. 560_9.

superdixerit et inde — mortuus fuerit, sol. C culp. iud. superdicere verläumden. Die Verläumdung veranlasst nach unserer Stelle einen Dritten sich für das vermeintlich vom Verläumdeten an ihm begangene Verbrechen im Wege der Fehde durch Totschlag zu rächen. vgl. Wilda, Strafr. 630 f.; Br. II. 568 f. Strafe solcher Anstiftung: halbes Wergeld des Erschlagenen. vgl. die falsche Anklage vor dem König wegen todeswürdiger Verbrechen: Sal. 18, I; Br. II. 569_{20}. Für eine singuläre Bestimmung des friesischen Rechts vgl. Fris. 2, 1; 2; Rogge, GW. 27 ff.; v. Woringen, Beitr. 49; Wilda, Strafr. 631_1; Siegel, GVrd. 12 f.; v. Richthofen, z. l. Sax. 244 ff.; Waitz, VG. I. 436_1; Br. I. 162_{33}.

qui — occiderit — pleniter eum componat. Da die Schuld des Erschlagenen nur eine vermeintliche war, ist kein Fehderecht begründet, folglich Totschlagsühne. Die bona fides des Thäters bleibt unberücksichtigt. Wäre die Schuld dagegen eine wirkliche und gleichzeitig fehdewürdige gewesen, so dürfte überhaupt keine Bestrafung des Thäters eintreten. vgl. Pardessus 658 f.; Thonissen 167 f. Anderer Ansicht Waitz, AR. 186_2; Sohm, RuGV. 104_5.

XLII. De homicidio in contubernio facto.

contubernio. Über contubernium vgl. Erläuterung zu Sal. 14, 5. Sohm, RuGV. 186 f.; 190, identifiziert das c. mit der trustis. Das ist an sich richtig, doch hat contubernium meist den Sinn einer verbrecherischen Bande, trustis umgekehrt häufiger die Bedeutung der zu erlaubten Zwecken gebildeten Schar. vgl. für contubernium Sal. 13, 1; 14, 5; 6; II; 42, 1; 3; 43, 3; Cap. Sal. V. 7; Form. Marc. II. 16; Sal. Bignon. 8; Rib. 41, 2; Form. Bituric. Append. 4. — für trustis Sal. 41, 3; 42, 1; 2; 63, 1; 2; Cap. Sal. I. 1; VII. 9; 16; Rec. Sal. A. 30; 31; Rib. 11, 1; Cap. Harist. v. 779 c. 14 (Bo. I. 50); Breviar. miss. Aquitan. v. 789 c. 15 (ebd. 66); Alloc. missi cuiusd. Divion. v. 857 c. 3 (Bo.-Kr. II. 292).

in domo sua — in truste dominica. Die Antrustionen (vgl. über sie Erläuterung zu Sal. 41, 3), ursprünglich wie das altgermanische Gefolge am Hofe des Königs lebend, erscheinen hier bereits im Besitze eigenen Heims. Hierauf weist auch der Gerichtsstand des A. ante iudicem ad malebargo hin: Cap. Sal. V. 8. vgl. Br. II. 100_{29}; Dahn, Kge. VII. 1, 162. — Über domus (casa) und curtis vgl. Blumenstok, IE. I. 217 ff.; Lamprecht, WL. I. 8.

adsalierit et ibi eum occiderit — sol. MDCCC culp. iud. Heimsuchung (vgl. Erläuterungen zu Sal. 14, 6; I; II) und Totschlag. Es tritt nicht Kumulation der Bussen für einfache Heimsuchung ($62^1/_2$ sol.) und des Totschlags (200 sol.) ein, sondern das Delikt wird als qualifizierter Totschlag, ausgeführt unter Verletzung eines besonderen Friedens, des Hausfriedens, mit der dreifachen Totschlagbusse bestraft: Sal. 42, 2. Da der Antrustio ein Wergeld von 600 sol. besitzt (Sal. 41, 3), so ergeben sich für ihn hier 1800 sol. vgl. Sept. caus. VII. 6; Rec. Sal. B. 31; Thur. 50; Fris. Add. sap. 1, 1; Sohm, Proz. 155_7; Waitz, VG. II. 2, 166 und gegen diese Br. II. 220_{16}; 582_{14}; Schreuer 47_4. Über andere Sonderfrieden vgl. Br. II. 580 ff. und die dort S. 580

angegebene Litteratur. — Die Voranstellung des Antrustio in Sal. 42, 1, von Br. II. 571_{38} als Beweis für königliche Satzung des Titels angesehen, ist von Kod. 5; 6; 10; Em. nicht beibehalten.

iuratus. Der Antrustio schwört dem Könige bei seiner Aufnahme in den königlichen Dienst „trustem et fidelitatem", d. h. Schutz und Treue: Form. Marc. I. 18. Der Eid ist Waffeneid. vgl. Br. II. 98_{13}; Dahn, Kge. VII. 1, 157_{6}; Fustel de Coulanges, Hist. V. 288_{1}.

tres vel amplius habuerit plagas. Aus der Mehrzahl der Wunden wird auf Verübung des Totschlags durch mehrere geschlossen. Es handelt sich also hier um Mitthäterschaft, nicht um Teilnahme.

tres — legem superius conpraehensa cogantur exsolvere. Aus der Präsumtion, dass mehrere den Totschlag begangen, geht hervor, dass jeder Einzelne das ganze Wergeld zu bezahlen hat. vgl. das „singillatim" in Sal. 43, 3. Anders Roth. 12; 263; Alfr. 31, 1; vgl. Osenbrüggen, Strafr. d. Lang. 40 f.; Br. II. 566_{6}. Die Häufung der Wergeldzahlung aber wird auf drei Mitglieder des contubernium beschränkt, auch wenn der Leichnam mehr als drei Wunden aufweist. Die Auswahl der so zu Hauptschuldigen Gestempelten stand vermutlich in der Willkür des Klägers. vgl. Br. II. 571 Text u. Anm. 39; v. Amira, Obl. R. I. 179; II. 209 f. Das Wergeld ist das des Erschlagenen, nicht das der Thäter. vgl. Wilda, Strafr. 959; Schreuer 47_{4}.

alii — tres — nonaginus sol. solvent. Die nächsten drei Mitglieder des contubernium werden als Teilnehmer betrachtet und zahlen je 90 sol. Die Variante von Kod. 6 ist verderbt. vgl. unten.

tres — in tertio loco — sol. XLV culp. iud. Die weiteren Teilnehmer büssen 45 sol. Die Varianten in Sal. 42, 3_{2} beruhen auf Textverderbnis. vgl. Sal. 43, 3, wo die Teilnehmer für den Totschlag ausserhalb des Hauses ein Drittel der hier ausgeworfenen Bussen verwirken. Die Zahl der zu einem contubernium gehörigen Genossen scheint sich nach der l. Sal. auf 9 belaufen zu haben. vgl. Baiuw. 4, 23; Roth. 19; Ine 13, 1; Stemann, Retshist. 666_{2}; Davoud-Oghlou I. Introd. LVIII ff.; Thonissen 284_{1}; Waitz, VG. I. 488 f.; Sohm, RuGV. 190; Br. II. 570 f.

Romanis. Über deren rechtliche Stellung vgl. Erläuterungen zu Sal. 41, 5—7.

letis. vgl. Erläuterungen zu Sal. 13, 7; 26, 1.

pueris. Dass mit diesen nur von Kod. 1 erwähnten pueri (vgl. Sal. 42, 4_{1}) Kronknechte gemeint sind, erhellt aus der Zusammenstellung mit den Romani und leti. Über die pueri regis vgl. Erläuterung zu Sal. 13, 7.

ex medietate solvantur. Das Wergeld des Römers und des Liten sowie das Wertgeld des Kronknechts beträgt 100 sol. vgl. Erläuterungen zu Sal. 13, 7; 26, 1; 41, 5—7. Im Falle der durch Heimsuchung qualifizierten Tötung wird es ebenfalls verdreifacht. Die Teilnehmer zweiten und dritten Grades büssen demgemäss mit 45 und $22^1/_2$ sol. — Über den Pluralis solvantur vgl. Erläuterung zu Sal. 44.

villam. vgl. Erläuterungen zu Sal. 3, 4_{1}; 45, 1.

alienam. vgl. Erläuterung zu Sal. 45, 1 „super alterum".

expugnaverit — invaserit — sol. LXII c. dim. culp. iud. Die einfache Heimsuchung wird von jedem Teilnehmer einschliesslich des

Hauptmanns mit $62^1/_2$ sol. gebüsst. vgl. Sal. 14, 6; Sept caus. IV. 4; Br. II. 572; 653; Schreuer 46_2; Erläuterung zu Sal. 14, 6. Über die Varianten „tres villas" — „villas cum tribus" vgl. Schreuer a. a. O., über die Busse von 78 sol. (Sal. 42, 5_4) Br.. Forschungen 486_4.

cum XXV iuratores medius electus exsolvat. Nach Waitz, AR. 170 f. ist Sal. 42, 5 ebenso wie Sal. 14, 2_2; 3_2; 16, II; 39, 2 späterer Zusatz, weil alle diese Stellen das altsalische Beweismittel der Kesselprobe (Sal. 53) aus seiner unbeschränkten Herrschaft zu drängen suchen. vgl. das Nähere in den Erläuterungen zu Sal. 53. Über electus vgl. Erläuterung zu Sal. 14, 2_2.

XLIII. De homicidio in convivio facto.

convivio: Zechgelage. Die Texte der 1. Familie sowie Text 5; 9 und Em. A. haben in der Überschrift, Text 3 ausserdem auch in § 1 „contubernio". Das ist schon wegen der Inkonsequenz der betreffenden Texte sicher als Versehen zu betrachten.

unum convictum dare debent. Durch Stellung des Totschlägers befreien sich die übrigen Teilnehmer des Gelages ohne weiteres von eigener Haftung.

toti morte illa coniactent. Können oder wollen die Zechgenossen ihren schuldigen Kumpan nicht stellen, so haften sie gemeinsam für die That. Doch wird hier, im Gegensatz zu Sal. 42, 3; 43, 3 präsumiert, dass nur einer den Totschlag begangen hat. Daher verfällt das Wergeld nur einmal, die Zechgenossen schiessen zusammen, um es aufzubringen. vgl. Alam. 44; Fris. 14, 1 ff.; Br. II. 565_3; 566_5.

ubi quinque fuerint — usque ad septem. Die Massgaben von Sal. 43, 1 sind auf die Fälle beschränkt, wo eine bestimmte Anzahl von Zechgenossen an dem Gelage teilgenommen hat. Der Grund einer oberen Grenze ist ohne weiteres ersichtlich: bei steigender Menge von Mitwissern der That wird die Verabredung derselben, den wirklich Schuldigen zu verschweigen, sich immer weniger durchführen lassen, der Kläger also diesen letzteren schnell herausfinden und der Bestrafung zuführen können: Sal. 43, 2. Etwas abweichend Thonissen 285 f. Schwieriger scheint es mir für die untere Grenze eine befriedigende Erklärung zu finden, zumal dieselbe in den Hss. zwischen zwei und fünf convivae schwankt, weshalb Brunners untere Abgrenzung auf vier bezw. fünf (RG. II. 566_4) nicht ganz korrekt sein dürfte. Freilich, bei zwei Zechgenossen, von denen der eine den anderen erschlägt (Kod. 8; B—H = 9) ist überhaupt der Fall unserer Stelle gar nicht gegeben.

foris casa — a contubernio — interfectus. Bandentotschlag ohne Konkurrenz der Heimsuchung. Der § gehört also streng genommen in den Titel 42.

in agro. Über terra, ager, campus, labor, messis als Ausdrücke für bebautes Land vgl. Blumenstok, IE. I. 231 ff.; Lamprecht, WL. I. 13_2; 14_2; Erläuterungen zu Sal. 2, 2_1; 9, 1; 27, VII.

singillatim mortem — coniactant — sol. XXX solvant — sol. XV culp. iud. vgl. Erläuterungen zu Sal. 42, 3.

XLIV. De reipus.

reipus, latinis., ahd. reif, got. raips, ags. ráp, an. reip = funis, circulus, bedeutet im allgemeinen, entsprechend dem ahd. pauc, an. baugr: Ring, Ringgeld. vgl. Grimm, RA. 424 ff.; Vorr. LIII; Müllenh.

b. Waitz 292; SOETBEER, FDG. 1, 234 f; BRUNNER, Berl. SB. 1894 S. 1289. Speziell im salischen Recht bedeutet aber der r. eine Abgabe, die bei Wiederverheiratung einer Witwe von deren Bräutigam zu entrichten ist. — Der Titel gehört zu den am meisten umstrittenen der ganzen lex und besitzt eine umfangreiche Litteratur. vgl. GRIMM, a. a. O.; PETERS, Commentatio ad. tit. 47 leg. Sal.; PARDESSUS 389 no. 516—524; 687 ff.; LABOULAYE, Recherches 160 ff.; DAVOUD-OGHLOU I. 554 ff.; WAITZ, AR. 111 ff.; 146 f.; WEINHOLD, Z. f. d. Altert. 7, 539 ff.; SCHRÖDER, de dote 54 ff.; RIVE, Vormundsch. I. 279 ff.; SCHRÖDER, Ehel. GR. I. 55 ff.; RIMASSON, Rev. de législ. 1870/1 S. 380_6; 381 ff.; LÖNING, Vertragsbruch 144 f.; v. AMIRA, Erbenfolge 32 ff.; SOHM, Eheschliessg. 63 f.; JUNGBOHN CLEMENT, Forschungen 201 ff.; HABICHT, Verlobg. 18 ff.; SCHERRER, ZRG. 13, 273; DARGUN in GIERKES Unters. XVI. 141 ff.; DARESTE, Journ. de sav. 1883 S. 589 f.; DEL VECCHIO, Seconde nozze 85 ff.; FUSTEL DE COULANGES, Recherches 227_2; 391 f.; GLASSON, Hist. III. 29 f.; 300 ff.; LAMPRECHT, WL. I. 32 ff.; HEUSLER, Instit. II. 307 ff.; BR. II. 149 ff.; 174; OPET, MJÖG. EB. III. 11 ff.; SICKEL, ebd. 481 ff.; FICKER, Erbenfolge I. 511 ff.; III. 525 ff.; SICKEL, GGA. 1890 S. 578 ff.; 1892 S. 144 f.; BRUNNER, Berl. SB. 1894 S. 1289 ff.; DAHN, Kge. VII. 1, 302; 2, 134 ff.; 3, 411; MEITZEN, Agrarw. I. 577; GOTHEIN, Bonner Festschr. f. Poppelsdorf 22 ff.; WEINHOLD, Frauen II. 37 f.

Sic ut (sicut) = si ut. vgl. Cap. Sal. III. 1.

antequam sibi copulet. Die Entrichtung des reipus ist die Voraussetzung der rechtmässigen Witwenehe. vgl. unten Erläuterung zu Sal. 44, 2. Über das germanische Eheschliessungsrecht, welches ebenfalls Gegenstand lebhafter Kontroversen gewesen ist, vgl. FRIEDBERG, Eheschliessg. 18 ff.; SOHM, Eheschliessg. 24 ff.; FRIEDBERG, Verlobg. 7 ff.; SOHM, Trauung 1 ff.; SCHEURL, Eheschliessgsr. 35 ff.; ZKR. 15, 65 ff.; 22, 308 ff.; DIECKHOFF, Trauung 65 ff.; LÖNING, Gesch. d. KR. II. 577 ff.; HABICHT, Verlobg. 5 ff.; v. WYSS, Z. f. Schw. R. 20, 85 ff.; SALIS, Beitr. § 137; THANER, ZKR. 16, 209 ff.; LEHMANN, Verlobg. u. Hochz. (1882); FREISEN, Gesch. d. Kan. ER. 103 ff.; HEUSLER, Instit. II. 277 ff.; FRIEDBERG, KR. 410 ff.

ante thunginum aut centenario (scil. ambulet) — mallo indicant — scutum habere debet. Streitig ist hier das Verhältnis von Thungin und Zentenar sowie die Bedeutung des Schildes. Der thunginus (vgl. die verschiedenen Erklärungen des Wortes von MÜLLENH. b. WAITZ 294; GRIMM, RA. 534; 757; Vorr. VI; GRAFF, Sprachsch. V. 436 f.; KERN b. HESSELS § 228; v. AMIRA, Recht² 123) kommt in der l. Sal. ausser an unserer Stelle noch vor 46; 50, 2; 60, 1; ausserhalb des salischen Volksrechts begegnet er Cart. Lang. 16 (MG. LL. IV. 599); er tritt stets als Richter auf. In Sal. 44, 1; 46 und in jüngeren Texten von 60, 1 (Kod. 5; 6; Em.) erscheint in seiner Gesellschaft, durch die Konjunktion aut verbunden, der Zentenar, d. h. der Vorsteher der Hundertschaft (vgl. das Nähere über diesen Erläuterung zu Cap. Sal. VI. 9; 16). Es frägt sich, ob Thungin und Zentenar identisch sind oder nicht. Letzteres nahmen die Forscher aus der ersten Hälfte des Jahrhunderts an, sahen im Thungin einen niedrigeren Beamten als den Zentenar, wichen aber bei der Bestimmung seines

Wirkungskreises erheblich von einander ab. vgl. WIARDA, Sal. Ges. 186 f.; HÜLLMANN, Gesch. d. Stände 19 f.; E. MEYER, Germ. Abh. f. MAURER 436_1 f.; EICHHORN, Z. f. g. RW. 1, 174 f.; GRIMM, RA. 534; UNGER, GV. 134 ff.; SCHÄFFNER, I. 166; v. MAURER, Einleitg. 139 f.; Dorfverfassg. II. 27 ff.; LANDAU, Territorien 302. Durch v. SAVIGNY, Gesch. d. röm. R. im MA. I. 273, wurde dagegen die Ansicht herrschend, dass das aut unserer Stelle Wechselbegriffe verknüpfe, Thungin und Zentenar also identisch seien. vgl. EICHHORN, Z. f. g. RW. 8, 299; RG. I. 397; WAITZ, AR. 135 f.; VG. I. 136; 265; II. 1, 83; 97; 2, 13; 15; 131 ff.; GGA. 1866 S. 1261; SOHM, Proz. 28; RuGV. 71 f.; PARDESSUS 579 ff.; ROTH, BenW. 284_{31}; BETHM. IV. 414; 422; V. 11; THONISSEN 59; FUSTEL DE COULANGES, Recherches 404 f.; HIST. III. 226; 317; BEAUDOUIN, NR. 1887 S. 486 ff.; v. AMIRA, Recht² 123; GLASSON, Hist. III. 291; 300; VIOLLET, Hist. I. 298 f.; SCHULTE, RG. 115; ESMEIN, Cours d'hist. 77; DAHN, Kge. VII. 2, 134 ff. Die Verschiedenheit der beiden Ämter verfochten weiter DANIELS, RG. I. 548 f.; GEPPERT, Beitr. 19 ff.; 25; 42; HERMANN in GIERKES Unters. X. 135 ff.; doch hat erst BRUNNER, RG. II. 149 ff.; 219, mit durchschlagenden Gründen den Unterschied des Thungin vom Zentenar aufgezeigt und ersterem die richtige Stelle im Ämterwesen der l. Sal. angewiesen, nämlich diejenige des Vorsitzenden im echten Ding der Hundertschaft. Ihm schliessen sich an SICKEL, MJÖG. EB. III. 481 ff.; SCHR. 163 f.; Ders., HZ. 78, 196 ff. Über die verschiedenen Bedeutungen von aut in der l. Sal. vgl. Erläuterung zu Sal. 41, 1, über die Bedeutung des Plurals indicant BR. II. 150_8; GEFFCKEN, HZ. 76, 298; über den Thunginus als alleinigen Richter im echten Ding Sal. 46 a. E.: „ante theoda aut thunginum". — Der mallus indicatus ist das gebotene Ding, dem der Thungin als Hundertschaftsrichter vorsitzen kann, das aber in der Regel vom Zentenar geleitet wird. Das Gericht musste angesagt, geboten werden, weil davon die Verpflichtung der Dinggenossen zu erscheinen abhing. Anders das echte Ding. vgl. Erläuterungen zu Sal. 1, 1; 46. Der Schild, den Thungin oder Zentenar im mallus haben sollen, ist nach GRIMM, RA. 77; 425_*; Vorr. XIII; GOTHEIN, Festschr. 24 die gerichtliche Wage, auf der das gezahlte Reifgeld erklingen muss, doch passt diese Erklärung, wie schon WAITZ, AR. 145, bemerkt hat, nicht auf Sal. 46; vgl. auch Grimms Zweifel an seiner eigenen Ansicht RA. 851. Nach richtigerer Auffassung ist der Schild Zeichen der regelrecht berufenen und eröffneten, d. h. gehegten Versammlung und somit Symbol des Gerichtsfriedens; WAITZ, a. a. O.; SOHM, RuGV. 371; FUSTEL DE COULANGES, Recherches 383; v. AMIRA, Recht² 206; WAITZ, VG. II. 2, 167; DAHN, UG. IV. 42; DG. I. 2, 655; HEUSLER, Instit. I. 72; SCHR. 108_{22}. Eine eigenartige Erklärung des scutum hat R. SCHMIDT, Affatomie 23 ff. versucht. vgl. SICKEL, GGA. 1892. S. 145.

tres homines tres causas demandare debent (debet). Der Passus, den Sal. 46 wiederholt, ist ebenfalls Gegenstand der Kontroverse. Die einen halten thunginus aut centenarius für das Subjekt der Stelle und beziehen dieselbe daher auf die drei vom Vorsitzenden an drei Dinggenossen zu richtenden Hegungsfragen, die anderen machen, m. E. mit Recht, die tres homines selbst zum Subjekt des Satzes und sehen daher in den tres causae drei Scheinprozesse, welche vor dem Akte des reipus anhängig gemacht werden. vgl. Zöpfl, RG. III. 328; Altert. I. 295; Grimm, RA. 853; Planck, GVrn. I. 130 ff.; Homeyer, Richtst. Landr. 88 f.; 383; 399; 434 ff.; Br. I. 146_{15}; Schr. 40_{10}. — Pardessus 389 no. 517; Waitz, AR. 145; R. Schmidt, Affatomie 27 ff.; Burchard, Hegung 10 ff. Die Rechtssitte solcher Scheinprozesse zu feierlicher Bezeichnung des Beginns der Verhandlung ist weit verbreitet gewesen. vgl. Pappenheim, Schutzgilden 209 f. Der Singular debet, welcher allerdings nur auf den Gerichtsvorsitzenden bezogen werden kann, kommt Sal. 44 bloss in Kod. 6, Sal. 46 überhaupt nicht vor. causa bedeutet in der l. Sal. res, Sache (chose), auch Prozess, Streitsache, endlich Strafe, Komposition, Busssache, niemals aber Frage. vgl. Sal. 13, 5; 44, 10; 48, 3; 50, 3; 53, 1—4; Cap. Sal. V. 8; VIII. 7; Sohm, Proz. 233_8; RuGV. 89 Text u. Anm. 54. Über die technische Bedeutung von demandare vgl. R. Schmidt, a. a. O. 28. vgl. auch noch die Formel Cart. Lang. 16 (MG. LL. IV. 599), welche trotz ihrer sonstigen Missverständnisse hier wohl zum Beweise herangezogen werden kann.

tres sol. aeque pensantes et denario. Der Betrag des Ringgeldes. Das Verlobungsgeld der salischen Jungfrau beträgt nur einen Solidus und einen Denar. vgl. Form. Sal. Bignon. 6; Merkel. 15; Lindenbrog 7; Fredeg. Chron. III. 18 (MG. SS. rer. Mer. II. 100); Schröder, Ehel. GR. I. 55_3; Sohm, Eheschliessg. 32; Davoud-Oghlou I. 559. Die Stelle beweist, dass von den Franken zur Zeit der lex Sal. sowohl Denare als Schillinge ausgeprägt worden sind. vgl. Lamprecht, WL. I. 17_5.

tres erunt, qui — pensare vel probare debent. Drei vom Gerichtsvorsitzenden gewählte Dinggenossen prüfen das Geld auf Klang und Vollgewicht. Der Denar als Scheidemünze wird nicht mit geprüft. vgl. Sal. 50, 3: „rachineburgius — adpreciare debeant.“

si eis convenit d. h. wenn der zum Empfang des Reipus Berechtigte nicht noch zuletzt Widerspruch erhebt. Auf die Schätzungsleute (Opet, MJÖG. EB. III. 13; R. Behrend, l. Sal.[2] 88 Z. 28) ist das convenit wohl kaum zu beziehen, denn seine Bedeutung ist stets die einer vertragsmässigen Übereinkunft, und die Parteien dieser Übereinkunft sind der Bräutigam einerseits, der Reipusberechtigte andererseits. Damit entfällt auch das Bedenken Opets gegen den Plural eis.

Si — non fecerit — sol. LXII c. dim. cui reipi debentur exsolvere debet. Kommt der Bräutigam seiner Pflicht den Reipus zu bezahlen nicht nach, sondern vermählt er sich die Witwe ohne Zustimmung des Reipusberechtigten, so wird er als Frauenräuber (nicht als Entführer!) behandelt und zahlt demgemäss die Busse von $62^1/_2$ sol. vgl. Erläuterungen zu Sal. 13, 4; 8. Die Zustimmung der Witwe zur neuen Heirat ist hier als unerheblich behandelt. Anders schon Cap. Sal. II. 3. vgl. Erläuterungen zur letzteren Stelle. Ganz irrtümlich bezieht R. Behrend, l. Sal.[2] 88 Z. 29 ff., die Busse von $62^1/_2$ sol. auf den Reipusberechtigten für den Fall, dass derselbe die Eintreibung der Verlobungsgebühr verabsäume. An wen hätte denn überhaupt der betreffende Mage diese Strafe zahlen sollen?

cui reiphus debeatur (§ I; 4—10). Über zweierlei herrscht auch hier Streit: 1) was die Pflicht des Bräutigams zur Entrichtung des reipus bedeute, und 2) ob die Reipusempfänger der §§ 4—7 Verwandte der Witwe oder des verstorbenen Mannes seien. Was die erstere

Frage anbetrifft, so ist jedenfalls DARGUNS (in GIERKES Unters. XVI. 141 ff.) Ansicht, wonach der r. Frauenraubbusse sein soll, abzulehnen, denn diese verfällt grade, wenn das Ringgeld nicht bezahlt wird, und beträgt $62^1/_2$ sol.: s. oben. Auch der Gedanke der Strafe für die Trauung, wie ihn SOHM, Eheschliessung 63, aus der Reipuszahlung erschliessen möchte, ist mit HABICHT, Verlobg. 19, abzuweisen, ebenso die auf das gleiche hinauslaufenden Erläuterungen von HEUSLER, Instit. II. 280; 307f.; FICKER, Erbenfolge I. 512; III. 531. M. E. ist der Reipus als Verlobungsgebühr nichts anderes wie der solidus et denarius, welcher bei der Verlobung der salischen Jungfrau bezahlt wird: vgl. oben Erläuterung zu „tres sol. aeque pensantes et denario" und SCHRÖDER, de dote 59. Fällt ursprünglich der gesamte Muntschatz an den Muntwalt, so nun an die Braut als dos, dem Verlober bleibt nur eine Anerkennungsgebühr seines Rechtes. Dass dieselbe bei der Witwe grösser ist, als bei der Jungfrau, erklärt sich völlig aus der Reminiszenz an das Eheverbot der Witwen in ältester Zeit. vgl. Tac. Germ. c. 19. — Ob die in § 4—7 genannten Reipusempfänger Verwandte der Witwe oder solche ihres verstorbenen Gatten gewesen seien, wird sich in einer jeden Widerspruch ausschliessenden Weise kaum entscheiden lassen. Die erstere Ansicht vertreten GRIMM, WAITZ, WEINHOLD, SCHRÖDER, RIVE, RIMASSON, v. AMIRA, SOHM, HABICHT, DARGUN, DEL VECCHIO, LAMPRECHT, GOTHEIN, die letztere PARDESSUS, DAVOUD-OGHLOU, JUNGBOHN CLEMENT, GLASSON, FICKER und BRUNNER in den oben in Erläuterung zu „reipus" angeführten Werken. Beide Lehren erhalten insofern noch besondere Bedeutung, als sie von ihren Verfechtern wenigstens teilweise für das Bestehen oder Nichtbestehen mutterrechtlicher Grundsätze im salischen Erbrecht verwertet werden. vgl. neuerdings insbesondere DARGUN und GOTHEIN einerseits, FICKER und BRUNNER andererseits. M. E. spricht in schwerwiegender Weise für die FICKER-BRUNNER'sche Auffassung, dass in § 9 die superiores nominati nur auf die in § 5—7 Genannten bezogen werden können, während andererseits die erstmalige Erwähnung des maritus defunctus in § 8 durch die Notwendigkeit, den frater des § 8 von dem des § 7 ausdrücklich zu unterscheiden, genügend erklärt wird. Viel Wahrscheinlichkeit hat für mich auch die weitere Annahme BRUNNERS, wonach die Witwe, welche sich unter Muntschaft der Sippe ihres verstorbenen Gatten befand (vgl. Part. Guntchramni et Childeb. II. v. 587: Bo. I. 13. al. 25—33; v. AMIRA, Erbenfolge 32; BRUNNER, Berl. SB. 1894. S. 1292_1), nicht von dessen nächsten Erben, sondern von dessen männlichen Muttermagen verlobt worden sei, weil erstere durch die neue Heirat die Anwartschaft auf die dos der Witwe verloren und somit aus egoistischen Gründen der Verrückung des Witwenstuhls hätten widersprechen können, falls man ihnen das Verlobungsrecht gelassen hätte. Nur so erklärt sich denn auch in befriedigender Weise die Bedingung der §§ 8 u. 9, wonach kein Vatermage des verstorbenen Ehemannes, welcher ihn beerbt, Reipusempfänger sein kann. Anderer Meinung FICKER, Erbenf. III. 525 ff. Ob der salfränkische reipus auf römische Einflüsse, speziell c. 1 Cod. Theod. III. 7, zurückzuführen ist, wie BRUNNER meint, bleibt noch eine Frage für sich. — R. BEHREND, l. Sal.² 89 Z. 37 ff., vermutet, dass §§ 3—8 unseres Titels späteren Ursprungs als §§ 1; 2 und gleichzeitig mit Cap. Sal. II. c. 3 entstanden seien. Das wird schon unwahrscheinlich durch den Passus der letzteren Stelle: „reibus secundum legem donet“, womit unzweideutig auf ältere und daher der Erläuterung nicht bedürftige Bestimmungen hingewiesen wird.

ad sextum genuculum (§ 9) — **post sexto genuculum** (§ 10). Das sechste Glied wird bei den Saliern als das Ende der Sippe gerechnet. Anders Rib. 56, 3; Thur. 34; Baiuw. 15, 10 Abs. 4; Roth. 153; Sax. 18 (vgl. Ssp. Landr. I. 3, 3). Über die Verwandtschaftsberechnung nach germanischem und insbesondere salischem Recht vgl. Erläuterungen zu Sal. 59. — Im Falle des Fehlens empfangsberechtigter Magen hat der Fiskus das Verlobungsrecht der Witwe und empfängt demgemäss den reipus oder die causa quae exinde orta fuerit, d. h. die Busse für vorenthaltenen Reipus (Sal. 44, 2).

XLV. De migrantibus.

migrantibus. Über die Bedeutung von migrare vgl. Erläuterung zu Sal. 14, 4. — Tit. 45 ist kaum weniger umstritten als Tit. 44. vgl. im allgemeinen an Litteratur: Eichhorn, Z. f. g. RW. 1, 182; Waitz, AR. 124 ff.; 160 f.; VG. I. 134; II. 1, 90 ff.; Roth, BenW. 74 f.; v. Maurer, Einleitg. 141 ff.; Gfrörer I. 69 f.; Thudichum, GuMV. 38; 184 ff.; 221 ff.; Sohm, Proz. 14 ff.; Beseler, Neubruch 14 f.; Bethm. IV. 469 ff.; Gierke, Genossensch. I. 76 f.; Behrend, Festg. f. Heffter 85 ff.; Fustel de Coulanges, Questions 60 ff.; Nouv. rech. 327 ff.; 342 ff.; Schröder, Franken u. ihr R. 55 ff.; RG. 204_{31}; Ross, studies I. 9 f.; early history 50 f.; v. Sybel, Königt. 51 ff.; Thonissen 362 f.; 540 ff.; Hermann in Gierkes Unters. XVII. 107 ff.; Lamprecht, WL. I. 46; Sickel, WZ. 4, 267; GGA. 1886. S. 434 ff.; Br. I. 195 f.; Glasson, Hist. III. 75 ff.; 555 f.; Domaine rural 28 ff.; Vanderkindere, Introduct. 192; Hübner in Gierkes Unters. XLII. 3 f.; Blumenstok, IE. I. 227 ff.; 250 ff.; Meitzen, Agrarw. I. 588; Hildebrand, Recht u. Sitte 158 ff.; Dahn, Kge. VII. 2, 4.

super alterum in villa migrare voluerit — si vel unus — contradicat, — licentiam non habebit. Streitig ist hier die Bedeutung der villa und des migrare super alterum. Ist die villa der l. Sal. stets ein Einzelgehöft oder stets ein Dorf oder bald das eine, bald das andere? vgl. im allgemeinen die Litteratur in Erläuterung zu Sal. $3, 4_1$. Für Tit. 45 im besonderen kann die Frage wohl nur im Sinne von „Dorf“ entschieden werden, ich wüsste wenigstens nicht, wie man sich die Leute qui in villa consistunt gleichzeitig als Hausgenossen und als vicini (Sal. 45, 3) vorstellen sollte. vgl. v. Maurer, a. a. O. 141; Gierke, a. a. O. 76_{51}; Lamprecht, a. a. O.; Br. a. a. O.; Schr. 204; Meitzen, a. a. O. 583; Blumenstok, a. a. O. 219 ff.; 227 ff.; v. Inama-Sternegg, WG. I. 42 ff. Die entgegengesetzte Ansicht auch für Tit. 45 vertreten Seebohm, The English village communities 257 ff.; Fustel de Coulanges, Rev. d. qu. hist. 45, 388; Hist. IV. 187; Nouv. rech. 341 ff. und besonders energisch, trotzdem aber nicht überzeugend, weil völlig unmethodisch: Hildebrand a. a. O. Die Variante der Em., welche die villa auf einen einzelnen Markgenossen bezieht (Sal. $45, 1_1$) ist trotz Hildebrands und Fustels Widerspruch völlig erklärlich: die spätere Redaktion ist eben keine geschickte gewesen, sie wechselt innerhalb weniger Zeilen mit der Bedeutung von villa. — super soll nach Eccard,

Leg. Franc. 90; Du Cange VI. 438; Pardessus 389 no. 526; Bethm. IV. 470_{33}; Sohm, RuGV. 61_{13}; v. Sybel, a. a. O. 51 bedeuten „wider Willen“, nach Waitz VG. I. 134_1 grade umgekehrt „mit Zustimmung“, nach Schröder, Franken u. ihr R. 55 f.; Hermann, a. a. O. 108 besagt migrare sup. alt. nichts anderes als „bei jemandem anziehn“. Letztere Ansicht, die Schröder durch viele Parallelstellen belegt, dürfte richtig sein, keinesfalls aber kann super wider Willen heissen, denn dann hätte der Passus si vel unus — contradicat keinen Sinn. Was das Objekt der Besetzung anbetrifft, so wurde früher meist angenommen, es handele sich um einen Neubruch, d. h. ungerodetes Land, in fremder Mark. vgl. Waitz, AR. 128 f.; VG. I. 134_1; II. 1, 92; v. Maurer, a. a. O. 144; Markenverf. 112 f.; Thudichum, a. a. O. 221 f.; Beseler, Neubruch 14; Roth, BenW. 75 f.; Sohm, Proz. 14_1; Bethm. IV. 469; Thonissen 540_1 und neuerdings Dahn, Kge. VII. 2, 4. Dagegen erblicken Schröder, FDG. 19, 146; Franken u. ihr R. 56 f.; Br. I. 195 in dem vom homo migrans besiedelten Grundstücke die bereits gerodete Hufe eines Markgenossen, welche entweder durch den Tod des bisherigen Besitzers oder durch Abtretung seitens desselben frei geworden sein kann. Gegen die Beschränkung auf den Neubruch, aber auch auf die Hufe sind Gierke, Genossensch. 76_{61} und neuerdings auch Schröder, RG. 204. Fast noch vorsichtiger drücken sich aus v. Sybel, a. a. O. 53; Lamprecht, WL. I. 46_1; vorzugsweise von der Hufe, daneben aber auch vom Rodeland ist nach Blumenstok, IE. I. 253 f. die Rede; Hermann a. a. O., sieht in dem Anziehenden einen fahrenden Mann, der bei einem anderen gastliche Aufnahme als Hausgenosse findet. Ganz allein endlich steht die Annahme Fustels, Nouv. rech. 348 f., wonach es sich um die widerrechtliche Besetzung einer Hufe in Abwesenheit des Besitzers handeln soll. vgl. Br. I. 196_6; Blumenstok, IE. I. 250; Glasson, Hist. III. 76 ff.; Domaine rural 28 ff.; Viollet, Rev. crit. 22, 110 ff. M. E. ist die Stelle auf die bereits gerodete Hufe allein zu beziehen. Damit soll natürlich nicht gesagt werden, der Ausmärker habe das Recht freier Rodung gehabt, ein darauf bezügliches Verbot wird im Gegenteil nur deshalb hier nicht erlassen, weil es in einer Zeit, wo selbst die Hufe nicht ohne weiteres an den Fremden gelangen kann, selbstverständlich ist. Wenn Waitz, AR. 129_2 das „laboravit“ a. E. von § 2 nur als Rodearbeit und den „locus“ (ebd.) als blossen „Aufenthaltsort“, nicht als regelrechtes Haus auffasst, so ist zu erwidern, dass laborare sich nach dem Sprachgebrauch der l. Sal. ebenso gut auf den Arbeitsertrag der Ernte beziehen kann (vgl. Sal. 9, III; 34, 1_3), und dass der Ankömmling auf Rodeland sich dort wohl auch kaum ein Jahr lang ohne das primitive Haus des salischen Franken, dessen Errichtung nicht viel Mühe machte, beholfen haben dürfte. Heisst aber super alterum migrare wirklich „bei jemandem anziehn“, so kann nur der Einzelbesitz, nicht die Almend das Ziel der Wanderung gewesen sein. Dafür spricht in höchst charakteristischer Weise auch die Variante der Em. (Sal. 45, 1_1), denn offenbar bedeutet hier villa die Einzelhufe und villam alterius occupaverit ist identisch mit super alterum migrare voluerit. Der Zusatz jüngerer Texte in Sal. 45, I enthält keinen Widerspruch gegen diese Ansicht. vgl. unten Erläuterung zu 45, I. — Die Befugnis jedes einzelnen vicinus (vgl.

über die vicini Erläuterung zu Cap. Sal. III. 1) gegen die Ansiedelung des Ausmärkers Einspruch zu erheben, beruht auf dem Heimfallsrecht der Gemeinde bei unbeerbtem Tode des bisherigen Besitzers. Da Immobilien bis zum Edikte Chilperichs nur auf die Söhne vererbten (vgl. Erläuterungen zu Sal. 59 und Cap. Sal. VIII. c. 3), so tritt dies Heimfallsrecht schon bei Mangel direkter männlicher Nachkommen ein. Es frägt sich, ob mit solchen und anderen, die Verfügungsfreiheit des Besitzers beschränkenden, den Eingriff der Markgenossen gestattenden Bestimmungen ein wirkliches Privateigentum des Einzelnen an seiner Hufe vereinbar ist. Neuerdings hat BLUMENSTOK, IE. I. 245 ff., diese Frage unter besonderer Berücksichtigung von Sal. 45 untersucht und namentlich die Bedeutung der Begriffe „res sua", „res aliena", „res alterius", „cuius labor est", „dominus" festzustellen unternommen. vgl. Sal. 9, 1; 2; 4; III; 14, 6; 16, 5; 27, 5; II; 6; 8; 10; 12; 13; 17; 23; 34, 2; 3; 4; II; 42, 5; SCHRÖDER, FDG. 19, 145_8; v. INAMA-STERNEGG, WG. I. 96 f.; FUSTEL DE COULANGES, Hist. IV. 100 ff. — Erhebt niemand Einspruch, so kann die Übereignung vor sich gehen. Geschieht sie von Todeswegen, so ist das in Sal. 46 beschriebene Verfahren der Affatomie einzuhalten: ein neuer Beweis, dass in Sal. 45 ebenso wie in Sal. 46 von der Hufe die Rede ist. Allerdings halte ich im Gegensatz zu SOHM, ZRG.[2] 1, 40_{54}; LAMPRECHT, WL. I. 48 fortuna nicht allein für Mobiliarvermögen. vgl. Erläuterung zu Sal. 46.

adsedere praesumpserit — testare debet. Der widersprechende Dorfgenosse beginnt ein zunächst aussergerichtlich verlaufendes Betreibungsverfahren gegen den Ausmärker, indem er ihn mehreremale in rechtsförmlicher Weise zur Räumung der in Besitz genommenen Hufe auffordert. vgl. über testare Erläuterung zu Sal. 14, 4. Da die testatio, wie das Wort selbst sagt, nur unter Zuziehung von Zeugen möglich ist (vgl. Erläuterung zu Sal. 1, 3: „testibus"), und Sal. 45 offenkundig nur eine dreimalige testatio mit jedesmaliger Fristsetzung vorschreibt, so hat das erste „testare debet" blos den Sinn: „er soll das Verfahren der testatio einleiten" und das darauf folgende et würde zu übersetzen sein „und zwar". Die Em. hat in richtiger Erkenntnis, dass dies erste testare missverstanden werden könne, dasselbe weggelassen. Anderer Meinung SOHM, Proz. 15 Text und Anm. 2.

hic tibi testo — egredere debeas. Feierliche Aufforderung in feststehender Formel, Gefahr des Rechtsverlustes bei willkürlicher Abänderung. Über den Formalismus des germanischen Rechtsganges und die Prozessgefahr vgl. SIEGEL, Wien. SB. ph.-hist. Kl. 51, 120 ff.; BR. I. 178; SCHR. 82. Im Gegensatz zu ZEUMER, NA. 12, 394_1; ARTH. SCHMIDT, ZRG.[2] 9, 227 hält LÖNING, Vertragsbruch 28 weder diese feierlichen Worte noch die von Sal. 52 für solenne Formeln. — in hoc quod lex Sal. habet bezieht sich zwar hier auf den Inhalt von Tit. 45 selbst, doch hat lex weit häufiger die Bedeutung des ungeschriebenen Rechts, namentlich im Gegensatz zu pactus. vgl. SOHM, RuGV. 158_{67}; SCHRÖDER, FDG. 19, 140; ZEUMER a. a. O. — in X noctes giebt die Frist an, innerhalb deren die Räumung der Hufe zu erfolgen hat, doch beweist der Passus „in hac nocte proxima sedeas", welcher das Wohnenbleiben für die nächste Nacht ausdrücklich gestattet (vgl. WAITZ, AR. 161_3; SOHM, Proz. 17_5; BETHM. IV. 470_{34}; anderer Meinung PARDESSUS

396 no. 593), dass die eigentliche Frist erst von der nächsten Nacht an läuft, also nur neun Nächte beträgt. Mit der Fristsetzung ist jedenfalls hier wie in Sal. 52 die solis collcatio verbunden (vgl. SOHM, Proz. 17), R. BEHRENDS Einwand (l. Sal.[2] 92 Z. 40), das solem collocare habe hier keinen Sinn, weil nicht sofort, sondern erst binnen 10 Tagen zu leisten sei, ist hinfällig, denn auch in Sal. 52 wird die Leistung erst für den siebenten Tag nach der testatio beansprucht. Die collocatio solis bezieht sich eben gar nicht notwendig auf den Sonnenuntergang desjenigen Tages, wo die testatio stattfindet, sondern vielmehr desjenigen, wo die Leistung spätestens erwartet wird. Trotzdem wird sie gleichzeitig mit der testatio vorgenommen. Nach alledem verlangt die erste testatio, dass der Ausmärker sein angemasstes Recht bis zum Sonnenuntergang des zehnten Tages, vom Tage des Formalaktes an gerechnet, aufgebe. Die beiden anderen testationes sind Wiederholungen der ersten.

maniat — ad mallum. Über mannire und mallus im allgemeinen vgl. die Erläuterungen zu Sal. 1, 1. Ob hier der mallus legitimus des Thungins oder der mallus indicatus des Zentenars gemeint ist, bleibt fraglich, doch ist nach Analogie von Sal. 50, 2 wohl das erstere anzunehmen. Auch was im mallus geschah, deutet das Gesetz nur an. Richtig hat BEHREND, Festg. f. Heffter 88, gegen SOHM, Proz. 12, geltend gemacht, dass, falls der Ausmärker erscheine und die Berechtigung der Ausweisung bestreite, ein kontradiktorisches Verfahren stattfinden müsse. vgl. Sal. 14, 4; 45, 3. Blieb der Beklagte ohne sunnis (vgl. Erläuterung zu Sal. 1, 2) anzumelden aus, so wurde er als überführt angesehen, und die Beweisführung beschränkte sich auf den Schwur der mitgebrachten Zeugen, dass im aussergerichtlichen Verfahren allenthalben dem formalen Rechte Genüge geschehen sei.

super furtuna sua ponat. Der Kläger verpfändet sein Vermögen für sein Recht. Dieser Akt geht vermutlich im mallus selbst vor sich, wo der Graf als anwesend zu denken ist. vgl. Erläuterung zu Sal. 53, 2 „Si plus dederit“ a. E. Zweck der Pfandsetzung ist die Sicherung des Grafen, der für ungerechte Pfändung haftbar gemacht wird. vgl. Sal. 51, 1. Auch die Notwendigkeit dieser Garantie des Klägers zeigt übrigens, dass es sich hier nicht um ein rein exekutivisches Verfahren handeln kann, denn sie hat nur unter der Voraussetzung einen Sinn, dass selbst in diesem vorgeschrittenen Stadium des Prozesses dem Ausmärker nicht jede Möglichkeit genommen war, noch nachträglich sein materielles Recht zu beweisen. vgl. auch die Variante von Em. Est. (Sal. 45, 2_5). Über die Frage, ob fortuna nur das Mobiliarvermögen umfasst, vgl. Erläuterung zu Sal. 46. — Von einem „Urteil der Rachineburgen (vgl. über diese Erläuterung zu Sal. 50, 3), welches aussprach, dass, nachdem alle Formalien gehörig erfüllt worden, der Beklagte „iactivus inde remansit“ (BEHREND, Festg. f. Heffter 85 f.) steht in unserer Stelle ebenso wenig wie von einem darauf erfolgten nach Art des nexticantichio in Sal. 50 formulierten Auswanderungsbefehl des thunginus (ebd. 86 Text u. Anm. 1; R. BEHREND, l. Sal.[2] 93 Z. 32 ff.). M. E. hat das Urteil des Gerichts auf die 30 sol. Busse gelautet, welche nicht erst durch den Ungehorsam gegen den Befehl des Thungins, sondern teils schon durch die dem Gerichtstermin vorausgegangenen Rechtswidrigkeiten des Beklagten, teils durch sein unentschuldigtes

Ausbleiben im Ding verfallen waren. Nur in Verbindung mit dieser Busse nämlich erscheint in unserem Titel die auf ein Urteil hinweisende Formel „culp. iud." vgl. unten Erläuterung zu legem noluit audire etc.

roget grafionem — ut eum — expellat. grafio, graphio, garafio, nach GRIMM, RA. 752 f. von râvo, tignum, tectum abzuleiten und als contubernalis, Hausgenosse zu deuten, nach KÖGEL, Z. f. d. Altert. 33, 23 ff., ebenso wie der ags. geréfa zu ahd. rôva, ruova, ruaba, numerus, Zahl gehörig und Zahlmeister bedeutend, nach BR. II. 161 Text u. Anm. 3; 4 militärischer Befehlshaber der Tausendschaft. Andere Deutungen geben MÜLLENH. b. WAITZ 283 ff.; v. RICHTHOFEN, WB. 786; KLUGE, Et. WB. 143; SCHMIDT, Ges. d. Angels. 597. vgl. noch SCHR. 127_{15}. Der Graf wird in Sal. 32, III; 45, 2; 50, 3; 4; 51, 1; 2; 53, 2; 4; II; 6; 54 Überschr.; 1; 2; 4; 56, I; Cap. Sal. II. 3; III. 1; IV. 14; VIII. 7; Sept. caus. VI. 6; VIII. 2; Rec. B. 30 genannt. Mit dem comes zusammen als Richter erscheint er Cap. Sal. II. 3; III. 1. vgl. Gl. Est. grafioni id est comiti; allein wird der comes Cap. Sal. IX. 1; Extrav. B. 1; 2 erwähnt, ausdrücklich unterschieden werden Graf und comes in Rib. 88; PERTZ, Dipl. M. 66 v. 693 und anderen zahlreichen Urkunden der Merowingerzeit. vgl. BR. II. 162_9. Später sind beide Ämter in einander geflossen. Der Graf ist Königsbeamter, daher dreifaches Wergeld: Sal. 54, 1. Dagegen hat er im Pact. leg. Sal. noch keine richterlichen Funktionen, dieselben werden, abgesehen vom Königsgericht, allein von Volksbeamten, d. h. Thungin und Zentenar, wahrgenommen. Der Graf ist lediglich königlicher Exekutivbeamter. Als solcher hat er die Aufsicht über die Kriminalgefangenen (Sal. 32, III), treibt den Ausmärker aus (Sal. 45, 2), pfändet den säumigen Schuldner (Sal. 50, 3; 4; 56, I) und zieht die Friedensgelder ein (Sal. 53; 2; 4; II; 6). Frühzeitig aber hat er dann den Thungin aus seiner richterlichen Stellung verdrängt. vgl. Cap. Sal. II. 3; III. 1. An Litteratur über das Grafenamt und seine Entwickelung vgl. BETHM. IV. 412 ff.; SOHM, RuGV. 74 ff.; 146 ff.; WAITZ, AR. 136 ff.; VG. II. 2, 21 ff.; III. 378 ff.; BEAUCHET, L'organisation 160 ff.; THONISSEN 50 ff.; FUSTEL DE COULANGES, Hist. III. 196 ff.; SICKEL, GGA. 1888 S. 440; 1890 S. 578; MJÖG. EB. III. 489 f.; LEHMANN, Rechtsschutz 14; 17; Br. II. 161 ff.; Schr. 127 ff. — Die Art und Weise der Expulsion des Ausmärkers wird mit keinem Worte beschrieben. Insoweit daher richtig COHN, Justizverw. 13_7 gegen SOHM, RuGV. 82.

legem noluit audire, quod — laboravit demittat et — sol. XXX culp. iud. Der Ungehorsam des Ausmärkers gegen das Gesetz besteht einmal im Nichterscheinen vor Gericht. Hierfür verfallen stets 15 sol. (vgl. Sal. 1, 1; 49, 2; Sept. caus. I. 1; Rib. 32), es ist also sicher, dass dieselben auch hier bezahlt werden müssen, und da sie nicht ausdrücklich erwähnt werden, so ist es höchst wahrscheinlich, dass sie in der Gesamtbusse von 30 sol. enthalten sind. Dann verbleiben für den schon vorausgehenden Ungehorsam des Fremden, die Ignorierung der testationes, abermals 15 sol. In Sal. 50, 2 und Sal. 52 finden wir thatsächlich solche Bussen für Nichtachtung des genannten Formalaktes festgesetzt. Freilich betragen sie dort für jede solis collocatio nur 3 sol., was sich aber völlig erklärt, wenn wir berücksichtigen, dass auch die Fristen in Sal. 45 grössere sind, als in den beiden anderen Stellen. SOHMS Widerspruch (Proz. 16; 17_6) gegen SIEGEL, Gvrn. 70 ff., erscheint mir daher nicht gerechtfertigt, und seine Ansicht, dass die 30 sol. einheitliche Strafe dafür seien, weil der Ausmärker es zur Exekution kommen lasse, ist um so weniger erwiesen, als er ausser diesen 30 sol. doch noch wieder nach Analogie von Sal. 50, 2; 52 je 3 sol. Busse für jede vergebliche solis collocatio annimmt. Einheitliche Strafe sehen in den 30 sol. auch LÖNING, Vertragsbruch 30; LONDON, Anefangsklage 35_{17}, ohne doch mit SOHM in deren Erklärung übereinzustimmen. Zurückzuweisen ist endlich noch die Behauptung R. BEHRENDS, l. Sal.[2] 93 Z. 34 ff., wonach die 30 sol. erst durch Ungehorsam gegen den Ausweisungsbefehl des Thunginus fällig geworden sein sollen. Denn dieser Auswanderungsbefehl ist selbst nur eine unsichere Hypothese (vgl. oben Erläuterung zu „super fort. sua pon.“), deren Annahme überdies einen neuen Termin nötig machen würde, in dem der Ungehorsam zu konstatieren und entsprechendes Urteil zu erlassen wäre. Eine derartige Fortsetzung des Verfahrens aber ist wiederum höchst unwahrscheinlich, denn mit der Aufforderung des Grafen zur Exekution beginnt die Vollstreckung, und eventueller weiterer Ungehorsam wird durch äusseren Zwang gebrochen. Damit ist nicht gesagt, dass dem Fremden fürderhin jede Möglichkeit zum Beweise seines materiellen Rechts genommen sei (vgl. oben Erläuterung zu „sup. fort. sua pon.“), war aber einmal der Graf zur Exekution aufgefordert, so musste er ihr bei Lebensstrafe folgeleisten (vgl. Sal. 50, 4). Stellte sich später dennoch die Vollstreckung als Unrecht heraus, so hatte eben der Kläger dem Staate und seinem Vertreter, dem Grafen, mit seinem ganzen Vermögen zu haften. — Über die Bedeutung von laboravit vgl. oben Erläuterung zu „super alter. migr. vol.“ Dieser Verlust des Arbeitsertrages bei widerrechtlicher Bestellung fremden Kulturlandes begegnet schon Sal. 27, 10. vgl. ausserdem Liu. 133; DU CANGE IV. 4; THUDICHUM, a. a. O. 225; SCHRÖDER, Franken u. ihr R. 57.

migrare rogaverit antequam conventum fuerit, sol. XLV culp. iud. Der Markgenosse, welcher einen Fremden auffordert, bei ihm in der oben beschriebenen Weise anzuziehen, bevor das Märkerding durch einstimmigen Beschluss seiner Mitglieder die Aufnahme genehmigt hat, wird nach jüngeren Texten straffällig, und zwar verwirkt er die hohe Busse von 45 sol. Auch das weist m. E. wieder unzweideutig darauf hin, dass unter dem Ort der Aufnahme nur die Hufe gemeint sein kann, denn wenn es sich um Gemeindeland handelte, so wäre kein Grund vorhanden, den Auffordernden so streng zu bestrafen, während die anderen ausdrücklich oder stillschweigend Zustimmenden straflos blieben. vgl. SCHRÖDER, Franken u. ihr R. 56; GIERKE, Genossensch. I. 77_{52}; GLASSON, Hist. III. 79. Anders FUSTEL DE COULANGES, Nouv. rech. 352_2. Dass das conventum auf die Zustimmung des Märkerdings und nicht auf den bei Liegenschaften notwendigen Vertragsabschluss im Hundertschaftsgericht zu beziehen ist, scheint mir unzweifelhaft. Vollzieht sich doch schon die Sale von Tit. 58 auf dem Grundstück selbst. So auch SCHRÖDER, Franken u. ihr R. 57 Text u. Anm. 1; GIERKE, Genossensch. I. 77. Anders SCHRÖDER, FDG. 19, 146_4; v. INAMA-STERNEGG, WG. I. 96_2.

infra XII menses nullus testatus fuerit, securus — maneat.

Ist der Fremde ein Jahr lang ungestört auf der Hufe geblieben, so haben die Widerspruchsberechtigten sich „verschwiegen“. Über das in seinem Kern zweifellos altgermanische Institut der Verschweigung, einen Ersatz für die dem älteren Rechte fremden Einrichtungen der Ersitzung und Klagenverjährung im römischrechtlichen Sinne, vgl. Roth. 361; Liu. 96; Cap. leg. add. v. 818/9 c. 11 (Bo. I. 283); Cap. v. 825 c. 11 (ebd. 331); IMMERWAHR in GIERKES Unters. XLVIII (1895); GIERKE, Privatr. I. 311_{13}. Damit wird v. SYBELS Erklärung (Königt. 53), wonach die Frist mit dem jährlichen Wechsel der Äcker zusammenhängen soll, von selbst hinfällig. — Ausser durch Verschweigung kann das Recht der Widerspruchsbefugten auch direkt durch einseitigen königlichen Befehl illusorisch gemacht werden: Sal. 14, 4. vgl. BLUMENSTOK, IE. I. 260; Erläuterungen zu Sal. 14, 4. — Über die vicini vgl. Erläuterung zu Cap. Sal. III. 1.

XLVI. De adfathamire.

adfathamire. Der Titel handelt von der Erbensetzung. Die Überschrift muss also, zumal sie in die Konstruktion des ersten Satzes einbezogen ist, von Form oder Inhalt des fraglichen Rechtsgeschäfts hergenommen sein. Damit entfällt die Möglichkeit, den Varianten, welche adramire oder ähnliche Formen haben (Sal. 46_a), Berechtigung zuzuerkennen, denn adramire bedeutet festmachen, rechtlich zusagen, rechtsförmlich versprechen und begegnet in diesem Sinne Sal. 37; 47 bei Spurfolge und Anefang. vgl. BR. II. 366 f. Über die sprachliche Ableitung von adfathamire, affactumire u. s. w. vgl. WILBRANDT, ZDR. 5, 182 ff.; MÜLLENH. b. WAITZ 277 f.; GRIMM, Vorr. VII; JUNGBOHN CLEMENT 209 f.; v. AMIRA, Erbenf. 60; SCHADE, Altd. WB. 156; HEUSLER, Instit. II. 621_1; KERN b. HESSELS § 224; SCHUPFER, Atti della R. Acad. dei Lincei Ser. IVª. 9, 9 ff.; SCHERRER, ZRG. 13, 274 ff. Nach der herrschenden Meinung liegt dem Worte ein Substantiv fathum = amplexus, Umarmung, zu Grunde. — Über den thatsächlichen und rechtlichen Vorgang der Affatomie selbst vgl. im allgemeinen: BESELER, Erbverträge I. 96 ff.; WAITZ, AR. 147 ff.; ZIMMERLE, Stammgutssystem 34 ff.; ZÖPFL, RG. III. 52 ff.; 233 ff.; SCHERRER, a. a. O.; Ross, early history 70 ff.; RÜCKERT, Sachenrecht 88 ff.; STOBBE, Privatr. V. 170 ff.; SCHUPFER, a. a. O.; Arch. giurid. 31, 507 ff.; HEUSLER, Instit. I. 215 f.; II. 621 ff.; RICH. SCHMIDT, Affatomie (1891); PARISET, Dispositions 141 ff.; SICKEL, GGA. 1889. S. 959; GLASSON, Hist. III. 36 ff.; BLUMENSTOK, IE. I. 285 f.; 320 f.; 334 ff.; v. AMIRA, Recht². 159; SCHR. 329; BR. II. 179_{38}. — Die Affatomie erwähnen ausser unserer Stelle Cap. Sal. II. 4; IX. 10; Rib. 48; 49; Form. Sal. Merkel. 24; 25; Lindenbrog. 13. Über die entsprechende, jedoch auch anderen Rechtsgeschäften als der Erbensetzung dienende Institution des langobardischen Rechts, das Thinx oder Garethinx, vgl. Roth. 156; 157; 167; 168; 170—174; 176; 360; 367; 375; Liu. 54; 65; 73; PAPPENHEIM in GIERKES Unters. XIV. 45 ff.; HEUSLER, Instit. II. 621 ff.; SCHRÖDER, ZRG.² 7, 56 f.; SCHUPFER, Atti a. a. O.; PALUMBO, Testamento 250 ff.; SCHULTZE in GIERKES Unters. XLIX. 6 ff. Streit besteht, ob das in Frage stehende Rechtsgeschäft als eine Adoption oder als eine ohne Adoption erfolgende Erbeseinsetzung oder endlich als ein rein sachenrechtlicher Vorgang aufzufassen sei. vgl. hierüber vor allem RICH. SCHMIDT, a. a. O. 47 ff., der, wie ich glaube, mit

Recht ausführt, dass die Affatomie von Sal. 46 keine Adoption im gewöhnlichen Sinne des Wortes sein könne, während die weitere Behauptung, es handele sich um ein schlechthin sachenrechtliches Geschäft, m. E. zu weit geht, denn der Zweck desselben ist jedenfalls ein erbrechtlicher. Dass der Streit um das Wesen der Affatomie „ziemlich überflüssig" sei, wie R. BEHREND, l. Sal.[2] 95 Z. 28 ff., meint, wird wohl niemandem einleuchten, der ein tieferes geschichtliches Interesse für die organische Entwickelung des deutschen Rechtes besitzt. vgl. SCHULTZE, a. a. O. 209 ff. — Über den inneren Zusammenhang von Sal. 46 mit Sal. 45 vgl. Erläuterung zu Sal. 45, 1.

convenit observare. Aus diesem Ausdruck, dem wir auch sonst öfter in der l. Sal. begegnen (vgl. Sal. 2, 6; 4, 3; 8, 2; 10, IV_3; 14, 2; 27, 14; 33, 1) wird von BESELER, a. a. O. 98 f.; RICH. SCHMIDT, a. a. O. 10 f. gefolgert, dass die in Sal. 46 beschriebene Form der Affatomie zur Zeit der Abfassung des ältesten Gesetzestextes nicht im ganzen Geltungsbereiche des salischen Rechts gleichmässig beobachtet, vielmehr solche einheitliche Übung erst durch unsere Stelle eingeführt worden sei. vgl. noch SCHRÖDER, Franken u. ihr R. 39_1; BLUMENSTOK, IE. I. 203_1; SCHUPFER, Atti 30.

thunginus aut centenarius — tres causas demandare debent. vgl. Erläuterungen zu Sal. 44, 1 „ante thunginum aut centenario." Das gebotene Ding ist zuständig für die Akte der freiwilligen Gerichtsbarkeit.

Postea acquirent hominem — cui voluerit dare. Mit diesem Satze beginnt die Beschreibung des eigentlichen Vorganges der Affatomie. Eine Wiederholung der Schilderung des Verfahrens bietet der Titel sodann von den Worten „Et si contra hoc" an, was um so wertvoller ist, als die sprachlichen Willkürlichkeiten der einzelnen Texte einer sicheren Interpretation vielleicht nirgend so störend entgegentreten, wie in unserem Titel: namentlich in Verwendung des Plurals und Singulars sowie der verschiedenen Kasus zeigen die Hss. völlige Gleichgültigkeit. Es ist daher methodisch allein korrekt, wenn die Erklärung nicht von diesen schwankenden Formen ausgeht, sondern umgekehrt auf Grundlage des übrigen gesicherten Textes feststellt, wie jene grammatisch lauten müssen, um mit dem, was wir sonst von der germanischen Erbensetzung wissen, in Übereinstimmung zu kommen. Als gemeingermanisch aber steht fest, dass eine testamentarische Erbenfolge ursprünglich unbekannt war (vgl. Tac. Germ. c. 20): es gab keine Verfügungen von Todes wegen, sondern nur Geschäfte unter Lebenden. Wie stark dieser Gedanke in der Rechtsüberzeugung wurzelte, zeigt die Entwickelung, welche selbst, als das Bedürfnis letztwilliger Verfügungen anerkannt war, dennoch hartnäckig an der alten sachenrechtlichen Form festhielt und am hartnäckigsten bei dem Volke, das mit den Römern in engste Fühlung trat, den Langobarden. vgl. SCHULTZE, a. a. O. Die sachenrechtliche Form aber wurde nach altgermanischer Rechtsanschauung für Verfügungen, die ihrem Wesen nach erbrechtliche waren, am besten gewahrt, indem man einen Mittelsmann einschob, von dem der Vergabende annahm, dass er ihn selbst voraussichtlich überleben werde, und an den er deshalb das Eigentum der in Rede stehenden Sache übertrug, jedoch unter der auflösenden Bedingung, dass nach seinem Tode dies Eigentum weiter an denjenigen zu übertragen sei, welchem der Vergabende in Wirklichkeit die Sache zuwenden wollte und den er zu diesem Zwecke dem Mittelsmann bezeichnete. So werden anstatt éiner erbrechtlichen Verfügung zwei sachenrechtliche Geschäfte vorgenommen, das eine zwischen dem Vergabenden und dem Mittelsmann (später Salmann, Treuhänder genannt) zu Lebzeiten des ersteren, das andere nach seinem Tode zwischen dem Salmann und dem Erben. Für die geschilderte Rechtsvorstellung, deren Wandel zu vollkommen erbrechtlichen Anschauungen im langobardischen Rechte Jahrhunderte beansprucht hat (vgl. SCHULTZE, a. a. O.), bildet auch die Affatomie von Sal. 46 einen Beleg. Schon BESELER, a. a. O. 99 ff., hat überzeugend nachgewiesen, dass nicht nur zwei, sondern drei Personen an dem Vorgange der Affatomie beteiligt waren, die dritte ist der Salmann. BESELERS Ansicht ist auch heute die herrschende, nur SCHERRER, ZRG. 13, 276 f. und GLASSON, Hist. III. 37_2 vertreten noch die ältere entgegengesetzte Doktrin; STOBBE, ZRG. 7, 408, aber schwankt nicht, wie R. BEHREND, l. Sal.[2] 95. Z. 40 irrtümlich bemerkt, zwischen beiden Meinungen, sondern findet den Salmann in Sal. 46 bezeugt. vgl. auch STOBBE, Privatr. V. 172. — fistuca, festuca, Halm, Stäbchen, eines der wichtigsten germanischen Rechtssymbole, Ersatz des früher wahrscheinlich als Zeichen der Herrschaft über Person und Sache allein verwendeten Speers. laisus, laesus, sinus, Schooss. vgl. gl. Est. u. Pith.; DU CANGE IV. 16; MÜLLENH. b. WAITZ 287 f.; KERN b. HESSELS § 225. in laisum iactare = laisowerpire, in den Schoos werfen. vgl. Cap. Sal. III. 4; Form. Marc. 1, 13. Das Werfen des Halms in den Schoos eines Andern bedeutet im allgemeinen die Übertragung jedes Rechtes an diesen (z. B. Bestellung zum Vormund, Vogt, Anwalt. vgl. BR. II. 554_{27}), im besonderen aber die Abtretung von Liegenschaften (exfestucatio). Über die Eigenart der germanischen Sale oder traditio (Auflassung) von Immobilien und speziell über die Entwickelung der symbolischen aus der realen Investitur vgl. BESELER, Erbvertr. I. 19 ff.; STOBBE, Jahrbb. 12, 137 ff.; Privatr. II. 1, 369 ff.; HAISS, Traditio (1876); HEUSLER, Gewere 1 ff.; Instit. II. 66 ff.; SOHM, Eheschliessg. 83 ff.; ZRG.[2] 1, 15 ff.; 27 ff.; Strassb. Festg. f. THÖL (1879); BEWER, Sala (1880); v. AMIRA, Recht.[2] 186 ff.; BRUNNER, Röm. u. germ. Urk. 130 ff.; 263 ff.; 272 ff.; Forschungen 608 ff.; Comment. in hon. Mommseni 9 ff.; Schr. 269 ff. Ausserdem s. die Erläuterungen zu Sal. 58. — fortuna, wie sich aus dem übernächsten Satz ergiebt, identisch mit facultas (anderer Ansicht RICH. SCHMIDT, a. a. O. 34 f.), soll nach SOHM, ZRG.[2] 1, 40_{54}; RuGV. 118; THÉVENIN, NR. 1880 S. 86_2; LAMPRECHT, WL. I. 48; BLUMENSTOK, IE. I. 285 f. in der l. Sal. nur bewegliches Vermögen bedeuten können. Thatsache ist, dass die Exekution nur in das Mobiliarvermögen stattfindet und dass demgemäss der die Vollstreckung betreibende Kläger auch nur sein Mobiliarvermögen zur Sicherung des Grafen verpfändet (Sal. 45; 50, 3). Thatsache ist ferner, dass in Sal. 58 facultas im Sinne von Fahrhabe verwendet wird. Dennoch geht es viel zu weit, die Immobilien ohne weiteres vom Begriff der fortuna und facultas ausschliessen zu wollen. M. E. ist es überhaupt misslich, die Rechtsbegriffe der l. Sal. unter allen Umständen scharf umgrenzen zu wollen: die juristische und die sprachliche Schwerfälligkeit des Gesetzes gebietet in dieser Richtung doch grosse Vorsicht.

Selbst an Stellen, wo wir aus anderen Umständen schliessen müssen, dass fortuna bezw. facultas die Immobilien nicht mit begreife, ist darum noch nicht gesagt, dass die Redaktoren des Gesetzes bewusstermassen die betreffenden Worte als eindeutige termini technici verwendet haben, und keineswegs erscheint durch den Sinn der einen Stelle ausgeschlossen, dass dasselbe Wort in einem anderen Zusammenhang etwas anderes bedeute. In Sal. 46 nun dünkt mich fortuna und das mit ihm promiscue gebrauchte Wort facultas entschieden den weiteren Sinn von Vermögen mit Einschluss der Immobilien zu haben, ja sogar diese letzteren ganz vorzugsweise ins Auge zu fassen. Denn einmal bildet der ganze Titel nur so die natürliche Fortsetzung und Ergänzung von Sal. 45 (vgl. Erläuterung zu Sal. 45, 1 „super alterum" a. E.), dann aber gehört die casa, welche in Sal. 46 der Schauplatz symbolischer Handlungen ist, durch die das Herrschaftsrecht des Treuhänders über das ihm anvertraute Vermögen dokumentiert werden soll, unbedingt zum Immobiliarvermögen. vgl. Erläuterung zu Sal. 58; Haiss, Traditio 51_1; Rich. Schmidt, a. a. O. 36_{51}. Übrigens verficht Sohm keineswegs konsequent den Charakter der fortuna als Mobiliarvermögen, denn RuGV. 69 übersetzt er das Wort geradezu mit Grundstück und Proz. 197_{10} spricht er von der Immobilienvindikation des Tit. 46.

Nach alledem ist der Inhalt unseres Satzes: der Vergabende beschaffe einen Mann, der ihm nicht verwandt ist (qui ei non perteneat), werfe ihm zum Zeichen der (resolutiv bedingten!) Eigentumsübertragung die festuca in den Schoos und gebe ihm (ipse zu korrigieren in ipsi. vgl. Varianten in Sal. 46_2) dabei an, wem er etwas vergaben will und wieviel. Dieser Vorgang wird im Bestreitungsfalle von Zeugen beschworen, denn ein Gerichtszeugnis kennt das ältere germanische Recht nicht. vgl. den späteren Passus: „Et si contra — similiter nominent;" Sal. 39; 56; Rib. 59; Alam. 91; Baiuw. 17, 3; Brunner, Festg. f. Heffter 142 ff.; RG. II. 394; K. Maurer, KrÜ. 5, 190 f. Die Zahl der notwendigen Zeugen ist drei. vgl. Sal. 39, 2; 46; 47; 56; Cap. Sal. VIII. 7; Rib. 50, 2; Burg. 99; Baiuw. 13, 2; 16, 2; 16; Decr. Tass. Dingolf. c. 2; Sax. 39; Liu. 15; Br. II. 397. Der Zeugeneid ist ein assertorischer. vgl. Brunner, Forschungen 96_3 gegen Zöpfl, RG. III. 336. Die Zeugenaussagen sind formelhaft. vgl. Schröder, Hist. Zschr. 78, 197. — Was das Wesen des Widerspruchsrechtes angeht, von dem der im zweiten Teile des Titels geschilderte Prozess Zeugnis ablegt, so ist zu bemerken, dass der Einspruch sich nur auf formale Fehler der Affatomie stützen kann, denn nur deren formale Korrektheit bildet den Gegenstand des Zeugenbeweises. Daraus geht hervor, dass die materielle Befugnis des Vergabenden entweder bereits vor dem Festukawurf im gebotenen Ding feststeht oder aber gerade durch die widerspruchslos erfolgenden Formalakte der Affatomie konstatiert wird. Demnach ist es nicht richtig, das auch noch nach vollendeter Affatomie mögliche Widerspruchsrecht (Et si contra hoc u. s. w.) als ein Beispruchsrecht der vicini nach Analogie von Tit. 45 aufzufassen (so R. Behrend, l. Sal.[2] 96 Z. 37 ff.), denn dort handelt es sich bis zum Ablauf der einjährigen Präklusivfrist um die Anfechtung materieller Ansprüche, hier bildet der letzte Akt der Affatomie auch die letzte Gelegenheit zur Bestreitung der materiellen Vergabungsbefugnis. Daher kann ich auch nicht mit Sohm,

Proz. 197_{10}; R. Behrend, l. Sal.[2] 96 Z. 40 in dem Prozess von Sal. 46 eine Vindikation von Immobilien sehen. vgl. gegen Sohm auch Bethm. IV. 489_{47}. Unbestimmt J. Behrend, Festg. f. Heffter 63_2.

Ipse — manere — hospites tres — collegere — in potestatem suam habere debet. Diese Sätze erhalten weitere Veranschaulichung durch den im zweiten Teil des Titels folgenden Passus „Et altere tres testes — gracias egissent.“ Beide Stellen schildern dieselbe, auf den Halmwurf folgende symbolische Handlung: der Treuhänder nimmt vorübergehend im Hause des Vergabenden Wohnung und tritt während dieser Zeit als Hausherr auf, indem er dessen schönstes Recht, die Bewirtung von Gästen, ausübt und sich dafür danken lässt. beodus, got. biuds, ahd. piot, alts. biod, ags. beod, an. biodr, mensa, Tisch, abzuleiten von biudan, offerre. vgl. Müllenh. b. Waitz 280; Grimm, Vorr. VII; Mytholog. I. 31; 55_1; Graff, Sprachsch. III. 76; Kern b. Hessels § 226. Über die Eigentümlichkeit der Germanen, für jeden Essenden einen besonderen Tisch aufzustellen, vgl. Tac. Germ. c. 22; Schweizer-Sidler 53_3. puls Brei, älteste Speise der Römer wie der Germanen vor dem Brot, später noch im Kult fortlebend. vgl. Georges, WB. II. 1857; Dahn, DG. I. 1, 157; Kge. VII. 2, 53; Grimm, Mythol. I. 226; Müllenh. a. a. O. Wie lange die Besitznahme des Hauses durch den Treuhänder dauerte, wird nicht gesagt, später ist bei Vergabungen von Todeswegen direkt an den Bedachten sessio triduana bezeugt, zuerst durch eine Urkunde vom J. 766 (Wartmann, UB. v. St. Gallen I. 50 [Nr. 49]). Weitere Beispiele vgl. bei Brunner, Röm. u. germ. Urk. 296_1. Über die Bedeutung der sessio triduana herrscht Streit. M. E. hat Brunner Recht, wenn er a. a. O. in ihr den auf drei Tage und drei Nächte beschränkten, aber rechtsförmlich konstatierten Besitz des Erwerbers (in unserer Stelle also des Salmanns) und eine auf gleiche Zeit beschränkte Besitzräumung des Veräusserers sieht, welch' letzterer nach Ablauf dieser Frist wieder in das Gut eintrete, aber nicht als Eigentümer, sondern als bloßer Nutzniesser. Anderer Meinung Beseler a. a. O. 32; Sandhaas, Germ. Abh. I. 75 f.; Albrecht, Gewere 75 ff.; Sohm, RuGV. 365_{22}; Heusler, Gewere 12; Instit. II. 623 f.; Haiss, Traditio 57_1; Bewer, Sala 95 f.; Rich. Schmidt, a. a. O. 40 f. — Auch dieser zweite Akt der Affatomie verläuft vor Zeugen, die von den Gästen zu unterscheiden sind und den Zweck haben, im Bestreitungsfalle Beweis zu liefern.

Et postea — quantum ei creditum est. Diese Sätze beschreiben den dritten Akt der Affatomie und erhalten ihre Ergänzung durch den Schluss des Titels von „Ista omnia illi iurati“ an. postea d. h. nach dem Tode des Vergabenden. Wäre der terminus a quo im Festukawurf des Veräusserers oder in der Besitznahme des Hauses durch den Treuhänder zu suchen, so verlöre das Geschäft, wie Heusler, Instit. I. 215_2 treffend bemerkt, alle Verständlichkeit. Wenn nämlich der Destinatär spätestens ein Jahr nach dem ersten Festukawurf in den Besitz der Schenkung kommen müsste, so würde das meist noch zu Lebzeiten des Veräusserers geschehen. Damit aber wäre das Geschäft allerdings zu einem rein sachenrechtlichen gemacht, der erbrechtliche Zweck fiele ganz weg, zugleich aber auch jeder vernünftige Grund für die Umständlichkeit der indirekten Vergabung. Denn deren Motiv ist ja gerade, wie schon Rückert, Sachenrecht 90, richtig bemerkt, dass der Vergaber, dem nach geschehenem Festukawurf nur noch Nutzniesserrecht verblieb, lieber von einer dritten Vertrauensperson als von dem Donator abhängen, diesen letzteren also erst nach seinem Tode zu Eigentum und Besitz gelangen lassen wollte. vgl. Sandhaas, Germ. Abh. I. 8; Zöpfl, RG. III. 234_{36}; Cohn, Schweiz. Rundschau 1892 S. 550; Schupfer, Atti 33; anderer Ansicht Stobbe, ZRG. 7, 408; Waitz, AR. 148; Roth. BenW. 241_{178}; Rich. Schmidt, a. a. O. 42 ff.; Schröder, Hist. Zschr. 78, 197. — ante XII menses, also vor, nicht, wie Beseler a. a. O. 100 schreibt, nach Ablauf von 12 Monaten. vgl. Waitz, AR. 149; Stobbe, ZRG. 7, 408_3; Rich. Schmidt, a. a. O. 42. Der Akt kann demnach auch sofort, nachdem die Voraussetzungen des postea eingetreten sind, stattfinden, und die Bedeutung der Frist liegt somit nicht darin, dass bis zu ihrem Ablauf irgend welchen Widerspruchsbefugten ihr Recht gewahrt bleiben sollte (so noch Eichhorn, RG. I. 338_{cc}; Schäffner I. 274), sondern in der Verpflichtung des Salmannes, sein resolutiv bedingtes Eigentum spätestens bis zum Ablauf des genannten Zeitraumes dem Destinatär zu übertragen. vgl. Zöpfl, RG. III. 234_{36}; Stobbe, ZRG. 7, 408_3; Rich. Schmidt, a. a. O. 86 f. — Der dritte Akt der Affatomie geht vor sich entweder im Königsgericht oder im echten Ding (ante regem vel legitimo mallo publico). In der durch alle Hss. gehenden Wiederholung, welche von meiner Ausgabe in Klammern gebracht wird, erscheint als Erläuterung „h. e. in mallobergo ante teoda aut thunginum". Das teoda hat man früher stets = got. thiuda, ahd. diota, alts. thioda, altfries. thiade gesetzt und demgemäss ante teoda mit coram populo, vor der Volksgemeinde wiedergegeben. vgl. Waitz, AR. 148_3; Müllenh. b. Waitz 293; Grimm, Vorr. VIII f.; Bethm. IV. 422_{11}; Sohm, RuGV. 69_{40}; Boos, Liten 11; Thonissen 35_5; NR. 1879 S. 40_8; Sickel, ZRG.[2] 6, 19_1; v. Sybel, Königt. 171_1; E. Mayer, Germ. Abh. f. Maurer 436_1; Schupfer, Atti 32; Rich. Schmidt, a. a. O. 44. Unentschieden lassen die Frage Sickel, Freistaat $25_{13\,(\text{No. }9)}$; MJÖG. EB. II. 302_3; Fustel de Coulanges, Hist. III. 309_1; Dahn, Kge. VII. 3, 518_2. Dagegen hat zuerst Kern, Glossen 36, dann bei Hessels § 227 das teoda für identisch mit got. þiudans, an. þiođan, ags. þeódan, alts. thiodan, Herrscher, König erklärt, ihm folgt Br. I. 120_6; Schröder, Hist. Zschr. 78, 197; auch Waitz, VG. II. 1, 104_2 hat sich neuerdings dieser Erklärung angeschlossen. Die Eigenart der Auffassung von Platon, Mallus ante theoda, liegt nicht, wie R. Behrend, l. Sal.[2] 98 Z. 26 f., behauptet, in der Interpretation von teoda, das für ihn der früher herrschenden Ansicht gemäss Volk bedeutet, sondern in der Unterscheidung zwischen mallus ante theoda vel thunginum einerseits und mallus legitimus andererseits. vgl. Erläuterung zu Sal. 44, 1. Über mallus publicus legitimus als echtes Ding und mallus regis, Königsgericht, vgl. Erläuterung zu Sal. 1, 1. mallus illius, cui furtuna sua depotavit reddere verstehe ich als das sachlich zuständige Gericht desjenigen, der (cui zu korrigieren in qui; vgl. die sonstigen Verwechselungen von Nominativ und Dativ Sal. $46_{2;3}$) sein Vermögen an den Mittelsmann hingegeben hat, damit dieser es dem Destinatär ausliefere (reddere heisst nicht nur zurückgeben, sondern auch herausgeben, zustellen, ausliefern. vgl. Georges, WB. II. 2009).

Der Fehler cui statt qui muss sich schon in der Vorlage der ältesten Hs. befunden haben, daher die Versuche der Kodd. 2 ff., die ihnen unverständlich gewordene Stelle zu emendieren, indem sie anstatt illius illi schreiben, damit aber den Sinn verändern. Anderer Meinung Brunner, ZRG.[2] 11, 206. — Der Grund, warum der dritte Akt der Affatomie im echten Ding oder im Königsgericht stattfinden musste, liegt nach Heusler, Instit. II. 622, im Heimfallsrecht der Markgenossen bezw. des Königs, welches durch die Affatomie illusorisch gemacht wird. Dagegen sieht Schröder, Hist. Zschr. 78, 198, den Zweck der Aktion des Königsgerichtes im Erteilen des Bannes zu Gunsten des Erben. Br. I. 299_{36} hält den mallus regis für einen Beweis der Einheit des salischen Königtums, ebenso Fahlbeck, Royauté 274. Dagegen Dahn, Kge. VII. 2, 52_6. Auch die Übereignung an den Donator geschieht durch Halmwurf: ein neuer Beweis, dass der Mittelsmann bis zur Vornahme dieses Aktes Eigentümer ist. — „hoc est in mallobergo" wird von Sohm, RuGV. 559; Br. I. 296_{19} für identisch mit der Sigle malb. angesehen. Dagegen R. Behrend, l. Sal.[2] 98. Z. 30 ff.

XLVII. De filtortis.

filtortis (qui lege Salica vivent). Der Titel behandelt in Ergänzung der Sal. 37 beschriebenen Spurfolge den Anefang, d. h. diejenige Form der Mobilienvindikation, welche zu beobachten ist, wenn der Bestohlene die ihm entwendete Sache nach Ablauf der für die Spurfolge bestehenden gesetzlichen Frist bei einem Dritten findet. Über die Kunstausdrücke Anefang, intertiatio, Dritthandverfahren vgl. unten Erläuterung zu „mittat eum in tertia manu", über die Aktivlegitimation zur Einleitung des Verfahrens vgl. Erläuterung zu Sal. 37 „per furtum perdiderit". An Litteratur über den Anefang vgl. im allgemeinen die Zitate in der Erläuterung zu Sal. 37 „vestigio minando". Die sprachliche Ableitung des filtortis (vgl. filtorto, feltroctum: Cap. Sal. V. 1) ist sehr bestritten. Grimm, Vorr. VIII., erklärte das Wort für romanisch (= filo tortus, mit einem Faden umwunden) und bezog es auf die rechtliche Bindung des intertiatus. Ihm folgten Zöpfl, Ewa Cham. 75; Siegel, GVrn. 92_{14}; Bethm. IV. 481_{11}; Gengler 821; Jobbé-Duval, NR. 1880 S. 499; Poincaré 39 f. An einer deutschen Ableitung verzweifelte auch Müllenh. b. Waitz 282 f. Dagegen interpretierte Scherrer, ZRG. 13, 271 f., die Erklärung Jungbohn Clements, Forschungen 213, aufgreifend: Felderbgutsbesitzer (fild = Feld, ôd = Erbgut, ôdere Erbgutsbesitzer). Hermann in Gierkes Unters. XX. 48 f.; Mithio 15_3 übersetzt Weideanteil (felt Weide, ort Teil, Stück) und leitet daraus die Bedeutung „Eigentumsmarke", d. h. sichtbares Zeichen für die Zugehörigkeit eines Tieres zum Feldorte ab. Den richtigen Weg hat wohl zuerst Zöpfl, RG. III. 158_{16} betreten, indem er unter Zuhilfenahme der Form feltroctum (Cap. Sal. V. 1_d) den zweiten Teil des Wortes mit trekken, ziehen in Verbindung brachte. Zu demselben Resultate kommen Kern b. Hessels § 229 und Br. II. 508_{84}. Das fil erklärt Zöpfl als zu ahd. felgan, alts. felgian, usurpare, plagiare gehörig, ähnlich Brunner: fil = Verbrecher, Bösewicht. vgl. fellones in der Ep. Caris. v. 858 c. 15 (Bo.-Kr. II. 440 Z. 34); Diez, Et. WB. 136; 584. Folgen wir Brunner, so heisst also feltort Verfolgung,

Auftreiben des Diebes. Dagegen emendiert KERN fil, fel zu fir, fer und sieht darin nur eine Vorsilbe: firtorht, fertrocht = vertrekken, producere, vocare ad warrantum. Der erklärende Zusatz der Em. (Sal. 47_1) passt sowohl auf BRUNNERS wie auf KERNS Interpretation. — Der Zusatz qui lege Salica vivit (Sal. 47_2) weist nach BR. I. 293_6 auf neustrischen Ursprung der betreffenden Hss. hin, weil er eine Gegend voraussetzt, in der auch eine nicht salische Bevölkerung wohnte. Dann müssten aber alle Kodd. ausser 1 aus der westlichen Reichshälfte stammen, denn der Zusatz findet sich in der Überschrift der Texte 2—6; 10 (Sal. 47_1). Auch in Sal. 63, 1 ist der gleiche Zusatz nicht auf die Hss. der 3. Familie beschränkt (Sal. 63, 1_1).

servum — aut qualibet rem. Der Sklave ist als bewegliche Sache ebenfalls Gegenstand des Anefangs, folgeweise natürlich auch der Spurfolge, obgleich er Sal. 37 nicht erwähnt wird.

super alterum. Über super vgl. Erläuterung zu Sal. 45, 1; SCHRÖDER, Franken u. ihr R. 56_2.

agnoverit, d. h. nach Ablauf der drei Tage findet, während welcher das fränkische Recht die Spurfolge gestattet. vgl. Erläuterung zu Sal. 37: „in tres noctes.“ Die Feststellung der Identität zwischen der gestohlenen und der gefundenen Sache geschieht bei Tieren und leblosen Gegenständen durch die Hausmarke, deren die Germanen sich allgemein zum Zeichnen ihrer Fahrhabe bedienten. vgl. Sal. 9, I; 27, 18; 33, 2; Alam. 22, 2; 27; Baiuw. 12, 4; Fris. 14; Roth. 238; 240; 319; 348; Wis. VIII. 5, 8; 6, 1; X. 3, 3; HOMEYER, Richtst. Landr. 428 ff.; Hausmarken 8 ff.; 322 ff.; DAHN, Westgot. Studien 88; BR. II. 500. Kleider und ähnliche Dinge sind nur insofern Gegenstand des Anefangs, als sie „probabile signum“ (die Hausmarke?) tragen. vgl. Rib. 72, 9. Sklaven werden nicht gezeichnet. vgl. THONISSEN 534 f.

mittat eum in tertia manu et ille — debet agramire. Der Bestohlene zieht die Sache (servum, caballum, bovem) an die dritte Hand, d. h. er vermeidet es, den augenblicklichen Besitzer des unredlichen Erwerbs zu beschuldigen, zwingt ihn aber dafür denjenigen zu nennen, von welchem er redlich erworben haben will. vgl. EICHHORN, RG. I. 351; SIEGEL, GVrn. 86 f.; BETHM. IV. 46; 483. Hiervon heisst das ganze Verfahren in der Litteratur Dritthandverfahren, in den Denkmälern intertiatio, intertiare (afrz. entercier). Über die Deutung des letzteren Ausdrucks, der schon Rib. 33, 2 erscheint, hat lange Streit bestanden. vgl. ROGGE. GW. 227; SCHMID, Ges. d. Angels. 526; ZÖPFL, Ewa Cham. 75; RG. III. 157 f.; SOHM, Proz. 84_{15}; PARDESSUS 384 no. 425; HERMANN in GIERKES Unters. XX. 99 ff.; v. AMIRA, Obl. R. I. 560; Recht² 180; BR. II. 498_{25}; SCHR. 367_{110}. Die intertiatio beginnt damit, dass der Geschädigte die gefundene Sache anfasst, daher wird die gesamte Prozedur auch Anefang oder Anfang genannt (ahd. anafangjan, furifangôn, ags. aetfón, aetfong, forefong, befón, mhd. anevanc, vürvanc, altbair. hantalôd). Die dritte Hand, an welche die Sache gezogen wird, ist diejenige des ersten Vormanns des Besitzers. vgl. BR. II. 503_{59} gegen v. AMIRA, Obl. R. I. 560; Recht¹ 161. Das Anefangen, Anschlagen der Sache geschieht in feststehenden Formen, indem der Kläger eidlich beteuert, dass die Sache ihm gehöre und den Besitzer auffordert zu sagen, von wem er erworben habe. vgl. BR. II.

500_{34}. Der Besitzer hat darauf die agramitio vorzunehmen, d. h. seinen Vormann, Gewährsmann (fordro — ahd. wërênto, ital. guarento, franz. garant — schub — getéama — heimelborh, heimildarmađr — scot. vgl. GRIMM, RA. 603; DIEZ, Et. WB. 177; KLUGE, Et. WB. 138; SCHMID, Ges. d. Angels. 660; v. AMIRA, Obl. R. I. 558; Recht[2] 180; BR. II. 501) zu nennen und zu geloben (über diese Bedeutung von agramire vgl. Erläuterung zu Sal. 37 „res suas per tercia manu" etc.), ihn vor Gericht zu stellen. vgl. Rib. 33; Schwsp. Lassb. 317; Baiuw. 9, 7; Wis. VII. 2, 8; Burg. 83, 1; Aethelr. II. 8. HERMANN in GIERKES Unters. XX. 61_1. Anders Roth. 231; Lib. Pap. Otton. I. c. 7 (MG. LL. IV. 578); Ssp. Landr. II. 36, 5; vgl. DEL VECCHIO, Arch. giurid. 20, 58 ff.; PLANCK, GVrn. I. 833; BR. II. 502. Der Unterschied der agramitio bei Spurfolge und bei Anefang liegt also darin, dass dort der Spurfolger durch Bürgen die spätere gerichtliche Vertretung seines Rechts gegenüber dem Gewährsmann des Besitzers verspricht und hierauf befugt ist die Sache an sich zu nehmen, während hier der Besitzer der angefassten Fahrhabe den Gewährszug verspricht und dann seinerseits bis zum Gerichtstermin im Besitz bleibt. Über das Verfahren, wenn der Besitzer oder sein Vormann die Sache ererbt zu haben behauptet, vgl. Erläuterung zu Cap. Sal. V. 1; über den Fall, wo der Besitzer sofort nach dem Anefang erklärt, seinen Vormann oder dessen Wohnsitz nicht zu kennen, vgl. Rib. 33, 4; Roth. 232.

citra Ligere aut Carbonariam. Sal. 47 unterscheidet salisches Gebiet diesseits und jenseits des Ligeris und Kohlenwaldes. vgl. den letzten Satz des Titels. Der Kohlenwald ist die nordwestliche Fortsetzung der Ardennen längs der Sambre bis an die Schelde, zwischen Hennegau und Brabant. vgl. WAITZ, AR. 59; GGA. 1850 S. 334 f.; VG. II. 1, 146_2; DUVIVIER, Rech. I. 11 ff.; MENKE, Vorbem. 33; LONGNON, Géographie 154; SCHRÖDER, Monatsschr. f. d. Gesch. Westd. 6, 470. Im Ligeris sahen BALUZE, Cap. II. 1049; DUVIVIER a. a. O. 24 no. das Eifelflüsschen Lieser in der heutigen Rheinprovinz, WENDELIN, De natali solo 86, denkt an ein Nebenflüsschen der Maas, die Jecker. Schon ECCARD, Leg. Francorum 93; PARDESSUS 391 no. 545; 417; HOLTZMANN, Malb. Glosse 17; HILLEBRAND, RG. 77 aber verstanden unter dem Ligeris die Loire, welche in den Denkmälern auch thatsächlich allein so heisst. Dagegen hatte bereits WIARDA, Sal. Ges. 103, im Ligeris die Leye oder Lys, einen bei Béthune entspringenden, bei Gent mündenden Nebenfluss der Schelde erkennen wollen. Dieser Ansicht schlossen sich an EICHHORN, RG. I. 223_g; 422; H. MÜLLER, Alter u. Heimat 20 ff.; v. RICHTHOFEN, KrJbb. 10, 1003; GRIMM, Vorr. LXVI f.; STOBBE, RQ. I. 38; 39_{32}; BETHM. IV. 395_9; THONISSEN 10 ff.; 410. WAITZ, AR. 60 f.; VG. II. 1, 131 f. hat zwar gewisse Bedenken, entscheidet sich aber doch auch für die Lys. Auf die ältere Ansicht ECCARDS, PARDESSUS' u. s. w. hat zuerst wieder J. BEHREND, l. Sal. 151, zurückgegriffen, sie ist heute wohl mit Recht herrschend. vgl. MENKE, a. a. O.; SCHRÖDER, FDG. 19, 171_1; 471 ff.; Monatsschr. f. d. Gesch. Westd. 6, 470 f.; Franken u. ihr R. 37; v. SYBEL, Königt. 309 f.; JOBBÉ-DUVAL, NR. 1880 S. 536_2; FAHLBECK, Royauté 251_1; DARESTE, Journ. d. Savants 1883 S. 468; GLASSON, Hist. II. 172 f.; FUSTEL DE COULANGES, Nouv. rech. 373; BR. I. 297. Einen Schluss auf das Alter der lex würde die Erwähnung von Loire und Kohlenwald als Grenze des salischen Kernlandes nur zulassen, wenn feststünde, dass die betreffenden Stellen in Sal. 47 nicht als spätere Zusätze betrachtet werden dürften. vgl. FAHLBECK, Royauté 278; 282 f.; BR. I. 297 f.; HUBRICH, Wahl- u. Erbkönigt. 3_9; SCHR. 228 Text u. Anm. 7 gegen SCHRÖDER, Monatsschr. f. d. Gesch. Westd. 6, 468 ff.

apud quem cognoscitur, d. h. der Besitzer. vgl. EICHHORN, RG. I. 223_g; WAITZ, AR. 59; 157; BETHM. IV. 483; SIEGEL, GVrn. 92_{13}; SOHM, Proz. 107. Dagegen versteht SCHR., Westd. Monatsschr. 6, 468 ff.; RG. 367; 368_{111} mit Bezugnahme auf Rib. 33,1 unter der Person, apud quem cognoscitur, den Gewährsmann, was BR. I. 297_{29} scharfsinnig als unmöglich erweist. vgl. auch THONISSEN 410; LONDON 240 f.

in noctis XL. Die Minimalfrist ist in Rib. 33, 1 und in den meisten Quellen des deutschen Mittelalters viel kürzer. Das hängt damit zusammen, dass bei den Saliern alle Vormänner sofort im ersten Termin zu stellen waren, sonst nur der nächste Gewähre. vgl. LONDON 240; BR. I. 297_{29}. — 40 (42) Nächte sind der zwischen zwei echten Dingen liegende Zeitraum. vgl. Sal. 50, 1; 56; Cap. Sal. III. 1; V. 8; Form. Tur. 30; 31; Senon. rec. 2; Lindenbrog. 20; 21; PERTZ, Dipl. M. 59 — Cap. Sal. VIII. 7; Form. Bign. 13; Cart. Sen. 17; SOHM, RuGV. 393_{13}; BR. II. 217 f.; 377_{36}; DAHN, Kge. VII. 3, 38 f. Die Zahlen 40 und 42 bedeuten dasselbe, nach der einen Zählung wird von der dreitägigen Dauer des echten Dings nur der erste Tag, nach der anderen werden alle drei Tage mitgezählt. Eine abweichende Erklärung bei SOHM, a. a. O.

placitum. vgl. Erläuterung zu Sal. 40, 7.

qui interfuerit — alter alterum admoneat. Unbeschränkter Gewährszug. Jeder, der ehrlichen Erwerb behauptet (aut vendederit aut cambiaverit aut fortasse in solutionem dederit) hat seinen Vormann, d. h. denjenigen, von dem er erworben hat, zu dem nach frühestens 40 Tagen stattfindenden Gerichtstermin zu laden. Auch die l. Rib. hat unbeschränkten Gewährszug, jedoch sind nach ihr zum ersten Termin nur dann sämtliche Vormänner zu stellen, wenn ein Sklave Gegenstand des Anefangs ist. vgl. Rib. 33, 1; 58, 8; 72, 1; BR. II. 504_{62}. In anderen Volksrechten wird der Gewährszug beschränkt. vgl. Eriks Saell. Lov III. 22; 24; Roth. 224; Lib. Pap. Otton. I. c. 7 Form.; Knut II. 24, 2; Wilh. I. 45; Leg. Henr. prim. 64, 6; Très ancien Coutumier de Normandie 82, 15; 16; Somma de leg. Norm. c. 50; Etabliss. de S. Louis I. 95; Coutumes d'Anjou et dou Maigne c. 100; Livres des droiz et des commandemens f. Poitou c. 109; Leobschützer Stadtr. c. 49; Ofener Stadtr. c. 340; v. AMIRA, Obl. R. I. 559 f.; BR. II. 502 f.; JOBBÉ-DUVAL, NR. 1880 S. 548; EICHHORN, RG. II. 651_k; HOMEYER in KOLDERUP-ROSENVINGES Grundr. 97 f.; LABAND, Vermögensr. Kl. 129 f. Doch muss unmittelbares Aufsuchen des letzten Auktors mit Überspringen der Zwischenmänner nach diesen Rechten möglich gewesen sein. vgl. Brünner Schöffensatzg. 228; Brünner Schöffenbuch c. 98; LABAND, a. a. O. 129; BR. II. 503. — Die admonitio ist synonym mit der mannitio (nuntiatio). vgl. Sal. 47_8. Sie erfolgt demgemäss, wie aus dem nächsten Satz hervorgeht, unter Zuziehung von mindestens drei Zeugen. vgl. Erläuterung zu Sal. 1, 3.

sunnis. vgl. Erläuterung zu Sal. 1, 2.

commonitus — venire distulerit. Der Gewährsmann bleibt ohne echte Not im Gerichte aus. Dann hat sein Hintermann einmal die rechtmässig erfolgte Ladung durch die Zeugen der mannitio, zweitens aber durch weitere drei Zeugen den öffentlichen Erwerb des Streitgegenstandes beschwören zu lassen. Erfüllt er diese Bedingungen, so befreit er sich damit von weiterer Verantwortung. Daraus folgt, dass nach salischem Recht (nicht nach ribuarischem und langobardischem: vgl. Rib. 33, 4; Roth. 232) der Kauf oder Tausch von Fahrhabe „publice“ zu geschehen hat. Diese Öffentlichkeit kann auf verschiedene Weise erreicht werden, doch genügt, um sie herheizuführen, die Zuziehung von mindestens drei Geschäftszeugen. Dünzelmann, Brem. Jahrb. 17, 20 f., irrt also, wenn er meint, publice heisse an unserer Stelle in mallo publico, und aller Mobiliarumsatz, soweit er nicht dringenden momentanen Bedürfnissen von Reisenden gedient habe, müsse schon nach der l. Sal. im Gericht vor sich gehen. Die von Dünzelmann, a. a. O., beigebrachten Zitate aus den Kapitularien (Cap. Harist. v. 779 c. 19; Cap. post. 805 add. c. 2; Cap. p. missos cogn. fac. v. 803/13 c. 3; Cap. e canon. exc. v. 813 c. 22; Cap. de funct. publ. v. 820 c. 1: Bo. I. 51; 142; 157; 174; 294) widersprechen der hier vertretenen Auffassung nirgends und dienen ihr teilweise unmittelbar als Beweis. vgl. für das angelsächsische Recht Laughlin, Essays 216 f. In der entsprechenden Stelle der l. Rib. (33, 2) fehlt das Erfordernis der Kaufzeugen, der Beweispflichtige schwört mit 6 Eidhelfern, dass er von niemand anders als von dem ausgebliebenen Gewähren erworben habe. Unterschied von Zeuge und Eidhelfer: Erläuterung zu Sal. 48. — Nach Br. II. 506_{75} ist der Besitzer, wenn sein Gewähre vor Gericht erscheint, aber die Annahme der Gewährschaft verweigert, zwar sachfällig (Rib. 33, 3, vgl. aber Cap. leg. Rib. add. v. 803 c. 7), doch kann er sich, wie aus Sal. 47 zu schliessen ist, an dem Gewähren erholen, wenn er durch Kaufzeugen beweist, dass er von ihm erworben habe. Im übrigen schweigt die l. Sal. über den gerichtlichen Teil des Verfahrens, wenn die Gewähren erschienen sind, doch besteht kein Grund zu zweifeln, dass das salische Recht in dieser Beziehung mit dem uns bezeugten ribuarischen übereinstimmte. vgl. Rib. 33, 3; 72, 1; 6; Sohm, Proz. 112 f.; Br. II. 504 ff.

qui non venerit — ille erit latro. latro = fur. vgl. Cap. Sal. VII. 2; 3; 7; 9; 10; 13; Burg. 47; Br. II. 637_4. — Der ohne echte Not weggebliebene Gewährsmann wird nach der l. Sal. durch die Aussagen der Kauf- und Ladungszeugen ohne weiteres als überführt angesehen. Er hat daher seinem Hintermann den Kaufpreis zurückzugeben und dem Anefänger Diebstahlsbusse zu zahlen. Dass ausserdem auch noch eine Busse an den Hintermann verfiel, schliesst Löning, Vertragsbruch 106 f., aus der Fassung der Heroldina, was mir bei dem Charakter dieses Textes nicht ganz unbedenklich erscheint. vgl. aber Baiuw. 16, 12, eine Stelle, die freilich vom Gewährschaftsbruch bei Immobilien handelt. Nach Rib. 33, 2 wird der Beweis gegen den nicht erschienenen Gewähren geführt, indem sich sein Hintermann von ihm innerhalb einer neuen Frist vor Zeugen die cinu werdunia (vgl. Rib. 72, 3; 6; 7; Grimm b. Merkel LXXXVII f.; Siegel, GVrn. 254 f.; Sohm, Proz.

109_{30}; Löning, Vertragsbruch 106_8) wiedergeben lässt und den Empfang dem Kläger nachweist. Dieser strengt sodann die Diebstahlsklage gegen den Gewährsmann an. Über die Folgen des unberechtigten Anefangs für den Anefangskläger vgl. Erläuterung zu Cap. Sal. IV. 12.

ubi ille est gamallus. gamallus, conforensis, Gerichtsgenosse. vgl. Du Cange III. 620; Müllenh. b. Waitz 283; Kern b. Hessels § 232 und das langob. gamahal, confabulatus (Roth. 362). ubi ille est g.: wo er seinen persönlichen Gerichtsstand hat. vgl. Sal. 46: in mallo illius, cui (= qui) furtuna sua depotavit reddere und die betreffende Erläuterung; Rib. 33, 1; Sickel, MJÖG. EB. II. 208_1.

trans Legerem aut Carbonaria — LXXX noctis. vgl. Rib. 33, 1: foris ducato — extra regno.

XLVIII. De falso testimonio.

testimonio. testimonium (Sal. 49, 3; 56, 1; Cap. Sal. IV. 16; V. 1; 8, 1; VIII. 6) bedeutet in der l. Sal. sowohl Zeugnis als Zeuge, gelegentlich aber auch Eidhelfer. vgl. Form. Turon. 31; Sendr. d. Mainwenden (ZKR. 4, 162); Bernard, Chartes de Cluny I. 34 No. 29 v. 887, H. 424; Fris. 10 Überschr.; Homeyer, Richtsteig Landr. 462; Br. II. 378_7. Dennoch ist im altgerman. Recht und so auch im salischen ein scharfer begrifflicher Unterschied zu machen zwischen testes, Zeugen, und iuratores, Eidhelfer. Die Zeugenschaft stützt sich auf die Kenntnis des Beweisthemas zufolge persönlicher Wahrnehmung, die Eideshülfe hat den Zweck, die Aussage des Unterstützten als „rein und unmein", d. h. als das Wort eines glaubwürdigen Mannes zu erweisen (Kredulitätseid). vgl. Sal. 49; Alam. 2, 1; Baiuw. 17, 2; Form. Turon. 31; 40; Ssp. Landr. III. 88, 3; Pardessus 631; Bethm. IV. 29 f.; 505_{41}; 509_{52}; Sohm, RuGV. 581 f.; Löning, Reinigungseid 63; 299; Morpurgo 34; Br., Schwurgerichte 9; RG. II. 389; 397 f. Den Charakter des Helfereides als Kredulitätseides läugnet Cosack, Eideshelfer 72 ff. vgl. unten Erläuterung zu „iuratores quin. sol. cond." — In Sal. 48, 1 handelt es sich um Zeugenaussage. Arten der Zeugen: 1) Geschäfts- und Öffentlichkeitszeugen. 2) Gemeindezeugen. vgl. Br. II. 393 f. Geschäfts- und Öffentlichkeitszeugen werden von den Kontrahenten gezogen (daher unsere moderne Bezeichnung: Zeuge), teilweise in rechtsförmlicher Weise. vgl. die testes per aures tracti in Burg. 60, 3_{**}; Baiuw. 16, 2; 17, 3; 6. Ein Gerichtszeugnis giebt es nicht. vgl. Sal. 39; 46; 56; Rib. 59; Alam. 91; Baiuw. 17, 3; Cartul. de Redon v. 865 No. 185 S. 143, H. 366; Maurer, KrÜ. 5, 190 f.; Br., Festg. f. Heffter 142 ff.; RG. II. 394; nur das langobardische Recht macht eine Aussnahme: Ratchis 6. Auch Zeugenschaft auf Grund zufälliger Einzelwahrnehmung gab es im allgemeinen nicht, blos das ältere salische Recht gestattete für gewisse Fälle Überführung durch Zufallszeugen. vgl. Sal. 2, 12; 33, 2; 36. Die unbeschränkte Zulässigkeit des Beweises durch Zufallszeugen verficht Löning, a. a. O. 110 ff. Dagegen Br. II. 394_{18}. — Die Zeugenaussagen geschehen unter Eid (Sal. 46; 49, 1; anders im langobardischen Recht. vgl. Br., Forschungen 96 ff.; RG. II. 435 f.; 682); das Vergehen von Sal. 48, 1 ist also Meineid. Die Strafe desselben, 15 sol., ist auffallend gering, was vielleicht mit der Volksanschauung von der göttlichen Strafe des Meineidigen zusammenhing. vgl. Liu. 144; Br. II. 681. Strafen anderer Volksrechte: Rib. 50, 2;

Baiuw. 17, 6; Stellen bei WILDA, Strafr. 981; Knut II. 36. Gleich dem falschen Zeugnis wird die Zeugnisverweigerung bestraft: Sal. 49, 3; Rib. 50, 2, vgl. WILDA 981_1; GLASSON, Hist. III. 575. Später tritt unter kirchlichem Einfluss bedeutende Verschärfung der Meineidsstrafen ein. vgl. Fris. 3, 8; 9; 10; Sax. 21; Cham. 32; Burg. 8, 2; 45; 80, 2; Liu. 63; 144; Cap. Harist. v. 779 c. 10 (Bo. I. 49); Cap. miss. gen. v. 802 c. 36 (ebd. 98); Cap. Theod. v. 805 c. 5; 11 (ebd. 123 f.); Cap. c. prim. const. v. 808 c. 4 (ebd. 139); Cap. leg. add. v. 816 c. 1 (ebd. 268); Cap. item leg. add. v. 816 c. 1 (ebd. 269); Cap. leg. add. v. 818/9 c. 10 (ebd. 283). — Über das Zeugenverfahren vgl. Erläuterung zu Sal. 49, 1.

iure = in iudicio.

inpotaverit quod periurasset — non potuerit adprobare — sol. XV culp. iud. Falsche Anklage wegen Meineids, insbesondere ungerechtfertigte Eidesschelte, d. h. ungerechtfertigte Bezeichnung des Partei- oder Zeugeneides als eines wissentlich falsch geschworenen. Die Entscheidung erfolgt durch Gottesurteil (Zweikampf oder Kesselfang). vgl. Cap. Sal. IV. 15; 16; Cap. Harist. v. 779 c. 10 (Bo. I. 49). Über die falsche Anklage im allgemeinen vgl. noch Cap. Sal. IV. 12; Rib. 59, 3; Pact. Alam. II. 35; Fris. 3, 9; Grim. 7; Lex Rom. Wis. Cod. Theod. IX. 1, 8 interpr.; Form. Turon. 29; Form. Extrav. I. 6; Baiuw. 9, 18; Burg. prim. const. 9; Liu. 111; WAITZ, AR. 212; THONISSEN 245 f.; 297 f.; GÜNTHER, Wiedervergeltg. I. 141; BR. II. 676 f.; über die falsche Anklage vor dem König vgl. Erläuterungen zu Sal. 18.

potuerit adprobare — qui periuravit sol. XV culp. iud. Die Strafe des Meineides und der falschen Beschuldigung wegen Meineides sind gleich.

iuratores quinos sol. condemnentur. Hier und in § 3 handelt es sich um den Partei-, nicht um den Zeugeneid, die iuratores sind die Eidhelfer (coniuratores, consacramentales). Über die Eideshilfe vgl. im allgemeinen ROGGE, GW. 136 ff.; SIEGEL, GVrn. 176 ff.; 225 ff.; 277 ff.; BETHM. IV. 29 f.; 169; 172; 379; 513; K. MAURER, Beweisvrn. 196 ff.; 239 ff.; GEMEINER, Eideshilfe (1848); SCHILDENER (1833/5); ZIMMERMANN (1863); SOHM, RuGV. 575 ff.; MORPURGO (1874); LOENING, Reinigungseid (1880); COSACK, Eidhelfer (1885); v. AMIRA, Germania 20, 53 ff.; Recht[2] 215 f.; BR. II. 377 ff.; Schr. 353 f. Die Ansicht COSACKS, a. a. O. 72 ff., welche im Helfereid keinen Kredulitätseid sehen will, weil die Helfer bei Meineid des Hauptmanns ohne Rücksicht auf ihren guten Glauben bestraft würden, verkennt das allgemein germanische Strafrechtsprinzip, wonach die rechtswidrige Absicht präsumiert wird, sobald der objektive Thatbestand des Verbrechens gegeben ist. Die Strafe der Eidhelfer bei Falschschwur der Partei beträgt nach Sal. 48, II_1; 2 ein Drittel der Strafe des Hauptmannes (Sal. 48, 3). Dagegen behandeln Kod. 5; 6; 10 u. Em. den Meineid der Eidhelfer als Bandenverbrechen (vgl. Sal. 13; 42; 43, 3) und strafen die drei ersten Helfer gleich dem Eidführer. In Cap. Sal. V. 4 heissen dieselben seniores. Eidhelfer Geschlechtsgenossen des Beweispflichtigen: Extrav. B. 2; Cham. 10; Form. Sen. rec. 2; Lindenbrog. 21; vgl. Baiuw. 8, 15; 9, 3; Burg. 8; Roth. 360; 362; Grim. 7; Adelch. 7; Wido, Cap. Pap. v. 891 c. 6 (Bo.-KR. II. 108); Aethelr. VIII. 23; Leg. Henr. primi 64 § 4; Aethelst.

II. 11; Leg. Edw. Conf. 36, 1; Gul. 132; Frost IV. 8; Dreyer, Nebenstunden 52 ff.; v. Amira, Erbenfolge 152 f.; Pappenheim, Schutzgilden 103 ff.; Bennecke, Strafproz. $57_{5;\,6}$; 58_1; Tamassia, L'affratellamento (1886); Abignente, Chartul. fratern. 20 ff.; Cosack 14 f.; 22; K. Maurer, KrÜ. 5, 199; Br. II. 379 ff. — Über die iuratores medii electi vgl. Erläuterung zu Sal. 14, 2_2. Ebendort über die verschiedene Anzahl der Helfer je nach Bedeutung des Streitgegenstandes. Über den Eidgang, d. h. die Formalien der Eidesleistung vgl. Grimm, RA. 893 ff.; v. Amira, Recht² 214 f.; Br. II. 427 ff.

XLIX. De testibus.

testibus. Der Titel handelt von der Zeugnispflicht, von der Zeugenladung und von einigen anderen Einzelheiten des Zeugenverfahrens. vgl. Thonissen 343; Glasson, Hist. III. 486 ff.; Br. II. 435 ff.; Forschungen 94 ff.

necessarius habet ad satisfacere. Kod. 1 hat et anstatt ad. Daraus schloss Siegel, GVrn. 67_{13}, der Vorladende habe dem von ihm in Anspruch genommenen Zeugen eine Vergütung geschuldet. Dagegen mit Recht auf Grund der sachlich übereinstimmenden anderen Texte Br., Forschungen 99_2. Nach Br. ist der Schwur, sei er nun Partei- oder Zeugeneid, regelmässig als eine Leistung (satisfactio) aufzufassen, die der Beweispflichtige seinem Prozessgegner, nicht aber dem Gerichte schuldet. Anders nach langobardischem Recht. vgl. Liu. 8; 15; Br., Forschungen 98 f.

manire eos cum testibus debet. Der prozessuale Zwang gegen die Zeugen zur Erfüllung ihrer Zeugnispflicht wird in derselben Weise ausgeübt wie gegenüber dem Prozessgegner in Bezug auf dessen Einlassungspflicht: durch rechtsförmliche Ladung, mannitio. Doch steht dem Beweispflichtigen die volksrechtliche Ladung nur gegen gezogene (Geschäfts- oder Öffentlichkeits-) Zeugen zur Verfügung, nicht gegen Gemeindezeugen. vgl. Rogge, GW. 118_{138}; Sohm, RuGV. 131 f.; Br. II. 435; Forschungen 214. Dagegen können nach Sohm, a. a. O., die Gemeindezeugen später banniert, d. h. durch richterlichen Befehl geladen werden. Anderer Ansicht Br. Forschungen 215.

ea quae noverunt iurati dicant. Die Zeugen kunden auf Grund ihrer Wissenschaft. Der Zeuge heisst daher geradezu „Wissender", ahd. giwizo, alts. gewito, ags. wita, gewita, an. vitni. vgl. v. Amira, Obl. R. I. 281 ff.; Recht² 216; Br. II. 391. Ausserdem begegnet ahd. urchundo, alts. urcundeo, fries. orkunda, Verkünder; unser modernes Zeuge (von ziohan, ziehen) tritt erst im Mhd. als giziug, getüch auf. Die Zeugenaussage geschieht in Form des assertorischen Eides und richtet sich auf das vorher durch Urteil festgestellte Beweisthema, ein Zeugenverhör ist dem älteren Rechte fremd, fand aber in karolingischer Zeit Aufnahme. vgl. Cap. miss. v. 803 c. 21 (Bo. I. 116); Cap. miss. Theod. vill. v. 805 c. 11 (ebd. 124); Cap. Aquisgran. v. 809 c. 6 (ebd. 148); Cap. Lang. Pippini v. 801/10 c. 12 (ebd. 210); Br., Schwurgerichte 66 f.; Forschungen 110; RG. II. 437. Der Schwur wird mit gesamtem Munde geleistet. vgl. Alam. 2, 1. Anders nach bairischem und isländischem Recht. vgl. Baiuw. 17, 6; K. Maurer, KrÜ. 5, 234_1. Über die Zeugenschelte vgl. Rib. 59, 4; Sax. 63; Burg. 45; 80, 2; Sunesen 135; Skånelag. 217; Br., Schwurgerichte 57.

venire noluerint — sol. XV quisque illorum culp. iud. Zeugnisverweigerung wird bestraft wie falsches Zeugnis. vgl. Sal. 48, 1; Rib. 50, 2; WILDA, Strafr. 981_1; GLASSON, Hist. III. 575.

praesentes fuerint vocati in testimonium, d. h. ohne rechtsförmliche Ladung. vgl. Sal. 49, 1, wo die mannitio nur für den Fall gefordert wird, dass die Zeugen ohne sie nicht kommen wollen. Es ging also auch an, die Zeugen formlos zu laden, nur war ihr Ausbleiben dann nicht strafbar.

noluerint — dicere — ferbanniti fuerint — sol. XV culp. iud. Kommen die Zeugen zu Gericht, so müssen sie Zeugnis ablegen. Der Zwang hierzu wird auf sie durch ferbannitio, d. h. durch richterlichen Befehl ausgeübt. Über ferbannitio vgl. MÜLLENH. b. WAITZ 282; BEHREND, l. Sal. 146; COHN, Justizverweigerg. 31_{14}; BR. I. 147_{22}; Forschungen 214. SOHM, ZRG. 5, 416 f.; Proz. 147; RuGV. 124 versteht dagegen unter der ferbannitio das tangano des Beweisführers (vgl. Rib. 30, 1; 55; 58, 19; 20; 59, 8). Gegen ihn vor allem COHN, a. a. O. 28 ff.

L. De fides factas.

fides factas. Über Wesen und Form der salischen fides facta sowie über das aus ihr hervorgehende Verfahren existiert eine Fülle von Streitfragen und dementsprechend eine reiche Litteratur. vgl. im allgemeinen PARDESSUS 605 ff.; WAITZ, AR. 179 ff.; SIEGEL, GVrn. 245 ff.; v. MEIBOM, Pfandr. 71 ff.; SOHM, Proz. 18 ff.; 220 ff.; Eheschliessg. 36_{27}; BETHM. IV. 478 ff.; HEUSLER, Festschr. f. HOMEYER 12 ff.; Instit. II. 232 ff.; BEHREND, Festg. f. HEFFTER 68 ff.; ZHR. 21, 588 ff.; LÖNING, Vertragsbruch 3 ff.; SICKEL, Vertragsbruch 6 ff.; GEPPERT, Beitr. 30 ff.; ESMEIN, NR. 1880 S. 659 ff.; THONISSEN 462 ff.; BEAUDOUIN, NR. 1887 S. 487 ff.; GLASSON, Hist. III. 390 ff.; 413 ff.; BR. II. 447 f.: 454_8; HORTEN 19 ff.; WODON, Contrats 17 ff.; STOUFF, NR. 1894 S. 558 ff.; SCHR. 360 f. — Was zunächst das Wesen der salischen fides facta anbetrifft, so sehen WAITZ, a. a. O., v. MEIBOM, a. a. O. 40; 194 f.; BEHREND, Festg. f. HEFFTER 81 ff., in ihr nur das sog. Urteilserfüllungsgelöbnis, d. h. das vor Gericht geleistete Versprechen, eine vorher durch Urteil auferlegte Verpflichtung zu erfüllen. Dagegen erblicken SIEGEL, a. a. O. 248 ff.; ZÖPFL, Altert. II. 349; SOHM, Proz. 30 ff.; BETHM. IV. 476; LOENING, a. a. O. 4 ff.; HEUSLER, Festschr. f. HOMEYER 12 f.; HERMANN in GIERKES Unters. XX. 187; Br. II. 447 u. A. auch im aussergerichtlichen Versprechen eine wirkliche fides facta und halten speziell Sal. 50, 1 für einen Beweis der Existenz einer solchen. Doch herrscht insbesondere zwischen LÖNING und SOHM wieder Streit, ob, wie ersterer a. a. O. 22 f. meint, die fid. facta ein formloses einseitiges Versprechen irgend welchen Inhalts oder aber, wie letzterer Proz. 18 f.; RuGV. 113_{39}; Eheschliessg. 36_{27} ausführt, das formelle, unter Übergabe der festuca abgeleistete, streng einseitige, der römischen Stipulation kongruente Zahlungsversprechen sei. M. E. ist zunächst die Identifizierung der fid. fact. mit dem Urteilserfüllungsgelöbnis noch für die Zeit der l. Sal. namentlich deshalb nicht wahrscheinlich, weil in Sal. 52 die Möglichkeit einer fides facta angenommen wird, bevor von irgend einer Gerichtsverhandlung, geschweige denn von einem Urteil die Rede ist. Wenn sich jedoch das Erfüllungsversprechen zur Zeit unserer Rechtsaufzeichung bereits einen Platz im aussergerichtlichen Verkehr erobert hatte, so ist doch anzunehmen, dass diese Verpflanzung seinen Charakter nur langsam verändert habe. Ist also das Urteilserfüllungsgelöbnis, aus dem die aussergerichtliche fides facta hervorging, streng formalen Wesens, so wird die jüngere Institution zunächst nicht weniger formell gewesen sein. Die von Löning beigebrachten Belege für seine entgegengesetzten Ansichten beziehen sich teilweise auf Realkontrakte (vgl. Sohm, Eheschliessg. 36_{27}) und gehören zudem alle einer Zeit an, wo bereits Weiterentwickelung zu grösserer Formlosigkeit eingetreten sein konnte. vgl. noch Wach, Arrestproz. 7 ff.; Horten 21 ff. — Als Form des Urteilserfüllungsgelöbnisses ist uns der Halmwurf bezeugt (Cap. Sal. VIII. 6), so werden wir ihn nach obigem auch als Form der aussergerichtlichen fid. facta ansehen dürfen. vgl. auch unten Erläuterung zu Sal. 50, 3 „adprehendat fistucam". — Über das Verfahren aus der fid. facta vgl. die weiteren Erläuterungen zu Sal. 50.

letus. Der Lite kann fides facta leisten, ist also geschäftsfähig. vgl. Br. I. 102_{42}; Schr. 265_{33}. Über die Liten im allgemeinen vgl. Erläuterung zu Sal. 13, 7.

in XL noctes aut quomodo placitum fecerit. Der fides facta ist nach Sohm, Proz. 19, ein bestimmter Zahlungstermin wesentlich. Löning, der auch dies bestreitet, vermag doch, a. a. O. 26, die Erwähnung der Frist in unserer Stelle nicht befriedigend zu erklären. — Die Frist von 40 Nächten ist die hergebrachte für die Erfüllung der Stipulation. Darin zeigt sich noch der Ursprung der aussergerichtlichen aus der gerichtlichen fides facta, welche die Urteilserfüllung von einem echten Ding zum andern gelobte. Doch ist den Parteien bereits andere Verabredung überlassen. vgl. unten Erläuterung zu „Si quis ad placitum".

ad domum. Die feierliche Aufforderung zu leisten hat im Mittelpunkt der wirtschaftlichen Existenz des Schuldners zu geschehen. vgl. Erläuterung zu Sal. 1, 3. Im Hause des Pflichtigen muss aus äusseren Gründen (s. nächste Erläuterung) auch die Leistung selbst erfolgen: die Schuld ist also Holschuld.

cum testibus vel cum illis qui praecium adpreciare debent. Die Schuld kann bei dem herrschenden Mangel an klingender Münze nur in den seltensten Fällen bar entrichtet, meist muss andere Fahrhabe in Zahlung gegeben werden. vgl. Tac. Germ. c. 12; Cart. Senon. 51; Rib. 36, 11; Cap. leg. add. v. 818/9 c. 8 (Bo. I. 282); Sax. 66; Grimm, RA. 565; v. Richthofen, MG. LL. III. 695_{65}; Sohm, Proz. 24_{11}; Br. II. 442. Daher sind Vertrauensmänner zur Schätzung der vom Schuldner angebotenen Vermögensgegenstände nötig. Dieselben dienen, falls der Schuldner die Zahlung weigert, gleichzeitig als Zeugen. vgl. Sohm, Proz. 23_{9}.

accedere debet. Der Gang des Gläubigers zum Schuldner erfolgt offenbar am Fälligkeitstage selbst, nicht erst, wie Sohm, Proz. 22, sagt, nachdem der Zahlungstermin ohne Erfolg verstrichen ist. vgl. Löning, a. a. O. 27.

noluerit — solvere, sol. XV super debitum — culp. iud. Wenn der Schuldner am Verfalltage die Erfüllung der fid. facta verweigert, so macht er sich strafbar. Die Weigerung wird, obgleich dessen an unserer Stelle nicht besondere Erwähnung geschieht, jedenfalls durch solis collocatio des Gläubigers konstatiert: die Zahlungsaufforderung ist eine regelrechte testatio, daher auch die Zeugenfunktion der Schätzungsleute. vgl. Erläuterung zu Sal. 45 „adsedere praesumpserit" und „hic tibi testo". Der Tag, vor dessen Sonnenuntergang geleistet werden muss, fällt hier mit dem Tage der testatio zusammen. Anders z. B. Sal. 45; 52. — Die Verhängung der Busse erfolgt durch gerichtliches Urteil, wie m. E. das „culpabilis iudicetur" klar erkennen lässt. Da wir diese Formel in der ganzen l. Sal. so verstehen, liegt zunächst nicht der geringste Grund vor, ihr hier eine andere Bedeutung zu geben. An unserer Stelle aber ist der Sinn der Formel um so weniger zweifelhaft, als in Sal. 50, 2, wo es sich entschieden nicht mehr um gerichtliche Kognition handelt, das culp. iud. vermieden und anstatt dessen adcrescat, adcrescant gebraucht ist. Noch drastischer tritt der Unterschied zwischen dem einfachen Zuwachsen der Busse zur Schuld und dem Bussurteil am Ende von Sal. 52 hervor. vgl. auch Erläuterung zu Sal. 45, 2 „legem noluit audire". Als zweiten Akt des Verfahrens aus der fid. facta nehme ich also eine kontradiktorische Verhandlung im mallus an, in der das materielle Recht des Klägers bewiesen, die formelle Korrektheit der am Verfalltage erfolgten testatio durch die anwesenden Zeugen beschworen und die Strafe der 15 sol. über den säumigen Schuldner verhängt wird. Anderer Meinung Siegel, GVrn. 55_{17}; Sohm, Proz. 27_{16}; Horten 35_{84}. Wenn diese Autoren, ohne selbständigen Beweis anzutreten, sich sämtlich in letzter Linie auf Maurer, GVrn. 48 f. (§ 40) und 54 f. (§ 46) berufen, so ist zu bemerken, dass M. in dem angeführten Werke nur auf S. 48 das culp. iud. flüchtig erwähnt und ausdrücklich die Frage offen lässt, ob es sich auch in dem später von Siegel, Sohm und Horten angenommenen Sinne deuten lasse. Die Vermutung Behrends, Festg. f. Heffter 74_2, dass die Verwirkung der Busse erst mit der von § 2 geschilderten Gerichtsversammlung des Thungins eintrete (so auch Br. II. 447_{17}), wird von Löning, a. a. O. 34_1 mit Recht zurückgewiesen. Da Löning a. a. O. 34 von Verurteilung zu 15 sol. spricht, so scheint er meine Ansicht zu teilen.

adhuc noluerit conponere, debet eum ad mallum manire. Mit § 2 beginnt das dritte Stadium des Verfahrens aus der Formalobligation. Der Gläubiger hat nunmehr einen völlig liquiden Anspruch, dennoch weigert sich der Schuldner weiter ihn zu befriedigen. Daher erfolgt ein neuer Termin, zu dem der Kläger den Beklagten laden muss. Wer geladen wird, hat nach Sal. 1, 1 bei Strafe von 15 sol. zu erscheinen oder sunnis anzumelden; da aber weder die echte Not noch eine Versäumnisbusse erwähnt wird, so ist anzunehmen, dass unsere Stelle nur den Fall ins Auge fasst, wo der Schuldner erscheint. Grade das Gegenteil folgert aus dem Zusammenhang von Sal. 50, 2 Sohm, Proz. 28; 29_{25}. vgl. unten Erläuterung zu „Et festinanter". Horten 36 f. will gar das mannire unserer Stelle nicht als Ladung zum mallus, sondern als Bannen im mallus auffassen. Nur mallare, admallare aber hat eine weitere Bedeutung, heisst prozessual ansprechen und begreift auf diese Weise auch die Ladung in sich (z. B. Sal. 56. 1; Cap. Sal. III. 1; V. 8) vgl. SIEGEL, GVrn. 64_5; BR. II. 343, mannire dagegen ist auch in allen Zitaten, die Horten 15 anführt, immer nur eindeutiger technischer Ausdruck für die volksrechtliche Ladung. vgl. BR. II. 333.

nexti canthichius mallare debet — quod ei fidem fecerat. Über die sprachliche Ableitung von nexti canthichius, nexti canthichus, in Cap. Sal. III. 2 als nesti canthe chigio wiederkehrend, vgl. PARDESSUS 394 no. 571; MÜLLENH. b. WAITZ 289 ff.; GRIMM, Vorr. LV; SOHM, Proz. 28_{20}; ZÖPFL, RG. III. 339_{127}; JUNGBOHN CLEMENT 219 ff.; KERN b. HESSELS § 238; BR. II. 447_{18}. Gesichert scheint der germanische Charakter des Ausdrucks und wohl auch der Zusammenhang von nexti, neste mit nestilla, nastila, Nestel, fibula, vinculum. Weniger fest steht der Sinn des canthichius, doch bedeutet auch dies Wort wohl zweifelsohne die Ausübung eines Zwanges. ZÖPFL, a. a. O., geht von der Form in Cap. Sal. III. 2 aus, erklärt canthe für Gant, Zwangszugriff, und chigio für synonym mit gasacio, Prozessgegner. Dann wäre aber doch die nochmalige Erwähnung des gasacio nach der Formel nicht wohl möglich. Der juristische Inhalt des nexti canthichius ist übrigens auch ohne völlig befriedigende sprachliche Erschliessung klar: er besteht in dem vom Gerichtsvorsitzenden auszusprechenden und nach Massgabe des salischen Rechtes wirkenden Banne über das Vermögen des Schuldners. Der dahingehenden Aufforderung des Gläubigers hat der Thungin (über ihn und sein Verhältnis zum Zentenar vgl. Erläuterung zu Sal. 44, 1 „ante thunginum aut centenario") ohne weiteres zu entsprechen, für ein kontradiktorisches Verfahren ist es jetzt zu spät, hierzu war ja auch schon früher Gelegenheit gegeben. vgl. oben Erläuterung zu „noluerit solvere" a. E. Anderer Meinung BR. II. 447_{17}. Nunmehr macht der Kläger von den Befugnissen Gebrauch, die ihm auf Grund des richterlichen Bannbefehls gemäss salischem Rechte zustehen, d. h. er beschreitet den Weg der Exekution. Den ersten Akt derselben bildet der vom Gläubiger mittelst testatio an das Vermögen des Schuldners gelegte Arrest, welcher die Leistung aus der fides facta vor allen anderen Obligationen desselben Debitors privilegiert. vgl. STOBBE, Vertragsr. 179; v. MEIBOM, Pfandr. 71 ff.; SOHM, Proz. 29_{24}; RuGV. 100 f.; BETHM. IV. 67; 475; BEHREND, Festg. f. HEFFTER 74 ff.; SICKEL, Vertragsbruch 7; GGA. 1890 S. 579; LÖNING, a. a. O. 39; HERMANN in GIERKES Unters. XX. $188_{1;2}$; HEUSLER, Instit. II. 235; HORTEN 37 f.; WODON 19 f.

Et festinanter — debitum solvere. Der Gläubiger begiebt sich eilend, d. h. noch vor Sonnenuntergang (vgl. LEHMANN, Rechtsschutz 46 f. gegen COHN, Justizverweigerg. 37) des Tages der Arrestanlegung zum Hause des Schuldners, um aufs neue Zahlung zu fordern. Der Grund dieser Eile liegt im Interesse beider Parteien: für den Gläubiger beschleunigt sie die schliessliche Befriedigung, für den Schuldner verkürzt sie die Bindung seines Vermögens. Dagegen kann aus festinanter nicht mit SOHM, Proz. 29_{25}, geschlossen werden, dass der Beklagte als abwesend vom Gerichte des Tages zu denken sei. Denn die Rechtskenntnis ist Gemeingut des Volkes, der Schuldner weiss also ganz genau, dass sein Gegner noch vor Nacht in seinem Hause erscheinen wird und er hat dorthin vom mallus keinen weiteren Weg als der Gläubiger. Bleibt er aber trotzdem fern, so braucht dennoch der andere nicht

13*

unverrichteter Sache abzuziehen, denn der aussergerichtliche Formalakt verlangt nicht unbedingt die Anwesenheit desjenigen, den er betrifft (vgl. Erläuterung zu Sal. 1, 3), ja sogar die Pfändung durch den Grafen kann nach Sal. 50, 3 erfolgen, wenn der Schuldner die Zahlung absens verweigert. Über die positiven Gründe für die Anwesenheit des Schuldners beim nexti canthichius vgl. oben Erläuterung zu „adhuc noluerit conponere". — Zahlt der Beklagte auf die nunmehrige Forderung hin, so ist der Zweck der Arrestanlegung erreicht, ohne dass zur Pfändung geschritten zu werden braucht.

Si hoc noluerit — super debitum adcrescant. Weigert der Pflichtige auch jetzt noch Befriedigung, so hat, bevor die Pfändung eintreten kann, ein Mahnverfahren stattzufinden, das demjenigen von Sal. 45 und 52 analog ist: der Gläubiger giebt dem Schuldner noch drei Zahlfristen von je einer Woche (nondena vgl. Sohm, Proz. 30; RuGV. 392_6 und gegen ihn Hermann in Gierkes Unters. XX. 162 f.), bei jeder vergeblich verlaufenden Frist aber verwirkt der Schuldner eine Zusatzbusse von 3 sol. Das jeweilige Ende der Einzelfristen wird durch Sonnensetzung bezeichnet, dieselbe bezieht sich also hier niemals auf den Tag, wo sie ausgesprochen wird, sondern stets auf den 7. Tag darnach. Denn wollte man, wie freilich allgemein geschieht (vgl. Sohm, Proz. 30) die erste Zusatzbusse bereits mit dem Sonnenuntergang des Tages der ersten testatio verfallen lassen, so würden sich für die Gesamtzusatzbusse von 9 sol. nur zwei Fristen von im ganzen zwei Wochen ergeben, was dem klaren Wortlaut des Textes („per tres nondenas") widerspräche. Hermanns Auffassung der nondenae als Märkte und Gerichtstage (in Gierkes Unters. XX. 162 ff.) und seine Ansicht, dass Sonnensetzung ein gerichtlicher Akt sei, vermag ich mir nicht anzueignen: ihr widerspricht auch Sal. 45, wo zehntägige Frist mit testatio (und Sonnensetzung) verbunden ist, die Salier müssten also dann nicht nur alle 7, sondern ausserdem noch alle 10 Tage Gericht gehalten haben. — Ist auch die dritte Mahnung ohne Erfolg, hat also der Schuldner bis zum Sonnenuntergang des 21. Tages nach der Arrestanlegung noch nicht geleistet, so kann nunmehr Pfändung erfolgen. vgl. Erläuterungen zu Sal. 50, 3 und Cap. Sal. III. 2.

Si quis ad placitum — ambulet ad grafionem. Sal. 50, 3 beschäftigt sich mit der Pfändung des aus der fides facta Verpflichteten durch den Grafen. Streit herrscht, ob diese Art der Pfändung die einzig zulässige, Sal. 50, 3 also die direkte Fortsetzung von 50, 2 und Cap. Sal. III. 2 nicht auf Privatpfändung zu beziehen sei, oder ob wir zwei Verfahren zu unterscheiden haben, von denen das eine in Sal. 50, 2 und Cap. Sal. III. 2, das andere in Sal. 50, 3 beschrieben wird. Der ersteren Ansicht sind alle die Autoren, welche in der fides facta nur ein gerichtliches Urteilserfüllungsgelöbnis sehen, letztere Meinung wird von den meisten Schriftstellern geteilt, die auch die privatrechtliche Formalobligation als fides facta im technischen Sinne betrachten. vgl. Waitz, AR. 180; v. Meibom, Pfandr. 71 ff.; 194; 195; Behrend, Festg. f. Heffter 68 ff.; Geppert, Beitr. 32 ff.; Sickel, Vertragsbruch 7; Horten 38 ff.; Wodon, Contrats 25 ff. — Siegel, GVrn. 248 ff.; Sohm, Proz. 30 ff.; 125_3; Bethm. IV. 476; 515 ff.; Löning, a. a. O. 40_8; Cohn, Justizverw. 62_7; Br. II. 454_8; Schr. 361.

M. E. ist der zuerst von Siegel ausgesprochenen Ansicht beizupflichten, wonach Sal. 50, 3 sich nicht an 50, 2 anschliesst. Dafür spricht einmal die Anknüpfung mit „si quis", welche gegenüber dem unmittelbar vorhergehenden Passus nicht am Platze wäre, wenn Sal. 50, 3 einfach das Sal. 50, 2 geschilderte Verfahren in seinen weiteren Stadien beschreiben wollte. Dann aber lässt sich die Stelle „ad placitum legitimi (= legitime) fidem factam" samt ihren Varianten nur auf diese Weise befriedigend erklären. placitum heisst in erster Linie Termin und zwar sowohl gerichtlicher als durch Parteihandlung gewillkürter Termin. vgl. Erläuterung zu Sal. 40, 7. legitimus heisst im allgemeinen rechtmässig, in der Zusammensetzung mit mallus aber hat es z. B. einen weit prägnanteren Sinn, m. legitimus bedeutet im Gegensatz zu dem ebenso rechtmässigen m. indicatus das echte Ding. placitum legitimum, wie ausser Kod. 1 alle Hss. mit nur geringen sprachlichen Abweichungen schreiben, wird daher hier als ein gerichtlicher und zwar als der mit einem echten Ding zusammenfallende Termin zu interpretieren sein. Selbst die adverbiale Form von legitimus in Kod. 1 verbietet diese Annahme nicht. Unsere Stelle fasst demgemäss den Fall ins Auge, wo jemand durch fid. facta versprochen hat ad placitum legitimum, d. h. am Tage eines echten Dinges zu leisten. Solch' ein Termin wird nun aber der fid. facta nur dann wesentlich gewesen sein, wenn es sich bei ihr um eine gerichtlich auferlegte Verpflichtung, d. h. ein Urteil, handelte, die fid. facta selbst also Urteilserfüllungsgelöbnis war. Ich komme daher auf die schon von Siegel, GVrn. 248 ff., vertretene, von Sohm, Proz. 168, aufgenommene Ansicht zurück, dass Sal. 50, 3 vom Urteilserfüllungsgelöbnis handele und suche diese Meinung mit Behrends (Festg. f. Heffter 77 ff.) und Brunners (RG. II. 454_8) Behauptung, dass placitum Termin, aber nicht Gericht bedeute, in Einklang zu bringen. (Übrigens heisst placitum in Sal. 49, Rib. 50 doch wohl Gericht. vgl. Siegel, GVrn. 250_{13}.) Sal. 50, 3 ist also m. E. ebenso wenig eine Fortsetzung von 50, 1 wie von 50, 2, sondern das Gegenstück zu ihnen beiden: handelt es sich in den ersten §§ des Titels um das Verfahren aus der privatrechtlichen fid. facta, so in § 3 um die Exekution aus dem prozessualischen Erfüllungsgelöbnis. Diese Ansicht erhält aus mehreren Stellen des § noch weitere Unterstützung. vgl. unten Erläuterungen zu „quem legitime habeo"; „de qua causa"; „de ipsa — non fuit solutus". — Über den Grafen und die Geschichte seines Amtes vgl. Erläuterung zu Sal. 45, 2 „roget grafionem".

in cuius pago manet. Die Kompetenz des Grafen erstreckt sich auf einen Gau. Subjekt von manet ist der Schuldner. vgl. Lehmann, Rechtsschutz 8. Über den germanischen und fränkischen Gau vgl. Erläuterung zu Sal. 1, 5.

adprehendat fistucam. Der Kläger weist die festuca, welche ihm vom Beklagten bei Leistung der fid. facta in den Schoss geworfen worden ist, dem Grafen als Zeichen seines Rechtes vor.

dicat verbum. Feierliche Aufforderung des Grafen zur Exekution in feststehender Formel. vgl. Erläuterung zu Sal. 45, 2 „hic tibi testo". Diese Aufforderung ergeht nicht im mallus. vgl. „ambulet ad grafionem" u. Lehmann, Rechtsschutz 7 f. gegen Geppert, Beitr. 38 f.

quem legitime habeo iactivo aut admallatum. iactivus, iectivus, iectus wurde von Wiarda, Sal. Ges. 200 ff., und Rogge, GW. 20, als geständig (gichtig von jahen, eingestehen) erklärt. Dagegen hat Maurer, GVrn. 49 ff., festgestellt, dass es jeden bedeute, der in einer Rechtspflicht nachlässig sei. Insonderheit aber ist damit gemeint, wer ein rechtsförmliches Versprechen abgiebt und nicht erfüllt. vgl. Sal. 51, 1; Cap. Sal. VIII. 7; Extrav. B. 1; Sept. caus. VI. 6; Form. Turon. Add. 6; Cart. Senon. 10; 26; Form. Senon. recent. 1; 4; Bignon. 27; Merkel. 30; Lindenbrog. 21; Form. Cod. S. Emmeram. fragm. I. 3; Siegel, GVrn. 52 f.; 245_1; Sohm, Proz. 167_9; Behrend, Festg. f. Heffter 84_2; Br. II. 368 f.; Schr. 352_{24}. — (ad)mallatus ist hier und Sal. 51, 1; Sept. caus. VI. 6 im weiteren Sinne von „im Wege Rechtens vorgehen" gebraucht. vgl. oben Erläuterung zu „adhuc noluerit conponere". — Der ganze Passus enthält eine der Voraussetzungen für für die Zulässigkeit der gräflichen Auspfändung: der Kläger muss die Versicherung abgeben, dass der Beklagte seiner Verpflichtung aus der fides facta nicht nachgekommen, also iactivus sei, und dass er „admallatus in hoc quod lex Saliga continet" sei, d. h. dass der Kläger alle prozessualen Vorschriften erfüllt habe, die ihm das salische Gesetz gegenüber dem Beklagten vor der Exekution auferlege. Nach Br. II. 454_8 nun bestehen diese Vorschriften im nexti chantigio und dem dreimaligen rogare von Sal. 50, 2. Damit gelangt Br. auf einem Umwege zu der von ihm selbst bekämpften Ansicht zurück, dass Sal. 50, 3 eine Fortsetzung von 50, 2 darstelle. Ich glaube vielmehr, dass der Inhalt der admallatio hier in der Sonnensetzung und in dem vergeblichen Warten auf die Leistung bis zum Ablauf des placitum legitimum zu suchen sein wird. vgl. Sohm, Proz. 167.

super me et furtuna mea pono. Zweite Voraussetzung für die Exekution durch den Grafen. vgl. Erläuterung zu Sal. 45, 2 „super furtuna sua ponat".

de qua causa aut quantum. Dritte Voraussetzung der gräflichen Auspfändung: Der Kläger hat die Summe der Fidesfaktaschuld und die causa anzugeben, aus der sie stammt. causa, das hier Schuldgrund bedeuten muss, kommt gegen Ende von Sal. 50, 3 noch zweimal im zweifellosen Sinne von Prozess, Streitsache vor. Da nicht anzunehmen ist, dass dasselbe Wort in demselben Zusammenhange seine Bedeutung geändert hat, so wird man als Schuldgrund der fid. facta von Sal. 50, 3 einen Prozess bezw. das in diesem Prozess ergangene Urteil bezeichnen müssen. Auch hiernach also wäre die fid. facta unseres § ein Urteilserfüllungsgelöbnis. vgl. Hermann in Gierkes Unters. XX. 183_3 a. E.

septem rachineburgius idoneos. Die sprachliche Ableitung von rachineburgius war früher bestritten, jetzt wird das Wort ziemlich allgemein als Ratbürge, Ratgeber (ragin Rat, purgjo Bürge) erklärt. vgl. Grimm, RA. 774; 293 f.; Müllenh. b. Waitz 291; Sohm, RuGV. 373_5; Zöpfl, RG. III. 323_{23}; Fustel de Coulanges, Rech. 423 f.; Br. II. 220_{14}. Über den Platz, welcher den Rachineburgen in Gerichtsverfassung und Rechtsgang der Franken anzuweisen ist, herrscht auch jetzt noch keine volle Einigkeit. Nicht bezweifelt kann werden, dass sie Sal. 56, 1 u. 57 als Urteiler auftreten. vgl. das Nähere in Erläuterung zu Sal. 57. Ebenso sicher sind sie in Sal. 50, 3 Schätzungsleute. Es frägt sich nur, ob darin ein Widerspruch liegt. M. E. nicht, wenn man bei der allgemeinen Bedeutung von rachineburgius bleibt und dadurch einen Gerichtsgenossen bezeichnet findet, den seine persönlichen Eigenschaften, insbesondere seine Rechtskenntnis und Lebenserfahrung aus der Menge der übrigen Dingleute hervorgehoben haben, und der deshalb gewohnheitsmässig zur Urteilsfindung, gelegentlich aber auch zu anderen prozessualen Funktionen berufen wird. vgl. das höchst charakteristische Zeugnis der von BR. II. 220_{16} zitierten Form. Sen. rec. 6: racimburgi, qui resedebant vel adstabant. Die resedentes sind die Urteilsfinder des konkreten Falles, die adstantes virtuelle Urteilsfinder, die aber in der vorliegenden Angelegenheit nicht zur Kognition, sondern nur zur Bezeugung der Gerichtsurkunde berufen werden. Ebenso nun können ihre Dienste zur Ausführung der gräflichen Exekution in Anspruch genommen werden. Vorbedingung hierfür aber ist das, was in unserer Stelle nur durch den allgemeinen Ausdruck idoneos, in Cap. Sal. VIII. 7 genauer durch „antrutionis bonis credentibus aut qui sciant accionis" bezeichnet wird, d. h. die durch persönliche Wahrnehmung erlangte Wissenschaft von dem Verlaufe des Prozesses, auf den die Vollstreckung sich stützt. Die rachineburgii idonei in Sal. 50, 3 sind also angesehene Dinggenossen, welche als resedentes oder adstantes (Urteiler oder Mitglieder des Umstandes) das Urteilserfüllungsgelöbnis haben ableisten hören: eine neue Stütze für die oben begründete Auffassung des besonderen Charakters der fid. facta von Sal. 50, 3. vgl. über die Rachineburgen und die Besetzung der Urteilerbank die Erläuterungen zu Sal. 56; 57; Cap. Sal. VIII. 7; 9; Rib. 32; 55; v. SAVIGNY, Gesch. d. röm. R's. im MA. I. 148 ff.; 214 ff.; GRIMM, RA. 294; 774 ff.; PARDESSUS 576 ff.; WAITZ, AR. 151 ff.; EICHHORN, Z. f. gesch. RW. 8, 308; RG. I. 402 ff.; ROGGE, GW. 71 ff.; MAURER, GVrn. 16 ff.; SIEGEL, GVrn. 102_1; 105 ff.; 144 ff.; 250; v. MEIBOM, Pfandr. 129; GFRÖRER I. 100 f.; SOHM, Proz. 150 ff.; 172; RuGV. 81 f.; BETHM. IV. 426 ff.; ZÖPFL, RG. III. 323; COHN, Justizverweigerg. 12 ff.; SICKEL, ZRG.[2] 6, 8 ff.; THONISSEN 70 ff.; FAHLBECK, Royauté 16_1; FUSTEL DE COULANGES, Rech. 423 ff.; BEAUCHET, Organisation 26 ff.; BEAUDOUIN, NR. 1887 S. 494 ff.; BR. II. 220; 225; 355.

ad casa. vgl. oben Erläuterung zu Sal. 50, 1 „ad domum".

voluntatem tuam solve. Aufforderung des Grafen an den Schuldner, freiwillig zu leisten, als letztes Mittel, die Exekution zu vermeiden.

duos quos volueris cum rachineburgius istos. Der Schuldner hat das Recht, zwei weitere Schätzungsleute zu ernennen. vgl. WAITZ, AR. 181; SIEGEL, GVrn. 250; FUSTEL DE COULANGES, Rech. 436_2; BEAUDOUIN, NR. 1887 S. 625_3. Dagegen hält SOHM, Proz. 172_{18}, für möglich, das cum dieser Stelle gleich de zu setzen, so dass dann der Schuldner unter den sieben Rachineburgen zwei Schätzungsleute wählen dürfte. Dieser Interpretation hat sich BETHM. IV. 429 angeschlossen.

haec quae debes. vgl. unten Erläuterung zu „de ipsa".

praesens aut absens. vgl. oben Erläuterung zu „Et festinanter".

quantum valuerit debitus — de furtuna — tollant. Der Betrag der Fidesfaktaschuld, aber auch nur dieser wird gepfändet. vgl. nächste Erläuterung.

de ipsa — non fuit solutus. Streitig ist, ob das „debitus quod debet" mit dem „secundum legem quae debet" identisch, oder ob mit ersterem die Fidesfaktaschuld, mit letzterem eine ausserdem wegen Zahlungsverweigerung verfallende Busse gemeint ist. Die Identität nehmen an v. Meibom, Pfandr. 75; Siegel, GVrn. 250; Sohm, Proz. 124 f.; es bestreitet sie Behrend, Festg. f. Heffter 83. Sprachlich lassen sich beide Meinungen aufrecht erhalten, und auch die von Behrend angezogene Parallelstelle (Sal. 51, 2) ist bei dem schwankenden Gebrauch von aut in der l. Sal. (vgl. Erläuterung zu Sal. 41, 1 „aut barbarum") nicht unbedingt beweiskräftig. Dagegen ergeben sich m. E. aus Sal. 50, 3 selbst gewichtige Beweise für die Sohm'sche Auffassung. Behrend und Sohm sind einig, dass es sich in Sal. 50, 3 um das Urteilserfüllungsgelöbnis handele. Das Urteil, dessen Erfüllung versprochen wird, lautet aber unter allen Umständen auf eine Busse, und diese setzt sich zusammen aus faidus und fredus. So ist bereits in der Summe, welche die fides facta zu zahlen gelobt, ein Friedensgeld enthalten. Nun wäre zwar an und für sich wohl denkbar, dass die Weigerung des Schuldners, welche ihn iactivus macht, noch eine weitere Busse nach sich zöge, trotzdem unser § nichts von ihr erwähnt. Weist man aber auch diese Möglichkeit zunächst nicht von der Hand, so fällt dieselbe doch wieder in sich zusammen, wenn man den Schlusssatz des § unter Berücksichtigung des in der fid. facta selbst enthaltenen Friedensgeldes interpretiert. Denn versteht man unter debitum die Schuld aus der fid. facta, so fiele diese bei Behrends Voraussetzungen ganz an den Gläubiger, und der Graf erhielte nur von der ausserdem noch für den Verzug zu zahlenden Busse sein gebührendes Drittel. Diese Schwierigkeit erledigt sich, wenn man annimmt, dass überhaupt nur der Betrag der fides facta gepfändet wird und von ihm $^2/_3$ an den Kläger, $^1/_3$ an den Grafen fällt. Damit stimmt auch der Passus „si tamen fritus" u. s. w. aufs beste, denn die Möglichkeit, das Friedensgeld schon vor der Pfändung zu bezahlen, ist zwar für die im Urteilserfüllungsgelöbnis versprochene Summe schon längere Zeit (mindestens 40 Nächte) vor der Exekution vorhanden, nicht aber für die etwa nachträglich wegen Säumnis noch verfallende Busse, weil ja die Vollstreckung dem Fälligkeitstermin auf dem Fusse folgt. Endlich ist noch zu betonen, dass auch die der Exekution vorangehende Aufforderung des Grafen zur freiwilligen Zahlung sich ganz auf die fides facta beschränkt. Es wird somit wahrscheinlich, dass im Gegensatz zur privatrechtlichen fides facta die Säumnis beim Urteilserfüllungsgelöbnis busslos war. Der Grund hierfür dürfte in der sofortigen Möglichkeit der Befriedigung liegen, die bei der privatrechtlichen fides facta nicht gegeben war. Lehmann, Rechtsschutz 14, meint, der Passus „si tamen fritus" u. s. w. denke an die Möglichkeit, dass das Friedensgeld schon vorher an den sacebaro bezahlt worden sei. vgl Erläuterung zu Sal. 54, 4.

sunnis. vgl. Erläuterung zu Sal. 1, 2.

ratio dominica. vgl. Erläuterungen zu Sal. 1, 1 „legibus dominicis" und 1, 5 „ratione".

distulerit. Auch hieraus geht hervor, dass die Exekution der Aufforderung des Klägers auf dem Fusse zu folgen hat. vgl. oben Erläuterung zu „de ipsa" gegen Ende.

in rem mittat, qui. Ist der Graf behindert, so braucht er zwar nicht selbst zu kommen, muss aber einen Stellvertreter schicken. Über den missus comitis vgl. Cham. 43; Alam. 36, 2; SOHM, RuGV. 258_{154}; VIOLLET, Hist. 302; SICKEL, ZRG.[2] 6, 33; GGA. 1890 S. 575; BR. II. 182 f.

cum legem et iustitiam exigere, nach Recht und Gerechtigkeit fordern bezw. pfänden.

de vita culp. esse debet aut — se redemat. Der Sinn der Stelle kann nicht ernsthaft bestritten werden. de vita culp. esse debet oder der völlig gleichbedeutende und daher mit jenem promiscue gebrauchte Ausdruck de vita conponat (vgl. Sal. 13, 7_1; 32, III; 50, 4_2; 51, 2; 58, 1; Cap. Sal. IV. 14; VI. 1_4; VII. 10; VIII. 7) bezeichnet die Todesstrafe, nicht die Lösung von ihr durch Zahlung des eigenen Wergeldes. vgl. Cap. Ital. v. 801 c. 4 (Bo. I. 205): capitali sententia debitum exsolvat; Edict. Pist. v. 864 c. 25 (Bo.-KR. II. 321): sine ulla retractione vel redemptione de vita conponat. Aus dieser letzteren Stelle namentlich geht mit voller Gewissheit hervor, dass de vita conponere wörtlich unser „mit dem Leben bezahlen" ist. vgl. WAITZ, AR. 201_1; SIEGEL, GVrn. 251_{19}; SOHM, Proz. 170; 177; COHN, Justizverw. 63 f.; LEHMANN, Rechtsschutz 56 ff.; THONISSEN 346; BR. II. 600_{11}; 613_1; 616. Die gegenteilige Ansicht PARDESSUS' 395 no. 587; 482; 664 ist in jüngster Zeit von R. BEHREND, 1. Sal.[2] 108 Z. 26 ff. (vgl. 24 Z. 35 ff.) wieder aufgenommen worden, wie mir scheint, ohne Glück, denn dass vita carere die Todesstrafe bezeichnet, hindert doch nicht den gleichen Sinn für de vita conponere anzunehmen. — Dementsprechend muss m. E. das „quantum valet se redemat" mit der herrschenden Meinung als Lösung des Halses durch Zahlung des eigenen Wergeldes und die ganze Stelle als Androhung ablösbarer Todesstrafe gedeutet werden. PARDESSUS 395 no. 587; LEHMANN, Rechtsschutz 60 ff.; R. BEHREND, 1. Sal.[2] 108 Z. 29 ff. verstehen dagegen unter diesem Ausdruck die Schuld, um derentwillen zu pfänden war und konstruieren also eine Verpflichtung des Grafen zu Schadensersatz wegen Verletzung von Amtspflichten. — Über das Wergeld des Grafen vgl. Sal. 54, 1.

LI.

grafionem iniuste — invitat. Der Titel handelt von der unrechtmässigen Pfändung durch den Grafen. Das iniuste wird durch den späteren Passus „legitime — fuerit" erläutert. Über legitime iactivus aut admallatus vgl. Erläuterung zu Sal. 50, 3. Für die Besonderheit der zu gräflicher Exekution führenden fides facta (Urteilserfüllungsgelöbnis) vgl. noch die Variante in Kod. 10: „in mallo fid. fec. (Sal. 51, 1_2).

sol. CC culp. iud. Der Kläger, welcher den Grafen zur Pfändung lädt, ohne dass die Voraussetzungen derselben erfüllt sind, verwirkt ursprünglich sein Leben. Doch ist ihm frühzeitig, vielleicht von vornherein, Halslösung gestattet und hieraus ist zur Zeit der Aufzeichnung unserer Stelle bereits die primär verfallende Busse von 200 sol. geworden, der Todesstrafe geschieht keine Erwähnung mehr. Damit erledigt sich auch das Bedenken, welches COHN, Justizverw. 65, geltend macht: gewiss kann der unrechtmässige Pfändung beantragende Kläger gelegentlich auch ein Antrustio oder Sacebaro sein, dennoch aber verfällt nun nicht mehr sein höheres Wergeld, das Bewusstsein vom Zusammenhang der Busse mit der Todesstrafe ist verschwunden. vgl. SCHREUER 180_{10}. In auffallendem Gegensatze zu der hohen Busse von Sal. 51, 1 steht die geringe bei unrechtmässiger Privatpfändung: Cap. Sal. III. 2. Die Erklärung für die ungleich grössere Gefahr, die der Kläger bei der gräflichen Exekution läuft, liegt in der Besonderheit der fid. facta als Urteilserfüllungsgelöbnis und im summarischen Charakter der gräflichen Vollstreckung. vgl. noch Br. II. 454_{10}.

confiscaveret. Nach Schreuer 255_{3} beweist dieser Ausdruck, dass der Fiskus das Vermögen des Schuldners, soweit es zur Erfüllung der fid. facta dienen sollte, einzog, der Gläubiger also aus Fiskalgut befriedigt wurde. Voraussetzung für die Konfiskation aber bilde wieder die Friedloslegung des schuldnerischen Gutes. Selbstverständlich müsste diese letztere das gesamte Vermögen des Schuldners ergreifen, denn nur so könnte eine Auswahl bestimmter Vermögensstücke durch die Schätzungsleute erfolgen. Und ferner müsste sie ganz vorübergehend sein: sobald die zwangsweise Befriedigung stattgefunden, hätte die Friedlosigkeit ihren Zweck erfüllt und wäre aufzuheben. vgl. noch Br. II. 454_{10}.

supra lege aut debitum. aut kann hier im Sinne der Erläuterung zu Sal. 50, 3 „de ipsa — non fuit solutus" nicht disjunktive Bedeutung haben, lex und debitum müssen Wechselbegriffe sein. Das wird noch besonders wahrscheinlich durch die Variante von Kod. 2, der „aut debitum" weglässt, und durch die Fassung der Emendata, welche „contra legem supra debitum" hat.

aut se redimat aut de vita conponet: er löse seinen Hals oder leide die Todesstrafe. vgl. Erläuterung zu 50, 4 „de vita culp. esse deb." Der Graf, der über das Mass der Fidesfaktaschuld hinaus pfändet, macht sich einer Verletzung seiner Amtspflicht schuldig. Er ist also unter demselben Gesichtspunkt strafbar, wie der Graf, welcher die Pfändung widerrechtlich unterlässt. Aus der Androhung des Todes folgt nach Br. II. 455_{11}, dass Sal. 51 Bestandteil einer königlichen Satzung war.

LII. De rem pristita.

rem pristita. Die res praestita ist der Leihekontrakt des deutschen Rechts, welcher Darlehn und Kommodat umfasst. vgl. Baiuw. 1, 1; Wis. X. 1, 13; 14; Roth. 227; Liu. 137; Sohm, Proz. 34; Heusler, Instit. II. 234; Fustel de Coulanges, Hist. V. 129_{3}; 167.

sic eum debet admallare. Das admallare muss sich unbedingt auf das vom nächsten Satze an beschriebene Verfahren beziehen, sic heisst hier nicht „dann" (= postea), sondern einfach „in folgender Weise". Von den Belegen, die Sohm, Proz. 28_{18}, für sic = postea anführt, zwingt kein einziger zu dieser Interpretation, in mehreren der zitierten Stellen steht sic, wie ja auch sonst oft = si, in anderen findet sich postea noch neben sic, was gerade dafür spricht, dass diesem letzteren eine andere Funktion zufällt, nämlich der Hinweis auf das Vorhergehende oder Folgende. vgl. Sal. 50, 3; 58, 1; 60; Cap. Sal. II. 4, 1; Rib. 32, 3; 33, 2. admallare heisst demnach hier so wenig wie Sal. 50, 2 laden, sondern „im Wege Rechtens vorgehen", und ein gerichtlicher Termin, welcher das Verfahren eröffnet, ist nicht anzunehmen. vgl. London 36 f. Anderer Meinung Waitz, AR. 161 f.; Sohm, Proz. 36; Bethm. IV. 475_{10}; Löning, Vertragsbruch 54.

Cum testibus — ad debitum adcrescant. Dies ganze Betreibungsverfahren ist demjenigen von Sal. 45, 2 und Sal. 50, 2 völlig analog;

die Fristen sind dieselben wie in Sal. 50, 2. vgl. also die Erläuterungen zu Sal. 45, 2 von „adsedere praesumpserit“ an und zu Sal. 50, 2 von „Si hoc noluerit“ an.

nec tunc voluerit — adhuc super debitum. Will oder kann der Schuldner auch nach erfolgter Betreibung noch nicht zahlen, so ist ihm doch die Möglichkeit gegeben, das weitere Verfahren für einige Zeit aufzuhalten, wenn er sich entschliesst, eine Novation seiner Schuld durch Leistung der fides facta vorzunehmen. Dies formelle Zahlungsversprechen, das natürlich auch in jedem früheren Stadium der Betreibung abgeleistet werden konnte, dürfte wohl die inzwischen verfallenen Säumnisbussen mit umfasst haben. Die Novation war ebenso im Interesse des Gläubigers wie des Schuldners, denn der erstere erlangte durch sie eine weit strengere Bindung des letzteren, als er bisher besessen und konnte auf Grund ihrer nach Ablauf des Fidesfaktatermins gegen den weiter Säumigen mit dem Verfahren von Sal. 50, 1; 2; Cap. Sal. III. 2 vorgehen. Anders, wenn der Schuldner nach vergeblicher dreimaliger testatio auch die fides facta zu leisten sich weigerte. Dass dann gerichtliches Verfahren eintrat, beweist hier wie Sal. 50, 1 das „culpabilis iudicetur“. vgl. Erläuterung zu Sal. 50, 1 „noluerit — solvere“. Und hier wie dort ist das Verfahren kontradiktorisch: der Kläger beweist sein materielles Recht und die formelle Korrektheit des vorangegangenen Mahnverfahrens. Gelingt ihm dieser Beweis, so erfolgt das Urteil auf Rückerstattung der res praestita und Zahlung von 9 + 15 sol. Busse, letztere sind die Strafe dafür, dass der Beklagte es zu gerichtlicher Verhandlung hat kommen lassen. vgl. SCHREUER 148_{96}. Leistet der Verurteilte hierauf das Urteilserfüllungsgelöbnis, so stehen seinem Gegner behufs endlicher Befriedigung nach Ablauf von 40 Tagen die Zwangsmittel der gräflichen Exekution (Sal. 50, 3) zur Verfügung. Thut er es nicht, so bleibt nur noch das Achtverfahren von Sal. 56, 1 gegen ihn möglich. vgl. für die gesamte hier vorgetragene Auffassung die Erläuterungen zu Sal. 50, 1—3; 56, 1; für die vielfach abweichenden Ansichten anderer Autoren WAITZ, AR. 161 f.; SIEGEL, GVrn. 71 f.; SOHM, Proz. 34 ff.; BEHREND, Festg. f. HEFFTER 86 f.; LÖNING, Vertragsbruch 51 ff.; SICKEL, Vertragsbruch 8; HEUSLER, Instit. II. 234 f.; LONDON 36 f.; THONISSEN 359 f.; GLASSON, Hist. III. 391 ff.; BR. II. 521; HORTEN 22 f.

LIII. De manu ad hineum redemendam.

hineum. Gottesurteil des Kesselfangs. vgl. Erläuterung zu Sal. $14, 2_2$ „ad inium ambulit“.

admallatus. Über admallare vgl. im allgemeinen Erläuterung zu Sal. 50, 2 „adhuc noluerit conponere“. — Unter bestimmten Voraussetzungen (vgl. unten Erläuterung zu Sal. 53, 1 „unde — sol. XV“) stand es dem Kläger frei, dem Beklagten durch die Art und Weise der Klageerhebung den Weg zum Reinigungseid abzuschneiden. Dann musste der Beweis der Unschuld prinzipaliter durch Gottesurteil erbracht werden, die Klage war ordalbedürftig. vgl. weiter über den Kesselfang als prinzipales Beweismittel Cap. Sal. IV. 16; VII. 4, als subsidiäres Beweismittel in Ermangelung der nötigen Zahl von Eideshelfern Sal. $14, 2_2$; 16, II; Cap. Sal. V. 8; VIII. 6; WAITZ, AR. 170 f.; BETHM. IV. 507_{48}; 508_{50}; 512_{67}; SOHM, ZRG. 5, 449; v. AMIRA, Germania 20, 61 f.; BR. II. 406 f.

convenit, ut — manum suam redemat. Der Kläger kann sich sein Recht auf den ungleich schwerer (nach unserer modernen Überzeugung überhaupt nicht) zu erbringenden Beweis durch Kesselfang abkaufen lassen: dem Beklagten wird dann der ursprünglich versperrte Weg zum Reinigungseid mit Helfern wieder eröffnet: „iuratores debeat dare". vgl. Br. I. 180 f. Nach Bethm. IV. 512; Löning, Reinigungseid 101 zeigt die Möglichkeit solchen Vertrages, dass das Beweismittel des Kesselfangs schon zur Zeit der l. Sal. im Absterben begriffen war. vgl. Cap. Sal. IV. 4; VII. 4.

unde — sol. XV — reddere debuerat. Um die Klage als eine ordalbedürftige erheben zu können, musste die Busse für den Fall der Verurteilung des Beklagten mindestens 15 sol. betragen. Bei Klagen um geringere Busse war der Kesselfang jedenfalls nur als subsidiäres Beweismittel möglich. vgl. Br. II. 355_2. Die Folgerung Sohms, RuGV. 170_{105}, dass nach Sal. 53 nur bei Bussen von 15 sol. an aufwärts Friedensgeld zu zahlen gewesen sei, ist von Cohn, Justizverw. 54 f., als unhaltbar erwiesen worden.

sol. III manum suam redemat. Die Ablösungsumme wird durch Sal. 53, 1 gesetzlich auf höchstens $^1/_5$ der im Verurteilungsfalle verwirkten Busse fixiert. vgl. Br. II. 407_{32}. In den folgenden §§ ist das Verhältnis aber teilweise ein etwas anderes. vgl. Sal. 53, $3_{1;3;4}$; I; 5.

Si plus dederit — fritus — solvatur quantum — si convictus fuisset. Die zunächst auffallende Norm erklärt sich vollkommen, wenn man annimmt, dass zur Zeit der Redaktion unseres Gesetzes der unbedingte Glaube an das Gottesurteil des Kesselfangs schon stark erschüttert war. Die Erfahrung lehrte, dass der Kesselfänger regelmässig überführt wurde. Daraus ergab sich für ihn das dringende Interesse, den Kläger womöglich zum Verzicht auf das Gottesurteil zu veranlassen, was er natürlich um so sicherer zu erreichen hoffen konnte, je höhere Lösungssumme er bot. In diesen freien Verträgen aber musste der Fiskus eine Beeinträchtigung seiner Einkünfte aus den Friedensgeldern sehen, deren er bei einem verhältnismässig leicht zu erbringenden Reinigungseid eher verlustig ging, als bei der regelmässig missglückenden Probe des wallenden Kessels. Da den Parteien jedoch das Recht des freien Beweisgedinges nicht genommen werden kann, sucht man den Einnahmeausfall zu decken, indem man dem Beklagten, falls er den gesetzlichen Maximalbetrag der Ablösungssumme nicht einhält, das Friedensgeld abnimmt, als ob er verurteilt worden sei. Weitere Konsequenzen dieser Bestimmung dürften sein, dass entweder das betreffende Beweisgedinge der Parteien nur noch unter Kontrolle des Grafen abgeschlossen werden konnte, oder aber, dass der Beklagte dem Grafen die Einhaltung des Maximalbetrages der Ablösungssumme beweisen musste. Es liegt näher, sich für die erstere Konsequenz zu entscheiden. Freilich würde sich daraus wieder die Annahme regelmässiger Anwesenheit des Grafen im mallus ergeben, dieselbe ist aber m. E. so wie so wahrscheinlich. vgl. Dahn, Gottesurteile 46 ff.; Sohm, RuGV. 96 f.; Thonissen 54; 212 f.; Bethm. IV. 508 f.; Br. II. 407_{32}.

usque ad leudem. leudis Wergeld. vgl. Sal. 41, $\text{III}_{1;2;\text{IV};3}$; Cap. Sal. V. 3; 8; Br. II. 621.

sol. XXX manum suam redemat. Dahn, Gottesurt. 47, dem

R. Behrend, l. Sal.[2] 112 Z. 26 f. zustimmt, schliesst aus diesen 30 sol. auf ein altes salisches Wergeld von 150 sol. Aber, wie schon oben bemerkt, ist der Grundsatz, dass die Ablösungssumme höchstens genau $^1/_5$ der Busse betragen dürfe, auch in §§ 3; I; 5 nicht konsequent durchgeführt. Übrigens käme man damit, falls man daneben den Ausführungen von Wilda, Strafr. 84 f.; 417, beipflichten wollte, zu einem dreifachen salischen Wergeld (200, 150, 125 sol.).

LIV. De grafione occisum.

grafionem occiderit — sol. DC culp. iud. Der Graf (vgl. über ihn das nähere in Erläuterung zu Sal. 45, 2 „roget grafionem") geniesst gleich allen Königsbeamten und gleich den Antrustionen (vgl. Sal. 41, 3) das dreifache Wergeld seiner Geburt. vgl. Rib. 53, 1; Cham. 7; Cap. Sax. c. 7 (Bo. I. 72); Waitz, AR. 137 f.; Roth, BenW. 121; Sohm, RuGV. 83; Br. II. 169; Dahn, Kge. VII. 2, 97. Weiter geht die ephemere Bestimmung von Cap. de part. Sax. c. 30 (Bo. I. 70). Da das Wergeld des Grafen nach unserer Stelle 600 sol. beträgt, so ist für ihn Stand des freien Franken (vgl. Sal. 41, 1) vorausgesetzt. vgl. aber unten Erläuterung zu „aut obgrafionem".

sacebarone — occiderit qui puer regius fuit — sol. CCC culp. iud. sacebaro, sachibaro, sacibaro, sagsbaro, sagibaro (boro) u. ähnl., ein Wort, dessen sprachliche Ableitung wie sachliche Bedeutung gleich bestritten ist. Über die Etymologie vgl. Grimm, RA. 783; Müllenh. b. Waitz 292; Jungbohn Clement 228; Kögel, Z. f. d. A. 33, 13 ff.; Kern b. Hessels § 244; Br. II. 152_{17}. Die mannigfachsten Erklärungen der amtlichen Stellung des sacebaro, die hier sämtlich zu erläutern unmöglich ist, finden sich bei Eichhorn, RG. I. 404; v. Savigny, Gesch. d. röm. R's. im MA. I. 261 ff.; Maurer, GVrn. 21; Rogge, GW. 69 ff.; Wilda, Strafr. 418_3; Unger, GV. 197; Waitz, AR. 140 ff.; 150; VG. II. 1, 100_2; Siegel, GVrn. 24_4; Sohm, Proz. 231 ff.; RuGV. 84 ff.; 415 ff.; Bethm. IV. 431 ff.; Pardessus 572 ff.; de Lézardière III. 16; 194 f.; VII. 1, 59; 2, 109; Scherrer, ZRG. 13, 280; Cohn, Justizverw. 58_4; Lehmann, Rechtsschutz 10 ff.; Hermann in Gierkes Unters. X. 72 ff.; XVII. 114; XX. 36 f.; Mithio 31; Zöpfl, RG. III. 321_{16}; Geppert, Beitr. 25 ff.; Thonissen 61 ff.; Ders., NR. 1879 S. 56 ff.; Beauchet, Organisation 36 f.; 229 ff.; Beaudouin, NR. 1887 S. 491 f.; Glasson, Hist. II. 343; III. 297 ff.; Sickel, MJÖG. EB. III. 488 ff.; Br. II. 151 ff.; Schr. 125; Dahn, Kge. VII. 2, 145 ff.; Erläuterung zu Sal. 54, 4. Für Brunners übrigens schon früher von Sohm, Proz. 235 f., aufgestellte Vermutung, dass der salische sacebaro mit dem burgundischen wittiscalc verwandt sei vgl. Burg. 49, 4; 76, 1. — Der sacebaro ist zur Zeit der l. Sal. regelmässig ein puer regius, Königsknecht (vgl. Erläuterung zu Sal. 13, 7 „puer regi"), dass er aber auch ein Freier sein kann, beweist Sal. 54, 3. In jedem Falle hat er als Königsbeamter das dreifache Wergeld seines Standes. vgl. Cap. Sal. IV. 1; Sohm, Proz. 236; RuGV. 85; Glasson, Hist. III. 298; Br. II. 151; Sickel, MJÖG. EB. III. 488.

aut obgrafionem (aut grafionem — et graffionem). Nur in Kod. 1 heisst es „aut obgrafionem", in fünf Texten fehlt der Zusatz ganz, eine ältere Hs. (Kod. 4) hat „et graffionem", die dritte Textgruppe

(= Heroldina) „aut grafionem". Die beiden letztgenannten Textformen setzen die Möglichkeit unfreier Grafen voraus, welche auch ausserhalb der l. Sal. bezeugt ist. vgl. Greg. Tur. Hist. Franc. V. 48; Rib. 53, 2; SICKEL, MJÖG. EB. II. 344 f.; III. 489; BR. II. 169. Vielleicht bedeutet diese Lesart von Kod. 1 gleichfalls nichts anderes. vgl. die Vermutung BRUNNERS (RG. II. 169_{59}), wonach die deutsche Konjunktion ob, oba (= si) versehentlich in das obgrafionem hineingeraten sein soll. Für BR. erklärt sich DAHN, Kge. VII. 2, 92_3; 104_9, gegen ihn E. MAYER, Germ. Abh. f. MAURER 437_6, der, wie schon früher WAITZ, VG. II. 1, 100_2; SOHM, RuGV. 93_{66}; ZÖPFL, RG. III. 321_{16}; KÖGEL, a. a. O. 23; KERN b. HESSELS § 243, die Lesart von Kod. 1 als eine den sacebaro erklärende Wendung auffasst und diesen demgemäss als Untergrafen interpretiert. Hiergegen wiederum JUNGBOHN CLEMENT 229.

se sacebarone (alium sagibaronem — se vel alium sacebaronem) posuit. SOHM, Proz. 236_{13}; RuGV. 266_{188}, stützt sich auf die Lesart von Kod. 5 u. 6, welche anstatt se die Form si haben, hält das Aktiv posuit für ein verwechseltes Passiv und übersetzt demgemäss „wenn er zum sacebaro eingesetzt worden ist". Diese Erklärung hat aber doch etwas recht Gewaltsames. Nur die beiden Texte der 2. Famlie haben si, und wenn se auch in unserem Rechtsdenkmal häufig anstatt si gesetzt wird, so hat doch umgekehrt si ebenso oft die Funktion von se, jedenfalls aber verlangt posuit zunächst den Versuch einer Interpretation, die ohne die in der l. Sal. verhältnismässig seltene Verwechselung von Aktiv und Passiv operiert. Die Varianten der 3. Fam. und der Heroldina bleiben zudem unter den SOHM'schen Voraussetzungen völlig dunkel. Anders, wenn man sacebaro mit ZÖPFL, RG. III. 321_{16}; BR. II. 152_{20}; SICKEL, MJÖG. EB. III. 490_5; DAHN, Kge. VII. 2, 146 als Subjekt des Satzes fasst und diesen somit überträgt, „wenn er sich als sacebaro stellte (anstellen liess)". Damit ist bestätigt, dass der sacebaro für gewöhnlich ein Unfreier war, dass aber auch Freie sich schon hie und da in dies Dienstverhältnis begaben. Auch die Varianten von Kod. 7—9; B—H; 10 bleiben nun nicht mehr so unaufgeklärt, wie sie noch R. BEHREND, l. Sal.[2] 113 Z. 33 f. vorkommen: nach ihnen scheint es, als ob der freie sacebaro regelmässig einen anderen, vermutlich einen seiner Knechte, dem König behufs thatsächlicher Wahrnehmung seiner Amtsfunktionen zur Verfügung gestellt habe. Dass damit auch auf den Vicesacebaro das höhere Wergeld des Königsbeamten übergegangen sei, sagt die Stelle nicht, doch wären, selbst wenn wir diese Folgerung ziehen müssten, m. E. die Zweifel, welche SICKEL, MJÖG. EB. III. 452_1 aus ihr gegen die Zuverlässigkeit des ganzen Zusatzes ableitet, noch nicht berechtigt.

Sacibaronis vero — securitatem fecerit. Auf diesen § sind alle Erklärungsversuche des Amtes der Sacebaronen angewiesen, die Unbestimmtheit seiner Fassung und die schwankenden Formen der verschiedenen Hss. lassen jedoch keine unbedingt schlüssige Interpretation zu. Sicher ist, dass der königliche Beamte dieses Namens seine Befugnisse in der Gerichtsversammlung ausübte, dass seine Thätigkeit aber nicht auf einen Malberg beschränkt gewesen ist, sondern im Umherwandern von einer Hundertschaft zur anderen betrieben wurde, denn nur so konnte es vorkommen, dass sich an einem Malberg drei oder mehr Sacebaronen trafen. Ferner stellt unser § ausser Zweifel, dass den Sacebaro sein Beruf in Konkurrenz mit dem Grafen zu bringen geeignet war. Da dieser letztere zur Zeit der ältesten Textgestaltung unseres Volksrechtes lediglich Organ der königlichen Exekution war, so muss mindestens der Schwerpunkt des Sacebaronenamtes auf demselben Gebiete gelegen haben. In den Texten der ersten und zweiten Familie nun wird (abgesehen von der sicherlich verderbten Fassung in Kod. 2) die Empfangnahme von Geld aus causae als das amtliche Recht der Sacebaronen bezeichnet und gerade hierauf die eventuelle Konkurrenz des Grafen bezogen. Wenn causa nun in der l. Sal. vornehmlich Prozess, daneben auch Komposition bedeutet (vgl. Erläuterung zu Sal. 44, 1 „tres homines tres causas"), so steht wohl fest, dass wenigstens in älterer Zeit die Sacebaronen die Aufgabe hatten, die königlichen Gerichtsgefälle, d. h. die Friedensgelder einzutreiben. Dazu würde ihr neuerdings wieder von Brunner (vgl. oben Erläuterung zu Sal. 54, 2 „sacebarone — occiderit") hervorgehobener Zusammenhang mit den burgundischen Wittischalken stimmen. Auch bezüglich des Zeitverhältnisses, in dem die Entstehung von Sacebaronen- und Grafenamt sich vollzieht, scheint Brunners Ansicht (RG. II. 153) unmittelbar einleuchtend. Dagegen will mir doch vorkommen, als ob die Varianten in Sal. 54, $4_{1;2}$ in Verbindung mit Sal. 54, 3_1 für die Zeit der Textgestaltung von Kod. 7—9; B—H und Em. einen, wenn auch nicht allzu deutlichen Hinweis enthielten, wie das amtliche Fortleben der Sacebaronen zu denken ist. Aus den Lesarten dieser Texte scheint nämlich hervorzugehen, dass die Sacebaronen, deren soziale Stellung sich nach Sal. 54, 3 allmählich sehr hob, ebenso wie die Grafen später zu einer richterlichen Thätigkeit gelangt sind. Diese Thätigkeit aber kann nicht die ordentliche des Gaurichters, sondern nur die ausserordentliche königlicher missi gewesen sein. Das spätere salfränkische Recht würde hiernach den Grafen verboten haben, Streitsachen, die bereits von den Sacebaronen als ausserordentlichen Richtern entschieden worden seien, nochmals vor ihr Forum zu ziehen. vgl. im übrigen für die verschiedenen Auffassungen des Sacebaronenamtes die oben (Erläuterung zu Sal. 54, 2 „sacebarone — occiderit") angeführte Litteratur. Für das Vorkommen von Sacebaronen ausserhalb der l. Sal. vgl. Vet. vers. zu Jne 6, 2; Urk. für S. Bertin von 648 (Miraeus I. 7 = Guérard, Cartulaire der S. Bertin 19, nach einer anderen Abschrift Pardessus, Diplom. II. 87 = Haignéré, Chartes de S. Bertin I. 2); Waitz, AR. 64; GGA. 1850 S. 621; Sohm, RuGV. 265_{186}; Beauchet, Organisation 230 ff.; Br. II. 153_{22}; Sickel, MJÖG. EB. III. 490 f. — Über den Zusatz der Em. zu mallibergiis „id est plebs quae ad unum mallum convenire solet (debet) vgl. Zöpfl, RG. III. 321_{14}; Thonissen 64_2; Fustel de Coulanges, Rech. 380_1; Hist. III. 309_1; Sickel, ZRG.[2] 6, 19 f.

LV. De corporibus expoliatis.

corpus occisi hominis — expoliaverit — sol. LXII c. dim. culp. iud. Leichenraub, sog. „Walraub". Br. II. 683_{42}; 684_{48} glaubt, dass unsere Stelle den vom Totschläger am Erschlagenen begangenen Raub, den sog. „Blutraub" behandele, während in Sal. 14, IV vom „Reraube", d. h. von dem durch einen Dritten begangenen Leichenraub die Rede sei. Thatsache ist, dass Sal. 14, IV einfach vom homo mortuus, d. h.

von dem eines natürlichen Todes Verstorbenen spricht und seine Beraubung (abgesehen von Kod. 10 vgl. Sal. 14, IV_1) mit 100 sol. bestraft, während Sal. 55, 1 sich mit dem homo occissus beschäftigt und den Raub an ihm mit nur 62½ sol. ahndet. Daraus scheint Br. zu folgern, dass Sal. 14, IV und 55, 1 nicht denselben Thatbestand im Auge haben können und dass in Sal. 55, 1 Konkurrenz zwischen den Verbrechen des Totschlages und des Leichenraubes obwalte, also Strafenkumulation (200 und 62½ sol.) anzunehmen sei. Nun schliesst sich aber Sal. 55, 2, wo auch nach Br. (a. a. O. 684_{51}) sicher vom Reraub gehandelt wird, sprachlich so unmittelbar an den vorhergehenden § an, dass ein Wechsel im Thatbestand beider §§ nur insoweit angenommen werden darf, als er ausdrücklich hervorgehoben wird. Das geschieht aber lediglich in Bezug auf das Begräbnis des Beraubten, welches in § 2 bereits stattgefunden hat, in § 1 noch nicht. Wir werden daher m. E. auch in Sal. 55, 1 den Thatbestand des Reraubes zu erblicken haben und den Widerspruch zwischen den Bussen von Sal. 55, 1 und 14, IV durch Annahme einer sehr bald nach der ersten Gesetzesredaktion (schon Kod. 2 hat die grössere Busse) eingetretenen Rechtsentwickelung auflösen müssen, durch welche die Strafe des Reraubes erhöht wurde. Dem entspricht das Verhältnis der Bussen in Sal. 55, 4 und 14, VI. vgl. für Sal. 55, 1 noch Thonissen 319 f.; Glasson, Hist. III. 568; für die strafrechtliche Behandlung des Reraubes in anderen Volksrechten Erläuterung zu Sal. 14, IV „hominem mortuum".

tumulum super hominem mortuum — cheristadona — lavave (selave, mandualem) quod est ponticolum (porticulus). Eine Reihe von Bezeichnungen für Grabmäler. Das einfachste ist der gewöhnliche tumulus, ein Grabhügel, der vielleicht häufig mit Dorngebüsch bepflanzt wurde. vgl. Lindenschmit I. 95 f. — cheristadona, cheristonicam, aristato, hoc est stapplus (Em.) von Grimm, Kl. Schr. II. 256, als eine auf dem Grabhügel am offenen Wege errichtete Heer- oder Irmensäule gedeutet. vgl. Sal. 14, VII; Grimm, Vorr. XLVIII; Jungbohn Clement 385 f.; Lindenschmit I. 96; Kern b. Hessels § 247. — selave (verd. lavave) quod est ponticolum, von Lindenschmit I. 96 ff. als Totenbrett (Rebrett) erklärt. — mandualem, von Grimm, Kl. Schr. II. 257 aus dem angelsächs. mond, engl. mound, Korb abgeleitet und mit clausura wiedergegeben; anders Kern b. Hessels § 248. — Die Worte sequentis (sequentem) mortuum sind mir dunkel. vgl. aber Kern b. Hessels § 249. Die Heroldina ersetzt den ihr bereits unverständlich gewordenen Ausdruck durch super mortuum. Der Zusatz der Em. (Sal. 55, II_4) weist darauf hin, dass die obigen Arten von Grabmälern schon in karolingischer Zeit als Altertümer galten.

iam sepultum — expoliaverit et ei fuerit adprobatum, vuargus sit. Die Beraubung eines bereits begrabenen Leichnams wird nach Sal. 55, 2 mit prinzipaler Friedlosigkeit bestraft. Die gemeingermanische Bezeichnung des Friedlosen ist varc, varg = Würger, Wolf.. vgl. ags. vearg, vearhtraef (Haus der Verdammten, Hölle), alts. varac, varagtreo (Verbrecherbaum, Galgen), an. vargr, ahd. varc, got. vargs. Der Friedlose ist wolfsfrei, d. h. er kann busslos erschlagen werden. vgl. Cap. Sal. VIII. 9. Um diesem Schicksal zu entgehen, muss er fliehen. vgl. die Varianten expellis = expulsus Sal. 55, 2_3 und aspellis Cap. Sal. II. 1.

Sein Aufenthalt ist der Wald. vgl. Cap. Sal. VIII. 9 „qui — per silvas vadit"; Constit. Frid. I. contra incendiarios v. 1187 c. 16 (MG. Constitut. I. ed. WEILAND 451). Über die Friedlosigkeit, welche ihre grösste Rolle im nordischen Rechte spielt, bei den Langobarden ebenfalls noch scharf hervortritt, in den deutschen Volksrechten dagegen durch das Kompositionensystem schon in den Hintergrund gedrängt ist, vgl. GRIMM, RA. 396; 733 f.; WILDA, Strafr. 278 ff.; v. AMIRA, Vollstreckgsvrn. 1 ff.; Zweck u. Mittel 47 ff.; MAURER, KrV. 16, 83 ff.; v. RICHTHOFEN, Z. lex Sax. 218 ff.; THONISSEN, Peines capitales (1877); BR. I. 166 ff.; II. 590 ff.; Forschungen 444 ff.; SCHR. 73 ff.. Speziell in der l. Sal. tritt die Friedlosigkeit nur noch im Falle unserer Stelle und bei Verheiratung einer Freien mit ihrem eigenen Sklaven als prinzipale Strafe auf, sonst nur subsidiär als ultima ratio im Ungehorsamsverfahren. vgl. Erläuterung zu Sal. 56, 1 „extra sermonem suum ponat"; SOHM, Proz. 188 f.; BETHM. IV. 466; THONISSEN 247 ff.; GLASSON, Hist. III. 549 ff.; HORTEN 13 ff. — Aus dem Passus „et ei fuerit adprob." geht hervor, dass die Friedloslegung nach einem gerichtlichen Beweisverfahren erfolgte. Dass sie vom Richter ausgesprochen wurde, zeigt der Zusatz von Kod. 10 u. Em. (Sal. 14, V_3), wo die entsprechende Bitte der Verwandten des beraubten Toten erwähnt wird. vgl. BR. II. 592_{11}. Über die Bedeutung des „Et postea" jener Variante vgl. Erläuterung zu Sal. 14, V_3.

cum parentibus — conveniat — rogare (ad iudicem) debent. Es handelt sich hier um den uralt germanischen Sühnevertrag zwischen dem Verbrecher und der Sippe seines Opfers. Ursprünglich den im freien Belieben der verletzten Partei stehenden Verzicht auf die Fehde bedeutend und stets aussergerichlich abgeschlossen, wird er je mehr und mehr von der Staatsgewalt erzwungen und vermittelt. Daher Entstehung des Friedensgeldes. vgl. Erläuterungen zu Sal. 13, 6 „fritus (furban)", Sal. 35, 7 „inter fredo et faido", Sal. 41, 8 „hominem — sine manus". Auffallen muss zunächst, dass, obgleich die Friedloslegung dem Verbrecher die Feindschaft des ganzen Volkes zugezogen hat, die Lösung aus der Acht dennoch in erster Linie vom Geschlecht des Verletzten abhängt. SCHREUER 185 (vgl. 179_4) sieht daher in dem convenire nur Vorverhandlungen der Parteien und legt besonderen Nachdruck auf das rogare ad iudicem der Verwandten des ausgeraubten Toten, wodurch erst die notwendige Zustimmung des Gerichts zur Redemtion, d. h. zum wirklichen definitiven Sühnevertrage herbeigeführt werde. M. E. hat jedoch dieser Antrag der verletzten Partei auf Rückgängigmachung der Acht nur noch formale Bedeutung, wie er ja denn auch nicht sowohl an das Gericht, d. h. an die Dinggemeinde oder die Urteilsfinder, als vielmehr an den Richter, d. h. an den auf die formale Prozessleitung beschränkten Gerichtsvorsitzenden ergeht. Das Verfahren ist daher, wie ich meine, so zu denken, dass die eigentlich konstitutive Sühneberedung aussergerichtlich durch die Parteien erfolgt (vgl. FUSTEL DE COULANGES, Hist. III. 474_4), dass sodann die gerichtliche Verurteilung des Thäters zur gesetzlichen Lösungstaxe von 200 sol. erwirkt wird und dass endlich die Friedloslegung durch den Richter zurückgenommen wird. Während aber in diesem Entwickelungsstadium der Sippe des beraubten Toten noch völlig freigestellt ist, ob sie die Achtung des Verbrechers fortbestehen lassen will oder nicht, ein Recht des Thäters auf Sühne also ausgeschlossen erscheint (vgl. Br. I. 172_{26}), ist nach Sal. 14, V und 55, 2_2 ein solches Redemtionsrecht des Leichenräubers bereits anerkannt, ja es scheint aus der ursprünglichen Lösungstaxe bereits eine wirkliche Busse geworden zu sein: der Verbrecher wird nicht mehr friedlos, sondern nur noch mit dem Vorbann (vgl. Br. II. 465) belegt; büsst er die Missethat mit der gesetzlichen Strafe, so sind nunmehr die Verwandten des Beraubten gezwungen, die Aufhebung des Vorbanns beim Richter zu beantragen. vgl. Rib. 85; Schreuer 179_3; Br. II. 616_{19}.

panem dederit — sol. XV culp. iud. Dem Recht der allgemeinen Tötung des Friedlosen entspricht die allgemeine Pflicht, sich jeder Unterstützung desselben zu enthalten. Sie gilt sogar für Verwandte und Ehefrau des Verbrechers. vgl. Sal. 56, 1; Cap. Sal. II. 2; V. 8; Rib. 87; Br. I. 166_4. Nach Br. II. 576 f. lässt die verhältnismässig geringe Busse von 15 sol. nach der l. Sal., von 60 (30) sol. nach der l. Rib. darauf schliessen, dass es sich hier um eine minder strafbare Art der Begünstigung handelt. vgl. Cap. Aquisgran. v. 809 c. 3 (Bo. I. 148) mit Cap. per miss. cogn. fac. v. 803/13 c. 2 (ebd. 156).

admisisse probatur. Hierzu macht die Em. den Zusatz: vel alium ademptum faciendi locaverit. vgl. über die Anstiftungsdelikte Erläuterungen zu Sal. 28.

nauco. vgl. Erläuterung zu Sal. 14, VI.

poteo. vgl. Sal. 55, 4_2 und Erläuterung zu Sal. 14, VI.

super alterum — miserit — sol. XLV culp. iud. Diese Strafe für Gräberschändung erscheint in Sal. 14, VI auf $62^1/_2$ sol. erhöht. vgl. Erläuterung zu Sal. 14, VI.

basilicas expoliaverit. Dieser und die nächsten Zusätze beweisen starken christlichen Einfluss. vgl. Br. I. 293_4. Nach Sal. 55, IV_1 (Heroldina) wird bei Kirchen kein Unterschied zwischen Brandstiftung und Feuerverwahrlosung gemacht. vgl. Cap. leg. add. v. 818/9 c. 1 (Bo. I. 281); Br. II. 655_3; Forschungen 507_1; Erläuterung zu Sal. 16, 1 „incendiis". Die Em. stellt den Kirchenraub der Brandstiftung gleich (Sal. 55, IV_3). vgl. Br. II. 648_{87}. Die Wergelder der Geistlichen werden ausserordentlich hoch normiert, der gewöhnliche Priester hat dreifaches Wergeld, der Diakon wenigstens um die Hälfte mehr als der gewöhnliche Franke. Nur in einer Hs. der Em. ist für den Bischof ein Wergeld von 900 sol. bezeugt. vgl. Rib. 36, 5 (Kodd. A u. B); 6—9; Cap. leg. add. v. 803 c. 1 (Bo. I. 113); Löning, KR. II. 300 ff.; Waitz, VG. II. 1, 344_3; Dahn, Kge. VII. 1, 165; 3, 287 f.

LVI. De eum qui ad mallum venire contemnit.

ad mallum venire contemnit. Der Titel handelt vom Ungehorsamsverfahren. § I, ein nur in Kod. 2 und 10 erhaltener späterer Zusatz, entspricht Cap. Sal. VIII. 7. vgl. die dortigen Erläuterungen. Über das Ungehorsamsverfahren des germanischen Rechts im allgemeinen und des fränkischen im besonderen vgl. Rogge, GW. 21 f.; Maurer, GVrn. 53 ff.; Waitz, AR. 183 ff.; Gemeiner 206 f.; Siegel, GVrn. 76 f.; 160 f.; 220; Sohm, Proz. 155 ff.; 180 ff.; RuGV. 98; 119_{59}; 162; Bethm. IV. 518 ff.; V. 176 ff.; H. Meyer, Strafvrn. 52 ff.; Thonissen 341 f.; 344; Barchewitz 4 f.; Fustel de Coulanges, Rech.

492 ff.; Hist. III. 349; 492; BEAUCHET, Organisation 179; BEAUDOUIN, NR. 1887 S. 645_2; GLASSON, Hist. III. 422 ff.; BR. II. 461 ff.; HORTEN 16 ff.; 43 ff.; SCHR. 363 ff.; SCHREUER 225 ff.; v. AMIRA, Recht[2] 212. — Der prozessuale Ungehorsam ist Ungehorsam gegen die Ladung oder gegen das Urteil. vgl. BR. II. 461. Der Ungehorsam gegen die Ladung hat zunächst nur die Folge einer Busse von 15 sol. (vgl. Sal. 1, 1, dessen Verhältnis zu Sal. 56, 1 von BLUMENSTOK, IE. 202_1 wohl nicht richtig erfasst wird), erst wenn die mannitio mehrfach vergeblich wiederholt ist (vgl. Erläuterung zu Cap. Sal. V. 8), kann das Ungehorsamsverfahren eröffnet werden. Diesen Fall fassen die Eingangsworte von Sal. 56, 1 „ad mallum venire contempserit" ins Auge, nicht um den Urteilserfüllungstermin also handelt es sich im ersten Satze von Sal. 56, 1 (so SOHM, Proz. 180 ff. und ihm folgend, irrtümlich aber auch BR. II. 461_2 für sich zitierend R. BEHREND, l. Sal.[2] 116 Z. 35 ff.), sondern um den Termin der kontradiktorischen Verhandlung, die freilich bei hartnäckigem Ausbleiben des Beklagten unmöglich wird. Es erfolgt daher in diesem Falle auch kein Urteil, wie SOHM, Proz. 158; 160; BETHM. IV. 519 meinen, ebenso wenig freilich Exekution, wie MAURER, GVrn. 53, glaubt, sondern eben das von der Exekution ganz verschiedene, in der Friedloslegung endigende Ungehorsamsverfahren. vgl. BR. II. 462_4.

aut — adimplere distulerit. Über die Rachineburgen vgl. Erläuterungen zu Sal. 50, 3 „septem rachineburgius" und Sal. 57, 1 „rachineburgiis". In Sal. 56, 1 sind sie zweifellos Urteiler. — Ein zwingender Grund, das „aut" hier anders als disjunktiv zu nehmen, wie SOHM, Proz. 183_5, thut, ist nicht vorhanden. Fassen wir, wie in der vorigen Erläuterung geschehen, das „contemnere" als hartnäckiges Ausbleiben, so leitet „aut" zum anderen Fall des prozessualen Ungehorsams, dem gegen das Urteil über: der Beklagte ist zwar im Verhandlungstermin erschienen, das Urteil hat also gesprochen werden können, aber er verweigert ihm den Gehorsam, ohne doch etwa die Urteilsschelte (vgl. Erläuterungen zu Sal. 57, 2; I) vorzunehmen. vgl. BR. II. 461 f.

nec de conpositione nec hineo nec de ulla legem fidem facere voluerit: Inhalt der Gehorsamsverweigerung. Der Beklagte will weder bezüglich der Busse noch des durch das Urteil bestimmten Beweismittels fides facta (vgl. Erläuterungen zu Sal. 50, 1; 3) leisten, d. h. er will das Urteilserfüllungsgelöbnis nicht ablegen. Da dies Versprechen im unmittelbaren Anschluss an das Urteil zu leisten ist, so kann im ersten Satze nicht, wie SOHM und R. BEHREND wollen, der Urteilserfüllungstermin, sondern nur der Termin der kontradiktorischen Verhandlung gemeint sein. vgl. BETHM. IV. 520_{100}; LÖNING, Vertragsbruch 43_{10}. — de ulla legem wird von BR. II. 461_2 mit Recht gegen BETHM. IV. 519 als Beleg dafür verwertet, dass die Salier ausser dem Kesselfang noch andere Beweismittel kannten, dass also das zweizüngige Urteil (vgl. über dieses ROGGE, GW. 216; SIEGEL, GVrn. 154_6; LÖNING, Vertragsbruch 45 ff.; BR. I. 180_{11}; II. 363) nicht nur alternativ auf Kesselfang oder Busse, sondern auch auf ein anderes Reinigungsmittel lauten konnte. vgl. auch noch BR. II. 376_{34}. Überhaupt aber ist an BETHMANNS Darstellung irrig, dass nach mannitio auf Gottesurteil auch der Abwesende habe verurteilt werden können. vgl. oben Erläuterung zu „ad mallum venire contemnit" a. E.

ad regis praesentia — manire debet. Das Ungehorsamsverfahren, zur Zeit der l. Sal. bereits der Kompetenz des Königsgerichts zugehörig, ist früher wahrscheinlich Sache des Volksgerichts gewesen. vgl. Br. II. 463; Sohm, RuGV. 98; 162; Dahn, Kge. VII. 3, 43. Die mannitio ad regem erfolgt hier auf die kurze Frist von 14 Tagen. vgl. unten „in noctes XIIII"; Sohm, Proz. 130_4. Über das Königsgericht, seine Organisation und seine Rechtsprechung vgl. Barchewitz, a. a. O.; Br. II. 133 ff. — Über Sal. 56 als Beweis der Einheit des salischen Königtums zur Entstehungszeit der lex vgl. Br. I. 299_{36}. Gegen ihn Dahn, Kge. VII. 2, 52_6.

ibi duodecim testes erunt — ubi collocavit solem. Voraussetzung der Ächtung des Rechtsverweigerers durch den König ist der von Zeugen (vgl. über sie Erläuterungen zu Sal. 48; 49, über ihr Verhältnis zu den Rachineburgen Br. II. 220_{14}; Dahn, Kge. VII. 3, 34; über den Mangel eines Gerichtszeugnisses Erläuterungen zu Sal. 46: S. 181) zu führende Beweis, dass der Kläger alle vom Volksrecht vorgeschriebenen Formalakte gegenüber dem Beklagten korrekt vollzogen habe. Bei der Schilderung dessen, was diese Zeugen zu beschwören haben, berücksichtigt Sal. 56, 1 nur noch den Ungehorsam gegen das Urteil, nicht denjenigen gegen die Ladung. Demgemäss haben die ersten drei (über diese Zahl vgl. Sal. 39, 2; 46; 47; 56; Cap. Sal. VIII. 7; Br. II. 397_{37}) Zeugen zu schwören, dass sie im Verhandlungstermin zugegen gewesen seien und somit aus persönlicher Wahrnehmung von der Weigerung des Beklagten wüssten, das Urteilserfüllungsgelöbnis zu leisten. Die drei nächsten Zeugen bekunden eidlich im Urteilserfüllungstermin, mit dem Kläger vergeblich darauf gewartet zu haben, dass der Beklagte sich reinige oder Busse zahle. Dieser zweite Termin findet 40 Nächte nach dem ersten statt. vgl. Sohm, RuGV. 393; Bethm. IV. 520; Br. II. 217 f.; Erläuterung zu Sal. 47 „in noctis XL." Für die Beweisfristen des salischen Rechts vgl. ausser Sal. 56, 1 Cap. Sal. III. 1; V. 8; Ed. Pist. v. 864 c. 33 (Bo.-Kr. II. 324); Form. Tur. 30; Lindenbrog. 21; Merkel. 28; Bignon. 13; Cart. Senon. 17; für das ribuarische Recht Rib. 33, 4; 66, 1; 67, 2; das langobardische Roth. 361; das alamannische Alam. 36, 2. vgl. Br. II. 377. Über den Unterschied von dies (jour naturel) und noctes (jours civils) in Sal. 56 u. 50 vgl. noch Deloche, Mém. de l'Acad. d. inscript. 32, 345 ff. Das „iterum ei sol. coll." beweist, dass auch schon im ersten Termin Solsatierung stattgefunden hat. Die dritte Zeugengruppe bestätigt die formelle Korrektheit der nach vergeblich verstrichenem Urteilserfüllungstermin vorgenommenen mannitio ad regem. Im Königsgericht selbst müssen wieder zwei Termine stattfinden: im ersten machen die bisher genannten 9 Zeugen ihre Aussagen, und es wird wiederum abgewartet, ob der Beklagte bis zum Sonnenuntergang erscheint. Am zweiten Gerichtstage bekunden die letzten drei Zeugen die solis collocatio des ersten Termins, und es erfolgt der Abschluss des ganzen Verfahrens, die Friedloslegung des Rechtsverweigerers durch den König. Selbstverständlich hört in jedem Stadium des Verfahrens mit dem Erscheinen des Beklagten die Kontumaz auf. Kam er zum Königsgericht, so blieb es nach Schr. 364_{91} „wohl dem Könige überlassen, ob er die Sache zu eigener Entscheidung nehmen oder an das zuständige Gericht zurückverweisen wollte." Aber die Sache war ja bereits entschieden, das Urteil des Volksgerichts gesprochen, nur das Urteilserfüllungsgelöbnis stand aus. — Dürften wir wenigstens die Zwölfzahl der Zeugen auch noch auf das Verfahren gegen den Ladungsungehorsam beziehen, so würden sich daraus interessante Schlüsse für die Anzahl der vor Beginn des Ungehorsamsverfahrens notwendigen Ladungen ergeben. Da auf die mannitio ad regem und die solis collocatio im Königsgericht auch hier 6 Zeugen entfallen müssten, so blieben weitere 6 für die Ladungen zum Volksgericht übrig, es wären also nur 2 derartige mannitiones rechtens gewesen. Dazu stimmt Cap. Sal. V. 8 in der Textgestaltung meiner Ausgabe. vgl. die dortigen Erläuterungen.

extra sermonem ponat. Achterklärung. vgl. Erläuterungen zu Sal. 13, 6 „in verbum regis fuerit"; 55, 2 „vuargus sit"; Br. I. 147_{23}.

culpabilis schuldig in der Bedeutung: durch Verschuldung verfallen, damnatus. vgl. Br. II. 463_{9}. In diesem Sinne ist auch das Vermögen des Rechtsverweigerers (omnes res suas) culpabilis, denn es verfällt mit der Friedloslegung an den Fiskus. vgl. die Varianten in Sal. 56, 1_{9}; Cap. Sal. II. 1; V. 8; MG. Dipl. M. 8; Edmund II. 1, 3; Wilda, Strafr. 288; Bethm. IV. 521; Thonissen 258, der aber unnötigerweise zu der gequälten Interpretation greift, das „suas" unserer Stelle auf den König zu beziehen; v. Amira, Vollstreckgsvrn. 106 ff.; Obl. R. I. 142 f.; Br. I. 168_{14}.

paverit aut hospitalem dederit — sol. XV culp. iud. vgl. Erläuterung zu Sal. 55, 2 „panem dederit"; Br. II. 35; 26_{12}.

donec omnia — conponat. Die Acht ist lösbar. Die Lösung erfolgt durch Zahlung des eigenen Wergeldes für das verwirkte Leben und Befriedigung des Klägers. Ob eine Frist für die Möglichkeit der Lösung bestand, sagt l. Sal. nicht, vielleicht ist eine solche von Jahr und Tag anzunehmen. vgl. Br. II. 464. Nach H. Meyer, Strafvrn. 54 hat dagegen der Thäter kein Recht auf Sühne.

LVII. De rachineburgiis.

rachineburgiis. Über die Kontroversen bezüglich der sprachlichen Ableitung des Wortes und dessen sachlicher Bedeutung vgl. Erläuterung zu Sal. 50, 3 „septem rachineburgius" sowie die dort angeführte Litteratur. M. E. führt nur diejenige Interpretation zu widerspruchslosem Verständnis der Rachineburgen, welche sie als persönlich hervorragende Dinggenossen auffasst, denn hieraus ergiebt sich ebensowohl ihre Thätigkeit als Schätzungsleute (Sal. 50, 3) wie ihre Berufung zum Finden des Urteils (Sal. 56; 57). Als Urteilsfinder sitzen sie (Sal. 57, 1 „sedentes"), während die übrigen auf Zustimmung oder Ablehnung (collaudatio, mhd. volge, volbort) des Urteilsvorschlags beschränkten Mitglieder der Gerichtsgemeinde den Umstand bilden. vgl. Form. Sen. rec. 6; Sohm, RuGV. 373 f.; Waitz, VG. II. 2, 166 f.; Sickel, ZRG.[2] 6, 13 ff.; Schr. 165. Wenn Sohm, Proz. 155_{7}, unter Heranziehung von Sept. caus. VII. 6 als Sitz der Rachineburgen vier Bänke nachweisen zu können glaubt (vgl. auch Waitz, VG. II. 2, 166_{2}; Bethm. IV. 429_{53}; Hermann in Gierkes Unters. XVII. 7; Sickel, ZRG.[2] 6, 1_{1}) und daraus nach Analogie des besonderen Heerfriedens (Sal. 63) auf einen durch dreifaches Wergeld ausgezeichneten Frieden der Gerichtsversammlung schliesst, so ist diese Auffassung inzwischen durch den Nachweis erledigt worden, dass Sept. caus. VII. 6 von der Tötung im Hause des Getöteten handelt. vgl. Sal. 42, 1; Recap. B. 31; FUSTEL DE COULANGES, Rech. 384 ff.; BR. II. 220_{16}; 582_{14}; abgesehen davon aber würde der Frieden der quatuor solia nach SOHMS Bemerkung doch nur den Inhabern der Gerichtsbänke zugute kommen (so auch ausdrücklich WAITZ, a. a. O.), wäre also gar kein richtiger Gerichtsfrieden. Über diesen letzteren vgl. noch Fris. Add. sap. 1, 1 (Frieden des Gerichtswegs); Aethelr. III. 1; Eriks Saell. Lov II. 9; WILDA, Strafr. 135 f.; BR. II. 583. — Die Auswahl der Rachineburgen geschah nach SIEGEL, GVrn. 106; 111; 145; GLASSON, Hist. III. 271 durch die Parteien, nach SOHM, Proz. 155 durch den Kläger, nach SOHM, RuGV. 378; LEHMANN, Rechtsschutz 26 f. durch die Gerichtsgemeinde, nach ROGGE, GW. 74; BETHM. IV. 429; BR. I. 150; SCHR. 43 durch den Gerichtsvorsitzenden. vgl. noch SICKEL, ZRG.[2] 6, 10 ff.; COHN, Justizverw. 18 f. — Über die Urteilsfinder nach anderen germanischen Rechten vgl. BESELER, ZRG. 9, 244 ff.; SCHRÖDER, ZRG.[2] 4, 215 ff.; LEHMANN, ebd. 6, 193 ff.; BR. I. 149 ff.; II. 220; HECK, Altfries. GV. 71 ff. — Über die Einführung ständiger Urteilskollegien (scabini, Schöffen) durch Karl den Grossen vgl. SICKEL, ZRG.[2] 6, 70 ff.; BRUNNER, MJÖG. 8, 183 ff.; RG. II. 223 ff. Eine eigenartige Ansicht von der Entstehung des Schöffengerichts bei HERMANN in GIERKES Unters. X. 1 ff.

causam: Prozess, Streitsache. vgl. Erläuterung zu Sal. 44, 1 „tres homines tres causas".

legem dicere noluerint. Urteilsverweigerung. vgl. namentlich COHN, Justizverw. 11 ff.; LEHMANN, Rechtsschutz 20 ff.

dicere für dici. vgl. SOHM, Proz. 131: manebit für manivit = mannitus est (Sal. 1, 2_1); 151_1; 210_{24}.

qui causa prosequitur: der Kläger. vgl. aber Sal. 57, 1_1: qui caus. requirunt.

tancono: ein noch nicht ganz befriedigend erklärter Ausdruck der fränkischen Rechtssprache. vgl. Rib. 30, 1; 55; 58, 19; 20; 59, 8; GRIMM, RA. 5; Vorr. VII; Vorwort zu THOMAS, Oberhof IX; MÜLLENH. b. WAITZ 293; DIEZ, Et. WB. 684; SIEGEL, GVrn. 132; GENGLER, Rechtsdenkm. 911; COHN, Justizverw. 22. f; LEHMANN, Rechtsschutz 27_{19}; BR. I. 180_7, letzterer teilt mehrere altfranzösische Belegstellen mit, auf die ihn TOBLER aufmerksam gemacht hat. Die Bedeutung des Wortes ist reizen, in jemand dringen, dementsprechend hat es im fränkischen Prozess den Sinn einer feierlichen Aufforderung der Urteiler oder der einen Partei durch die andere. Über die Rechtswirkungen des tangano besteht Streit. vgl. SIEGEL, GVrn. 131 ff.; BR., Forschungen 128; 317_1; Schwurger. 44; RG. I. 180; II. 345 ff.; 355; SOHM, Proz. 143_3; RuGV. 139_{108}; BETHM. IV. 500 f.; COHN, Justizverw. 28 ff.; HERMANN, Mithio 40_4; THONISSEN 422 ff.; GLASSON, Hist. III. 409 ff.; SCHR. 351. Die herrschende Ansicht nimmt wohl mit Recht an, dass die Tanganierung den Tanganierten bei Gefahr sofortiger Rechtsnachteile zu einem bestimmten prozessualen Verhalten zwinge: den Urteiler zu ungesäumter Urteilsfällung, den Beklagten zu einer die Klage Wort für Wort ohne Einrede bestreitenden Erwiderung. — Dass dem tangano in Sal. 57, 1 eine formlose Urteilsbitte voraufgehen kann, hat LEHMANN, Rechtsschutz 22 ff., gegen SOHM, Proz. 151 ff. und COHN, Justizverw.

41 ff., nachgewiesen. vgl. auch Br. II. 355 und die Varianten in Sal. 57, $1_{1;\,2}$.

ille = illi. vgl. z. B. Sal. $46_{2;\,3}$; Sohm, Proz. 153. Als Dativ (den Kläger bezeichnend) fasst illi Lehmann, Rechtsschutz 30.

septem de illos rachineburgios. Um diese Stelle dreht sich die Kontroverse, wie viel Mitglieder das fränkische Urteilerkollegium gezählt habe. Für 12 Rachineburgen erklären sich Gfrörer I. 106; Bethm. IV. 429; Waitz, VG. II. 2, 166_3; Fahlbeck, Royauté 16_1; Beauchet, Organisation 34 f.; für 7 Urteilsfinder entscheiden sich Sohm, Proz. 154 f.; RuGV. 386_{54}; ZRG.[2] 1, 22_{25}; Cohn, Justizverw. 16 ff.; Lehmann. Rechtsschutz 28 ff.; Schr. 43; 165; Dahn, Kge. VII. 3, 64; für eine nur nach unten auf mindestens 7 limitierte, nach oben unbestimmte Zahl sind Sickel, ZRG.[2] 6, 15 f.; Thonissen 78 f.; Br. II. 220. Entscheidend ist, ob man das „de" mit Sohm, RuGV. 89_{51}; Cohn, Justizverw. 33_{21}; Lehmann, Rechtsschutz 29_{21} als blossen unbestimmten Artikel auffasst oder ob man ihm seinen gewöhnlichen, den Teil eines grösseren Ganzen bezeichnenden Sinn lässt. vgl. insbesondere Thonissen u. Sickel a. a. O. Dass nur 7 Rachineburgen von der Strafe der Rechtsverweigerung betroffen werden, steht fest. Sind darum aber auch bloss sieben tanganiert worden? Ich glaube: nein. Man denke nur an die Analogie der Bandenverbrechen. Auch dort wird neben dem Hauptmann blos eine nach rein äusserlichen Gesichtspunkten bestimmte Anzahl von Teilnehmern bestraft, und ihre Auswahl stand vermutlich in der Willkür des Klägers. vgl. Erläuterung zu Sal. 42, 3 „tres — legem superius conpraehensa". Es ist kein Grund vorhanden, warum man hier nicht ebenso annehmen dürfte, dass der Kläger das ganze weitere Kollegium der rachineburgii sedentes tanganiert, und wenn dies keinen Erfolg hat, die Mindestzahl (7) der zu gültigem Urteilsvorschlag notwendigen Ratgeber zu strafrechtlicher Verantwortung zieht.

sol. III ante solem collocatum (collegato sole) culp. iud. Nur Kod. 1 hat „ante sol. collocatum", in Kod. 3 fehlt der ganze Schlusssatz des §, alle übrigen Hss. stimmen sachlich mit Kod. 4 (collegato sole) überein. Diese letztere Lesart dürfte daher wohl als massgebend für die Interpretation zu gelten haben. Damit ist gesagt, dass der Tanganierende bis zum Sonnenuntergang des Gerichtstages auf das Urteil zu warten hat, und dass erst mit diesem Augenblicke die Bussfälligkeit der Urteil weigernden Rachineburgen existent wird. Natürlich aber müssen sie hierzu noch besonders verurteilt werden (culpabiles iudicentur), das kann nach Sonnenuntergang nicht mehr geschehen, es hat also ein neuer Termin stattzufinden. Anderer Meinung Cohn, Justizverw. 37; R. Behrend, l. Sal.[2] 119 Z. 41; Br. II. 355; wiederum anderer Sohm, Proz. 153.

nec legem dicere noluerint nec — fidem facerent — sol. XV culp. iud. Im zweiten Termine bringt der Tanganierende des ersten Termins gegen 7 der urteilweigernden Rachineburgen eine Klage ein auf Anerkennung seines Anspruches, von den Beklagten ein Urteil zu erhalten sowie auf 3 sol. Busse für jeden von ihnen wegen rechtswidriger Verletzung dieser Pflicht. Unsere Stelle nimmt an, dass die kontradiktorische Verhandlung, welche solchem Antrage zu folgen hat, das Recht des Klägers erweist. Nun wäre zwar möglich, dass das in diesem Zwischenverfahren ergehende Urteil einfach auf die Busse von je 3 sol. für jeden der Beklagten lautete, während die Entscheidung des ursprünglichen Rechtsstreites schon jetzt anderen Urteilern zugewiesen würde. Ausgeschlossen aber ist, dass umgekehrt den Beklagten durch das Zwischenurteil nur „legem dicere", nicht aber Busse auferlegt worden wäre, denn mit der gerichtlichen Anerkennung des tangano ist gleichzeitig und notwendig die Verurteilung der ihm widerstrebenden Rachineburgen zur gesetzlichen Busse gegeben. Das Urteil gegen sie kann daher niemals alternativ auf „legem dicere" oder „de ternos sol. fidem facere" gegangen sein. Demgemäss kann man auch dem „nec — nec" unserer Stelle nicht mit Cohn, Justizverw. 33 f., seine gewöhnliche alternative Funktion als Negation von „entweder — oder" zuweisen. Vielmehr ist, namentlich auch weil in Sal. 57, 2 die erneute Weigerung der Beklagten Recht zu sprechen an erster Stelle steht, wahrscheinlich, dass stets auf „legem dicere e t de ternos solidos fid. facere" erkannt wurde, und dass der fortgesetzte Ungehorsam der Rachineburgen ebenfalls als gegen beide Zumutungen des Urteils gerichtet gedacht wird. Wie im ersten Termin erfolgt auch jetzt Solsatierung, im Augenblick des Sonnenuntergangs wird die Bussfälligkeit der hartnäckigen Rachineburgen zu je 15 sol. weiterer Busse (oder schliessen die 15 sol. die früheren 3 sol. ein?) existent, in einem dritten Termin erfolgt ihre Verurteilung. Dass auch dann noch an der Forderung der Urteilsfällung durch sie festgehalten werde, ergiebt der Wortlaut unseres Titels nicht, und es ist unwahrscheinlich. Vielmehr wird dies zweite Urteil einfach auf Busse gelautet haben, und falls das Urteilserfüllungsgelöbnis weiterhin verweigert wurde, wird das Ungehorsamsverfahren von Sal. 56 eingeleitet worden sein.

non secundum legem iudicaverint — sol. XV quisque illorum culp. iud.: Urteilsschelte. Über die verschiedenen sprachlichen Bezeichnungen der Schelte in den Denkmälern vgl. Erläuterung zu Sal. 31, 1 „via lacina", über die Urteilsschelte in sachlicher Beziehung Waitz, AR. 175; Gfrörer I. 107 ff.; Siegel, GVrn. 148 ff.; Bethm. IV. 164; 391 f.; V. 171; Sohm, RuGV. 130 f.; Fournier, Droit d'appel 95 ff.; Lehmann, Rechtsschutz 51 ff.; 95 ff.; Fustel de Coulanges, Rech. 490 ff.; Skedl, Nichtigkeitsbeschwerde 7 ff.; Beaudouin, NR. 1887 S. 497 ff.; Esmein, ebd. 545 ff.; Glasson, Hist. III. 426 f.; 434; 448 ff.; Br., Schwurger. 46 f.; Forschungen 135 ff.; 345 f.; RG. II. 355 ff.; Schr. 358 f.; Dahn, Kge. VII. 3, 70; v. Amira, Recht² 206. — Inhalt der Urteilsschelte: Vorwurf wissentlich falschen Urteils, aus dem objektiven Thatbestande der Rechtswidrigkeit wird hier wie sonst ohne weiteres auf die rechtswidrige Absicht geschlossen. vgl. Br., Forschungen 487 ff.; RG. II. 544 ff. Die Urteilsschelte ist daher, wie andere Schelte, begrifflich Angriff auf die Ehre. vgl. unten Erläuterung zu Sal. 57, I. Anders im oberdeutschen, westgotischen, angelsächsischen und nordgermanischen Recht. vgl. Alam. 41, 1; 2; Baiuw. 2, 17; 18; Wis. II. 1, 20; Edgar III. 3; Knut II. 15, 1; Wilh. I. 13; Frostuþingsl. Indledn. 16; X. 30. Auch das langobardische und burgundische Recht kennt blosse Nachlässigkeit in der Rechtsprechung. vgl. Roth. 25; Liu. 28; Burg. prim. const. 10; 11; tit. 90, 2. Die Urteilsschelte kann nach altfränkischem Recht erst erhoben werden, wenn die Rachineburgen den anzufechtenden

Spruch auf ein tangano hin gefunden haben: Rib. 55. Andererseits muss sie sofort nach Findung des Urteils, jedenfalls aber vor der richterlichen Aufforderung zum Urteilserfüllungsgelöbnis geltend geltend gemacht werden. vgl. Grimm, RA. 866; Siegel, Wien. SB. 1865 S. 26; Br., Forschungen 354 f.; Tardif, Procédure 124. Der Scheltende hat gleichzeitig mit der Schelte ein ihm besser dünkendes Gegenurteil einzubringen: Alam. 44; ebenso kann jeder andere Dinggenosse, ja selbst der Richter, indem er einen anderen Urteilsvorschlag macht, den ersten schelten. vgl. v. Amira, Recht[2] 206; Br. II. 358_{25}. Folge der Urteilsschelte: Zwischenverfahren, dessen Parteien der (die) Scheltende(n) und der (die) Gescholtene(n) sind. Keine wirkliche Appellation. vgl. Br. II. 358_{26}. Die Entscheidung in diesem Verfahren wird, trotzdem direkte Zeugnisse für das fränkische Recht fehlen, kaum anders erfolgt sein, als in den analogen Fällen der Eides-, Zeugen- und Urkundenschelte, also durch Gottesurteil (Zweikampf oder Kesselfang). vgl. Erläuterung zu Sal. 48, I „inpotaverit quod periurasset"; Br. II. 358 f.; Schr. 359; v. Amira, Recht[2] 206; 217 f. Für das nordische sowie für das spätere sächsische und französische Recht ist Zweikampf bezeugt. vgl. Ssp. Landr. I. 18, 3; II. 12, 8; Görl. Landr. 40, 1; 46, 1; Richtst. Landr. 50, 9; 10. Der Eid scheint durch den Umstand ausgeschlossen zu sein, dass er wieder gescholten werden konnte. vgl. aber Br. II. 359_{28}. Die Strafe für Falschurteil ist nach der l. Sal. dieselbe wie für fortgesetzte Rechtsverweigerung. Über die Umbildung der Schelte zu einem wirklichen Rechtszug an ein anderes, insbesondere an das Königsgericht vgl. Alam. 41, 2; Cap. Pipp. v. 754/5 c. 7 (Bo. I. 32); Cap. Baw. c. 7 (ebd. 159); Cap. Sax. v. 797 c. 4 (ebd. 71). Über das Cap. miss. Theod. II. v. 805 c. 8 (Bo. I. 123) vgl. Schr. 359_{62} gegen Br. II. 361_{43}.

Si vero — legem dixerint — ille — contra unumquemque sol. XV culp. iud. Die ungerechtfertigte Urteilsschelte ist wie jede andere prozessuale oder ausserprozessuale Schelte Ehrenkränkung. Daher verwirkt der Scheltende die Normalstrafe der Beleidigung, 15 sol. (vgl. Erläuterung zu Sal. 30, 1), und zwar gegen jeden der Beleidigten, entsprechend der Busse, die er im Falle von Sal. 57, 3 von jedem gescholtenen Urteiler erhält. vgl. Sohm, RuGV. 140; Br. II. 360; Schr. 359.

LVIII. De chrene cruda.

chrene cruda. Die sprachliche Ableitung dieses Rechtswortes ist noch nicht befriedigend festgestellt. vgl. Grimm, RA. 110 ff.; Vorr. LIII; Mythol. I. 534 („reines kraut") Leo II. 149; Müllenh. b. Waitz 281; Jungbohn Clement 236 ff. („Totenwurf"); Zöpfl, RG. III. 393_{13}; Kern b. Hessels § 256. Der Titel handelt von dem Verfahren gegen den zahlungsunfähigen Wergeldschuldner („si quis hominem occiderit") und der in diesem Falle eintretenden Magenhaftung. vgl. im allgemeinen Waitz, AR. 175 ff.; Sohm, Proz. 175 ff.; Zöpfl, RG. III. 392 ff.; Thonissen 171 ff.; 225 ff.; Lamprecht, WL. I. 23 ff.; Br., ZRG.[2] 3, 37 ff.; Glasson, Hist. III. 418 ff.; Vanderkindere, Introduct. 192 ff.; Blumenstok, IE. I. 269 ff.; 324 ff.; Ficker, Erbenf. III. 538 f.; Horten 47 ff.; 84 ff. Der letztgenannte Autor will in der Chrenecruda überhaupt kein Symbol der Magenhaftung, sondern nur des Vorrechts der Verwandten sehen, durch Übernahme der Schuld die Hufe des Totschlägers zu erwerben; diese Auffassung steht aber in offenbarem Widerspruch mit dem Wortlaut von Sal. 58. Ob die Haftung der Sippe zur Zeit der Abfassung des ältesten Textes auf die Voraussetzung des Totschlags beschränkt war, bleibt unsicher. vgl. WAITZ, AR. 175; DAHN, Kge. VII. 1, 302. Die hohes Altertum verratenden Bestimmungen von Sal. 58 (vgl. FAHLBECK, Royauté 254) sind in einzelnen Gegenden des salischen Rechtsgebietes frühzeitig obsolet geworden, in anderen ist dagegen die Magenhaftung erhalten geblieben. vgl. Sal. 58, 1_1; I; Cap. Sal. VII. 2; VIII. 7; TARDIF, Etudes 169; BR., ZRG.[2] 3, 45; RG. I. 221_{22}; HORTEN 57; 139_{322}; DAHN, Kge. VII. 1, 305; 2, $54_{4;5}$; SICKEL, WZ. 15, 150 f. Das ribuarische und die oberdeutschen Volksrechte kennen die Magenhaftung von Sal. 58 nicht. vgl. Childeb. II. decretio v. 596 c. 5 (Bo. I. 16); BR., ZRG.[2] 3, 46 ff.; RG. I. 220; 305_8.

totam facultatem data non habuerit unde tota lege compleat. Das Wergeld zerfällt bei den salischen Franken in zwei Hälften, die Erb- und die Magsühne. Erstere fällt an die Erben, letztere an die Sippe der toten Hand. Umgekehrt darf angenommen werden, dass für erstere der Verbrecher und seine Hausgenossenschaft, für letztere die Angehörigen der Sippe primär aufzukommen haben. vgl. Erläuterungen zu Sal. 62; Cap. Sal. V. 3. Daraus würde folgen, dass es sich hier nur um die subsidiäre Haftung der Magen für die Erbsühne handelt. vgl. WAITZ, AR. 176; BR., ZRG.[2] 3, 37; 44; RG. I. 220; a. M. VANDERKINDERE, Introduct. 238 f. Da der Wergeldschuldner, bevor es zum Griff auf die Magen kommt, einen Teil der Busse bereits bezahlt hat, so ist ein gerichtlicher oder aussergerichtlicher Sühnevertrag und als dessen wesentlichster Bestandteil ein solennes Zahlungsversprechen (fides facta. vgl. Erläuterungen zu Sal. 50, 2) Voraussetzung des Verfahrens von Sal. 58, 1; war ein solches Versprechen nicht gegeben, so stand nur die Procedur von Sal. 56 zur Verfügung. vgl. unten Erläuterung zu „si vero nec ipse habuerit"; WAITZ, AR. 177; BR., ZRG.[2] 3, 37; Forschungen 477; SCHR. 79. — lex: Busse, nach SOHM, RuGV. 104_4, Strafe kraft Strafrechts. Gegensatz bannus, Strafe kraft obrigkeitlichen Willens. Über tota lege vgl. unten Erläuterung zu „quicumque pauperior fuerit."

XII iuratores donare debet. Der Wergeldschuldner beschwört selbdreizehnt (vgl. v. AMIRA, Germania 20, 54) seine Insolvenz. Eidhelfer (vgl. über sie Erläuterung zu Sal. 48, II_1 „iuratores quinos sol. cond.") sind die Magen des Totschlägers, der Eid wird also nicht ihnen, sondern der Sippe des Erschlagenen geschworen. vgl. BR., ZRG.[2] 3, 37 f., gegen v. AMIRA, a. a. O. 22. — Die Stelle ist das älteste Zeugnis des Offenbarungseides. vgl. GALLINGER 104 ff.

nec super terram nec subtus terram plus facultatem. terra ist nach BLUMENSTOK, IE. I. 231, der allgemeinste Ausdruck für Boden, Immobilie. vgl. z. B. Sal. 17, 5; 55, 1; 59, 5. facultas heisst hier also sicher bewegliches Vermögen, Fahrhabe. Anders Sal. 46; vgl. die dortige Erläuterung zu „Postea acquirent hominem" (S. 180 f.).

casa sua. Wenn der Wergeldschuldner nach Hingabe seines gesamten mobilen Eigentums dennoch weiter ein Haus besitzt, das er erst durch die seinem Offenbarungseide folgende symbolische Handlung des Chrenecrudawurfes zugleich mit der ihm bisher gehörigen Hufe seinen Verwandten überträgt, so ist sonnenklar, dass die casa nicht, wie LAMPRECHT, WL. I. 23 f., auf Grund der verderbten Fassung von Cap. Sal. III. 4_a beweisen möchte, zum Mobiliarvermögen, sondern vielmehr zu den Immobilien gehört, in die eine Exekution zur Zeit der lex. Sal. noch nicht möglich ist (BETHM. IV. 518_{93}). vgl. gegen LAMPRECHT vor allem die treffenden Ausführungen von R. SCHMIDT, Affatomie 36_{51}; 37, denen ich nur insofern nicht beipflichten kann, als sie einen begrifflichen Unterschied zwischen facultas und fortuna konstruieren. vgl. Erläuterung zu Sal. 46 „Postea acquirent hominem". Die leichte Beweglichkeit des salfränkischen Hauses (vgl. über dasselbe Erläuterung zu Sal. 27, XI) spricht nicht gegen unsere Ansicht, denn das Haus wird trotz des mobilen Charakters seiner Hauptbestandteile als besonderes Rechtsobjekt erst existent, nachdem es in Verbindung mit dem Grund und Boden getreten ist. Wollte man aber selbst die casa als Mobilie gelten lassen, wie stände es dann mit der screuna, dem Erdhaus? vgl. Erläuterung zu Sal. 13, 1_2.

debet — introire — parentem habet. Der insolvente Wergeldschuldner sammelt aus den vier Ecken seines Hauses Erde in seiner Hand, stellt sich, das Gesicht dem Inneren der casa zugewendet, auf die Thürschwelle (duropullus, duropalus. vgl. MÜLLENH. b. WAITZ 282; v. RICHTHOFEN, WB. 692; GRIMM, Vorr. VI; KERN b. HESSELS § 257) und wirft mit der Linken Teile der gesammelten Erde über die Schulter auf seinen — demnach vor dem Hause stehenden — nächsten Verwandten. vgl. DAHN, Kge. VII. 2, 61; HAISS, Traditio 107. Durch diese symbolische Handlung, welche hier nach dem verwendeten Symbol chrenecruda, sonst investitura genannt wird, überträgt der Zahlungsunfähige dem betreffenden Magen sein Recht an den bisher von ihm besessenen Immobilien, also an Haus, Hof und Hufe. Die Investitur ist ursprünglich stets eine reale, d. h. sie wird auf dem Grundstück, welches veräussert werden soll, selbst vorgenommen. Über die dabei zur Verwendung kommenden Symbole vgl. DU CANGE III. 883 ff.; über die Entwickelung der symbolischen und der gerichtlichen Investitur aus der realen vgl. die oben S. 180 in Erläuterung zu Sal. 46 „Postea acquirent hominem" angeführte Litteratur. Dass der Totschläger die Hufe nicht einfach dem Wergeldschuldner behufs Befriedigung überlassen kann, sondern sie seinen Verwandten einräumen muss, ist ein Rest des früheren Gesamteigentums der Sippe als agrarischer Genossenschaft am Grund und Boden. vgl. HERMANN in GIERKES Unters. X. 5_2; BR. I. 84 f.

pater et fratres. Der Wergeldschuldner von Sal. 58 besitzt, wie aus obigem hervorgeht, eigenes Haus und Gehöft und folgeweise auch eine eigene Hufe (a. M. BLUMENSTOK, IE. I. 279). Dennoch hat er möglicherweise noch einen Vater, und dieser haftet als erster für den unbezahlten Teil der Erbsühne. Die Selbmündigkeit des germanischen Freien wird nämlich durch seine wirtschaftliche Selbständigkeit begründet, die Verantwortlichkeit seines Vaters für ihn beschränkt sich von da ab auf die Fälle allgemeiner Magschaftshaftung. vgl. Sunesen 10; STOBBE, Beitr. 1 ff.; HEUSLER, Instit. II. 435 ff.; BR. I. 76 f.; SCHR. 65 f.; v. AMIRA, Recht² 164. Dass bereits die Wehrhaftmachung ohne Absonderung aus der Hausgenossenschaft selbmündig gemacht habe, behaupten SOHM, RuGV. 342_{21}; 554 f.; YOUNG, Essays in Anglosax.

law 155 f.; 159 f.; Ehrenberg, Kommendation 54. vgl. Erläuterung zu Sal. 24, 2 „puerum crinitum". Wenn aber Br., ZRG.[2] 3, 41 meint, mit dem Schollenwurf auf Vater und Brüder sei eine Besitzräumung von Seite des Totschlägers nicht verbunden gewesen, so glaube ich widersprechen zu müssen. Wenn Vater und Brüder mit dem Totschläger nicht mehr in Hausgenossenschaft leben, können sie nur noch als seine nächsten Sippegenossen gelten. Eben darum aber kann ihre Pflicht, in die Deliktsobligation des zahlungsunfähigen Magen einzutreten, auf keinen anderen Voraussetzungen beruhen wie die inhaltsgleiche Pflicht der weiteren Sippe. Werden sie auch an erster Stelle zur Haftung herangezogen, so brauchen sie sich doch ebensowenig wie die anderen Mitglieder des Geschlechts heranziehen zu lassen, ohne dass der insolvente Wergeldschuldner ihnen seinen Immobiliarbesitz abtritt. Freilich aber veranlasst der enge verwandtschaftliche Zusammenhang zwischen dem abgeschichteten Haussohne und seinen früheren Hausgenossen in Wirklichkeit diese letzteren regelmässig zu einer das Mass rechtlicher Verpflichtung weit überschreitenden Hilfe. Vater und Brüder werden in der Mehrzahl der Fälle nicht erst den Schollenwurf abwarten, um ihrem Sohn und Bruder beizuspringen, und daher im Augenblick der chrenecruda meist selbst als insolvent zu betrachten sein. Die Lesarten, welche anstelle von pater oder neben pater die mater einschieben, sind mit v. Amira, Erbenf. 23 ff.; Br., ZRG.[2] 3, 41, auf Textverderbnis zurückzuführen. A. M. Lamprecht, WL. I. 25; Vanderkindere, Introduct. 238; unentschieden Dargun in Gierkes Unters. XVI. 70.

super suos — qui proximiores sunt. Die sui sind die drei nächsten Mutter- oder Vatermagen. Über die Varianten von Sal. 58, 1_3 vgl. v. Amira, Erbenf. 23 ff.; Dargun, a. a. O. 71; Ficker, Erbenf. III. 538; über die Bedeutung von generatio (Grad? oder Geschlecht?) Lamprecht, WL. I. 37_4 gegen v. Amira, Erbenf. 8 f. Die Voranstellung der Muttermagen wird von Dargun, a. a. O. 70; Lamprecht, Festg. f. Hanssen 71; Heusler, Instit. II. 522 als Rest des Mutterrechts gedeutet. vgl. Erläuterung zu Cap. Sal. V. 3. Streit herrscht, ob die Haftung der sechs genannten Magen eine sukzessive oder eine gleichzeitige ist. Erstere Ansicht verfechten v. Amira, Erbenf. 27; Horten 49_{126}; letztere Wilda, Strafr. 391; Br. ZRG.[2] 3, 38 f. M. E. sprechen die späteren Worte „pro medietate" entscheidend für die Brunner'sche Interpretation.

in camisia — sepe sallire debet. Der Investitur des oder der zur Haftung herangezogenen Verwandten folgt als zweiter Akt der sala oder traditio des Grundstücks die körperliche Besitzräumung, der exitus des Wergeldschuldners. vgl. Schr. 61; 270; Br., Röm. u. germ. Urk. 274. Auch diese solenne Handlung geht unter Wahrung bestimmter symbolischer Formen vor sich: der Totschläger springt im Hemd (camisia. vgl. Du Cange II. 56; Diez, Et. WB. 79 f.; Dahn, Kge. VII. 1, 124), ungegürtet (discinctus. vgl. Grimm, RA. 157) und unbeschuht (discalcius. vgl. Waitz, AR. 296), einen Stab in der Hand, über den Zaun seines Gehöfts. Der Stab ist gewiss nicht mit Thévenin, NR. 1880 S. 85 als Surrogat des Gers aufzufassen, ob aber mit Schr. 61_{18} als Zeichen der Landflüchtigkeit, bleibt doch auch zweifelhaft, denn der Totschläger wird nicht landflüchtig, sondern haftet für den etwa nicht zu beschaffenden Rest der Wergeldschuld weiterhin mit seiner Person. vgl. Grimm, RA. 134, wo auch noch andere Bedeutungen des Stabtragens aufgeführt werden. Über die Umzäunung des salfränkischen Hauses vgl. Erläuterungen zu Sal. 16, 5; 34, 1.

pro medietate — illi tres solvant. Die drei nächsten Muttermagen zahlen zusammen die Hälfte der Summe, welche, trotzdem Vater und Brüder schon nach Kräften beigesteuert haben, immer noch dem Wergeldgläubiger geschuldet wird (diger: Mangel habend, entbehrend. vgl. Pertz, Dipl. M. 49; Pardessus 399 no. 641; Waitz, AR. 296; Du Cange II. 856). Welcher Bruchteil des Defizits auf jeden einzelnen von ihnen fällt, sagt das salische Gewohnheitsrecht (quantum lex addicat). Das „aut" nach diger hat hier kopulative Bedeutung. vgl. Br. ZRG.[2] 3, 40.

hoc et illi alii — facere debent. Man ist einig darüber, dass das „hoc est" (h. e.) der meisten Texte (Sal. 58, 1_c) in „hoc et" korrigiert und die nachfolgende Stelle nicht als Erklärung der vorhergehenden Worte, sondern als ein Zusatz zu ihnen aufgefasst werden muss. vgl. Lamprecht, WL. I. 26; Br. ZRG.[2] 3, 40; R. Behrendt, l. Sal.[2] 122 Z. 38 f. Um so weniger verstehe ich, was Behrend, a. a. O., eigentlich meint, wenn er hieraus schliesst, vorher (wann?) sei nur von der materna generatio die Rede gewesen, die paterna generatio sei dort (wo?) von den Schreibern später hinzugefügt; der zweite Schollenwurf habe die Muttermagen herangezogen, die Vatermagen seien bereits durch den ersten Wurf betroffen worden. Ich denke, der Zusatz sagt einfach: Die drei nächsten Vatermagen sollen ebenso wie die drei nächsten Muttermagen zusammen nach gewohnheitsrechtlich feststehendem Verhältnis für die Hälfte des Erbsühnedefizits aufkommen.

quicumque pauperior fuerit — super illum chrenecruda — iactet, ut ille — solvat. Wenn einer der Zahlungspflichtigen, nachdem die Chrenecruda mit auf ihn geworfen worden war, seine Quote nicht ganz aufbringen kann, so vermag er sich von der über seine Mittel hinausgehenden Pflicht nur noch durch Weitergabe des Schollenwurfes zu lösen. Indem er diesen gegenüber einem vermögenden Mitpflichtigen vornimmt, bleibt für ihn doch der Zwang bestehen, bis zur Grenze eigener Insolvenz zu haften, der reichere Sippegenosse übernimmt, wie Vanderkindere, Introduct. 238 m. E. mit Recht gegen Br., ZRG.[2] 3, 40, bemerkt, nicht etwa zu seinem eigenen Teil auch noch die ganze Quote des ärmeren (integrum debitum), sondern nur das verbliebene Defizit dieser Quote, „ut tota lege solvat", d. h. damit er die rechtliche Pflicht des Anderen bis zur Erfüllung ergänze. Bei Brunners Interpretation bleibt für die verschiedenen Schollenwürfe eine Inkonsequenz bezüglich ihrer Voraussetzungen bestehen, welche, wie ich glaube, nicht gerade wahrscheinlich ist. Denn warum soll der Totschläger erst sein ganzes Vermögen hergeben, bevor er zur Chrenecruda schreitet, wenn der Sippegenosse den Schollenwurf vornehmen darf, nachdem er nur schätzungsweise die Unmöglichkeit festgestellt hat, seinen Anteil zu bezahlen? Und warum soll der reichere Sippegenosse so gegenüber dem ärmeren benachteiligt werden? M. E. ist Voraussetzung jeder Chrenecruda wirkliche Insolvenz, diese aber tritt beim Sippengenossen wie beim Totschläger erst ein, wenn er gezahlt hat, was er zahlen kann.

si vero nec ipse habuerit — in mallo praesentare debet. Über die drei nächsten Vater- und die drei nächsten Muttermagen hinaus reicht die durch Schollenwurf herbeigeführte Haftung nicht. vgl. v. AMIRA, Erbenf. 26. Können diese Verwandten das Erbsühnedefizit selbst mit vereinten Kräften nicht aufbringen, so tritt an die Stelle weiterer vermögensrechtlicher Sippehaftung die Personalhaftung des Verbrechers: derselbe gerät in die Gewalt des Wergeldgläubigers, „qui eum sub fidem habuit", d. h. dem er die fides facta bezüglich der Mannbusse geleistet hatte. vgl. oben Erläuterung zu „totam facultatem data non habuerit"; PARDESSUS 400 No. 644; WAITZ, AR. 177; BR., ZRG.[2] 3, 37_1; FUSTEL DE COULANGES, Hist. III. 462_6; LEHMANN, RQ. 25_{19}; HORTEN 50 f.; mehr oder weniger abweichende Erklärungen geben WILDA, Strafr. 391; v. MEIBOM, Pfandr. 80 Text u. Anm. 157; SOHM, Proz. 176_{26}; v. AMIRA, Erbenf. 22; NISSL, GSt. 192_1; LONDON 390; GALLINGER 102_{21}. Bevor jedoch der Gläubiger sich an der Person des Totschlägers für den ihm entgehenden Rest der Wergeldschuld erholen darf, ist noch ein letzter Versuch zu machen, ob dieser Rest nicht dennoch aufgebracht werden kann. Daher erfolgt jetzt eine Art von Aufgebotsverfahren: der Delinquent wird an vier Gerichtstagen von seinem Gläubiger zur Lösung ausgeboten. Warum dies Angebot, wie HORTEN 51_{130} will, nur den Verwandten gegenüber erfolgen dürfen soll, ist nicht abzusehen. Mögen sich auch andere Volksgenossen thatsächlich wohl nur selten zum Loskauf bewogen gefunden haben (hiermit erledigen sich HORTENS Hinweise auf die Variante „nullus suorum" von Kod. 10 u. Em. sowie auf Cap. Sal. VII. 2), so war doch kein rechtlicher Grund vorhanden, es ihnen zu verbieten. vgl. BR., ZRG.[2] 3, 42. Dagegen können unter den Auslösungsberechtigten allerdings nur solche Verwandte des Totschlägers in Betracht kommen, die nicht zu dem der Chrenecruda unterworfenen Kreise gehören, denn diese letzteren sind ja im Augenblick des Aufgebotes bereits insolvent. vgl. v. AMIRA, Erbenf. 26, den HORTEN a. a. O. irrtümlich für sich zitiert.

de sua vita conponat. Löst niemand den zahlungsunfähigen Wergeldschuldner aus, so verfällt er der Todesstrafe. vgl. Erläuterung zu Sal. 50, 4 „de vita culp. esse debet" (oben S. 201). Über die Seltenheit der Todesstrafe und ihren Vollzug durch Privathinrichtung vgl. Erläuterung zu Sal. 13, 7_1. Dass die Hufe des Totschlägers in letzter Linie nun doch an den Wergeldgläubiger gefallen sei, versucht HORTEN 50; 54 umsonst wahrscheinlich zu machen, denn die Immobilie gehört dem Schuldner zur Zeit des Aufgebotes ja schon längst nicht mehr, sondern demjenigen seiner Sippegenossen, den der letzte Schollenwurf getroffen hat.

LIX. De alodis.

alodis. Über die sprachliche Ableitung des Wortes herrscht Streit. Nach GRIMM, RA. 493; 950; GRAFF, Sprachsch. I. 220; 237; WAITZ, VG. II. 1, 287_1; KLUGE, Et. WB. 9 ist es germanischen Ursprungs, aus al (ganz) und ôd (Eigentum) zusammengesetzt und bedeutet also freies Eigen, nach LEO II. 151, MÜLLENH. b. WAITZ 278; DIEZ, Et. WB. 12 f. ist gallisch-romanische Abstammung anzunehmen. Sachlich steht fest, dass das Alod der l. Sal. (Sal. 59 Überschr.; 5_2; Cap. Sal. V. 1) noch nicht, wie seit späterer Merowingerzeit, Immobiliarerbe, sondern ganz allgemein Erbschaft bedeutet. vgl. Rib. 58 (Kodd. B.) Überschr.; Thur. 26 Überschr.; Baiuw. 2, 1; Alam. 54***; Form. Marc. II. 10; 14; Pardessus 691 ff.; Waitz, AR. 121 ff.; v. Amira, Erbenf. 2 f.; Fustel de Coulanges, Hist. IV. 151; a. M. v. Richthofen, MG. LL. V. 123_{34}. Zu weit geht aber wohl Sohm, RuGV. 118 Text u. Anm. 57, wenn er Alod als technische salfränkische Bezeichnung für Fahrhabe im Gegensatz zur Immobilie auffasst. — Sal. 59 ist wiederum einer der am meisten umstrittenen Titel des ganzen Gesetzes. vgl. im allgemeinen an Litteratur: Wiarda, Sal. Ges. 246 ff.; Pardessus a. a. O.; Waitz, AR. 108 ff.; Siegel, Verwandtschaftsberechnung 20 ff.; Thudichum, GuMV. 186 ff.; Wasserschleben, Sukzessionsordng. 37 f.; v. Amira, Erbenf. 1 ff.; Rosin, Commentatio (1875); Gierke, ZRG. 12, 439 ff.; Dargun in Gierkes Unters. XVI. 60 ff.; Glasson, NR. 1885 S. 601 ff.; Hist. III. 149 ff.; Heusler, Instit. II. 521 ff.; Lamprecht, WL. I. 37 ff.; Festg. f. Hanssen 69 f.; Opet in Gierkes Unters. XXV. 11 ff.; Blumenstok, IE. I. 353 ff.; Gothein, Bonner Festschr. f. Poppelsdorf 13 ff.; Ficker, Erbenf. III. 522 ff. — Für unsere Interpretation ist zunächst festzuhalten, dass §§ 1—3; I; 4 vom Mobiliarerbrecht, § 5 dagegen vom Immobiliarerbrecht handelt, und dass der Zweck des ganzen Titels offensichtlich darin besteht, die Verschiedenheiten der Erbfolge in Fahrhabe einerseits, in Grundstücke andererseits festzustellen. Für das Erbrecht der anderen Volksrechte vgl. Rib. 56; Fris. 19, 2; Thur. 26—34; Cham. 42; Sax. 41; 44; 46; Alam. 55; 89; Burg. 14, 1; 2; 51, 2; 53, 2; 78, 1; Wis. IV. 2; Stobbe, Privatr. V. 84 ff.; Kayser, ZRG. 8, 466 ff.; Miller, ebd. 13, 38 ff.

Si quis — filios non demiserit — mater — in hereditatem succedat. Wenn jemand ohne direkte Deszendenz (über diese weitere Bedeutung von filii vgl. die von Gierke, ZRG. 12, 440_{17}, angeführte Litteratur) stirbt, so erbt nach den ältesten Texten die überlebende Mutter die Fahrhabe. Warum nicht der Vater oder Vater und Mutter zusammen? Nach denjenigen Autoren, welche in der l. Sal. Stützpunkte für das Fortleben mutterrechtlicher Institutionen suchen, erklärt sich die Ignorierung des Vaters aus der Anschauung, dass Verwandtschaft nur durch Weiber vermittelt werde, und der Erzeuger somit für verwandtschaftliche Erbfolge ausser Betracht bleibe. vgl. Dargun, a. a. O. 64 ff.; Heusler, a. a. O. 521; 586_1; Opet, a. a. O. 13 ff.; Vanderkindere, Bulletins de l'ac. roy. de Belgique 3. sér. 15, 857; Gothein, a. a. O. 14; Ficker, a. a. O. 519. Dazu stimmt aber das im übrigen so ganz agnatisch gestaltete Familienrecht der l. Sal. nicht. Viel einfacher erscheint mir anzunehmen, dass der Vater in l. Sal. 59 als gestorben vorausgesetzt wird. Ist dies ganz sicher in Sal. 59, 5 der Fall, weil sonst entsprechend Sal. 59, 1 der nächste Aszendent vor den Brüdern zur Immobiliarerbfolge berufen werden müsste (vgl. die Erläuterungen zu Sal. 59, 5), so wird man für Sal. 59, 1—3; I; IV wohl von derselben Voraussetzung auszugehen haben, wenn man auch nicht mit Waitz, AR. 108, den Grund der Übergehung des Vaters in der Unmöglichkeit findet, dass der Sohn zu Lebzeiten desselben vererbliches Gut besitze. vgl. Cap. Sal. VIII. 3, wo ebenfalls der Vater als bereits verstorben gedacht ist; LAMPRECHT, WL. I. 37. Andere Erklärer glauben, dass Sal. 59, 1—3; I; 4 nur das Erbrecht der weiblichen Verwandten regeln wolle und daher dasjenige des Vaters als selbstverständlich unberücksichtigt lasse. vgl. PARDESSUS 701; SCHÄFFNER 299; v. AMIRA, Erbenf. 5; ROSIN, a. a. O. 34; GIERKE, a. a. O. 439; SCHRÖDER, FDG. 19, 145; dieser Ausweg aber erscheint nicht gangbar, weil Sal. 59, 2 auch männliche Verwandte erwähnt. vgl. LAMPRECHT, WL. I. 38. Die Texte der 2.—5. Familie haben dann in richtiger Erkenntnis, dass die Stelle missverständlich sei, nicht aber, um eine später eingetretene vaterrechtliche Entwickelung zu fixieren, den pater nachträglich eingefügt. Dasselbe hat die l. Rib. 56 gethan.

Si — fratrem aut sororem dimiserit, ipsi — succedant. Sind die Eltern verstorben, so erben die Geschwister das fahrende Gut, und zwar die Brüder mit den Schwestern. In Sal. 59, 1 u. 2 ist demnach ganz wie in Rib. 56, 1; 2 für die Mobiliarerbfolge der näheren Verwandten ein in sich widerspruchsloses Prinzip durchgeführt: es werden berufen an erster Stelle die Kinder, d. h. die Verwandten der eigenen Hausgenossenschaft des Erblassers in gerader Linie, an zweiter Stelle seine Eltern, d. h. die nächsten Verwandten seiner ursprünglichen Hausgenossenschaft in gerader Linie, endlich an dritter Stelle seine Geschwister, d. h. die nächsten Verwandten seiner ursprünglichen Hausgenossenschaft in der Seitenlinie.

Tunc — soror matris (patris) — succedat. Si vero — non fuerent, sorores patris (matris) accedant. Ausserhalb der ursprünglichen Hausgenossenschaft des Erblassers ändert sich das Prinzip der fränkischen Mobiliarerbfolge. Denn mit FICKER, Erbenf. III. 520, anzunehmen, dass sorores nicht blos Schwestern, sondern Geschwister beiderlei Geschlechtes zu bedeuten habe, kann ich mich um so weniger entschliessen, als — ganz abgesehen von der inneren Unwahrscheinlichkeit dieser Hypothese — in Sal. 59, 2 der Bruder ausdrücklich neben der Schwester genannt wird. Es dürfte somit daran festzuhalten sein, dass sämtliche Texte, die jüngsten wie die ältesten, in dem ersten die ursprüngliche Hausgenossenschaft des Erblassers überschreitenden Verwandtenkreise zunächst nur Weiber zur Folge in das fahrende Gut berufen. Anders PARDESSUS 702 f.; v. AMIRA, Erbenf. 7; Rosin 35 f.; GIERKE, a. a. O. 440. Diese Bevorzugung des weiblichen Geschlechtes als Ausfluss des Mutterrechtes zu betrachten (vgl. z. B. DARGUN, a. a. O. 61), geht nicht an, denn erstens müsste es dann ja besonders auffallen, dass keine der späteren Textformen an der Benachteiligung der Männer Anstoss genommen hat, zweitens aber erbt auch nach mutterrechtlicher Theorie der Mutterbruder gleichzeitig mit seiner Schwester. Man wird daher hier keinesfalls einen rudimentären Rest vorgeschichtlichen Rechtes zu sehen, sondern im Gegenteil anzunehmen haben, dsss es sich um eine Institution handelt, die dem Rechtsbewusstsein späterer Entwickelungsepochen mindestens ebenso nahe lag, wie demjenigen älterer Zeit. Wir beobachten also in Sal. 59, wie die Intensität des männlichen Erbrechtes in den zunächst berufenen Generationen gewissermassen ausgeglichen wird durch die Bevorzugung weiblicher Erbfolge in der ersten Generation der weiteren Verwandtschaft. Söhne, Vater, Brüder erben allein die Immobilien (Sal. 59, 5) und zusammen mit Töchtern, Mutter, Schwestern die Mobilien. Mangels dieser näheren Verwandten aber erhalten die entfernteren männlichen Sippegenossen zunächst überhaupt nichts, denn die Immobilien unterliegen nunmehr dem Heimfallsrecht, dagegen erweist sich das Erbrecht der Weiber kräftiger und wirkt sofort auch über den Kreis der ursprünglichen Hausgenossenschaft des Erblassers hinaus. Eine andere Frage ist, warum in Kod. 1—9; F; 10 und Em. F die Mutterschwester teils allein erwähnt, teils ausdrücklich der Vaterschwester vorgezogen wird, während die übrigen Emendatahandschriften und Kod. H das Verhältnis umkehren (Kod. G hat verderbten Text). Angesichts dieser Textüberlieferung kann m. E. zunächst nicht zweifelhaft sein, dass die Bevorzugung der Mutterschwester thatsächlich im älteren salischen Recht begründet gewesen und im jüngeren nur unvollkommen verdrängt worden ist. Doch sehe ich darum auch hier noch keinen Zwang zu mutterrechtlichen Erklärungen. In Sal. 59, 3 u. I ist ja vorausgesetzt, dass die Mutter des Erblassers vorverstorben sei, infolge dessen hat der letztere seiner Zeit die Mobiliardos der Mutter allein oder anteilig mit seinen Geschwistern geerbt. vgl. Cap. Sal. II. 3. Für diese dos aber ist, da der Erblasser bei seinem Tode weder Kinder, noch Vater noch Geschwister hinterlässt, und da seine mütterlichen Grosseltern ebenfalls als verstorben vorausgesetzt werden, die Mutterschwester allerdings die Nächstberechtigte. Dass die übrige Fahrhabe des Erblassers der mütterlichen dos folgt, kann nicht allzusehr auffallen, wenn auch Rib. 56, 3 vielleicht gerade mit Rücksicht auf die nicht von der Mutter herrührenden Mobilien zugleich mit der Mutterschwester die Vaterschwester beruft. Mit Schröder, der RG. 321_{337} das Vorrecht der salischen Mutterschwester aus der Voraussetzung erklären will, dass sie noch unverheiratet und darum der engeren Familie des Erblassers zuzurechnen sei, kann ich mich aus doppeltem Grunde nicht einverstanden erklären, denn erstens deutet im Text nichts auf den ledigen Stand der Mutterschwester und zweitens gehört das unverheiratete Mädchen nicht der Sippe ihrer verheirateten Schwester, sondern derjenigen ihres nächsten Schwertmagen an.

inde de illis generationibus quicumque proximior fuerit — succedat. Es handelt sich hier vor allem um Feststellung des Sinnes der „illae generationes“. Am natürlichsten wäre nun die Annahme, dass der Ausdruck auf das unmittelbar Vorhergehende verweise. Daraus würde folgen, dass Kod. 2, der hinter der soror matris die soror patris einschiebt, unter illae generationes die beiden Kreise versteht, zu deren einem die Mutterschwester und zu deren anderem die Vaterschwester gehört. Es würden also nach Kod. 2 nunmehr zunächst Mutterbruder und Vaterbruder an die Reihe kommen, ob zusammen oder nacheinander, bliebe zweifelhaft. Diese ganze Interpretation aber führt ins schlimmste Wirrsal, sobald man ihr Ergebnis mit dem zusammenhält, was die anderen Texte sagen. Denn schon Kod. 1; 3; 4, welche nur die soror matris erwähnen, sprechen nichtsdestoweniger ebenfalls von illae generationes, die Handschriften der 2.—5. Familie aber, die sämtlich Mutterschwester und Vaterschwester wenn auch in variierender Reihenfolge berufen, beschränken die illae generationes ausdrücklich auf die Vaterseite; auch in der verderbten Form von Kod. 8; 9 lässt sich das noch erkennen. Kommt also für alle Texte ausser Kod. 2 in der ersten auf die ursprüngliche Hausgenossenschaft des Erblassers folgenden Parentel nur eine einzige generatio in Betracht (nach Kod. 1; 3; 4 die generatio der soror matris, nach Kod. 5—9; B—H; 10; Em. diejenige der soror patris), so kann in diesen Texten der Plural illae generationes nicht allein nach rückwärts weisen, sondern muss entweder nach rückwärts und vorwärts oder nur nach vorwärts auf bisher noch nicht erwähnte Verwandtenkreise zeigen. Indem ich für wahrscheinlicher halte, dass die illae generationes auch den Kreis der schon behandelten Mutter- bezw. Vaterschwester mit umfassen wollen, würden durch den fraglichen Ausdruck alle Parentelen bezeichnet sein, welche nach salischem Recht überhaupt noch erben können. Aus Sal. 44, 9; 10 dürfen wir schliessen, dass dies Recht sich bis zum 6. Verwandtenkreise erstreckt, ein Resultat, das wiederum bestens zu dem unserer Stelle entsprechenden Passus in Rib. 56, 3 stimmt, sobald man annimmt, dass die Ribuarier die Erbfähigkeit deshalb in der fünften Generation endigen lassen, weil sie Eltern und Geschwister noch mit zur ersten Parentel rechnen, während dieselben nach salischer Komputation bereits der zweiten generatio angehören. Bezüglich der hiermit zusammenhängenden Kontroverse über die Parentelen- oder Linealgradualordnung des germanischen Erbrechts vgl. die von Schröder, RG. 325_{363} angegebene reiche Litteratur.

De terra vero (salica) — perteneat. Handelten die bisherigen §§ von der Erbfolge in die Mobilien, so beschäftigt sich Sal. 59, 5 dafür mit dem Immobiliarerbrecht und spricht nach den Handschriften der ersten Familie den Grundsatz aus, dass überhaupt nur Männer befähigt seien, die terra zu erben. Die Texte der 2. Familie haben dann zu terra die Erläuterung „salica" hinzugefügt und die späteren Texte haben das übernommen. Daraus hat eine zuerst im 14. Jahrhundert auftauchende staatsrechtliche Theorie fälschlicherweise den Ausschluss der Weiber von der französischen und spanischen Thronfolge abgeleitet (sog. „salisches Gesetz"). vgl. Guérard, Journal d. savans 1843 S. 564 ff.; Thudichum, Sala 78 ff. Über die wirkliche Bedeutung der terra salica herrscht noch heute keine Einigkeit. Einige Autoren verstehen darunter schon für die Zeit der Abfassung unseres Volksrechtes das Herrengut, d. h. das auf praeceptum regis hin durch Rodung erworbene, ausserhalb des markgenossenschaftlichen Verbandes stehende Hofland (mansus indominicatus). vgl. vor allem Schröder, FDG. 19, 148 f.; Westd. Monatsschr. 6, 485_4; Franken u. ihr R. 54 f.; 79; RG. 208 ff.; 210_{69}; Thudichum, Sala 37 ff. Als freies Eigentum, dessen nur der freie Franke fähig gewesen sei, wird die terra salica von Zimmerle, Stammgutssystem 29 erklärt. Dagegen ist nach Sohm, SB. d. Sächs. Ges. d. Wiss. 1894 S. 164 ff., das Volkland der salischen Franken gemeint, welches dem Einzelnen nicht zu freiem Eigentum, sondern nur zu Nutzung überwiesen war und daher mangels von Söhnen der Gemeinde heimfiel. M. E. ist hier wie schon vielfach in den vorhergehenden §§ der Schlüssel des Verständnisses aus der entsprechenden Norm der l. Rib. zu entnehmen. Rib. 56, 4 aber schliesst die Weiber von der Erbfolge in die „terra aviatica", d. h. in die bereits vom Grossvater her im Familienbesitz befindlichen Immobilien aus. Da sala Wohnhaus bedeutet (vgl. salina: Sal. 16, 2) und das Haus den wirtschaftlichen Mittelpunkt des ererbten Grundbesitzes bildet, so heisst t. sal. Haus- oder Hofland (vgl. Guérard, Polypt. 485 ff.; 491 ff.; Waitz, AR. 118); gerade darum aber hat die Identifizierung von salicus und aviaticus nichts Gezwungenes. vgl. Form. Marc. II. 12; Cart. Senon. 45; Griesinger in Danz, Privatr. X. 280 ff.; v. Maurer, Einleitg. 16_{91}; Zöpfl, Ewa 68; RG. III. 221; Vanderkindere, Introduct. 196; Lamprecht, WL. I. 39. Unentschieden Heusler, Instit. II. 575_{9}; etwas abweichend Pardessus 704 ff.; Waitz, AR. 117 ff.; v. Amira, Erbenf. 12 ff.; stark abweichend Rosin, a. a. O. 6 ff.; Gierke, a. a. O. 447; Glasson, NR. 1885 S. 592 ff.; Hist. III. 149 ff. Aus der hier vorgetragenen Ansicht würde sich ergeben, dass zur Zeit, als die ältesten Texte (Kod. 1—4) entstanden, es noch gar keinen anderen für das Volksrecht in Betracht kommenden Grundbesitz als die terra salica (= aviatica) gab, dass aber hierin während des 6. Jahrhunderts bis zur Entstehung der 2. Textfamilie eine Änderung eintrat und nunmehr Anlass gegeben war, die terra salica, für welche zunächst noch bis zum Erlass des edictum Chilperici (vgl. Cap. Sal. VIII. 3) das alte Recht bestehen blieb, ausdrücklich von jener neuen Art des Mobiliareigentums zu sondern, welches von vornherein einem anderen und zwar jedenfalls einem freieren Erbrechte folgte. vgl. Erläuterungen zu Cap. Sal. VIII. 3. — Streitig ist auch die Interpretation von „ad virilem sexum qui fratres fuerunt". Thudichum, GuMV. 188, hat m. E. schon vor längerer Zeit das Richtige getroffen, indem er die fratres als Brüder des Erblassers erklärte. (Danach sind meine eigenen Bemerkungen auf S. 174 oben zu korrigieren). Wenn Blumenstok, IE. I. 267, das für unmöglich erklärt, weil in solchem Falle die Nichterwähnung der Söhne sonderbar erscheinen müsse, so ist dieser Einwand leicht zurückzuweisen, denn Sal. 59, 5 geht offenbar ebenso wie Sal. 59, 1 von der Voraussetzung aus, dass der Erblasser im Augenblicke seines Todes keine Söhne hat. Auch Gierkes andere Bedenken (a. a. O. 442 Text u. Anm. 29) gegen Thudichums Ansicht kann ich nicht für gerechtfertigt halten, denn dem kompilatorischen Texte Herolds, der allerdings die Söhne nennt, kann m. E. nie entscheidende Bedeutung für Interpretationsfragen zukommen, das edictum Chilperici aber spricht nur scheinbar gegen die hier vertretene Auffassung. vgl. Erläuterungen zu Cap. Sal. VIII. 3. So scheint mir denn, dass Sal. 59, 5 die Erbfolge in die terra, bezw. die terra salica ganz entsprechend der Mobiliarerbfolge von Sal. 59, 1; 2, jedoch mit Ausschluss der Weiber, normiert: 1) Söhne 2) Vater 3) Brüder. Über diesen engeren Kreis hinaus aber giebt es überhaupt kein Intestaterbrecht am Grundbesitz mehr; will der Erblasser, trotzdem ihm Söhne, Vater und Brüder fehlen, den Heimfall seines Sallandes an die Gemeinde verhindern, so steht ihm hierfür nur die Affatomie zu Gebote (Sal. 46). vgl. Waitz, AR. 113_{1}; Schäffner I. 300; Warnkönig, Franz. RG. II. 436. Für Sukzession der Weiber nach Wegfall des Mannsstammes sind Eichhorn, RG. I. 373; Wiarda, Sal. Ges. 265; Grimm, RA. 407; 472; für Ausschliessung der Weiber nur durch die Männer des nämlichen Grades Griesinger, a. a. O. 350 ff.; 381 f.; Pardessus 717; v. Amira, Erbenf. 14 f. Die von letzterem Autor herangezogene vita S. Bercharii (Bouquet III. 589 § 14) ist aber nicht beweiskräftig, denn sie stammt aus dem 10. und behandelt Verhältnisse des 9. Jahrhunderts. Der

Heroldinische Zusatz (Sal. 59, 5_2) bildet übrigens einen Beleg für das Bestehen ganerblicher Verhältnisse. vgl. Br. I. 196_8; Ficker, Erbenf. II. 153; anders Gierke, a. a. O. 443_{32}. Dass wir es hier mit einem Produkt späterer Entstehungszeit zu thun haben, beweist auch die Verwendung des römischrechtlichen terminus technicus „per stirpes — per capita". vgl. Hartmann, FDG. 16, 612_2.

LX. De eum qui se de parentilla tollere vult.

se de parentilla tollere: die Entsippung vornehmen, freiwillig aus dem Geschlechtsverbande ausscheiden. parentilla hat demnach hier die Bedeutung von parentes und bezeichnet die Gesamtheit der Verwandten. Aus dieser unbestreitbaren Thatsache kann aber doch nicht mit v. Amira, Erbenf. 21 f., die Unmöglichkeit der Parentelenordnung gefolgert werden: in Sal. 44, 9 heisst parentilla sicherlich Verwandtschaftsstufe. vgl. Bluhme, Festgruss an Homeyer 9; Schr. 324_{351}. Über die Entsippung im allgemeinen vgl. Waitz, AR. 114 f.; Thévenin, NR. 1880 S. 88 f.; Thonissen 228 ff.; Glasson, Hist. III. 56 ff.; Br., ZRG.[2] 3, 42 f.; RG. I. 92; über die Ausstossung aus dem Geschlechtsverbande Cap. Sal. VIII. 9; Edm. II. 1, 2; Knut II. 56; Br. ZRG.[2] 3, 43_1; RG. I. 92 f.; über die nordgermanische Geschlechtsleite K. Maurer, Münchn. SB. 1883 S. 74 ff.; Br. I. 93 f.

ante thunginum (aut centenarium). Die Texte der 1. und 3. Familie haben nur den Thungin, lassen also die Entsippung ebenso wie den letzten Akt der Affatomie (Sal. 46) und wie die Anpfändung im echten Dinge vor sich gehen; die spätere Hinzufügung des Centenars bedeutet also eine Erweiterung seines Wirkungskreises. vgl. Sohm, RuGV. 291; Sickel, MJÖG. EB. III. 483; Br. II. 151_{12}; Dahn, Kge. VII. 2, 135_7. Der Variante von Kod. 10 „aut in thunchinium" vermag ich nicht die Wichtigkeit beizulegen, welche ihr Sickel, a. a. O. 484; Br. II. 150_5 vindizieren, denn die Heroldsche Handschrift entstand sicherlich erst, als das Amt des Thungins schon obsolet geworden war.

tres (quatuor) fustis alninus — frangere — et iactare debet. Indem der Ausscheidende in öffentlicher Gerichtsversammlung drei (oder vier) Erlenstäbe über seinem Haupte zerbricht und die Stücke nach verschiedenen Seiten fortwirft, zerstört er feierlich den Zusammenhang mit seiner Sippe, wie er gemäss altheidnischer Schöpfungssage auf der Entstehung des Menschen aus Esche und Erle beruht. vgl. Dahn, Kge. VII. 2, 52 f. Gegen Thévenin, der a. a. O. die Erlenstäbe mit der festuca zu identifizieren sucht, vgl. Br. ZRG.[2] 3, 42_3. Wieder einen anderen symbolischen Sinn vermutet Vanderkindere, Introduct. 241. — Über die Variante „angulos" vgl. Sickel, ZRG.[2] 6, 5 f.

iuramento — hereditatem — totam rationem. Die Ansicht von Siegel, GVrn. 184; RG. 386_1; Cosack, Eidhelfer 24 f., dass iuramento hier mit „eidlich" zu übersetzen sei, erscheint unhaltbar, es ist vielmehr unzweifelhaft die Lossagung von Pflicht und Recht zur Eideshilfe gemeint. vgl. Pardessus 630; Waitz, AR. 114; v. Amira, Erbenf. 29; Lamprecht, WL. I. 22; Thévenin, a. a. O. 88_1; Br. I. 92_{50}; Blumenstok, IE. I. 210. Entsprechend bedeutet hereditas hier Erbrecht und Vererbungsrecht. tota ratio illorum endlich fasst zusammen, was ausser Eideshilfe und Erbfolge noch zu den Angelegenheiten der Sippe gehört, weist also in erster Linie auf Sühnepflicht und Bussrecht hin, denkt aber wohl gleichzeitig an alle Regeln sittlicher und rechtlicher Art, „denen der Geschlechtsverband als Mikrokosmus nachlebt“ (Worte LAMPRECHTS, WL. I. 22_5). Über die Verteilung der compositio innerhalb der Sippe vgl. Erläuterungen zu Sal. 62, 1.

hereditatem ipsius. Hiermit ist keinesfalls, wie R. BEHREND, l. Sal.[2] 126 Z. 40 f., glaubt, die vakant gewordene Erbportion des Entsippten gemeint, sondern die Erbschaft, die der Entsippte selbst hinterlässt. Denn durch die Entsippung fällt der Ausscheidende für sein Geschlecht einfach fort, es wird daher weder ihm noch irgend einem Stellvertreter bei Todesfällen innerhalb seiner früheren Sippe eine Erbportion aufbewahrt. Dagegen ist das Erbrecht des Fiskus am Gute des Sippelosen begründet durch den Königsschutz, den er als Ersatz des verloren gegangenen Sippeschutzes zu Lebzeiten geniesst. vgl. die Varianten Sal. 60_7; DAHN, Kge. VII. 3, 166; 404; 411. Voraussetzung dieser Erbfolge des Fiskus muss aber wohl sein, dass die Entsippung sich auch auf den engeren Kreis der Hausgenossenschaft bezogen hatte, denn im anderen Falle wäre nicht einzusehen, warum die in sinu patris verbliebenen Kinder durch den König, der dem Sippelosen doch nur die Stelle der weiteren Magschaft ersetzte, hätten ausgeschlossen werden sollen. Hereditas bedeutet wohl hier wie Sal. 59 Mobiliarerbschaft, der Grundbesitz des Entsippten fällt an die Gemeinde. vgl. BR. II. 71_{22}.

LXI. De charoena.

charoena. Über die sprachliche Ableitung dieses Wortes vgl. LEO II. 152 f.; MÜLLENH. b. WAITZ 280 f.; GRIMM, Vorr. XLVI; KERN b. HESSELS § 258. Über die Bedeutung der charoena kann kein Zweifel sein; sie bezeichnet das Entreissen einer beweglichen Sache aus der Hand eines anderen. vgl. das Trierer Fragment bei MERKEL, l. Sal. 104: „đer fon anđres henti eoþiht nimit“; E. MEYER, Entst. d. l. Rib. 48; BR. I. 305_6. Anderer Ansicht SOHM, MG. LL. V. 190; ZRG. 5, 386 ff.

de manum — rapuerit (raubaverit), rem in caput reddat et insuper — sol. XXX. culp. iud. Die charoena, der Handraub, gilt offenbar nach salischem Recht als eine minder strafwürdige Art des Raubes. Meist tritt das auch in der Rechtsterminologie hervor,[1] indem der Handraub durch rapere, violenter (per vim, virtutem, iracundiam) rapere, raubare, ferre bezeichnet wird, während beim Schachraub meist das Wort expoliare, sei es allein oder mit den Zusätzen „violenter“, „in superventum“, „adsallire et“ Verwendung findet. vgl. Sal. 17, II; 37; 61, 1; 3 mit Sal. 14, 1—3; III—V; 17, 9; 35, 2—4; II; III; 55, 1; I; II; 2; 61, 2. Dagegen hat expoliare gelegentlich auch denselben Sinn wie raubare, so Sal. 55, III. Der Handraub am Freien wird mit 30 sol., der Schachraub am Freien mit $62^1/_2$ sol. (Sal. 14, 1), am Römer und Liten mit 35 sol. (Sal. 14, 3; 35, 4), am Sklaven je nach der Grösse der geraubten Sache mit 30 oder 15 Sol. (Sal. 35, 2; 3) bestraft. vgl. oben Erläuterung zu Sal. 35, 2 (S. 151); SCHREUER 31_{24}. Weniger scharf umgrenzt erscheinen diese beiden Arten des Raubes noch bei BR. II. 647_{80}; $648_{87;88}$. Ob „rem in caput“ die geraubte Sache

[1] Die oben in Erläuterung zu Sal. 17, II (S. 130) gebrachte Gleichung raubare = expoliare ist also nicht ganz korrekt.

selbst bedeute oder nur deren Geldwert, hält ARTH. SCHMIDT in GIERKES Unters. XVIII. 138 im Gegensatz zu WAITZ, AR. 197, für zweifelhaft, ich glaube aber doch, dass hier wie anderswo die Sache selbst zurückzugeben war, wenn sie noch existierte. Dafür spricht m. E. vor allen Dingen das Anefangsverfahren, welches stets den Gegenstand der widerrechtlichen Wegnahme seinem rechtmässigen Besitzer wieder zu verschaffen bestrebt ist.

hominem mortuum expoliaverit violenter — sol. LXII c. dim. culp. iud. Schachraub an einem Toten. Die Stelle wiederholt Sal. 55, 1. vgl. die dortige Erläuterung (S. 207 f.); SCHREUER 65_{52} gegen BR. II. 649_{97}.

super hominem vivo — expolia tulerit violenter, sol. LXII c. dim. culp. iud. Schachraub an einem Lebenden. Die Stelle wiederholt Sal. 14, 1. vgl. die dortige Erläuterung (S. 123), SCHREUER 65_{52} gegen BR. II. 649_{97}.

in tertia manum mittere voluerit — de manum violenter tulerit — sol. XXX culp. iud. Handraub im Anefangsverfahren. Die Stelle wiederholt nicht, wie WAITZ, AR. 158_{1}, annahm, Sal. 37, wo es sich ja um Spurfolge handelt, sondern ergänzt Sal. 47. Wir ersehen, dass beim Anefänger, der die Sache an die dritte Hand ziehen will, sich aber vorher hinreissen lässt, den Streitgegenstand seinem jetzigen Besitzer plötzlich wegzunehmen, der offenbar bei ihm vorhandene gute Glaube an sein Recht auf die Sache ebensowenig strafrechtlich in Betracht kommt, wie im gleichen Falle beim Spurfolger: beide verfallen in die Busse des Handraubes. vgl. BR. II. 648_{85}. Den Streitgegenstand selbst hat der Spurfolger wohl kaum wieder zurückzugeben, wohl aber lässt sich das für den Anefänger vermuten, denn nur unter dieser Voraussetzung kann die durch charoena unterbrochene intertiatio ihren geregelten Fortgang nehmen. Einigermassen abweichend SIEGEL, GVrn. 90_{9}. Einen ganz anderen Sinn ergiebt allerdings die Fassung der Emendata: hier handelt es sich um den Raub der Anefangssache aus der Hand des Gewähren. Doch beruht diese Textfassung wohl sicher auf Missverständnis.

hominem dormientem expoliaviret, sol. C culp. Der § wiederholt Sal. 14, III.

LXII. De conpositione homicidii.

De conpos. homic. (qualiter parentes inter se dividant). Der Titel handelt vom Verteilungsmodus des Wergeldes. vgl. WILDA, Strafr. 372 ff.; OSENBRÜGGEN, Strafr. d. Langob. 25; GIERKE, Genossensch. I. 20; v. AMIRA, Erbenf. 27 ff.; THONISSEN 227 ff.; HEUSLER, Instit. II. 541 f.; VANDERKINDERE, Introduct. 236 f.; BR. I. 218 f.; ZRG.[2] 3, 31 ff.; SCHR. 335_{29}. Zwei Hälften des Wergeldes: Erbsühne, an die Söhne des Erschlagenen fallend — Magsühne, den väterlichen und mütterlichen Verwandten zukommend. Anderes Verhältnis bei Sachsen und Friesen. vgl. Sax. 19; Fris. 1, 1. Den Ribuariern, Thüringern und Langobarden war die Unterscheidung von Erb- und Magsühne sicher fremd (vgl. Rib. 12, 3; 67, 1; Angl. 31; Roth. 162), bei Alemannen und Baiern ist sie wenigstens nicht bezeugt. Über das Verhältnis, in dem die Vater- und Muttermagen ihre Portion teilten, vgl. Erläuterung zu Cap. Sal. V. 3; über die dem Recht auf Wergeldportion entsprechende Beitragspflicht vgl. Erläuterungen zu Sal. 58 (S. 217 f.).

cuiuscumque pater — filii. Die Fassung ist ungeschickt, doch kann keinesfalls gemeint sein, dass wenn der Vater eines Freien getötet wird, die Söhne des letzteren, also die Enkel des Erschlagenen, die Erbsühne erhalten sollen. vgl. Br. I. 218_9.

qui proximiores sunt. Berechtigt sind die drei nächsten Verwandten von jeder Seite. vgl. Cap. Sal. V. 3.

illa portio in fisco colligatur. Die Vater- und Muttermagen haben kein gegenseitiges Anwachsungsrecht: der Fiskus tritt in die Portion jeder einzelnen wegfallenden Kategorie ein. vgl. Br. I. 218. Dazu stimmt auch die Variante von Kod. 1 (Sal. 62, 2_a)', denn wenn gar keine Angehörigen der Vater- und Mutterseite vorhanden sind, so erhält allerdings der Fiskus die ganze Magsühne. Anderer Meinung v. Amira, a. a. O. 27. Über den Grund des fiskalischen Erbrechts vgl. Erläuterung zu Sal. 60 „hereditatem ipsius"; Br. 48_4; 71_{23}; ZRG.[2] 3, 32.

LXIII. De homine ingenuo qui in hoste occiditur.

in oste occiserit — sol. DC culp. iud. Verdreifachung des Wergeldes für den Freien, der sich im Heere befindet (Heerfrieden). vgl. Sal. 41, 1; Recap. A. 27; 28; Sept. caus. VIII. 1; Rib. 63; Alam. 25; 26; Sax. 37; Fris. 17, 1; Br. II. 583. Die Texte der 3. Fam. haben auffallenderweise übereinstimmend das gewöhnliche Wergeld von 200 sol. (Sal. 63, 1_4). Streit herrscht, ob der Heerfrieden Königs- oder Volksfrieden gewesen sei. Früher galt erstere Ansicht als selbstverständlich (vgl. z. B. Waitz, AR. 208), die letztere hat dann Sohm, RuGV. 40 f., vertreten, gegen ihn wenden sich Fahlbeck, Royauté 241 ff.; v. Sybel, Königt. 406 f.; mit Einschränkungen für Sohms Ansicht ist Sickel, MJÖG. EB. I. 46_3. Die Wahrheit wird sein, dass der Heerfrieden gleich dem Dingfrieden in früherer Zeit vom Volke garantiert wurde, mit der wachsenden Macht des Königs aber in diesem je mehr und mehr seine Stütze fand. Wie weit die dahin zielende Entwickelung zur Zeit der l. Sal. vorgeschritten war, wird sich kaum entscheiden lassen.

quia lege Salica vivit. vgl. Erläuterung zu Sal. 41, 1 „aut barbarum, qui leg. Sal. viv." Der Zusatz ist durch die schon unter Chlodwigs Söhnen erfolgte Einreihung der Römer in das fränkische Heer (vgl. Roth, BenW. 179 ff.) veranlasst worden. vgl. Br. I. 302_{45}. Während aber die Kodd. 2; 7—9; B—H den Römer ignorieren (vgl. Thonissen 28), haben Kodd. 5; 6; 10 u. Em. das Prinzip durchgeführt, wonach jeder, also auch der Römer, im Heere dreifach vergolten wird (Sal. 63, 1_4).

in trustae dominica — MDCCC sol. culp. iud. Der Heerfrieden erhöht das bereits 600 sol. betragende Wergeld des kgl. Antrustionen (vgl. Erläuterung zu Sal. 41, 3 „qui in truste dominica fuit") auf 1800 sol. vgl. Sept. caus. VIII. 6; Roth, BenW. 122_{45}. Abweichend Wilda, Strafr. 419 f.

LXIV. De herburgium.

herburgium clamaverit — sol. LXII c. dim. culp. iud. In herburgius bedeutet der zweite Wortteil jedenfalls dasselbe, wie in rachineburgius, d. h. Träger. Da herburgius im Text selbst als Mann erklärt wird, der den Hexen ihren Kochkessel trägt, so muss im ersten Wortteil wohl die Bedeutung Kessel verborgen sein. vgl. GRIMM, RA. 645; Mythol. II. 873 f.; LEO II. 154; MÜLLENH. b. WAITZ 287; PARDESSUS 406 no. 273; JUNGBOHN CLEMENT 284 f.; KERN b. HESSELS § 261. Über strioportius vgl. LEO a. a. O.; GRIMM, Mythol. II. 873 f.; DU CANGE VI. 389; 391. — In Sal. 64 werden nur Scheltworte ernsteren Charakters behandelt, die mit $62^1/_2$ sol. oder einem Mehrfachen davon bedroht sind (vgl. auch Recap. A. 25), während in Sal. 30 diejenigen Beleidigungen Erörterung finden, welche ihrer geringen Schwere wegen nur mit kleineren Bussen geahndet werden, denen die Zahl 15 zu Grunde liegt. vgl. Erläuterungen zu Sal. 30 (S. 144 f.); THONISSEN 295 ff.; BR. II. 672_7. Die Busse von $62^1/_2$ sol. ist hier jedenfalls die der Lebensgefährdung, denn Zauberei wird nach Sal. 19, 1_2 wenigstens subsidiär noch mit dem Tode bestraft. vgl. Erläuterung zu Sal. 19, 1 „aut ignem tradatur" (S. 131); BR. II. 672_8. Die Varianten von Kod. 4; F; G. (Sal. 64, 1_2) lassen diese Deutung allerdings nicht zu.

mulierem ingenuam stria clamaverit — sol. CLXXXVII c. dim. culp. iud. Die Busse der Lebensgefährdung wird auf $187^1/_2$ sol. verdreifacht, wenn man ein freies Weib Hexe schilt, ohne die Wahrheit der Behauptung beweisen zu können. BR. II. 615_{11} vermutet, dass dieser Strafsatzung wie derjenigen von Sal. 30, 3 die dreifache Busse des Weibes zu Grunde liege. vgl. Sal. 24, 6. Aus der Verdreifachung, die hier die Lebensgefährdungsbusse erfährt, will BR. II. 620_{39} zudem auf ihren schon von WILDA, Strafr. 84 f.; 417 behaupteten Zusammenhang mit einem altsalischen Wergeld von 125 sol. schliessen. vgl. auch Erläuterung zu Sal. 53, 5 „sol. XXX manum suam redemat" (S. 204 f.). Nach Kod. 5; 6; 10; Em. wird das Scheltwort Hure ebenfalls mit $187^1/_2$ sol. vergolten. vgl. aber Sal. 30, 3 und die Erläuterung dazu (S. 145). Nach Kod. 3; 4 sind auch hier die Strafen nur gering (Sal. 64, 2_2).

stria hominem commederit — sol. CC culp. iud. Wer durch Zauberkünste einen Menschen ums Leben bringt, verwirkt dessen Wergeld: Sal. 19, 1. Dazu gehört nach der Volksvorstellung auch der Fall, dass eine Hexe einen Menschen verzehrt. vgl. BR. II. 679_8.

LXV. De caballo mortuo extra consilium domini sui decotato.

decotaverit. decotare, decorticare, excorticare, excoriare u. s. w. abhäuten. vgl. Sal. 38, VIII; THONISSEN 336_1.

confessus — caballum in capite reddat. Si — ei fuerit adprobatum, exc. cap. et del. sol. XXXV (sol. XXX — sol. XV) culp. iud. Ausdrückliche Unterscheidung des Falles, wo der Beklagte läugnet, von dem, wo er zugesteht und demgemässe Verschiedenheit der Rechtsfolgen. Bekennt er vor Antritt des Beweises, so ist lediglich Schadensersatz zu leisten, lässt er es dagegen auf seine Überführung ankommen und gelingt diese, so wird er bussfällig und pflichtig, ausser dem capitale auch noch die delatura (Verzugsinteresse) zu zahlen. vgl. Erläuterung zu Sal. 9, 1 „confessus fuerit" (S. 115); BR. II. 625_{15}. Über die Bedeutung der Formel „ei fuerit adprobatum" in der l. Sal.

vgl. Br. II. 370 ff. — Die Strafe für Abhäutung eines toten Pferdes (oder anderer Tierarten: Rib. 86) ist in den Kodd. 1; 3; 4 sowie in Kod. 2, der nur den Fall des Läugnens berücksichtigt (Sal. 65, 1_4; 2_*) auffallend hoch bemessen, bedeutend geringer in 5; 6; 10; Em., ganz gering jedoch an anderer Stelle (Sal. 38, VIII) in Kod. 7—9; B—H. Da Kodd. 10; Em. neben Sal. 65 auch Sal. 38, VIII bringen, so besteht hier ein direkter Widerspruch. — Der Ansicht, die Vanderkindere, Mém. de l'Ac. roy. de Belgique XLI no. III. 27 ff., verfochten hat und wonach es sich in Sal. 65 um die Abhäutung eines dem Anefangsverfahren unterworfenen Pferdes handeln soll, vermag ich mich nicht anzuschliessen, die Fassung des Titels ist m. E. hierfür zu allgemein.

Capitulare I.

1 (LXVI). De mitio fristito.

mitio fristito (fristatito). Wenige Wörter der fränkischen Rechtssprache haben sich so viele verschiedene sprachliche Ableitungen gefallen lassen müssen, wie mitio (mithio u. s. w.). vgl. Unger, GV. 275; Du Cange IV. 448; Grimm, Vorr. XI ff.; v. Daniels, RG. I. 568; Zöpfl, Altert. I. 32 ff.; II. 8; Sohm, Eheschliessg. 41_{37}; Kern b. Hessels § 186; 241; v. Sybel, Königt. 472 ff.; Hermann, Mithio 5 ff. An einer etymologischen Erklärung dürfte demnach mit Waitz, VG. II. 1, 427, vorläufig wohl zu verzweifeln und die Bedeutung des Wortes womöglich aus den einzelnen Stellen, in denen es vorkommt, zu erschliessen sein. vgl. Cap. miss. v. 803 c. 10 (Bo. I. 115); Form. Marc. I. 23; 24; Senon. 51; Pertz, Dipl. M. 4; 9; 50; 66; 98; Bouquet V. 698; 704; Sickel, Wien. SB., ph.-hist. Kl. 49, 390 f.; 392 ff.; Mon. Boic. XI. 420; Wartmann, UB. v. St. Gallen I. 64; Urk. Pippins f. Utrecht v. 753 (Mühlbacher, Reg. 69). In der l. Sal. kommt mithio (mitho, mittinio, meto) noch in zwei malbergischen Glossen (Sal. 32, III u. Sal. 37: Kod. 6—10) sowie in Cap. Sal. V. 8, 1: Kod. 1 vor, dagegen ist in Cap. Sal. VIII. 6 inium zu lesen. Über die sachliche Bedeutung von mithio vgl. ausser den oben Genannten Pardessus 405 no. 701; 409 no. 764; Gfrörer II. 135; Guérard, Journ. d. sav. 1845 S. 635; Roth, BenW. 163 ff.; Bethm. IV. 440_{114}; Boretius b. Behrend, l. Sal.[1] 89_1; Brunner, Festg. f. Beseler 3 ff.; Fustel de Coulanges, Hist. V. 296 ff.; Platon, Rev. crit. d'hist. et de litt. 21, 47 ff.; Schr. 177_{86}. Im Streit über mithio sind in letzter Zeit vor allen Brunner und Hermann mit eingehenden Begründungen entgegengesetzter Ansichten hervorgetreten. Ersterer erklärt den Ausdruck als Antwort, Verantwortung und fristito aus ahd. fristan, hinhalten, sodass der Sinn unserer Überschrift wäre: Über das Hinhalten der Antwort. Letzterer nimmt für das Wort die sprachliche Wurzel met, d. h. messen an und erschliesst daraus eine vierfache Bedeutung von mithio (Urteil — Unterhalt, Obdach — Wohnstätte — Gesamtheit der mithioberechtigten Leute). Die Kritik hat die Hermann'schen Aufstellungen wohl mit Recht abgelehnt. vgl. Arth. Schmidt, HZ. 68, 310 f.; E. Meyer, DLZ. 1890 Sp. 1693 f.; —ng, LZBl. 1890 Sp. 1478 f.

truste dum vestigio minant. vgl. Erläuterung zu Sal. 37 „per vestigio sequitur" (S. 154).

detenere aut battere praesumpserit — sol. LXII c. dim. culp. iud. Nach BRUNNERS Erklärung (Festg. f. BESELER 22 f.) nimmt detenere das fristito der Überschrift auf, der Sinn ist also: wer eine auf der Spurfolge befindliche trustis aufhält. battere in die Flucht schlagen. Die Strafe von $62^1/_2$ sol. wird von SOHM, Proz. 67, als höchste Diebstahlsbusse, RuGV. 190_{22} aber als Ahndung für den Bruch des Schaarfriedens erklärt, letztere Ansicht teilt auch LONDON, Anefangsklage 45. Nach SICKEL, MJÖG. EB. III. 527, schliesst die Strafart die Annahme aus, dass die Verfolger einen königlichen Dienst geleistet hätten, diese trustis könne daher nicht, wie WAITZ, VG. II. 1, 405 f.; TARDIF, Etudes 172; HERMANN, Mithio 22 annähmen, mit der in Cap. Sal. VII unter demselben Namen auftretenden Schaar identisch sein. Gewiss beruhte die Organisation amtlicher trustes erst auf jüngerer Rechtsentwickelung, ob aber der Angriff auf die Schaar der amtlichen Spurfolger nicht nach Erlass des Pactus pro tenore pacis mit derselben Busse bestraft wurde, wie bei der früher allein existierenden Privattrustis, bleibt eine Frage für sich. vgl. noch SICKEL, MJÖG. EB. II. 226_2.

2 (LXVII). Si quis hominem de furcas abaterit extra consilium domini sui iudicis.

hominem — de furcas abaterit — sol. XXX (sol. XL — sol. XLV) culp. iud. furca Galgen. vgl. GRIMM, RA. 683. Andere Bezeichnungen: bargus (Cap. Sal. I. 2_1. vgl. GRIMM, Vorr. LI; SOHM, Proz. 178_{29}), palus, Pfahl (Sal. 41, II). — abatere = abatare, franz. abattre, herunterwerfen. vgl. DU CANGE I. 7. — incrocare aufhängen. vgl. franz. croc, Haken: DIEZ, Et. W. 557. Wer einen hingerichteten Verbrecher vom Galgen oder Ast, wo er aufgehängt ist, ohne Erlaubnis des Richters, der Gewalt über ihn hat (vgl. SICKEL, MJÖG. EB. III. 489_4) herunterholt, zahlt 30 sol., oder nach anderen Texten 40 bezw. 45 sol. Ist die Tötung des Gehängten in Ausübung des Fehderechts geschehen, so verfallen nach Sal. 41, II nur 15 sol. Das Delikt besteht hier wie dort in der Entfernung des Zeichens der rechtmässigen Tötung und stellt somit diese Rechtmässigkeit in Frage. vgl. SOHM, Proz. 178 ff.; GLASSON, Hist. III. 529 f.; Erläuterungen zu Sal. 41, II (S. 164). Nach BR. II. 578; 685 hat es aber ursprünglich religiöse Bedeutung gehabt, da es den Toten der Gottheit entzog, welcher die Verbrecher geopfert wurden. Cap. Sal. V. 9, 3 verschärft die Strafe dieses Vergehens in eigentümlicher Weise. Über das verschiedenartige Hervortreten der Todesstrafe im pactus leg. Sal., in der Novellengesetzgebung und in den erzählenden Denkmälern vgl. noch BR. II. 599 f.

3 (LXVIII). De eum qui hominem vivo de furca furaverit.

hominem vivo — demittere praesumpserit — sol. C culp. iud. Die Sitte, den Verbrecher so aufzuhängen, dass er noch eine Zeit lang leben blieb, ist uns auch sonst von den Franken bezeugt. vgl. Cap. cum prim. const. v. 808 c. 2 (Bo. I. 139); Greg. Turon., De virtut. S. Martini I. 21 (MG. SS. rer. Merov. I. 599); Arbeos vit. Corbiniani (her. v. RIEZLER) S. 36. Auch dies führt BR. II. 476 Text u. Anm. 47 auf das Fortleben heidnischer Vorstellungen zurück. Das Delikt ist strafbare Begünstigung, nach Cap. Sal. V. 9, 2 wird es weit schwerer als hier, nämlich mit ablösbarer Todesstrafe geahndet. vgl. BR. II. 578.

4 (LXIX). De eum qui infantem alienum tundere praesumpserit.

puerum crinitum. vgl. Erläuterung zu Sal. 24, 2 (S. 134).

extra consilium parentum tundere praesumpserit — sol. XLV (sol. LXII c. dim.) culp. iud. Das Recht, die capillaturiae (vgl. Cap. Sal. V. 2) als Vorbereitung zur Werhaftmachung vorzunehmen, hat nur der Vater und in dessen Ermangelung der nächste Schwertmage, ausserdem nur derjenige, dem der Vater oder die Sippe es für den Einzelfall überträgt. Im letzteren Falle wirkte die symbolische Handlung des erstmaligen Scheerens der Haare als Adoption. vgl. Paul. Diac. IV. 40; VI. 53; Vita S. Germerii N. 7 (Bouquet III. 386); Grimm, RA. 146; Stobbe, Beitr. 6 ff.; Sohm, RuGV. 548 f.; Schr. 66. Die Strafe der $62^1/_2$ sol. wird von Sohm, a. a. O. Anm. 13 als Muntbrüche erklärt. Ein anderes Scheeren ist es, von dem Greg. Turon. X. 8; Cap. eccles. v. 818/9 c. 20; Cap. leg. add. v. 818/9 c. 21 (Bo. I. 278; 285) handeln.

puella tunderit — sol. C (sol. XLV — sol. LXII c. dim.) culp. iud. Auch das unerlaubte Scheeren des Haupthaares einer Jungfrau ist nach Sohm, a. a. O., Muntbrüche. Die 100 sol. von Kod. 1 entsprechen seines Erachtens der späteren Entwickelung, welche die Muntbrüche durch Wergeldsätze (hier das halbe Wergeld) verdrängte. Dagegen ist aber einzuwenden, dass nur ein Text und zwar gerade der älteste 100 sol. Strafe ansetzt, dass $62^1/_2$ sol. allein von der Em., also der jüngsten Textgestaltung, ausgeworfen werden, und dass sämtliche anderen Kodd. ausser dem verderbten G 45 sol. haben. Das Delikt wird mit Lamprecht, WL. I. 32, als Schändung des Mädchens zu betrachten sein. vgl. auch noch Wackernagel, Kl. Schr. I. 13.

Capitulare II.

1 (LXX). De muliere qui se cum servo suo copulat.

cum servo suo — aspellis faciat. Über die Folgen der Geschlechtsverbindungen von Freien mit fremden Sklaven vgl. Erläuterungen zu Sal. 13, 8; 9. Hier handelt es sich um die Hingabe eines freien Weibes an ihren eigenen Knecht. Der Fall gehört zu den wenigen, in denen nach salfränkischem Recht die Friedlosigkeit, welche sonst ihren Platz nur im Ungehorsamkeitsverfahren hat, als direkte Folge eines Vergehens eintritt. vgl. Sal. 55, 2 mit Sal. 56; Cap. Sal. V. 8, 1; VIII. 9; Br. I. 171 f. aspellis, entweder verderbt aus expellis = expulsus (vgl. Sal. 55, 2_3; Horten 45) oder aber mit Frensdorff, Hist. Aufs. f. Waitz 484; Br. I. 172_{27}; Dahn, Kge. VII. 3, 406; Schr. 76; Schreuer 231_{23} von spel, sprechen, abzuleiten und als identisch mit extra sermonem (scil. regis positus) zu erklären. — faciat = fiat. vgl. Frensdorff, a. a. O.; Kern b. Hessels § 267. — Dass eine eigentliche Friedloslegung des Weibes den germanischen Rechten im allgemeinen unbekannt gewesen sei, belegt Br. I. 172_{27} mit Beispielen des anglonormannischen und lombardischen Rechts. Wenn derselbe Autor, RG. II. 660_{13}, in unserer Stelle eine Ausnahme von der Regel erblickt, wonach das fränkische Recht keine öffentliche Strafe der weiblichen Unzucht gekannt habe, so ist zu erinnern, dass es sich hier um eine eheliche Verbindung (in coniugio copulaverit) handelt.

Die Widerrechtlichkeit der That liegt also nicht in der Art und Weise des geschlechtlichen Umganges, sondern in der Missachtung des Verbots einer Ehe zwischen Herrin und Knecht. Der Versuch, diese unübersteigbare Schranke niederzureissen, das natürliche Gewaltverhältnis zwischen den Beteiligten in sein Gegenteil zu verwandeln, bedeutet auf Seiten des Weibes eine solche Herabwürdigung der Freienqualität, auf Seiten des Knechts ein so frevelhaftes Ignorieren der Sklavenqualität (vgl. LAMPRECHT, WL. I. 55 f.), dass der Staat, d. h. die organisierte Gesamtheit der Freien, die That als direkt gegen sich selbst gerichtet ansehen und daher mit öffentlicher Strafe einschreiten muss. Anders HORTEN 88_{232}. — Dass die Friedlosigkeit nicht nur die Person, sondern auch deren Vermögen ergreift, beweist „omnes res suas fiscus adquirat". vgl. Sal. 56, 1; Cap. Sal. V. 8; Edmund II. 1, 3; MG. Dipl. M. 8; WILDA, Strafr. 288 ff.; v. AMIRA, Vollstreckgsvrn. 106 ff.; Obl. R. I. 142; HOMEYER zu Ssp. Landr. I. 38, 2; BR. I. 168_{14}; Forschungen 450 f.; SCHR. 76; HORTEN 67. Über die wirtschaftliche Bedeutung der Konfiskationen vgl. MEITZEN, Agrarw. I. 590.

quis de parentibus — occiderit. Der Friedlose darf im allgemeinen von Jedermann straflos getötet werden. vgl. BR. I. 168. Auch in unserer Stelle ist m. E. nicht, wie BR. II. 592 (vgl. 471_{16}; 475_{42}) ausführt, eine Beschränkung der Tötungsbefugnis auf die parentes der aspellis enthalten. Denn von den beiden Texten (Kod. 1; Em. Q), die unser Kapitulare aufbewahrt haben, nennt nur einer die Verwandten als Rächer der Geschlechtsehre, die Überlieferung ist also mindestens keine sichere. Da nun die Verwandten in anderen Fällen weiblicher Verschuldung sicherlich allein das Tötungsrecht hatten (vgl. Erläuterung zu Sal. 25, 2 „spontanea voluntate"), so würde die Friedlosigkeit unserer Stelle durch die BR.'sche Interpretation den wesentlichsten Teil ihrer besonderen Bedeutung einbüssen und nur noch als Vermögenskonfiskation und Matbann (vgl. BR. II. 465_{17}) wirken. Sollte aber selbst hiergegen kein Bedenken vorliegen, so müssten einem doch Zweifel an der Richtigkeit von BR.'s Ansicht aufsteigen, wenn man erwägt, dass die parentes auch unter den Personen genannt sind, die wegen der Tötung des Weibes Wergeldansprüche erheben könnten: da sie gegen ihren Sippegenossen nicht klagen können, so müsste bei BR.'s Erklärung vorausgesetzt werden, dass die parentes zunächst den Rächer der Familienehre aus ihrem Geschlechte ausgeschlossen hätten, was wenig glaubhaft ist. Nach alledem halte ich für wahrscheinlich, dass „de parentibus" in Kod. 1 auf Textverderbnis beruht.

nec parentes nec fiscus (filius) — requiratur. BR. I. 218_9 liest mit Em. Q. „filius" anstatt „fiscus" und schliesst infolgedessen aus unserer Stelle, dass Erb- und Magsühne (vgl. Erläuterung zu Sal. 62, 1) unabhängig von einander eingeklagt werden konnten. vgl. DAHN, Kge. VII. 1, 304_8. Hält man an der Lesart fiscus fest, so ist zu interpretieren: während im Falle von Sal. 60 die Verwandten ihren Anspruch auf das Wergeld des Entsippten an den Fiskus verlieren, weil der Sippelose anstelle des bisher genossenen Sippefriedens den besonderen Schutz des Königs erwirbt, so ist die Tötung der mulier aspellis völlig busslos, die Friedloslegung zerstört jeden Rechtsschutz des Betroffenen, den Volks- und Königsfrieden ebensowohl wie den Sippefrieden, folglich haben die Garanten weder des einen noch des anderen das Recht, den Tod des Ächters zu ahnden.

Servus — in rota mittatur. Der Knecht wird gerädert. Dass auch die blosse Unzucht eines Sklaven mit einer Freien für den ersteren Todesstrafe nach sich zog, schliesst Br. II. 661_{23} scharfsinnig aus der Vergleichung von Sal. 25, 2 mit 40, 5. vgl. Baiuw. 8, 9; Roth. 221; Liu. 24; Wis. III. 2, 2. Das bairische und langobardische Volksrecht lassen erkennen, dass der Strafvollzug Privatsache der beleidigten Sippe war, für das salische Recht vgl. Erläuterung zu Sal. 19, 1_1 „aut ignem tradatur" (S. 131); Br. II. 475_{42}. Über Rädern als Vollzugsart der Todesstrafe vgl. Greg. Turon. Hist. Franc. III. 7; V. 18; VI. 35; Audoeni vita S. Eligii I. 31 (Migne, Patrol. lat. 87, 503); über andere Hinrichtungsweisen Br. II. 601 f.

panem aut hospitalem dederit, sol. XV culp. iud. vgl. Sal. 55, 2; 56, 1; Cap. Sal. V. 8; Rib. 87; Roth. 5; Ine 30; Aethelst. II. 2; 20, 8; V. pr. 3; Frostuþingsl. 4, 41; Wilda, Strafr. 286; Br. I. 166_4; II. 465_{17}; 576.

2 (LXXI). De consiliatoribus.

consiliatoribus (conciliatoribus). Das cap. fasst den Fall ins Auge, dass Verwandte eines Hauskindes sich an dessen rechtswidriger Verlobung oder Verehelichung als Helfer (consiliatores) beteiligen.

filium aut filiam. Da der Sohn in der väterlichen Munt bleibt, so lange er noch nicht wirtschaftlich selbständig ist (vgl. Erläuterung zu Sal. 24, 2 „puerum crinitum"), und da diese Verselbständigung naturgemäss erst mit der Gründung einer eigenen Familie einzutreten pflegt, so wird der Sohn nicht minder als die Tochter vom Vater verlobt. vgl. Vita S. Ansberti (Bouquet III. 616 N. 4). Eine blos moralische Abhängigkeit, wie Opet, MJÖG. EB. III. 11, meint, bedeutet das aber m. E. nicht für den Sohn, und erst recht nicht für die Tochter.

extra consilio parentum. Die Verlobung und Eheschliessung finden in Gegenwart und mit Zustimmung der beiderseitigen Verwandten statt. vgl. Tac. Germ. 18; Sal. Extrav. A. 1_4; Form. Lindenbrog. 7; Turon. App. 2; Turon. 14; Br. I. 90_{43}; Opet, MJÖG. EB. III. 11_2.

in coniugio copulandum consiliaverit. Die Worte sprechen vom Hauptthäter, der, wie vorausgesetzt wird, kein Verwandter des Hauskindes ist. vgl. unten Erläuterung zu § 2. Seine That wird ebenfalls consiliare genannt. Der Ausdruck „in coniugio copulandum" legt nahe, nur an rechtswidrige Verlobung zu denken, doch da gleich darauf bemerkt wird, dass die Teilnehmer möglicherweise raptores sind, so ist auch die rechtswidrige Verehelichung mit ins Auge gefasst. Ebenso spricht § 2 von raptores.

parentes — morte damnentur. Die Verwandten, welche in der oben beschriebenen Weise Beihilfe leisten, werden mit dem Tode bestraft. Richtet sich ihre Teilnahme auf den Raub eines Mädchens ihrer Sippe, so heissen sie hier gleich dem Hauptmann raptores. Anders Sal. 13, 1; 4, wo die tres homines von den raptores ausdrücklich unterschieden werden. vgl. Erläuterung zu Sal. 13, 1 (S. 119). convivae consiliatoris und daher selbst consiliatores sind die parentes dagegen, wenn ihre Teilnahme sich nur auf rechtswidrige Verlobung durch den Hauptconsiliator bezieht. vgl. BORETIUS bei BEHREND, l. Sal.[1] 90_6. Dagegen liest BR. II. 574_{61} „convivae vel conciliatores". Die Bestrafung der Verwandten mit dem Tode führt BR. II. 669_{27}; Berl. SB. 1894 S. 563 f. auf römisch-westgotischen Einfluss zurück (vgl. Wis. III. 3, 4; Rom. Wis. Cod. Theod. IX. 19, 1), dagegen ist jedoch zu bemerken, dass das Westgotenrecht an der zitierten Stelle die Todesstrafe geradezu ausschliesst: excepto mortem damnum, quod de raptoribus est constitutum, excipiant.

res ipsorum fiscus adquirat. Wie bei der Friedloslegung in Cap. Sal. II. 1, 1 so ist hier mit der Todesstrafe die Vermögenseinziehung durch den Fiskus verbunden. Das weist auf die Entstehung der Todesstrafe aus der Friedlosigkeit hin. vgl. Rib. 69 im Gegensatz zu Rib. 79; Cap. Aquisgr. v. 809 (Bo. I. 148); BR. I. 174.

Raptores vero — amplius non damnentur. Die grosse Schwierigkeit, welche diese Stelle einer alle Zweifel ausschliessenden Interpretation bietet, liegt in der unsicheren Bedeutung von amplius. Das Wort kommt, soviel ich sehe, sonst in der l. Sal. nur zur Bezeichnung des quantitativen Mehr vor. vgl. z. B. Sal. 2, 14; 15; 3, 7; 4, 4. Es ist aber nicht zu läugnen, dass es sich auch temporal auffassen lässt = in antea, fürderhin. Entscheidet man sich für diese letztere Alternative, so hätte man zu erklären: Die raptores im engeren Sinne, d. h. diejenigen, welche sich durch Frauenraub ein Weib verschaffen, sollen künftig nicht mehr so bestraft werden, wie im früheren Gesetze, d. h. also in Sal. 13, 4, vorgeschrieben ist. Wie sie fürderhin zu bestrafen sind, steht nicht da, im Hinblick auf Cap. Sal. II. 2, 1 müsste man ergänzen: erst recht mit Tod und Vermögensverlust. Gerade in das Gegenteil dieser Interpretation aber wendet sich der Sinn des §, wenn man in dem amplius unserer Stelle das gewöhnliche quantitative Mehr der l. Sal. sieht: die raptores aber (vero!) sollen im Gegensatz zu der strengen Ahndung, welche die teilnehmenden Verwandten trifft, nicht höher bestraft werden als in Sal. 13, 4 gesagt ist, d. h. also nach wie vor mit $62^1/_2$ sol. Während PARDESSUS 406 no. 709 entschieden für die erstere Erklärung eintritt, ist mir BRUNNERS Stellung zu der Frage nicht ganz klar geworden. RG. II. 669 vermutet er, dass unsere Novelle auch bereits den Frauenraub durch Nichtverwandte mit Tod und Vermögensverlust ahnde; damit schliesst er sich der PARDESSUS'schen Auslegung an. Berl. SB. 1894 S. 564_1 aber findet er eine auffallende Ähnlichkeit von Cap. Sal. II. 2, 2 mit dem Schluss von Wis. III. 3, 4. Da in der letzteren Stelle ausdrücklich erklärt wird, dass es bezüglich der raptores so gehalten werden solle, wie eine superior lex vorschreibe, so kann die enge Verwandschaft des salischen mit dem westgotischen Rechtssatze doch nur darin bestehen, dass auch in jenem die Aufrechterhaltung einer früheren Bestimmung dekretiert wird; damit aber würde BRUNNER von der PARDESSUS'schen Interpretation abweichen. Nicht unerwähnt bleibe, dass Em. Q. das „non" vor damnentur auslässt. Fassen wir amplius temporal, so ergibt die Emendata-Variante zur Not denselben Sinn wie der Text von Kod. 1 mit der quantitativen Erklärung von amplius. Verstehen wir aber das amplius der Emendata-Fassung quantitativ, so wird diese geradezu widersinnig, denn sie besagt dann, dass die Räuber ausser Tod und Vermögenskonfiskation auch noch noch $62\frac{1}{2}$ sol. Busse zu gewärtigen haben. vgl. SCHREUER 160_3. Meine eigene Meinung ist, dass der Emendatatext auf Verderbnis beruht und dass in der korrekten Fassung von Kod. 1 das amplius in der gewöhnlichen quantitativen Bedeutung genommen werden muss. Die Todesstrafe für Frauenraub und Entführung nach römischem Muster dürfte somit doch wohl erst durch die decretio Childeberti II. c. 4 (Bo. I. 16) eingeführt worden sein. vgl. Summula de bannis (Bo. I. 224); Form. Marc. II. 16; Turon 16; Lindenbrog. 16.

3 (LXXII). De muliere vidua qui se ad alium maritum donare vult.

reibus secundum legem donet. vgl. Erläuterungen zu Sal. 44 (S. 167 ff.) und insbesondere „cui reiphus debeatur" a. E. (S. 171 unten; 172).

si de anteriore marito filios habet. Von diesem Fall und seinen Folgen für die dos der Witwe (die germanische dos wird der Frau vom Manne gegeben, umgekehrt die römische. vgl. BRUNNER, Berl. SB. 1894 S. 545) bei deren Wiederverheiratung handelt das cap. bis zu den Worten „nec donare praesummet". Die filii sind als unmündig gedacht (infantes). Der Fall, wo mündige Kinder erster Ehe vorhanden sind, wird in unserem cap. nicht behandelt. vgl. v. AMIRA, Erbenf. 30 f. Die Ehelustige hat sich, nachdem ihr präsumtiver Bräutigam den Muttermagen ihres ersten Mannes den reipus (Verlobungsgebühr, symbolischer Muntschatz) bezahlt hat, zunächst mit den Vatermagen des Verstorbenen ins Einvernehmen zu setzen. Das geschieht, indem sie in erster Linie den Eltern, in deren Ermangelung dem Bruder, an dritter Stelle dem Brudersohne (über die Reihenfolge vgl. v. AMIRA, a. a. O. 31) ihres früheren Gatten einen Bruchteil ihrer ersteheliehen dos, den sogenannten achasius, überlässt. Über die Etymologie dieses Wortes vgl. GRIMM, Vorr. LIV; DU CANGE I. 53 (unter achatum); PARDESSUS, Dipl. I. 45_8; SCHRÖDER, de dote 52_6; KERN b. HESSELS § 270. Über die sachliche Bedeutung des achasius herrscht keine Einigkeit. Als Sühnegeld für das durch die zweite Heirat verletzte Mundium der empfangsberechtigten Verwandten über die Witwe fassen ihn DARGUN in GIERKES Unters. XVI. 143; HEUSLER, Institut. II. 307 f.; GLASSON, Hist. III. 29; DEL VECCHIO, Seconde nozze 104, wobei sie sich hauptsächlich auf den ausdrücklich in unserem cap. angegebenen Zweck der Hingabe des achasius berufen „ut pacem habeam parentum", und indem sie consiliare = conciliare interpretieren. Letzteres ist jedenfalls unberechtigt, denn conciliare steht wohl für consiliare = ratschlagen (vgl. Cap. Sal. II. 2, $1_{a;\,b}$), nicht jedoch umgekehrt consiliare für versöhnen, der Satz „ut pacem habeam parentum" aber kann gerade so gut eine ganz allgemeine Bedeutung haben, denn niemand, der irgend einer rechtlichen Verpflichtung nachzukommen unterlässt, hat Anspruch auf Ruhe vor dem Berechtigten. Endlich passt die verschiedene Höhe der Abgabe je nach der Grösse des Wittums nicht zu einer strafrechtlichen Erklärung, denn gleiche Schuld zieht gleiche Sühne nach sich. Abweichend von DARGUN und seinen Folgern sehen RIVE, Vormundsch. I. 279 f.; SOHM, Eheschliessg. 64_{17}; ZÖPFL, RG. III. 12; WOLF, MJÖG.

XVII. 371 im achasius einen Loskauf des Wittums vom Erbrecht der Verwandten des ersten Mannes, ihnen folgt neuerdings auch SCHRÖDER, RG. 295, der Ehel. GR. I. 59 f. den achasius als Muntschatz erklärte. LAMPRECHT, WL. I. 34 endlich findet in ihm zwar keinen eigentlichen Muntschatz, wohl aber etwas dem Ähnliches, „eine Abfindungssumme, welche von der Witwe, nicht von dem Bräutigam zur Aufhebung einer unter ganz besonderen Verhältnissen entstandenen Mundeburdis führte.“ Meine eigene Ansicht kommt der von RIVE, a. a. O., begründeten am nächsten. Freilich erblicke ich im achasius nicht einen Loskauf des Wittums vom Erbrecht der Verwandten des ersten Mannes, denn dies Erbrecht besteht gar nicht, wenn, wie in unserem Falle, die erste Ehe beerbt ist. Vielmehr scheint mir der achasius eine dem nächsten männlichen Vatermagen des ersten Gatten geschuldete Entschädigung dafür zu sein, dass ihm, in dessen Hause die Witwe mit ihren unmündigen Kindern lebte, durch deren neue Heirat der Niessbrauch des Wittums entzogen wurde. Gegen diese Auffassung spricht m. E. nicht, dass neben dem Vater auch die Mutter genannt wird, es erledigen sich im Gegenteil die an sich berechtigten Einwände, welche OPET, MJÖG. EB. III. 12, gegen SCHRÖDER, Ehel. GR. 59, macht, auf solche Weise bestens: in meinem Sinne ist die Erwähnung der Mutter unbedenklich nur auf das mit dem Vater gemeinschaftlich ausgeübte Recht zu beziehen. Wesentlich gestützt aber wird die Erklärung des achasius als Abfindung für entgehende Einkünfte durch seine mit der Grösse der dos wechselnde Höhe: für je 10 sol. Wittum wird 1 sol. achasius geschuldet. Da hierzu die beiden in unserem cap. angeführten Beträge von dos und achasius nicht stimmen (25 sol.: 3 sol. — $62^1/_2$ sol.: 6 sol.), so hat man die 25 sol. in 30 sol. emendiert. vgl. SCHRÖDER, de dote 41; Ehel. GR. I. 59_{17}; 64_1; SANDHAAS, Ehel. GR. 51_{18}; BRUNNER, Berl. SB. 1894 S. 565; 571. Abgesehen davon, dass man mit solcher Textänderung doch nur zum Ziele käme, wenn man auch $62^1/_2$ in 60 sol. umschriebe, scheint mir das ganze Vorgehen nicht notwendig, um zu befriedigender Erklärung zu gelangen. Zunächst bin ich nicht der Ansicht BRUNNERS (Berl. SB. 1894 S. 548), dass die salische dos nur die festen Sätze von $62^1/_2$ und 25 (30) sol. gekannt habe (SANDHAAS, a. a. O., will sogar in der einen Summe die dos der Litin, in der anderen das Wittum der Freien sehen), vielmehr glaube ich, dass es sich hier lediglich um Anführung von Beispielen handelt, die allerdings mit Rücksicht auf die gebräuchlichsten Dosziffern gewählt sein mögen. Von diesem Gesichtspunkte aus gewinnt m. E. die Vermutung Wahrscheinlichkeit, dass für eine dos, die sich unter 5 sol. hielt, überhaupt kein achasius zu entrichten war, weil hier der den Verwandten des ersten Mannes entgehende Gewinn zu geringfügig erscheinen musste, um eine Entschädigung zu rechtfertigen. Bei 5 sol. dos und darüber aber trat das Prinzip in Kraft „ut per decinus solidos singuli in achasium debentur“. Es war also für 5—14 sol. dos 1 sol. achasius zu zahlen und entsprechend verfielen für 15—24 sol.: 2 sol., für 25—34 sol.: 3 sol., für 35—44 sol.: 4 sol., für 45—54 sol.: 5 sol., für 55—64 sol.: 6 sol. — Die Berechtigung zum Empfang des achasius reicht bis zum Neffen des verstorbenen Gatten. vgl. SCHR. 324_{350}. Ist keiner vorhanden, so tritt der Fiskus in das Recht der Vatermagen ein. Deutlich offenbart sich hier vor allem wieder der Unterschied von reipus und achasius. Ersteren erhalten nach Sal. 44 die männlichen Muttermagen bis zum 6. Gliede, letzteren bekommt höchstens noch der Brudersohn: die Achasiusberechtigung ist also etwas ganz anderes als die Reipusberechtigung, ja wir werden sagen dürfen, dass der Empfang des reipus den des achasius geradezu ausschliesst, weil das Zusammentreffen des Verlobungsrechtes mit dem Niessbrauch der dos in derselben Person für diese Anlass sein könnte, aus egoistischen Gründen die zweite Ehe unmöglich zu machen. Die Witwe, der die nächsten Vatermagen ihres ersten Mannes fehlen, lebt also mit ihrer dos nicht im Hause seiner etwa noch vorhandenen Muttermagen, sondern steht in verbo regis. Und zwar vom Augenblicke ihrer Verwitwung an, denn wenn unser cap. sagt, dass sie, um wieder heiraten zu können, vorher in mallo dem Königsschutze übergeben werden müsse, so braucht diese solenne Handlung doch durchaus keine konstitutive Bedeutung zu haben, sondern kann sehr wohl nur deklaratorischen Charakter besitzen: es ist nicht mehr als natürlich, dass die Erklärung des Königsschutzes erst erfolgt, wenn die erste Gelegenheit, ihn geltend zu machen, sich bietet. Vorgenommen wird die missio in verbum regis durch den Iudex, d. h. den Gerichtsvorsitzenden, indem er ein Urteil der Dinggenossen veranlasst (roget de eam) und in Verfolg desselben die Aufnahme konstatiert. Damit ist dem Fiskus der achasius fällig, nach dessen Empfang die Erlaubnis zur Wiederverheiratung erteilt wird. — Über comes aut grafio anstatt thunginus vgl. Erläuterung zu Sal. 45, 2 „roget grafionem“ (S. 176). — Den Rest der dos nimmt die Witwe bei beerbter erster Ehe mit ins Haus des zweiten Gatten, aber er und sie haben an diesem Wittum nur ein für ihre Lebzeiten geltendes Recht der Nutzung, nach ihrem Tode fällt es an ihre Kinder erster Ehe zurück, in währender zweiter Ehe ist es also diesen „verfangen“ und darf von seiner Besitzerin weder verkauft noch verschenkt werden. vgl. Br., Berl. SB. 1894 S. 564. Dass das Verfangenschaftsrecht der Kinder an der dos auch dann gegolten habe, wenn die Mutter ihren Witwenstuhl unverrückt liess, behauptet Heusler, Instit. II. 308_6; anderer Ansicht sind Sandhaas, Ehel. GR. 68; Schr. 307_{248}.

si — de anteriore marito filios non habuerit. Dem Fall der beerbten Ehe wird hier derjenige unbeerbter Ehe gegenübergestellt. Der achasius wird bezahlt wie oben. Durch welche Interpunktion Viollet, Hist. I. 220_1, die Leistung des achasius auf den Fall, wo Kinder vorhanden sind, beschränken zu können glaubt, ist mir unklar geblieben. Ausser der Entschädigung für den entfallenden Niessbrauch der dos aber hat die Witwe hier den Vatermagen ihres ersten Gatten noch einen Teil ihrer Aussteuer, das später in deutschen Rechtsdenkmälern sogenannte Federwat (vgl. Br., Berl. SB. 1894 S. 565) und $^1/_3$ ihrer nach Abzug des achasius verbleibenden Dos zu überlassen. Das Federwat besteht aus einer bedeckten Bank, einem hergerichteten Bett mit anständigem Bettzeug und der gewohnheitsmässig zur Aussteuer gehörigen Anzahl von Stühlen, Brunner berechnet es a. a. O. 566 auf $^1/_6$ der Dos. vgl. Erläuterung zu Cap. Sal. VIII. 4. Die Hingabe von achasius und Federwat hat die kinderlose Witwe in Gegenwart von 9 Zeugen vorzunehmen, dieselbe Feierlichkeit wird also wohl im

Falle beerbter Ehe bezüglich des achasius allein vorgeschrieben gewesen sein. Dagegen wird sie für das den Vatermagen verbleibende Dosdrittel nicht erwähnt, denn die Dos ist ja bis zur neuen Hochzeit ganz in Besitz und Nutzung dieser Verwandten, sie ihrerseits also sind es, die einen Teil derselben ($^2/_3$) herausgeben müssen. Unterlässt die Witwe Hingabe von achasius und Federwat, so behalten die Vatermagen ihres verstorbenen Gatten die ganze ersteheliche dos: ausser dem Drittel, das sie ihnen so wie so schuldete, verliert sie nun auch noch die anderen zwei Drittel. vgl. SANDHAAS, Ehel. GR. 66; BRUNNER, Berl. SB. 1894 S. 567 gegen SCHRÖDER, Ehel. GR. I. 60_{19}. Natürlich darf sie auch das widerrechtlich vorenthaltene Federwat nicht mitnehmen. Übrigens wird hier wieder der Analogieschluss gestattet sein, dass im Falle beerbter Ehe die durch Unterlassung der Hingabe des achasius benachteiligten Verwandten ebenfalls aus der dos entschädigt wurden. Da deren Substanz aber den Kindern verfangen ist, so können die Vatermagen dann nur Besitz und Nutzung behalten.

insuper fisco sol. LXII c. dim. culp. iud. Die hohe Busse, welche dem Fiskus von der rechtswidrig zu neuer Ehe schreitenden Witwe entrichtet werden muss, bezieht sich ebenfalls sicher in gleicher Weise auf beerbte wie auf unbeerbte Ehe. Die Ansicht SCHRÖDERS, Ehel. GR. I. 59 f., wonach die Busse Muntbrüche sein soll, fällt mit der von ihm seither selbst aufgegebenen Auffassung des achasius als Muntschatz dahin, auch müsste die Muntbrüche ja zu $^2/_3$ an die muntberechtigten Verwandten gelangen. M. E. bleibt nur übrig, in den $62^1/_2$ sol. unserer Stelle ein alterum tantum der salischen Normaldos zu sehen, mit welchem die Rechtsverletzung gegenüber der öffentlichen Gewalt zu sühnen ist. Freilich lässt diese Interpretation unaufgeklärt, warum bei der Dos von 25 sol. ebenfalls $62^1/_2$ sol. an den Fiskus zu zahlen sein sollen. Doch giebt hier vielleicht der in Kod. 1 angefügte, in seinem jetzigen Wortlaute sicherlich verderbte Satz einen Fingerzeig. Vermutlich ist in unserem cap. der Strafstipulierung von $62^1/_2$ sol. ursprünglich noch eine weitere von 25 sol. für geringer dotierte Witwen gefolgt, woraus die Abschreiber von Kod. 1 dann durch Verquickung mit Cap. Sal. III. 3, 9 den jetzigen unverständlichen Text hergestellt haben.

4 (LXXIII). De viris qui alias ducunt uxores.

Si quis uxorem amiserit et aliam habere voluerit. In Ergänzung des vorigen behandelt dies cap. die Folgen der Wiederverheiratung eines Witwers für die dos, welche er seiner ersten Gattin bestellt hatte. § 1 spricht von der beerbten, § 2 von der unbeerbten Ehe. Sind ersteheliche Kinder vorhanden, so hat der Witwer bis zu deren Mündigkeit die Verwaltung und Nutzung der dos, welche er daher weder seiner zweiten Frau als Wittum bestellen, noch sonst verschenken oder verkaufen darf. Mit erreichter Handlungsfähigkeit der Kinder ist ihnen die Substanz der dos als mütterliches Erbe auszuliefern. Konsequenterweise muss hiermit die Aufhebung der väterlichen Munt verbunden gewesen sein. vgl. SCHR. 315_{300}. War die erste Ehe kinderlos, so haben die Verwandten der verstorbenen Frau die Wahl, ob sie durch Herausgabe doppelten Federwats sich zwei Drittel des Wittums sichern oder ob sie das Federwat behalten wollen, in letzterem Falle bekommen sie nur ein Drittel der Dos. vgl. SCHR. 306_{247}; BR., Berl. SB. 1894. S. 567. Wahrscheinlich ist, dass der Mann nach salischem Recht erst bei Wiederverheiratung, nicht aber, wenn er verwitwet blieb, zu solcher Auseinandersetzung gezwungen war. vgl. SCHR. 307_{249}; 312_{277}. Den gesetzlichen Teilungsmodus können die Parteien durch Affatomie (vgl. Erläuterungen zu Sal. 46: S. 178 ff.) abändern. Was cromare bedeutet, ist zweifelhaft, Em. Q. hat das Wort weggelassen, PARDESSUS 406 no. 717; J. BEHREND, l. Sal.[1] 137 (unter adfatimus) emendieren „convenerint", dagegen sieht ZÖPFL, RG. III. 18_{22}; 52_{2} in cromare ein verderbtes achramire = spondere.

Capitulare III.

1 (LXXIV). De hominem inter duas villas occisum.

inter duas villas occisum. Das cap. handelt von dem Verfahren, welches Platz greift, wenn ein Mensch erschlagen worden, und der Thäter unbekannt geblieben ist. Das unentdeckte Entkommen des Totschlägers ist vor allem möglich, wenn die Unthat an einem einsameren Orte geschah, also entweder iuxta villa (Kod. 2: strada, Strasse. vgl. Cap. Sal. III. 1_{1}) oder aber zwischen zwei villae. Im ersteren Falle werden die Bewohner nur der einen villa, auf deren campus oder ager (über die Bedeutung dieser Ausdrücke in der l. Sal. vgl. vor Allem BLUMENSTOK, IE. I. 232) der Leichnam liegt, verantwortlich gemacht, im zweiten Falle haften die Bewohner beider villae, auf deren exitus oder vestibulum der Tote gefunden wird. Gegen diese von SCHRÖDER, Franken u. ihr R. 58 f., aufgestellte Unterscheidung zweier Fälle HERMANN in GIERKES Unters. XVII. 104_{1}. — Die villa wird in Cap. III. 1 von den meisten Autoren für eine Dorfansiedelung erklärt. vgl. SCHRÖDER, a. a. O., WAITZ, VG. II. 1, 393_{4}; HERMANN, a. a. O. 105_{1}; GLASSON, Domaine rural 159 f; DAHN, Kge. VII. 1, 100_{3}; MEITZEN, Agrarw. I. 583; BLUMENSTOK, IE. I. 221 ff; als Einzelgehöft fasst sie hier v. INAMA-STERNEGG, WG. I. 44; 97 f., während FUSTEL DE COULANGES, Hist. IV. 202 f.; Nouv. rech. 341; HILDEBRAND, Recht u. Sitte 159, ohne auf unsere Stelle einzugehen, einen anderen Sinn als Einzelhof für villa in früherer Merovingerzeit überhaupt nicht anerkennen. vgl. Erläuterungen zu Sal. 3, 5 und zu 45, 1 „super alterum". — Zweifelhafter als die Bedeutung von villa ist hier diejenige von exitus und vestibulum. Festzustehen scheint die Identität beider Ausdrücke. vgl. WAITZ, VG. II. 1, 393_{4}; SCHRÖDER, a. a. O. 59; HERMANN, a. a. O.; BLUMENSTOK, IE. I. 223. Von diesen Autoren, die villae als Dorfschaft fassen, werden exitus und vestibulum als Dorfgrenze oder Dorfzugang erklärt. vgl. noch LAMPRECHT, WL. I. 13_{3}; DAHN, Kge. VII. 1, 100_{3}. Umgekehrt stützt v. INAMA-STERNEGG, WG. I. 44, seine entgegengesetzte Auffassung vom Charakter der villa gerade auf vestibulum, was einen hofmässigen Abschluss bedeute. Aus dem Worte exitus folgern ferner die meisten Erklärer das Bestehen strenger Feldgemeinschaft bei den Saliern zu Chlodwigs Zeit. vgl. WAITZ, AR. 124 ff.; 130 f.; v. MAURER, Einleitg. 141 ff.; THUDICHUM, GuMV. 184 ff.; 221 ff.; SOHM, Proz. 14 ff.; RuGV. I. 117 f.; BETHM. IV. 469 ff.; GIERKE, Genossensch. I. 76 ff.; ZRG. 12, 462 ff.; SCHRÖDER, FDG. 19, 145_{1}; Franken u. ihr R. 58; RG. 203_{29}; v. SYBEL, Königt. 25 f. Bereits festeren, wenn auch nicht ewigen Nutzungsrechten hat nach LAMPRECHT, WL. I. 48 der salische Acker unterlegen, MEITZEN, Agrarw. I. 588, erkennt in unserer Stelle sogar lediglich Gewanne in vollem Privateigentum, auch BR. I. 195_3 will nur noch laxe Feldgemeinschaft gelten lassen und meint, die Sonderäcker seien nicht eingehegt gewesen, sondern hätten nach vollendeter Erndte bis zur neuen Aussaat als gemeine Feldweide gedient. vgl. aber Erläuterung zu Sal. 34, Überschr. „sepibus furatis“ (S. 149). Sehr vorsichtig endlich drückt sich BLUMENSTOK, IE. I. 260 f., aus, wenn er sagt „vicini illi in quorum campo“ beweise zwar, dass alle Nachbarn gewisse Rechte am campus besessen hätten, über die Art dieser Befugnis aber erfahre man hier nichts.

iudex, h. e. comis aut grafio. vgl. Erläuterung zu Sal. 45, 2 „roget grafionen“ (S. 176); DAHN, Kge. VII. 2, 92_5; 96_2; 110_3.

cornu sonare debet. Der Graf soll zum Thatort eilen und dort ins Heerhorn stossen, um die vicini herbeizurufen. vgl. WEINHOLD, Berl. SB. 29, 545; SCHR. 44_{29}; DAHN, Kge. VII. 2, 115. Der Graf erfüllt also hiermit eine Amtspflicht, ebenso ist das gesamte in den folgenden Sätzen beschriebene Verfahren amtlich. So wird hier nach einer einzelnen Richtung die Lücke ausgefüllt, welche zufolge des altgermanischen Grundsatzes „Wo kein Ankläger, da kein Richter“ auch in der fränkischen Strafjustiz klafft. vgl. FUSTEL DE COULANGES, Hist. III. 412; Rech. 456; BR. II. 489; DAHN, Kge. VII. 2, 115.

si non venerit qui corpus cognoscat etc. Kommt schon auf den Hornruf des Grafen hin jemand, der die Leiche rekognosziert, so braucht dieselbe nicht erst ausgestellt zu werden, sondern ihr Begräbnis kann gleich stattfinden. Nach der Variante von Kod. 2 (Cap. Sal. III. 2_2) werden solchenfalls die Verwandten des Toten benachrichtigt, und ihre Sache dürfte es dann auch sein, das Verfahren fortzuführen. vgl. BETHM. IV. 468. Andernfalls haben die vicini ein Gerüst von 5 Fuss Höhe anzufertigen, den Leichnam in Gegenwart des Grafen darauf zu heben und ihn dort 7 Tage behufs Rekognoszierung zu belassen. Der Befehl hierzu erfolgt durch contestari des Grafen, d. h. durch rechtsförmliche Aufforderung unter Zuziehung von Zeugen. Der Graf nimmt also im Offizialverfahren Parteihandlungen vor. vgl. SOHM, Proz. 129_3. Ob aber dadurch, wie DAHN, Kge. VII. 2, 115, meint, sein Vorsitz im Spruchtermin unmöglich gemacht wird, scheint mir fraglich. vgl. BR. II. 164; 179_{36}. Ausser der testatio hat der Graf gleich in diesem ersten Stadium des Verfahrens die admallatio der Dorfgenossen zu bewirken, d. h. sie zur Verhandlung im mallus zu laden. Das admallare wird vorher und nachher als nuntiare bezeichnet. vgl. Erläuterung zu Sal. 47 „qui interfuerit“ a. E. (S. 187); BR. II. 334_{13}.

ante XL noctes = in mallo proximo. vgl. SOHM, RuGV. 430_{120}; 441_{162}. Vierzig Nächte sind der zwischen zwei echten Dingen liegende Zeitraum. vgl. Erläuterung zu Sal. 47 „in noctis XL“ (S. 187). Beweisfrist für Eid: BR. II. 377_{36}.

qui meliores sunt — iuratores donent. Hier interessiert vor Allem der Gegensatz von meliores und minoflidi. Die ersteren haben ihre Unschuld mit 65, die letzteren nur mit 15 Eideshelfern zu beschwören. Der minoflidus, welcher auch im alamannischen Volksrecht (Pact. II, 36; 39; III. 21) erscheint, ist in unserer Stelle jedenfalls kein Lite (so v. SAVIGNY, Adel 24; MERKEL, de rep. Alam. 5; vgl. dagegen GAUPP, Ansiedelungen 129 ff.; WILDA, Strafr. 421), aber auch wohl kein Zinsgütler (so SICKEL, WZ. 4, 267; anders ders. ebd. 15, 161), sondern ein freier Bauer mit geringerem Grundeigen. SCHR., Franken u. ihr R. 54_1, findet einen Unterschied zwischen den minoflidi des salischen Kapitulars und des alamannischen Paktus, die letzteren sind ihm freie Hintersassen. Anders BR. I. 249. vgl. noch WAITZ, VG. II. $1,264_3$; ZÖPFL, RG. II. 46_{67}; COSACK, Eidhelfer 60_{51}; SCHRÖDER, Westd. Monatsschr. 6, 484_5; LAMPRECHT, WL. I. 52_1; GLASSON, Hist. II. 585 ff.; FAHLBECK, Royauté 189_1; DAHN, Kge. VII. 1, 180 f. Über die sprachliche Ableitung des Wortes vgl. GRIMM, WB. III. 1771 f.; LEXER, WB. III. 400; SCHMELLER, Bair. WB. I. 800; SCHILLER u. LÜBBEN, Mniederd. WB. V. 271; SCHADE, WB. 204; SCHRÖDER, ZRG.[2] 7, 18. Dass es sich in unserem cap. nicht um Hervorhebung eines ständischen Gegensatzes handelt, betont mit Recht BR. I, 249 Text u. Anm. 14. Denn der höhere Stand schwört nicht mit mehr, sondern mit weniger Eideshelfern als der niedrigere, weil seinem Eide grössere Glaubwürdigkeit zukommt. Irrig also DAHN, Kge. VII. $1, 181_4$; $3, 68_1$. Der Grund, warum hier der melior eine grössere Helferzahl braucht, liegt nach BR., a. a. O., darin, dass von ihm mehr Personen abhängen, als vom minoflidus und er sie sämtlich durch seinen Eid vom Verdachte des Totschlages zu reinigen hat. Der Sechzehnereid des minoflidus ist eine Abart des normalen Zwölfereides, vgl. Cart. Senon. 17; 21; BR. I. 249_{14}; II. 386_{63}, der Sechsundsechzigereid des melior vielleicht ein fünffacher Volleid mit 5 seniores. vgl. BR. II. 384_{53}. — Über den Eid als Beweismittel im salischen Recht vgl. BR. II. $395_{21;22}$. — Der Inhalt des Eides selbst ist: quod nec occidissent nec sciant qui occidissent. Die Dorfgenossen haben sich also nicht nur von dem auf ihnen selbst ruhenden Verdachte zu reinigen, sondern es ist auch ihre Pflicht, dem Grafen mitzuteilen, was auf die Spur des Verbrechers führen könnte. Darin erkennt BR. II. 490 eine Vorstufe des in karolingischer Zeit Bedeutung gewinnenden Rügeverfahrens. Leisten sie den vorgeschriebenen Eid nicht, so haben sie für den Totschlag wie für einen von ihnen begangenen einzustehen, d. h. das Wergeld des Erschlagenen zu bezahlen. vgl. v. MAURER, Einleitg. 164 f. Dasselbe fällt an den Fiskus, denn die Voraussetzungen von Sal. 62, 2 erscheinen bei Totschlag eines Unbekannten gegeben.

2 (LXXV). De pignoribus.

pignoribus. Der Inhalt des cap. ist Gegenstand der Kontroverse. vgl. Erläuterungen zu Sal. 50, 3 (S. 196 ff.). Dort ist bereits meinerseits die Ansicht begründet, dass es sich hier um Fortsetzung von Sal. 50, 2 handele, d. h. um Privatpfändung (sine iudice pignorare). Insofern also stimme ich mit SOHM, Proz. 30 ff., völlig überein und kann namentlich der abweichenden Ansicht von BEHREND, Festg. f. HEFFTER 69 ff., nicht beipflichten. Dagegen bezieht sich das per ignorantiam m. E. nicht, wie SOHM, a. a. O. 31, meint, auf den in Unkenntnis prozessualer Formen handelnden Gläubiger, sondern, wie schon ZÖPFL, RG. III. 293_{63}, bemerkt hat, auf den in Unkenntnis über die bevorstehende Vollstreckung gelassenen Schuldner. Die Rechtswidrigkeit, von der im ersten Teil des cap. die Rede ist, besteht also darin, dass jemand seinen Debitor der Privatpfändung unterwirft, ohne vorher die in Sal. 50, 1; 2 beschriebenen prozessualen Voraussetzungen der Exekution (accusatio, nexticantichio) erfüllt zu haben: dann ist der Schuldner ignorans, er weiss nicht und kann nicht wissen, dass er eine Pfändung zu gewärtigen hat. vgl. auch Br. II. 448_{20}. Über die Variante von Kod. 2 „pignorancia" vgl. Behrend, a. a. O. 71_1; Sohm, Proz. 31_{28}; gegen sie mit wenig stichhaltigen Ausführungen Hermann in Gierkes Unters. XX. 193 f. — Der iudex ist, wie Sohm, RuGV. 150; Behrend, a. a. O. 72; Br. II. 448_{20} mit Recht betonen, der Graf, nicht der Thungin. — Die Folge der verfrühten Pfändung ist Verlust des debitum. Dazu kommt noch eine Busse von 15 sol., wenn die Pfändung sich auch materiell als unberechtigt herausstellt. vgl. Sohm, Proz. 31 f. Anderer Meinung Behrend, a. a. O. 70.

3 (LXXVI). De muliere cesa vel excapilata.

mulierem excapillaverit — sol. XV culp. iud. Einer Frau das Haar entblössen, sodass ihr der abonnis (Haube, Binde. vgl. Grimm, Vorr. LIV; anders Kern b. Hessels § 272) herunterfällt, erscheint als ein entfernter Versuch rechtswidrigen Beischlafs. vgl. Erläuterung zu Sal. 20, 1 (S. 131 f.).

vittam solverit — XXX sol. culp. iud. Das Auflösen der Haarbinde und dadurch der Haartracht selbst wird unter demselben Gesichtspunkt, wie die excapillatio, aber doppelt so hoch gebüsst.

servus — manum perdat aut sol. V reddat. Die knechtische Strafe dieser Stelle (Handabhauen oder Busse von 5 sol.) bedeutet gegenüber Sal. 40, 1; 3 eine Verschärfung. vgl. im übrigen die dortigen Erläuterungen.

mulierem ingenuam prignantem — percusserit — quasi usque ad mortem, CC sol. culp. iud. Wer eine freie Frau in schwangerem Zustand durch Stoss mit Faust oder Ferse in Bauch oder Lenden lebensgefährlich mishandelt, ohne dass der Fötus abortiert, hat 200 sol. zu zahlen.

pecus mortuum excusserit — DC sol. culp. iud. Bedeutende Verschärfung der Strafe für Tötung eines ungeborenen Kindes. vgl. Sal. 24, 4. Gemäss Extrav. A. 5, 1 muss es sich hier um einen männlichen Embryo handeln. vgl. auch Cap. Sal. III. 3, 8. Ausserdem ist sicher in diesem Falle dem Weibe noch die Busse von § 4 (200 sol.) zu zahlen gewesen.

ipsa mulier — mortua fuerit, DCCCC sol. culp. iud. Die hier für Tötung einer Schwangeren ausgeworfene Strafe von 900 sol. umfasst jedenfalls nicht diejenige für die Vernichtung des Embryo, denn sonst würden für die Mutter nur 300 sol. übrig bleiben, was mit dem Grundsatze dreifachen Schutzes der gebärfähigen Frau in Widerspruch stände. Weniger kann es auffallen, dass hier der gravida das Wergeld nochmals um 300 sol. gegenüber dem gebärfähigen Weibe erhöht ist. Anders freilich Sal. 24, 3; Extrav. A. 5, 1. Tötung der Schwangeren und ihrer Frucht wird also m. E. von unserer Stelle mit im Ganzen 1500 sol. geahndet.

in verbum regis missa est — MCC sol. culp. iud. Über das in verbum regis mittere (esse) vgl. Erläuterung zu Sal. 13, 6 „in verbum regis fuerit" (S. 120 f.). Der Königsschutz erhöht die Strafe der Tötung einer Schwangeren um noch einmal 300 sol. Der Verbrecher hat also im Ganzen 1800 sol. zu bezahlen.

si — infans puella est — MMCCCC (MCCCC) sol. conp. Hier muss, um eine den Rechtsanschauungen der Zeit gemässe Interpretation zu geben, angenommen werden, dass die Angabe von Kod. 2, welcher 1400 sol. Strafe setzt, die korrektere sei und dass die Strafsumme sowohl das Wergeld der Mutter als das des ungeborenen Kindes umfasse. Da erstere in verbo regis steht, hat sie 1200 sol., die weibliche Geburt also 200 sol. Wergeld. Jede andere Erklärung würde dahin kommen, eine höhere Busse für die Vernichtung eines weiblichen als eines männlichen Fötus anzunehmen, was bei der gemeingermanischen Zurücksetzung weiblichen Nachwuchses hinter dem männlichen ganz unwahrscheinlich ist und zudem einer Bestimmung von Extrav. A. 5, 1 direkt widerspricht. Denn dort würde bei Tötung einer männlichen Geburt nicht Nachweis des Geschlechtes verlangt werden, um zur Busse von 600 sol. zu gelangen, falls der weibliche Embryo höher gewertet worden wäre. Anders, aber nicht ohne Widersprüche SCHREUER 52_4.

militunias: unfreie Ministerialin. vgl. PARDESSUS 484; GRIMM, Vorr. VI; XXX; ZÖPFL, RG. II. 157_3; KERN b. HESSELS § 274; TARDIF, Etudes 51_3; WAITZ, VG. II. 1, 238_3; BR. I. 234_{23}; DAHN, Kge. VII. 1, 272. Ihr wird hier das gleiche Wergeld wie der Litin und der Römerin beigelegt. Anders noch Sal. 10, $IV_{1;3}$. vgl. BR. I. 235_{24}; DAHN, Kge. VII. 1, 280. Über Wergeld von Liten und Römern vgl. Erläuterungen zu Sal. 13, 7 „litus" (S. 121) und zu Sal. 41, 6 „sol C culp. iud." (S. 163).

ancillae pecus mortuum excusserit — LXII sol. c. dim. conp., sim. din. unum. Der Thatbestand ist hier der Sklavin gegenüber objektiv derselbe wie in § 6 der Freien gegenüber: Tötung der Schwangeren und der Frucht. Ersteres wird dem Herrn „si pulicella fuerit", d. h. wenn die Mutter eine gewöhnliche Magd war, mit $62^1/_2$ sol. gebüsst, letzteres zieht nur eine Scheinbusse von 1 Denar nach sich.

cellaria aut genicium — tenuerit, C sol. et din. conp. cellarium Vorratskammer. genicium = screuna. vgl. Erläuterung zu Sal. 13, 1_2 „screona" (S. 119 f.). Die Straferhöhung hat ihren Grund im höheren Wert einer solchen Magd. vgl. Erläuterungen zu Sal. 10 (S. 116 ff.).

4 (LXXVI). De eum qui causa aliena dicere praesumpserit.

causa aliena dicere praesumpserit — sol. XV culp. iud. Das cap. handelt von dem ohne Auftrag der Prozesspartei, also willkürlich handelnden Vorsprecher, nicht aber, wie LAMPRECHT, WL. I. 23 f. auf Grund des verderbten Textes in der Überschrift von Kod. 1 meint, um die laisowerpitio eines Hauses. vgl. Cap. leg. add. v. 803 c. 4 (Bo. I. 113); PERTZ, Dipl. M. 66; LASS in GIERKES Unters. XXXIX. 42; BR. II. 350_5. Die demandatio des Anwalts geschah fiduziarisch durch Festukawurf (laisowerpitio), der Anwalt war also Salmann der Partei. vgl. Erläuterung zu Sal. 46 „Postea acquirent" (S. 180); BR. II. 354_{27}; Forschungen 442_2. Dagegen bezieht SCHR. 271_{68} die laisiwerpitio unserer Stelle auf den Treuhänder beim Adfatimus, scheint sich also der LAMPRECHT'schen Ansicht zu nähern. — Die Partei erleidet durch das Vorgehen des falsus procurator keine Einbusse an ihren prozessualen Rechten.

Capitulare IV.

1 (LXXIX). [Si quis puerum regis aut libertum occiderit].

puerum regis. vgl. Erläuterung zu Sal. 13, 7 (S. 121) und zu 42, 4 (S. 166); SOHM, RuGV. 533_{24}; 534_{26}.

libertum. vgl. Erläuterung zu Sal. 26, 1 (S. 136).

Romanum ingenuum. vgl. Erläuterung zu Sal. 41, 6 „sol. C culp. iud." (S. 163).

tributarium. vgl. Erläuterung zu Sal. 41, 7 (S. 163).

militem: unfreier Ministeriale. vgl. Erläuterung zu Cap. Sal. III. 3, 9 „militunias"; SICKEL, MJÖG. EB. II. 222 f.; THONISSEN 88 ff.; 103_1; SCHR. 157_{10}.

2 (LXXX). [Si quis stadalem vaidaris cervum aut bovem cervi atributaria salierit].

stadalem vaidaris cervum. KERN b. HESSELS § 276 erklärt: Lockhirsch eines Waidmanns. vgl. noch JUNGBOHN CLEMENT 275 (Stallhirsch); BORETIUS bei BEHREND, l. Sal.[1] 110_4; LAMPRECHT, WL. I. 15_1. Höchst wahrscheinlich ist hier derselbe Thatbestand ins Auge gefasst, wie Sal. 33, 2. vgl. auch die dortige Erläuterung.

bovem cervi atributaria (bovum c. atribute). KERN u. LAMPRECHT, a. a. O. lesen cervia tributaria und erklären bos cervia als Hirschkuh. Aber cervia für cerva begegnet sonst nirgends. Ich glaube mich hier für JUNGBOHN CLEMENT erklären zu sollen, der a. a. O. übersetzt „die dem Hirsch beigegebene Kuh". Damit entfiele die Notwendigkeit (a)tributaria, (a)tribute mit dem triutis von Rib. 42, 2 in Verbindung zu bringen, was doch wohl seine Bedenken hat.

saliverit = assalierit.

3 (LXXXI). [De furtis de venationibus vel piscationibus].

pedica. Fussfessel. vgl. Sal. 27, 3.

embolaverit = imbolaverit = involaverit. vgl. Sal. 2, 7.

retem. vgl. Sal. 27, 19; 20.

nassam, Fischreuse.

sol. XXX culp. iud. Die Strafe harmoniert nicht mit denen von Sal. 27, 3; 19; 20.

de nave furaverit piscem aut de rete — sol. XV culp. iud. vgl. die abweichende Bestimmung von Sal. 33, 1; nur Kod. 10 stimmt dort mit der hier verhängten Strafe.

feramen, jagdbares Wild. Die Jagd wird u. A. auch mit pedicae, Fusseisen, betrieben. vgl. SCHWAPPACH I. 68.

sagitatum detoxitum. sagittare mit dem Bogen schiessen, sagitatum also das für den Bogen bestimmte Geschoss, der Pfeil (= sagitta). detoxitus, augenscheinlich aus τοξεύειν, dem griechischen Synonymon von sagittare, gebildet, bedeutet demnach „abgeschossen". vgl. aber noch die nächste Erläuterung a. E.

invenerit — calcare voluerit — in bargo involaverit — de mansionem furaverit — sol. XXX culp. iud. calcare = vestigium alicuius insequi. vgl. DU CANGE II. 24. Die Stelle hat, soviel ich sehe, ausser der ganz perversen Übersetzung von JUNGBOHN CLEMENT 276 noch keine Interpretation gefunden. Ihr Inhalt scheint mir zu sein: wenn jemand ein Wild findet, das sich im Fusseisen gefangen hat (scil. und es an sich nimmt), oder wenn jemand einen abgeschossenen Pfeil entdeckt und der Spur des von den Hunden bereits verfolgten Wildes, dem jener Pfeil galt, nachgeht (scil. und das Tier für sich erlegt), oder wenn jemand die Jagdbeute eines anderen von der Tragbahre (irrig LAMPRECHT, WL. I. 14_3: bargus = parcus), auf der sie nach Hause geschafft werden soll, oder aus dem Hause selbst (über mansio vgl. Erläuterung zu Cap. Sal. IV. 11) entwendet, so soll er 30 sol. Busse zahlen. Der Grundsatz, auf dem diese Bestimmung beruht, ist derselbe wie in Sal. 33, I; II (vgl. die dortige Erläuterung: S. 149), die Strafe aber ist hier verdoppelt. — Eine andere Möglichkeit der Erklärung des sagitatum detoxitum bestände noch darin, dass man letzteres Wort als Glosse zu ersterem auffasste. Dann wäre sagitatus das angeschossene Wild.

porcellum lactantem de rane. vgl. Sal. 2, 1; I und die Erläuterungen dazu (S. 109).

4 (LXXXII). [De eo qui alterum ad calidam provocaverunt].

ad calidam provocaverit = ad aeneum p., zum Kesselfang herausfordern, d. h. eine Klage in ordalbedürftiger Form einbringen. vgl. Erläuterung zu Sal. 53, 1 „admallatus“ (S. 203).

preter evisionem dominicam — sol. XV culp. iud. Über die Bedeutung von evisio ist man nicht einig. WAITZ, AR. 155_2; BETHM. IV. 512; BORETIUS bei BEHREND, l. Sal.[1] 111_9; DAHN, Kge. VII. 3, 68_7; 69_5 vermuten mit grösserer oder geringerer Bestimmtheit, dass „iussionem“ zu lesen sei, und wollen demgemäss das Einbringen der Klage in ordalbedürftiger Form von königlicher Erlaubnis abhängig machen. BR. II. 407_{33} hält eine Emendation in „ivisionem“, das er als latinisierte Form von afrz. ivis, span. ivizio (Gottesurteil) erklärt, für möglich, ZÖPFL, RG. I. 13_{18}; Vorr. zu JUNGBOHN CLEMENT XVII f. endlich interpretiert ê-wisio = Eheweisung, Rechtsweistum, lex, Verordnung und glaubt, evisio dom. sei identisch mit leges dominicae in Sal. 1, 1. Ähnlich schon SOHM, Proz. 132_8. Der Unterschied der ersten und dritten Ansicht kommt also darauf hinaus, dass die eine in jedem Einzelfalle besondere königliche Genehmigung, die andere einmalige legislatorische Feststellung der ordalbedürftigen Klagen durch den König annimmt. Letztere Meinung hat wohl mehr Wahrscheinlichkeit für sich. BR. bezieht a. a. O. 331; 407 die ganze Vorschrift auf das Verbot heidnischer Formen des Gottesurteils, nimmt diese Hypothese aber a. a. O. 676_{28} selbst wieder zurück und stellt den sehr einleuchtenden Satz auf, der Herausforderung zum Kesselfang habe eine antizipierte Eidesschelte zu Grunde gelegen. Wenn er aber in demselben Zusammenhang meint, die Busse unserer Stelle (15 sol.) könne dahin verstanden werden, dass sie nur verwirkt gewesen sei, falls dem Beklagten der Kesselfang gelang, zu dem der Kläger ihn provoziert hatte, während sie nicht in Frage gestanden habe, falls die Klage im Namen des Königs erhoben gewesen sei, so ist zu bemerken, dass die ZÖPFL'sche Erklärung von evisio doch einen näher liegenden Sinn des cap.

ergiebt. M. E. verwirkt der Kläger ausser in bestimmten gesetzlich feststehenden Fällen durch Wahl der Ordalklage die Normalbusse der Ehrenkränkung, deren er sich durch antizipierte Eidesschelte schuldig macht.

5 (LXXXIII). [De servo si alienam occiserit ancillam].

servus — occiderit ancillam alienam — sol. XV culp. iud. et pretium. vgl. Erläuterung zu Sal. 35, 1 „servus servum occiderit" (S. 150). War in Sal. 35, 1 für den Fall des Totschlags, den ein Sklave an einem consimilis (vgl. Sal. 35, 1_1) beging, die Teilung des Schuldigen unter die beiden Herren verfügt, so wird hier der Herr des Totschlägers zur Zahlung einer Busse von 15 sol. und zur Leistung von Schadensersatz verurteilt. Ebenso hatten auch schon Kod. 7—9; B—H in Sal. 35, 1 anstatt der Teilung Busszahlung — und zwar 20 sol. — gefordert (vgl. Sal. 35, 1_2). In dieser Strafart sieht Br. II. 553, dem sich Schreuer 204_9 anschliesst, altfränkisches Recht, während er die Teilung des Eigentums am Totschläger auf fremdrechtlichen Einfluss zurückführt. Mir scheint kein zwingendes Bedürfnis zu der Annahme vorzuliegen, dass die Salier einen Rechtsatz so uralten Charakters rezipiert haben, nachdem sie sich bereits vorher über denselben erhoben hatten. M. E. ist bei der Beurteilung der beiden fraglichen Stellen neben dem Thäter vor allen Dingen auch das Opfer des Verbrechens zu berücksichtigen: nur die Stellen unseres Volksrechts, wo Thäter und Verletzter Sklaven sind, dürfen herangezogen werden. Da ist es denn unbedingt die roheste, den Unfreien völlig mit dem Tier identifizirende Anschauung, wenn das Eigentum einer Sache, durch welche eine andere Sache vernichtet worden ist, von den beiderseitigen Herren geteilt wird. Um Schadensersatz handelt es sich hier nicht, denn der dominus des getöteten Sklaven erhält ja den Wert seines Eigentums gar nicht zurückerstattet. vgl. v. Amira, Obl. R. I. 400; irrig Leseur, NR. 1888. S. 690. Fortgeschrittenere Kultur bezeichnet es, wenn der Sklave als Mensch betrachtet wird, und infolgedessen seine Tötung durch einen consimilis Bussanspruch auf seiten des Geschädigten, Busspflicht auf seiten des Schädigers hervorbringt. Freilich bleibt auch dann die strafrechtliche Verantwortung zunächst noch von Herrn zu Herrn bestehen, die persönliche Haftung des Unfreien selbst ist ein weiteres Stadium der Entwickelung, das erst später erreicht wird.

abantonia von ambaht, Amt. vgl. Erläuterung zu Sal. 1, 4 „dominica ambasia" (S. 109) und Kern b. Hessels § 70.

de operariis — fuerit inputatum — sol. XV culp. iud. Der Schadensersatz fällt hier fort. vgl. Leseur, NR. 1888. S. 690.

6 (LXXXIV). [De eo qui porcina aliena de via ostiaverit].

porcina de via sua hostaverit. porcina, Schweineheerde. Über hostare, ostare, ostiare vgl. Erläuterung zu Sal. 27, IX (S. 141). Der einzelne Volksgenosse hat das Recht, seine Schweine zur Eichelmast in den Gemeindewald zu treiben. vgl. Lamprecht, WL. I. 14. Von dem Mastfleck darf die Heerde nicht durch jemand anders verscheucht werden. vgl. Meitzen, Agrarw. I. 592.

matriamen de silva involaverit. vgl. Erläuterung zu Sal. 27, 15 „materium" (S. 139).

lignarium = lignorum acervus, Holzhaufen. vgl. ROTH. 281; DU CANGE IV. 114.

carricaverit. Über carrus und carruca vgl. Erläuterung zu Sal. 27, 8 „in caballo aut in carro" (S. 139).

7 (LXXXV). [Si quis navem alienam per vim tulerit].

navem per vim tulerit — sol. XV culp. iud. Die gewaltsame Wegnahme eines Schiffes wird ebenso hoch bestraft wie dessen Diebstahl. vgl. Sal. 21, 2.

8 (LXXXVI). [De eo qui cum servo alieno negotiaverit].

cum servo — negotiaverit. vgl. Erläuterung zu Sal. 27, 25 (S. 141).

cum liberto in villa — negotiaverit. Nach SCHR. 265_{33} bezieht sich das Veräusserungsverbot unserer Stelle hinsichtlich des libertus wohl nur auf unbewegliche Sachen. vgl. noch v. INAMA-STERNEGG, WG. I. 66_3. Nach FUSTEL DE COULANGES, Nouv. rech. 341_4, handelt es sich hier um die villa, welche der Freigelassene für den Eigentümer verwaltet. Handlungsfähigkeit des salischen Liten geht hervor aus Sal. 50, 1.

9 (LXXXVII). [De eo qui servo alieno sine causa ligaverit].

sine causa ligaverit. vgl. Erläuterungen zu Sal. 32 (S. 147).

10 (LXXXVIII). [Si quis messe aliena glennare presumserit].

glenaverit — sol. XV culp. iud. glennare, Ähren stoppeln, d. h. Nachlese auf dem gemähten Felde abhalten. vgl. DIEZ, Et. WB. 598 unter glaner. PARDESSUS 412 no. 803 nimmt wegen der auffälligen Strenge des Verbots an, dass es sich hier um Ährenlese vor der Erndte handele; BLUMENSTOK, IE. I. 308 f. bezieht dagegen die Bestimmung des Abschnitts auf die Sammlung der Überreste und findet demgemäss in ihr einen wichtigen Fortschritt des Schutzes eines angebauten Ackers und seiner Früchte. vgl. Sal. 27, II. Über messis vgl. Erläuterung zu Sal. 9, 1 (S. 114).

11 (LXXXIX). De eo qui alienam mansionem expoliaverit.

mansionem: Wohnstätte, Gehöft, Haus. vgl. Bo.-KR. II. 657 unter mansio.

comederit. BORETIUS bei BEHREND, l. Sal.[1] 111_{21} und BEHREND selbst, a. a. O. 142, vermuten, dass „commiserit" zu lesen sei. Das ist mir unwahrscheinlich, weil dann die Bestimmung des nächsten Satzes ziemlich überflüssig wäre.

mansionem aut sortem: Hofstätte und das dazugehörige Land, die Hufe im engeren Sinne. vgl. WAITZ, VG. II. 1, 289_1. Das aut dieser Stelle wird von LAMPRECHT, Hist. Taschenb., 6. Folge, 2, 50_3; WL. I. 8_3 im Sinne von „et" genommen. Die disjunktive Bedeutung hat aber m. E. mehr für sich, denn es handelt sich in dem Satze augenscheinlich um eine Verallgemeinerung des ersten Passus. War dort Schauplatz der Rechtswidrigkeit nur das Gehöft, so hier entweder Hofstätte oder Hufe. War dort nur expoliare und comedere mit Strafe bedroht, so hier jede Schädigung. petrio taratro ist allerdings rätselhaft, aber vielleicht führt die Erklärung, welche KERN b. HESSELS § 283 von der Glosse „acre brastasit" giebt, zum Verständnis auch jener sicher verderbten Worte.

12 (XC). [De eo qui res alienas furtivaverit].

furtivaverit. Das Wort wurde von SOHM, Proz. 56; BETHM. IV. 486_{36}; JUNGBOHN CLEMENT 281 mit „furaverit" identifiziert. Demgemäss fassten diese Autoren das ganze cap. so auf, als ob in ihm von der Diebstahlsklage die Rede sei, welcher der Angeklagte mit der petitorischen Einrede seines Eigentums begegne, ohne dass ihm der nötige Nachweis desselben gelänge. BORETIUS bei BEHREND, l. Sal.[1] 112_{23}, hat dem gegenüber geltend gemacht, dass es sich um die Bestrafung dessen handele, der fälschlich Sachen als gestohlen bezeichne. vgl. namentlich noch LONDON 124 ff.; 159_{18}; ferner BR. II 509_{87}; 676_{32}. Über die falsche Anklage im allgemeinen vgl. Erläuterung zu Sal. 48, I „inpotaverit quod periurasset" (S. 190).

13 (XCI). [De eo qui alienum ortum aut nabinam effregerit].

effregerit. Das Wort weist nach MEITZEN, Agrarw. I. 585, auf gartenmässigen Anbau von Hülsenfrüchten in besonders eingezäunten Grundstücken eines Hofbesitzers hin. Über effractura vgl. Erläuterung zu Sal. 11, Überschr. (S. 118) und zu Sal. 11, 6 „nihil tullerit" (S. 119).

14 (XCII). [De liberto qui aliena liberta rapuerit].

libertus libertam alienam rapuerit — sol. XX culp. iud. — graphione sol. X solvat — mulier revertatur. Frauenraub, von einem Freigelassenen an einer fremden Freigelassenen begangen, wird mit 30 sol. gebüsst, das Weib ist seinem Herrn zurückzugeben. vgl. die Strafbestimmung bei Frauenraub unter Freien Sal. 13, 4; 10 und Erläuterungen dazu (S. 120; 122 a. E.). Über das Verhältnis des an den Grafen zu zahlenden fredus und des an die Partei fallenden faidus vgl. Erläuterung zu Sal. 13, 6 „fritus" (S. 121).

ingenuam rapuerit, de vita sua conponat. vgl. Erläuterung zu Sal. 13, 8 „de vita culp. iud." (S. 121), über „de vita conponere" speziell vgl. Erläuterung zu Sal. 50, 4 „de vita culp. esse debet" (S. 201).

15 (XCIII). [De eo qui alterum imputaverit periurasse].

XV sol. conponat qui periurat. vgl. Sal. 48, II.

non potuerit adprobare — sol. XV solvat. vgl. Sal. 48, I und Erläuterung dazu (S. 190).

et postea — pugnet. Der gerichtliche Zweikampf ist im Pactus leg. Sal. nicht erwähnt, hat aber dennoch wohl schon zur Zeit der ältesten Textniederschrift gewohnheitsrechtlich bestanden. vgl. SCHR. 356_{46}; BR. II. 416_{97}. Das „et postea — pugnet" wird von BORETIUS b. BEHREND, l. Sal.[1] 112_{29}, für bedenklich gehalten, und in der That ergäbe es keinen Sinn, wenn der Kläger, nachdem er die wegen falscher Anklage auferlegte Busse bereits gezahlt hatte, nun noch weiter durch gerichtliches Duell sollte beweisen können. Vielleicht ist aber „solvat" hier genau im Sinne von „culpabilis iudicetur" zu verstehen. Dann würde unsere Stelle sich auf die unmittelbar nach dem Urteil seitens des ursprünglichen Klägers einzubringende Schelte (vgl. Erläuterung zu Sal. 57, 3 „non secundum legem": S. 216 f.) beziehen, und es wäre gleichzeitig der sonst für das fränkische Recht vermisste Beweis erbracht, dass die Urteilsschelte durch Ordal entschieden wurde.

16 (XCIV). [De eo qui de falso testimonio fuerit adprobatus].

falsi testes fuerit adprobati, XV sol. multa sustineat. vgl. Sal. 48, 1 und Erläuterung dazu (S. 189 f.).

manum suam ineum mittat. Die Zeugenschelte, um die es sich hier handelt, wird nach unserer Stelle durch Kesselfang, nach Extrav. B. 4 durch Zweikampf entschieden. vgl. Br. II. 371_9; 374_{25}; 416_{98}.

manum conburet, XV sol. damnum sustineat. vgl. Erläuterung zu Sal. 57, I „Si vero legem dixerint" (S. 217).

17 (XCV). [De eo qui alienam mulierem vivo marito tulerit].

uxorem alienam tulerit vivo marito. vgl. Erläuterung zu Sal. 15 (S. 126).

Capitulare V.

1 (XCIX).

de rebus in alode patris inventas intertiaverit. Das cap. handelt von dem Fall, wo der Besitzer einer ins Dritthandverfahren verwickelten Sache oder dessen Vormann die Einrede geltend macht, er habe das Objekt des Anefangs ererbt. Über den Anefang im allgemeinen vgl. Erläuterungen zu Sal. 47 (S. 184 ff.), wo noch die auf Erklärung von filtortis gerichteten Bemerkungen von London 102_{55} nachzutragen sind, über den Inhalt unserer Stelle im besonderen vgl. Siegel, GVrn. 95 f. Lewis, Sukzession 158 f.; Sohm, Proz. 94 f.; 105_{19}; 114 f.; Bethm. IV. 486_{35}; Jobbé-Duval, NR. 1880 S. 550 f.; Heusler, Instit. II. 548; Hermann in Gierkes Unters. XX. 49 f.; 59 f.; London u. Pappenheim b. London 358 ff.; Br. II. 507 f. Drei Eventualitäten unterscheidet das cap. Entweder der Besitzer vermag zu beweisen, dass er die Sache ererbt und dass sein Erblasser dieselbe rechtmässig erworben habe. Oder er kann zwar das erstere, nicht aber das letztere beweisen. Oder endlich er vermag selbst seine Behauptung die Sache geerbt zu haben, nicht zu erhärten. Im ersterwähnten Falle behält er den Gegenstand des Anefangs, im zweiten giebt er ihn dem Anefänger heraus, ohne weitere rechtliche Nachteile zu erleiden, im dritten verfällt er ausserdem der Diebstahlsbusse. vgl. über den zweiten Fall, der ein Beweis für das Nichteintreten des Erben in die Deliktsobligation des Erblassers nach altgermanischem Recht ist: Lewis, a. a. O. 159; Heusler a. a. O. und namentlich Pappenheim b. London 361 ff. Das invenisset des Erblassers wird von Sohm, Proz. 105_{19} als Bezeichnung originären Erwerbs angesehen. A. M. Pappenheim a. a. O. 360_2. Über die testimonia vgl. Erläuterung zu Sal. 48 Überschr. (S. 189).

2 (C). De chane creudo.

chane creudo wird von Jungbohn Clement 293 und Kern b. Hessels § 285 übereinstimmend als Handkleinod, Geschenk erklärt; vgl. auch Pardessus 407 no. 739. In der That handelt es sich in dem cap. um Zuwendungen, die dem Hauskinde bei besonderer Veranlassung, dem Sohne bei Vornahme der ersten Haarschur, der Tochter bei ihrer Verheiratung gegeben werden. Diese Geschenke brauchen sich die Bedachten bei der Erbteilung nicht anrechnen zu lassen. Bezüglich der Tochter werden wir in dem chane creudo unserer Stelle das Federwat von Cap. Sal. II. 3; 4, 2 wiedererkennen dürfen. vgl. Stobbe, Beitr. 9 f.; Sohm, RuGV. 344 f.; Lamprecht, WL. I. 32_7; 35_2; Br. I. 78. Über die capillaturiae vgl. Erläuterung zu Sal. 24, 2 „puerum crinitum“ (S. 134) und zu Cap. Sal. I. 4, 1 (S. 235).

3 (CI). De hominem ingenuo occiso.

ad parentibus debeat — conponere. Der Abschnitt beschäftigt sich mit der Verteilung des Wergeldes unter die Verwandten des Erschlagenen. vgl. Sal. 62 und die Erläuterungen zu jenem Titel; Wilda, Strafr. 389_3; v. Amira, Erbenf. 27; Boretius b. Behrend, l. Sal.[1] 94_8; Lamprecht, WL. I. 28_2; 37; Br. ZRG.[2] 3, 33 f.; RG. I. 218_9. Zu Sal. 62,1 stimmt es, wenn der Sohn des Erschlagenen die Hälfte des Wergeldes bekommt. Der Anteil der mater (die Ersetzung der Varianten „ei“ und „eis“ durch „matri“ im dritten Satze des cap. ist wohl unanfechtbar) steht dagegen nicht im Einklang mit der Norm des Pactus. In der Frage, ob hier im Verhältnis zu Sal. 62 älteres (so Wilda a. a. O.) oder jüngeres Recht (so Br. I. 218_9) vorliegt, glaube ich mich für letztere Annahme entscheiden zu müssen. Doch vermag ich in der mater nicht, wie Brunner, die Witwe des Erschlagenen zu sehen, auch der Hinweis auf das „verschobene Verwandtschaftsbild“ von Sal. 62 ist wohl kaum überzeugend, denn unsere Stelle müsste, falls man sie im Sinne Brunners interpretieren wollte, mit der Bedeutung von mater innerhalb derselben Zeile wechseln: Die „tres de generatione matris“ sind unbestritten drei Verwandte aus dem Geschlechte der Mutter des Erschlagenen, und die von dieser letzteren im Text nur durch das Wörtchen „si“ getrennte mater sollte eine andere Person bezeichnen? M. E. geht die Erwähnung nur der mater ohne den pater von derselben Voraussetzung aus, wie in Sal. 59, 1: der Vater ist gestorben. vgl. Wilda, v. Amira, Boretius a. a. O. Die noch lebenden Eltern des Getöteten erhalten also $^1/_4$ des Wergeldes; das letzte Viertel, und wenn keine Eltern mehr vorhanden sind, die Hälfte der Busse teilen die drei nächsten Verwandten aus väterlichem und aus mütterlichem Geschlecht. Jede generatio bekommt demnach $^1/_8$ bezw. $^1/_4$ des Wergeldes. Die proximiores beider Generationen teilen unter sich im Verhältnis von 6 : 2 : 1.

4 (CII). In quantas causas electi debeant iurare.

In quantas causas electi debeant iurare. Wie die Überschrift besagt, ist hier davon die Rede, in welchen Prozessen iuratores electi schwören sollen. Ältere Autoren haben das Wort electi vielfach unbeachtet gelassen (Cosack, Eideshelfer 41_{15}, erklärt es für eine Schreiberkonjektur) und unsere Stelle demgemäss dahin interpretiert, als ob das salische Recht überhaupt nur in den drei hier genannten Fällen den Beweis durch Reinigungseid des Beklagten mit Helfern, sonst aber lediglich Zeugenbeweis des Klägers oder Gottesurteil zugelassen habe. vgl. Montesquieu, Esprit des lois L. 28 Ch. 14 f.; Rogge, GW. 147 ff.; Waitz, AR. 171 f.; Siegel, GVrn. 269 f.; Bethm. IV. 510_{56}; Boretius b. Behrend, l. Sal.[1] 94_{11}. Hiergegen haben sich schon Wiarda, Sal. Ges. 209 ff.; Eichhorn, RG. I. 409_a gewendet, ohne doch ihrerseits befriedigende Erklärungen unseres cap. zu geben. Richtig hat zuerst Dahn, Gottesurt. 66 f., bemerkt, dass dasselbe nach Rubrik und Text offenbar nur jene Fälle aufzählen wolle, in denen eine bestimmte Art der Eidhülfe zulässig sei, d. h. die Eidhülfe mit electi oder, wenn man den Varianten von Kod. 10 und Em. Q folgt, mit thalaptas (thoalapus, talentas. vgl. den Erklärungsversuch von KERN b. HESSELS § 286). Ich möchte noch einen kleinen Schritt weiter gehen und annehmen, dass hier die Prozesse genannt sind, in denen sämtliche Eidhelfer des Beklagten electi sein dürfen, während sonst (Sal. 14, 2_2; 16, II; Cap. Sal. VII. 2; 5; 8) nur die Hälfte derselben dieser Kategorie zugehören sollen. Damit ist gleichzeitig gesagt, dass in der Zulassung von electi nicht, wie BR. II. 384 meint, eine Erschwerung, sondern eine Erleichterung des Beweises für den Schwurpflichtigen liegt, und in der That lässt sich unsere Stelle, laut welcher Beweisführer und Schwurgenossen in Strafe fallen, wenn sie ausser in den genannten Fällen eidlich aussagen, wohl nur unter obiger Voraussetzung erklären. Da nun aber die iuratores electi nach fränkischem Sprachgebrauch die vom Gegner des Beweisführers ernannten Eidhelfer sind (vgl. Erläuterung zu Sal. 14, 2_2: S. 123 f.), so kann die Rechtswohlthat für den Beklagten, welche in ihrer Zulassung liegen soll, nur in Beschränkungen gesucht werden, an die der Kläger bei ihrer Auswahl gebunden ist. Und eine solche Beschränkung scheint denn auch nachweisbar zu sein. Die Fälle, in denen sämtliche Eidhelfer des Beklagten electi sein dürfen, sind: Dotalsachen, Kriegsbeute- und Freiheitsprozesse. Der letztgenannte Fall wird von Extrav. B. II. ausführlich behandelt, wir sehen dort, dass dem als Sklaven reklamierten Beklagten nur Verwandte Eideshülfe leisten. Nichts zwingt, hierin eine jüngere Rechtsbildung zu sehen, wir werden daher sagen dürfen, dass die Auswahl der electi im Statusprozess von Cap. Sal. V. 4 ebenfalls aus der Verwandtschaft des Angeklagten zu erfolgen hat. Warum dann aber nicht auch in den beiden anderen Fällen? Dotalsachen gehören zweifelsohne zu den Angelegenheiten, in welchen Eideshelfer aus der Sippe des Beklagten eine bevorzugte Stellung beanspruchen dürfen, dass das fränkische Beweisrecht ausserdem noch Kriegsbeutesachen von demselben Gesichtspunkte aus betrachtet. wird seine Erklärung in der auf den Sippeverbänden beruhenden Heeresorganisation finden können. Wenn Pact. Alam. II. 38; 41 und Cap. leg. Rib. add. v. 803 c. 11 (Bo. I. 118) dem iurator electus mindestens den zwiefachen Beweiswert des nicht ernannten Helfers zuerkennen, so hat das seinen Grund nicht in der grösseren Schwierigkeit des Eides mit electi, sondern in der altüberkommenen Anschauung von dessen grösserer Zuverlässigkeit; unsere Stelle aber ist bereits ein Ausdruck des Zweifels an solcher Zuverlässigkeit, daher ihre den Eid mit Verwandten beschränkende Norm. Die Folgen ihrer Verletzung sind für den Beweisführer Verlust des Streitgegenstandes und die dem Einzelfalle entsprechende Busse, für die Eidhelfer Meineidsbusse. Der Meineid wird, wie Sal. 48, 2_2, als Bandenverbrechen behandelt, daher zahlen die tres seniores 15, die übrigen Schwurgenossen je 5 sol. vgl. BR. II. 386. Über die nach salischem Recht in der Verteilung der Beweisrolle obwaltenden Besonderheiten vgl. BR. II. 370 ff.; 395. — Die von den übrigen Texten völlig abweichende Fassung des cap. im Em. Q ist im Einzelnen so verderbt, dass sie nur wenig Ausbeute für die Interpretation ergiebt. Dahin gehört die Bezeugung des Waffeneides (vgl. THÉVENIN, NR. 1880 S. 82_1; DAHN,

Kge. VII. 2, 53 f.; Br. II. 428) und der unmittelbaren gegenseitigen Wechselrede der Prozessparteien (vgl. Br. II. 342_2). Über „unde tu me mallasti" u. s. w. vgl. Br., Forschungen 99_1; Löning, Reinigungseid 290_9.

5 (CIII). De creu beba.

creu beba. Leichenverbrennung. vgl. Grimm, Vorr. XLVII; Kern b. Hessels § 287. Der Fall ist derselbe wie in Sal. 41, 2, insofern es sich hier wie dort um Mord im Sinne altgermanischer Terminologie handelt. vgl. Erläuterung zu Sal. 41, 2 „celaturus" (S. 161 f.); Br. I. 111_8.

talem ordine auf gleiche Weise. vgl. Pardessus 408 no. 751; Thonissen 119_1; Dahn, Kge. VII. 1, 161_3. Irrig Deloche 51; R. Behrend, l. Sal.[2] 139 Z. 42: gleichen Ranges. Die Stelle entspricht genau Sal. 41, 3. vgl. die dortigen Erläuterungen (S. 162).

6 (CIV).

Salicus Salicum castraverit. vgl. Erläuterung zu Sal. 29, 9 (S. 144).

antrustione castraverit. Der Antrustio geniesst, wie dreifaches Wergeld, auch dreifache Busse für Verletzungen, die der Tötung gleichgestellt sind. Über den Arztlohn (medicaturas) vgl. Erläuterung zu Sal. 17, 4 „praeter medicatura" (S. 129).

7 (CV).

ingenuam feminam a contubernio facto — vim inferre praesumpserit. Bei der durch eine Bande an einer Freien verübten Gewaltthat haben sämtliche Thäter je 200 sol. zu zahlen. vgl. Br. II. 572; 666_3. Die Teilnehmer, welche das Verbrechen nicht selbst mit begangen haben, aber am Thatort zugegen gewesen sind, büssen je 40 sol., nach Kod. Em. Q. u. 10 je 45 sol. vgl. Sal. 13, IV; 25, 1; 42, 3; 43, 3; und die Erläuterungen zu Sal. 42, 3. Wie Br. II, 572_{47} zutreffend bemerkt, emanzipiert sich unsere Novelle von der typischen Behandlung der Teilnahme, lässt aber andererseits die Unterscheidung verschiedener Grade der Teilnahme fallen.

8 (CVI). De antruscione.

antruscione antruscio — admallare voluerit. Über den Antrustionat im allgemeinen vgl. Erläuterung zu Sal. 41, 3 „qui in truste dominica fuerit" (S. 162). Hier handelt es sich um die Besonderheiten, die im Prozess von Antrustionen untereinander Platz greifen. Über das von Em. Q der Überschrift hinzugefügte ghalmalta, im Verlauf des cap. widerkehrend als chamalta (gamalta, gavialto) vgl. Pardessus 609; Sohm, RuGV. 66_{30}; Hermann, Mithio 34 Text u. Anm. 2; 3; Kern b. Hessels § 288.

ubiquicumque invenire potuerit. vgl. Erläuterung zu Sal. 1, 3 „ad domum" (S. 108 f.). Eine andere als die dort vertretene Ansicht hat Glasson, Hist. III. 404 f.; zweifelhaft Siegel, GVrn. 66.

super noctes VII. Das ist nur eine prozessuale Frist und bedeutet, dass der Antrustio seinen Genossen nicht früher als sieben Tage vor dem Gericht, in dem die Verhandlung stattfinden sollte, zu laden brauchte. Die Stelle kann also nicht als Beweis dafür dienen, dass die Salier alle Woche gebotenes Ding abgehalten hätten. Anderer Meinung G. Meyer, ZRG.[2] 2, 103. vgl. Erläuterung zu Sal. 40, 6 „dominus admoneri debet" (S. 159) und unten zu „iterata vice ad noctes XIIII". In Sal. 52 ist die siebentägige Frist vollends eine aussergerichtliche. Unklar daher BORETIUS b. BEHREND, l. Sal.[1] 96_{19}; DAHN, Kge. VII. 3, 36_2.

cum testibus. vgl. Erläuterung zu Sal. 1, 3 „testibus" (S. 108).

rogare debet. Die Ladung, die der Antrustio gegenüber seinem Genossen vornimmt, wird in unserem cap. stets als rogatio bezeichnet, in Cap. Sal. V. 8, 2 sogar ausdrücklich der den Antrustionen verbotenen mannitio gegenübergestellt. vgl. BR. II. 334_{12}; Forschungen 130 gegen OPET, Prozesseinleitungsf. I. 132 f.

ante iudicem ad malebargo. Die Antrustionen hatten keinen privilegierten Gerichtsstand vor dem König, sondern gaben und nahmen Recht im Volksgericht. vgl. BETHM. IV. 436_{94}; GLASSON, Hist. III. 287; DAHN, Kge. VII. 1, 159_2. Diese Gerichtspflicht am Malberg des ordentlichen Gerichts weist auf einen selbständigen Wohnsitz des Antrustionen hin. vgl. Erläuterung zu Sal. 42, 1 „in domo sua" (S. 165) und unten zu „etiam uxor sua propria".

de causa que inputatur. Unterschied zur römischen in ius vocatio. vgl. BETHM. IV. 498_6.

convenire. Hieraus schliesst HERMANN, Mithio 35 f., dass die erste Ladung des Antrustio immer nur eine unverbindliche, einen gütlichen Ausgleich anbahnende gewesen sei. Erst wenn dies „Austrägalverfahren" vom belangten Antrustio ausgeschlagen worden sei, habe wirklich rechtsverbindliche Ladung stattgefunden. Das geht aber doch wohl viel zu weit. M. E. bezieht sich das convenire einfach auf den gerichtlichen Sühnevertrag, der ohne weiteres stattfinden kann, wenn der Beklagte seine Schuld zugibt. Demgemäss hat responso dare hier die besondere Bedeutung: im verneinenden, läugnenden Sinne antworten, sich verantworten. HERMANN's Ansicht wird übrigens schon dadurch widerlegt, dass auch nach der zweiten Ladung ein convenire möglich ist.

iterata vice ad noctes XIIII. SOHM, Proz. 161; BETHM. IV. 519; BR. II. 337 nehmen auf Grund der Fassung dieser Stelle in Kod. 1 (Cap. Sal. V. 8, 1_6) an, dass im älteren salischen Rechte vier Ladungen notwendig gewesen seien, bevor der ausbleibende Beklagte wegen Ungehorsam vor den König geladen werden konnte. Ich habe bereits in Erläuterung zu Sal. 56, 2 „ibi duodecim testes erunt" a. E. (S. 213) auf die Möglichkeit hingewiesen, dass nur zwei Ladungen rechtens gewesen seien. Sei dem nun aber in Bezug auf die mannitio wie ihm wolle, jedenfalls kann unsere Stelle nicht für die viermalige Ladung verwendet werden. Denn das „tres vices", worauf SOHM sich für seine Ansicht stützt, entstammt einer offenkundig verderbten Textgestalt, die beiden anderen Kodd. lassen es daher auch aus. Ohne das „tres vices" aber bedeutet die Stelle zweifelsohne: er soll ihn zum zweiten Male laden und zwar mit einer Frist von 14 Tagen. Diese Ladung kann sofort nach dem Ungehorsamsprotest des solisacire erfolgen, die Frist läuft also von einem gebotenen Ding bis zum nächsten. Wieder anders interpretiert BORETIUS b. BEHREND, l. Sal.[1] 96_{21}: noch zweimal binnen je 7 Tagen.

mitti iure debent (simithio reddant). Die Worte werden von Em. Q. in der hier an erster Stelle stehenden Form gegeben, Kod. 1

hat die zu zweit genannte Fassung, welche sicher verderbt, wenn auch nicht unbedingt nach Em. Q. zu korrigieren ist, Kod. 10 hat den Passus überhaupt weggelassen. Die spätere Erwähnung von mitthio bei Bezeugung der geschehenen rogatio im Königsgericht macht wahrscheinlich, dass derselbe Ausdruck auch hier gestanden hat. Über mithio vgl. im übrigen Erläuterung zu Cap. Sal. I. 1 „mitio fristito" (S. 233).

minus quam XXXV sol. — minus XLV sol. — LX sol. aut amplius — leudem. vgl. Sal. 40; 53; Boretius b. Behrend, l. Sal.[1] 96_{23}.

sibi sextus (videredum) iurare: cum XII absolvere — sibi nonus iurare: sibi octavus et decimus absolvere — se vicissimus quintus absolvi — cum XII iurare et ignem calefacere debet. Die ältere Litteratur, welche den Reinigungseid mit Helfern im allgemeinen für das salische Recht nicht anerkannte (vgl. Erläuterung zu Cap. Sal. V. 4: S. 254) hat in den hier herausgehobenen Worten ein Eidhülfsprivilegium der Antrustionen sehen wollen. Den Widerspruch Eichhorn's hat Dahn, Gottesurt. 56 ff. vertieft, man ist seither einig, dass es sich hier um eine Art des Eides handele, die nicht auf Antrustionen beschränkt war. Genauer haben wir jeweils zwei Eide zu sondern: den Eid des Klägers und den des Beklagten. Ersterer ist der sogenannte Voreid, Widereid, vedredus, anstelle der früheren heidnischen Klagbeteuerung getreten. vgl. Rib. 67, 5; Conc. Trib. v. 895 c. 21 (Bo.-Kr. II. 224); Liu. 71; 118; Aethelst. II 23, 2; Leg. Henr. prim. 64, 1; Löning, Reinigungseid 302; K. Maurer, KrÜ. 5, 348; Grimm, RA. 906; Zöpfl, Ewa 30; 32; Siegel, GVrd. 268_5; Sohm, Proz. 201_2; Bethm. IV. 510_{57}; 511 f.; Br. II. 343 ff.; v. Amira, Recht[2] 216. Der Voreid wird hier je nach der Schwere der Beschuldigung mit 6, 9 oder 12 Helfern geschworen. Da der Zwölfereid den Volleid darstellt (vgl. Erläuterung zu Sal. 14, 2_2 „per XXV iuratores": S. 123), so ist der Eid mit 6 Helfern ein Halbeid, derjenige mit 9 Schwurgenossen ein um die Hälfte erhöhter Halbeid. vgl. Br. II. 385_{56}. Der Voreid mit Helfern zwingt den Beklagten zu einem schwierigeren Beweis, da er durch die doppelte Helferzahl überboten werden muss, um die Reinigung vom Klagevorwurf zu erreichen. Daraus ergeben sich 12, 18 und 24 (25 mit Hinzurechnung des Hauptmannes) Helfer. In Totschlagsachen (über leudis vgl. Erläuterung zu Sal. 53, 4: S. 204 unten) aber kann der Beklagte den Zwölfereid des Klägers nicht überbieten, die Reinigung hat durch das Gottesurteil des Kesselfangs zu erfolgen. vgl. Br. II. 374_{24}; 406_{29}; 438_{77}. Die Beweisfrist beträgt 14 Tage. vgl. Br. II. $377_{36;37}$. Dem Gegner des Beweispflichtigen liegt die Heizung des Kessels ob. vgl. Br. II. 439_{80}. Erscheint der Beweispflichtige nicht zum Gottesurteil, so erhält er eine nochmalige Frist bis zum ersten nach 40 Tagen stattfindenden echten Ding. Bleibt er auch jetzt noch widerspänstig, so wird nunmehr das Ungehorsamsverfahren im Königsgericht gegen ihn eingeleitet. Dasselbe ist mit demjenigen von Sal. 56, 1 identisch, vgl. also die dortigen Erläuterungen (S. 212 f.); ausserdem Br., Forschungen 130_2; RG. II. 456_{14}; Horten 133.

etiam uxor sua propria. Also gab es schon verheiratete Antrustionen, die nicht am Königshofe lebten. vgl. Br. II. 100_{28}; Dahn, Kge. VII. 1, 162_5.

maniret. vgl. oben Erläuterung zu „rogare debet" (S. 257).

fideiussores quesierit. Br. II. 340 f. Text u. Anm. 53 schliesst aus dieser Stelle, dass nach fränkischem Recht in bestimmten Fällen eine Partei verpflichtet gewesen sei ihr Erscheinen vor Gericht durch Bürgen sicher zu stellen, und dass solche Bürgschaft insbesondere von nicht ansässigen Personen verlangt worden sei, sofern nicht ein Dritter für sie haftete. Im Rechtsstreit von Antrustionen untereinander aber sei es verboten gewesen, Bürgen zu verlangen. Sohm, RuGV. 113_{40} bezieht dagegen die Stelle nur auf die Verbürgung des Urteilserfüllungsgelöbnisses.

excepto quod legem propter causam illius anno integro (interito) nullatenus tenentur. An der Interpretation dieser Worte hat Boretius b. Behrend, l. Sal.[1] 97_{31}, verzweifelt. Mir scheinen sie zu bedeuten, dass der Antrustio, welcher seinen Genossen unrechtmässigerweise zur Bürgenstellung aufgefordert hatte, abgesehen von der Busse, in die er verfiel, nach Ablauf eines Jahres auch seines Klagerechtes verlustig ging. vgl. aber auch die von Zeumer vorgeschlagene Emendation bei R. Behrend, l. Sal.[2] 143.

antrustio contra antruscione iuraverit, XV sol. culp. iud. In Prozessen Dritter gegen einen Antrustio darf sich kein anderer Antrustio gegen seinen Genossen als Eidhelfer oder Zeuge des Klägers brauchen lassen: Korpsgeist des Antrustionats. vgl. Br., Forschungen 130; RG. II. 99. An ein falsches Zeugnis, wie Pardessus 410 no. 772 will, ist wohl nicht zu denken. vgl. Waitz, VG. II. 1, 340_1 a. E.

9 (CVII).

pro firmamentum ebrius habuisse probatur. Über ebrius (iberus) vgl. Grimm, Vorr. XLVI (= curtis, ruptura); Behrend, l. Sal.[1] 148 (Regendach); Kern b. Hessels § 293; Lamprecht, WL. I. 8_6; Meitzen, Agrarw. I. 582 (Stützbalken). Die letztere Erklärung ist wohl die plausibelste, wenngleich mir nicht gelungen ist: Eber = Stütze anderweit nachzuweisen. Zu der Strafe von 45 sol., die auf Zerstörung eines Hauses steht, kommt nach Kod. 10 (Cap. Sal. V. 4, 1_4) noch eine Zusatzbusse von 30 sol. hinzu, wenn der Thäter dabei einen Raub ausführt und die Beute dann auf einem Wagen fortschafft.

hominem — de furca tollere praesumpserit. Die in Cap. Sal. V. 4, 2; 3 verhängten Strafen bedeuten eine eigentümliche Verschärfung der Bussen von Cap. Sal. I. 2; 3. vgl. die dortigen Erläuterungen (S. 234). Merkwürdig aber ist vor allen Dingen, dass hier trotz äusserlicher Trennung der Fälle kein Unterschied gemacht wird, ob der Gehängte schon tot oder noch lebendig war. Denn auch in § 3 wird (jedenfalls ablösbare) Todesstrafe dekretiert. Irrig also insofern Br. II. 578_{18}. Gegen die Deutung, welche Boretius b. Behrend, l. Sal.[1] 98_{35}, dem Passus „quicquid exinde l. Sal. docuerit" giebt, vgl. noch Hartmann, FDG. 16, 616.

Capitulare VI.

1 (XCVI).

per ista sunnis — excusare se poterit. Fälle der echten Not.

vgl. Erläuterung zu Sal. 1, 2 „sunnis" (S. 108); Br. II. 336_{22}. Die probatio erfolgt durch Sunneboten. vgl. Cap. Sal. VIII. 7. Über agsoniis vgl. Kern b. Hessels § 284. Der Zusatz von Kodd. 10 (Cap. Sal. VI. 1_4) ist widersinnig.

2 (XCVII).

supra tecto — lapede miserit — pro illius contumelia. Realinjurie. vgl. Alam. 57, 29; 30; Sax. 7; Roth. 41; 44; Knut II. 60; Erläuterungen zu Sal. 31 (S. 145 f.); Br. II. 674 f. Text u. Anm. 24. Von einer Beschädigung des Hauses, wie Lamprecht, WL. I. 8, meint, ist hier nicht die Rede.

3 (XCVIII).

in poteum — ad interficiendum miserit. Wassertauche als qualifizierter Mordversuch. vgl. Erläuterung zu Sal. 41, 9 „in poteum iactaverit (S. 164); Br. II. 560_{10}.

Capitulare VII. (Pactus pro tenore pacis).

Pactum pro tenore pacis a domnis reges Childeberto et Chlotarii emissum.

Decretio Childeberti regis.

Pactum. Über den Charakter dieses ältesten Landfriedensgesetzes vgl. Br. I. 376. Die Vereinbarung bezieht sich nicht auf die beteiligten Könige, sondern auf das dem Königsgesetze zustimmende Volk. vgl. auch die Epiloge zu l. Sal. (S. 97 f.). Anderer Meinung z. B. Dahn, Kge. VII. 2, 35_5.

Childeberto et Chlotarii. Es ist streitig, ob die hier als Urheber des Kapitulare genannten Könige Childebert I. und Chlotar I. oder Childebert II. und Chlotar II. sind. vgl. Eichhorn, RG. I. 224; Waitz, AR. 39 f.; 88; Bethm. IV. 462_{75}; Sohm, RuGV. 44; 51; 182; Gengler, Rechtsdenkm. 43; Fahlbeck, Royauté 268_1 einerseits, Stobbe, RQ. I. 45 ff.; Boretius, Kapitularienkritik 24 und b. Behrend, l. Sal.[1] 100; Hessels 415; Hartmann, FDG. 16, 610 f.; Schr., Westd. Mon. Schr. 6, 479_2; Fustel de Coulanges, Hist. III. 626_1; Br. I. 303_{50}; Dahn, Kge. VII. 2, 36_5. Die Frage ist wohl sicher für die ersten Herrscher dieses Namens zu entscheiden.

malorum. malus = malefactor, Übelthäter. vgl. Cap. Sal. VIII. 7; 9; 10; Decretio Childeb. II. c. 7 (Bo. I. 16); Br. II. 536_3.

latrocinius. latrocinium = furtum. vgl. Erläuterung zu Sal. 47 „qui non venerit" (S. 188).

vitae incurrat periculum. Auf Diebstahl wird hier Todesstrafe gesetzt. Bedeutsame Verschärfung gegenüber den Diebstahlsstrafen im Pactus leg. Sal. vgl. Greg. Tur., de glor. martyr. 73; de mirac. S. Juliani c. 16; de virtut. S. Martini c. 21; Sohm, ZRG. 5, 413 f.; Schr., Westd. Mon. Schr. 6, 479_2. Die Todesstrafe unserer Stelle identifiziert Horten 133 mit der Friedlosigkeit.

appellaverit (ligaverit). Nach Sohm, Proz. 135; Cosack, Eidh. 56; Br. II. 485_{26}; Horten 135, welche die Fassung der Kodd. 3; 6; Em. N[a]; Em. EE[a]; Em. H[a] bevorzugen, handelt es sich hier um den Prozess gegen den handhaften Dieb, den der Bestohlene gebunden vor Gericht bringt. vgl. Erläuterung zu Sal. 32, 1 „hominem ingenuum" (S. 147). Der Beweis der Schuld wird dann durch Eid des Klägers erbracht. Nach Kodd. 3; 6; Em. N[a]; Em. EE[a]; Em. H[a] ist die Zahl der Helfer 12, davon sind 6 vom Beklagten zu wählen. vgl. Dahn, Kge. VII. 1, 292_3; Cosack, Eidh. 56; Br. II. 383_{36}. Die Todesstrafe, welche den überführten Verbrecher trifft, ist ablösbar. vgl. Br. II. 599_5; 616_{17}; 643_{41}; Fustel de Coulanges, Rech. 477_1. Kann der Dieb sich selbst nicht lösen, so wird er seinen Verwandten zur Lösung angeboten. vgl. Erläuterung zu Sal. 58 „si vero nec ipse habuerit" (S. 222); Br. II. 478. Das Angebot erfolgt jetzt aber nur noch zu dreien Malen. vgl. Cap. Sal. VIII. 7; Sohm, Proz. 218_8. Eine Pflicht der Auslösung scheint mir nicht zu bestehen. Anderer Meinung Dahn, Kge. VII. 1, 301_4. Über facultas vgl. Erläuterung zu Sal. 46 „Postea acquirent hominem" (S. 180 f.).

sine iudice conpositione acceperit. Wenn der Bestohlene sich durch aussergerichtliche Sühne die gerichtliche Verfolgung des Diebes abkaufen lässt, so wird er als Begünstiger des letzteren bestraft und zwar, als ob er selbst Thäter sei. Durch diese Massregel stellte sich der Fiskus Friedensgeld und Straflösungsgebühr sicher. vgl. Cap. Sal. VII. 13; Baiuw. 9, 16; Burg. 71; Ine 36; Cap. ital. v. 801 c. 7 (Bo. I. 205); Fustel de Coulanges, Rech. 484_3; Br. II. 579_{25}; Dahn, Kge. VII. 3, 130_4; Horten 133_{308}.

inculpatus. Anklage zufolge Verdachts im Gegensatz zu Anklage infolge handhafter That (oben c. 2). Die Klage ist ordalbedürftig. vgl. Erläuterungen zu Sal. 53 (S. 203 f.) und zu Cap. Sal. IV. 4.

ignem = aeneum, ineum, Kessel. vgl. Br. II. 407_{34}. Anstelle des Kesselfangs hat Cap. Sal. VII. 10 für Freie das Loosordal, welches sonst in unserem und dem nächsten Kapitulare nur für Sklaven und Liten begegnet. vgl. Cap. Sal. VII. 5; 6; 8; VIII. 7; Br. II. 413_{76}.

provocatus = admallatus. vgl. Siegel, GVrn. 64_5.

servus fuerit inculpatus in furtum — ad sorte ponatur. Der des Diebstahls beschuldigte Sklave wird jetzt nicht mehr, wie nach Sal. 40, der Folterung, sondern dem Loosordal unterworfen. vgl. G. Meyer, ZRG.[2] 2, 106_1. Die Verpflichtung des Herrn, den Unfreien zur Vornahme der Beweishandlung zu stellen, ist jedoch geblieben. Das Ordal wird im Gerichte vorgenommen, anders noch die Folterung von Sal. 40. vgl. die dortige Erläuterung „dominus admoneri debet" (S. 159). Die 20 Nächte (Dahn, Kge. VII. 3, 36_4 will dafür 21 setzen) sind Minimalfrist, die Stellung des Sklaven hat in der ersten Gerichtsversammlung zu erfolgen, welche nach Ablauf von 20 Nächten seit dem Gestellungsgebot stattfindet. Diese Frist wird, falls echte Not am Kommen hindert, noch einmal gewährt. vgl. die abweichenden Bestimmungen von Cap. Sal. VIII. 7.

consimilis — electos. Der Kläger hat drei Standesgenossen zu stellen, welche mit drei vom Herrn des Sklaven gewählten Eidhelfern (über die electi vgl. Erläuterung zu Cap. Sal. V. 4: S. 254 ff.) schwören müssen, dass die Formalien des Verfahrens beobachtet worden sind. vgl. Cosack, Eidh. 49; Dahn, Kge. VII. 1, 167_1; Sohm, Proz. 200.

dominus — non presentaverit. Es kann hier nur der Fall gemeint sein, dass der Herr nicht imstande ist den Sklaven zu stellen, etwa weil derselbe seit vollbrachter That sich versteckt hält. vgl. Cap. Sal. VII. 12, wo auch der Fall böswilligen Handelns des Herrn berücksichtigt ist. Befindet sich der dominus nicht in mala fide, so hat er nur Sklavenbusse (3 sol. vgl. Cap. Sal. VII. 6), ausserdem aber jedenfalls Schadensersatz (vgl. Cap. Sal. VII. 12) zu leisten und den Sklaven abzutreten. Anders fasst die Stelle Br. II. 278_{12} auf.

sortem mala priserit. Der Herr des Sklaven, der durch Loosordal des Diebstahls überführt wird, zahlt 3 sol. Der Unfreie erhält 300 Stockschläge, nicht ein Grosshundert, wie Br. II. 606_{29} angiebt. vgl. Dahn, Kge. VII. 1, 291_5. Das „et" fasst Sohm, Proz. 210_{23}, ohne Not = aut. Über Cap. Sal. VII. 6_1 vgl. Dahn, Kge. VII. 3, 135_4; 136_8.

mancipia aliena (iniuste) tenuerit. Beweis für den hohen wirtschaftlichen Werth des Sklaven. vgl. Dahn, Kge. VII. 1, 279_3. Über die Bedeutung der 40 Tage vgl. Erläuterung zu Sal. 35, I „servum batterit" (S. 151).

ledus — medietate ingenui conponat. Der Lite zahlt bei gleicher Verschuldung doch nur die Hälfte dessen, was der Freie zahlt, denn beide kaufen sich mit ihrem eigenen Wergeld (vgl. Erläuterung zu Sal. 26, 1 „extra consilium": S. 136) von der Todesstrafe los. vgl. Dahn, Kge. VII. 1, 251_1.

et VI iuratores — donare debet. Nicht um den Reinigungseid des beklagten Liten, wie Bethm. IV. 512_{64} meint, handelt es sich hier, sondern um den der Ordalhandlung voraufgehenden Eid des Beweisführers. vgl. Br. II. 437 f. Allerdings ist die Fassung des cap. ungeschickt, indem der Ordaleid erst nachträglich erwähnt wird.

Decretus Chlothario.

centenas fieri. Eine viel umstrittene Stelle. vgl. Cap. Sal. VII. 16; Decr. Childeb. II. v. 595 c. 11; 12 (Bo. I. 17). Sicher ist, dass die hier angeordnete Bildung von Zentenen eine neue Einrichtung bedeutet. Daher muss zunächst die von Sohm, RuGV. 182 ff.; v. Sybel, Königt. 358; Thonissen, NR. 1879 S. 34 ff. verfochtene Erklärung, wonach nur innerhalb der bereits bestehenden Hundertschaften besondere Polizeimannschaften organisiert werden sollten, abgelehnt werden. Ebenso unwahrscheinlich aber ist die von den meisten älteren Autoren vertretene Meinung, dass Chlotar mit seiner Massregel die Absicht verfolgt habe, die gesamte fränkische Hundertschaftsverfassung für ganz Gallien einzuführen. Denn einmal hat die Hundertschaft im rein romanischen Südwesten des Reiches auch später niemals Boden gefunden, ferner aber ist als Zweck unseres cap. ausdrücklich hervorgehoben, die bereits zur Verfolgung von Dieben bestehenden Nachtwachen, welche vielfach mit den Dieben gemeinsame Sache gemacht hatten (vgl. Dahn, Kge. VII. 3, 73_2; Sickel, MJÖG. EB. III. 526_2) durch eine zuverlässigere Institution zu ersetzen. Demgemäss werden wir in den Zentenen, deren Neuschaffung Chlotar befiehlt, nur eine Organisation des Volkes zu polizeilichen Zwecken sehen können. vgl. Waitz, VG. I. 493 ff.; II. 1, 399; 405 (schwankend); Geppert, Beitr. 17 f.; Hermann in Gierkes Unters. XX. 38; Viollet, Hist. I. 296; Br. II. 147_{35}; Forschungen 447 f.; Schr. 122_{17}; Sickel, MJÖG. EB. III. 528 ff.; Dahn, Kge. VII. 2, $128_{3;4}$; 3, 73_3; 74_1; Meitzen, Agrarw. I. 577_1. Eine ganz irrige Ansicht verteidigt Lamprecht, WL. I. 224 ff.; DG. I. 319. Eine weitere Frage ist, ob diese Zentenen territoriale Bedeutung gehabt oder nur persönliche Gruppen dargestellt haben. Für das erstere entscheiden sich SOHM, RuGV. 181 ff.; SICKEL, MJOG. EB. III. 529_1; das letztere nehmen an FUSTEL DE COULANGES, Hist. III. 192 f.; VIOLLET, Hist. I. 296; BR. II. 147_{35}. M. E. ist die territoriale Bedeutung unzweifelhaft die primäre. Zwischendurch wird freilich auch die trustis der örtlichen centena, also eine Personenmehrheit, schlechthin als centena bezeichnet. Über trustis vgl. übrigens Erläuterung zu Sal. 42, 1 „contubernio" (S. 165) und zu Sal. 37 „per vestigio sequitur" (S. 154).

qui — perdiderat, recipiat. Die persönliche centena, in deren Bezirk eine Sache dieblich abhanden gekommen ist, haftet dem Geschädigten für sofortigen Ersatz.

latro insequatur vel — deduxerint. Die ersatzpflichtige Zentene hat, nachdem sie dem Bestohlenen den Wert der entwendeten Sache ersetzt hat, nunmehr selbst das grösste Interesse daran, den Verbrecher zu ergreifen, um sich an ihm zu erholen: sie nimmt daher seine Verfolgung auf. Nur so lange aber kann sie selbst ihn fangen, als er sich in ihrem Polizeibezirk aufhält. Erscheint er in einem anderen, so ist sie darauf beschränkt, der trustis dieses letzteren nachzuweisen, dass der Verbrecher sich im Machtbereich der zweiten centena befinde: deduxerint (scil. vestigium). vgl. unten Erläuterung zu „Capitalem — centena illa accipiat".

admonitus si neglexerit quinos sol. condempnetur. Die trustis besteht aus der aufgebotsfähigen Mannschaft der Zentene, nicht, wie SOHM, RuGV. 189 f., namentlich auf eine eigenartige Interpretation der electi centenarii in Cap. Sal. VII. 16 gestützt behauptet, aus zehn der Zentgemeinde entnommenen Scharleuten. vgl. BR. II. $147_{35;36}$. Wer dem Aufgebot nicht folgt, verwirkt wegen Verletzung einer allgemeinen Unterthanenpflicht 5 sol. Busse. vgl. Cap. Sal. VII. 17; JOBBÉ-DUVAL, NR. 1880 S. 476_5.

Capitalem — centena illa accipiat — de secunda vel tertia, si vestigius conprobatur. Entflieht der Dieb aus dem Polizeibezirk, in dem er seine Missethat begangen, in einen anderen, und weist die erste centena der zweiten nach, dass er sich bei der letzteren aufhalte, so hat diese der ersteren sofort den Wert der gestohlenen Sache zu ersetzen. Ebenso die dritte der zweiten und so fort. Daraus dürfte sich ergeben, dass die Variante von Kod. 2 (Cap. Sal. VII. 9_2) auf Textverderbnis beruht oder dass das „vel" in ihr nicht disjunktiv, sondern rein kopulativ zu nehmen ist. Denn wenn sich die Zentene, in deren Bereich eine Sache gestohlen ist, von ihrer Haftpflicht durch den Nachweis der Flucht des Diebes in einen anderen Polizeibezirk befreien könnte (vgl. BR. II. 147_{37}), so würde es keinen Sinn haben, dass am Schlusse des cap. die centena, welche den Dieb mitgefangen hat, von ihm das cap. fordert, sie kann das nur unter der Voraussetzung, dass sie ihrerseits bereits früher dem Bestohlenen Ersatz geleistet hat und dadurch regressberechtigt geworden ist. vgl. übrigens auch Cap. Sal. VII. 16 „continuo capitalem — reformare festinet".

presentia aut longe. BORETIUS b. BEHREND, l. Sal.[1] 102_9; JUNGBOHN CLEMENT 304 fanden den Passus unverständlich. BORETIUS, Capitularia I. 6_7; R. BEHREND, l. Sal.[2] 148 Z. 35 interpretieren: auf der Stelle oder nach langer Zeit. Mir will scheinen, als ob hier nicht die temporale, sondern die örtliche Entfernung gemeint sei: dem Räuber wird, wenn man seiner habhaft ist, in seiner Gegenwart, sonst in seiner Abwesenheit der Prozess gemacht.

integram — conpositione recipiat: medietate — trustis adquirat. vgl. Cap. Sal. VII. 16. Die Zentschaar erhält für ihre Hülfe die Hälfte der Busse.

furtum invinerit — de vita conponat. Der Herr des Hauses, in welchem die Sache unter Verschluss gefunden wird, gilt als Dieb. Dieser Grundsatz findet sich noch in zahlreichen Rechtsdenkmälern des deutschen Mittelalters. vgl. die von London 80_9 und Br. II. 497_{13} beigebrachten Stellen.

cum furtus invenitur, antedicte subiaceat legem. Handhafter Diebstahl. Dieser und der vorhergehende Satz bezwecken weniger die Strafe für die Missethat festzusetzen — unterlag doch auch der nicht handhafte Dieb, wenn überwiesen, nach Cap. Sal. VII ablösbarer Todesstrafe — als den im Gegensatz zum Folgenden summarischen Charakter des Beweisverfahrens hervorzuheben. vgl. oben Erläuterung zu Cap. Sal. VII. 2 „appellaverit (ligaverit)": S. 260f.

de suspectionem inculpatur, ad sorte veniat. Anstelle des Loosordals hat Cap. Sal. VII. 4 den Kesselfang. vgl. die dortige Erläuterung „ignem" (S. 261).

ternas personas electas. Von beiden Parteien werden je 3 Personen gewählt, damit bei der Ordalhandlung kein Betrug unterlaufen kann. vgl. Cap. Sal. VIII. 7 „cum sex videre"; Br. II. 439_{87}. Es erscheint mir nicht ausgeschlossen, dass die electi des Ordalpflichtigen mit den medii electi identisch sind, welche der Beweisführer nach Cap. Sal. VII. 8 vor Beginn der Ordalhandlung als Eideshelfer seiner Unschuld vom Gegner bestimmen lässt.

fiscalinis. Unfreie des Fiskus. vgl. Br. I. 237; II. 254_{58}; Schr. 215.

si — inculpatur — precius dominis reformetur. Der eines Verbrechens, insonderheit des Diebstahls, beschuldigte Sklave wird dem Loosordal (vgl. Cap. Sal. VII. 5; VIII. 7) oder dem „plibium" unterworfen. plibium (plebium, plevium, plebeium), von Leseur, NR. 1888. S. 693_5 im Anschluss an Bignon für Synonymon von ineum erklärt, von Du Cange V. 300 aus plebeium = locus publicus, platea erschlossen, wird von Br. II. 413_{75} mit altfranz. plevir, verbürgen in Zusammenhang gebracht. vgl. Diez, Et. WB. 658. Brunner glaubt daher, hier sei das in Sal. 40, 4 vorgeschriebene Torturverfahren gemeint, welches nur gegen Sicherstellung des Klägers, dass er eventuell den torquierten Sklaven ersetzen werde, von dessen Herrn zugelassen zu werden brauchte. Ich lasse unentschieden, ob die Wortinterpretation von Brunner oder Leseur vorzuziehen ist. Als Sinn des ganzen cap. aber scheint mir festzustehen: der Herr, der seinen eines Verbrechens bezichtigten Sklaven dem Kläger stellt, bekommt vor Beginn des Beweisverfahrens den Preis seines Knechtes als Sicherheit ausbezahlt. Wird der Sklave überführt, so gelangt er in die Gewalt des Klägers, beweist er seine Unschuld, so verbleibt er dem bisherigen Herrn, der aber wohl auch das Pfand behält, weil der Kläger einen Unschuldigen den Gefahren des Strafprozesses ausgesetzt hat. vgl.

Erläuterung zu Sal. 40, 4 „Si tamen maior culpa fuerit" (S. 158 f.); Br. II. 371_{11}.

potentibus — qui per diversa possident. potentes sind die Grossgrundbesitzer, nach Schr., Westd. MSchr. 6, 484_5; Franken u. ihr R. 55 die Salgutsbesitzer. vgl. die meliores und minoflidi (Cap. Sal. III. 1), den homo qui non habet, ubi consistat nec res unde conponat (Cap. Sal. VIII. 9) und die potentes qui in alias possedent regionis (Ed. Chloth. II. c. 19: Bo. I. 23); v. Sybel, Königt. 461 ff.; Lamprecht, WL. I. 51 f.; Br. I. 205 ff. Das vornehmste Mittel, seinen Grundbesitz zu vergrössern ist für den einzelnen die Rodung (Neubruch, Beifang, adprisio, runcale). vgl. Roth, BenW. 75 f. Beseler, Neubruch 15 f.; Arnold, Ansiedlungen 251 f.; Lamprecht, WL. I. 45. Die Charakterisierung der potentes durch den Zusatz „qui per diversa possident" beweist, dass die grossen Grundherrschaften regelmässig Streubesitz waren. vgl. Dahn, Kge. VII. 1, 228_1.

domino secrecius — condicatur. vgl. Sal. 40, 10 und Erläuterungen dazu (S. 160).

intercedente conludio: aus bösem Willen, d. h. ohne dass sunnis vorliegt. Sonst wird nochmals eine Frist von 20 Nächten gewährt. vgl. Cap. Sal. VII. 5; Sohm, Proz. 158.

in statum sui — conpensetur. Der Herr, welcher chikanöserweise die Stellung seines Sklaven unterlässt, wird seinerseits haftbar gemacht und zwar „in statum sui", d. h. als ob er, und nicht ein Unfreier die Missethat begangen habe. Die Stelle entspricht also genau Sal. 40, 9; 10 (non quale servus sed quasi ingenuus): der Herr verfällt je nach Höhe der Schuld in die entsprechende Freienbusse. vgl. Hartmann, FDG. 16, 611; Jastrow in Gierkes Unters. II. 19_{17}; anderer Meinung Fahlbeck, Royauté $268_{1\text{ a. E}}$ (S. 270). Über „inter fredo et faido" vgl. Erläuterung zu Sal. 35, 7 (S. 152).

servus dominum — defuerit. Die Stelle ist identisch mit dem letzten Satz von Cap. Sal. VII. 5. vgl. die dortige Erläuterung „dominus non presentaverit."

occulte — conpositionem acceperit = Cap. Sal. VII. 3. vgl. dort. Für Cap. Sal. VII. 13_1 (fures tamen iudicibus present.) vgl. Br. II. 485_{24}, doch bleibt zu bemerken, dass hier nicht von handhaften Dieben insbesondere die Rede ist.

latronem — de atrio ecclesiae extrahere presummat. Asylrecht der Kirche, schon von der spätrömischen Kaisergesetzgebung anerkannt, demgemäss zunächst in die westgotische und die burgundische lex Romana aufgenommen (vgl. Rom. Wis. Cod. Theod. IX. 34; Rom. Burg. 2, 5). dann auch in die gotischen und burgundischen leges barbarorum übergegangen (vgl. Ed. Theod. c. 70; Wis. III. 3, 2; V. 4, 17; VI. 5, 16; IX. 3, 4; Burg. 70, 2) und auf diese Weise endlich dem fränkischen Rechte überliefert. Doch haben die kirchlichen Ansprüche sich vielfache Einschränkungen gefallen lassen müssen und sind in der Praxis häufig ganz missachtet worden. vgl. Conc. Matiscon. v. 585 c. 8 (MG. Conc. I. 168); Greg. Tur. IV. 13; 18; V. 3; VI. 12; VII. 22; 29; de glor. conf. 67; Löbell 264 f.; Löning, KR. II. 536 ff.; Hinschius, KR. IV. 384 f. Der Hinweis unserer Stelle auf eine Übereinkunft mit den Bischöfen ist entweder auf can. 1. des 1.

oder can. 21. des 4. Konzils von Orleans zu beziehen. Am besten passt das dem Wortlaut nach nahe verwandte erste conc. Aurelianense v. 511 (vgl. MG. Conc. I. 2), doch müsste dann unser Pactus pro tenore pacis schon kurz nach diesem Jahre erlassen sein, wozu die Nachricht der Epiloge nicht stimmen würde, dass die Gesetzgebung Childeberts und Chlotars „multum tempus" nach derjenigen ihres Vaters Chlodwig stattgefunden habe. vgl. SCHR., Westd. MSchr. 6, 480_5; FUSTEL DE COULANGES, Hist. III. 484_4. Nicht nur die Kirche selbst, sondern auch ihr Vorhof war Asyl. vgl. Cod. Theod. IX. 45, 4; Cap. leg. add. v. 803 c. 3 (Bo. I. 113); Cap. miss. v. 813 (?) c. 8 (ebd. 182). Daher Verbot in Kirchen oder deren Atrien Gericht zu halten. vgl. Erläuterung zu Sal. 1, 1 „mallum" (S. 107); BR. II. 610.

atriae clausae non sunt — spacium — aripennis. Bei Kirchen ohne geschlossenen Vorhof umfasst das Asylrecht ausser der Kirche selbst den Umkreis eines halben Morgens. vgl. DAHN, Kge. VII. 3, 286 f.; 287_1. Über aripennis (= semiugerum) vgl. DIEZ, Et. WB. 510 unter arpent.

confugiens foris — subplicium condempnentur. Sobald der Verbrecher das Asyl verlässt, ohne Sicherheit seitens seiner Verfolger erlangt zu haben, hört die Macht der Kirche ihn zu schützen auf. pro operum cupiditatis: um seinem Berufe nachzugehen.

servus — excusatus reddatur. Der ins kirchliche Asyl geflüchtete Sklave wird dem Herrn zwar sofort ausgeliefert, jedoch nur excusatus, d. h. gegen das eidliche Versprechen, ihn nicht an Leib oder Leben zu strafen. vgl. Conc. Aurel. v. 511 c. 3 (MG. Conc. I. 3) Conc. Epaon. v. 517 c. 39 (ebd. 28); Pact. Guntchr. et Childeb. II. v. 587 (Bo. I. 14); Roth. 272; BR. II. 611_{14}. Doch kann der Geistliche auch mit dem Herrn übereinkommen, den Sklaven gegen Zahlung seines Preises zu behalten.

qui — reddere noluerit — pretium reddat; postmodum — receptum pretium servus — reformetur. Lässt der Geistliche der Asylkirche den Sklaven fliehen, um ihn nicht ausliefern zu müssen, so hat er dem Herrn den Preis des Unfreien zu ersetzen. vgl. Alam. 3, 2; Roth. 272; BR. II. 611_{15}; DAHN, Kge. VII. 3, 287_2. Fängt später der Herr seinen Knecht, so ist der Preis zurückzuerstatten.

de fiscalibus — censuimus. BORETIUS b. BEHREND, l. Sal.[1] 104_{15} zog diese Worte zu cap. 15, weil sie im Zusammenhang mit c. 16 keinen Sinn ergäben. Und in der That ist, wie LÖNING, KR. II. 539_1, richtig bemerkt hat, auch die SOHM'sche Erklärung (RuGV. 189), wonach hier Hintersassen des Fiskus oder anderer Güter gemeint sein sollen, nicht einwandfrei. Ihr folgen THONISSEN, NR. 1879 S. 37_1; LAMPRECHT, WL. I. 225; DAHN, Kge. VII. 3, 80_6. Von den beiden Interpretationen, die BORETIUS a. a. O. für möglich hält, ist die eine sicherlich falsch, der Satz kann im Anschluss an c. 15 nicht heissen: „über fiskale und Privathäuser haben wir ebenso beschlossen". Denn damit wäre ein Asylrecht für alle Wohnräume statuiert, was widersinnig ist. Eher lässt sich BORETIUS' andere Vermutung stützen, wonach anstatt „domibus" „dominis" (besser übrigens „dominorum") zu lesen wäre und der Satz hiesse: „dies gilt von Fiskal- und sonstigen Sklaven".

Doch scheint Boretius selbst seine Bedenken gegen die Verknüpfung unseres Passus mit c. 16 aufgegeben zu haben. vgl. Bo., MG. Cap. I. 7.

electi centenarii. Diese centenarii fasst Sohm, RuGV. 188 ff., nicht als Vorstände der centena, sondern als Mitglieder der trustis, die electi centenarii sind ihm also die Wenigen, welche aus der Gesamtzahl der centenarii, d. h. der Zentgemeinde als Polizeitruppe, ausgehoben werden. Der Sohm'schen Ansicht sind meines Wissens nur Richter, Annalen I. 136 und Thonissen, NR. 1879 S. 37_1, beigetreten; Waitz, VG. II. 2, 134; Br. II. 147_{36} haben ihre Unhaltbarkeit nachgewiesen, auch Dahn, Kge. VII. 2, 129_1, lehnt sie, wenngleich bedauernd ab. Wir werden also wohl ebenfalls bei der herrschenden Meinung zu verbleiben haben, die in den centenarii unserer Stelle Befehlshaber der polizeilichen trustis sieht. Das Epitheton „electi" beweist, dass diese centenarii gewählt wurden, von wem, bleibt unsicher. vgl. Dahn, Kge. VII. 2, 128 f. gegen Waitz, VG. II. 2, 17_2, Pfister, Rev. hist. 35, 140 gegen Beauchet, Organisation 12.

germanitas caritatis. Die beiden Vertragschliessenden sind also Brüder, was nur auf Childebert I. und Chlotar I. passt. vgl. die Litteratur in Erläuterung zu Cap. VII. Überschrift (S. 260).

inter communes provintias. provincia = regio, territorium, Landschaft, Teilreich. vgl. Dahn, Kge. VII. 1, 71. Die communes provinciae sind also die beiden Teilreiche der Vertragschliessenden. Die Vorsteher der einzelnen Zentenen erhalten demnach hier das Recht, die Spur des Räubers auch über die Grenzen des einen Teilreichs hinaus in das andere hinein zu verfolgen. Dies „sequi latronem" haben wir uns aber jedenfalls hier nicht anders vorzustellen als in cap. 9, es bedeutet nicht ein selbständiges Fangen des Diebes im Machtbereich einer fremden centena, sondern nur die Pflicht dieser letzteren, die gewiesene Spur ihrerseits zu verfolgen, bis sie zur Ergreifung des Verbrechers oder zu dessen Flucht in eine weitere centena führt. c. 16 dehnt also die Vorschriften von c. 9 nur räumlich aus, ohne sie inhaltlich zu verändern. Ein selbständiges Verfolgen auch in den Zentenen des anderen Teilreiches nimmt Dahn, Kge. VII. 2, 131_7; 3, 73; 478_3 an.

truste qua defecerit. Die persönliche centena, in deren Bezirk die gestohlene Sache abhanden gekommen ist.

causa remaneat — continuo capitalem — reformare festinet. Die trustis qua defecerit ist dem Bestohlenen gegenüber zu sofortigem Ersatz des Wertes der entwendeten Sache verpflichtet. Sie erholt sich für ihren Verlust, wenn sie den Dieb selbst fängt, an diesem, sonst an der Zentene, in deren Bezirk sich der Verbrecher nachgewiesenermassen aufhält. vgl. oben Erläuterungen zu c. 9 „latro insequatur" und „Capitalem centena illa accipiat" (S. 263).

si in truste invenerit etc. vgl. Cap. Sal. VII. 9, wo am Schlusse eine völlig analoge Bestimmung gegeben wird. Neu ist hier nur die Erwähnung der dilatura (= dispendium. vgl. Br. II. 625_{18}; Vanderkindere, Mem. de l'Ac. roy. de Belg. 41, 40 ff.) und des fredus, der an den iudex des Bezirks fällt, in dem der Dieb gefangen wird. vgl. Br. II. 296_{46}.

ad vestigio — persequendo — venire noluerit, sol. V condemnetur = Cap. VII. 9.

in Dei nomen. vgl. DAHN, Kge. VII. 3, 378_5.

vitae periculum se subiacere cognoscet. Todesstrafe für Königsbeamte. vgl. BR. II. 78_3; DAHN, Kge. VII. 2, 74_2; 3, 31_1; 383_6.

Capitulare VIII. (Edictum Chilperici.)

Edictus domni Hilperichi regis [pro tenore pacis].

Edictus. Über die verschiedenen Benennungen der fränkischen Königsgesetze vgl. BR. I. 377; DAHN, Kge. VII. 2, 31.

in Dei nomine. vgl. DAHN, Kge. VII. 3, 378_5.

cum — obtimatibus vel antrustionibus et omni populo — convenit. Die Einführung der Normen durch die Formel „convenit" („placuit atque convenit") wiederholt sich in allen cap. des Edikts ausser in c. 8 und 9. Daraus schliesst BR. I. 376_2, dass hier eine Satzung vorliege, welche auf verfassungsmässiger Übereinkunft zwischen König und Unterthanen beruhe. DAHN, Kge. VII. 2, 36_4; SICKEL, MJÖG. EB. II. 322 f., halten dagegen Befragung und Zustimmung der letzteren nicht für rechtsnotwendig, und FUSTEL DE COULANGES, Hist. III. 107_1, findet in „convenit" sogar nur den Sinn von „il a été décidé". Wie dem nun auch sein möge, so steht natürlich ausser Zweifel, dass der Ausdruck „omnis populus" hier nicht wörtlich zu nehmen ist: ohne ihn mit FUSTEL DE COULANGES, a. a. O. 106 f., als blosse Redensart aufzufassen, wird man hinter ihm nur die zufällig am Orte des Gesetzgebungsaktes anwesenden Volksgenossen suchen dürfen. Warum deren Mitwirkung in diesem Kapitulare erwähnt, sonst aber stets übergangen wird, ist schwer zu entscheiden. vgl. WAITZ, VG. II. 2, 231_5; SICKEL, a. a. O. 322; DAHN, Kge. VII. 3, $523_{9;\,10}$. Anders BORETIUS, Kapitularienkrit. 28. Über die Antrustionen vgl. Erläuterung zu Sal. 41, 3 „qui in truste dominica fuit" (S. 162); BR. II. 100_{26}, über ihr von den Gelehrten verschieden bestimmtes Verhältnis zu den optimates PARDESSUS 488; GFRÖRER I. 44; TARDIF, Etudes 38 f.; DELOCHE 128; WAITZ, VG. II. 2, 102_1; SICKEL, a. a. O. 321_6; DAHN, Kge. VII. 1, 152_3; 160_1; 186_5; 3, 505_4.

Caronna hereditas non transiebat. Bis zum Erlass des Edikts ist keine Erbschaft über die Garonne gegangen. Als Grund für diese Beschränkung der Erbschaftsfreizügigkeit (anders, aber wohl verfehlt PARDESSUS, Dipl. I. $143_{2;\,3}$) macht SCHR., Westd. MSchr. 6, 482, das feindliche Verhältnis sehr wahrscheinlich, wie es zwischen den Brüdern Sigibert und Chilperich bis zu des ersteren Tode im J. 575 bestand. Von ROTH, BenW. 68_{106} wird die Stelle als Beleg dafür angeführt, dass schon damals jenseits der Garonne Franken ansässig gewesen seien.

regione nostra. vgl. DAHN, Kge. VII. 1, 71_7.

sicut et reliqua loca ut et Turrovaninsis. PERTZ (MG. LL. II. 10_*); DAHN, UG. III. 195; Kge. VII. 3, 478_5 erläutern Tervannensis (Thérouanne an der Leye), BORETIUS b. BEHREND, l. Sal.[1] 105_1; SCHR. a. a. O. emendieren Turonensis und wollen also die Stelle auf Tours bezogen wissen. Die letztere Meinung ist wohl sicherlich irrtümlich. Wenn Turrovaninsis, wie SCHR., a. a. O. Anm. 4, gegen PERTZ polemisierend annimmt, ein Gebiet bedeuten müsste, das bisher nicht unter Chilperich gestanden und für das daher ebenfalls die oben besprochene erbrechtliche Sperre gegolten hätte, so würde unser cap. einen so starken Mangel logischer Ausdrucksweise offenbaren, wie wir ihn nicht ohne weiteres annehmen dürfen. Es würde dann nämlich besagen: weil bisher keine Erbschaft aus Chilperichs Reich über die Garonne gegangen, nun aber das Gebiet jenseits dieses Flusses an Chilperich gekommen ist, soll die Erbschaftssperre für die ebenfalls an denselben Herrscher gefallene regio Turrovaninsis aufgehoben werden. Wo steckt da der Kausalnexus? Völlig einwandsfrei wird dagegen die Logik des Satzes, wenn wir mit PERTZ und DAHN gerade an ein Gebiet denken, dass Chilperich schon früher unbestritten gehörte, denn unter dieser Voraussetzung würde sich als Zweck des cap. einfach die Übertragung der Erbschaftsfreizügigkeit, wie sie bisher in der regio Turrovaninsis geherrscht hat, auf alle neuen Erwerbungen und insonderheit diejenigen jenseits der Garonne ergeben. Ob Turrovaninsis nun aber wirklich Thérouanne bedeutet, scheint mir doch auch noch fraglich. Ich möchte eher an Tournay denken, denn diese Stadt war, nachdem Sigibert seinem Bruder ein Jahr nach ihrem gemeinsamen Regierungsantritt Soissons entrissen hatte, von 562—575 Chilperichs Residenz. vgl. Bonnell 214 f.

reibus (rebus) concederemus — leodibus nostris. Die Handschrift liest rebus. DAHN, Kge. VII. 1, 191_1, denkt daher hier an Geschenke, die der König seinen leudes verspreche. Dagegen ist einzuwenden, dass res dafür doch ein sehr verschwommener Ausdruck wäre. Ausserdem ist es aber wohl selbst für einen König keine modica res mehr, jedem seiner männlichen Unterthanen Geschenke zu machen. Wir werden somit zweifelsohne anstatt rebus zu lesen haben: reibus oder reipus. Hierdurch gliedert sich das cap. auch erst harmonisch in den Zusammenhang des vorausgehenden und der folgenden Abschnitte ein. Anderer Meinung WAITZ, VG. II. 1, 349_4. Eine Frage für sich bleibt, ob Chilperich hier den reipus (vgl. über ihn Erläuterungen zu Sal. 44: S. 167 ff.) ganz abgeschafft oder ob er blos einschlägigen Streitigkeiten ihren Boden entzogen habe. Erstere Ansicht verfechten SCHR., de dote 62_{31}; Ehel. GR. 63_{29}; Westd. MSchr. 6, 483; RG. 296_{18}; SOHM, ZRG. 5, 406; RIVE, Vormundsch. 284_{14}; v. AMIRA, Erbenf. 34; JUNGBOHN CLEMENT 269, die letztere vertritt ohne näheres Eingehen OPET, MJÖG. EB. III. 13_3, während BRUNNER, Berl. SB. 1894 S. 1290_2, vermutet, dass es sich lediglich um den Verzicht des Königs auf die fiskalischen Rechte am reipus (Sal. 44, 10) handele. M. E. kann an eine völlige Abschaffung des reipus nach dem Wortlaute (concederemus!) allerdings nicht gedacht werden, welcher Art aber die Neuerung des cap. 2 nun war, muss bei der Unbestimmtheit seiner Ausdrucksweise wohl unentschieden bleiben. — Über leodes, Unterthanen vgl. DAHN, Kge. VII. 1, 190 ff.; 3, $524_{7;8}$.

quicumque vicinos habens — debeant conservare. Das ganze cap. ist Gegenstand mannigfachster Kontroverse. vgl. aus der reichen Litteratur im allgemeinen THUDICHUM, GuMV. 185 ff.; ZÖPFL, Ewa 64; RG. II. 65_{65}; III. 221_3; 223_{11}; 322_{22}; ROTH, BenW. 74; v. AMIRA, Erbenf. 15 f.; ROSIN, Comment. 24 ff.; GIERKE, Genossensch. I. 78_{57}; ZRG. 12, 430 ff.; v. INAMA-STERNEGG, WG. I. 75_3; 95_5; SCHERRER, ZRG. 13, 283 ff.; SCHR., Westd. MSchr. 6, 488 f.; RG. 320_{330}; v. SYBEL, Königt. 46 ff.; HEUSLER, Instit. II. 574_5; LAMPRECHT, WL. I. 43 ff.; Festg. f. HANSSEN 70 f.; OPET in GIERKES Unters. XXV. 26f.;

GLASSON, NR. 1885 S. 603 ff.; Hist. III. 81; Domaine rural 44 ff.; FUSTEL DE COULANGES, Hist. IV. 190 ff.; Rech. 301 f.; Nouv. Rech. 330_2; BLUMENSTOK, IE. I. 292 ff.; 367 ff. Als sicher kann betrachtet werden, dass die ersten vier Sätze des cap. bis „accedat possidenda" eine Abänderung des bisherigen salischen Immobiliarerbrechts bezwecken, während der letzte Satz eine bisher geübte Rechtsgewohnheit neuerdings bestätigt. Worin nun aber die Neuerung des cap. bestehe, ist ebenso strittig, wie das Wesen der im Schlusssatze aufrecht erhaltenen Norm. Indem meine Interpretation von letzterem ausgeht, ist darauf hinzuweisen, dass meine Ausgabe sich behufs Verbesserung des zweifellos verderbten Textes die Konjektur KERNS b. HESSELS Sp. 409 (Sal. 78, 3_i): de tilli = de acquisitione zu eigen gemacht hat, da ich dieselbe mit SCHR., Westd. MSchr. 6, 489; Franken u. ihr R. 76; LAMPRECHT, WL. I. 45; BLUMENSTOK, IE. I. 304 für ausserordentlich glücklich halte und sie jedenfalls allen früheren Emendationen (vgl. ZÖPFL, Ewa 64; RG. II. 65_{65}; III. 223_{11}; JUNGBOHN CLEMENT 269; GIERKE, ZRG. 12, 432 f.; WAITZ, VG. II.[2] 274_2) vorziehe. Ihr folgend (zweifelhaft äussern sich neuerdings BORETIUS, MG. Cap. I. 8_c; DAHN, Kge. VII. 1, 191_2; 2, 4_3) finde ich den Gegensatz, der durch das „vero" des letzten Satzes hervorgehoben werden soll, in der verschiedenen erbrechtlichen Behandlung, welche die acquisitio, und speziell die terra acquisita gegenüber der vorher genannten terra erfährt. Diese terra nämlich ist als Gegenstand des Erbrechts bisher gewissen Rechten der vicini unterworfen gewesen. Welchen Rechten? Und wer sind überhaupt die vicini? Sie sind keine Verwandten (so WAITZ, VG. I.[1] 272_1; GEMEINER 48 f.; ZÖPFL, RG. III. 221_3; 322_{22}), sondern wie in Sal. 45, 3; Cap. Sal. III. 1 Markgenossen (so u. A. ZIMMERLE 19; GIERKE, ZRG. 12, 436; v. SYBEL, Königt. 48; LAMPRECHT, WL. I. 44; MEITZEN. Agrarw. I. 588). Das Recht der vicini ist kein Erbrecht im gewöhnlichen Sinne, sondern das Heimfallsrecht, welches auf dem ursprünglichen Gesamteigentum der Markgenossen am Grund und Boden beruht. vgl. darüber Erläuterung zu Sal. 45, 1 „super alterum" a. E. (S. 173 f.). Endlich: in wie weit wird dieses Heimfallsrecht der vicini hier beschränkt? Gemäss meinen Ausführungen in Erläuterung zu Sal. 59, 5 „De terra vero" (S. 227), wonach die widersprechenden Behauptungen auf S. 174 oben zu korrigieren sind, tritt der Heimfall auch im altsalischen Recht erst ein, wenn keine Brüder des Erblassers vorhanden sind. vgl. THUDICHUM, GuMV. 188; SCHR., FDG. 19, 148. Demgemäss wird m. E. nicht erst hier, wie die herrschende Meinung annimmt, das Immobiliarerbrecht auf die Brüder des Erblassers ausgedehnt, sondern die Neuerung besteht lediglich in der vielleicht auf römischen Einfluss zurückzuführenden Schaffung weiblicher Erbfolge am Grund und Boden. vgl. DAHN, Kge. VII. 1, 130_3. Dass die Worte „non vicini" am Schlusse des Satzes stehen, der in Ermangelung von direkten Deszendenten den Bruder des Verstorbenen beruft, scheint mir bei der nicht grade sehr präzisen Fassung unseres cap. keineswegs einen so zwingenden Beweis gegen die von mir vertretene Auffassung zu erbringen, wie z. B. BLUMENSTOK, IE. I. 294 meint. vgl. schon BETHM. IV. 488_{43}. Andererseits hat das edictum Chilperici das Heimfallsrecht der Vicinen nicht völlig beseitigt. Es bleibt für die terra im Markgenossenschaftsverbande bestehen für den Fall, dass keine Schwestern des Erblassers vorhanden sind. Diese terra aber ist die terra salica von Sal. 59, 5_1 und die hereditas aviatica von Rib. 56, 4. vgl. Erläuterung zu Sal. 59, 5 (S. 226 ff.); LAMPRECHT, WL. I. 44. Ihr gegenüber steht die terra acquisita des Schlusssatzes unserer Stelle, d. h. das durch Rodung oder sonstwie gewonnene, ausserhalb des markgenossenschaftlichen Verbandes stehende und daher dem Heimfallsrecht niemals unterworfen gewesene Land. Dies soll, wie ausdrücklich hervorgehoben wird, auch fernerhin nach dem freieren Erbrecht behandelt werden, welchem es in dem von Chilperichs Vater, Chlotar I., beherrschten Reiche von vornherein gefolgt war, d. h. es soll der ganzen Sippe des Erblassers gemäss der Parentelenordnung zugänglich sein. Das „si qui adveniunt" auf leudes zu beziehen (so neuerdings wieder DAHN, Kge. VII. 1, 191_2) halte ich für unmöglich, die terrae qui adveniunt sind eben die terrae acquisitae.

infantes inter se non habuerint — ad se recollegant. Das cap. handelt vom Schicksal der dos bei unbeerbter Ehe. Hierüber hatte schon Cap. Sal. II. 3; 4, 2 Grundsätze aufgestellt. vgl. die dortigen Erläuterungen (S. 241 ff.). Nach SCHR., de dote 45_{16}; HEUSLER, Instit. II. 309 liegt hier eine Änderung jener früheren Bestimmungen vor, indem anstatt der dort festgesetzten Quoten sowohl für den Fall des Überlebens der Frau als des Mannes Halbteilung eingeführt werde. Anders BR., Berl. SB. 1894 S. 565 ff., der die Differenz durch das Federwat von Cap. Sal. II. 3; 4, 2 ausgeglichen findet. Römischrechtlichen Einfluss auf die salische Novellengesetzgebung über das eheliche Güterrecht nehmen an SANDHAAS, Ehel. GR. 70 f. VOCKE, Gem. ehel. GR. I. 9; 30 f.; BR. a. a. O. S. 568 f.; den nationalgermanischen Charakter derselben verficht HEUSLER, a. a. O. 308 ff.

servus hominem ingenuum occiderit. Beschränkung der Haftung des Herrn für den von seinem Sklaven an einem Freien begangenen Totschlag auf den Fall der Mitwissenschaft. Der Sklave wird der Privatrache des verletzten Geschlechtes ausgeliefert. vgl. Erläuterung zu Sal. 35, 5 „hominem ingenuum occiderit" (S. 152); ferner Cap. Sal. IX. 7; v. MAURER, Fronhöfe I. 528_{34}; SOHM, Proz. 178; 201_4; FUSTEL DE COULANGES, Hist. IV. 298_4; JASTROW in GIERKES Unters. II. 16_4; 17_6; LESEUR, NR. 1888 S. 691 f.; 702; BR. II. 546_{10}; 552_9; Forschungen 503; SCHR. 341.

admallatus — in veritate testimonia non habuerit — et non habuerit — qui pro eum fidem faciat. Wer für den Beweis seiner Unschuld keine testimonia, d. h. keine Eidhelfer (vgl. BR. II. 378_7) finden kann, muss zum Kesselfang schreiten. Das verderbte initium der Handschrift ist in „inium" oder „ad (in) inium" zu verbessern. vgl. BR., Festg. f. BESELER 24; 25_5. Dagegen lesen HERMANN, Mithio 25; VIOLLET, Hist. I. 428_2; WAITZ, VG. II. 1, 429 mitium. Sein Erscheinen zur Vollziehung des Ordals hat der Beklagte durch Bürgenstellung zu sichern. Dies geschieht, indem der Beweispflichtige dem Kläger die festuca übergiebt, der sie weiter an den Bürgen reicht. vgl. Baiuw. app. 4 (MG. LL. III. 337); SOHM, Eheschl. 38 ff.; VAL DE LIÈVRE 183 ff.; HEUSLER, Instit. II. 241_7; SCHR. 286; abweichend früher SOHM, Proz. 164 f.; 220 f.; RuGV. 122_{65}. Kann der Beklagte nun aber auch keine Bürgen auftreiben, so darf er, wie unsere Stelle und zwar vermutlich in Milderung früheren strengeren Rechtes bestimmt, zur Selbstbürgschaft greifen, indem er die festuca von seiner linken Hand in die rechte wandern lässt und sie mit dieser letzteren dem Gegner anbietet (auferat = offerrat. vgl. Sohm, Proz. 81). Die Form wird also insofern gewahrt, als die festuca noch immer durch drei Hände geht, diese bleibt aber nunmehr in der Hand des Klägers. vgl. Br., ZHR. 12, 511 ff.; RG. II. 367_{10}; 368_{21}; Horten 106 ff.; Schr. 287_{141}. Anders Sohm, Eheschl. 42, der tenere = recipere setzt und annimmt, der Beklagte nehme die festuca mit der Linken zurück, nachdem er sie mit der Rechten angeboten. Gegen Sohm, aber auch von der herrschenden Ansicht weit abweichend Thévenin, NR. 1880. S. 77_3.

si servum sors nunciata fuerit. Das cap. handelt von der Haftung des Herrn bei Diebstahlsbeschuldigung seines Sklaven, vom ordentlichen Verfahren gegen Herrn und Knecht und vom Ungehorsamsverfahren gegen den Herrn. vgl. im allgemeinen Pardessus 606; Gfrörer I. 101 ff.; Sohm, Proz. 199 ff.; v. Meibom, Pfandr. 73 f.; Bethm. IV. 521 ff.; Löning, Vertragsbr. 50_{19}; 122_1; Barchewitz 14 ff.; Gallinger 117 ff.; Heusler, Instit. I. 126_5; Leseur, NR. 1888 S. 695; 697 f.; Schr. 361_{76}; Schreuer 230 f.; Horten 52 ff.

inter X noctes. Anders Cap. Sal. VII. 5; 12. vgl. die dortige Erläuterung „servus fuerit inculpatus" (S. 261).

mittat — ad sortem. Loosordal zur Überführung von Sklaven. vgl. Cap. Sal. VII. 5; 6; 8; 11; Br. II. 413_{75}. Anders Sal. 40, 4; 6. Der Herr hat die Pflicht, den Sklaven zum Ordal zu stellen.

XL et duas noctes. vgl. Erläuterung zu Sal. 47 „in noctes XL" (S. 187).

ius sit — cum sex videre. Sohm, Proz. 200 f., emendiert „cum sex videredum dare" und versteht die Stelle vom Echtheitseid des Klägers. Hessels 410 (Sal. 78, 7_f) schlägt vor, entweder „videredum donare" zu lesen oder aber „iuret cum sex videredum". Br. II. 345_{19} hält den Sinn der Worte für identisch mit demjenigen des Schlusses von Cap. Sal. VII. 10. vgl. die dortige Erläuterung „ternas personas electas" (S. 264) und Br. II. 439_{86}.

sunnia. vgl. Erläuterung zu Sal. 1, 2 „sunnis" (S. 108).

servus culp. iud. Die unterlassene Stellung des Sklaven hat nach zweimaliger Fristsetzung Kontumazialverurteilung zur Folge. Diese Verurteilung richtet sich aber jetzt gegen den Sklaven selbst. vgl. nächste Erläuterung.

causa super domino magis non ascendat nisi quantum de servo lex est. Nach Cap. Sal. VII. 12 hatte der Herr, welcher den diebischen Sklaven, obwohl er es konnte, nicht stellte, noch zu büssen, als ob er selbst den Diebstahl begangen habe. vgl. die dortigen Erläuterungen und diejenigen zu Sal. 40, 9; 10. Jetzt wird kein Unterschied mehr gemacht, ob die unterlassene Stellung in der Macht des Herrn lag oder nicht: in beiden Fällen kann er sich durch Abtretung des Schuldigen sowie Ersatz von capitale und delatura (ich beziehe diese letzteren Worte auch auf „cedatur") von weiterer Haftung lösen. Ausserdem aber kann er sein Eigentum am Sklaven retten, indem er an seiner Statt die Busse erlegt, welche das für Diebstahlsdelikte nunmehr bereits ausgebildete knechtische Kompositionensystem festsetzt. Für diese Interpretation sprechen m. E. in zwingender Weise die Worte „pro servo conponat“. Dagegen fasst SOHM, Proz. 201_5 die 12 sol. als Wert des Sklaven. Über die vorliegende Änderung des früheren Rechtes vgl. noch HARTMANN, FDG. 16, 611.

in octuaginta et quatuor noctis — placitum intendatur. Hat der dominus zum zweiten Termin sunnis angemeldet, so erfolgt eine nochmalige Fristsetzung von 42 Nächten, nicht, wie SOHM, Proz. 202, will, von 84 Nächten. Damit ist vielmehr die Summe der beiden Fristen gemeint (placitum intendatur: werde erstreckt).

se non eduxerit. Wenn der Herr im dritten Termine sich, d. h. seinen Sklaven nicht aus der Angelegenheit zieht, sei es nun, dass er den Sklaven nicht stellt, sei es, dass das Ordal misslingt, so erfolgt Verurteilung wie oben.

si ad XL et II noctes sunnia adnuntiaverit, iectus XV sol. conp. Über iectus (iactivus, iectivus) vgl. Erläuterung zu Sal. 50, 3 „quem legitime habeo“ (S. 197 f.). Der Herr verfällt, weil er das Verfahren um 42 Nächte verzögert hat, in eine Ungehorsamsbusse von 15 sol. vgl. SOHM, Proz. 202; BR. II. 368_{24}.

inter ipsas XL et II noctes. Hier beginnt die bis zum Schluss des cap. reichende Beschreibung des Ungehorsamsverfahrens. Dasselbe bedeutet in der Form des ed. Chilp. eine Änderung von Sal. 56, 1. vgl. unten Erläuterung zu „prendat quantum — odierint“. Vom Urteilstermin an gerechnet werden dem Verurteilten weitere 42 (40) Nächte gewährt bis zum Urteilserfüllungstermin. vgl. Erläuterung zu Sal. 56, 1 „ibi duodecim testes erunt“ (S. 212). Zahlt er da nicht und leistet er auch kein formelles Zahlungsversprechen (über die fides facta vgl. Erläuterungen zu Sal. 50, 1: S. 192 f.), so erhält er noch zwei weitere Fristen von 14 und von 7 Nächten. Hilft das alles nicht, und bleibt er immer noch hartnäckig, so leitet der Kläger die Exekution gegen ihn ein.

in proximo mallo — invitetur graphio. Der Graf wird im nächsten mallus zur Vornahme der Pfändung aufgefordert, und zwar vor den rachymburgiis sedentes et dicentes quod ipsi illum (den Kläger) ante audierint. Die Anwesenheit der Rachineburgen bei der Aufforderung zur Exekution ist notwendige Voraussetzung für die Rechtmässigkeit der letzteren. vgl. den übernächsten Satz: „Et si graphio — presummat;“ SOHM, RuGV. 83_{36}. Der Graf muss demnach im mallus selbst um Vornahme der Pfändung ersucht werden. Anders noch Sal. 50, 3. vgl. die dortige Erläuterung „dicat verbum“ (S. 197). Da aber der Graf nunmehr aus seiner früheren Stellung als blosser königlicher Exekutionsbeamter herausgewachsen und zum Vorsitzenden im echten Ding geworden ist (vgl. Erläuterung zu Sal. 45, 2 „roget grafionem“: S. 176), so kann er kaum noch als in jedem gebotenen Ding seines Amtssprengels anwesend gedacht werden (anders zur Zeit des Pactus leg. Sal. vgl. Erläuterung zu Sal. 53, 2 „Si plus dederit“ a. E.: S. 204), und wir werden also unter dem proximus mallus wohl das nächste echte Ding zu verstehen haben. Nur im mallus legitimus ist ja auch ohne weiteres auf die Anwesenheit der Rachineburgen zu rechnen, die in einem früheren Echteding der Fällung des Urteils angewohnt hatten, dessen Vollstreckung der Kläger jetzt beantragt. Die Rachineburgen treten hier nicht als Zeugen, sondern als Urteiler auf, denn sie sitzen. vgl. Erläuterungen zu Sal. 50, 3 „septem rachineb. idoneos" (S. 198 f.) und zu Sal. 57, 1 „rachineburgiis" (S. 213); Br., Festg. f. Heffter 166_1. Dagegen brauchen sie nicht notwendig auch in dem voraufgegangenen Prozesse das Urteil gefunden zu haben, können vielmehr im Urteilstermin blosse rachimburgii adstantes gewesen sein. Ihr Urteil lautet auf Vollzug der Pfändung. vgl. Sal. 56, I; Sohm, Proz. 204 ff.

cum fistuco mittat super se: nämlich der Kläger. vgl. Sal. 45, 2 „super furtuna sua ponat" und Sal. 50, 3 „super me et furtuna mea pono".

prendat quantum — odierint. Während nach Sal. 56, 1 und ebenso noch nach Cap. Sal. V. 8, 1 gegen den die Urteilserfüllung Weigernden nur das Ächtungsverfahren im Königsgericht möglich war, wird hier jetzt die zwangsweise Befriedigung durch gräfliche Pfändung auch dann für thunlich erklärt, wenn die im Prozess unterlegene Partei nicht bewogen werden kann, das Urteilserfüllungsgelöbnis zu leisten. vgl. Rib. 32; Sohm, Proz. 207; Br. II. 456_{15}; Horten 144 ff.

cum VII rachymburgiis antrutionis bonis credentibus aut qui sciant accionis. Hier treten die Rachineburgen ebenso wie in Sal. 50, 3 wieder als Schätzungsleute auf. Daher nennt sie der Text antrutiones, Gehülfen. vgl. Br. II. 97_{12}; Dahn, Kge. VII. 1, 154_{13}. Es wird von ihnen verlangt, dass sie boni und credentes seien, d. h. brave und glaubwürdige Männer. vgl. Pippini Ital. reg. cap. v. 782/6 c. 8 (Bo. I. 192); Dove, ZKR. 4, 34; Sohm, Proz. 204_9; Dahn, Kge. VII. 3, 33_{12}, eine abweichende Meinung begründet Gfrörer I. 114 ff. Ausserdem aber sollen sie auch von der Angelegenheit wissen, um die es sich handelt, d. h. sie müssen eine durch persönliche Wahrnehmung erlangte Kenntnis von dem Verlaufe des Prozesses besitzen, auf den die Vollstreckung sich stützt. Anders Lehmann, RQ. 36_{25}. Diese Kenntnis können sie als sedentes oder als adstantes erlangt haben, weder Sohm, Proz. 204_9, noch Gfrörer I. 113 f. scheinen mir also Recht zu haben, wenn ersterer in den Schätzungsleuten unserer Stelle nur die Beisitzer des vorangegangenen Prozesses, letzterer nur die rachimburgii adstantes erblicken zu können glaubt. vgl. noch Deloche 8; Beaudouin, NR. 1887 S. 611; Fustel, Hist. III. $365_{1;2}$.

noluerit ambulare, de vita sit culpabilis. vgl. Sal. 50, 4; Cohn, Justizverw. 75 f.; Br. II. 78_2; 454 f.

super pretium aut extra legem. Tautologie. vgl. Erläuterungen zu Sal. 50, 3 „de ipsa — non fuit solutus" und zu Sal. 51, 2 „supra lege aut debitum" (S. 199 f.; 202).

dixerit — quod male eum destruat etc. Der von der Pfändung (strudis, daher destruere, exstruere. vgl. Sohm, Proz. 207_{15}; Br. II. 453_6; Dahn, Kge. VII. 3, $47_{2;3}$) Betroffene hat das Recht des Protestes. Dadurch wird zwar nicht wie nach Rib. 32, 4 die Exekution verhindert, wohl aber ein neues Verfahren eingeleitet, in dem die Rechtsmässigkeit der Pfandnahme erwiesen werden muss. Dies Verfahren findet wie das Kontumazialverfahren von Sal. 56, 1 im Königsgericht statt: nobis presentibus erit. vgl. Sohm, Proz. 208. Auffallenderweise aber hat nicht der protestierende Gepfändete die Aufgabe seiner Beschwerde durch Appellation an den König Erfolg zu verschaffen, sondern auf eingelegten Protest hin muss der Graf die Initiative zur endgültigen Erledigung der Angelegenheit ergreifen. Das thut er, indem er sowohl den Gepfändeten als denjenigen, der die Pfändung verlangt hat, über 42 Nächte vor den König lädt. Die Form der Ladung ist die mannitio, d. h. die Parteiladung (vgl. Erläuterung zu Sal. 1, 1: S. 107), der Graf ist also in diesem Stadium des Verfahrens Partei: „der Widerspruch gegen die Pfändung involviert zunächst grade gegen ihn die Behauptung unrechtmässigen Handelns" (Worte SOHMS, Proz. 208). Der Graf hat zu beweisen, dass er überhaupt vom Kläger des ursprünglichen Prozesses zur Pfändung aufgefordert worden sei. Misslingt ihm dieser Beweis, so trifft ihn jedenfalls die Strenge amtlicher Verantwortlichkeit: vitae suae periret dispendium. Wird die Aufforderung zur Pfandnahme vom Kläger zugestanden, so geht die strafrechtliche Verantwortung für die Exekution auf diesen letzteren über: er hat nun zu beweisen, dass sein Pfändungsgesuch nicht „male", sondern in aller Form Rechtens erfolgt sei. Durch den Nachweis formeller Korrektheit des Verfahrens wird zugleich das materielle Recht zur Vollstreckung erwiesen, ebenso misslingt umgekehrt dieser Beweis, wenn jener nicht erbracht wird. Geführt wird er durch das Zeugnis der Rachineburgen „qui antea audissent illam causam". Damit können nur die rachymburgii sedentes, welche das Pfändungsurteil gefunden haben, gemeint sein. Sie werden ferebanniti vor das Königsgericht geladen, d. h. durch richterlichen Zwangsbefehl. vgl. Erläuterung zu Sal. 49, 3 „noluerint — dicere" (S. 192), ferner BETHM. IV. 429_{34}; LEHMANN, Rechtssch. 23; HERMANN in GIERKES Unters. X. 197; SICKEL, ZRG.[2] 6, 4_1; PAPPENHEIM, ZvglRW. 6, 137. Können nicht alle 7 Rachineburgen, die das Pfändungsurteil gefunden haben, im Königsgericht erscheinen, so müssen wenigstens drei kommen: Minimum der Zeugenzahl. vgl. Erläuterung zu Sal. 1, 3 „testibus" (S. 108); BR. II. 397_{37}. Die Rachineburgen sollen „pro fide sua" (der Text liest offenbar verderbterweise „prae Side". vgl. BR., Festg. f. HEFFTER 166_2; anders BORETIUS, MG. Cap. I. 9; HERMANN in GIERKES Unters. XVII. 4: pro praeside sua; LEHMANN, RQ. 36_{38}), d. h. gemäss dem öffentlichen Glauben, den ihr Zeugnis geniesst, aussagen. Ausserdem sollen sie als Sunneboten für ihre ausgebliebenen Genossen (weitgehende Folgerungen zieht aus der Bezeichnung „pares" HERMANN in GIERKES Unters. X. 196; XVII. 4) fungieren. Im Gegensatz zum älteren Recht (vgl. Erläuterungen zu Sal. 39, I „tres testis": S. 156 f.; zu Sal. 46 „Postea acquirent": S. 181; zu Sal. 56, 1 „ibi duodecim testes erunt": S. 212) ist hier also das Gerichtszeugnis für möglich erklärt. vgl. BR., Festg. f. HEFFTER 165 f.

quicumque ingenuus de actione et vi reiecte mallaverit, simili modo ubi habet lege directa sic facere debet. Diesen Satz interpretiert SOHM, Proz. 210 f.: auch wenn gegen einen Freien wegen eines von ihm begangenen Delikts oder wegen sonst einer Sache ungehorsamsweise verfahren ist, soll derselbe, falls er Vermögen hat, auf gleiche Weise zur Befriedigung des Gegners angehalten werden, in contumaciam soll exequiert werden. SOHM meint also, das bisher geschilderte Verfahren, welches sich allein auf den Fall des Sklavendiebstahls bezogen habe, werde durch diesen Satz für das von nun an überall anzuwendende erklärt. Der SOHM'schen Auffassung folgt GENGLER, Rechtsdenkm. 585_{40}. Dagegen schlägt BORETIUS b. BEHREND, l. Sal.[1] 108_{26}; MG. Cap. I. 9_{22}; 10_{23} vor: wenn gegen einen Freien wegen sunnis (actione = agsoniis. vgl. Cap. Sal. VI. 1_1) oder strudis legitima oder wegen Ungehorsam verfahren ist, soll derselbe, wie das Recht befiehlt, zur Erfüllung seiner Pflichten angehalten werden. Ich halte keine der beiden Interpretationen für zutreffend. Sicher ist, dass unser Satz eine im Vorhergehenden gegebene Norm verallgemeinern will. Da liegt es aber nun doch unbedingt am nächsten, den Gegenstand dieser Verallgemeinerung in den unmittelbar voranstehenden Sätzen zu suchen. Und in der That lässt er sich dort weit zwangloser finden, als wenn wir SOHM oder BORETIUS folgen. Wir haben soeben von den Massregeln gehört, die Graf und Exekutionsgläubiger ergreifen müssen, wenn der Vollstreckungsbeklagte gegen die Pfändung protestiert. Dieser Widerspruch ist unschwer in den Worten „actione et vi reiecte“ (dafür korrekt „reiecta“ oder „reiectis“) zu erkennen. Das Vorgehen des Grafen wird als actio bezeichnet, wie er selbst Cap. Sal. VIII. 7; 9 als agens. Die vis ist der Zwang des Pfändungsaktes. Erfolgt gegen denselben Protest (reiectio), so muss der Exekutionsgläubiger, nachdem er sich zu dem Pfändungsgesuch an den Grafen bekannt hat, unter dessen obrigkeitlicher Assistenz mallare, d. h. prozessual (gegen den Exekutionsbeklagten) vorgehen. Daher wird der Exekutionskläger auch im Schlusssatze des cap. mit der Bezeichnung „qui mallat“ eingeführt. Das mallare wird durch mannitio der Rachineburgen vor das Königsgericht eingeleitet, dem mannire der Partei verleiht die ferbannitio des Grafen amtlichen Nachdruck. Der Inhalt unseres Satzes scheint mir also zu sein: wenn ein Freier wegen Protest gegen die aus irgend einem Schuldgrund vorgenommene amtliche Vollstreckung und gewaltsame Pfändung Klage erhebt, so soll er, wie oben gesetzlich vorgeschrieben ist, handeln. Die Verallgemeinerung, welche den Zweck dieser Bestimmung bildet, betrifft also das Vorgehen des Exekutionsklägers, nicht das des Beklagten, ersterer soll in jedem Falle des Widerspruchs gegen die Vollstreckung so handeln, wie oben für den Einzelfall des Sklavendiebstahls bestimmt ist, denn von dem, was letzterer, nachdem er seinen Protest eingelegt, zu thun oder zu lassen hatte, ist in den unmittelbar vorangehenden Sätzen ja überhaupt gar nicht die Rede gewesen. Es ist daher auch durchaus nicht nötig, „mallaverit“ mit SOHM und BORETIUS = „mallatus fuerit“ zu setzen, ein Auskunftsmittel, das die Sprache der l. Sal. doch nur erlaubt, falls keine anderen Wege der Interpretation gangbar sind. — In der Erklärung von „ubi habet lege directum sic facere debet“ schliesse ich mich BORETIUS, a. a. O., gegen SOHM, a. a. O.; RuGV. 90_{56}; LEHMANN, RQ. 36_{43} an.

si homo malus fuerat — et si res non habet unde — conponat. Mit diesem Satze geht das cap. auf den Fall der Zahlungsunfähigkeit des Kompositionsschuldners über. Auch hier ist von jedem besonderen Schuldgrund abgesehen: der Beklagte hat irgend welche mala facta begangen und kann die entsprechende Busse nicht aufbringen. Anders vielleicht noch Sal. 58. vgl. die dortige Erläuterung „chrene cruda“ (S. 218 oben). Der malus homo unserer Stelle vereinigt zwei begriffliche Merkmale in sich. Einmal ist er der criminosus oder famosus, d. h. der gewohnheitsmässige Übelthäter. vgl. Br. II. 489 f.; 536_3; Schreuer 131_{27}. Solche landschädlichen Leute aber rekrutieren sich fast ausschliesslich aus den freien Proletariern, die den Eintritt in ein ihre bürgerliche Existenz garantierendes Abhängigkeitsverhältnis verschmäht haben und daher nach Lage der wirtschaftlichen Verhältnisse kaum in der Lage sind, ihr Leben ohne häufigen Konflikt mit dem Strafrecht zu fristen. So wird aus dem malus homo als criminosus in übertragener Bedeutung der malus homo als besitzloser, fahrender Mann, dem die boni homines als vermögende Grundbesitzer entgegengestellt werden. vgl. Sohm, RuGV. 336_{10}; Boretius b. Behrend, l. Sal.[1] 108_{27}; MG. Cap. I. 10_{24}; v. Sybel, Königt. 463, die aber m. E. alle die letztere, sekundäre Bedeutung des malus homo zu einseitig betonen.

legibus consecutus — nihilhominus graphio — invitetur. Auch gegenüber dem malus homo soll der Exekutionskläger den Grafen zur Pfändung laden. vgl. Sohm, Proz. 211. Wohl irrtümlich hält Gallinger 118 die Beziehung des „legibus consecutus" und des „ad legem que antea auditus est" auf die vorausgehenden Bestimmungen des ed. Chilp. c. 7 für unmöglich, weil in ihnen die Exekution gegen einen vermöglichen Schuldner geregelt sei.

auferat per III mallus ante rachymburgiis etc. Da die Exekution gegen den malus homo ergebnislos ist, so tritt anstelle der Vollstreckung in das Vermögen Zugriff auf die Person des Schuldners. Insofern also bleibt der Rechtszustand von Sal. 58 erhalten (vgl. die dortige Erläuterung „si vero nec ipse habuerit": S. 222). Die frühere durch Schollenwurf vermittelte Magenhaftung aber ist nunmehr beseitigt. Auch kommt der insolvente Exekutionsschuldner jetzt nicht mehr sofort in die Gewalt seines Gläubigers, sondern in die des Grafen. Dieser bietet ihn seinen Verwandten in drei Gerichtsversammlungen zur Auslösung an (auferat = offerat. vgl. Erläuterung zu Cap. Sal. VIII. 6). Bleibt das vergeblich, so wird er nicht, wie nach Sal. 58, noch ein viertes Mal im Volksgericht ausgeboten und schliesslich dort zum Tode verurteilt, sondern der Graf und der Exekutionskläger haben ihn innerhalb 84 Tagen vom Tage des Pfändungsgesuches an gerechnet (so emendiere ich durch Einschiebung von „de" vor „invitatio", anders Sohm, Proz. 214) vor das Königsgericht zu bringen, „nur der König hat noch das Recht über das Leben des freien Mannes zu verfügen" (Worte Sohms, Proz. 213). Die Frist von 84 Nächten zeigt, dass die Ausbietung auch im gebotenen Ding zu geschehen hatte, während vom letzten offerre bis zum Königsgericht 42 Nächte vergehen dürfen. Vom König wird der insolvente Übelthäter dem Verletzten zu willkürlicher Rache übergeben. Über agens = Graf oder überhaupt Beamter vgl. Sohm, Proz. 213_{30}; RuGV. 18_{26}; Boretius b. Behrend, l. Sal.[1] 109_{30}; Waitz, VG. II. $2, 119_1$.

adtrutionis secundum legem consecutus habuerit. Voraussetzung der Preisgabe des Schuldners an den Gläubiger ist, dass letzterer (qui mallat) dem Rechte gemäss antrustiones (= Gehülfen. vgl. oben Erläuterung zu „cum VII rachymburgiis": S. 274) vor das Königsgericht bringt. In diesen adtrutionis oder antrustiones sehe ich daher die schon oben ebenso bezeichneten Rachineburgen, welche als Schätzungsleute bei der Pfändung zugegen gewesen sind und hier deren negativen Erfolg vor dem König zu bezeugen haben. vgl. LEHMANN, RQ. 36_{50}.

marias qui nuntiabantur eccelesias, nuntientur consistentes ubi admallat. Hier scheint mir die Interpretation von Br. II 334_{13} endgültig das Richtige zu treffen. Indem er marias von mâri, adnuntiatio (zu mârjan, nuntiare) ableitet, erklärt er: jene Ladungen, die bisher in der Kirche verkündet wurden, d. h. die Ladungen an Nichtansässige (mali homines), sollen dort erfolgen, wo man die ansässigen Leute belangt, d. h. im Gericht. Anders SOHM, RuGV. 210; LAMPRECHT, Hist. Taschenb. VI. F. 2, 58_1; noch anders und unter sich abweichend WAITZ, VG. II. 2, 137_2; FUSTEL DE COULANGES, Rech. 324; LEHMANN, RQ. 37_{52}; zweifelhaft DAHN, Kge. VII. 3, 513_8; 514_2.

Si quis causam mallare debet — causam perdat. Diese beiden Sätze haben die verschiedensten Deutungen erfahren. WAITZ, AR. 133; VG. II[1]. 268 f.; v. MAURER, Einleitg. 170 verstanden sie dahin, dass Streitigkeiten, bevor sie zur richterlichen Entscheidung gebracht werden durften, den Dorfnachbarn, vielleicht zum Sühneversuch, vorzutragen gewesen seien. SOHM, Proz. 206 f. glaubt dagegen, dass die Stelle vom Exekutionsverfahren handele, als dessen Voraussetzungen hier das gerichtliche Kundmachen der zur Exekution reifen Sache und die Ablegung des videredus verlangt würden. Dieser Ansicht hat sich später WAITZ, VG. II. 1, 392_4, angeschlossen. Für BETHM. IV. 511 bedeutet die Vorschrift, dass der Kläger, ehe er eine Sache an das Gericht bringt, seinen Nachbarn Anzeige davon machen soll, um sich zu vergewissern, ob er den Eid mit Helfern werde schwören können. LÖNING, Reinigungseid 303; BR. II. 139_{34}; DAHN, Kge. VII. 3, 53_2 beziehen das mallare auf ein Verfahren ante regem und sehen demgemäss in dem cap. das Verbot, einen Prozess mit Umgehung des ordentlichen Richters vor das Königsgericht zu bringen. Ich vermag mich keiner dieser Interpretationen völlig anzuschliessen. Auch hier wieder liegt m. E. die Annahme nahe, dass unsere Stelle in irgend einer Weise an die unmittelbar vorausgehende Vorschrift anknüpfe. Und das wird mir um so wahrscheinlicher, je treffender ich BRUNNERS Erklärung von cap. 8 finde. Demgemäss ergänze ich „si quis causam contra malum hominem mallare debet“ und beziehe die beiden ersten Sätze von cap. 9 auf eine besondere Voraussetzung des volksgerichtlichen Verfahrens gegen den Unansässigen. Ehe nämlich der Geschädigte die laut cap. 8 nur dem malus homo gegenüber zulässige Ladung im mallus ergehen lassen darf, hat eine Vorverhandlung stattzufinden, in der zu beweisen ist, dass ein bestimmter vom Kläger genannter malus homo der Strafthat mindestens verdächtig ist. Zu diesem Zwecke setzt der Verletzte die vicini, d. h. die Gerichtsgemeinde, im mallus von der Klagesache in Kenntnis und bekräftigt seine Überzeugung, dass ein bestimmter malus homo der Thäter sei, durch Voreid. Aus dem Umstand, dass der videredus den Rachineburgen, nicht, wie sonst, dem Beklagten geleistet wird, sehen wir, dass letzterer als abwesend gedacht wird, was wiederum am besten auf den landfahrenden Mann passt. Möglicherweise überzeugt nun der Kläger die Rachineburgen schon durch seinen Voreid von der Schuld des Gegners, dann erfolgt sofort dessen Verurteilung. Normaler Weise aber entwickelt der videredus nur schwächere Kraft: das Urteilerkollegium zweifelt noch an der objektiven Wahrheit des Voreides. Dennoch ist durch ihn nunmehr ein positiver Verdachtsgrund und damit die Voraussetzung für die Einleitung des Verfahrens gegen den homo malus geschaffen. Als dessen erster Schritt erfolgt jetzt die öffentliche Ladung in der Gerichtsversammlung. Nimmt der Kläger die nuntiatio vor, ohne vorher den videredus geleistet zu haben, so wird er sachfällig. Mit BRUNNERS allgemein abweichender Auffassung unserer Stelle hängt zusammen, dass er a. a. O. die Worte „si ipsi hoc dubitant" so interpretiert, als ob die Rachineburgen sich nicht getrauten (dubitare = timere) zu urteilen, und daher die Sache vor's Königsgericht gezogen werden könne. SOHM a. a. O. hat dieselben Worte einfach ignoriert, obgleich sie sich mit seiner Erklärung nicht in Einklang bringen lassen.

Nam si certe fuerit malus homo — ante pavido interfitiat. Auch der erste Teil dieses Satzes handelt noch vom volksgerichtlichen Verfahren. Der malus homo erweist sich im weiteren Verlauf des gegen ihn durch öffentliche Ladung eingeleiteten Prozesses immer mehr als heimatloser Vagabund, dessen Aufenthalt die Wildnis ist. Weder der agens (Graf) noch seine eigenen Verwandten wissen seiner habhaft zu werden, um ihn vor Gericht zu stellen. Aus der Erwähnung des Grafen folgt, dass die adnuntiatio im Ding den königlichen Beamten zu offiziellem Eingreifen in den Rechtsgang zwang, indem sie ihn verpflichtete, den homo malus behufs Aburteilung zu suchen. Erst wenn die Bemühungen des Grafen und diejenigen der Verwandten des Waldgängers vergeblich sind, tritt das Königsgericht in Aktion: Graf und klägerische Partei bringen die Angelegenheit an den Hof, und der König spricht als ultimo ratio die Acht aus. Dann darf ihn jeder, der ihn findet, töten. Über die sicher verderbten Worte „quomodo sic ante pavido interfitiat" vgl. die verschiedenen Deutungsversuche von SOHM, Proz. 188_{12}; BORETIUS b. BEHREND, l. Sal.[1] 109_{38}; KERN b. HESSELS 410 (Sal. 78, 9 f.); BR. II. 463_9; DAHN, Kge. VII. 3, 404_5.

trotinia. Im Text stand ursprünglich trotia, was in trotinia korrigiert worden ist. PERTZ, MG. LL. II. 11 las tronia = trutina, Wage und bezog das cap. auf Bestimmungen über Münzen und Masse. Noch anders PARDESSUS, Chartes I. 145_{11} (= telonia). Heute ist man ziemlich einig, dass das Wort mit trustis zusammenhängt. vgl. BORETIUS b. BEHREND, l. Sal.[1] 109_{39}; ZÖPFL, RG. II. 61_{47}; TARDIF, Etudes 46_1; 173_1; DAHN, Kge. VII, 3, 186_7. Als Inhalt des cap. würde sich damit erneute Einschärfung der auf die Verfolgung von Räubern gerichteten Bestimmungen des Pactus pro tenore pacis ergeben. Zu demselben sachlichen Resultat kommt die Interpretation von BR. II. 508_{84}, der trotinia (für trohtinia) mit tort, feltort zusammenbringt. HESSELS 410 lässt die Wahl zwischen trotinia = vagabondry und tronitia = latrocinia.

Capitulare IX. (Capitula legi Salicae temporibus Ludovici I. imperatoris addita).

Incipiunt capitula legis Salicae. Das Gesetz enthält keine rechtlichen Neuerungen, sondern nur Bekundungen geltenden Gewohnheitsrechtes und authentische Interpretationen. Es ist also ein Weistum in des Wortes strenger Bedeutung. vgl. GFRÖRER I. 89; JUNGBOHN CLEMENT 321 ff; BORETIUS, Kapitularienkrit. 31 ff; 58 ff; SCHR. 248_{10}; BR. I. 336_{14}. Über die Bestätigung des Kapitulare durch den Kaiser vgl. Bo. I. 295 c. 5; BR. I. 379_{14}.

de mannire. Das cap. erklärt 40 Nächte für die Normalfrist der in Sal. 1 behandelten mannitio. Liegen also zwischen dem Tage der ersten Ladung und dem nächsten vom Grafen abgehaltenen Termine keine 40 Nächte mehr, so gilt die mannitio erst für das übernächste Grafengericht. Kommt der Mannierte zu diesem Dinge nicht, so gilt die an ihn „ad respectum", wie Em. F. hinzufügt, d. h. als Aufschub erfolgende zweite Ladung für die erste Gerichtsversammlung, welche nach Ablauf von 7 Tagen seit geschehener mannitio stattfindet. Die dritte und letzte Ladung braucht nicht mehr bestimmte Zeit vor dem Ding, für das sie gilt, stattzufinden: der zum dritten Mal in derselben Sache Geladene hat sich im nächsten Grafending einzufinden. Die Stelle beweist, dass im späteren salischen wie in den meisten anderen Volksrechten drei Ladungen rechtens gewesen sind. vgl. BR. II. 337_{31}. Über die Frage, ob früher vier mannitiones oder nur zwei notwendig gewesen seien vgl. Erläuterungen zu Sal. 56, 1 „ibi duodecim testes erunt" (S. 213) und zu Cap. Sal. V. 8, 1 „iterata vice ad noctes XIIII" (S. 257). Für die Frage, ob die Franken alle 8 Tage gebotenes Ding abgehalten haben, ergiebt das cap. keinen Aufschluss, da die Frist der 7 Nächte hier wie Cap. Sal. V. 8, 1 eine lediglich prozessuale ist, nicht aber den Zeitraum zwischen zwei Gerichtsversammlungen bedeutet. vgl. Erläuterungen zu Sal. 40, 6 „dominus—admoneri debet" (S. 159) und zu Cap. Sal. V. 8, 1 „super noctes VII" (S. 256). Für die Kompetenzabgrenzung zwischen Grafen- und Schultheissengericht ist bemerkenswert, dass nach unserem cap. jede Ladung zunächst zu einer Verhandlung vor dem obersten Gaurichter führt, in ihr scheint erst entschieden worden zu sein, ob der Prozess auch im Schöffengerichte zu Ende geführt werden könne. vgl. im Übrigen für die mannitio Erläuterung zu Sal. 1, 1 „mannire" und „mallum" (S. 107).

De XI. capitulo leg. Sal.: d. h. Sal. 10, I. vgl. die dortige Erläuterung (S. 116 f.). Nicht unter die Bestimmung dieses cap. fällt die unrechtmässige Freilassung vor dem Könige. vgl. Erläuterung zu Sal. 26, 1 „Res vero leti etc.".

De XIIII. capitulo leg. Sal.: d. h. Sal. 13, 9. Das cap. konstatiert eine Konsequenz der Verknechtung des Freien, der sich mit einer Sklavin ehelich verbindet. Steht er mit seinen Verwandten noch in ganerbschaftlichem Verhältnis (vgl. BR. I. 196_{8}), so verliert er seine Rechte an seine Miterben; ist er im Augenblick der Verehelichung bereits abgefunden, so geht sein Eigentum an den Herrn seines Weibes über, der ja nun auch sein Herr ist. Dieselben persönlichen und vermögensrechtlichen Folgen treten für den Freien ein, der eine fremde Sklavin zur Ehe raubt (sumpserit).

Item de eodem capitulo: d. h. Sal. 15. Das cap. betont die früher nicht selbstverständliche Vorschrift, dass die dem Ehemanne geraubte Frau zurückzugeben ist. vgl. Erläuterung zu Sal. 13, 10 „in coniugio copulaverit" (S. 122 f.).

De XXVI. capitulo: d. h. Sal. 24, 5. vgl. Erläuterung dazu

(S. 134). Unsere Stelle richtet ihr Absehen auf gewisse Unterschiede in der Verantwortlichkeit Unmündiger. Unter Unmündigen versteht das cap., wie HEUSLER, Instit. II. 487, treffend bemerkt, vornehmlich solche infantes, die keinen Vormund haben. vgl. Rib. 81; Liu. 58; 74; 75; 99; 117; 149. Ob HEUSLER, a. a. O. 493_4, aber Recht hat, wenn er meint, es würde hier auf die verschiedene Verantwortlichkeit des Minderjährigen in Delikts- und in Zivilsachen abgestellt, will mir fraglich erscheinen. M. E. handelt es sich vielmehr um den Gegensatz zwischen rechtswidriger Aneignung fremder Sachen durch den Unmündigen selbst und zwischen solchen durch seinen Erblasser: über das, was der infans in der elterlichen Erbmasse vorgefunden, hat er erst nach zurückgelegtem 12. Lebensjahre Rede und Antwort zu stehen, was er dagegen selbstständig usurpiert hat, kann ihm durch sofortiges prozessuales Vorgehen des Geschädigten abgesprochen werden. Die Zwangsmittel des Rechtsganges sind dabei dieselben, wie sie gegenüber dem Gegner des Unmündigen in einem wider diesen eingeleiteten Prozess sein würden. Unter den res unseres Cap. nur Grundstücke zu verstehen, wie SOHM, RuGV. 422_{102}, und BR. II. 513_8; 546_8 wollen, ist wohl trotz Cap. Sal. IX. 6 nicht notwendig: auch wegen der im elterlichen Erbgut vorgefundenen fremden Mobilien wird der Unmündige die Antwort weigern dürfen.

c. 6. Die Stelle handelt von der freiwilligen Ergebung eines Freien in die Knechtschaft (in servitio f. h. Em. EE) und von der Verfügungsfreiheit, die er bis zum Augenblick der Selbstverknechtung über sein Hab und Gut behält. Die hier gegebene Bestimmung richtet sich also offenbar gegen etwaige Ansprüche, die der dominus auf das Vermögen seines neuen Sklaven erheben könnte. In diesem dominus werden wir den Hauptgläubiger des sich verknechtenden Freien zu erblicken haben, denn die freiwillige Ergebung in Sklaverei geschieht regelmässig infolge wirtschaftlichen Bankerutts. vgl. BR. I. 207. Demgemäss wird als geltendes Recht bezeugt, dass der verschuldete Freie die Exekution in sein Vermögen und insbesondere in seine Immobilien dadurch abwenden könne, dass er sein Hab und Gut einem Dritten, sei es der Kirche, sei es sonst jemandem, überlässt. Da solche Überlassung in der Regel ebenfalls wirtschaftliche Zwecke gehabt haben wird, so lässt sie sich im Sinne unserer Stelle wohl nur als zu gunsten der Erben des Verschuldeten geschehen auffassen. Dann würde sie eine Art der precaria oblata darstellen, nur dass die Rückgabe zu Leiherecht nicht an den Übertragenden selbst, sondern eben an dessen Erben erfolgte. Dieser Interpretation entspräche die besondere Betonung fortdauernder Freiheit der Kinder des Verknechteten im Schlusssatz unserer Stelle, deren Tendenz dahin geht, wenigstens für die Kinder des Schuldknechts die Qualität als freie Hintersassen zu wahren. vgl. noch HORTEN 58 ff. Über die Prekarie im allgemeinen vgl. WAITZ, VG. II. 1, 290 ff.; BR. I. 200 ff.; 210 ff., über die precaria oblata im besonderen ALBRECHT, Gewere 195; BR. I. 211. Beispiele der letzteren verzeichnet WAITZ, a. a. O. 295_1.

De XXXVII. capitulo: d. h. Sal. 35, 5. vgl. Erläuterung dazu (S. 152). Das cap. erklärt es für zweifelhaft, ob die servi ecclesiastici und beneficiarii, d. h. die zu Kirchen oder königlichen Benefizien gehörigen Sklaven gleich anderen Knechten der Sippe des von ihnen

Getöteten überlassen werden können. Die Entscheidung der Frage wird dem Kaiser vorbehalten. Über servi beneficiarii vgl. Cap. leg. add. v. 818/9 a. 1 (Bo. I. 281); Br. II. 254_{58}.

De XLVI. capitulo: d. h. Sal. 44. vgl. Erläuterungen dazu (S. 167 ff.) Der reipus wird hier als eine längst obsolet gewordene Institution bezeichnet. vgl. Schröder, de dote 62; Ehel. GR. I. 63_{30}; RG. 295_{189}; Br., Berl. SB. 1894. S. 1290.

De XLVII. capitulo: d. h. Sal. 45. Das cap. beschäftigt sich mit Sal. 45, 3, missversteht jedoch die Bestimmung dieser Stelle, welche von der Verschweigung der widerspruchsberechtigten vicini gehandelt hatte (vgl. Erläuterung dazu: S. 177 f.) gänzlich, indem es annimmt, dieselbe beziehe sich auf die Verschweigung des unrechtmässiger Weise verdrängten Eigentümers. Dies Missverständnis beweist, dass der Widerspruch der Nachbarn zur Zeit Ludwigs d. Fr. längst antiquiert war. vgl. Fustel de Coulanges, Nouv. rech. 354 ff.; Lamprecht, WL. I. 47; Blumenstok, IE. I. 318 ff. Abweichend Gfrörer I. 89 ff.

De affatomie: d. h. Sal. 46. Auch diese Stelle des alten Pactus wird von unserem Weistum nicht mehr verstanden; die Affatomie wird für identisch mit der traditio, der Sale erklärt. vgl. Cap. leg. Rib. add. v. 803 c. 8 (Bo. I. 118) und die treffende Ausführung bei Heusler, Instit. II. 627 f. Abweichend Blumenstok, IE. I. 320 f.

servus cartam ingenuitatis adtulerit. Urkundenbeweis im Freiheitsprozess. Wird die Freilassungsurkunde gescholten, so hat nach unserer und anderen Stellen der Scheltende die Unwahrheit derselben seinerseits zu beweisen. vgl. Resp. misso cuid. dat. v. 801—814 c. 7 (Bo. I. 145); Br. II. 425_{26}. Anders in anderen Prozessen. vgl. Erläuterungen zu Extrav. B. 3; 4. (S. 286).

qui alteri aliquid querit, licentiam habeat etc. Es handelt sich hier um das namentlich in Grundbesitzstreitigkeiten und Statusprozessen zur Anwendung kommende Gemeindezeugnis. Über dasselbe vgl. Br. II. 393 f. Gegen die vom Kläger aufgestellten Zeugen darf der Beklagte Gegenzeugen produzieren. Lassen die Aussagen beider Teile sich nicht vereinigen, so folgt das Verfahren, auf dessen gesetzliche Einführung durch Ludwig d. Fr. der Schlusssatz unserer Stelle hinweist. vgl. Cap. leg. add. v. 818/9 c. 10 (Bo. I. 282 f.); Br., Forschungen 110 f.; RG. II. 437.

Extravagantia.

A.

I. De eo qui filiam alienam sponsaverit et se retraxerit.

sponsaverit et se retraxerit — sol. LXII c. dim. culp. iud. Verlöbnisbruch. Die Strafe von $62^1/_2$ sol. wird von Sohm, Trauung 10_{22}, als Muntbrüche bezeichnet, ich halte die Summe für die höhere salische Normaldos, wie wir sie in Cap. Sal. II. 3 kennen gelernt haben. vgl. die Erläuterung dazu (S. 240; 242); Schr., Ehel. GR. I. 12 ff.; RG. 296; Löning, Vertragsbruch 142 ff. Über den rechtlichen Charakter des Verlöbnisbruches und die damit zusammenhängenden Fragen des germanischen Eheschliessungsrechtes vgl. die in Erläuterung zu Sal. 44, 1 „antequam sibi copulet“ (S. 168) verzeichnete Literatur. Die

Verlobung findet in Gegenwart der beiderseitigen Verwandten des Brautpaares statt. vgl. Extrav. A. 1_4; Tac. Germ. c. 18; Form. Lindenbrog. 7; Sangall. 18; Aug. B. 24; Br. I. 90_{43}.

II. De terra condempnata.

terram alienam condempnaverit — sol. LXII c. dim. culp. iud. In der Fassung des Grundtextes und fast aller anderen Kodd. ist die Stelle unverständlich. Einen Sinn ergiebt nur die Heroldina, welche „condempnaverit" in „commendaverit" verbessert und durch weitere Zusätze nachhilft. Ist der Sinn des Satzes auch ursprünglich derjenige von Kod. 10 gewesen, was ich sehr bezweifle, so würde es sich hier um die Klage wegen unrechtmässiger Vorenthaltung von anvertrauten Liegenschaften handeln. vgl. Bethm. IV. 492_{66}; Waitz, VG. II. 1, 315_1; Löning, Vertragsbr. 56 ff.; Glasson, Hist. III. 248_7; Br., Forschungen 32; RG. II. 512_7; 513_8. Über die terra avica vgl. Lamprecht, WL. I. 39_5; 49. Die Heroldina hat übrigens auch die Strafe von $62^1/_2$ sol. auf 15 sol. herabgesetzt.

III. De invictu stricto.

pitto — excusserit — sol. III culp. iud. Was pittus bedeutet, ist ebenso unaufgeklärt wie die Überschrift und Glosse invictu (invitu) stricto. Kern b. Hessels § 295 hält invictu für ein verderbtes vuita, Mütze, Haube und pittus für ein Synonymon davon. vgl. Sal. 30, I; Jungbohn Clement 405; Br. II. 675_{24}.

contra volontatem domini. Unverständlich, insofern es nicht etwa einfach den Thatbestand von § 1 wieder aufnimmt. Der Gegensatz des Inhalts beider §§ beruht jedenfalls im Zugeben bezw. Läugnen der Strafthat. In letzterem Falle erfolgt nach gelungener Überführung eine härtere Ahndung als im ersteren, denn aus dem Läugnen wird auf den dolus des Thäters geschlossen. vgl. Rib. 54; Br. II. 372; 547. Auch dilatura ist nur im Falle des Läugnens zu zahlen. vgl. Extrav. A. 3, 2_2; Br. II. 624 f.

IV. De cultello sexxaudro.

sexxaudro, von Jungbohn Clement 400 in sexcaudro, von Kern b. Hessels § 296 in sexxandro verbessert, wird von beiden als Synonymon von cultellus aufgefasst und aus dem friesischen seaks, dem fränkischen sahs abgeleitet. vgl. noch Grimm, Vorr. VII.

cultellum furaverit — sol. XV culp. iud. vgl. Sal. 7, X und Erläuterung dazu (S. 113).

V. De muliere gravida occisa.

mulierem gravidam occiderit, — sol. DC culp. iud. vgl. Sal. 24, 3, wo für die Schwangere ein Wergeld von 700 sol. festgesetzt ist. Darin sind aber die 100 sol. für den Embryo inbegriffen. Während in Sal. 24, 3 bezüglich des Fötus kein Unterschied zwischen männlichem und weiblichem Geschlecht gemacht wird, ist hier wie schon Cap. Sal. III. 3, 5 für Tötung des erwiesenermassen männlichen partus die ganz unverhältnismässig hohe Strafe von 600 sol. festgesetzt. vgl. Erläuterung zu Cap. Sal. III. 3, 8 „si — infans puella est" (S. 247); Schreuer 52_4. Nach Cap. Sal. III. 3, 6 hat die Schwangere ein Wergeld von 900 sol. vgl. Erläuterung dazu „ipsa mulier — mortua fuerit" (S. 246).

puellam intra duodecim annos — occiderit, sol. CC culp. iud. Das Weib unterhalb des gebärfähigen Alters hat einfaches Wergeld.

Vom 12. bis zum 60. Jahre wird dasselbe dagegen nach Extrav. A. 5, 2—4 als gebärfähig angesehen und daher seine Tötung dreifach vergolten. vgl. Erläuterung zu Sal. 24, II; 6 „antequam infantem habere possit“ (S. 134 f.).

VI. De delatura.

delatura. An Litteratur über das noch nicht völlig aufgeklärte Institut der delatura vgl. die in Erläuterung zu Sal. 2, I „capitale et delatura“ (S. 109) angeführten Werke. Nachzutragen bleibt TAMASSIA, Arch. giur. 1897 (Vol. 58) S. 345 ff.

hominem occiderit — sol. XXX pro delatura componat. BR. I. 219_{14} glaubt, dass die delatura hier ein praemium bedeute, welches gleich der in Sax. 14 bezeugten Vorsühne demjenigen Verwandten des Erschlagenen gebühre, der sich am meisten um die Ahndung des Verbrechens bemüht habe. Doch scheint BR. diese Erklärung, deren Richtigkeit auch DAHN, Kge. VII. 1, 304_{11} anzweifelt, seither wieder aufgegeben zu haben, wenigstens weicht er von ihr II. 625_{10} ab, indem er annimmt, es handele sich hier wie im § 3 um ein Eigentumsvergehen, und zwar um die Ausplünderung eines Menschen, den man getötet hatte, d. h. also um Blutraub. Diese Ansicht möchte auch ich mir aneignen, wie es schon SCHREUER 148_{84} gethan. Über den Blutraub und seinen Unterschied vom Reraub vgl. Erläuterung zu Sal. 14, IV „hominem mortuum“ (S. 125) und zu Sal. 55, 1 „corpus occisi hominis — expoliaverit“ (S. 207 f.).

De puero aut liberto — de furtibus vero aliis — causae vera dominice. Der Blutraub am Sklaven oder Freigelassenen zieht eine delatura von 15 sol. nach sich, alle anderen Diebstähle an Freien eine solche von 7 sol. Die delatura ist also ein gesetzlich fixiertes Ersatzgeld in feststehenden Beträgen, der vermögensrechtliche Schaden des Einzelfalls wird nicht berücksichtigt. vgl. Thur. 37; 38; Cham. 25; 26; BR. II. 626.

B.

si quis aliquem ad servitium mallaverit etc. Über Extrav. B. im allgemeinen vgl. BR. I. 303. Der erste und zweite Abschnitt handeln vom Verfahren im Freiheitsprozess, unsere Stelle speziell befasst sich vornehmlich mit dem Falle des Ausbleibens des Klägers im Beweistermine. Der Grund, warum besonders im Freiheitsprozess mit einem Ausbleiben des Klägers zu rechnen ist, liegt in der für diesen Fall ausschliesslichen Zuständigkeit eines bestimmten, vom Wohnort des Klägers häufig weit entfernten Gerichtes. Denn die Voraussetzung, unter der die Statusklage in Extrav. B. 1 u. 2 erfolgt, ist, dass der als Sklave in Anspruch Genommene fern von dem Gericht, zu dem die erste mallatio (vgl. BR. II. 343_8) ergeht, beheimatet ist. Dann zerfällt das Verfahren in zwei Akte. Die Statusklage wird zunächst in dem Gericht der Hundertschaft eingebracht, wo Kläger und Beklagter sich aufhalten. Leugnet der Beklagte, so wird von den Parteien ein prozessualischer Wettvertrag (Beweiswette) durch Hingabe einer Wadia und Stellung eines Bürgen seitens des Beklagten geschlossen. Hierfür hat die fränkische Rechtssprache das Wort adchramire. vgl. BR. II. 366 f.

Falls der Beklagte einen Bürgen findet, bleibt er in währendem Prozesse frei. Anders, wenn er keinen Bürgen zu stellen vermag. vgl. Extrav. B. 2. Sobald Pfand und Bürge gegeben sind, nimmt der Graf als Vorsitzender des Gerichts, in dem die mallatio stattgefunden hat, ein Protokoll des Vorgangs auf, das er in doppelter Ausfertigung dem Kläger und dem Beklagten aushändigt. Hier ist also das dem älteren salischen Rechte unbekannte Gerichtszeugnis (vgl. Erläuterung zu Sal. 46 „Postea acquirent hominem": S. 181) anerkannt, wie das auch schon nach Cap. Sal. VIII. 7 der Fall war. vgl. Erläuterung dazu „dixerit — quod male eum destruat" (S. 275). Da die Extrav. B. sich mit dem Recht von in Italien lebenden Saliern beschäftigt (vgl. Extrav. B. 5), so mag das dem langobardischen Gerichtsverfahren im 9. Jahrhundert sicher bekannt gewesene Gerichtszeugnis (vgl. Br., Festg. f. Heffter 141_5; RG. II. 394_{16}) hier mit eingewirkt haben. — Der zweite Akt des Verfahrens ist der durch den Beklagten geführte Freiheitsbeweis. Er muss, wie wir aus Cap. leg. add. v. 816 c. 2 (Bo. I. 268) erfahren „in patria, i. e. in legitimo sacramenti loco" stattfinden, der Kläger muss hierzu dem Beklagten „in patriam suam" folgen. Es leidet keinen Zweifel, dass der Passus unserer Stelle „anthmallo legitimo(s) in patria de qua est" mit diesem „legitimus sacramenti locus" identisch ist. Dagegen herrscht Streit, ob anthmallus, wie Homeyer, Heimat 72 ff., meinte, sachlich mit patria = Heimat und sprachlich mit Hantgemal identisch sei, ober ob Sohm, RuGV. 317 ff., Recht hat, wenn er patria für den Geburtsgau des Beklagten und anthmallus für die Gerichtsstätte dieses Geburtsgaus erklärt. M. E. ist das letztere der Fall. vgl. aber noch Kern b. Hessels § 297. — Bleibt der Kläger im Beweistermin aus, so hat der Beklagte sich über sein eigenes und seiner Eideshelfer Erscheinen vom Grafen wiederum ein Gerichtszeugnis ausstellen zu lassen, auf Grund dessen der Kläger als iectus (vgl. Erläuterung zu Sal. 50, 3 „quem legitime habeo": S. 197 f.) in die gewöhnliche Versäumnisbusse von 15 sol. (vgl. Sal. 1, 1) verfällt. Der Beklagte erbietet sich dann noch zu zwei weiteren Malen, den Freiheitsbeweis in einem von ihm bestimmten Termin zu erbringen, für jede weitere Versäumnis des Klägers verfallen weitere 15 sol.; ist auch der dritte Termin vom Beweispflichtigen vergeblich abgewartet, so wirkt die hierüber von comes, raginburgii und testes ausgestellte notitia als Schutz gegen jeden weiteren Angriff des Klägers. Die testes sind nicht, wie Sohm, RuGV. 427_{111} meint, der Umstand, sondern identisch mit den oben erwähnten sacramentales. vgl. Extrav. B. 2; Br. II. 220_{14}.

si ille dixerit, quod fideiussorem habere non possit etc. Wenn der von der Statusklage Bedrohte auf die Aufforderung des Grafen zur Pfandbestellung hin keinen Bürgen auftreiben kann, so wird er dem Kläger bis zu erbrachtem (proportare = erbringen) Freiheitsbeweise übergeben. Damit ist seine Freiheit suspendiert, (vgl. London 390: vorläufige Besitzeinweisung des Klägers) der Kläger hat aber die Pflicht ihn sicher an die Gerichtsstätte seines Geburtsgaues (fuit natus. vgl. Sohm, RuGV. 320) zu bringen, damit die Beweisleistung erfolgen kann. Hier erfahren wir nun auch Näheres über die Art des Beweisverfahrens im Freiheitsprozess. Der Beweiseid ist mit Helfern zu schwören, die Verwandte des Beklagten sind, daher die Notwendigkeit, den Termin im Geburtsgau desselben abzuhalten. Eideshelfer sind Vater- und Muttermagen, und zwar nach einem bestimmten Verhältnis, das sich umkehrt, je nachdem der Gegner des Beweisführers Unfreiheit von väterlicher oder mütterlicher Seite behauptet: für den ersten Fall werden 7 mütterliche und 4 väterliche, für den zweiten Fall 7 väterliche und 4 mütterliche Verwandte gefordert. Ganz entgegengesetzt verlangen Cap. incert. v. 810/40 c. 2 (Bo. I. 315) und Form. Senon. rec. 2; 5 bei Anfechtung der Freiheit 8 Helfer von der angefochtenen Seite der Verwandtschaft und nur 4 von der anderen Seite „ex qua parte mundior est". vgl. Siegel, GVrn. 185f; v. Amira, Erbenf. 29; Lamprecht, WL. 30. Über den Grund dieser Verschiedenheit vgl. Br. II. 381_{27}. Die Eideshelfer müssen die nächsten Verwandten (proximiores. vgl. Cham. 10; Form. Sen. rec. 2; Br. II. 381_{26}) des Beweisführers sein, der Kläger kann also, wenn er die präsentierten Schwurgenossen nicht für die richtigen hält, die Heranziehung näherer Verwandten verlangen. Läugnet der Beklagte solche zu haben, so darf der Kläger Zeugen seiner Behauptung namhaft machen. Aus den folgenden verstümmelten Sätzen scheint nur so viel entnommen werden zu können, dass der Beklagte seinerseits Gegenzeugen aufstellt und der Streitpunkt sodann durch Zweikampf je eines der beiderseitigen Zeugen erledigt wird. vgl. Cap. Sal. IX. 12 u. Erläuterung dazu „qui alteri aliquid querit" (S. 282).

cartam falsam adclamaverit etc. Schlichte Urkundenschelte. Der Scheltende behauptet, der Inhalt der Urkunde sei objektiv falsch, er vermeidet aber gegen den Produzenten den Vorwurf der Fälschung zu erheben. Dann beweist der Produzent mit 12 Eideshelfern die objektive Wahrheit des Urkundeninhalts. vgl. Rib. 58, 5; Br. II. 421_{8}; Bresslau, FDG. 26, 6f.

qui falsam (esti)maverit, subula statim transforavorit etc. Förmliche Urkundenschelte, die Fälschung der Urkunde behauptet. Sie wird erhoben, indem die Urkunde mit einem spitzen Werkzeug (subula: Pfrieme, Ahle), gewöhnlich wohl mit dem Schwerte durchstossen wird. vgl. Br. II. 421_{9}. Dann führt der Produzent die Urkundszeugen (über deren Notwendigkeit bei der Privaturkunde vgl. Rib. 59, 1; Burg. 43; 60; Alam. 1, 1; Baiuw. 1, 1; Ratchis 8; Br. I. 393) vor, deren gesetzliche Zahl 7 beträgt. Gegen jeden derselben stellt der Scheltende seinerseits 7 Gegenzeugen. Erklärt sich der Produzent damit nicht für überwunden, so erfolgt Zweikampf zwischen zwei der beiderseitigen Zeugen. vgl. Br. II. 416_{98}. Über die bemerkenswerten Abweichungen dieses Rechts vom ribuarischen und alamannischen, welches den Urkundenschreiber mit in das Scheltungsverfahren einbezieht, vgl. Rib. 58, 5; 59, 2; 4; Alam. 2, 1; Br., Festg. f. Heffter 145_{3}; 172; RG. II. 422 ff.; Bresslau, FDG. 26, 7f.

In lege Salica XII iuratores esse debent —. Nos tamen — cum manu septima. Der Volleid wird nach salischem Recht mit 12 Helfern geschworen (vgl. Erläuterung zu Sal. 14, 2_{2}: S. 123 und zu Sal. 58, 1 „XII iuratores donare debet": S. 218), nach lokalem italischem Salierrecht jedoch nur mit 6 Schwurgenossen.

Testes autem VII contra Francum sint. Es ist hier vom Gemeindezeugnis die Rede, denn das Geschäfts- und Öffentlichkeitszeugnis verlangt nach salischem Recht nur drei Zeugen. vgl. Sal. 39, 2; 46; 47; 56; Br. II. $397_{37;43}$. Urkundliche Belege über die Zahl der Gemeindezeugen im achten und neunten Jahrhundert vgl. bei Br., Schwurger. 51_5.

Franci (autem) post testes non adfirmant sacramentum. In der Regel schwören sämtliche Zeugen den Zeugeneid, nicht aber die Partei. Anders die Baiern (Baiuw. 17, 6), die Ribuarier (Rib. 32, 2) und die Langobarden. Bei letzteren bestätigt, wie unsere Stelle zeigt, der Zeugenführer nachträglich die Wahrheit der Zeugenaussagen durch seinen Eid. vgl. Br., Forschungen 97; Siegel, GVrn. 233.

Postquam — debitor vuadium dederit etc. Der Bürge haftet nach germanischem Recht nicht akzessorisch, sondern prinzipal, der Schuldner wird durch die Bürgenstellung von jeder Haftung gegenüber dem Gläubiger befreit und haftet nur noch dem Bürgen für Schadloshaltung. Der Übergang der Schuldhaftung auf den Bürgen wird dadurch erreicht, dass derselbe die Wadia, durch deren Hingabe der Schuldner zuvor dem Gläubiger gegenüber seine Haftung begründet hatte, von diesem letzteren annimmt. vgl. Sohm, Proz. 223; Eheschliessg. 39_{35}; Val de Lièvre 184 f.; 216 f.; Nissl, GSt. 192_1; Esmein, NR. 1882 S. 51; Schr. 284 f. Die Bürgenstellung ist notwendiges Requisit des Wettvertrages, daher ist „tak" und „borghan" synonym. vgl. Val de Lièvre 165 ff.; v. Amira, Obl. R. I. 229; 664; 693 f. Die Haftung des Bürgen ist eine höchstpersönliche, geht also nicht auf seine Erben über. vgl. Esmein, a. a. O. 55 f.; Heusler, Instit. II. 251, ebensowenig aber lebt durch Wegfall des Bürgen die Schuldverpflichtung des debitor gegenüber dem creditor wieder auf. Hingabe der Wadia und Bürgenstellung muss nach unserer Stelle gleichzeitig erfolgt sein, denn nur so wird die Inkorrektheit bedeutungslos, welche darin liegt, dass die Hingabe der Wette zum Befreiungsgrund des Schuldners gegenüber dem Gläubiger erklärt wird. Auch muss das letzte Wort des Satzes anstatt „debitore" wohl, wie Schr. 285_{130} vermutet, „creditore" heissen.

si vivent ambo, quod spopondit qui vuadium dedit det etc. Die Haftung des Bürgen wird praktisch erst von dem Augenblicke an, wo der Schuldner in Verzug gerät. Das „domo" der Hs. ist von Sohm, Proz. 224_{12}, m. E. sehr glücklich in „homo" emendiert worden, dagegen will Löning, Vertragsbr. 92, es stehen lassen und aus der Thatsache erklären, dass die Leistung im Hause des Schuldners erfolgt. vgl. Sal. 50, 1 u. Erläuterung dazu „ad domum" (S. 193). Sohm, Eheschliessg. 39_{35} und Nissl, GSt. 194_2 lesen ebenfalls domo. Der Passus „quantum spopondit pro neglectu debitoris" wird von Nissl, a. a. O. wohl mit Recht als Busse für den Wortbruch des Schuldners, nicht als Leistung aufgefasst. Gerät auch der Bürge in Verzug, so zahlt er die übliche Versäumnisbusse von 15 sol. vgl. Sohm, Proz. 195; RuGV. 168 f. Über die Schadloshaltung des Bürgen durch den Schuldner vgl. Cham. 16; Liu. 39; 108; Capit. de part. Sax. 27; Esmein, NR. 1882. S. 54 f.; Schr. 285.

Nihil homo sterchire debet etc. sterchire, latinis. = altf. sterkian, fries. sterkia, mhd. sterken, firmare, confirmare, probare. vgl. Behrend, l. Sal[1] 159; Kern b. Hessels § 298. Der Sinn der Stelle wäre demgemäss: niemand soll in Betreff einer anderen als einer ererbten Sache sein eigener Gewährsmann sein. Hat er sie dagegen von einem fränkischen Stammesgenossen käuflich erworben, und lebt der Verkäufer, so muss der Käufer gegenüber einem dritten Kläger beweisen, dass der Verkäufer am Tage des Kaufs die Sache ruhig besessen habe. Dann tritt der Verkäufer als Auktor in den Streit ein, der Kläger kann gegen ihn (contra istum) Zeugenbeweis antreten. vgl. Erläuterung zu Sal. 47 „qui interfuerit — alter alterum admoneat“ (S. 187). Ist der Auktor dagegen verstorben, und beweist der Beklagte des Verkäufers Tod und ruhigen Besitz des Streitgegenstandes zur Zeit des Kaufs, so kann der Kläger hiergegen keine Zeugen aufstellen. vgl. HÜBNER in GIERKES Unters. XLII. 114 f., der die Stelle ausführlich bespricht und wahrscheinlich macht, dass sie nur für den Fall gelte, wo eine Kaufurkunde, durch die in dieser Zeit stets in erster Linie käuflich erworbener Besitz erwiesen wurde, nicht vorhanden war..

Contra suum caput etc. Im Prozess um Freiheit (caput) und um Erbgut kann der Kläger dem Beklagten durch Angebot des Zeugenbeweises nicht den Weg zum Beweiseide verlegen. Anders in anderen Rechtsstreitigkeiten. vgl. Bethm. IV. 478_{24}; Br. II. 518_{31}.

quadrupedia domestica aliquam bestiam occiderint etc. Die Haftung des Herrn für seine Haustiere wird hier ausdrücklich auf Verletzungen von Menschen beschränkt. vgl. Sal. 36 und Erläuterungen dazu S. 153. Dagegen ist die Verletzung oder Tötung eines Tieres durch das andere rechtlich irrelevant. Für das Pferd, welches fremdes Gras frisst, wird das Recht der Schüttung ausdrücklich verneint. vgl. Sal. 9 und Erläuterungeu dazu: S. 114 ff.

De benefitio non debet trahere auctorem etc. Wer ein Grundstück zu Benefizialrecht besitzt, braucht, wenn er darum rechtlich angesprochen wird, nur seinen rechtmässigen benefiziarischen Besitz zu beschwören, nicht aber seinen Auktor zu stellen. Letzterer muss vielmehr vom Kläger selbständig durch mallatio in den Rechtsstreit gezogen werden. Dieser Sinn unserer Stelle ergiebt sich, wenn man die unleserlichen Buchstaben hinter „intro“ nicht mit PEYRON in „ivit aut“, sondern in „ivit sed“ ergänzt.

Non potest homo migrare etc. Die Stelle wird von BLUMENSTOK, IE. I. 255 durch Anfügung von „concedente“ hinter „via“ ergänzt. Demgemäss würde als Inhalt des Satzes die Statuierung des ausdrücklichen Bewilligungsrechtes der vicini zur Ansiedelung eines homo migrans zu gelten haben, wir hätten es also hier mit einer Wiederholung von Sal. 45, I zu thun, die aber jene Stelle an Ausführlichkeit insofern überträfe, als sie auch den Gegenstand des Bewilligungsrechtes nennte, nämlich Weide-, Wasser- und Wegerecht. vgl. noch BLUMENSTOK, a. a. O. 256; 261 f.; 301 f.; 359; VIOLLET, Hist. I. 313_1.

Si aliquis mallat hominem etc. Wenn der Kläger zum Zeugenbeweis zugelassen werden will, hat er gleich im Anschluss an die Klage und noch ehe der Beklagte antwortet, Zeugen für die Klagebehauptung anzubieten. Die Gegenpartei muss sich dann in ihrer Antwort sowohl über die Klage als über das angebotene Zeugnis äussern, und zwar darf sie nicht Klage und Zeugnisangebot in einem Satze negieren, sondern muss auf beides gesondert antworten. vgl. Somma de leg. Norm. § 7. II. 18; BR., Schwurger. 68 f.; Forschungen 311. Da der Beklagte seinerseits ebenfalls wieder Zeugen aufstellen konnte, so wurde die Entscheidung des Rechtsstreites in solchem Falle durch den Zweikampf eines Paars der gegenseitigen Zeugen herbeigeführt. vgl. Erläuterung zu Cap. Sal. IX. 12. (S. 282). Klagt Jemand, ohne die Formel „malo ordine fecisti" anzuwenden und ohne Zeugen zu benennen, so braucht der Beklagte sich nicht einzulassen. vgl. BR., Festg. f. Heffter 158_3. Weigert der Beklagte die Antwort auf die korrekt erhobene Klage, so hat er dem Kläger hierfür 15 sol. zu büssen. vgl. SIEGEL, GV. 135; SOHM, Proz. 147; BETHM. IV. 501; BR. II. 349_{42}. Dagegen sieht SOHM, RuGV. 124_{70} in den 15 sol. unserer Stelle das Gewedde des Richters für die ihm vorenthaltene Antwort des Beklagten. Bot der Kläger nicht sofort mit der Klagebehauptung Zeugen an, so konnte der Beklagte seinerseits durch Reinigungseid beweisen, die Nachholung der Zeugenproduktion war nicht gestattet. Um einen flüchtigen Sklaven von demjenigen zurückfordern zu können, bei dem er sich aufhält, hat der Herr selbsiebent zu schwören, dass der Sklave ihm gehöre.

Prologi et epilogi.

Prologus I.

Die Bedeutung der beiden ersten Prologe beruht in ihrer Wichtigkeit für die Bestimmung der Entstehungszeit der lex Salica. Die erste Frage, welche zu entscheiden ist, bleibt daher, welche von beiden Vorreden die ursprünglichere ist, ob die längere oder die kürzere. Für das höhere Alter des kürzeren Prologs haben sich ausgesprochen EICHHORN, RG. I. 221; PARDESSUS 343; JUL. GRIMM, l. Sal. 23 ff.; BETHM. IV. 446 f.; LÖNING, KR. II. 29, für die frühere Entstehung der längeren Vorrede sind dagegen eingetreten FEUERBACH, l. Sal. 63 ff.; WAITZ, AR. 39 ff.; Abhandlg. I. 416 ff.; VG. II. 1, 121 ff.; STOBBE, RQ. I. 33; SOHM, RuGV. I. 51; SICKEL, Freistaat 176_3; MJÖG. EB. II. 321; SCHR., Westd. MSchr. 6, 471 ff.; BR. I. 298_{32}. Letztere Ansicht ist heute die herrschende und dürfte auch die richtige sein. Da der kürzere Prolog in den ao. 727 begonnenen Gesta Francorum (BOUQUET II. 543) benutzt ist, muss seine Entstehung vor dies Jahr fallen, der längere ist demgemäss erheblich früher anzusetzen. MÜLLER, Alter und Heimat 1 ff.; 26 hat versucht, eine Zusammenfügung desselben aus mehreren Bestandteilen verschiedenen Alters darzuthun, ihm folgt SCHÄFFNER I. 115; vgl. dagegen ZÖPFL, Heidelb. Jbb. 1841. I. 122; WAITZ, AR. 40_1; SICKEL, Freistaat a. a. O. Person und Nationalität des Verfassers der längeren Vorrede liegen im Dunkeln. vgl. KAUFMANN, FDG. 9, 618 ff. Die Nachrichten des Prologs werden nur von einem Teil der Forscher für glaubhaft erklärt, so z. B. von WAITZ, AR. 40; SOHM, RuGV. 52, zweifelnd verhält sich dagegen SICKEL, Freistaat a. a. O. Das Richtige wird sein, dass in dem Prologe zwar mancherlei Sagenhaftes steckt, dass seine Nachrichten aber doch auf alter Tradition beruhen. vgl. BR. I. 299; SCHR. 227.

Gens Francorum — dictaverunt Salicam legem etc. Die

Hauptfrage ist, wer gemäss den Angaben des Prologs als Gesetzgeber der lex Salica betrachtet werden muss. Nach der von SICKEL, Freistaat a. a. O., begründeten Auffassung berichtet unsere Vorrede, dass das Rechtsbuch von einer Kommission festgestellt worden sei, die von den Gaukönigen (proceres, rectores) ernannt war. Dieser Ansicht haben sich BRUNNER, RG. I. 298_{33} und v. AMIRA, Recht 65 angeschlossen. Dagegen sehen WAITZ, AR. 70 f., 77 und SOHM, RuGV. 53 in den proceres Hundertschaftsbeamte, d. h. Zentenare bezw. Thunginen. Unbestimmter drückt sich WAITZ, VG. II. 1, 127 f. aus, während v. SYBEL, Kgt. 170; 357 Kleinkönige und Thunginen identifizierend beide durch den Namen proceres (rectores) bezeichnet findet. Jedenfalls aber ist die Weisung des Gesetzesinhalts („iudicio") durch die Viererkommission des Prologs uns in ihrer ursprünglichen Gestalt nicht erhalten und nur als Grundlage einer späteren — der ältesten überlieferten — Redaktion zu betrachten. Über die sicherlich sagenhaften Namen der Satzungsmänner und ihrer Wohnorte vgl. WAITZ, AR. 67 ff.; SOHM, RuGV. 52_{43}; KERN b. HESSELS § 300. Die Entscheidung der Frage, was mit den tres mallos gemeint sei, auf denen die Rechtsweisung erfolgt, ist ebenfalls schwierig. WAITZ, AR. 71; SOHM, RuGV. 52; 58 verstehen darunter die Hundertschaftsgemeinde, was auch STOBBE, RQ. I. 34 für möglich hält, SICKEL, Freistaat a. a. O., will dagegen in mallus nur ganz unbestimmt eine öffentliche Beratung erblicken. — Über „audax, velox et aspera" vgl. KERN b. HESSELS § 299; über „ad catholicam fidem conversa" vgl. FAHLBECK, Royauté 267_{1}; über „barbaro" vgl. Erläuterung zu Sal. 41, 1 „aut barbarum" (S. 161); WAITZ, VG. II. 1, 126. emunis ab heresa, d. h. nicht arianisch.

Deo pavendi verderbt für Deo favente.

quod minus in pactum habebatur edonii — fuit lucidius emendatum. Die legislatorische Thätigkeit der Könige Chlodwig, Childebert und Chlotar, von der hier die Rede ist, bezieht sich für die beiden letztgenannten Könige wohl hauptsächlich auf den Erlass des Pactus pro tenore pacis (Cap. Sal. VII). Dagegen kommt auf Chlodwig sowohl die Redaktion des ältesten uns erhaltenen Textes der alten lex, als wahrscheinlich auch die früheste Novellengesetzgebung, welche uns in den ersten Kapitularien aufbewahrt ist. vgl. BR. I. 299 ff. Über „perculsus" („proconsolis") vgl. MOMMSEN, NA. 15, 184; BR. II. 14_{1}; SCHR. 106_{12}; GEFFCKEN, HZ. 76, 297 — FUSTEL DE COULANGES, Hist. II. 507_{2}; Nouv. rech. 220 ff.; DAHN, Kge. VII. 1, 57; SICKEL, WZ. 9, 253.

Vivat qui etc. Über diesen späteren Zusatz handelt SCHR., Westd. MSchr. 6, 491.

Prologus II.

Über die Entstehungszeit des zweiten Prologs vgl. Erläuterung zu Prolog I. Was seinen Inhalt anbetrifft, so weicht derselbe von dem der längeren Vorrede namentlich dadurch ab, dass er das Zustandekommen der lex Salica auf eine Vereinbarung zwischen Volk und proceres zurückführt. Da der kürzere Prolog nach richtiger Ansicht aber lediglich ein Exzerpt des längeren vorstellt, so ist hierauf nicht viel Gewicht zu legen. vgl. SICKEL, Freistaat $176_{3\,a.\,E.}$; WAITZ, AR. 41 f.; ZÖPFL, RG. I. 44_{21}; SCHERRER, ZRG. 13, 262. — LÖNING,

Vertragsbr. 49_{18} hält den zweiten Prolog für älter als den ersten und sieht seine Bedeutung vornehmlich in dem Passus „ut — omnia incrementa rixarum resecare deberent“: damit sei als Zweck der Rechtsweisung die Festsetzung von Summen erwiesen, durch deren Gelöbnis die Fehde gelöst werde.

Prologus III—V.

Prolog III—V geben nur die Namen der Satzungsmänner, teilweise auch deren Wohnorte an, und zwar nicht ohne Abweichungen von den ersten Prologen. Rätselhaft ist im Prolog IV der Passus „in budice do micio fristati-o“. vgl. die Erklärungsversuche von GRIMM, Vorr. XII_1; PARDESSUS 423; STOBBE, RQ. I. 34_{17}; HERMANN, Mithio 26; HESSELS, Sp. 423.

Epilogus I.

Explicit lex Saleca qui vero cunlacio infra hae libros IIII continere videtur.

cunlacio: unerklärt. Über das Alter der Epiloge vgl. SCHR., Westd. MSchr. 6, 471 ff.

Primus rex Francorum — addedit. Auch hieraus geht hervor, dass Chlodwig nicht nur die Redaktion des Pactus legis Salicae vorgenommen hat, sondern dass auf ihn auch noch eine gewisse Novellengesetzgebung zurückzuführen ist, über deren Umfang uns freilich die in den Epilogen genannten Titelzahlen keinen sicheren Aufschluss geben. Eine Abgrenzung versucht SCHR., Franken und ihr R. 39_2. Mit den Zusätzen Childeberts und Chlotars ist dann wieder vornehmlich das Landfriedensgesetz dieser beiden Könige gemeint. vgl. PARDESSUS 424; v. SYBEL, Kgt. 311; FUSTEL DE COULANGES, Hist. III. 100 f.

Epilogus II.

vgl. PARDESSUS 431 ff.; SCHR., Franken und ihr R. 39_2.

Remissoria.

Incipiunt chunnas.

chunnas: Hundert. Das Remissorium besteht in einer Tabelle zur Umrechnung von Denarhunderten in Solidi. Es beginnt mit dem Grosshundert (unum thoalasti = 120 Denare = 3 sol.). Von § 6 an betreffen die Chunnen Wergeldsätze. vgl. BR., Forschungen 485 ff.; KERN b. HESSELS § 29; 30 f.

Hoc sunt septem causas.

Die „septem causas“ sind eine Übersicht der von der lex Salica mit gleicher Busse bedrohten Vergehen. Da sie infolgedessen nur wiederholen, was bereits in den Erläuterungen zur l. Sal. Besprechung gefunden hat, so bieten sie zu besonderer Interpretation kaum irgendwelchen Anlass. Es genügt hier die Paragraphen des salischen Volksrechts anzugeben, denen die Paragraphen der „septem causas“ entsprechen und im übrigen auf die betreffenden Erläuterungen zu verweisen:

S. c. I. 1 = Sal. 1, 1. — S. c. I. 2 = Sal. 1, 2. — S. c. I. 3 = Sal. 2, 9_1. — S. c. I. 4 = Sal. 7, 2. — S. c. I. 5 = Sal. 31, 1. — S. c. I. 6 = Sal. 29, VII. — S. c. I. 7 = Sal. 29, IX.

S. c. II. 1 = Sal. 9, 2. — S. c. II. 2 = Sal. 21, 3. — S. c. II. 3 = Sal. 29, 5. — S. c. II. 5 = Sal. 3, 3. — S. c. II. 6 = Sal. 29, VI (wo jedoch nur 15 sol. Busse angesetzt sind). — S. c. II. 7 = Sal. 33, 3.

S. c. III. 1 = Cap. Sal. I. 4, 1. — S. c. III. 2 = Sal. 7, 3. — S. c. III. 3 = Sal. 21, 4. — S. c. III. 4 = Sal. 27, 10. — S. c. III. 5 = Sal. 29, 3_3. — S. c. III. 6 = Sal. 29, V. — S. c. III. 7 = Sal. 39, II (wo jedoch nur 35 sol. Busse angesetzt sind).

S. c. IV. 1 = Sal. 17, 2, — S. c. IV. 2 = Sal. 17, 1. vgl. Br. II. 564_{35}. — S. c. IV. 3 = Sal. 55, 1. — S. c. IV. 4 = Sal. 14, 6; über „invaserit" vgl. Hübner in Gierkes Unters. XLII. 35, 4. — S. c. IV. 5 = Sal. 19, 2. — S. c. IV. 6 = Sal. 28, 2.

S. c. V. 1 = Sal. 14, V_2. — S. c. V. 2 = Sal. 14, III. — S. c. V. 3 = Sal. 24, 4. — S. c. V. 4 = Sal. 26, 1. — S. c. V. 5 = Sal. 29, 1; X; $9_{3;4}$. — S. c. V. 6 = Sal. 41, 8. — S. c. V. 7 = Sal. 41, 9.

S. c. VI. 1 = Sal. 14, 4. — S. c. VI. 2 = Sal. 19, 1. — S. c. VI. 3 = Sal. 39, 2. — S. c. VI. 4 = Sal. 24, II. — S. c. VI. 5 = Sal. 55, IV. — S. c. VI. 6 = Sal. 51, 1. — S. c. VI. 7 = Sal. 13, IV.

S. c. VII. 1 = Sal. 24, 2. — S. c. VII. 2 = Sal. 24, 3_1. — S. c. VII. 3 = Sal. 24, 6. — S. c. VII. 4 = Sal. 54, 1. — S. c. VII. 5 = Sal. 54, 3. — S. c. VII. 6 = Sal. 42, 2; über die „quattuor solia" vgl. Erläuterung zu Sal. 57, Überschr. (S. 213 f.). — S. c. VII. 7 = Sal. 63, 1 (?).

S. c. VIII. 1 = Sal. 41, 2 verbunden mit Sal. 63, 1. — S. c. VIII. 2 = Sal. 41, 2 verbunden mit Sal. 54, 1. — S. c. VIII. 3 = Sal. 41, 4. — S. c. VIII. 4 = Sal. 24, 2 verbunden mit Sal. 41, 2. — S. c. VIII. 5 = Sal. 41, 2 verbunden mit Sal. 55, VII; aus den Stellen des Pactus ergibt sich aber ein Wergeld von 2700 sol. für den Mord an einem Bischof. — S. c. VIII. 6 entspricht keiner Stelle des Pactus. — S. c. VIII. 7 = Sal. 41,4. Das durch den Thatbestand des Mordes auf 1800 sol. gebrachte Antrustionenwergeld (600 sol.) kann durch den Umstand, dass der Antrustio „inter duos reges" reiste, nicht nochmals verdreifacht werden, denn der Antrustio befindet sich immer im Königsdienst. Darin liegt der Unterschied von S. c. VIII. 6 und 7, in ersterer Stelle ist von dem Gesandten die Rede, der nicht Antrustio ist, aber kraft Spezialauftrags im Königsdienste steht. vgl. Roth, BenW. 122_{45}; Sohm, RuGV. 39 f.; Waitz, VG. II. 1, 339_1; Sickel, ZRG.[2] 6, 6_2; Opet, Prozesseinleitgsf. 162. — Aus „inter duos reges" schliesst Br. I. 303_{52} mit Recht, dass die Sept. caus. nicht Karolingischer Entstehungszeit sein können.

Incipiunt sententias de septem septinas, hoc sunt pariculas causas.

Septin. 1 = S. c. VI. 5. — Septin. 2 = Sal. 41, 1. — Septin. 3 = Sal. 14, I. — Septin. 4 = S. c. VI. 2. — Septin. 5 = Sal. 15. — Septin. 6 = Sal. 14, V. — Septin 7 = S. c. VI. 3.

Recapitulationes legis Salicae.

A.

Recapitulatio legis Salicae.

Auch die Rekapitulationen der lex Salica sind blosse Register der im Pactus vorkommenden Busstaxen. Die Einleitung bildet in allen drei Rekapitulationen eine Erörterung über die verschiedene Einteilung der Handschriften nach Büchern und Kapiteln (Titeln). Recap. A zählt 358 Bussen in 31 verschiedenen Höhen.

Recap. A. 1 = Sal. 4, 1. — R. A. 2 = Sal. 9, II. — R. A. 3 = Sal. 2, 2. — R. A. 4 = Sal. 35, I. — R. A. 5 = Sal, 5, 1. — R. A. 6 = Sal. 44, 1 — R. A. 7 = Sal. 13, 2. — R. A. 8 = Sal. 12, 2; 25, 7; 40, 4. — R. A. 9 = Sal. 2, 3, wo jedoch nur 7 sol. angesetzt sind. vgl. Br., Forschungen 486_2. — R. A. 10 = Sal. 17, 8. — R. A. 11 entspricht keiner bekannten Stelle des Pactus. vgl. Br. II. 560_9. — R. A. 12 = Sal. 13, III. — R. A. 13 = Sal. 2, 11. — R. A. 14 entspricht keiner Stelle des Pactus. — R. A. 15: vgl. Sal. 10, IV, wo aber weit höhere Bussen angesetzt sind. — R. A. 16 = Sal. 10, II. Über furare und plagiare vgl. Erläuterung zu Sal. 39, 1 (S. 156). — R. A. 17 = Sal. 10, 1_3. — R. A. 18 = Sal. 38, 2. — R. A. 19 entspricht keiner Stelle des Pactus. — R. A. 20 = Sal. 17, 1. — R. A. 21 = Sal. 10, IV_1. — R. A. 22 entspricht keiner Stelle des Pactus, beweist aber für die Zeit der Recap. das Vorhandensein reisiger Knechte. vgl. Br. I. 235_{31}; Dahn, Kge. VII. 1, 279_2. — R. A. 23 = Sal. 38, II. — R. A. 24 = Sal. 41, 6. — R. A. 25 = Sal. 64,2, wo aber korrekter Weise $187^1/_2$ sol. angesetzt sind. — R. A. 26 = Sal. 41, 1. — R. A. 27 entspricht keiner Stelle des Pactus. — R. A. 28 = Sal. 63, 1. — R. A. 29 = Sal. 24, 3. — R. A. 30 entspricht keiner Stelle des Pactus. Der Romanus vel lidus hat 100 sol. Wergeld (vgl. Sal. 41, 6; Cap. Sal. IV. 1); wenn er in truste dominica ist, 300 sol. Da hier 900 sol. angesetzt werden, ist jedenfalls zu ergänzen „et in puteum iactaverit". vgl. R. A. 31; R. B. 33; Ehrenberg, Kommendation 125_{31}; Thonissen 84_1; Deloche, La trustis 68 ff. Über den „Romanus in truste dominica" vgl. Pardessus 483; Roth, BenW. 119_{36}; Deloche a. a. O. 66 f.; Thonissen 287_2; Br. I. 100_{24}. — R. A. 31 = Sal. 63, 2. — R. A. 32 = Sal. 24, 1; 2.

B.

Recap. B. 1; 2; 4; 5; 7; 8; 10; 13; 16; 17; 19; 21; 23; 24; 25; 26; 27; 32; 33 = Recap. A. 1; 2; 3; 4; 6; 7; 9; 11; 14; 15; 17; 19; 21; 22; 23; 24; 25; 29; 30. — R. B. 3 = Sal. 38, VI, wo aber 15 sol. Busse angesetzt sind. — R. B. 6 = Sal. 2, 1. — R. B. 9 = Sal. 30, 5_1. — R. B. 11 entspricht keiner Stelle des Pactus. — R. B. 12 = Sal. 17, 4_4. — R. B. 14 = Sal. 2, 5. — R. B. 15 = Sal. 2, 12. — R. B. 18 = Sal. 61, 1. — R. B. 20 = Sal. 41, 7_1. — R. B. 22 = Sal. 44, 2. — R. B. 28 entspricht keiner Stelle des Psctus. — R. B. 29 = Sal. 14, 4. — R. B. 30 = Sal. 54, 2. — R. B. 31 = Sal. 42, 2. — R. B. 34 = Sal. 41, 4. — R. B. 35; 36 = Sal. 42, 2; 1, wo aber die Bussen andere und jedenfalls richtigere sind als hier.

Verzeichnis

der in den

Erläuterungen benutzten Denkmäler und Litteratur

(nebst Schlüssel der verwendeten Abkürzungen).

Abh. d. Gött. Ges. d. Wiss. = Abhandlungen der Königlichen Gesellschaft der Wissenschaften zu Göttingen. Göttingen 1838 ff.

Abignente, Chart. fratern. = Abignente, G., Le chartulae fraternitatis ed il libro de' confratres della chiesa Salernitana (Archivio storico per le provincie Napoletane. Vol. 13. Napoli 1888. S. 450 ff.).

Acta Sanct. = Acta Sanctorum, quotquot toto orbe coluntur, coll. — notis illustr. J. Bollandus etc. Januar-November. Brüssel 1845 ff. Paris u. Rom 1866. Paris 1887. Brüssel 1894.

Add. sap. = Additio sapientum: MG. LL. III. 682 ff.

Adelch. = Adelchis: MG. LL. IV. 210 ff.

Äthelb. = Äthelbirhts Gesetze: Schmid, Ges. d. Angels. S. 2 ff.

Äthelr. = Äthelreds Gesetze: Schmid, Ges. d. Angels. S. 198 ff.

Äthelst. = Äthelstans Gesetze: Schmid, Ges. d. Angels. S. 126 ff.

Aistulf: MG. LL. IV. 194 ff.

Alam. = Leges Alamannorum ed. K. Lehmann: MG. Legum sectio I. Legum nationum Germanicarum. Tom. V. Pars I. Hannover. 1888.

Albrecht, Gewere = Albrecht, W. E., Die Gewere als Grundlage des älteren deutschen Sachenrechts dargestellt. Königsberg. 1828.

Alfred = Alfreds Gesetze: Schmid, Ges. d. Angels. S. 58 ff.

Allfeld, Entw. d. Begriffs Mord = Allfeld, Ph., Die Entwickelung des Begriffes Mord bis zur Carolina. Erlangen. 1877.

Amira, Erbenf(olge) = Amira, K. von, Erbenfolge und Verwandtschaftsgliederung nach den altniederdeutschen Rechten. München. 1874.

—, **Oblig. (Obl.) R.** = Amira, K. von, Nordgermanisches Obligationenrecht Bd. 1—2. Leipzig. 1882/95.

—, **Recht (Recht [1])** = Amira, K. von, Grundriss des germanischen Rechts: in Pauls Grundriss der germanischen Philologie II. 2. S. 35 ff. Strassburg i./E. 1889/90. — Amira, Recht [2] = 2. Aufl. derselben Arbeit: in Pauls Grundr. 2. Aufl. 2. S. 51 ff. Strassburg i./E. 1897 (auch als Sonderabdruck mit besonderer Paginierung erschienen).

—, **Vollstreckungsvrn. (-verf.)** = Amira, K. von, Das altnorwegische Vollstreckungsverfahren. München. 1874.

—, **Zweck u. Mittel** = Amira, K. von, Über Zweck und Mittel der germanischen Rechtsgeschichte. München. 1876.

Arbeos vit. Corbiniani = Arbeos vita Corbiniani in der ursprünglichen

Fassung. Her. von S. O. Riezler (Abh. d. Hist. Kl. d. bair. Akad. d. Wiss. 18. Abt. 1. S. 217 ff.

Arch. giurid. = Archivio giuridico diretto da Ph. Serafini. Bologna (Pisa) 1867 ff.

Arch. stor. Lomb. = Archivio storico Lombardo. Mailand. 1874 ff.

Arnold, Ansiedelungen = Arnold, W., Ansiedelungen und Wanderungen deutscher Stämme, zumeist nach hessischen Ortsnamen. Marburg. 1875.

Atti della R. Accad. dei Lincei = Atti della Reale Accademia dei Lincei. Ser. III. Memorie della classe di scienze morali, storici e filolog. Roma. 1877 ff.

Ausland = Ausland. Ein Tagblatt (seit 1853: eine Wochenschrift) für Kunde des geistigen — Lebens der Völker. Stuttgart. 1828 ff. (seit 1863 her. v. K. von den Steinen).

Baiuw. = Leges Baiuwariorum edente J. Merkel: MG. LL. III. 183 ff.

Baluze, Cap. = Capitularia regum Francorum. Additae sunt Marculfi monachi et aliorum formulae. Stephan Baluzius in unum collegit. 2 Tom. Paris. 1677.

Barchewitz = Barchewitz, V., Das Königsgericht zur Zeit der Merovinger und Karolinger (Historische Studien her. von Arndt, v. Noorden u. s. w. Heft V). Leipzig. 1882.

Beauchet, Organisation = Beauchet, L., Histoire de l'organisation judiciaire en France. Paris. 1886.

Behrend, l. Sal. (**l. Sal.**[1]) = Lex Salica, her. von J. Fr. Behrend, nebst den Kapitularien zur Lex Salica, bearbeitet von A. Boretius. Berlin. 1874. — Behrend, l. Sal.[2] = 2., vermehrte und veränderte Aufl. desselben Werkes, her. von Rich. Behrend. Weimar. 1897.

Bennecke, Strafproz. = Bennecke, H., Zur Geschichte des deutschen Strafprozesses. Das Strafverfahren nach den holländischen und flandrischen Rechten des 12. und 13. Jahrhunderts. Marburg. 1886.

—, **Strafrechtl. Lehre v. E.** = Bennecke, H., Die strafrechtliche Lehre vom Ehebruch in ihrer historisch-dogmatischen Entwickelung. 1. Abt. Das römische, kanonische und das deutsche Recht bis zur Mitte des 15. Jahrhunderts. Marburg. 1884.

Ben. Lev. = Benedictus Levita: MG. LL. II. 2, 17 ff.

Berl. SB. = Sitzungsberichte der Kgl. preussischen Akademie der Wissenschaften zu Berlin (Fortsetzung der Monatsberichte). Berlin. 1881 ff.

Bernard, Chartes de Cluny = Recueil des chartes de l'abbaye de Cluny, formé par A. Bernard, complété, revisé et publié par A. Bruel. 5 Tom. Paris. 1876 ff.

Bernhöft, Staat u. Recht = Bernhöft, F., Staat und Recht der römischen Königszeit im Verhältnis zu verwandten Rechten. Stuttgart. 1882.

Beseler, Erbverträge = Beseler, G., Die Lehre von den Erbverträgen. 1. Teil: Die Vergabungen von Todeswegen nach dem älteren deutschen Rechte. Göttingen. 1835.

—, **Neubruch** = Beseler, G., Der Neubruch nach dem älteren deutschen Rechte: in Symbolae Bethmanno-Hollwegio oblatae. 1868.

Bethm. = Bethmann-Hollweg, M. A. von, Der Zivilprozess des gemeinen

Rechts in geschichtlicher Entwickelung. Bd. 4—6: Der germanisch-romanische Zivilprozess im Mittelalter. Bonn. 1868/74.

Bewer, Sala = Bewer, R., Sala, Traditio, Vestitura. Diss. Rostock. 1880.

Bibl. de l'éc. des haut. étud. = Bibliothèque de l'école (pratique) des hautes études. Sciences philologiques et historiques. Paris. 1869 ff.

Binding, Burg.-roman. Kgr. = Binding, K., Geschichte des burgundisch-romanischen Königreichs. (Das burgundisch-romanische Königreich Bd. I). Mit einer Beilage: Sprache und Sprachdenkmäler der Burgunden von W. Wackernagel. Leipzig. 1868.

— **Grundr.** = Binding, K., Grundriss des gemeinen deutschen Strafrechts. Bd. I. 5. Aufl. Leipzig. 1897. II. 1 ebd. 1896.

Blumenstok, IE. = Blumenstok, A. Halb., Entstehung des deutschen Immobiliareigentums. Bd. I. Grundlagen. Innsbruck. 1894.

Bo. = MG. Legum sect. II. Capitularia regum Francorum. Tom. I ed. A. Boretius. Hannover. 1883.

Bo.-Kr. = MG. Legum sect. II. Capitularia regum Francorum. Tom. II. edd. A. Boretius et V. Krause. Hannover. 1890/7.

Bonnell = Bonnell, H. E., Die Anfänge des karolingischen Hauses. Berlin. 1866.

Boos, Liten = Boos, H., Liten und Aldionen nach den Volksrechten. Diss. Göttingen. 1874.

Boretius, Kapkrit. = Boretius, A., Beiträge zur Kapitularienkritik. Leipzig. 1874.

Bouquet = Bouquet, M., Rerum Gallicarum et Francicarum scriptores (Recueil des historiens de la France). Seit V. 9 von anderen fortgesetzt. Paris. 1738 ff. Neuer Abdruck von L. Delisle. Paris. 1868 ff.

Brem. Jahrb. = Bremisches Jahrbuch, her. von der Historischen Gesellschaft des Künstlervereins. Bremen. 1864 ff.

Bresslau, Hdb. d. UL. = Bresslau, H., Handbuch der Urkundenlehre für Deutschland und Italien. Bd. I. Leipzig. 1889.

Br. (RG.) = Brunner, H., Deutsche Rechtsgeschichte (Systematisches Handbuch der deutschen Rechtswissenschaft, her. von K. Binding. 2. Abt. I. Teil). Bd. I. II. Leipzig. 1887/92.

Br. (Brunner), Forschungen = Brunner, H., Forschungen zur Geschichte des deutschen und französischen Rechts. Gesammelte Aufsätze. Stuttgart. 1894.

—, **Röm. u. germ. Urk.** = Brunner, H., Zur Rechtsgeschichte der römischen und germanischen Urkunde. Bd. I. Berlin. 1880.

—, **Schwurger.** = Brunner, H., Die Entstehung der Schwurgerichte. Berlin. 1872.

Brünner Schöffenb. = Brünner Schöffenbuch: Rössler, E. F., Deutsche Rechtsdenkmäler aus Böhmen und Mähren. Bd. II. Prag. 1852. S. 1 ff.

Brünner Schöffensatzg. = Brünner Schöffensatzungen: Rössler, a. a. O. S. 387 ff.

Bulletins de l'Ac. roy. de Belgique = Bulletins de l'Academie royale des sciences et belles lettres de Bruxelles. Brüssel. 1832 ff.

Burchard, Hegung = Burchard, K., Die Hegung der deutschen Gerichte im Mittelalter. Leipzig. 1893.

Burg. = Leges Burgundionum. Liber constitutionum ed. L. R. de Salis: MG. Legum sect. I. Legum nationum Germanicum Tom. II. Pars I. Hannover. 1892.

Caes., bell. Gall. = C. Juli Caesaris commentarii de bello Gallico, cum A. Hirti aliorumque supplementis recognovit B. Dinter. Leipzig 1890.

Canon. Wallici = Canones Wallici: Wasserschleben, F. W. H., Die Bussordnungen der abendländischen Kirche. Halle. 1851. S. 124 ff.

Cap. = Capitulare.

Cap. Rem. = Remedii Curiensis episcopi capitula ed. G. Hähnel: MG. LL. V. 180 ff.

Cart. Senon. = Cartae Senonicae: MG. Legum sect. V. Formulae. S. 185 ff.

Cart. de Redon = Cartulaire de l'abbaye de Redon en Bretagne, publié par M. A. de Courson. Paris. 1863.

Cham. = Lex Francorum Chamavorum, ex editione R. Sohm: MG. LL. V. 269 ff.

Cohn, Justizverw. = Cohn, G., Die Justizverweigerung im altdeutschen Recht. Hab.-Schr. Karlsruhe. 1876.

Colberg, Entführg. = Colberg, H., Über das Ehehindernis der Entführung. Halle. 1869.

Comment. in hon. Mommseni = Commentationes philologicae in honorem Theodori Mommseni scripserunt amici. Berlin. 1877.

Cosack, Eidhelfer = Cosack, K., Die Eidhelfer des Beklagten. Stuttgart. 1885.

Coutumes d'Anjou et dou Maigne = Coutumes et institutions de l'Anjou et du Maine antérieures au XVI. siècle, ed. Beautemps-Beaupré. 4 vol. Paris. 1877/83. Prem. partie: Coutumes et styles.

Dahn, DG. = Dahn, F., Deutsche Geschichte. Bd. I. (in 2 Hälften). Gotha. 1883/8.

—, **Fehdegang** = Dahn, F., Fehdegang und Rechtsgang der Germanen. 1877. (wieder abgedr. Bausteine II. Berlin. 1880. S. 76 ff.)

—, **Fränk. Forsch.** = Dahn, F., Fränkische Forschungen (noch nicht erschienen, aber von D. bereits zitiert).

—, **Kge.** = Dahn, F., Die Könige der Germanen. Das Wesen des ältesten Königtums der germanischen Stämme und seine Geschichte bis zur Auflösung des Karolingischen Reiches. Bd. I—V. VII. VIII, 1 in 1. Aufl., VI in 2. Aufl. Leipzig (München, Würzburg). 1861/97.

—, **Studien z. Gesch. d. germ. Gottesurt.** = Dahn, F., Studien zur Geschichte der germanischen Gottesurteile. Hab.-Schr. München. 1857. (wieder abgedr. Bausteine II. Berlin. 1880. S. 1 ff.)

—, **UG.** = Dahn, F., Urgeschichte der germanischen und romanischen Völker. 4 Bde. Berlin. 1880/9. (Allg. Gesch. her. von W. Oncken).

—, **Westgot. Studien** = Dahn, F., Westgotische Studien. Entstehungsgeschichte, Privatrecht, Strafrecht u. s. w. der lex Wisigotorum. Würzburg. 1874.

Daniels, RG. = Daniels, A. von, Handbuch der deutschen Reichs- und Staatenrechtsgeschichte. 2 Tle. in 4 Bdn. Tübingen. 1859/63.

Dargun in Gierkes Unters. XVI = Dargun, L., Mutterrecht und Raubehe und ihre Reste im germanischen Recht und Leben. Breslau. 1883.

Davoud-Oghlou = Davoud-Oghlou, G. A., Histoire de la législation des anciens Germains. 2 Bde. Berlin. 1845.

Decr. Tass. Dingolf. = Decreta Tassilonis ducis cum actis synodalibus. Synodus Dingolvensis: MG. LL. III. 459 ff.

Deloche, La trustis = Deloche, M., La trustis et l'antrustion royal sous les deux premières races. Paris. 1873.

Del Vecchio, Seconde nozze = Del Vecchio, A., Le seconde nozze del coniuge superstite. Studio storico. Florenz. 1885.

Dieckhoff, Trauung = Dieckhoff, A. W., Die kirchliche Trauung, ihre Geschichte im Zusammenhang mit der Entwickelung des Eheschliessungsrechtes. Rostock. 1878.

Diefenbach, Vgl. WB. = Diefenbach, L., Vergleichendes Wörterbuch der gotischen Sprache. 2 Bde. Frankfurt a. M. 1846/51.

Diez, Et. WB. = Diez, F., Etymologisches Wörterbuch der romanischen Sprachen. 5. Ausg., besorgt von A. Scheler. Bonn. 1887.

Dingtalen v. Delft = Dingtalen von Delft her. von Fruin in den Niuwe Bijdragen voor Rechtsgel. en Wetgeving. 1878.

DLZ. = Deutsche Litteraturzeitung, begründet von M. Roediger, seit 1886 her. von A. Fresenius, seit 1892 von P. Hinneberg. Berlin. 1880 ff.

Dreyer, Nebenst. = Dreyer, J. K. H., Zur Erläuterung der teutschen Rechte, Rechtsaltertümer und Geschichte angewandte Nebenstunden. Bützow u. Wismar. 1768.

—, **Verm. Abh.** = Dreyer, J. K., H., Sammlung vermischter Abhandlungen zur Erläuterung der teutschen Rechte und Altertümer. 1. bis 3. Teil in 2 Bdn. Rostock u. Wismar. 1754/63.

Du Cange = Glossarium mediae et infimae latinitatis conditum a Carolo Dufresne domino du Cange, auctum a monachis ord. S. Benedicti, cum supplementis integris D. P. Carpentarii et additamentis Adelungii et aliorum digessit G. A. L. Henschel. 7 Bde. Paris. 1840/50.

Duvivier, Rech. = Duvivier, Ch., Recherches sur l'Hainaut ancien. Brüssel. 1865.

DZG. (DZGW.) = Deutsche Zeitschrift für Geschichtswissenschaft, begründet von L. Quidde, seit 1896 her. von G. Seeliger. 1. Folge. Freiburg i. B. 1889 ff. Neue Folge, Vierteljahrshefte und Monatsblätter. Freiburg i. B. 1896 ff.

DZKR. = Deutsche Zeitschrift für Kirchenrecht, her. von E. Friedberg und E. Sehling. Freiburg i. B. 1892 ff.

Eccard, Leg. Franc. = Leges Francorum Salicae et Ripuariorum etc., opera et studio J. G. Eccardi. Frankfurt u. Leipzig. 1720.

Edmund = Edmunds Gesetze: Schmid, Ges. d. Angels. S. 172 ff.

Edw. u. Gunthr. = Edwards und Gunthrams Gesetze: Schmid, Ges. d. Angels. S. 118 ff.

Ehrenberg, Kommendation = Ehrenberg, V., Kommendation und Huldigung nach fränkischem Recht. Weimar. 1877.

Eichhorn, RG. = Eichhorn, K. F., Deutsche Staats- und Rechtsgeschichte. 4 Bde. 5. Aufl. Göttingen, 1843/4.

Epil. = Epilogi legis Salicae: meine Ausgabe S. 97 f.

Eriks Saell. Lov = Eriks Saellandske Lov udgivet af det nordiske Litteratursamfund ved P. G. Thorsen. Kopenhagen. 1852.

Esmein, Cours d'hist. = Esmein, A., Cours élémentaire d'histoire du droit français. Angers et Paris. 1892.

Etabliss. de S. Louis = Etablissements de Saint-Louis ed. P. Viollet. 3 vol. Paris. 1882.

Extr. = Extravagantia legis Salicae: meine Ausgabe S. 90 ff.

Fahlbeck, Royauté = Fahlbeck, P. E., La royauté et le droit royal francs durant la première période de l'existence du royaume (486 bis 614), traduit par J. H. Kramer. Lund. 1883.

FDG. = Forschungen zur Deutschen Geschichte. Göttingen. 1862 ff.

Festg. f. Beseler = Juristische Abhandlungen. Festgabe für Georg Beseler zum 6. Januar 1885. Berlin. 1885.

Festg. f. Hanssen = Festgabe für Georg Hanssen zum 31. Mai 1889. Tübingen. 1889.

Festg. f. Heffter = Festgaben für A. W. Heffter zum 3. August 1873. Berlin. 1873.

Festgruss an Homeyer = Bluhme, F.; Schröder, R. und Lörsch, H., Drei Abhandlungen zur Geschichte des deutschen Rechts. Festgruss an Homeyer. Bonn. 1871.

Feuerbach, l. Sal. = Feuerbach, E. A., Die lex Salica und ihre verschiedenen Rezensionen. Erlangen. 1831.

Ficker, Erbenf. = Ficker, J., Untersuchungen zur Erbenfolge der ostgermanischen Rechte. Bd. I—III. Innsbruck. 1891/7.

Form. = MG. Legum sectio V. Formulae Merowingici et Karolini aevi. Accedunt ordines iudiciorum Dei. ed. K. Zeumer. Hannover. 1886.

— **Bignon.** = Formulae Salicae Bignonianae: MG. Leg. sect. V. 227 ff.

— **Bituric.** = Formulae Bituricenses: ebd. 166 ff.

— **extrav.** = Formulae extravagantes: ebd. 533 ff.

— **imperial.** = Formulae imperiales e curia Ludovici Pii: ebd. 285 ff.

— **Lindenbrog.** = Formulae Salicae Lindenbrogianae: ebd. 265 ff.

— **Marc.** = Marculfi formulae: ebd. 32 ff.

— **Merkel.** = Formulae Salicae Merkelianae: ebd. 239 ff.

— **Senon. rec.** = Formulae Senonenses recentiores: ebd. 211 ff.

— **Turon.** = Formulae Turonenses vulgo Sirmondicae dictae: ebd. 128 ff.

Fortunat carm. = Venantii Honori Clementiani Fortunati presbyteri Italici opera poetica recensuit et emendavit F. Leo (MG. Auctores antiquissimi Tom. IV. pars I). Berlin. 1881.

Fournier, Droit d'appel = Fournier, M., Essai sur l'histoire du droit d'appel. Paris. 1881.

Freib. Stadtrod. = Freiburger Stadtrodel: Gaupp, E. Th., Deutsche Stadtrechte des Mittelalters. Bd. II. Breslau. 1852. S. 28 ff.

Freisen, Gesch. d. kan. ER. = Freisen, J., Geschichte des kanonischen Eherechts. Tübingen. 1888.

Friedberg, Eheschliessg. = Friedberg, E., Das Recht der Eheschliessung in seiner geschichtlichen Entwickelung. Leipzig. 1865.

—, KR. = Friedberg, E., Lehrbuch des katholischen und evangelischen Kirchenrechts. 4. Aufl. Leipzig. 1895.

—, Verlobg. = Friedberg, E., Verlobung und Trauung. Zugleich als Kritik von Sohm, Das Recht der Eheschliessung. Leipzig. 1876.

Fris. = Lex Frisionum edente K. libero barone de Richthofen: MG. LL. III. 631 ff.

Frostuþingsl. (Frost.) = Norges Gamle Love indtil 1387, udgivne ved R. Keyser og P. A. Munch. Förste Bind. Christiania 1846. S. 119 ff.: Den aeldre Frostaþings-Lov.

Fustel de Coulanges, Hist. = Fustel de Coulanges, Histoire des institutions politiques de l'ancienne France. Bd. I u. II in 3. Aufl., besorgt von C. Jullian. Paris. 1891. Bd. III u. IV ebd. 1888/9, Bd. V u. VI, bes. v. C. Jullian. 1890/2.

—, **Recherches (Rech.)** = Fustel de Coulanges, Recherches sur quelques problèmes d'histoire. Paris. 1885.

—, **Nouv. recherches (rech.)** = Fustel de Coulanges, Nouvelles recherches sur quelques problèmes d'histoire, revues et complétées d'après les notes de l'auteur par C. Jullian. Paris. 1891.

—, **Quest.** = Fustel de Coulanges, Questions historiques. Paris. 1873.

Gallinger = Gallinger, E., Der Offenbarungseid des Schuldners. München. 1884.

Gaudenzi, fragm. = Capitula iuris Visigothici reperta ab A. Gaudenzi: Leges Visig. antiqu. ed. K. Zeumer. 317 ff.

Gaupp, Ansiedelungen = Gaupp, E. Th., Die germanischen Ansiedelungen und Landteilungen in den Provinzen des Römischen Westreiches. Breslau. 1844.

—, **Germ. Abhandl.** = Gaupp, E. Th., Germanistische Abhandlungen. Mannheim. 1853.

—, **Ges. d. Thür.** = Das alte Gesetz der Thüringer oder die Lex Angliorum et Werinorum hoc est Thuringorum in ihrer Verwandtschaft mit der Lex Salica und Lex Ripuaria dargestellt und mit erklärenden Anmerkungen her. von E. Th. Gaupp. Breslau. 1834.

—, **L. Franc. Cham.** = Gaupp, E. Th., Lex Francorum Chamavorum oder das vermeintliche Xantener Gaurecht. Breslau. 1855.

Gareis, Landgüterordng. = Die Landgüterordnung Kaiser Karls des Grossen (Capitulare de villis vel curiis imperii). Textausgabe mit Einleitung und Anmerkungen her. von K. Gareis. Berlin. 1895.

Geffcken, Ehescheidg. vor Gratian = Geffcken H., Zur Geschichte der Ehescheidung vor Gratian. Hab. Schr. Leipzig. 1894.

Geib, Strafr. = Geib, G., Lehrbuch des Deutschen Strafrechts. Leipzig. 1861.

Gemeiner = Gemeiner, A., Die Verfassung der Zenteuen und des Fränkischen Königtumes. München. 1855.

Gengler, Rechtsdenkm. = Germanische Rechtsdenkmäler. Leges, Capitularia, Formulae. In Auszügen und Proben mit Einleitung, ergänzenden Geschichtszeugnissen, Anmerkungen und Glossar zum akademischen Gebrauche her. von H. G. Gengler. Erlangen. 1875.

Georges, WB. = Georges, K. E., Ausführliches lateinisch-deutsches Handwörterbuch u. s. w. 2 Bde. Leipzig. 1879/80.

Geppert, Beitr. = Geppert, B., Beiträge zur Lehre von der Gerichtsverfassung der lex Salica. Diss. Berlin. 1878.

Germ. Abh. f. Maurer = Germanistische Abhandlungen zum 70. Geburtstage K. von Maurers. Göttingen. 1893.

Germania = Germania. Vierteljahrsschrift für deutsche Altertumskunde, her. von F. Pfeiffer. 1856 ff.

Gfrörer = Gfrörer, A. F., Zur Geschichte deutscher Volksrechte im Mittelalter. her. von J. B. Weiss. 2 Bde. Schaffhausen 1865/7.

GGA. = Göttingische gelehrte Anzeigen. Göttingen. 1739 ff.

Gierke, Humor = Giercke, O., Der Humor im deutschen Recht. 2. Aufl. Berlin. 1887.

—, **Genossensch.** = Giercke, O., Das deutsche Genossenschaftsrecht. 3 Bde. Berlin. 1868/81.

—, **Privatr.** = Gierke, O., Deutsches Privatrecht. (Systematisches Handbuch der deutschen Rechtswissenschaft her. von K. Binding. 2. Abt. 3. Teil.) Bd. I. Allgemeiner Teil und Personenrecht. Leipzig. 1895.

Gierkes Unters. = Untersuchungen zur deutschen Staats- und Rechtsgeschichte her. von O. Gierke. Heft I—LV. Breslau. 1878 ff.

Glasson, Domaine rural = Glasson, E., Les communaux et le domaine rural à l'époque Franque. Paris. 1890.

—, **Hist.** = Glasson, E., Histoire du droit et des institutions de la France. Tom. 1—3. Paris. 1887/89.

Görl. Landr. = Görlitzer Rechtsbuch. Landrecht: Homeyer, C. G., Des Sachsenspiegels II. Teil. Bd. II. S. 177 ff.

Gothein, Bonner Festschr. f. Poppelsdorf. = Gothein, E., Beiträge zur Geschichte der Familie im Gebiete des alamannischen und fränkischen Rechts. Bonner Festschrift zur Feier des 50 jährigen Bestehens der landwirtschaftlichen Akademie zu Poppelsdorf. Bonn. 1897.

Gotlandslag. = Corpus iuris Sueo-Gotorum antiqui. Samling af Sweriges Gamla Lagar. Vol. VII. Codex iuris Gotlandici. Gotlands-Lagen, utgifven af C. J. Schlyter. Lund. 1852.

Grágás I = Grágás, Islaendernes lovbog i fristatens tid, udgivet efter det kongelige Bibliotheks Handskrift og oversat af Vilhjálmar Finsen for det nordiske Literatur-Samfund. Förste Del. Text I. Anden Del. Text II. Tredie Del. Oversaettelse I. Fjerde Del. Oversaettelse II. Efterskrift. Kopenhagen. 1852/70.

Grágás II = Grágás efter det Arnamagnaeanske Haandskrift Nr. 334 fol., Stađarhólsbók, utgivet af Kommissionen for det Arnamagnaeanske Legat. Kopenhagen. 1879.

Graff, Sprachsch. = Graff, E. G., Althochdeutscher Sprachschatz oder Wörterbuch der althochdeutschen Sprache. Tl. I—VI. Berlin 1834/42. Mit alphabetischem Index von H. F. Massmann. Berlin. 1846.

Greg. Tur. = Gregorius Turonensis: MG. Scriptores rerum Merovingicarum. Bd. I.

Griesinger bei Danz, Privatr. = Danz, W. A. F., Handbuch des deutschen Privatrechts. Nach dem Systeme von Runde. 10 Bde. (Bd. I—VI in 2. Aufl., Bd. VIII—X fortgesetzt von L. F. Griesinger.) Stuttgart. 1800/23.

Grim. = Grimoald: MG. LL. IV. 91 ff.

Grimm, Gramm. = Grimm, Jak., Deutsche Grammatik. Tl. I u. II vermehrter Abdruck besorgt von W. Scherer. Berlin. 1870. Tl. III. vermehrter Abdruck, besorgt von G. Roethe und Edw. Schröder. Gütersloh. 1890.

Grimm, Kl. Schr. = Grimm, Jak., Kleinere Schriften. 5 Bde. Berlin. 1864/71.

—, **Mythologie.** = Grimm, Jak., Deutsche Mythologie. 4. Ausgabe, besorgt von E. H. Meyer. 3 Bde. Berlin. 1875/8.

—, **RA.** = Grimm, Jak., Deutsche Rechtsaltertümer. 2. Ausgabe. Göttingen. 1854.

—, **Vorr.** = Grimm, Jak., Vorrede zu Merkels Ausgabe der lex Salica. pag. I—LXXXVIII.

—, **Weistümer** = Weistümer, gesammelt von Jak. Grimm (E. Dronke, H. Beyer, G. L. von Maurer, R. Schröder, F. X. Kraus u. A.) Teil I—VI. Göttingen. 1840/69, mit Namen und Sachregister von R. Schröder. (Teil. VII.) ebd 1878.

—, **WB.** = Jakob u. Wilh. Grimm, Deutsches Wörterbuch, fortgesetzt von R. Hildebrand u. A. 8 Bde. Leipzig. 1854/97.

Grimm, l. Sal. = Julius Grimm, De historia legis Salicae. Diss. Bonn. 1848.

Guérard, Cartulaire de S. Bertin = Cartulaire de l'abbaye de S. Bertin, publié par B. E. Ch. Guérard. Paris. 1840.

Günther, Körperverletzg. = Günther, L., Über die Hauptstadien der geschichtlichen Entwickelung des Verbrechens der Körperverletzung. Diss. Erlangen. 1884.

—, **Wiedervergeltg.** = Günther, L., Die Idee der Wiedervergeltung in der Geschichte und Philosophie des Strafrechts. Abt. I. II. III. 1. Erlangen. 1889/95.

Gulaþingsl. (Gul.) = Norges Gamle Love indtil 1387, utgivne ved R. Keyser og P. A. Munch. Förste Bind. Christiania. 1846. S. 1 ff.: Den aeldre Gulaþings-Lov.

Habicht, Verlobg. = Habicht, H., Die altdeutsche Verlobung in ihrem Verhältnis zu dem Mundium und der Eheschliessung. Jena. 1879.

Haigneré, Chartes de S. Bertin = Les chartes de S. Bertin, d'après le grand cartulaire de Dom Charles Joseph Dewitte, publiées et analysées par l'abbé Dan. Haigneré. Tom. I. u. II. 2 vol. (628—1240) Saint Omer. 1886/9.

Haiss, Traditio = Haiss, W., Traditio und Investitura. Ein rechtsgeschichtlicher Versuch. München 1876.

Heck, Altfries. GV. = Heck, Ph., Die altfriesische Gerichtsverfassung. Weimar 1894.

Hehn = Hehn, V., Kulturpflanzen und Haustiere in ihrem Übergang aus Asien nach Griechenland und Italien, sowie in das übrige Europa. Historisch-linguistische Studien. 6. Aufl. neu her. von O. Schrader. Mit botanischen Beiträgen von A. Engler. Berlin. 1894.

Heidelb. Jbb. = Heidelbergische Jahrbücher der Litteratur für Jurisprudenz und Staatswissenschaften. Heidelberg. 1808 ff.

Heliand = Heliand, her. von E. Sievers. Halle. 1878.

Hermann in Gierkes Unters. X. = Hermann, E., Über die Entwickelung des altdeutschen Schöffengerichts. Breslau. 1881.

— **in Gierkes Unters. XVII.** = Hermann, E., Die Ständegliederung bei den alten Sachsen und Angelsachsen. Breslau. 1884.

— **in Gierkes Unters. XX.** = Hermann, E., Die Grundelemente der altgermanischen Mobiliarvindikation. Breslau. 1886.

—, **Mithio** = Hermann, E., Noch ein Wort über Mithio. Leipzig. 1890.

Heusler, Festschr. f. Homeyer = Heusler, A., Die Beschränkung der Eigentumsverfolgung bei Fahrhabe und ihr Motiv im deutschen Rechte. (Festschr. der Baseler juristischen Fakultät für C. G. Homeyer). Basel. 1871.

—, **Gewere** = Heusler, A., Die Gewere. Weimar. 1872.

—, **Instit.** = Heusler, A., Institutionen des Deutschen Privatrechts. (Systematisches Handbuch der Deutschen Rechtswissenschaft, her. von K. Binding II. 2) 2 Bde. Leipzig. 1885/6.

Hildebrand, Recht u. Sitte = Hildebrand, R., Recht u. Sitte auf den verschiedenen wirtschaftlichen Kulturstufen. 1. Teil. Jena. 1896.

Hillebrand, RG. = Hillebrand, J., Lehrbuch der Deutschen Staats- und Rechtsgeschichte mit Ausschluss der Privatrechtsinstitute. Leipzig. 1856.

Hinschius, KR. = Hinschius, P., System des katholischen Kirchenrechts mit besonderer Rücksicht auf Deutschland. Bd. I—V. Berlin. 1869/95.

Hist. Aufs. f. Waitz. = Historische Aufsätze, dem Andenken an Georg Waitz gewidmet. Hannover 1896.

Hist. Taschenb. = Hist. Taschenbuch, her. von F. v. Raumer. Leipzig. 1830 ff. 5. Folge her. von W. H. Riehl. 1871 ff. 6. Folge her. von W. Maurenbrecher. 1881 ff.

Hloth. u. Eadr. = Hlothars und Eadrics Gesetze: Schmid, Ges. der Angels. S. 10 ff.

Hofmann, Beiträge = Hofmann, F., Beiträge zur Geschichte des griechischen und römischen Rechts. Wien. 1870.

Holtzmann, Malb. Glosse = Holtzmann, A., Über das Verhältnis der Malberger Glosse zum Texte der lex Salica. Heidelberg. 1852.

Homeyer, Hausmarken = Homeyer, C. G., Die Haus- und Hofmarken. Berlin. 1870.

—, **Heimat** = Homeyer, C. G., Über die Heimat nach altdeutschem Recht, insbesondere über das Hantgemal. Berlin. 1852. (Abh. d. Berl. Ak.)

Horten = Horten, H., Die Personalexekution in Geschichte und Dogma. Bd. I.: Die Personalexekution bei den Franken. Wien. 1893.

Hubrich, Wahl- und Erbkönigt. = Hubrich, E., Fränkisches Wahl- und Erbkönigtum zur Merovingerzeit. Diss. Königsberg. 1889.

Hübner in Gierkes Unters. XLII = Hübner, R., Der Immobiliarprozess der fränkischen Zeit. Breslau. 1893.

Hüllmann, Gesch. d. Stände = Hüllmann, K. D., Geschichte des Ursprungs der Stände in Deutschland. 3 Tle. 2. Aufl. Berlin. 1830.

HZ. (Hist. Ztschr.) = Historische Zeitschrift, begründet von H. von Sybel, seit 1894 unter Mitwirkung Anderer her. von F. Meinecke. (von Bd. 37 an Neue Folge). München (u. Leipzig). 1859 ff.

Immerwahr in Gierkes Unters. XLVIII = Immerwahr, W., Die Verschweigung im deutschen Recht. Von der Berliner (juristischen) Fakultät gekrönte Preisschrift. Breslau. 1895.

Inama-Sternegg, WG. = Inama-Sternegg, K. Th. von, Deutsche Wirtschaftsgeschichte bis zum Schluss der Karolingerperiode. 2 Bde. Leipzig. 1879/81.

Ine = Ines Gesetze: Schmid, Ges. d. Angels. S. 20 ff.

Jaffé, Bibl. = Bibliotheca rerum Germanicarum ed. Ph. Jaffé. 6 Bde. Berlin. 1864/73.

Jastrow in Gierkes Unters. II. = Jastrow, J., Zur strafrechtlichen Stellung der Sklaven bei Deutschen und Angelsachsen. Breslau. 1878.

Jb. d. gem. R's. = Jahrbuch des gemeinen deutschen Rechts, her. von Bekker und Muther. Leipzig. 1857 ff.

Journ. d. Sav. = Le Journal des Sçavans, réimprimé à Amsterdam 1679—1716, rétabli depuis Sept. 1816. Paris. 1816 ff.

Jud. Wulem. (Wlem.) = Judicia Wulemari: MG. LL. III. 698 ff.

Jungbohn Clement = Jungbohn Clement, K., Forschungen über das Recht der salischen Franken vor und in der Königszeit. Lex Salica und Malbergische Glossen. Berlin. 1876.

Jydske Lov = Kong Valdemar den Andens Jyske Lov, utgivet af det nordiske Literatursamfund, besørget af N. M. Petersen. Kopenhagen. 1850.

Kern b. Hessels = Kern, H., Notes on the frankish words in the lex Salica. in: Lex Salica ed. by Hessels. col. 427 ff.

Keure f. Furnes: Warnkönig, Flandr. RG. II. 2. Urkundenbuch 74.

Kluge, Et. WB. = Kluge, F., Etymologisches Wörterbuch der deutschen Sprache. 5. Aufl. Strassburg i./E. 1894.

Knut = Knuts Gesetze: Schmid, Ges. d. Angels. S. 250 f.

Köhne in Gierkes Unters. XXII. = Köhne, K., Die Geschlechtsverbindungen der Unfreien im fränkischen Recht. Breslau. 1888.

Kolderup-Rosenvinge = Kolderup-Rosenvinge, J. L. A., Grundriss der dänischen Rechtsgeschichte. Aus dem Dänischen übersetzt von C. G. Homeyer. Berlin. 1825.

Kopp, Palaeogr. crit. = Kopp, U. F., Palaeographia critica. 2 Tle. Mannheim. 1817.

Körting, Lat.-rom. WB. = Körting, G., Lateinisch-romanisches Wörterbuch. Paderborn. 1891.

Kraut, Vormundsch. = Kraut, W. Th., Die Vormundschaft nach den Grundsätzen des deutschen Rechts. 3 Bde. Göttingen. 1835/59.

Kr. Jbb. = Kritische Jahrbücher für deutsche Rechtswissenschaft, her. von A. L. Richter, fortges. von R. Schneider. Leipzig. 1842 ff.

KrV. = Kritische Vierteljahrsschrift für Gesetzgebuug und Rechtswissenschaft, begründet von J. Pözl, her. von Bechmann, Hellmann u. A. München. 1859 ff.

KrÜ. = Kritische Überschau der deutschen Gesetzgebung und Rechtswissenschaft, her. von L. Arndts, J. L. Bluntschli und J. Pözl. München. 1853 ff.

Laband, Vermögensr. Kl. = Laband, P., Die vermögensrechtlichen Klagen nach den niedersächsischen Rechtsquellen des Mittelalters dargestellt. Berlin. 1869.

Laboulaye, Recherches = Laboulaye, E., Recherches sur la condition civile et politique des femmes depuis les Romains jusqu'à nos jours. Paris. 1843.

Lamprecht, DG. = Lamprecht, K., Deutsche Geschichte. 2. Aufl. Bd. I—V. Berlin. 1894/5.

—, **WL.** = Lamprecht, K., Deutsches Wirtschaftsleben im Mittelalter. 3 Bde. und 1 Kartenband. Leipzig. 1885/6.

Landau, Territorien = Landau, G., Die Territorien in Bezug auf ihre Bildung und ihre Entwickelung. Homburg u. Gotha. 1854.

Lass in Gierkes Unters. XXXIX = Lass, L., Die Anwaltschaft im Zeitalter der Volksrechte und Kapitularien. Breslau. 1891.

Laughlin, Essays = Laughlin, J. L., The legal prodecure in: Essays in Anglosaxon law. Boston. 1876. S. 183 ff.

Leg. Edw. Conf. = Leges Edwardi Confessoris: Schmid, Ges. d. Angels. S. 491 ff.

Leg. Henr. Prim. = Leges Henrici primi: Schmid, Ges. d. Angels. S. 432 ff.

Lehmann, Königsfriede = Lehmann, K., Der Königsfriede der Nordgermanen. Berlin und Leipzig. 1886.

—, **Verlobg. u. Hochz.** = Lehmann, K., Verlobung und Hochzeit nach den nordgermanischen Rechten. München. 1882.

—, **Rechtsschutz** = Lehmann, H. O., Der Rechtsschutz gegenüber Eingriffen von Staatsbeamten nach altfränkischem Recht. Hab. Schr. Kiel. 1883.

—, **RQ.** = Lehmann, H. O., Quellen zur deutschen Reichs- und Rechtsgeschichte. Berlin. 1891.

Leo = Leo, H., Die Malbergische Glosse, ein Rest altkeltischer Sprache und Rechtsauffassung. 2 Hefte. Halle. 1842/5.

Leobschützer Stadtr. = Leobschützer Stadtrecht: Tzschoppe, G. A., und Stenzel, G. A., Urkundensammlung zur Geschichte des Ursprungs der Städte — in Schlesien und der Oberlausitz. Hamburg. 1832. S. 371 ff.

Lewis, Sukzession = Lewis, W., Die Sukzession des Erben in die Obligationen des Erblassers nach deutschem Recht. Berlin. 1864.

Lexer, Mhd. WB. = Lexer, M., Mittelhochdeutsches Handwörterbuch. 3 Bde. und Nachträge. Leipzig. 1872/8.

Lézardière = Lézardière, Marie Pauline de, Théorie des lois politiques de la monarchie française. Nouv. édition, considérablement augmentée et publiée par le vicomte de Lézardière. Paris. 1884.

Lib. Pap. = Liber legis Langobardorum Papiensis edente A. Boretio: MG. LL. IV. 289 ff.

Lindenschmit = Lindenschmit, L., Handbuch der altdeutschen Altertumskunde. 1. Teil: Die Altertümer der Merovingischen Zeit. Braunschweig. 1880/9.

Littré = Littré, E., Dictionnaire de la langue française. Tom. I. II. 1. 2. Suppl. Paris. 1863/77.

Liutpr. (Liu.) = Liutprand: MG. LL. IV. 96 ff.

Livre des droiz et des commendemens f. Poitou = Le livre des droiz et des commendemens d'office de justice ed. Beautemps-Beaupré. 2 vol. Paris. 1865.

Löbell = Löbell, J. W., Gregor von Tours und seine Zeit. 2. Aufl., mit Zusätzen von Th. Bernhardt. Leipzig. 1869.

Löning, (Gesch. d.) KR. = Löning, Edg., Geschichte des deutschen Kirchenrechts. 2 Bde. Strassburg i/E. 1878.

—, **Reinigungseid** = Löning, Rich., Der Reinigungseid bei Ungerichtsklagen im deutschen Mittelalter (Festgabe zum 50jährigen Doktorjubiläum v. Bluntschli). Heidelberg. 1880.

—, **Vertragsbruch** = Löning, Rich., Der Vertragsbruch im deutschen Recht (der Vertragsbruch und seine Folgen Bd. I). Strassburg i/E. 1876.

Lomb. Comment. = Die Lombardakommentare des Ariprand und Albertus, her. von A. Anschütz. Heidelberg. 1855.

London, (Anefangsklage) = London, P., Die Anefangsklage in ihrer ursprünglichen Bedeutung. Aus dem Nachlasse des Verfassers her. von M. Pappenheim. Breslau. 1886.

Longnon, Géographie = Longnon, A., Géographie de la Gaule au VI. Siècle. Paris. 1878.

LZBl. = Litterarisches Zentralblatt für Deutschland, begründet von F. Zarncke, seit 1892 her. v. E. Zarncke. Leipzig. 1850 ff.

Maurer, Beweisvrn. = Maurer, K., Das Beweisverfahren nach deutschem Recht: KrÜ. 5, 180 ff; 332 ff.

—, **Gvrn.** = Maurer, G. L. von, Geschichte des altgermanischen und namentlich altbairischen öffentlich-mündlichen Gerichtsverfahrens. Heidelberg. 1824.

—, **Dorfverfassg.** = Maurer, G. L. von, Geschichte der Dorfverfassung in Deutschland. 2 Bde. Erlangen. 1865/6.

—, **Einleitg.** = Maurer, G. L. von, Einleitung zur Geschichte der Mark-, Hof-, Dorf- und Stadtverfassung und der öffentlichen Gewalt. München. 1854.

—, **Fronhöfe** = Maurer, G. L. von, Geschichte der Fronhöfe, der Bauernhöfe und der Hofverfassung in Deutschland. 4 Bde. Erlangen. 1862/3.

—, **Markenverf.** = Maurer, G. L. von, Geschichte der Markenverfassung in Deutschland. Erlangen. 1856.

Mätzner, Franz. Gramm. = Mätzner, E., Französische Grammatik. 2. Aufl. Berlin. 1877.

Mayer, Entstehg. d. l. Rib. = Mayer, E., Zur Entstehung der lex Ribuariorum. München. 1886.

Meibom, Pfandr. = Meibom, V. von, Das deutsche Pfandrecht. Marburg. 1867.

Meitzen, Agrarw. = Meitzen, A., Siedelung und Agrarwesen der Westgermanen und Ostgermanen, der Kelten, Römer, Finnen und Slaven. 3 Bde. u. ein Atlas. Berlin. 1895.

Mém. de l'acad. d. inscript. = Mémoires de l'académie (royale) des inscriptions et belles-lettres de l'institut de France. Paris. 1815 ff.

Mém. de l'ac. roy. de Belgique = (Nouveaux) Mémoires de l'académie (impériale et) royale des sciences, des lettres et des beaux-arts de Belgique (de Bruxelles). Brüssel. 1780 ff.

Menke, Vorbem. = Menke, Th., Erläuternde Vorbemerkungen zu(r 3. Aufl. von) Spruner-Menke, Handatlas zur Geschichte des Mittelalters und der neueren Zeit. Gotha. 1871.

Merkel, l. Srl. = Lex Salica, her. von J. Merkel. Berlin. 1850.

Meyer, Strafvrn. = Meyer, Hugo, Das Strafverfahren gegen Abwesende, geschichtlich dargestellt und vom Standpunkte des heutigen Rechts geprüft. Berlin. 1869.

MG. = Monumenta Germaniae historica ed. societas aperiendis fontibus rerum Germanicarum medii aevi. Hannover. 1826 ff.

MG. Conc. = Monumenta Germ. hist. Legum sectio III. Concilia. Tom. I. Concilia aevi Merovingici ed. F. Maassen. 1873.

MG. Constit. = Monum. Germ. hist. Legum sectio IV. Constitutiones et acta publica imperatorum et regum. Tom. I. II. ed. L. Weiland. 1893/6.

MG. LL. = Mon. Germ. hist. Abteilung Leges. Bd. I—V. 1835 ff.
MG. SS. = Mon. Germ. hist. Abteilung Scriptores. Bd. I—XXX. 1. 1826 ff.
MG. SS. rer. Merov. = Mon. Germ. hist. Abteilung Scriptores rerum Merovingicarum. Bd. I—III. 1865 ff.
Migne, Patrol. lat. = Patrologiae cursus completus. Series latina, cura J. P. Migne. Paris. 1844 ff.
MIÖG. = Mitteilungen des Instituts für österreichische Geschichtsforschung, redigiert von E. Mühlbacher. Innsbruck. 1880 ff. Dazu 4 Ergänzungsbände (zitiert EB.). ebd. 1885 ff.
Miraeus = Miraei, A. opera diplomatica et historica. Editio secunda, cura J. F. Foppens. Brüssel. 1723.
Monatsschr. f. d. Gesch. Westdeutschl. (Westd. MSchr.) = Monatsschrift für die Geschichte Westdeutschlands her. von R. Pick. Trier. 1875 ff.
Montesquieu, Esprit des lois = Montesquieu, Ch. de Secondat, De l'esprit des lois, in: Oeuvres complètes de Montesquieu avec les notes de tous les commentateurs. Tom. I. Paris. 1859.
Mon. Boic. = Monumenta Boica, ed. academia scientiarum Maximil.-Boica. München. 1763 ff.
Morpurgo = Morpurgo, L., Sui coniuratores del diritto Germanico (Archivio giuridico. Vol. 13. Pisa. 1874. S. 190 ff.)
Mühlbacher, Reg. = Böhmer, J. F., Regesta imperii I. Die Regesten des Kaiserreichs unter den Karolingern. 751—918. Nach J. F. Böhmer neu bearbeitet von E. Mühlbacher. Bd. I. Innsbruck. 1889.
Müllenh. b. Waitz = Müllenhof, K., Die deutschen Wörter der lex Salica in: Waitz, D. alte R. d. sal. Franken S. 271 ff.
Münchn. SB. = Sitzungsberichte der königlich bairischen Akademie der Wissenschaften zu München. Beide Klassen. 1860/70. phil.-hist. Kl. 1871 ff.
Müller, Alter u. Heimat = Müller, H., Der lex Salica und der lex Angliorum et Werinorum Alter und Heimat. Würzburg. 1840.
NA. = Neues Archiv der Gesellschaft für ältere deutsche Geschichtskunde u. s. w. her. von Wattenbach, jetzt Bresslau. Hannover. 1876 ff.
Neugart, Cod. dipl. Alam. = Codex diplomaticus Alemanniae et Burgundiae Transiuranae intra fines dioecesis Constansiensis ed. T. Neugart. Tom. I. S. Blasien. 1791.
Nibel. = Das Nibelungenlied, her. von F. Zarncke. 6. Aufl. Leipzig. 1887.
Nissl, GSt. = Nissl. A., Der Gerichtsstand des Klerus im fränkischen Reich. Innsbruck. 1886.
NR. = Nouvelle revue historique de droit français et étranger, publiée par E. de Rozière, P. Gide, R. Dareste etc. Paris. 1877 ff.
Ofener Stadtr. = Ofener Stadtrecht her. von A. Michnay und P. Lichner. Pressburg. 1845.
Opet, Prozesseinleitungsf. = Opet, O., Geschichte der Prozesseinleitungsformen im ordentlichen deutschen Rechtsgang. I. Abt. Die Zeit der Volksrechte. Breslau. 1891.
—, in Gierkes Unters. XXV = Opet, O., Die erbrechtliche Stellung der Weiber in der Zeit der Volksrechte. Breslau. 1888.

Osenbrüggen, Brandstiftg. = Osenbrüggen, E., Die Brandstiftung in den Strafgesetzbüchern Deutschlands und der deutschen Schweiz. Leipzig. 1854.

—, **Hausfrieden** = Osenbrüggen, E., Der Hausfrieden. Erlangen. 1857.

—, **Studien** = Osenbrüggen, E., Studien zur deutschen und schweizerischen Rechtsgeschichte. Schaffhausen. 1868.

Ostgötalag. = Corpus iuris Sueo-Gotorum, Samling af Sweriges Gamla Lagar. Vol. II. Codex iuris Ostgotici. Ostgötalagen, utgifven af C. J. Schlyter. Stockholm. 1830. Eþs. = Kunnigx eþzöre.

Palumbo, Testamento = Palumbo, L., Testamento romano e testamento longobardo. Lanciano. 1892.

Pappenheim in Gierkes Unters. XIV = Pappenheim, M., Launegild und Garethinx. Breslau. 1882.

—, **Schutzgilden** = Pappenheim, M., Die altdänischen Schutzgilden. Breslau. 1885.

Pardessus = Loi Salique ou recueil contenant les anciennes rédactions de cette loi et le texte connu sous le nom de lex emendata avec des notes et des dissertations, par J. M. Pardessus. Paris. 1843.

Pariset, Dispositions = Pariset, E., Droit romain: Dispositions de dernière volonté à Rome et dans le droit ancien. Droit français: Les monuments historiques. Thèse. S. Dizier et Paris. 1891.

Paul. Diac. = Pauli Diaconi historia Langobardorum, edentibus L. Bethmann et G. Waitz: MG. Script. rerum Langobardicarum et Italicarum saec. VI.—IX. Hannover. 1878. S. 12 ff.

Pertz, Dipl. M. = MG. Diplomatum imperii tomus I: Diplomata regum Francorum e stirpe Merowingica, ed. K. A. F. Pertz. Hannover. 1872.

Peters, Commentatio ad tit. 47 leg. Sal. = Peters, J. L., Commentatio ad titulum XLVII legis Salicae qui inscribitur: de reippus. Berlin. 1830.

Planck, Gerichtsvrn. = Planck, J. W., Das deutsche Gerichtsverfahren im Mittelalter. 2 Bde. Braunschweig. 1879.

Platon, Mallus ante theoda = Platon, G., Le mallus ante theoda vel thunginum et le mallus legitimus. Bordeaux. 1889.

Plin. Hist. Nat. = C. Plinii Secundi naturalis historia, D. Detlefsen recensuit. 6 Bde. Berlin. 1867/82.

Poen. Merseb. A. = Poenitentiale Merseburgense A: Wasserschleben, Bussordnungen S. 387 ff.

Poincaré = Poincaré, R., Du droit de suite dans la propriété mobilière. L'ancien droit et le code civil. Paris. 1883.

Prol. = Prologi legis Salicae: meine Ausgabe S. 95 ff.

Ratchis: MG. LL. IV. 183 ff.

Recap. = Recapitulationes legis Salicae: meine Ausgabe S. 102 ff.

Revue de législ. = Revue de législation ancienne et moderne française et étrangère, publiée sous la direction de E. Laboulaye, E. de Rozière etc. Paris. 1870 ff.

Rev. crit. = Revue critique d'histoire et de littérature, begründet von P. Meyer, Ch. Morel u. a., jetzt her. von M. A. Chuquet. Paris. 1866 ff.

Rev. d. qu. hist. = Revue des questions historiques. 1865 ff.

Rev. hist. = Revue historique, begründet von G. Monod u. G. Fagniez. Paris. 1876 ff.

Richter, Annalen = Richter, G. (und Kohl, Horst), Annalen der deutschen Geschichte im Mittelalter. Bd. I—III. 1. Halle a/S. 1873/90.

Richthofen, Fries. RQ. = Friesische Rechtsquellen, her. von K. Frhr. von Richthofen. Berlin. 1840.

—, WB. = Richthofen, K. Frhr. von, Altfriesisches Wörterbuch. Göttingen. 1840.

—, Z. l. Sax. = Richthofen, K. Frhr. von, Zur lex Saxonum. Berlin. 1868.

Richtst. Landr. = Der Richtsteig Landrechts nebst Cautela und Premis, her. von C. G. Homeyer. Berlin. 1857.

Rip. = Lex Ribuaria ex editione Rud. Sohm: MG. LL. V. 185 ff.

Rive, Vormundsch. = Rive, F., Geschichte der deutschen Vormundschaft. 2 Bde. Braunschweig. 1862/75.

Rogge, GW. = Rogge, K. A., Über das Gerichtswesen der Germanen. Halle. 1820.

Rom. Curiens. = Lex Romana Curiensis ex editione K. Zeumer: MG. LL. V. 289 ff.

Rom. Burg. = Leges Burgundionum. Lex Romana ed. L. R. de Salis: MG. Legum sect. I. Legum nationum Germanicarum. Tom. II. Pars I. Hannover. 1892. S. 123 ff.

Rom. Wis. = Lex Romana Wisigothorum ad LXXII librorum manu scriptorum fidem recognovit — G. Hänel. Berlin. 1847/8.

Rosenthal, Rechtsfolgen d. Ehebruchs = Rosenthal, E., Die Rechtsfolgen des Ehebruchs nach kanonischem und deutschem Recht. Hab. Schr. Würzburg. 1880.

Rosin (Commentatio) = Rosin, H., Commentatio ad titulum legis Salicae LIX „de alodis". Diss. Breslau. 1875.

Ross, Early history = Ross, D., The early history of landholding among the Germans. Cambridge. 1883.

—, Studies = Ross, D., Studies in the early history of institutions. I. The theory of village communities. Cambridge. 1880.

Roth. = Rothari: MG. LL. IV. 3 ff.

Roth, BenW. = Roth, P., Geschichte des Benefizialwesens von den ältesten Zeiten bis ins 10. Jahrhundert. Erlangen 1850.

—, Feudalität = Roth, P., Feudalität und Unterthanenverband. Weimar 1863.

Rückert, Sachenrecht = Rückert, L., Untersuchungen über das Sachenrecht der Rechtsbücher, zunächst des Sachsenspiegels. Leipzig 1860.

Sachs-Villatte, W. B. = Sachs, K. und Villatte, Enzyklopädisches französich-deutsches und deutsch-französisches Wörterbuch u. s. w. Grosse Ausgabe. 2. Aufl. 1. Teil: Französich-deutsch. Berlin 1877.

Salis, Beiträge = Salis, L. R. von, Beiträge zur Geschichte des persönlichen Eherechts in Graubünden. Basel. 1886.

Sandhaas, Germ.Abh. = Sandhaas, G., Germanistische Abhandlungen. Giessen. 1852.

—, Ehel. GR. = Sandhaas, G., Fränkisches eheliches Güterrecht. Giessen. 1866.

Savigny, Adel = Savigny, F. K. von, Beitrag zur Rechtsgeschichte des Adels im neueren Europa (Abh. d. Berl. Akad. d. Wiss. 1836. phil.-hist. Kl. I).

Savigny, Gesch. d. röm. R's. im MA. = Savigny, F. K. von, Geschichte des römischen Rechts im Mittelalter. 2. Aufl. 7 Bde. Heidelberg. 1831/51.

Saxon. (Sax.) = Lex Saxonum ex editione K. liberi baronis de Richthofen et K. F. de Richthofen: MG. LL. V. 1 ff.

SB. d. Sächs. Ges. d. Wiss. = Berichte über die Verhandlnngen der Kgl. Sächsischen Gesellschaft der Wissenschaften zu Leipzig. Leipzig. 1846 ff.

Schade, WB. = Schade, O., Altdeutsches Wörterbuch. 2. Aufl. Halle. 1872/82.

Schäffner (Fr. RG.) = Schäffner, W., Geschichte der Rechtsverfassung Frankreichs. 4 Bde. Frankfurt a/M. 1845/50.

Scheurl, Eheschliessgsr. = Scheurl, Chr. G. A. von, Die Entwickelung des kirchlichen Eheschliessungsrechtes. Erlangen. 1877.

Schildener = Schildener, K., Über die religiöse Gemeinschaft der alten Mitschwörenden unter einander und mit dem Prinzipal. Greifswald. 1833.

Schiller und Lübben, Mniederd. WB. = Schiller, K. und Lübben, A., Mittelniederdeutsches Wörterbuch. 6 Bde. Bremen. 1875/81.

Schmeller, Bair. WB. = Schmeller, J. A., Bairisches Wörterbuch. 2. Aufl., bearb. von G. K. Frommann. 2 Bde. München. 1872/77.

Schmid, Ges. d. Angels. = Die Gesetze der Angelsachsen. In der Ursprache mit Übersetzung, Erläuterungen und einem antiquarischen Glossar her. von R. Schmid. 2. Aufl. Leipzig. 1858.

Schmidt, Affatomie = Schmidt, Rich., Die Affatomie der lex Salica. Hab. Schr. München. 1891.

Schmidt, EN. = Schmidt, Arth. Benno, Echte Not. Ein Beitrag zur deutschen Rechtsgeschichte. Leipzig 1888.

— in Festschr. f. Benno Schmidt = Schmidt, Arth. Benno, Medizinisches aus deutschen Rechtsquellen (Festschrift für Benno Schmidt. Jena. 1896. S. 1 ff.).

— in Gierkes Unters. XVIII = Schmidt, Arth. Benno, Die Grundsätze über den Schadenersatz in den Volksrechten. Breslau. 1885.

Schreuer (Verbrechenskonk.) = Schreuer, H., Die Behandlung der Verbrechenskonkurrenz in den Volksrechten. Breslau. 1896 (Unters. zur Deutsch. Staats- u. R'sgesch. her. v. Gierke Heft L).

Schröder, De dote = Schröder, R., De dote secundum leges gentium Germanicarum antiquissimas. Diss. Berlin. 1861.

—, Franken u. ihr R. = Schröder, R., Die Franken und ihr Recht. Weimar. 1881 (Abdruck aus der Zeitschr. d. Sav. Stiftg. f. RG. 2).

—, Ehel. GR. = Schröder, R., Geschichte des ehelichen Güterrechts in Deutschland. 2 Teile. Stettin, Danzig, Elbing. 1863/74.

Schr. (Schr., RG.) = Schröder, R., Lehrbuch der Deutschen Rechtsgeschichte. 2. Aufl. Leipzig. 1894.

Schwappach = Schwappach, A., Handbuch der Forst- u. Jagdgeschichte Deutschlands. 2 Bde. Berlin. 1886/88.

Schweiz. Rundschau = Schweizerische Rundschau (Revue helvétique — Rivista elvetica), her. von F. Vetter. Bern und Zürich. 1891 ff.

Schweizer-Sidler = Cornelii Taciti Germania, erläutert von H. Schweizer-Sidler. 5. Aufl. Halle a. S. 1890.

Schwsp. Lassb. = Der Schwabenspiegel oder Schwäbisches Land- und Lehen-Rechtsbuch nach einer Handschrift von 1287 her. von F. L. A. Frhr. von Lassberg. Mit einer Vorrede von A. L. Reyscher. Tübingen. 1840.

Schulte, RG. — Schulte, J. F. von, Lehrbuch der Deutschen Reichs- und Rechtsgeschichte. 6. Aufl. Stuttgart. 1892.

Schultze in Gierkes Unters. XLIX = Schultze, A., Die longobardische Treuhand und ihre Umbildung zur Testamentsvollstreckung. Breslau. 1895.

Seebohm, The english village community = Seebohm, F., The english village community examined in its relations to the manorial and tribal systems and to the common or open field system of husbandry. London. 1883.

Sept. caus. = Remissoria ad legem Salicam. Septem causas: meine Ausgabe S. 99 ff.

Sickel, Freistaat = Sickel, W., Der Deutsche Freistaat. Halle a.S. 1879.

—, **Zur Gesch. d. Bannes** = Sickel, W., Zur Geschichte des Bannes in: Marburger Programme z. Einführung des Rektors. Marburg. 1886.

—, **Vertragsbruch** = Sickel, W., Die Bestrafung des Vertragsbruches und analoger Rechtsverletzungen in Deutschland. Halle. 1876.

Siegel, GVrn. (GVerf.) = Siegel, H., Geschichte des deutschen Gerichtsverfahrens. I. Giessen. 1857.

—, **Verwandtschaftsberechnung** = Siegel, H., Die germanische Verwandtschaftsberechnung mit besonderer Beziehung auf die Erbenfolge. Giessen. 1853.

Skånelag. = Corpus iuris Sueo-Gotorum antiqui. Samling af Sweriges Gamla Lagar. Vol. IX. Codex iuris Scanici. Skånelagen, utgifven af C. J. Schlyter. Lund. 1859. I. Cod. iur. Scanici. Skånelagen. S. 1 ff.

Skedl, Nichtigkeitsbeschwerde = Skedl, A., Die Nichtigkeitsbeschwerde in ihrer historischen Entwickelung. Leipzig. 1886.

Sohm, Eheschliessg. = Sohm, R., Das Recht der Eheschliessung aus dem deutschen und kanonischen Recht geschichtlich entwickelt. Weimar. 1875.

—, **Proz.** = Sohm, R., Der Prozess der lex Salica. Weimar. 1867.

—, **RuGV.** = Sohm, R., Die Fränkische Reichs- und Gerichtsverfassung. (Die altdeutsche Reichs- und Gerichtsverfassung. Bd. I). Weimar 1871.

—, **Strassb. Festg. f. Thöl** = Sohm, R., Zur Geschichte der Auflassung. Festgabe zum Doktorjubiläum von H. Thöl, überr. von der rechts- und staatswissenschaftlichen Fakultät zu Strassburg i./E. Strassburg. 1879.

—, **Trauung** = Sohm, R., Trauung und Verlobung. Eine Entgegnung auf Friedberg, Verlobung und Trauung. Weimar. 1876.

Somma de leg. Norm. = Somma de legibus Normannie (Jura et consuetudines Normannie. Grand Coutumier de Normandie). in: Le Coutumier général, ed. Bourdot de Richebourg. Vol. IV. Paris. 1724.

Ssp. Landr. = Des Sachsenspiegels erster Teil oder das Sächsische

Landrecht, nach der Berliner Handschrift von 1369 her. von C. G. Homeyer. 3. Ausg. Berlin. 1861.

Stemann, Retshist. = Stemann, C. L. E., Den danske Retshistorie indtil Christian V[s]. Lov. Kopenhagen. 1871.

Stobbe, Beiträge = Stobbe, O., Beiträge zur Geschichte des deutschen Rechts. Braunschweig. 1865.

—, **DPrR.** = Stobbe, O., Handbuch des deutschen Privatrechts. Bd. I. II. in 3. Aufl. Berlin. 1893/7. Bd. III—V in 2. Aufl. Berlin. 1884/5.

—, **RQ.** = Stobbe, O., Geschichte der deutschen Rechtsquellen. 2 Bde. Braunschweig. 1860/4.

—, **Vertragsr.** = Stobbe, O., Zur Geschichte des deutschen Vertragsrechtes. Drei Abhandlungen. Leipzig. 1855.

Stock, Freilassungn. = Stock, A., Die Freilassungen im Zeitalter der Volksrechte. Diss. Halle a. S. 1881.

Stouff, Personnalité = Stouff, L., Etude sur le principe de la personnalité des lois depuis les invasions barbares jusqu'au XII. siècle. Paris. 1894.

Sunesen = Corpus iuris Sueo-Gotorum. Samling af Sweriges Gamla Lagar. Vol. IX. Codex iuris Scanici. Skånelagen, utgifven af C. J. Schlyter. Lund. 1859. II. Juris Scanici expositio latine conscripta ab Andrea Sunonis filio, archiepiscopo Lundensi. Aerkebiskopen i Lund Andreas Sunessons latinska bearbetening af Skånelagen. S. 239 ff.

Sybel, Königt. = Sybel, H. von, Entstehung des deutschen Königtums. 2. Aufl. Frankfurt a/M. 1881.

Tac. Germ.: Schweizer-Sidler.

Tamassia, L'affratellamento = Tamassia, G., L'affratellamento. Torino. 1886.

Tardif, Etudes = Tardif, J., Etudes sur les institutions politiques et administratives de la France. Période Merovingienne. Paris. 1881.

—, **Institutions**: Tardif, Etudes.

—, **Monuments** = Monuments historiques publiés par M. J. Tardif. Paris. 1866.

—, **Procédure** = Tardif, A., La procédure civile et criminelle aux XIII. et XIV. siècles, ou procédure de transition. Paris. 1884.

Themis = Themis. Regtskundig Tijdschrift door D. H. Levysohn, A. de Pinto u. s. w., später A. Heemskerk u. s. w. s'Gravenhaage. 1839 ff.

Thomas, Oberhof = Thomas, J. G. Ch., Der Oberhof zu Frankfurt a/M. und das fränkische Recht in Bezug auf denselben. her. von M. H. Euler und bevorwortet v. Jak. Grimm. Frankfurt a/M. 1841.

Thonissen, Peines capitales = Thonissen, J. J., Mémoire sur les peines capitales dans la législation mérovingienne. Brüssel. 1877.

Thonissen = Thonissen, J. J., L'organisation judiciaire, le droit pénal et la procédure pénale de la loi Salique. 2. édition revue et augmentée. Bruxelles et Paris. 1882.

Thudichum, GuMV. = Thudichum, F., Die Gau- und Markverfassung in Deutschland. Giessen. 1860.

—, **Sala** = Thudichum, F., Sala. Salagau. Lex Salica. Tübingen. 1895.

Thur. = Lex Thuringorum edente K. F. de Richthofen: MG. LL. V. 103 ff.

Très ancien Coutumier de Normandie = Coutumiers de Normandie. 1. partie: Le très ancien Coutumier de Normandie, ed. E. J. Tardif. Rouen. 1881.

Unger, GV. = Unger, F. W., Die altdeutsche Gerichtsverfassung. Göttingen. 1842.

Uplangslag. = Corpus iuris Sueo-Gotorum. Samling af Sweriges Gamla Lagar. Vol. III. Codex iuris Uplandici. Uplandslagen, utgifven af C. J. Schlyter. Stockholm. 1834. Wb. = Wiþaerbo.

Val de Lièvre. = Val de Lièvre, A., Launegild und Wadia. Eine Studie aus dem langobardischen Rechte. Innsbruck. 1877.

Vanderkindere, Introduct. = Vanderkindere, L., Introduction à l'histoire des institutions de la Belgique au moyen-âge (jusqu'au traité de Verdun. 843). Brüssel. 1890.

Viollet, Hist. = Viollet, P., Histoire des institutions politiques et administratives de la France. Tom. I. Paris. 1890.

Vita S. Agili: Mabillon, Acta Sanctorum O. S. Ben. saeculi II. S. 316 ff.

Vita S. Columbani: ebd. S. 30 ff.

Vocke, Gem. ehel. GR. = Vocke, H., Gemeines eheliches Güter- und Erbrecht in Deutschland. 2 Bde. Nördlingen. 1873.

Wach, Arrestproz. = Wach, A., Der Arrestprocess in seiner geschichtlichen Entwickelung. I. Leipzig. 1868.

Wackernagel, D. Lebensalter. = Wackernagel, W., Die Lebensalter. Basel. 1862.

—, **Kl. Schr.** = Wackernagel, W., Kleinere Schriften. Bd. I—III. Leipzig. 1872/4.

Waitz, Abhandlg. = Waitz, G., Gesammelte Abhandlungen. 1. Bd. Abhandlungen zur Deutschen Verfassungs- u. Rechtsgeschichte her. von K. Zeumer. Göttingen. 1896.

—, **AR.** = Waitz, G., Das alte Recht der salischen Franken. Kiel. 1846.

—, **VG.** = Waitz, G., Deutsche Verfassungsgeschichte. Bd. I—II in 3. Aufl. Kiel 1880/2. Bd. III. IV. in 2. Aufl. Kiel (Berlin) 1882/5. Bd. V. in 2. Aufl., besorgt von K. Zeumer. Berlin. 1893. Bd. VI. in 2. Aufl., besorgt von G. Seeliger. ebd. 1896; Bd. VII. VIII in 1. Aufl. Kiel. 1876/8.

Warnkönig, Flandr. RG. = Warnkönig, L. A., Flandrische Staats- und Rechtsgeschichte bis zum Jahre 1305. 3 Bde. Tübingen. 1835/9.

—, **Franz. RG.** = Warnkönig, L. A., und Stein, L., Französische Staats- und Rechtsgeschichte. 3 Bde. Basel. 1846.

Wartmann, UB. v. St. Gallen = Urkundenbuch der Abtei St. Gallen, her. von H. Wartmann. 3 Teile. Zürich. 1863/82.

Wasserschleben, Sukzessionsordng. = Wasserschleben, F. W. H., Das Prinzip der Sukzessionsordnung nach deutschem, insbesondere sächsischem Rechte. Gotha. 1860.

—, **Bussordnungen** = Die Bussordnungen der abendländischen Kirche, nebst einer rechtsgeschichtlichen Einleitung, her. von F. W. H. Wasserschleben. Halle. 1851.

Weinhold, Frauen = Weinhold, K., Die deutschen Frauen in dem Mittelalter. 3. Aufl. 2 Bde. Wien. 1897.

Wendelin, De natali solo = Natale solum legum Salicarum, demonstratum a Gottifredo Wendelino in: Leges Salicae illustratae, illarum natale solum demonstratum etc. auctore G. Wendelino. Antwerpen. 1649.

Wiarda, Sal. Ges. = Wiarda, T. D., Geschichte und Auslegung des Salischen Gesetzes und der Malbergischen Glossen. Bremen u. Aurich (1808).

Wien. SB. = Sitzungsberichte der kaiserl. Akademie der Wissenschaften zu Wien. Wien. 1848 ff.

Wilda, Strafr. = Wilda, W. E., Das Strafrecht der Germanen. Halle. 1842.

Wilh. = Wilhelms Gesetze: Schmid, Ges. d. Angels. S. 322 ff.

Wis. = Leges Visigothorum antiquiores, ed. K. Zeumer (Fontes iuris Germanici antiqui in usum scholarum ex MG. separatim editi). Hannover u. Leipzig. 1894.

Wodon, Contrats = Wodon, L., La forme et la garantie dans les contrats francs. Diss. Malines. 1893.

Wolfdietrich = Der grosse Wolfdietrich, her. von A. Holtzmann. Heidelberg. 1865.

Woringen, Beiträge = Woringen, F. A. M. von, Beiträge zur Geschichte des deutschen Strafrechts. 1. Beitrag: Erläuterungen über das Kompositionenwesen. Berlin. 1836.

Wright u. Wülcker = Wright, Th., Anglosaxon and old english vocabularies etc. 2. edition, edited and collated by R. P. Wülcker. Vol. I. II. London. 1884.

Wyss, Abtei Zürich = Wyss, G. von, Geschichte der Abtei Zürich. Mit 2 Siegeltafeln. Zürich. 1851/8.

WZ. = Westdeutsche Zeitschrift für Geschichte und Kunst, her. von F. Hettner und K. Lamprecht. (Fortsetzung von Picks Monatsschrift f. d. Gesch. Westdeutschl.) Trier. 1882 ff.

Young, Essays in Anglosax. law = Young, E., The family law, in: Essays in Anglosaxon law. Boston. 1876. S. 121 ff.

ZDPhil. = Zeitschrift für deutsche Philologie, begründet von E. Höpfner und Jul. Zacher. Halle. 1869 ff.

ZDR. = Zeitschrift für deutsches Recht und deutsche Rechtswissenschaft, her. von Reyscher und Wilda, von Bd. IX an von Beseler, Reyscher u. Wilda. Leipzig, von Bd. IX an Tübingen. 1839 ff.

ZfDAltert. = Zeitschrift für deutsches Altertum, her. von M. Haupt, von Bd. 17 an von K. Müllenhof u. E. Steinmayer, von Bd. 35 an von E. Schröder u. G. Roethe. Leipzig (Berlin). 1841 ff.

Zschr. f. d. ges. StW. = Zeitschrift für die gesamte Staatswissenschaft, her. von Volz, Schüz, Fallati, Hoffmann, Göritz u. R. Mohl, später von Schäffle. Tübingen. 1844 ff.

Z. f. g. RW. (Z. f. gesch. RW.) = Zeitschrift für geschichtliche Rechtswissenschaft, her. von Savigny, Eichhorn, Göschen, Kunze, Rudorff. Berlin. 1815 ff.

Z. f. Schw. R. = Zeitschrift für Schweizerisches Recht, her. von Ott, Rahn, Schnell u. F. von Wyss, jetzt von A. Heusler. Basel. 1852 ff.

Zimmermann = Zimmermann, Ernst, Der Glaubenseid. Marburg u. Leipzig. 1863.

Zimmerle, Stammgutssystem = Zimmerle, L., Das deutsche Stammgutssystem nach seinem Ursprunge und seinem Verlaufe. Tübingen. 1857.

ZKR. = Zeitschrift für Kirchenrecht, B. 1 u. 2. Berlin. 1861/2; Bd. 3—22. Tübingen. 1863/80; Freiburg i. B. 1881/91 her. von Dove, seit Bd. 4 in Verbindung mit Friedberg.

Zöpfl, Altert. = Zöpfl, H., Altertümer des deutschen Reichs und Rechts. 3 Bde. Leipzig u. Heidelberg. 1860/1.

—, **Ewa Cham.** = Zöpfl, H., Die Ewa Chamavorum. Ein Beitrag zur Kritik und Erläuterung ihres Textes. Heidelberg. 1856.

—, **RG.** = Zöpfl, H., Deutsche Rechtsgeschichte. 4. Aufl. 3 Bde. Heidelberg. 1871/6.

Zorn, Beweisvrn. = Zorn, Ph., Das Beweisverfahren nach langobardischem Rechte. Diss. Münch. 1872.

ZRG. = Zeitschrift für Rechtsgeschichte, her. von Rudorff, Bruns, Roth, Merkel u. Böhlau. Weimar. 1861 ff.

ZRG². = Zeitschrift der Savigny-Stiftung für Rechtsgeschichte, her. Bruns, Roth, Böhlau, Pernice u. A., seit Bd. 9 von Bekker, Pernice, Schröder u. Brunner. Weimar. 1880 ff. Germanistische Abteilung.

ZvglRW. = Zeitschrift für vergleichende Rechtswissenschaft, her. von F. Bernhöft und G. Cohn, später mit J. Kohler. Stuttgart. 1878 ff.

Register

der in den Erläuterungen besprochenen Textstellen.

(Die ohne besonderen Zusatz aufgeführten Zahlen verweisen auf Titel und Paragraphen des Pactus legis Salicae. C = Capitulare. Für die anderen auf den Text bezüglichen Abkürzungen vgl. das Verzeichnis der Denkmäler und Litteratur. Die Erläuterungen sind mit „Erl.“ unter Hinzufügung der Buchseiten zitiert.)

---

abantonia: C. IV. 5 Erl. 250.
abatere: C. I. 2 Überschr. Erl. 234.
abbundire: 14, 4. Erl. 124.
abonnis: C. III. 3, 1. Erl. 246.
absolvere se per sacramentum: C. V. 8, 1. Erl. 258.
abstrahere de servitio domini i. e. plagiare: 39, I_1.
acceptor = accipiter: 7, 1—3. Erl. 112.
achasius: C. II. 3. Erl. 239 ff.
acre brastasit: C. IV. 11. Erl. 251.
actio: C. VIII. 7. Erl. 275 f.; criminalis a. Prol. II.
acutarius canis: 6, II. Erl. 112.
adclamare cartam falsam: Extr. B. 3. Erl. 286.
adcrescere, crescere: 50, 2; 52. Erl. 193 f.
adfathamire: 46. Erl. 178 ff.
adfatimus: C. II. 4. Erl. 243.
adfirmare sacramenta: Extr. B. 5. Erl. 287.
adlassare: 33, I. Erl. 149.
admallare, mallare: 16, 1; 50, 2; 3; 51, 1; 52; 53, 1; 56, 1; C. III. 1; V. 8, 1; VIII. 6; Extr. A. 2_3. Erl. 194; 198; 202.
admissarius = vuaranio.
admonere, admonitio: 40, 6; 8; 10; 47: 50, 2; C. VII. 12; 17; Erl. 159; 187.
adnuntiare sunnia: C. VIII. 7. Erl. 275.
adpreciare: 50, 1; 3. Erl. 193; 198.
adsalire: 13, 4; 14, $4_{5;6}$; 5; 6; I; 17, 9_1; II_1; 35, 2_1: 42, 1. Erl. 123; 125; 165.
adsedere: 45, 2. Erl. 174.
adsolet = solet.
adtrutionis: C. VIII. 7. Erl. 274.
adulterare clavem, einen Schlüssel nachmachen: 11, 5. Erl. 118 f.
adulterium: 25 Überschr. Erl. 135.
aeneus, ineus, hineus: 14, 2_2; 16, II; 53, 1; 5; 56, 1; 64, 1; C. IV. 16; V. 8, 1; VIII. 6. Erl. 124.
affatomie: vgl. atfathamire.
agens: C. VIII. 7; 9. Erl. 276.
ager: 27, VII; 43, 3; Rec. B. 11. Erl. 139; 167.
agnoscere, cognoscere: 37; 47; C. III. 1. Erl. 185; 244.
agramire, adrhamire, achramire, adframire: 37; 47. Erl. 154; 186.
agsonia: C. VI. 1_1. Erl. 260. vgl. 276.
ales: vgl. callus.
alninus: 60. Erl. 228.
alodis: 59 Überschr.; 59, 5_2. Erl. 222 f.
ambascia, ambasia: 1, 4; C. VI. 1. Erl. 109.
ancilla: 10, 1_1; 2; I_2; IV; 13, 9; 25, 3—5; 7—9; 35, 11_1; 40, 11; 47_3; C. III. 3, 10; 11; IV. 5. Erl. 117; 135 f.; 160; 247; 250.
aneda: 7, 4_1. Erl. 113.
anguilla: 27, 19. Erl. 140.
angulus: 58. Erl. 219.
animal: 3 Überschr.; 3, 2; 6; V; 7; 9, 1; I; 3; 16, 4; 37; Extr. B. 9. Erl. 110.
anona: 16, 3; 22, 1; I; 27, 8_1. Erl. 133.
anser: 7, 4. Erl. 113.
anthmallus: Extr. B. 1; 2. Erl. 285.
antruscio, antrustio vgl. trustis.
aperire sepem: 9, III; 34, 1_2. Erl. 116; 149.
apis: 8 Überschr.; 8, 1; 2; I; II; Erl. 113 f.

appellare: 1, 3; C. VII. 2; Erl. 260f. — heredem app. 46.
arbor, arb. signatus: 7, 1; 27, 18. Erl. 112; 140.
ardere 16, 1 — sepem ardere 34, I. Vgl. 16, 5. Erl. 149.
arestato: 14, VII; 55, II_1. Erl. 126; 208.
aripennis: C. VII. 14. Erl. 266.
arma: C. V. 4_2. Erl. 255 f.
artifex: 10, IV_1; C. IV. 5; Rec. B. 23; 24. Erl. 117 f.
ascendere caballum: 23. Erl. 133.
ascus: 21, 3_1; 4. Erl. 132.
aspellis: C. II. 1. Erl. 235 f.
assus: 2, 3. Erl. 110.
atributaria, atribute: C. IV. 2. Erl. 248.
atrium: C. VII. 14. Erl. 265 f.
aucellus: 7, VI. Erl. 113.
auctor sceleris: 14, V_3; 19, 2. auctor cartae C. IX. 11. auctorem de benefitio Extr. B. 10. Erl. 288.
auctoritate sua, eigenmächtig: Extr. B. 10.
audire, odire: C. VIII. 7. Erl. 274. — legem audire 45, 2; 50, 3. Erl. 176.
auferre = offerre.
auricula: 29, 1_1; VI. Erl. 143.
aurifex: 10, IV_1; 35, 6. Erl. 118.
avica terra: Extr. A. 2. Erl. 283.
avis: 7 Überschr. Erl. 112.
avunculus: 13, II; 44, 7; 8. Erl. 122; 170 f.

bannire: 1, 1_1. Erl. 107.
barbarus: 14, 2; 41, 1; Prol. I. Erl. 161.
bargus: C. I. 2_1; III. 1; IV. 3, 3. Erl. 234; 244; 249.
baro: 31, 1. Erl. 146.
basilica: 55, III; IV. Erl. 210.
battere: 35, I; C. I. 1. Erl. 151; 234.
beneficiarius servus: C. IX. 7. Erl. 281 f.
benefitium: Extr. B. 10. Erl. 288.
beodus: 46. Erl. 182.
berbix, 4, 2. Erl. 111.
bibere dare herbas: 19, 1; 2_1. Erl. 131.
bimus, bimatus: 2, 5; 3, 2; III; 38, 6_1. Erl. 110.
boni rachymburgii: C. VIII. 7. Erl. 274; 277. — bona carta: Extr. B. 4.
bos: 3, 3; 37; 47. Erl. 110. — bos cervi (cervia): C. IV. 2. Erl. 248.
bracchium mulieris exstringere, pressare: 20 Überschr.; 20, 1; 2. Erl. 131.
bracile: 27, X. Erl. 141.
buccus: 5, I. Erl. 111.

caballus: 9, 1; I_1; 10, 1; 23; 27, I; 3; 4; 37; 38, 1; I; V; VII; 8; VIII; 47; 65. Erl. 155.
cadere in terram: 17, I_1; 5. Erl. 129.
calcare: C. IV. 3, 3. Erl. 248.
calefacere ignem: C. V. 8, 1. Erl. 258.
calidam. ad c. provocare: C. IV. 4. Erl. 249.
callus, callum, clalus, hallus, allus: 41, 2; 4. Erl. 162.
calx: C. III. 3, 4. Erl. 246.
cambiare: 37; 47. Erl. 154.
cambortus: 34, 1. Erl. 149.
camisa, camisia: 41, 2; 58. Erl. 162; 220 f.
campus: 2, 2_1; 27, 8; 23; IX; C. III. 1. Erl. 110; 243.
canis: 6; 14, 1; 33, I.; II; C. IV. 3, 3. Erl. 111.
cantichius: vgl. nexticantichius.
capillaturiae: C. V. 2. Erl. 134; 235; 254.
capitale: passim. Erl. 109; 116; 158.
capitalis sententia: 40, 5. Erl. 159.
capitula pro lege tenenda: C. IX. 12. Erl. 282.
capra: 5 Überschr.; 5, 1. Erl. 111.
capritus: 5, 1_1. Erl. 111.
capulare: 7, VII; VIII; 14, VII; 16, 5_1; 20, I; 27, 15; 29, II; X; 34, 1; 55, II; C. IV. 6. Erl. 132.
caput: 17, I; 3; 5_1; 60, 1. — contra c. testes accipere: Extr. B. 8. Erl. 288. — per capita dividere hereditatem: 59, 5_2. Erl. 228.
Carbonaria silva: 47. Erl. 186.
Caronna: C. VIII. 1. Erl. 268.
carpentarius: 10, IV. Erl. 117.
carricare: C. IV. 6. Erl. 251.
carrucaricius caballus: 38, 1. Erl. 155.
carruga: 34, 2. Erl. 139.
carrus: 14, I; 27, VIII; 34, 2; 3_3; C. IV. 6. Erl. 139.
carta regis: 14, 1_1 vgl. praeceptum. — c. ingenuitatis: C. IX. 11. Erl. 282. — auctor cartae C. IX. 11. — falsare cartam: C. IX. 11. — falsare cartam: C. IX. 11. — falsa c. Extr. B. 3; 4. Erl. 286.
casa = domus. Erl. 127. foris c. furare: 8, 2_2; 11, 1; 2. Erl. 118. — casam trahere: 27, XI. Erl. 141. — furtum in c. mittere: 34, 4. Erl. 150. — foris c. interfectus: 43, 3. Erl. 167. — in c. manere: 46. Erl. 182. — casa cletem salina: 16, 2. Erl. 127.
castrare: 12, 2; 25, 7; 29, 9; 40, 4; 11; C. V. 6. Erl. 135 f.; 144; 158; 160; 256.

cathedra: C. II. 3; 4, 2. Erl. 241.
causa: 13, 5; 44, 10; 48, 3; 50, 3; 53, 1—4; C. V. 8; VIII. 7. Erl. 170.
celare: 33, 1; I; 41, 2; C. V. 5, 1; 2. Erl. 161 f.; 256.
celatura: 41, 4. vgl. celare.
cellarium: C. III. 3, 11. Erl. 247.
centena: C. VII. 9. Erl. 262 f.
centenarius: 44, 1; 46; 60_1; C. VII. 16. Erl. 168 f.; 228; 267.
cervus: 33, 2; 3; I; C. IV. 2. Erl. 148; 248.
cessio de servo: C. VII. 5; 12. Erl. 261 f.; 265.
chane creudo: C. V. 2. Erl. 253 f.
charoena: 61 Überschr. Erl. 229.
cheristadona, cheristonica: 55, II. Erl. 208.
chranne, franne: 2, 1_1; 2. Erl. 109.
chrene cruda: 58. Erl. 217 f.
christiani, christianitas: C. V. 4_2.
Christus: Prol. I.
chunna: Remissoria, chunnas. Erl. 291.
cicenus: 7, IV. Erl. 113.
cinitus: 30, 1. Erl. 144 f.
clausura: 7, VII_2; VIII_1; 9, 5; II; 27, VIII. Erl. 114; 139.
clavis: 2, II; 7, 3; 8, 1; 2_2; I; 11, 5; 13, 5; 21, 3; 4; 27, 21; 22; C. VII. 10. Erl. 109 f.; 112; 114; 118 f.; 132; 264.
cletis: 16, 2. Erl. 117.
coccinare: 64, 1. Erl. 231 f.
collocare, colocare, collegere, collegare u. s. w. solem: 37; 40, 7; 8; 10; 50, 2; 52; 56, 1; 57, 1; 2; C. V. 8, 1. Erl. 160; 175; 196; 212 f.; 215; 216; 257.
colapus: vgl. colpus.
colpus, colapus, culapus: 17, 1; 6; 40, 3; 4. Erl. 128 f.; 158.
comburere ad celandum: C. V. 5, 1. Erl. 256.
comes: C. IX. 1; Extr. B. 1; 2. — comes aut grafio: C. II. 3; III. 1. Erl. 176.
commedere hominem: 64, 1. Erl. 232.
commendare terram: Extr. A. 2_1; $_2$. Erl. 283.
commonere: 47. Erl. 188 vgl. admonere.
commotio: 41, IV_3. Erl. 165.
componere: passim. Erl. 108 („culp. iud.“).
concagatus: 30, 2. Erl. 145.
concides: 16, 5. Erl. 128.
concredere se: Extr. B. 2; 4. Erl. 286.
concremare aut celare: C. V. 5, 2. Erl. 256.
condempnare terram: Extr. A. 2. Erl. 283.
condicere: C. VII. 12. Erl. 265 vgl. 160.
confiscare: 51, I. Erl. 202.
confiteri: 9, 1; 3; 40, 2; 4; 5. Erl. 115; 157 f.
confessio: 39, III. Erl. 157.
confugere: C. VII. 14; 15. Erl. 265 f.
coniactare: 43, 1; 3. Erl. 167.
conludius: C. VII. 12. Erl. 265.
conpanio, conpaniones: 63, 1_2. Erl. 231.
conplere totam legem: 58. Erl. 218.
conscientia pura: C. VIII. 5. Erl. 271.
consequi: 37. Erl. 154.
consiliare vgl. consiliatores.
consiliatores (conciliatores) C. II. 2 Überschr. Erl. 237.
consilium. extra c., sine consilio: 21, 1; 23; 27, 23; XI; 38, VI; 65 Überschr.; 65, 1; C. I. 2; 4; II. 2, 1; IV. 10. Erl. 132; 133; 140; 156; 232 f.; 234; 235; 237; 251.
consimilis: 35, 1_1; C. VII. 5. Erl. 261.
consistere: 45, 1; C. VIII. 8; 9. Erl. 278.
consobrina, consubrina, consobrinus: 13, II; 44, 6; 7. Erl. 122; 170 f.
consorciare: 40, I. Erl. 160. — consorcium: 13, 11; C. II. 3.
constitutae vigiliae: C. VII. 9. Erl. 262.
contestare vgl. testare.
continere: 38, VI. Erl. 156.
contractor: C. VIII. 7. Erl. 274 f.
contradicere: 45, 1; 57, I. Erl. 172 f; 217.
contubernium: 14, 5; 6; II; 42, 1; 3; 43, 1a; c; 3; C. V. 7. Erl. 125; 165; 167; 256.
contumelia: C. VI. 2. Erl. 260.
convenire: 2, 6; 4, 3; 8, 2; 10, IV_3; 14, 2; 25, 2; 27, 14; 33, 1; 40, 2; 11; 44, 1; 45, I; 46; 53, 1; 3; I; 5; 55, 2; C. III. 3, 9; IV. 5; V. 8, 1 VI. 1; VII. 14; 15; VIII passim. Erl. 111; 170; 177; 179; 204; 209 f; 257; 265; 268.
convicinia: Extr. B. 11. Erl. 288.
convicium; 30 Überschr. Erl. 144.
convictus: 43, 1. Erl. 167.
conviva regis: 41, 5; 6. Erl. 162.
convivium: 43 Überschr.; 43, 1; 2. Erl. 167.
copulare in coniugium: 13, 10; 44, 1; C. II. 1, 1. Erl. 122; 168; 235 f.; 237.
cornu sonare: C. III. 1. Erl. 244.

corpus expoliare: 55, 1; 2. Erl. 207f; 208f. — corpus cognoscere: C. III. 1. Erl. 244.
costa: 17, 4. Erl. 129.
credere: 46. Erl. 179ff. — nihil c.: 40, 4. Erl. 159. — credentes C. VIII. 7. Erl. 274.
creu beba: C. V. 5. Überschr. Erl. 256.
crescere: vgl. adcrescere.
criminalis actio: Prol. II.
crinitus puer: 24, 1_3; 2; C. I. 4, 1. Erl. 134.
cromare: C. II. 4. 2. Erl. 243.
cubitus: 20, 3.
culapus: vgl. colpus.
culcare: vgl. collocare.
culmus: 34, 1_1. Erl. 150.
culpabilis iudicetur: passim. Erl. 108.
cultellus: 7, X; Extr. A. 4. Erl. 113.
cumnegotiator: 47. Erl. 187.
cupiditas operarum: C. VII. 14. Erl. 266.
currere, currit vulnus, plaga: 17, 4_2. Erl. 129f.
curtis: 6, III_1; 7, VII; 34, 4; II. Erl. 112; 113; 150.
custodia salva: Extr. B. 2. Erl. 285.

damnum in messe. 9 Überschr.; 9, 5; II. Erl. 111. — d. causae: C. V. 1. Erl. 253.
debilitas, debilitare: 29 Überschr.; 29, 1: 38, VII. Erl. 142.
decipula: 7, VI_1. Erl. 113.
decotare, decorticare, excorticare, excoriare u. s. w. 38, VIII; 65. Erl. 156; 232.
deducere: vgl. educere.
de intus, de intro: 7, 3; 11, 3_1; 13, 5; 21, 3; 4. Erl. 112; 132.
delatura: vgl. dilatura.
demandare: 44, 1; 46; C. III. 4. Erl. 170; 247f.
domittere: vgl. dimittere.
dens. dentem excutere: 29, XI. Erl. 144.
depotare: 46. Erl. 183 unten.
destruere: C. VIII. 7. Erl. 274f.
detoxitus: C. IV. 3, 3. Erl. 248f.
detricare: vgl. tricare.
Deus. — in Dei nomine: C. VII. 18; VIII. 1. Erl. 268.
dextera manu auferre: C. VIII. 6. Erl. 271f.
diaconus: 55, VI. Erl. 210.
dicere legem: 57, 1; 2. Erl. 214.
diger 58. Erl. 221.
digitus: 20 Überschr.; 20, 1; 29, 5; VII—IX; 6—8. Erl. 131f.; 143f.
dilator: 30, 7. Erl. 145.
dilatura, delatura: passim; Extr. A. 6. Erl. 109; 284.
dimittere, demittere: C. I. 3. Erl. 234. — 10, I; 26, 1; 2; C. IX. 2; 7; Erl. 116f.; 136f.; 280; 281f. — 41, 8; 45, 2. Erl. 163f.; 176f.; — 44, 1; 59, 1; 2. Erl. 223f.
dinarius, denarius. per dinario dimittere: 26, 1; 2. Erl. 137. — tres solidos et denario: 44, 1. Erl. 170.
directa. lege directa sic facere: C. VIII. 7. Erl. 276 unten.
discalcius: 58. Erl. 220.
discaregare, discarecare: 27, 10; 13.
discendere ex caballo: 23, 3. Erl. 133.
discinctus: 58. Erl. 220.
dispendium: C. VII. 16. Erl. 267. — d. vitae, Verlust des Lebens: C. VIII. 7.
diversus. per diversa possidere: C. VII. 12. Erl. 265.
dividere, divisum tenere: C. IX. 3. Erl. 280. — homicidam dividere 35, 1. Erl. 150. — compositionem d. 62, 1. Erl. 230f.
dolare: 27, 16. Erl. 139.
domesticus: 7, IV; 4_1; VII; VIII; 33, 2; 3; 36. Erl. 113; 148f.
dominicus: 1, 1; 4; 41, 3; 42. 1; 2; 50, 4; C. IV. 4; VI. 1. Erl. 107f.
dominus servi (ancillae) 10, 2; 12, 2; 25, 3; 7; 9; 26, 1; 2; 27, 25; 35, 1; 5; 39, I; 40, 2; 4; 6; 7; 9—11; C. III. 3, 11; IV. 8; VII. 5; 6; 11; 12; 15; VIII. 5; 7; IX. 2; 7; 11. Erl. 150ff.; 157ff.; 250; 261f.; 264f.; 266; 272f.; 281f. — dominus animalium 9, II_2; 23; 33, 2; 36; 38, VI; 65. Erl. 115; 153.
domitus: 3, II. Erl. 110f.
domus: passim, z. B. 1, 3; 50, 1; 2; Erl. 108f.; 193. vgl. auch casa. — adsalire in domo: 42, 1. Erl. 165.
donare = dare.
dormientem hominem expoliare: 14, III; 61, I. Erl. 125. — casam super hom. dorm. incendere: 16, 1. Erl. 127.
dorsum. pro d. reddere: 40, 2_2. Erl. 157f.
dos. C. II. 3; 4; V. 4; VIII. 4. Erl. 239ff.; 254f.; 271.
dructe ducentem: 13, IV. Erl. 123.
dubitare: C. VIII. 9. Erl. 278f.
ducaria scroba: 2, 11. Erl. 110.
ducere servum secum in texeca: 10, III. Erl. 117.
duropullus: 58. Erl. 219.

ebrius: C. V. 9, 1. Erl. 259.
ecclesia: C. VII. 11; 14; 15; VIII. 8; IX. 6. Erl. 265f.; 278; 281. — ecclesia sanctificata: 55, IV.

ecclesiasticus servus: C. IX. 7. Erl. 281 f.
educere, aeducere, deducere se: 56; C. VIII. 6; 7. Erl. 271 f.; 273.
effudere (exfudere) et expoliare: 14, V. 55, 2. Erl. 125 f.; 208 f.
effractura: 11 Überschr.; 11, 3; 6_2; 12 Überschr.; 27, 22_2. — effringere, frangere 11, 3_1; 5; 14, I; 27, 21; 22. Erl. 118; 119; 125; 140.
electus. iurator e. (medius e.): 14, 2_2; 16, II; 42, 5; C. V. 4 Überschr.; VII. 2; 5. Erl. 123; 254 ff.; 261.
elocatio, elocare, locare: 28 Überschr.; 28, 1; 2; 3. Erl. 141 f.
emere: 37. Erl. 154.
eneus: vgl. aeneus.
episcopus: 55, VII. Erl. 210. C. VII. 14. Erl. 265 f.
epistola. duae epistolae uno tenore: Extr. B. 1. Erl. 284 f.
equus, equa: 38 Überschr.; 38, 3; 5. Erl. 155.
erpex, herbex: 34, 2. Erl. 149.
eschilla: 27, I. Erl. 137 f.
evadere: 16, 1_1; 17, 9; 19, 2; 38, IV_2; C. III. 3, 5; VI. 3. Erl. 130; 131; 246.
evisio dominica: C. IV. 4. Erl. 249 f.
excapillare: C. III. 3, 1; 3. Erl. 246.
excervicare pomarium: 27, V. — e. cambortus: 34, 1. Erl. 149.
excoriare, excorticare: vgl. decotare.
excurtare: 38, 8. Erl. 156.
excusatus: C. VII. 15. Erl. 266.
excutere, percutere, perexcutere: 29, I; III; V; VI; 3; 5; VII—IX; 7; XI; C. III. 3, 4; 5; 10. Erl. 143; 246 f. — pecora e.: 9, 5. Erl. 115. — pittum e.: 30, I; Extr. A. 3. Erl. 145; 283.
exercere custodias: C. VII. 9. Erl. 262 f.
exhibere de casa patris: C. II. 3. Erl. 241 f.
exigere cum legem et iustitiam: 50, 4. Erl. 201.
exire = evadere: 41, 9.
exitus: C. III. 1. Erl. 243 f.
expellis: 55, 2_3. Erl. 208 f. vgl. auch aspellis und vuargus.
expoliare: 14 Überschr.; 14, 1—3; III—V; 17, 9; II_1; 35, 1_1; 2; 4; II; 55 Überschr.; 55, 1; I; 2; III; 61, 2; I; C. IV. 11. — expolia: 35, 3; 61, 2. Erl. 123; 151; 207 ff.; 229 f.
expugnare: 42, 5. Erl. 166 f.
extrahere de atrio ecclesia: C. VII. 14. Erl. 265 f.
extringere: 20 Überschr.; 20, 1. Erl. 131 f. — superextringere: 34, 1. Erl. 149.
exuere se de latrocinio: 37. Erl. 188.
faber: 10, IV; 35, 6. Erl. 117.
facultas: 46; 58. Erl. 180 f.; 218 f.
faidus. inter fredo et faido: 35, 7; C. VII. 12. Erl. 152.
falire: 17, 1. Erl. 128 f.
fallanire: 41, I. Erl. 162
falsare cartam: C. IX. 11. Erl. 282.
falsator: 30, 7. Erl. 145.
falsus. falsi testes, falsum testimonium: 48 Überschr.: 48, 1; C. IV. 16. Erl. 189 ff.; 253. — falsa carta Extr. B. 3; 4. Erl. 286.
farinarius: 22, II; 31, I. Erl. 133; 146.
favaria: 27, 7. Erl. 138.
fenile: 16, 4_1. Erl. 128.
fenum: 27, 10. Erl. 139.
feltroctum: vgl. filtortus.
fera: 33, 2. Erl. 149.
feramen: C. IV. 3, 3. Erl. 248.
ferbannire: 49, 3; C. VIII. 7. Erl. 192; 275.
ferire capitali sententia: 40, 5. Erl. 159. — f. cannonibus: C. VII. 14_1.
ferramentum: 22, 1. Erl. 133.
ferrarius faber: vgl. faber.
festinanter: 50, 2. Erl. 195 f.
fideiussor: C. V. 8, 2; Extr. B. 1; 2; 6. Erl. 259; 284 ff.: 287.
fides. fidem facere: 50, 1—3; 51, 1; 52; 56, I; 1; 57, 2; C. VIII. 6; 7. Erl. 192 ff.; 201 f.; 202 f.; 211; 215 f. — sub fide habere 58. Erl. 222. — pro fide sua: C. VIII. 7. Erl. 275.
filii: 59, 1. Erl. 223.
filtortus, feltroctum: 47 Überschr.; C. V. 1_d. Erl. 184 f.
firmamentum: C. V. 9, 1. Erl. 259.
firmare cartam: Extr. B. 4. Erl. 286.
fiscalinus servus: C. VII. 11. Erl. 264.
fiscalis dominus (domus): C. VII. 16. Erl. 266 f.
fiscus: 44, 10; 56, 1_9; 60; 62, 2; C. II. 1, 1; 2; 2, 1; 3. Erl. 172; 229; 231; 235 f.; 236; 238; 241.
fistuca, fistucum: 46; 50, 3; C. VIII. 6; 7. Erl. 180; 197; 272 f.; 274.
flagellus, iectus flagellorum: 12, 1; 25, 8; 40, 1; 11. Erl. 136; 157 f.; 160.
fortuna: 46; 50, 3. Erl. 180 ff. vgl. auch facultas. — super f. sua ponere: 45, 2; 50, 3. Erl. 175; 198.
Francus: 14, 2_1; 3; 25, 5_2; 32, I; II; 38, 2_2; 40, 5_1; II_1; 41, 1; C. V. 4_2; IX. 3; 6; Extr. B. 5; Prol. I.

II. Erl. 123; 147; 155; 160 f.; 289 f.
frangere ostia: 14, I. Erl. 125. — tres fustes aluinos: 60. Erl. 228.
franne: vgl. chranne.
frater. f. matris 44, 7. — f. (mariti mortui): 44, 8; 9. — f. (homicidae sine facultate): 58. — f. (hominis mortui) 59, 2; 3; 62, 1; C. VIII. 3. — fratris senioris filius 62, 1. — fratres qui fuerint: 59, 5. Erl. 227.
fredus, fretus, fritus: 13, 6; 24, 5; 35, 7; 50, 3; 53, 2; 4; II; 6; C. VII. 12; 16. Erl. 121; 134; 152; 200; 204; 207.
fristito, fristatito: C. I. 1. Erl. 233. vgl. noch Prol. IV: fristati-o.
fugere, confugere ad ecclesiam: C. VII. 14; 15. Erl. 265 f. — servus fugetivus: Extr. B. 12. Erl. 289. — fugiens evadere 11, 6.
fur: 10, 2; C. VII. 9; 13_1. Erl. 116. vgl. auch latro.
furare, furari: 2—8; 10—12; 21; 22; 27; 33; 34; 35, 6; 38; C. IV. 3. Erl. vgl. furtum.
furban = fritus: 13. 6_1. Erl. 121.
furca: C. I. 2; 3; V. 9, 2; 3. Erl. 234; 259.
furtivare: C. IV. 12. Erl. 252.
furtum: 2—8 Überschr.; 11 Überschr.; 12 Überschr.; 12, 2; 22 Überschr.; 27 Überschr.; 33; 34; 37; 38 Überschr.; 40 Überschr.; 40, I; C. IV. 3 Überschr.; VII. 2—5; Extr. A. 6, 3. Erl. 109. — in furtum (furto) pungere, mittere, metere: 9, I; 27, 5; II. Erl. 115; 138. — in furtum ingredi 34, II. Erl. 150. — in furtum expoliare, locare: 28, 1; 2. Erl. 141.
fustis. de fuste percutere: 17, 6. Erl. 130. — fustis alninus: 60. Erl. 228.

galina: 7, III. Erl. 113.
gallus: 7, II. Erl. 113.
gamallus: 47. Erl. 189.
gasacius, gasacio: 50, 2; 57, 1_2. Erl. 195.
genealogia: Extr. B. 2. vgl. generatio.
generatio: 58; 59, 4; C. V. 3. Erl. 220; 225 f.
genicium: C. III. 3, 11. Erl. 119 f.; 247.
genuculum: 44, 9; 10. Erl. 172.
germanitas caritatis: C. VII. 16. Erl. 267.
ghalmalta, gamalta, chamalta, gavialto: C. V. 8, 1. Erl. 256.
glennare: C. IV. 10. Erl 251.
gracias agere: 46. Erl. 182.
gradus: 13, II. Erl. 122.
grafio: 32, III; 45, 2; 50, 3; 4; 51, 1; 2; 53, 2; 4; II; 6; 54 Überschr.; 54, 1; 2; 4; 56, I; C. II. 3; III. 1; IV. 14; VIII. 7. Erl. 176.
gravidus: 24, 3; Extr. A. 5. Erl. 134; 283.
grex: 2, IV; 14; 3, 4; 38, 3; 4. Erl. 110; 155 f.
grus: 7, IV. Erl. 113.
habitare, accedere inter homines: 14, V; 55, 2. Erl. 209 f.
herba. herbas dare bibere: 19, 1; 2_1. Erl. 131. — herbam alterius pascere: Extr. B. 9. Erl. 288.
herburgius: 64, 1. Erl. 231 f.
hereditas: 44, 8; 9; 59; 60; C. VIII. 1; IX. 5; Extr. B. 8. Erl. 170 ff.; 222 ff.; 228 f.; 268; 288.
heres. heredem aliquem appellare: 46. Erl. 178 ff. — legitimi heredes: 13, II. Erl. 122.
heresa, emunis ab: Prol. I. Erl. 290.
hortus, ortus: 7, VIII; 27, 6; IV; VI; C. IV. 13. Erl. 113; 138; 252.
hospes. hospites colligere: 46. Erl. 182.
hospitium, hospitalem, hospitalitatem dare: 14, V; 55, 2; C. II. 1, 2. hospitalem colligere: C. V. 8, 1. Erl. 210; 237.
hostis, ostis. in hoste (oste): 26, 1_1. Erl. 137. — 30, 6_1. Erl. 231. — C. V. 4.
iactare aratrum de campo alieno: 27, IX. Erl. 141. i. scutum: 30, 6. Erl. 145. i. fistucam in laisum: 46. Erl. 180. i. terram, chrenecruda: 58. Erl. 219. i. fustis alninus: 60. Erl. 228.
iactivus, iectivus, iectus, adiacthivus, adiectivus: 50, 3; 51, 1; C. VIII. 7; Extr. B. 1. Erl. 197 f.; 273; 285.
iberus: vgl. ebrius.
idoneus: edoneus. testes edonei: 39, II. rachinburgii idonei: 50, 3. Erl. 198 f. sacramentum idoneum: C. V. 4_2.
idoniare se per sacramentum: C. III. 1. Erl. 244 f.
iectus, ictus: 17, 6; 8; 29, 6. Erl. 130. iectus flagellorum: 25, 8; 9_3; 40, 1; 11; C. VII. 6. Erl. 157 f.; 262.
ignis. (ad) ignem tradere: 19, 1_2. Erl. 131. — igne comburere, concremare: C. IV. 5. Erl. 256. — ignis = aeneus, inium: C. V. 8, 1; VII. 4. Erl. 261.
ignorantia. per ignorantiam pignorare: C. III. 2. Erl. 245 f.

imbulare: vgl. involare.

implere, adimplere legem (quod iudicatum fuit): 36_8; 44, 3; 56, 1. Erl. 153; 211.

implicare se in servitio: C. IX. 6. Erl. 281.

imputare, inpotare, reputare: 18, I; 30, 6; 40, 10; 48, I; II; 53, 5; 56, 1; C. IV. 5; 15; V. 8, 1. Erl. 130; 145; 190; 213; 250; 252; 257.

incendere: 16, 1—5; 27, 15; 41, 2_3; 4_8; 55, IV. Erl. 126 ff.; 139; 161 f.; 210. vgl. auch ardere, comburere, cremare, concremare. — manum incendere: C. VII. 4. Erl. 261.

incidere: 29, 6; 8. Erl. 143 f.

inclaudere, includere pecus: 9, 2; 5_2; Extr. B. 9. Erl. 115; 288.

incrinitus: 24, 1_3. vgl. crinitus.

incrocare: C. I. 2. Erl. 234.

inculpare: 40 Überschr.; 42, 3; 48, 2; C. IV. 15; 16; VII. 4; 5; 8; 10; 11. Erl. 157 f.; 261; 264 f.

indicere mallum: 44, 1; 46. Erl. 168 f.

indulgere (dulgere): C. VIII. 5. Erl. 271.

ineus, inius, inium: vgl. aeneus.

infamia: 13, II. Erl. 122.

infans: C. II. 3; III. 8. Erl. 239; 247. — i. infra XII annos: C. IX. 5. Erl. 280 f. — i. in utero matris (aut) ante quod nomen habeat (infra novem noctis): 24, 6. Erl. 134. — infantes habere, posse habere, non posse habere: 19, II; 24, II; 6; 7; C. VIII. 4. Erl. 131; 134 f.; 271. — infantem tundere: C. I. 4 Überschr. Erl. 235.

infestor: 10, IV_1. Erl. 117.

infirmitas: C. VI. 1. Erl. 108; 259 f.

infringere: vgl. effringere.

ingenuitas. ingenuitatem perdere: 13, 8. Erl. 122. — carta ingenuitatis: C. IX. 11. Erl. 282.

ingenuus, ingenua: passim. — baro ingenuus: 31, 1; Erl. 146. ingenuus (homo): 40, 1; 3. ingenuus Francus: 41, 1. Erl. 160 f. — servum, letum ingenuum dimittere: 26, 1_3; 2_2. Erl. 136 f.

inimicitia. per inimicitiam: 9, III; 38, VII. Erl. 115.

inimicus: 41, 8; II. Erl. 163 f.

inire iumenta: 38, VI_1. Erl. 156.

iniuste: 51, 1; 2; C. IX. 2; 4; 5. Erl. 201.

inlesus. ducere inlesum: Extr. B. 2. Erl. 285 f

innocens homo: 18. Erl. 130.

innotescere: 9, 2. Erl. 115.

inpingere: 31, 1; 2; 41, $9_{1;4}$; C. VI. 3_1. Erl. 146; 164.

inpotus: 27, III. Erl. 138.

inserere. arbor in agro alieno inserta: 27, VII. — reliquiae insertae: 55, IV.

instemare = aestimare: 9, II. Erl. 115.

intendere placitum: C. VIII. 7. Erl. 273.

intercedere. intercedens conludium: C. VII. 9; 12. Erl. 265.

interdictum: 45, 2; C. VII. 1. Erl. 172 ff.

interesse: 47. Erl. 187.

interficere: 24, I; 28, $1_{3;4}$; 43, 1; 3; 55, V—VII; C. III. 1; V. 5, 2; VI. 3; VIII. 9. Erl. 134; 141; 167; 210; 243 ff.; 256; 260; 279.

interpellare: C. IX. 5. Erl. 280 f.

interrogatio domni imperatoris: C. IX. 7. Erl. 281 f.

intertiare: 47; C. V. 1. Erl. 185 f.; 253.

intimare: 38, 4_2.

intrania: 17, 4. Erl. 129.

introire: 58; Extr. B. 10. Erl. 219; 288.

invadere res in villa: 42, 5. Erl. 166 f.

invictu stricto: Extr. A. 3 Überschr. Erl. 283.

invitare grafionem ad res alienas tollendas: 51, 1; 2; ad casa debitoris: 56, I; C. VIII. 7. Erl. 201; 273 ff.

involare, imbulare, embolare = furare.

ira, iracundia. per iracundiam (iram): 61, 1_2. Erl. 229.

iudex: 14, V_3; 41, II; 50, 2_1; 55, 2_2; C. I. 2; III. 2; V. 8, 1; 9, 3; VII. 3; 12; 13_1; 16—18. Erl. 126; 209; 234; 245 f.; 257; 261; 267. — iudex hoc est comis aut grafio: C. II. 3; III. 1. Erl. 176; 241; 244.

iudicare. non secundum legem iudicare: 57, 3. Erl. 216 f. — culpabilis iudicetur: passim. vgl. auch culpabilis.

iumentum: 9, I; 10, 1; 38, 3_1; IV—VII; 47_4. Erl. 156.

iungere se publice ancilla aliena: 25, 5. Erl. 122; 135. — taurus neumquam iunctus: 3, 4.

iuramentum. iuramento se tollere: 60. Erl. 228 f.

iurare. iurati dicere: 46; 49, 1; 3; 56, 1. Erl. 181; 191; 212. — iurare super aliquem: 47. Erl. 188.

iuratores (ioratores): 14, 2_2; 16, II;

39, 2; 42, 5; 48, 2; 53, 1; 5; 58. Erl. 123; 157; 167; 203 f.; 218.
iustitia. cum legem et iustitiam exigere: 50, 4. Erl. 201. contra legem et iustitia destruere: C. VIII. 7. Erl. 274 f.
iustus. iusta supplica: 40, 6. Erl. 159 f. — debitum iustum: 51, 2. Erl. 202.

labor, laborare 9, III; 34, 1_3; 45, 2. Erl. 173; 176 f.
lacina, via lacinia: 14, 4_5; 31 Überschr. Erl. 125; 145.
lactans porcellus: 2, 1; C. IV. 3, 4. — vetellus l.: 3, 1. — agnus l.: 4, 1. Erl. 109.
laisus: 46. Erl. 180.
lapes. lapede mittere de supra tecto: C. VI. 2. Erl. 260.
laqueus: 7, VI_1. Erl. 113.
lassus: 33, I; II. Erl. 149. lassare: ebd.
latro: 47; C. VII. 2; 3; 7; 9; 10; 13; 14; 16; 17. Erl. 188 f.; 263.
latrocinius: 47; C. VII. 1. Erl. 260.
latus. de latus curte, neben, ausserhalb: 7, VII.
lectus. lectaria: C. II. 3; 4, 2. Erl. 241 f.
legadarius regis: S. C. 8, 6. Erl. 292.
legitimus mallus publicus: 46. Erl. 107; 183. — legitimi heredes: 13, II. Erl. 122. — testes legitimi: Extr. B. 1. Erl. 284 f. — legitime (legitimi): 50, 3; 51, 1; 53, 1_2. Erl. 196 f.; 201.
lenticlaria: 27, 7. Erl. 138.
leporarius veltris: 6, II_1. Erl. 112.
lepus, lebus: 30, 4_1; 5. Erl. 145.
letus: vgl. litus.
leudes: C. VIII. 2; 3. Erl. 269 ff.
leudis, leodis: 16, $1_{3;4}$; 41, $III_{1;2}$; IV_3; 53, 4; II; 5; 6; C. V. 3; 8, 1; IX. 7. Erl. 204.
levare. messis postquam levaverit: 34, 2. Erl. 149. corpus in bargo levare: C. III. 1. Erl. 244.
leverpire: C. III. 4. Erl. 247 f.
lex. legem dicere, de lege dicere: 57, 1; 2; C. III. 1. Erl. 214. — legem audire: 45, 2. Erl. 176 f. — lege directa facere: C. VIII. 7. Erl. 276. — legibus dominicis: 1, 1. Erl. 107 f. — legibus consecutus: C. VIII. 7. Erl. 277. — cum legem et iustitiam exigere: 50, 4. Erl. 201. — supra lege: 51, 2. Erl. 202. — de legem fidem facere 56, 1. Erl. 211.
lex Salica, Salega etc. in hoc quod l. S. habet (ait, docet, continet): 45, 2; 50, 2; 3; 52; C. V. 9, 3; VII. 5; VIII. 3. Erl. 174 f.; 195; 259. — legem S. vivere: 41, 1; 47_2; 63, 1_1; C. IX. 10. Erl. 161; 184 f.
liberare se: C. V. 1. Erl. 253.
libertas: C. IX. 6. Erl. 281. — testes suae libertatis: Extr. B. 1. Erl. 284 f. — suam libertatem proportare: Extr. B. 2. Erl. 285 f.
libertus, liberta: 26 Überschr.; C. IV. 1; 8; 14; Extr. A. 6, 2. Erl. 136; 251; 252. vgl. auch litus.
licentia: 45, 1; C. VII 16; VIII. 5; IX. 12. Erl. 172 ff.; 267; 271; 282.
ligamen, legamen: 6, III; 32 Überschr. Erl. 112; 147.
ligare: 6, III_1; 32, 1; I—III; 40, 10; C. IV. 9; VII. 2_2. Erl. 147; 260 f. — superligare: 34, 1. Erl. 149.
ligatura: 19, I. Erl. 131.
Ligeris: 47. Erl. 186 f.
lignarium: C. IV. 6. Erl. 251.
lignum: 27, 17. Erl. 139.
limitare: 58. Erl. 219.
lingua: 29, X. Erl. 144.
linum: 27, 8. Erl. 138 f.
litus (letus, laetus), lita: 13, 7; I; 26, 1; 35, 4; 5; 42, 4; 50, 1; C. III. 3, 9; VI. 2; VII. 8. Erl. 121; 136; 152; 193; 247; 262.
locare: vgl. elocare.
locus. accedere ad locum: 45, 2. Erl. 173.
longum tempus: 59, 5_2. Erl. 227 f.

machalum: 16, 3. Erl. 128.
magister. canis magister: 6, 1; I. Erl. 112.
maiale: 2, 12. Erl. 110.
maior, maiorissa: 10, IV_3. Erl. 117.
maleficium: 19 Überschr. — m. facere: 19, 2; II. — m. superiactare: 19, I. Erl. 130 f.
mallare (= admallare): 16, 1; 50, 2; 56, I; C. V. 4_2; 8, 1; Extr. B. 1; 2; 10; 12. Erl. 194 f.; 202.
mallobergus: vgl. mallus.
mallus, mallobergus: 1, 1; 14, 4; 39, I; II; 44, 1; 45, 2; 46; 47; 50, 2; 54, 4; 56; 57, 1; 58; 60; C. III. 1; VII. 2; 5; VIII. 7; IX. 1; 5; Extr. B. 4. Erl. 107; 169; 175; 183 f.; 194 f.; 206 f.; 210 ff.; 222; 228; 244; 273; 277; 280.
male pignorare: C. III. 2. Erl. 245 f. — male destruere: C. VIII. 7. Erl. 274 f.
malus homo: C. VIII. 9; 10. Erl. 278 f. — malo ordine introire,

facere: Extr. B. 10; 12. Erl. 288; 289. — per malo ingenio: 34, 4. Erl. 150.
mamella: 20, I. Erl. 132.
mancatus, mancus: 29, 2; II; 4; 9_3. Erl. 143.
mandualis: 55, II_2. Erl. 208.
manducare pultis: 46. Erl. 182.
manere: 45, 3; 46; 47; 50, 3. Erl. 177f.; 182; 197.
mannire: 1 Überschr.; 1, 1—5; 45, 2; 49, 1; 50, 2; 56, 1; C. V. 8, 1; 2; C. VIII. 7; IX. 1; 5. Erl. 107; 175; 191; 194f.; 212; 257; 280.
mannitio: C. IX. 1. Erl. 280.
mansio: C. IV. 3, 3; 11. Erl. 251.
manus: 29, 1—3; I; 41, 8. Erl. 142; 143; 163f. — manum extringere, mittere super cubitum: 20 Überschr.; 20, 1; 3. Erl. 131f. — manu dextera: C. VIII. 6. manu sinestra: ebd. Erl. 271f. — de manu rapere: 61, 1. Erl. 229f. — manum in ineum mittere, ponere, m. comburere, incendere, sanam ferre: C. IV. 16; V. 8, 1; VII. 4. Erl. 253; 258; 261. — m. redimere: 53 Überschr.; 53, 1—4; I; II; 5; 6. Erl. 204; 205. — m. mittere in fortunam alicuius: 50, 3. Erl. 197f. — in tertia manu mittere: 47; 61, 3. Erl. 185f.; 230. — per tercia manu agramire: 37. Erl. 154.
marias: C. VIII. 8. Erl. 278.
mariscalcus: 10, IV_1. Erl. 118.
mare. trans mare ductus: 39, I. trans mare revocatus: 39, II. Erl. 156.
maritus: 13, IV_1; 15; C. IV. 17; IX. 4. Erl. 126; 280. — 44, 9. Erl. 170ff. — ad maritum se dare: C. II. 3. Erl. 239ff. — filiam ad marito donare: C. V. 2. Erl. 253f.
mater: 59, 1—3; C. II. 3; V. 3. Erl. 223ff.; 239f.; 254. — in utero matris: 24, 4. Erl. 134. — frater matris: 44, 7. Erl. 170 ff. — soror matris: 59, 3; I. Erl. 224f. — generatio matris: 58; C. V. 3. proximiores de matre: 62, 1; C. V. 3. Erl. 220; 231; 254.
materium, matriamen: 27, 15; 16; C. IV. 6. Erl. 139.
maternus: maternum genus, materna generatio, pars, progenies: 44, 6; 62, 2; Extr. B. 2. Erl. 170ff. 231; 285f.
mechari: vgl. moechari.
medicatura: 17, 4; C. V. 6. Erl. 129.
medius electus: vgl. electus.
meliores: C. III. 1. Erl. 244f.
mendacium: 41, IV_3. Erl. 165.
menses duodecim: 45, 3; 46. Erl. 177f.; 183.
meretrix: 30, 3; 64, 2_1. Erl. 145; 232.
messis: 9 Überschr.; 9, 1; 2; 4; III; 27, 5; II; 8_1; 14; 34, 2; 3; C. IV. 10. Erl. 114; 251.
metere: 27, II. Erl. 138.
migrare: 14, 4; 5: 45 Überschr.; 45, 1; I; 3; C. IX. 9; Extr. B. 11. Erl. 124; 172ff.; 282; 288.
milarius, melarius = pomarius: 27, III_1; V_1.
miles: C. IV. 1. Erl. 248.
militunia: C. III. 3, 9. Erl. 247
minare, menare: 9, 5; 37; C. I. 1; IV. 3, 3; VII. 16. Erl. 153; 248f.
ministerialis, puer, puella, vassus ad (de) ministerium: 10, IV_1; V; 35, 6. Erl. 118; 152.
ministerium: vgl. ministerialis.
minoflidi: C. III. 1. Erl. 244f.
mitium, mithium: C. I. 1; V. 8, 1. Erl. 233; 257f.
mittere pecora in messe, in prato, in vinia: 9, III; 27, 5. Erl. 115; 138. — in curte alterius aliquid de furto m.: 34, 4. Erl. 150. — m. in tertia manu: 47; 61, 3. Erl. 185f.; 230. — in verbum regis m.: C. II. 3. Erl. 241. — m. foras nostro sermone: C. VIII. 9. Erl. 279. — hominem mortuum super alterum m.: 14, VI; 55, 4. Erl. 126; 210. — hominem in palo m.: 41, II. Erl. 163f. — manum (ad) inium (ignem) m.: C. IV. 16; V. 8, 1. Erl. 253. — lapede supra tecto m.: C. VI. 2. Erl. 260. — aliquem in mortridam m.: S. C. VIII. Erl. 292.
moechari, mechari: 13, IV; 25, 1—4; 7. Erl. 123; 135f.
molinarius: 22, 1. Erl. 133.
molinus: 22 Überschr.; 22, 1; I. Erl. 132f.
mordris, mortrida: S. C. VIII. 1 etc. Erl. 292.
mors. periculum mortis: 41, 9_1; III_2. Erl. 164f. — morte coniactare: 43, 1; 3. Erl. 167. — mortem requirere: C. II. 1, 2. Erl. 236f. — morte damnari: C. II. 2, 1. Erl. 237f.
mortuus. hominem mortuum (occisum) expoliare: 14, IV; V; 55, 1; I; II. Erl. 125; 208. — h. m. super alterum mittere: 14, VI; 55, 4. Erl. 126; 210.
mos antiquorum: 55, II_4. Erl. 208.

movere: 33, 1; II. Erl. 149. — m. alienam navem: 21, 1. Erl. 132.
mundior ex aliqua parte esse: Extr. B. 2. Erl. 285f.

napina, nabina: 27, 7; C. IV. 13. Erl. 138; 252.
nassa: C. IV. 3, 1. Erl. 248.
naucus, naufus: 14, VI; 55, 4. Erl. 126.
nasus: 29, 1; V. Erl. 142f.
navis: 21 Überschr.; 21, 1—3; C. IV. 3, 1. Erl. 132.
negare: 9, 3; 4; 65, 2; C. VII. 2; VIII. 7; Extr. A. 3, 2. Erl. 115; 232f.; 282.
neglegentia: 9, 3; 55, IV_1. Erl. 115; 210.
neglectus debitoris: Extr. B. 6. Erl. 287.
negligere: C. VII. 9; Extr. B. 9. Erl. 263; 288.
negotiare: 10, III; 27, 25; 40, II; C. IV. 8. Erl. 141; 251.
nepos, nepus, neptus, neptis: 44, 4; 5; 6; 59, 6_2; C. II. 3. Erl. 170f.; 227f.; 239.
nesciente domino: 27, 25; 34, 4; C. IV. 8. Erl. 141; 150.
nexticantichius: 50, 2; C. III. 2. Erl. 195; 245f.
noctes. usque in tres n.: 37. Erl. 154. — infra novem noctis: 24, 4_3. Erl. 134. — septem n.: 40, 7; 8; 10; 52; C. III. 1; V. 8, 1; VIII. 7. Erl. 159; 202f.; 244; 256f.; 273. — quatuordecim n.: 40, 9; 56, 1; C. V. 8, 1; VIII. 7. Erl. 212; 257; 273. — una et viginti n.: 40, 10. Erl. 160. — quadraginta et duo n.: C. VIII. 7. Erl. 272; 273. — octuaginta et quatuor n.: C. VIII. 7. Erl. 273. — decem n.: 45, 2; C. VIII. 7. Erl. 174f.; 272. — viginti n.: C. VII. 5; 12. Erl. 261. — triginta n.: 45, 2. — quadraginta n.: 35, I; 47; 50, 1; 56, 1; C. III. 1; V. 8, 1; IX. 1; Erl. 151; 187; 193; 212; 244; 280. — octuaginta n.: 47. Erl. 189. — in nocte proxima: 45, 2; 52, 1. Erl. 174f.
nocturnus fur: C. VII. 9. Erl. 262f.
nomen. infans ante quod nomen habeat: 24, 4. Erl. 134.
nominare plagiatores: 39, I—III. Erl. 156f. — n. heredem: 46. Erl. 179ff. — n. debitum: 50, 2. Erl. 195.
nondenae: 50, 2. Erl. 196.
nonus. sibi n. iurare: C. V. 8, 1. Erl. 258.
noticia. in n. poni: C. III. 1_2. Erl. 244. — notitiam facere: Extr. B. 1. Erl. 284f.
notus. causam notam facere: C. VIII. 9. Erl. 278.
nuntiare. nonciare: 47; 56, I; C. III. 1. Erl. 188; 244. — sunia n.: C. VIII. 7. Erl. 274f.
nuptiae sceleratae: 13, II. Erl. 122. — ad alias nuptias ambulare: C. II. 3. Erl. 241f.

obclinis: vgl. abonnis.
obgrafio: 54, 2. Erl. 205f.
obitus. post obitum matris: C. II. 3. Erl. 241. — patris: C. VIII. 3. Erl. 269f.
obmallare: 35, 5_1; C. IX. 7. Erl. 152.
obnoxius = noxius.
obstare: vgl. ostare.
obtimates: C. VIII. 1. Erl. 268.
occasus solis: 6, III; 34, II. Erl. 112; 150.
occulte compositionem accipere: C. VII. 3; 13. Erl. 261; 265.
oculus: 29, 1; IV. Erl. 142f.
offere, auferre: 37; C. VII. 2; VIII. 6. Erl. 154f.; 260f.; 271f.
operarius: C. IV. 5. Erl. 250.
opus: 35, I. Erl. 151. — opera perdere: 27, 10. vgl. laborem demittere. — pro operum cupiditatis: C. VII. 14. Erl. 266.
ordinatio regis: 14, 4. Erl. 124f.
ordo. voluntario ordine: 55, IV_1. Erl. 210. — quieto ordine: Extr. B. 7. Erl. 287f. — malo ordine: Extr. B. 10; 12. Erl. 288; 289.
ornare lectum: C. II. 3. Erl. 241f.
ortus: vgl. hortus.
os. tria ossa quae super cerebro iacent: 17, 3. Erl. 129.
ostare, ostiare, hostare: 27, IX; 31, 1; 2; C. IV. 6. Erl. 141.
ostis: vgl. hostis.
ostium. ostia frangere: 14, I. Erl. 125.
ovis: 4 Überschr. Erl. 111.

pactum. in alio pacto, in einem anderen Text der l. Sal.: 10, IV_3. — Pactus pro tenore pacis: C. VII. Erl. 260ff.
paganus. paganorum tempore: 58_1. Erl. 217f.
pagare = pacisci. p. inter duos reges: S. C. VIII. 7. Erl. 292.
pagus: 1, 5; 41, 6_1; 50, 3; 55, 2_3; C. VIII. 9. Erl. 109; 163; 197.
palmitare: 34, 3. Erl. 150.
palus: 34, 1_4; 41, II; 58. Erl. 164; 220f.

panis. panem dare: 55, 2; C. II. 1, 2. Erl. 210; 237.

parentes: 14, V_3; 16, 1_1; 35, 5; 36_2; 55, 2; 58; 60; 62, 1; 2; C. I. 4; II. 2, 1; 4, 2; III. 1; V. 3; VII. 2; VIII. 4; 5; 7; 9; IX. 3; 8. Erl. 152; 153; 209 f.; 217 ff.; 228 f.; 230 f.; 235; 237; 242 f.; 244; 254; 260 f.; 269 ff.; 277; 279; 280; 282.

parentilla, parentella: 44, 9; 60 Überschr.; C. V. 2. Erl. 228.

pares: C. VIII. 7. Erl. 274 f.

parvulus: 24 Überschr.; C. II. 4, 1. Erl. 133 f.; 242 f.

partus: Extr. A. 5, 1; 3; 4. Erl. 283.

pascere. herbam p.: Extr. B. 9. Erl. 288. — aliquem p.: 56, 1; C. V. 8, 1. Erl. 213.

pastor: 9, 2; 4_2. Erl. 115.

pastoricialis canis: 6, 2. Erl. 112.

pater: 58; 59, $1_{1;2}$; 2_1; 62, 1; C. II. 3; V. 2; VIII. 3; 10. Erl. 219 f.; 223 f.; 231; 239 f.; 253 f.; 269 f. — soror patris: 59, 3_1; I; 4_1. Erl. 224 f. — casa patris: C. II. 3. Erl. 241 f. — alodis patris: C. V. 1. Erl. 253. — generatio patris: C. V. 3. Erl. 254.

paternus. paterna generatio, genealogia, progenies, paternum genus: 58; 59, 4_3; 62, 2; Extr. B. 2. Erl. 220; 225 f.; 231; 285 f. — res paternae: C. IX. 3. Erl. 280.

patria: 39, I; 2_3; 55, 2_5; 63, 1_4; Extr. B. 1; 2. Erl. 156 f.; 184 f.

pauper: 58, 1. Erl. 221 f.

pavidus: C. VIII. 9. Erl. 279.

pax. pacem parentum habere: C. II. 3. Erl. 239 f. — Pactus pro tenore pacis: C. VII. Erl. 260 ff.

pecia, Fetzen, Stück: 60_6.

pecus: 9, 1—5; II; III; 27, 2; 5; 36_1; 47_4. Erl. 137. — C. III. 3, 4; 5; 10. Erl. 246; 247.

pedica: 27, 3; C. IV. 3, 3. Erl. 138; 248.

pelagus: 41, $9_{1;4}$. Erl. 164.

pensare solidos: 44, 1. Erl. 170.

perarius: 7, VII; 27, III; V. Erl. 113; 138.

percoperire, coperire, cooperire: 41, 4. Erl. 161 f.

perculsus: Prol. I. Erl. 290.

percutere, perexcutere: vgl. excutere.

perfecta aetas: C. II. 4, 1. Erl. 242 f.

periculum: C. VII. 11. Erl. 264 f. — p. mortis: 41, 9_1; III_2. Erl. 164. — p. vitae: C. VII. 1; 18. Erl. 260; 268.

perire dispendium vitae: C. VIII. 7. vgl. dispendium.

periurare: 48, I; II; 2; C. IV. 15. Erl. 190.

permissus, permissum. sine permissu(o): 21, 1_1; 41, II. Erl. 132; 164.

peroccidere: 41, 8. Erl. 164.

pertega: 7, 2. Erl. 112.

perticarius = persicarius Pfirsichbaum: 27, V_2.

pertinere. homo qui ei non perteneat: 46. Erl. 181. — hereditas, compositio pertinet ad aliquem: 59, 5; 60. Erl. 226 ff.; 228 f.

pervenire usque ad intrania: 17, 4. Erl. 129 — perveniri: 21, 2. Erl. 132.

pes: 29, 1; II; III; 3; 41, 8. Erl. 142; 143; 163 f.

petra: 14, VI; 55, 4_2. Erl. 126.

petrio taratro: C. IV. 11. Erl. 251.

pignorancia: C. III. 2_1. Erl. 245 f.

pignorare: C. III. 2. Erl. 245 f.

pignus: 40, 4; 50, 2; C. III. 2. Erl. 158 f.; 195; 245 f.

piscatio: 33, 1; C. IV. 3 Überschr. Erl. 148.

piscis: 33, 1_2; C. IV. 3, 2. Erl. 148; 248.

pissaria: 27, 7. Erl. 138.

pittus: 30, I; Extr. A. 3. Erl. 145; 283.

placitum: 40, 7; 8; 10; 45, 2; 47; 49, 1; 50, 1; 56, 1; C. V. 8, 1; Extr. B. 1. Erl. 160; 196 f. — p. intendere: C. VIII. 7. Erl. 273.

plaga: 17, 4_5; 42, 3; 43, 3. Erl. 166.

plagare: 14, I; 17, I; 3; 5. Erl. 125; 129.

plagiator: 39 Überschr.; 39, II; III. Erl. 156 f.

plagiare: 39, I; II; 2; IV; 3. Erl. 156 f.

plebs: 54, 4 Anm. vgl. Berichtigungen. Erl. 206 f. a. E.

pleniter componere: 41, IV_3. Erl. 165.

plibium: C. VII. 11. Erl. 264 f.

polix = pollex: 29, 3; 4. Erl. 143.

polletrus, poledrus, puledrus: 10, V; 38, III; 6; 7. Erl. 118; 156.

pomarius: 7, VII; 27, III; V. Erl. 113; 138.

ponere in suspensum: 21, 4. Erl. 132. — super fortuna sua p.: 45, 2; 50, 3. Erl. 175 f.; 198. — se (alium) sacebaronem p.: 54, 3_1. Erl. 206. — p. aliquem extra sermonem: 56, 1; C. V. 8, 1. Erl. 213.

ponticolus (porticulus): 55, II. Erl. 208.

populus. omnis p.: C. VIII. 1. Erl. 268.
porcarius: 2, 8_2; 10, IV_1. Erl. 117. — p. veltris: 6, II_1. Erl. 112.
porcellus: 2, 1; II; 2; 3_2; III; 8. Erl. 109 f.
porcina: 27, 1; C. IV. 6. Erl. 137; 250.
porcus: 2 Überschr.; 2, 4—6; 8; 9; IV; 14; 15_1; 16; 27, 2_1. Erl. 109 f.; 137.
portare: 10, 2; 27, 8; 11. Erl. 116. — 28, 3. Erl. 142. — hinco p.: 64, 1. Erl. 231 f.
portio compositionis: 62, 2. Erl. 231.
possessor Romanus: 41, 6. Erl. 163.
possidere per diversa: C. VII. 12. Erl. 265.
potentes: C. VII. 12. Erl. 265.
potestas. in potestatem habere: 40, 4; 46. Erl. 158 f.; 182.
poteus, puteus: 41, 2; 4; 9; III; 55, 4; C. VI. 3. Erl. 164; 210; 260.
praeceptum de rege: 14, 4. Erl. 124.
praecipitium: 41, III_2. Erl. 164 f.
praecium: vgl. pretium.
praedare. res in hoste praedata: C. V. 4. Erl. 254 ff.
praemere: 20, 2. Erl. 132.
praesens: 1, 3; 50, 3. Erl. 109; 199.
praesentare: 40, 10; 58; C. VII. 5; 12; 13_1. Erl. 222; 261 f.; 265.
praesentia (presentia) aut longe: C. VII. 9. Erl. 263 f.
praestare, pristare: ,52. Erl. 202.
praetersclupare: 17, 2. Erl 128 f.
pratum: 9, III; 27, 10. Erl. 139.
pregnans equa (iumentum): 38, 5. Erl. 156. — mulier prignans: C. III. 3, 4. Erl. 246.
presbiter: 55, V. Erl. 210.
pressare: vgl. praemere.
pretium, praecium. p. adpreciare: 50, 1; 3. Erl. 193; 198 f. — super p. aliquid tollere: C. VIII. 7. Erl. 274.
pristare: vgl. praestare.
probatio certa: 14, 3_2; 16, II; 39, 2; 42, 5. Erl. 157.
proceres: C. VII. 1_6; Prol. I; II. Erl. 289 f.
proconsul: vgl. perculsus.
progenies: Extr. B. 2. Erl. 285 f.
promittere omnem substantiam suam: 45, 2_5. Erl. 175 f.
promovere ad plibium: C. VII. 11. Erl. 264 f.
proportare suam libertatem: Extr. B. 2. Erl. 285 f.
prosequi causam: 57, 1. Erl. 214.
provintia, provincia: C. VII. 16. Erl. 267.
provocare ad calidam, ad ignem: C. IV. 4; VII. 4. Erl. 249; 261.
proximior frater, parens: 44, 9; 58; 59, 4; 62, 1; C. II. 3; V. 3. Erl. 220; 225 f.; 231; 239 f.; 254.
proximus: C. VI. 1. Erl. 259 f. — p. mallus· C. VIII. 7. Erl. 273 f. — nox proxima: 45, 2; 52. Erl. 174 f.
publice (publicae) ab aliquo negociare: 47. Erl. 188.
publicus. mallus p.: 14, 4; 39, I; 46. Erl. 107.
puella infans: C. III. 3, 8. Erl. 247. — p. de (ad) ministerium: 10, V; 35, 6_1. Erl. 118. — ingenua p.: 13, 1; 8; 24, II; 25, 1; 2. Erl. 119. — p. quae in verbo regis est: 13, 6. Erl. 120 f. — p. sponsata: 13, IV. Erl. 123. — p. intra duodecim annos: Extr. A. 5, 2. Erl. 283 f.
puer: Extr. A. 5, 1. Erl. 283. — p. infra X, XII annos: 24, 1; 5; C. IX. 5. Erl. 133 f.; 280 f. — p. crinitus, incrinitus: 24, 1_3; 2; C. I. 4, 1. Erl. 134. — p. de (ad) ministerium: 10, V. Erl. 118. — p. regius, regis: 13, 7; 54, 2; C. IV. 1. Erl. 121; 205. — pueri et leti: 42, 4. puer aut libertus: Extr. A. 6, 2. Erl. 166; 284.
pugna: Extr. B. 2; 4. Erl. 285 f.
pugnare: C. IV. 15. Erl. 252.
pugnus: 17, 8; 58; C. III. 3, 4. Erl. 130; 246.
puledrus: vgl. polletrus.
pulicella = puella: C. III. 3, 10.
puls: 46. Erl. 182.
pungere: 9, I. Erl. 115.
puteus: vgl. poteus.

quadrupes: 36; Extr. B. 9. Erl. 153; 288.
quadruplum damnum excipere: 40, I. Erl. 160.
quadruvium: 41, 8. Erl. 164.
quoaequalis = coaequalis: 40, 6. Erl. 159.

rachineburgius, rachymburgius etc.: 50, 3; 56, 1; 57; C. VIII. 7; Extr. B. 1. Erl. 198 f.; 213 ff.; 274; 284 f.
rammus, ramus, rama: 41, 2; 4_3; C. I. 2. Erl. 161; 234.
rapere: 13, 1; 5; C. IV. 14. Erl. 119 ff. — de manu r.: 61, 1. Erl. 229.
raptor: 13, 4; C. II. 2, 2. Erl. 120; 238 f.

raptus: raptum: 13 Überschr. Erl. 119 ff.
ratio, racio: 1, 5. Erl. 109. — r. dominica: 50, 4. Erl. 200. — de rationem parentum se tollere: 60. Erl. 228 f.
raubare: 17, II; 61, 1_3 (vgl. Berichtigungen) Erl. 130; 229 f.
recipere res servi: 26, 2_4. Erl. 137. — r. pretium: C. VII. 19. Erl. 266. — r. capitalem, compositionem: C. VII. 9. Erl. 263; 264. — testes r.: Extr. B. 1; 2. Erl. 285 ff.
recolligere fritum: 50, 3. Erl. 199 f. — duas partes dotis r.: C. II. 4, 2. Erl. 242 f.
rector: Prol. I. Erl. 289 f.
redemptio, redemtio: 53, 4; II. Erl. 204 f.
redimere aliquem: 58; C. VII. 2. Erl. 222; 260 f — se red: 50, 4; 51, 2. Erl. 201; 202. — manum r.: 53, 1—4; I; 5. Erl. 204 f.
reffare, raffen: 27, II_2.
reformare = restituere: 26, 1; C. VII. 11; 15; 16. Erl. 137; 264 f.; 266; 267.
regere. taurus qui gregem regit: 3, 4. Erl. 111.
regio: C. VIII. 1; 2; Extr. B. 2. Erl. 268.
regius, regalis: vgl. rex.
reiecte. vi r.: C. VIII. 7. Erl. 275 f.
reipus, reiphus, reibus: 44; C. II. 3; VIII. 2. Erl. 167 ff.; 269.
remanere: 41, 6_1. Erl. 163.
renus: C. III. 3, 4. Erl. 246.
reponere: C. I. 2. Erl. 234. — de intro clavem r.: 21, 4. Erl. 132. — r. corpus: C. III. 1. Erl. 244.
reputare: 30, 6. Erl. 145.
requirere: 54, 4; C. II. 1, 2. Erl. 206 f.; 236 f.
res leti, servi: 26, 1; 2_4. Erl. 137. — r. in alode patris inventae: C. V. 1. Erl. 253. — r. in hoste perditae: C. V. 4. Erl. 254 f. — r. paternae vel maternae: C. IX. 3. Erl. 280. — r. pristita: 52. Erl. 202. — r. alienas furtivare: C. IV. 12. Erl. 252.
resedere in domum: C. VI. 2. Erl. 260.
reservare: C. IX. 7. Erl. 281 f.
respectus: C. IX. 1. Erl. 280.
respicere in casa: 58. Erl. 219.
respondere: C. IX. 3; Extr. B. 9; 12. Erl. 280; 288; 288 f.
responso dare: C. V. 8, 1. Erl. 257.
restare: 14, 4_5. Erl. 124 f.
restituere mancipia, res, capitale etc.: 9, 1; 10, 2; V; 12, 2; 14, II; 16, 1_1; 25, 7; 27, 4; 30, I; 36; 40, 2_2; 4; 10; C. VII. 12; IX. 2; Extr. A. 3, 2; 4. Erl. 115; 116; 153; 158; 283.
retinere responsum suum: Extr. B. 12. Erl. 288 f.
retis: 7, V; 27, 19; C. IV. 3, 1. Erl. 113; 140; 248.
retorta: 34, 1_1. Erl. 149.
retrahere se: Extr. A. 1. Erl. 282 f.
reus. cartam ream dicere: Extr. B. 4. Erl. 286.
reverti ad propria: 39, 2_3; IV. Erl. 157. — r. ad potestatem domini sui: C. IV. 14. Erl. 252.
rex, regius, regalis. verbum regis: 13, 6; C. II. 3; III. 3, 7. Erl. 120 f.; 239 ff.; 246 f. — puer regi(s), regius: vgl. puer. — ancilla rege: 25, 4. Erl. 135. — libertus regis: vgl. libertus. — conviva regis: 41, 5; 6. Erl. 162. — legadarius regis: S. C. 8, 6. Erl. 292. — taurus, vuaranio regis: 3, IV; 38, II. Erl. 111; 155. — trustis regalis: vgl. trustis. — praeceptum de rege: 14, 4. Erl. 124. — litum, servum ante regem per dinarium dimittere: 26. Erl. 136 f. — ad regis praesentiam mannire, in praesentia regis rogare: 56, 1; C. V. 8, 1. Erl. 212; 258. — ad regem accusare: 18. Erl. 130. — extra sermonem regis ponere: 56, 1; C. V. 8, 1. Erl. 213. — in mallo ante regem vel legitimo mallo: 46. Erl. 182 ff.
rogare de viduam: C. II. 3. Erl. 239 ff. — r. grafionem: 45, 2; 50, 4; 51, 1; I. Erl. 176; 201 f. — r. aliquem migrare: 45, I. Erl. 177. — r. thunginum: 50, 2. Erl. 195. — r. aliquem debitum solvere: 50, 2; 52. Erl. 199 f.; 202 f. — aliquem cum testibus r.: C. V. 8, 1; 2. Erl. 257. — r. aliquem in praesentia regis: vgl. rex.
Romanus: 14, 2; 3; 16, II; 32, I; II; 39, 3; 42, 4. Erl. 123; 124; 147; 157; 166. — R. possessor: 41, 6. Erl. 163. — R. conviva regis: vgl. rex. — R. tributarius: 41, 7; C. IV. 1. Erl. 163; 248. — R. miles: C. IV. 1. Erl. 248. — leta Romana: C. III. 3, 9. Erl. 247.
rota. in r. mitti: C. II. 1, 2. Erl. 237.
rumpere, derumpere. r. sclusam: 22, II. Erl. 133. — clausuram d.:

27, VIII. Erl. 139. — inpotus d.: 27, III. Erl. 138.
sacebaro: 54, 2—4. Erl. 205 ff.
sacramentalis: Extr. B. 1; 3. Erl. 284 f.; 286.
sacramentum: C. III. 1; V. 4_2; 8, 1; VII. 5. Extr. B. 5. Erl. 244 f.; 258; 261; 287.
sacrivus = votivus: Rec. B. 15. vgl. Erl. 110.
sagitta: 13, 3. Erl. 120. — s. toxigata: 17, 2. Erl. 128 f.
sagittare: 29, 5. Erl. 143. — sagitatus detoxitus: C. IV. 3, 3. Erl. 248 f.
Salicus, Salegus etc.: 14, 2; C. V. 6, 1. Erl. 123. — terra salica: 59, 5_1. Erl. 226 ff. — lex salica: 41, 1; 45, 2; 47_1; 50, 2; 52; 57, 1; 63, 1_1; C. V. 9, 3; VI. 1; VII. 5; VIII. 3; IX Überschr.; IX. 2; 3; Extr. B. 5; 9; Prol. I—V. Erl. 161; 174 f.; 184 f.; 195; 231; 259; 269 ff.; 279 ff.
salina: 16, 2. Erl. 127.
sallire sepe: 58. Erl. 220 f. — salire = adsallire: C. IV. 2. Erl. 248.
salva custodia: Extr. B. 2. Erl. 285 f.
sanare. vulnus non sanat: 17, 4_1. Erl. 129 f.
sanguis ad terram cadit: 17, I_1. Erl. 129.
sanitas. ad sanitatem pervenire: 17, 4_5. Erl. 129 f.
sarcire: C. VII. 16. Erl. 267.
sarcophagus, sarcofagus: 14, VI_1. Erl. 126.
satisfacere: 14, V_3; 49, 1; 50, 3; 55, 2_2; C. III. 1. Erl. 191; 209 f.; 244 f.
scamnum: 40, 1; 6; C. II. 3; 4, 2. Erl. 157; 241 f.
scantio: 10, IV_1. Erl. 118.
scapula: 58; C. III. 3, 2. Erl. 219.
sceleratae nuptiae: 13, II. Erl. 122.
sclusa: 22, II. Erl. 133.
screona, screuna: 13, 1_2; 5; 27, 21; 22. Erl. 119 f.
scroba, scropha: 2, 3; III; 11. Erl. 110.
scuria: 16, 4. Erl. 128.
scutum iactare: 30, 6. Erl. 145. — s. habere in mallo: 44, 1; 46. Erl. 168 f.
secare pratum alienum: 27, 10. Erl. 139.
secrecius admonere, condicere: 40, 10; C. VII. 12. Erl. 160.
securitas. securitatem facere: 54, 4. Erl. 206 f.
securus: 45, 3; 50, 3. Erl. 177 f.
sedere: 45, 2. Erl. 174 f. — rachineburgii sedentes: 57, 1; C. VIII. 7. Erl. 213; 273 f.
selave: 55, II_2. Erl. 208.
seminare: 27, 23_1; 24. Erl. 140.
semita = semen: 34, 3. Erl. 149 f.
seniores: C. V. 4. Erl. 254 ff.
sententia. s. capitalis: 40, 5. Erl. 159. — sententiam dare: 57, 3. Erl. 216 f.
separare de consortio: 13, II. Erl. 122.
sepes: 9, III; 16, 5; 34 Überschr.; 34, 1; I. Erl. 116; 128; 149. — sepe sallire: 58. Erl. 220 f.
sepultus. corpus sepultum effudere et expoliare: 55, 2. Erl. 208 f.
sequi servum: 13, 8. Erl. 122. — poletrus sequens: 38, 7. Erl. 156. — per vestigium res suas s.: 37. Erl. 154. — sequentis mortuum: 55, II. Erl. 208.
sermo regis: vgl. rex.
servitium, servitus: 25, 5; 6; C. IX. 2; 3. Erl. 135; 280. — in servitio revocare, ad servitium mallare, requirere: C. V. 4; Extr. B. 1; 2. Erl. 254 ff.; 284 ff. — de servitio fugire: Extr. B. 12. Erl. 288 f.
servus: 10, 1; 2; I; III; IV_1; 12; 25, 6—9; 26, 2; 27, 25; 35, 1; 2; I; II; 5; 39, I; II; III; 40; 47; C. II. 1; IV. 5; 8; 9; VII. 5; 6; 12; 15; VIII. 5; 7; IX. 2; 3; 11; Extr. B. 2; 12. Erl. 116 ff.; 135 f.; 137; 141; 150 ff.; 156 f.; 157 ff.; 185; 235 ff.; 250; 251; 261 f.; 264; 265; 271; 272 ff.; 280; 288 f. — s. puledrus: 10, V. Erl. 118. — s. ecclesiae, ecclesiasticus, fiscalinus, beneficiarius: C. VII. 11. Erl. 264; 281 f.
seusius: vgl. sigusius.
sexus virilis. 59, 5. Erl. 226 ff.
sexxaudrus: Extr. A. 4 Überschr. Erl. 283.
sibi sextus, nonus etc. iurare: C. V. 8, 1. Erl. 258.
signare arborem: 27, 18. Erl. 140.
signum. cervus s. habens: 33, 2. Erl. 148.
sigusius, seusius etc.: 6, 1; I; II_1; Erl. 111 f.
silva: 27, 15; 17; C. IV. 6; V. 5, 1; Erl. 139 f.; 250. — per silvas vadere: C. VIII. 9. Erl. 279. vgl. Erl. 208 f.
similis: vgl. consimilis.
sinister. sinistra manus: 58. Erl. 219. — C. VIII. 6. Erl. 271 f.
sociare litam, ancillam ad (in) coniugium: 13, I; 25, 9_2. Erl. 122.

sol. post solis (h)occasum: 6, III; 34, II. Erl. 112; 150. — solem collocare: vgl. collocare.
solicitare mancipia aliena: 39, 1. Erl. 156.
solidus. solidi aeque pensantes: 44, 1. Erl. 170.
solisacire = solem collocare: C. V. 8, 1. Erl. vgl. collocare.
solium. inter quattuor solia occidere: S. C. VII. 6. Erl. 213 f.; 292.
sonare cornu: C. III. 1. Erl. 244.
sors: C. IV. 11. Erl. 251. — ad sortem exire, poni, adiacere, venire, promoveri, mitti, sortem nuntiare: C. VII. 5; 8; 10; 11; VIII. 7. Erl. 261; 264; 272. — malam sortem prendere: C. VII. 6; 8; 10. Erl. 262.
spadare: 38, VI. Erl. 156.
spadus: 38, I. Erl. 155.
spatium, spacium: 40, 10; 52; C. IX. 1. Erl. 202 f.; 280. — C. VII. 14. Erl. 266.
spervarius: 7, I. Erl. 113.
spicarium: 16, 2. Erl. 128.
spolia: 35, III. vgl. expolia.
spondere: Extr. B. 6. Erl. 287.
sponsare filiam alienam: Extr. A. 1. Erl. 282 f.
sponsus, sponsa, sponsata puella: 13, 10; III; IV; 25, 2_1. Erl. 123.
spontanea voluntate: 25, 2. Erl. 135.
stadalis: C. IV. 2. Erl. 248.
stapplus: 55, II_1. Erl. 126.
statuale: 27, 20. Erl. 140.
status. dominus in statum sui: C. VII. 12. Erl. 265.
stemare, instemare = aestimare.
sterchire: Extr. B. 7. Erl. 287 f.
sternere lectum: C. II. 3. Erl. 241 f.
stirps. hereditatem per stirpes dividere: 59, 5_2. Erl. 226 ff. a. E.
strada: C. III. 1_1. Erl. 243 f.
strator: 10, IV_1. Erl. 117.
stria: 64, 1; 2; I. Erl. 232. vgl. Erl. 130 f.
stringere: vgl. extringere.
strioporcius: 64, 1. Erl. 231 f.
studium. pro studio: 21, 4. Erl. 132.
subatere: 2, 3. Erl. 110.
subiacere periculo: C. VII. 11. Erl. 264 f.
substantia: 45, 2_5. Erl. 175 f.
subtus terram: 58. Erl. 218.
subula: Extr. B. 4. Erl. 286.
sunnis, sonies: 1, 1_2; 2; 45, 2; 47; 49, 2; 50, 4; C. VI. 1; VII. 5; 17_1. Erl. 108. — sunnia nuntiare: C. VIII. 7. Erl. 274 f.
superbia: 9, III; 32, III; 38, VII. Erl. 115.
superdicere: 41, IV. Erl. 165.
superextringere: 34, 1. Erl. 149. vgl. extringere.
superiactare maleficium: 19, I. Erl. 131.
superligare: 34, 1. Erl. 149.
supervenire, supravenire: 14 Überschr.; 14, II. Erl. 123.
superventus. in superventum expoliare: 14, 1; 5. Erl. 123.
supplicium: 40, 4; 6; 9; 10; C. VII. 14. Erl. 158 ff.; 266.
suscipere migrantem: 45, 1. Erl. 172 ff. — legem super se solviturum s.: 40, 9. Erl. 160.
suspectio. de suspectionem inculpari. C. VII. 10. Erl. 264.
suspendere. ascus suspensus: 21, 4. Erl. 132.
sutis: 2, II; 16, 4. Erl. 109 f.; 128.
tancono, tangano: 57, 1. Erl. 214 f.
taratro: vgl. petrio.
taurus: 3, 4; III; 5; IV. Erl. 111.
tectum, tictum: 8, 1; 2_2; I; II; 3. Erl. 114. — supra tecto lapede mittere: C. VI. 2. Erl. 260.
tegere celaturus (-is): 41, 2; 4. Erl. 161 f.
tendere servum super scamno: 40, 1; 6. Erl. 157 f.
tenere res: 52. Erl. 202. — mancipia aliena t.: C. VII. 7. Erl. 262. — villam tenere: C. IX. 9. Erl. 282. — sunnis tenet, detenet: 1, 1; 47; 49, 2b. Erl. vgl. sunnis.
tenor pacis: C. VII. Erl. 260. — duae epistolae uno tenore: Extr. B. 1. Erl. 284 f.
teoda: 46. Erl. 182 f.
terra: 17, I_1; 5; 55, 1; 58; 59, 5; C. III. 3, 1; VII. 14; VIII. 3. Erl. 129; 218; 219; 269 ff.
tertius. in tertia manu(m) mittere: 47; 61, 3. Erl. 185 f.; 230.
tertusus: 2, 9. Erl. 110.
testare, contestare: 14, 4; 27, IX; 45, 2; 3; 50, 2; 52. Erl. 124 f.; 174 f.; 195.
testimonium: 48 Überschr.; 48, 1; 49, 3; 56, 1; C. IV. 16; V. 1; 8, 1; VIII. 6; Extr. B. 2. Erl. 189 ff.; 192; 212 f.; 253; 271 f.
testis: 1, 3; 2, 12; 9, III; 33, 2; 36; 39, I; II; 40, 10; 45, 2; 46; 47; 49; 50, 1; 2; 52; 56, 1; C. II. 3; V. 8, 1; VII. 12; Extr. B. 1; 2; 4; 5; 7; 8; 12. Erl. 108; 110; 148 f.; 156 f.; 174; 182; 191 f.; 193; 212 f.; 285 ff. — falsi testes: C. IV. 16. Erl. 253.
texeca: 10, III. Erl. 117.
thunginus, tunginus: 44, 1; 46; 50, 2; 60. Erl. 168 f.; 228.

tintinnum: 27, 1; 2_2. Erl. 137.
tollere sponsam alienam: 13, 10. Erl. 122. uxorem alienam t.: 15; C. IV. 17; IX. 4. Erl. 126; 280. — res alienas t.: 51, 1; 2. Erl. 201 f. — pretium de fortuna debitoris t.: 50, 3. Erl. 199. — se de parentilla tollere: 60. Erl. 228.
torquere servum: 40, 2; 4. Erl. 157 ff.
tortum. de torto, mit Unrecht: Extr. B. 12. Erl. 288 f.
toxigatus: 17, 2. Erl. 128 f.
trabattere: 24, 3; 38, IV. Erl. 134; 156.
tradere aliquem (ad) ignem: 19, 1_2. Erl. 131. — servum vel laetum homicidam parentibus occisi t.: 35, 5. Erl. 152. — res ad ecclesiam t.: C. IX. 6. Erl. 281.
traditio: C. IX. 10. Erl. 282.
trahere puellam, feminam, ancillam: 13, 6; 7; 25, 9. Erl. 121. — casam t.: 27, IX. Erl. 141. — erpicem t.: 34, 2. Erl. 149 f.
trans mare ducere, revocare: 39, I; II. Erl. 156. — trans Legerem: 47. Erl. 189.
transforare cartam: Extr. B. 4. Erl. 286.
transire cum nave aliena: 21, 1. Erl. 132.
transmittere elocationem: 28, 3. Erl. 142.
transversare: 34, 2; 3. Erl. 149 f.
trappa: 7, VI. Erl. 113.
tremacle: 27, 20. Erl. 140.
trians: 4, 1; 35, I; 38, VI. Erl. 151.
tributarius Romanus: 41, 7; C. IV. 1. Erl. 163.
tricare, detricare: 1, 2; 35, I; 49, 2. Erl. 151.
trispellius, tres pillius: 3, 4_1; 5. Erl. 111.
trotinia: C. VIII. 10. Erl. 279.
trustis: C. I. 1; VII. 9; 16. Erl. 165; 262 f.; 267. — t. dominica, regalis: 41, 3; 42, 1; 2; 63, 1; 2; Rec. B. 30; 31. Erl. 162; 165; 231; 293. — antruscio, antrustio: 42, 1_2; C. V. 5, 2; 6, 2; 8, 1; 2; Rec. B. 34; 36. Erl. 162; 256 ff.
tumulus: 55, I. Erl. 208.
tundere, tunsorare: 24, 1_3; C. I. 4. Erl. 235. vgl. auch crinitus.
Turrovaninsis: C. VIII. 1. Erl. 268 f.
turtur: 7, V. Erl. 113.

usurpare: C. IX. 5. Erl. 280 f.
uterus. infantem in utero matris occidere: 24, 4. Erl. 134.
uxor: 1, 3. Erl. 109. — u. fratris: 13, II. Erl. 122. — u. sua propria (proxima): 55, 2; 56; C. V. 8, 1. Erl. 210; 258 f. — uxorem accipere, ducere: C. II. 4; VIII. 4. Erl. 242 f.; 271. — uxorem tollere: 15; C. IV. 17; IX. 4. Erl. 126; 280.

vacca: 3, 3; I; II. Erl. 110 f.
vaidaris: C. IV. 2. Erl. 248.
valere: 10, IV; 11, 1—4; 12; 35, 2; 50, 3; 4; C. IV. 5. Erl. 116 f.; 118; 151; 201; 250.
vas, vascellum: 8, 1_1; 2; I; II. Erl. 114.
vassus ad ministerium: 35, 6. Erl. 152.
vastare: 9, 1. Erl. 114.
veltris: 6, II_1. Erl. 112.
venatio: 33, 1; C. IV. 3 Überschr. Erl. 147 ff.; 248 f.
vendere servum alienum: 10, I. Erl. 116 f. v. hominem ingenuum: 39, 2_1; IV. Erl. 157. dotem v.: C. II. 3; 4, 1. Erl. 239 ff.; 242 f.
venator: 10, IV. Erl. 117.
venter. aliquem in ventrem plagare: 17, 4. Erl. 129. — mulierem prignantem in ventre percutere: C. III. 3, 4. Erl. 246.
verbum regis: 13, 6; C. II. 3; III. 3, 7. Erl. 120 f. — v. dicere: 46; 50, 3. Erl. 181 f.; 197.
vertevolum: 27, 20. Erl. 140.
vestibulum: C. III. 1. Erl. 243 f.
vestigium: 37; C. I. 1; VII. 9; 16; 17. Erl. 153; 263; 267.
vetare aratro de campo: 27, IX. Erl. 141.
vetellus, vitulus: 3, 1; 3; I. Erl. 110.
via. sine v.: 34, 2; 3. Erl. 149 f. — aliquem in v. adsallire, expoliare: 13, IV; 17, 9; II_1. Erl. 123; 130. — via lacinia: 14, 4_5; 31 Überschr. Erl. 125; 145 f. — via claudere: 31, I. Erl. 146.
vicinus: 45, 3; C. III. 1; VIII. 3; 9. Erl. 243 f.; 269 ff.; 278 f.
videre cum sex: C. VIII. 7. Erl. 272.
videredum: C. V. 8, 1_2; VIII. 9. Erl. 258; 278 f.
vidua: 44, 1; C. II. 3; IX. 8. Erl. 167 ff.; 239 ff.; 282.
vigiliae: C. VII. 9. Erl. 262 f.
villa: 3, 4_1; 5; 14, 6; I; 39, III; 42, 5; 45, 1; 2; I; 3_2; C. III. 1; IV. 8; IX. 9. Erl. 111; 125; 157; 172 ff.; 243 f.; 251.
vindicare, vendicare: C. II. 3; III. 4; V. 1; VII. 16; IX. 9. Erl. 239 f.; 253; 267.

vinea, vinia: 9, III; 27, 12. Erl. 113.
vinitor: 10, IV; 35, 6. Erl. 117.
violenter: 13, IV; 61, 2; 3; C. V. 9, 1. Erl. 123; 230.
vipida, vopida: 41, 9_1; C. VI. 3. Erl. 164.
vircula: 29, 9_3. Erl. 144.
virga: 34, 1. Erl. 149. — virgae paratae: 40, 6. Erl. 159 f.
virilis sexus: 59, 5. Erl. 226 ff.
virtus. per virtutem: 25, 1; 32, III; 61, 1_1. Erl. 135; 147; 229.
vis. vim inferre mulieri, puellae: C. V. 7. Erl. 256. per vim: C. IV. 7. Erl. 251.
vita. de v. culpabilem esse, componere, redimere: 13, 7; 32, III; 50, 4; 51, 2; 58; C. IV. 14; VII. 10; VIII. 7. Erl. 121; 147; 201; 202; 222; 264. — vitae periculum incurrere, se subiacere, vita carere: C. VII. 1; 2; 18. Erl. 260; 268. — vitae dispendium perire: C. VIII. 7. Erl. 274. — vitam amittere: C. V. 9, 2. Erl. 259.
vites: 7, IX. Erl. 113.
vitta: C. III. 3, 2. Erl. 246.
vivere lege Salica: 41, 1; 47_1; 63, 1_1. Erl. 161; 184 f.; 231.
vivus evadere, exire: 41, 9; C. VI. 3_1. Erl. 164.
vocare in testimonium: 49, 3. Erl. 192.
voluntas. suam voluntatem, voluntate sua nec casu: 13, 8; C. VI. 2. Erl. 122; 260. — tuam voluntatem: 50, 3. Erl. 199. — spontanea voluntate mechari: 25, 2. Erl. 135.
votivus: 2, 12. Erl. 110.
vuadium: Extr. B. 1; 2; 6. Erl. 284 ff.
vuaranio: 38, 2_1; II. Erl. 155.
vuargus: 55, 2. Erl. 208 f.
vulnus: 17. Erl. 128 ff.
vulpis: 30, 4. Erl. 145.

Berichtigungen.

S. 10 Z. 14 lies „portaverit, fur praeter" statt „portaverit, praeter".
S. 30 Z. 14 lies „XLV[2]" statt „XLV".
Z. 16 füge hinzu: „[2]) DC deu. qu. fac. sol. XV: 10."
S. 43 Z. 9 lies „culpabiles iudicentur" statt „culpabilis iudicetur".
Z. 31 füge hinzu: „contubernio".
S. 49 Z. 17 lies „culpabiles iudicentur" statt „culpabilis iudicetur".
S. 54 Z. 6 lies „mallibergiis*" statt „mallibergiis".
Z. 15 füge hinzu: „*id est plebs quae ad unum mallum convenire solet f. h. Em."
S. 55 Z. 9 lies „probatur[1])" statt „probatur".
Z. 12 füge hinzu: „[1]) vel alium ademptum faciendi locaverit f. h. Em.
S. 57 Z. 8 lies „iudicentur[3])" statt „iudicentur[4])".
S. 59 Z. 6 lies „aut[2]) sororem[2])" statt „aut sororem".
Z. 8 füge hinzu: „[2]) fehlt 2".
Z. 36 lies „perteneat" statt „pertenat".
S. 60 Z. 17 lies „raubaverit de super illum" statt „de super illum".
S. 61 Z. 1 lies „conpositione" statt „compositione".
S. 76 Z. 28 lies „eum" statt „cum".
S. 78 Z. 38 füge hinzu: „XII f. h. 3; 6; Em. N[a]; Em. EE[a]; Em. H[a]".
S. 79 Z. 31 füge hinzu: „iniuste f. h. alle übr.".
S. 122 Z. 27 füge hinzu: „vermehrt um eine frei vereinbarte Sühne".
S. 163 Z. 24 füge hinzu: „vgl. jetzt auch Hegel, Städtewesen 10_4".
S. 227 Z. 18 lies „Immobiliareigentums" statt „Mobiliareigentums".
S. 247 Z. 37 lies „LXXVII" statt „LXXVI".
S. 272 Z. 8 lies „ZHR. 22" statt „ZHR. 12".

www.ingramcontent.com/pod-product-compliance
Lightning Source LLC
LaVergne TN
LVHW091724021026
849161LV00003BA/304
9783112380376